AF884823

Die

# Gesetzgebung des Deutschen Reiches

auf dem Gebiete

## des bürgerlichen und socialen Rechtes.

Verlag von Veit & Comp. in Leipzig.

# Allgemeines Deutsches Handelsgesetzbuch, Allgemeine Deutsche Wechselordnung

nebst den ergänzenden Reichsgesetzen.

Mit ausführlichem Sachregister.

Von

**Dr. Emil Friedberg,**

Königl. Sächs. Geh. Hofrat und o. Prof. der Rechte an der Univ. Leipzig.

Zweite, um einen Nachtrag vermehrte Ausgabe.

8. 1892. geb. in Ganzl. 4 Mark.

---

# Rechtsfälle

zum

vergleichenden Studium

des

**römischen Rechts und des preußischen Landrechts.**

Von

**Dr. Rudolf Leonhard,**

Professor an der Universität Marburg.

8. 1887. geh. 1 Mark 60 Pfg.

---

Praktische

# Pandektenübungen

für Anfänger

**zum akademischen Gebrauch und zum Selbststudium.**

Von

**Dr. Rudolf Stammler,**

Professor an der Universität Halle a. S.

8. 1893. geb. in Ganzleinen 8 Mark 60 Pfg.

# Die Gesetzgebung des Deutschen Reiches

auf dem Gebiete

## des bürgerlichen und socialen Rechtes

mit Ausschluß der
handels-, wechsel- und seerechtlichen, sowie der in der Reichsstrafgesetzgebung
und in den Reichsjustizgesetzen enthaltenen Bestimmungen.

Für die Praxis und den akademischen Gebrauch

zusammengestellt von

**Dr. jur. Emil Sehling,**
ord. Professor der Rechte an der Universität Erlangen.

---

Zweite, umgearbeitete Auflage.

**Leipzig,**
Verlag von Veit & Comp.
1894.

Druck von Metzger & Wittig in Leipzig.

# Vorwort zur zweiten Auflage.

Im Oktober 1887 gab ich eine „Sammlung der Reichsgesetze civilrechtlichen Inhalts" heraus.

Diese Sammlung erscheint hier in zweiter Auflage bis zum Schluß des Jahres 1893 fortgeführt unter einem etwas abweichenden Titel. Der letztere wurde gewählt, weil die Sozial-Gesetzgebung in ihrer modernen Entwickelung sich nicht mehr ganz unter das Privatrecht subsumiren läßt, ohne jedoch ihren privatrechtlichen Ursprung zu verleugnen und aus dem Kreise des bürgerlichen Rechts völlig auszuscheiden. Im Übrigen sind Plan und Anlage die gleichen geblieben. In möglichster Vollständigkeit sind alle reichsgesetzlichen Bestimmungen civil- und sozial-rechtlichen Inhalts zum Abdrucke gebracht worden, so daß gleichsam ein Codex des gegenwärtigen Reichscivil- und -sozialrechts geschaffen ist.

Aus praktischen Gründen habe ich die handels-, wechsel- und seerechtlichen Gesetze, sowie die in dem Reichs-Strafgesetzbuche und in den Reichsjustizgesetzen enthaltenen civilrechtlichen Vorschriften ausgeschlossen. Bei Gesetzen, welche Bestimmungen des bürgerlichen und sozialen Rechts nur vereinzelt enthalten, sind lediglich diese Bestimmungen abgedruckt worden; bei Gesetzen dagegen, deren Inhalt ein überwiegend civil- oder sozialrechtlicher ist, habe ich den vollständigen Text zum Abdruck gebracht. So sind insbesondere die Gewerbeordnung, das Genossenschaftsgesetz, die Urheberrechts-, Marken- und Musterschutz-Gesetzgebung, sowie sämmtliche Kranken-, Unfall-, Invaliditäts- und Altersversicherungs-Gesetze vollständig wiedergegeben.

Die Anordnung der Gesetze selbst konnte nur eine chronologische sein, da der verschiedenartige Inhalt vieler Gesetze bei einer systematischen Einreihung eine vollständige Zerreißung des Gesetzes bedingt haben würde.

Abänderungen und Nachträge sind bei dem durch sie abgeänderten Gesetze eingeschaltet und durch lateinische Schrift hervorgehoben; in der chronologischen Reihenfolge ist lediglich der Titel des ändernden oder ergänzenden Gesetzes abgedruckt und auf diejenige Stelle verwiesen, welche den Text enthält.

Ein ausführliches Sachregister soll den Gebrauch der Sammlung erleichtern.

Möchte auch der zweiten Auflage in den Kreisen der Universität und der Praxis eine günstige Aufnahme zu Theil werden.

Erlangen, im Dezember 1893.

**Emil Sehling.**

# Inhalt.

# Verzeichniß der Abkürzungen.

AN = Amtliche Nachrichten des Reichsversicherungsamts.
Seit 1891 getrennt in:
AN für U(nfallversicherung), und
AN für J(nvaliditäts- und Altersversicherung).
BGBl = Bundesgesetzblatt des norddeutschen Bundes.
CBl = Centralblatt für das Deutsche Reich.
CPO = Civilprozeßordnung.
EG z. CPO = Einführungsgesetz zur Civilprozeßordnung.
G = Gesetz.
GO = Gewerbeordnung.
GVG = Gerichtsverfassungsgesetz.
KO = Konkursordnung.
Nov. = Novelle.
RGBl = Reichsgesetzblatt.
StGB = Strafgesetzbuch.
V = Verordnung.

Wo eine besondere Jahreszahl nicht angegeben ist, stimmen die Jahreszahl des Gesetzes und der Jahrgang des betr. Gesetz- oder Verordnungsblattes überein.

## 1867.

### 1) Gesetz, betr. die Nationalität der Kauffahrteischiffe und ihre Befugniß zur Führung der Bundesflagge. Vom 25. Oct. 1867. (BGBl S. 35.)

**§ 2.** Zur Führung der Bundesflagge sind die Kauffahrteischiffe nur dann berechtigt, wenn sie in dem ausschließlichen Eigenthum solcher Personen sich befinden, welchen das Bundesindigenat (Artikel 3 der Bundesverfassung) zusteht.

Diesen Personen sind gleich zu achten solche juristische Personen, eingetragene Genossenschaften und Aktiengesellschaften, welche im Reichsgebiet ihren Sitz haben, sowie diejenigen Kommanditgesellschaften auf Aktien, welche im Reichsgebiet ihren Sitz haben, und deren persönlich haftende Gesellschafter sich sämmtlich im Besitz der Reichsangehörigkeit befinden.[1]

---

### 2) Gesetz über die Freizügigkeit. Vom 1. Nov. 1867. (BGBl S. 55.)

**§ 1.** Jeder Bundesangehörige hat das Recht, innerhalb des Bundesgebietes:

1) an jedem Orte sich aufzuhalten oder niederzulassen, wo er eine eigene Wohnung oder ein Unterkommen sich zu verschaffen im Stande ist;
2) an jedem Orte Grundeigenthum aller Art zu erwerben;
3) umherziehend oder an dem Orte des Aufenthaltes, beziehungsweise der Niederlassung, Gewerbe aller Art zu betreiben, unter den für Einheimische geltenden gesetzlichen Bestimmungen.

In der Ausübung dieser Befugnisse darf der Bundesangehörige, soweit nicht das gegenwärtige Gesetz Ausnahmen zuläßt, weder durch die Obrigkeit seiner Heimath, noch durch die Obrigkeit des Ortes, in welchem er sich aufhalten oder niederlassen will, gehindert oder durch lästige Bedingungen beschränkt werden.

Keinem Bundesangehörigen darf um des Glaubensbekenntnisses willen oder wegen fehlender Landes- oder Gemeindeangehörigkeit der Aufenthalt, die Niederlassung, der Gewerbebetrieb oder der Erwerb von Grundeigenthum verweigert werden.

---

[1] Fassung durch G vom 23. Dez. 1888 (RGBl S. 300).

**3) Gesetz, betr. die Organisation der Bundeskonsulate sowie die Amtsrechte und Pflichten der Bundeskonsuln. Vom 8. Nov. 1867.**
(BGBl S. 137.)[1]

**§ 5.** Die Bundeskonsuln können ohne Genehmigung des Bundespräsidiums weder Konsulate fremder Mächte bekleiden, noch Geschenke oder Orden von fremden Regierungen annehmen.

---

**4) Gesetz, betr. die Verpflichtung zum Kriegsdienst. Vom 9. Nov. 1867.** (BGBl S. 131.)

**§ 1.** Jeder Norddeutsche ist wehrpflichtig und kann sich in Ausübung dieser Pflicht nicht vertreten lassen. Ausgenommen von der Wehrpflicht sind nur:

a) die Mitglieder regierender Häuser;
b) die Mitglieder der mediatisirten, vormals reichsständischen und derjenigen Häuser, welchen die Befreiung von der Wehrpflicht durch Verträge zugesichert ist, oder auf Grund besonderer Rechtstitel zusteht.

Diejenigen Wehrpflichtigen, welche zwar nicht zum Waffendienste, jedoch zu sonstigen militairischen Dienstleistungen, welche ihrem bürgerlichen Berufe entsprechen, fähig sind, können zu solchen herangezogen werden.[2]

---

**5) Gesetz, betr. die vertragsmäßigen Zinsen. Vom 14. Nov. 1867.**
(BGBl S. 159.)[3]

**§ 1.** Die Höhe der Zinsen, sowie die Höhe und die Art der Vergütung für Darlehne und für andere kreditirte Forderungen, ferner Konventionalstrafen, welche für die unterlassene Zahlung eines Darlehns oder einer sonst kreditirten Forderung zu leisten sind, unterliegen der freien Vereinbarung.

Die entgegenstehenden privatrechtlichen und strafrechtlichen Bestimmungen werden aufgehoben.

**§ 2.** Derjenige, welcher für eine Schuld dem Gläubiger einen höheren Zinssatz als jährlich sechs vom Hundert gewährt oder zusagt, ist zu einer halbjährigen Kündigung des Vertrages befugt. Jedoch kann er von dieser Befugniß nicht unmittelbar bei Eingehung des Vertrages, sondern erst nach Ablauf eines halben Jahres Gebrauch machen.

---

[1] Über andere §§ vgl. Anm. zu § 12 des Konsulargerichtsbarkeitsgesetzes vom 10. Juli 1879.

[2] Vgl. G vom 8. Februar 1890, betr. die Wehrpflicht der Geistlichen (RGBl S. 23).

[3] Gilt nicht in Bayern und Elsaß-Lothringen. (In Bayern gilt ein eigenes G vom 5. Dez. 1867.)

Vertragsbestimmungen, durch welche diese Vorschrift zum Nachtheil des Schuldners beschränkt oder aufgehoben wird, sind ungültig.

Auf Schuldverschreibungen, welche unter den gesetzlichen Voraussetzungen auf jeden Inhaber gestellt werden, sowie auf Darlehne, welche ein Kaufmann empfängt, und auf Schulden eines Kaufmannes aus seinen Handelsgeschäften leiden die in diesen Paragraphen enthaltenen Vorschriften keine Anwendung.

**§ 3.** Wird die Zahlung eines Darlehns oder einer andern kreditirten Forderung verzögert, so bleibt auch für die Zögerungszinsen der bedungene Zinssatz maaßgebend, sofern derselbe höher ist, als die gesetzlich bestimmten Zögerungszinsen.

**§ 4.** Die privatrechtlichen Bestimmungen in Betreff der Zinsen von Zinsen und die Vorschriften für die gewerblichen Pfandleih-Anstalten werden durch dieses Gesetz nicht geändert.

**§ 5.** Den Landesgesetzen bleibt es vorbehalten, zu bestimmen, daß die im § 2 dieses Gesetzes eingeräumte Kündigungsbefugniß des Schuldners gänzlich wegfalle, oder daß ein höherer Zinssatz, als sechs Prozent, oder eine längere Kündigungsfrist, als sechs Monate, für die bezeichnete Befugniß maßgebend sei.

Soweit einzelne Landesgesetze Bestimmungen enthalten, welche die erwähnte Kündigungsbefugniß des Schuldners ausschließen, oder in der bezeichneten Weise beschränken, bleiben dieselben in Gültigkeit, bis sie auf dem verfassungsmäßigen Wege des betreffenden Landes, oder durch ein Bundesgesetz abgeändert werden.

## 1868.

### 6) Gesetz über die Aufhebung der polizeilichen Beschränkungen der Eheschließung. Vom 4. Mai 1868. (BGBl S. 149.)[1]

**§ 1.** Bundesangehörige bedürfen zur Eingehung einer Ehe oder zu der damit verbundenen Gründung eines eigenen Haushaltes weder des Besitzes, noch des Erwerbes einer Gemeindeangehörigkeit (Gemeindemitgliedschaft) oder des Einwohnerrechtes, noch der Genehmigung der Gemeinde (Gutsherrschaft) oder des Armenverbandes, noch einer obrigkeitlichen Erlaubniß.

Insbesondere darf die Befugniß zur Verehelichung nicht beschränkt werden wegen Mangel eines bestimmten, die Großjährigkeit übersteigenden Alters oder des Nachweises einer Wohnung, eines hinreichenden Vermögens oder Erwerbes, wegen erlittener Bestrafung,

[1] Gilt nicht in Bayern (Schlußprotokoll vom 23. Nov. 1870 unter 1. RGBl 1871, S. 23) und Elsaß-Lothringen. Vgl. auch § 38 des Gesetzes über die Beurkundung des Personenstandes und die Eheschließung vom 6. Febr. 1875.

bösen Rufes, vorhandener oder zu befürchtender Verarmung, bezogener Unterstützung oder aus anderen polizeilichen Gründen. Auch darf von der ortsfremden Braut ein Zuzugsgeld oder eine sonstige Abgabe nicht erhoben werden.

**§ 2.** Die polizeilichen Beschränkungen der Befugniß zur Eheschließung. welche in Ansehung der Ehen zwischen Juden und für die Angehörigen einzelner bürgerlichen Berufsstände bestehen, werden aufgehoben.

Die Bestimmungen über die Genehmigung der Eheschließung der Militairpersonen, Beamten, Geistlichen und Lehrer durch die Vorgesetzten werden hiervon nicht betroffen.

**§ 3.** Die für Geistliche und Civilstandsbeamte bestehenden Verbote, bei der Schließung einer Ehe ohne vorherige Beibringung einer obrigkeitlichen Bescheinigung amtlich mitzuwirken, bleiben in Beziehung auf Bundesangehörige nur soweit in Kraft, als diese Bescheinigung das Vorhandensein der durch dieses Gesetz nicht berührten Voraussetzungen der Eheschließung oder die im § 2 Alinea 2 erwähnten Bestimmungen zum Gegenstande hat.

**§ 4.** Die Vorschriften der Landesgesetze über die Zulassung von Ausländern zur Eingehung einer Ehe finden auf Bundesangehörige keine Anwendung.

**§ 5.** Die Bestimmungen des bürgerlichen Eherechtes werden durch dieses Gesetz nicht berührt.

**§ 6.** Dieses Gesetz tritt am 1. Juli d. J. in Kraft.

---

## 7) Gesetz, betr. die Aufhebung der Schuldhaft. Vom 29. Mai 1868. (BGBl S. 237.)[1]

**§ 1.** Der Personalarrest ist als Exekutionsmittel in bürgerlichen Rechtssachen insoweit nicht mehr statthaft, als dadurch die Zahlung einer Geldsumme oder die Leistung einer Quantität vertretbarer Sachen oder Werthpapiere erzwungen werden soll.

**§ 2.** Die gesetzlichen Vorschriften, welche den Personalarrest gestatten, um die Einleitung oder Fortsetzung des Prozeßverfahrens, oder die gefährdete Exekution in das Vermögen des Schuldners zu sichern, (Sicherungsarrest), bleiben unberührt.[2]

---

[1] Gilt nicht in Elsaß-Lothringen.

[2] Aufgehoben durch § 13 Nr. 1 EG z. CPO Derselbe lautet:
„Die proceßrechtlichen Vorschriften der Reichsgesetze werden durch die CPO nicht berührt."
Aufgehoben werden:
1) § 2 des Gesetzes betr. Aufhebung der Schuldhaft, vom 29. Mai 1868.
2) Artikel 34—36, 37 Satz 2, 39, 77, 78, 79 Abs. 2, 488, 494, 889 des Handelsgesetzbuches;

§ 3. Die Bestimmung des § 1 findet auch auf die vor Erlassung dieses Gesetzes entstandenen Verbindlichkeiten Anwendung, selbst wenn auf Personalarrest rechtskräftig erkannt oder mit dessen Vollstreckung begonnen ist.

§ 4. Alle diesem Gesetze entgegenstehenden Vorschriften treten außer Kraft.

§ 5. Das Gesetz tritt in Kraft an dem Tage, an welchem es durch das Bundes-Gesetzblatt verkündet wird.

---

## 8) Gesetz, betr. die Schließung und Beschränkung der öffentlichen Spielbanken. Vom 1. Juli 1868. (BGBl S. 367.)[1]

§ 1. Öffentliche Spielbanken dürfen weder konzessionirt noch geduldet werden.

---

## 9) Maß- und Gewichtsordnung für den Norddeutschen Bund. Vom 17. August 1868. (BGBl S. 473.)[2]

**Artikel 1.**[3] Das Meter und das Kilogramm sind die Grundlagen des Maaßes und des Gewichtes.

Das Meter ist die Einheit des Längenmaaßes. Es wird dargestellt durch den bei der Temperatur des schmelzenden Eises gemessenen Abstand der Endstriche auf demjenigen Maaßstab, welcher von der Internationalen Generalkonferenz für Maaß und Gewicht als internationales Prototyp des Meter anerkannt worden und bei dem Internationalen Maaß- und Gewichtsbüreau niedergelegt ist.

Das Kilogramm ist die Einheit des Gewichtes. Es wird dar-

---

3) § 6 des Gesetzes, betreffend die Verbindlichkeit zum Schadensersatze für die bei dem Betriebe von Eisenbahnen, Bergwerken u. s. w herbeigeführten Tödtungen und Körperverletzungen, vom 7. Juli 1871;

4) § 14 des Gesetzes über das Postwesen des deutschen Reichs, vom 28. October 1871, insoweit diese Vorschrift die Unterbrechung der Verjährung an die Anmeldung der Klage knüpft;

5) § 144 Abs. 4 des Gesetzes, betreffend die Rechtsverhältnisse der Reichsbeamten, vom 31. März 1873;

6) § 78 Abs. 3 des Gesetzes über die Beurkundung des Personenstandes und die Eheschließung, vom 6. Februar 1875.

Vgl. § 798 CPO: „Der persönliche Sicherheitsarrest findet nur statt, wenn er erforderlich ist, um die gefährdete Zwangsvollstreckung in das Vermögen des Schuldners zu sichern."

[1] Gilt nicht in Baden und Elsaß-Lothringen. Vgl. aber §§ 284. 285. 360 Nr. 14 StGB.

[2] Vgl. die Gesetze vom 10. März 1870 (BGBl S. 46), 26. Nov. 1871 (RGBl S. 397), 7. Dez. 1873 (RGBl S. 377), 19. Dez. 1874 (RGBl 1875, S. 1). — Vgl. auch Bekanntmachung vom 26. Nov. 1877 (CBl S. 565).

[3] Art. 1 in der Fassung durch G vom 26. April 1893 (RGBl S. 151).

gestellt durch die Masse desjenigen Gewichtsstückes, welches durch die Internationale Generalkonferenz für Maaß und Gewicht als internationales Prototyp des Kilogramm anerkannt worden und bei dem Internationalen Maaß- und Gewichtsbüreau niedergelegt ist.

**Artikel 10.** Zum Zumessen und Zuwägen im öffentlichen Verkehre dürfen nur in Gemäßheit dieser Maß- und Gewichtsordnung gehörig gestempelte Maße, Gewichte und Wagen angewendet werden.

Der Gebrauch unrichtiger Maße, Gewichte und Wagen ist untersagt, auch wenn dieselben im Übrigen den Bestimmungen dieser Maß- und Gewichtsordnung entsprechen. Die näheren Bestimmungen über die äußersten Grenzen der im öffentlichen Verkehr noch zu duldenden Abweichungen von der absoluten Richtigkeit erfolgen nach Vernehmung der im Artikel 18 bezeichneten technischen Behörde durch den Bundesrath.[1]

**Artikel 11.** Bei dem Verkaufe weingeistiger Flüssigkeiten nach Stärkegraden dürfen zur Ermittelung des Alkoholgehaltes nur gehörig gestempelte Alkoholmeter und Thermometer angewendet werden.

**Artikel 12.** Der in Fässern zum Verkauf kommende Wein darf dem Käufer nur in solchen Fässern, auf welchen die den Raumgehalt bildende Zahl der Liter durch Stempelung beglaubigt ist, überliefert werden.

Eine Ausnahme hiervon findet nur bezüglich desjenigen ausländischen Weines statt, welcher in den Originalgebinden weiter verkauft wird.

**Artikel 13.** Gasmesser, nach welchen die Vergütung für den Verbrauch von Leuchtgas bestimmt wird, sollen gehörig gestempelt sein.

**Artikel 14.**[2] Zur Aichung und Stempelung sind zuzulassen:

diejenigen Längenmaße, welche dem Meter oder seinen ganzen Vielfachen, oder seiner Hälfte, seinem fünften oder seinem zehnten Theile entsprechen;

diejenigen Körpermaße, welche dem Kubikmeter, dem Hektoliter, dem halben Hektoliter oder dem ganzen Vielfachen dieser Maßgrößen, oder dem Liter, seinem Zwei-, Fünf-, Zehn-, oder Zwanzigfachen, oder seiner Hälfte, seinem fünften, zehnten, zwanzigsten, fünfzigsten oder hundertsten Theile entsprechen;

diejenigen Gewichte, welche dem Kilogramm, dem Gramm oder dem Milligramm oder dem Zwei-, Fünf-, Zehn-, Zwanzig- oder Fünfzigfachen dieser Größen oder der Hälfte, dem fünften oder dem zehnten Theile des Kilogramm oder des Gramm entsprechen.

Zulässig ist ferner die Aichung und Stempelung des Viertel-Hektoliter, sowie des Viertel-Liter.

---

[1] Vgl. Bekanntmachung vom 27. Juli 1875 (RGBl S. 263).
[2] Art. 14 in der Fassung durch G vom 11. Juli 1884 (RGBl S. 115).

# 1869.

## 10) Gesetz, Maßregeln gegen die Rinderpest betreffend. Vom 7. April 1869. (BGBl S. 105.)[1]

**§ 1.** Wenn die Rinderpest (Löserdürre) in einem Bundesstaate oder in einem an das Gebiet des Norddeutschen Bundes angrenzenden oder mit demselben im direkten Verkehre stehenden Lande ausbricht, so sind die zuständigen Verwaltungsbehörden der betreffenden Bundesstaaten verpflichtet und ermächtigt, alle Maßregeln zu ergreifen, welche geeignet sind, die Einschleppung und beziehentlich die Weiterverbreitung der Seuche zu verhüten und die im Lande selbst ausgebrochene Seuche zu unterdrücken.

**§ 2.** Die Maßregeln, auf welche sich die im § 1 ausgesprochene Verpflichtung und Ermächtigung je nach den Umständen zu erstrecken hat, sind folgende:

1) Beschränkungen und Verbote der Einfuhr,[2] des Transports und des Handels in Bezug auf lebendes oder todtes Rindvieh, Schafe und Ziegen, Häute, Haare und sonstige thierische Rohstoffe in frischem oder trockenem Zustande, Rauchfutter, Streumaterialien, Lumpen, gebrauchte Kleider, Geschirre und Stallgeräthe; endlich Einführung einer Rindviehkontrole im Grenzbezirke;
2) Absperrung einzelner Gehöfte, Ortstheile, Orte, Bezirke, gegen den Verkehr mit der Umgebung;
3) Tödtung selbst gesunder Thiere und Vernichtung von giftfangenden Sachen, ingleichen, wenn die Desinfektion nicht als ausreichend befunden wird, von Transportmitteln, Geräthschaften u. dergl. im erforderlichen Umfange;
4) Desinfizirung der Gebäude, Transportmittel und sonstigen Gegenstände, sowie der Personen, welche mit seuchekranken oder verdächtigen Thieren in Berührung gekommen sind;
5) Enteignung des Grund und Bodens für die zum Verscharren getödteter Thiere und giftfangender Dinge nöthigen Gruben.

**§ 3.** Für die auf Anordnung der Behörde getödteten Thiere, vernichteten Sachen und enteigneten Plätze, sowie für die nach rechtzeitig erfolgter Anzeige des Besitzers gefallenen Thiere wird der durch unparteiische Taxatoren festzustellende gemeine Werth aus der Bundeskasse vergütet.

Diese Entschädigung wird jedoch nicht gewährt für solches Vieh,

---

[1] Vgl. G vom 23. Juni 1880 (RGBl S. 153).
[2] Vgl. G vom 21. Mai 1878 (RGBl S. 95).

welches innerhalb zehn Tage nach erfolgter Einfuhr oder nach Eintrieb über die Bundesgrenze an der Seuche fällt.

§ 4. Jeder, der zuverlässige Kunde davon erlangt, daß ein Stück Vieh an der Rinderpest krank oder gefallen ist oder daß auch nur der Verdacht einer solchen Krankheit vorliegt, hat ohne Verzug der Ortspolizeibehörde Anzeige davon zu erstatten. Die Unterlassung schleunigster Anzeige hat für den Viehbesitzer selbst, welcher sich dieselbe zu Schulden kommen läßt, jedenfalls den Verlust des Anspruches auf Entschädigung für die ihm gefallenen oder getödteten Thiere zur Folge.

## 11) Gesetz, betr. die Kautionen der Bundesbeamten. Vom 2. Juni 1869. (BGBl S. 161.)[1]

§ 1. Bundesbeamter im Sinne dieses Gesetzes ist jeder Beamte, welcher entweder vom Bundespräsidium angestellt, oder nach Vorschrift der Bundesverfassung den Anordnungen des Bundespräsidiums Folge zu leisten verpflichtet ist.

Auf Personen des Soldatenstandes findet dies Gesetz keine Anwendung.

§ 2. Beamte, welchen die Verwaltung einer dem Bunde gehörigen Kasse oder eines dem Bunde gehörigen Magazins, oder die Annahme, die Aufbewahrung oder der Transport von, dem Bunde gehörigen oder ihm anvertrauten Geldern oder geldwerthen Gegenständen obliegt, haben dem Bunde für ihr Dienstverhältniß Kaution zu leisten. . . .

§ 5. Die Amtskautionen sind durch Verpfändung von auf den Inhaber lautenden Obligationen über Schulden des Bundes oder eines einzelnen Bundesstaates nach deren Nennwerthe zu leisten.

Die Verpfändung erfolgt durch Übergabe zum Faustpfande.[2]

§ 6. Die Kautionen sind bei denjenigen Kassen, welche zur Aufbewahrung derselben von der obersten Präsidialbehörde bestimmt werden, niederzulegen. Die Niederlegung der Werthpapiere erfolgt einschließlich des dazu gehörigen Talons, beziehungsweise desjenigen Zinsscheins, an dessen Inhaber die neue Zinsschein-Serie ausgereicht wird.

Die faustpfandlichen Rechte an den niedergelegten Werthpapieren sind mit voller rechtlicher Wirkung erworben, sobald der Empfangsschein über die Niederlegung ertheilt ist.

[1] Ausgedehnt auf die Reichsbankbeamten durch V vom 23. Dez. 1875 (RGBl S. 380). Vgl. auch G wegen Ergänzung des G vom 2. Juni 1869 betr. die Kautionen der Bundesbeamten vom 22. März 1893 (RGB S. 131) unten unter 1893.

[2] Vgl. V vom 23. Dez. 1875 (RGBl S. 380) § 4.

Die Zinsscheine für einen vier Jahre nicht übersteigenden Zeitraum werden dem Kautionsbesteller belassen, beziehungsweise nach Ablauf dieses Zeitraums oder nach Ausreichung neuer Zinsscheine verabfolgt. Die Einziehung der neuen Zinsscheine erfolgt durch die Kasse. Letztere hat nicht die Verpflichtung, die Auslosung der niedergelegten Werthpapiere zu überwachen.

**§ 10.** Die Amtskaution haftet dem Bunde für alle von dem kautionspflichtigen Beamten aus seiner Amtsführung zu vertretenden Schäden und Mängel an Kapital und Zinsen, sowie an gerichtlichen und außergerichtlichen Kosten der Ermittelung des Schadens. [1]

**§ 11.** Steht eine der nach § 10 aus der Kaution zu deckenden Forderungen zur Exekution, so ist die dem kautionspflichtigen Beamten vorgesetzte Dienstbehörde ohne Weiteres berechtigt, die verpfändeten Werthpapiere bis auf Höhe der Forderung an einer innerhalb des Bundesgebietes belegenen, von ihr zu bestimmenden Börse außergerichtlich verkaufen zu lassen. Der Kautionsbesteller ist in solchem Falle zur Ausantwortung der ihm belassenen noch nicht fälligen Zinsscheine (§ 6) verpflichtet. Ist diese Ausantwortung von ihm nicht zu erlangen, so kann er zur Erlegung des Geldwerths der von ihm zurückbehaltenen Zinsscheine in dem für die Beitreibung öffentlicher Abgaben vorgeschriebenen Verfahren zwangsweise angehalten werden.

Der Bund ist nicht verpflichtet, im Falle des Konkurses die verpfändeten Werthpapiere in die Konkursmasse einzuliefern. [2]

---

## 12) Gesetz, betr. die Beschlagnahme des Arbeits- oder Dienstlohnes. Vom 21. Juni 1869. (BGBl S. 242.) [3]

**§ 1.** Die Vergütung (Lohn, Gehalt, Honorar u. s. w.) für Arbeiten oder Dienste, welche auf Grund eines Arbeits- oder Dienstverhältnisses geleistet werden, darf, sofern dieses Verhältniß die Erwerbsthätigkeit des Vergütungsberechtigten vollständig oder hauptsächlich in Anspruch nimmt, zum Zwecke der Sicherstellung oder Befriedigung eines Gläubigers erst dann mit Beschlag werden, nach-

---

[1] Vgl. §§ 134—136, 142, 144, 148 des Reichsbeamtengesetzes vom 31. März 1873.

[2] Vgl. jetzt § 40 KO: „Gläubiger, welche an einer beweglichen körperlichen Sache, an einer Forderung oder an einem anderen Vermögensrechte des Gemeinschuldners ein Faustpfandrecht haben, können aus den ihnen verpfändeten Gegenständen abgesonderte Befriedigung wegen ihrer Pfandforderung verlangen, zunächst wegen der Kosten, dann wegen der Zinsen, zuletzt wegen des Kapitals."

[3] Gilt nicht in Elsaß-Lothringen.

dem die Leistung der Arbeiten oder Dienste erfolgt und nachdem der Tag, an welchem die Vergütung gesetzlich, vertrags- oder gewohnheitsmäßig zu entrichten war, abgelaufen ist, ohne daß der Vergütungsberechtigte dieselbe eingefordert hat.

**§ 2.** Die Bestimmungen des § 1 können nicht mit rechtlicher Wirkung durch Vertrag ausgeschlossen oder beschränkt werden.

Soweit nach diesen Bestimmungen die Beschlagnahme unzulässig ist, ist auch jede Verfügung durch Cession, Anweisung, Verpfändung oder durch ein anderes Rechtsgeschäft ohne rechtliche Wirkung.

**§ 3.** Als Vergütung ist jeder dem Berechtigten gebührende Vermögensvortheil anzusehen. Auch macht es keinen Unterschied, ob dieselbe nach Zeit oder Stück berechnet wird.

Ist die Vergütung mit dem Preise oder Werth für Material oder mit dem Ersatz anderer Auslagen in ungetrennter Summe bedungen, so gilt als Vergütung im Sinne dieses Gesetzes der Betrag, welcher nach Abzug des Preises oder des Werthes der Materialien und nach Abzug der Auslagen übrig bleibt.

**§ 4.** Das gegenwärtige Gesetz findet keine Anwendung:

1) auf den Gehalt und die Dienstbezüge der öffentlichen Beamten;
2) auf die Beitreibung der direkten persönlichen Staatssteuern und Komunalabgaben (die derartigen Abgaben an Kreis-, Kirchen-, Schul- und sonstige Kommunalverbände mit eingeschlossen), sofern diese Steuern und Abgaben nicht seit länger als drei Monaten fällig geworden sind;
3) auf die Beitreibung der auf gesetzlicher Vorschrift beruhenden Alimentationsansprüche der Familienglieder;[1]
4) auf den Gehalt und die Dienstbezüge der im Privatdienste dauernd angestellten Personen, soweit der Gesammtbetrag die Summe von vierhundert Thalern jährlich übersteigt.

   Als dauernd in diesem Sinne gilt das Dienstverhältniß, wenn dasselbe gesetzlich, vertrags- oder gewohnheitsmäßig mindestens auf Ein Jahr bestimmt, oder bei unbestimmter Dauer für die Auflösung eine Kündigungsfrist von mindestens drei Monaten einzuhalten ist.[2]

---

[1] und [2] vgl. § 749 CPO. Derselbe lautet:

Der Pfändung sind nicht unterworfen:

1. der Arbeits- oder Dienstlohn nach den Bestimmungen des Reichsgesetzes vom 21. Juni 1869 (BGBl 1869 S. 242 und 1871 S. 63);
2. die auf gesetzlicher Vorschrift beruhenden Alimentenforderung;
3. die fortlaufenden Einkünfte, welche ein Schuldner aus Stiftungen oder sonst auf Grund der Fürsorge und Freigebigkeit eines Dritten bezieht, insoweit der Schuldner zur Bestreitung des nothdürftigen Unterhalts für

**§ 5.** Dieses Gesetz tritt am 1. August 1869 in Kraft.

Die bis dahin verfügten, mit den Vorschriften dieses Gesetzes nicht vereinbaren Beschlagnahmen sind auf Antrag des Schuldners aufzuheben oder einzuschränken.

Dagegen finden die Bestimmungen des zweiten Absatzes des § 2 auf frühere Fälle keine Anwendung.

---

## 13) Gewerbeordnung vom 21. Juni 1869.

Vgl. G vom 1. Juli 1883.

---

## 14) Vereinszollgesetz. Vom 1. Juli 1869. (RGBl S. 317.)

**§ 13.** Zur Entrichtung des Zolles ist dem Staate gegenüber derjenige verpflichtet, welcher zur Zeit, wo der Zoll zu entrichten,

---

sich, seine Ehefrau und seine noch unversorgten Kinder dieser Einkünfte bedarf;

4. die aus Kranken-, Hülfs- oder Sterbekassen, insbesondere aus Knappschaftskassen und Kassen der Knappschaftsvereine zu beziehenden Hebungen;
5. der Sold und die Invalidenpension der Unteroffiziere und der Soldaten;
6. das Diensteinkommen der Militärpersonen, welche zu einem mobilen Truppentheil oder zur Besatzung eines in Dienst gestellten Kriegsfahrzeuges gehören;
7. die Pensionen der Wittwen und Waisen und die denselben aus Wittwen- und Waisenkassen zukommenden Bezüge, die Erziehungsgelder und die Studienstipendien, sowie die Pensionen invalider Arbeiter;
8. die Diensteinkommen der Offiziere, Militärärzte und Deckoffiziere, der Beamten, der Geistlichen und der Lehrer an öffentlichen Unterrichtsanstalten; die Pension dieser Personen nach deren Versetzung in einstweiligen oder dauernden Ruhestand, sowie der nach ihrem Tode den Hinterbliebenen zu gewährende Sterbe- oder Gnadengehalt.

Übersteigen in den Fällen Nr. 7 und 8 das Diensteinkommen, die Pension oder die sonstigen Bezüge die Summe von fünfzehnhundert Mark für das Jahr, so ist der dritte Theil des Mehrbetrages der Pfändung unterworfen.

Der Gehalt und die Dienstbezüge der im Privatdienste dauernd angestellten Personen (§ 4 Nr. 4 des Reichsgesetzes vom 21. Juni 1869) sind nur soweit der Pfändung unterworfen, als der Gesammtbetrag die Summe von fünfzehnhundert Mark für das Jahr übersteigt.

In den Fällen der beiden vorhergehenden Absätze ist die Pfändung ohne Rücksicht auf den Betrag zulässig, wenn sie zur Befriedigung der Ehefrau und der ehelichen Kinder des Schuldners wegen solcher Alimente beantragt wird, welche für die Zeit nach Erhebung der Klage und für das diesem Zeitpunkte vorausgehende letzte Vierteljahr zu entrichten sind.

Die Einkünfte, welche zur Bestreitung eines Dienstaufwandes bestimmt sind, und der Servis der Offiziere, Militärärzte und Militärbeamten sind weder der Pfändung unterworfen noch bei der Ermittelung, ob und zu welchem Betrage ein Diensteinkommen der Pfändung unterliege, zu berechnen.

Inhaber (natürlicher Besitzer) des zollpflichtigen Gegenstandes ist. Dem Inhaber steht derjenige gleich, welcher den zollpflichtigen Gegenstand aus einer öffentlichen Niederlage entnimmt.

**§ 14.**[1] Die zollpflichtigen Gegenstände haften ohne Rücksicht auf die Rechte eines Dritten an denselben für den darauf ruhenden Zoll und können, so lange dessen Entrichtung nicht erfolgt ist, von der Zollbehörde zurückbehalten oder mit Beschlag belegt werden. Das an den Inhaber eines zollpflichtigen Gegenstandes von einem Zollbeamten ergangene Verbot, über den fraglichen Gegenstand weiter zu verfügen, hat die volle Wirkung der Beschlagnahme. Die Verabfolgung der Waaren, auf welchen noch ein Zollanspruch haftet, kann in keinem Falle, auch nicht von den Gerichten, Gläubigern oder Gütervertretern (Massenkuratoren) bei Konkursen eher verlangt werden, als bis die Abgaben davon bezahlt sind.[2]

**§ 45.**[3] Für den Eingangszoll muß entweder durch Pfandlegung oder durch einen sicheren Bürgen, der sich als Selbstschuldner verpflichtet und den bürgschaftlichen Rechtsbehelfen entsagt, Sicherheit bestellt werden.

Die Pfandlegung oder Bürgschaft muß, wenn die Waarengattung ermittelt ist, auf den zu berechnenden Betrag des Eingangszolles, sonst aber auf den höchsten Zollsatz gerichtet werden.

Das Abfertigungsamt ist befugt, bekannte sichere Waarenführer, sowohl In- als Ausländer, von der Sicherheitsbestellung zu entbinden.

**§ 93.** Die in dem Vereinszolltarif festgesetzten Werthzölle sollen nach dem Werthe am Orte des Ursprungs oder der Fabrikation des eingeführten Gegenstandes, mit Hinzurechnung der bis zum Orte der Eingangsabfertigung erforderlichen Transport-, Versicherungs- und Kommissionskosten, berechnet werden.

Wer einen solchen Gegenstand einführt, hat dessen Werth schriftlich zu deklariren.

Wenn die Zollbehörde den deklarirten Werth für unzulänglich erachtet, so soll sie berechtigt sein, die Waaren zu behalten, gegen Zahlung des deklarirten Werthes mit einem Zuschlage von fünf vom Hundert an denjenigen, welcher dieselben eingeführt hat.

---

[1] Vgl. auch § 100: Die in der Niederlage befindliche Waare haftet unbedingt für den darauf haftenden Zoll.

Wird die Verabfolgung der Waaren aus der Niederlage vom Niederleger oder einer dritten Person verlangt, so ist diesem Verlangen nur unter den im § 14 enthaltenen Beschränkungen zu willfahren.

[2] Vgl. jetzt § 41 Nr. 1 KO „Den Faustpfandgläubigern stehen gleich:
1) Die Reichskasse, die Staatskassen und die Gemeinden, sowie die Amts-, Kreis- und Provinzialverbände wegen öffentlicher Abgaben, in Ansehung der zurückgehaltenen oder in Beschlag genommenen zoll- und steuerpflichtigen Sachen."

[3] Über dasselbe Verfahren in anderen Fällen vgl. §§ 68. 72. 81. 86. 87.

Diese Zahlung muß innerhalb der auf die Deklaration folgenden vierzehn Tagen erfolgen, und es müssen die etwa erhobenen Zölle gleichzeitig erstattet werden.

Wenn die Zollbehörde das Vorkaufsrecht ausüben will, so kann derjenige, gegen welchen dasselbe ausgeübt werden soll, sofern er es vorzieht, die Abschätzung der Waare durch Sachverständige verlangen. Dieselbe Befugniß steht der Zollbehörde zu, wenn sie es nicht für angemessen erachtet, sofort von dem Vorkaufsrechte Gebrauch zu machen.

Wenn die Schätzung durch Sachverständige ergiebt, daß der Werth der Waare den bei der Einfuhr deklarirten nicht um fünf vom Hundert übersteigt, so soll der Zoll nach dem in der Deklaration angegebenen Betrage erhoben werden.

Wenn der Werth den deklarirten um fünf vom Hundert übersteigt, so kann die Zollbehörde nach ihrer Wahl das Vorkaufsrecht ausüben oder den Zoll nach dem durch die Sachverständigen ermittelten Werth erheben.

Dieser Zoll soll zur Strafe um die Hälfte seines Betrages erhöht werden, wenn der von den Sachverständigen ermittelte Werth um zehn vom Hundert höher ist, als der deklarirte.

Die Kosten der Untersuchung sind von dem Deklaranten zu tragen, wenn der durch die schiedsrichterliche Entscheidung ermittelte Werth den deklarirten Werth um fünf vom Hundert übersteigt; im entgegengesetzten Falle sind dieselben von der Zollbehörde zu tragen.

Im Falle einer Abschätzung der Waare wird der eine der beiden sachverständigen Schiedsrichter von dem Deklaranten, der andere von dem Vorstande der Lokal-Zollbehörde ernannt. Bei einer Meinungsverschiedenheit oder, wenn der Deklarant es verlangt, schon bei der Niedersetzung des Schiedsgerichts, wird ein Obmann von den Sachverständigen gewählt, oder sofern sich die letzteren über die Wahl nicht verständigen, von dem Präsidenten des zuständigen Handelsgerichts oder, wo ein solches nicht vorhanden ist, von dem Vorsitzenden des Civilgerichts erster Instanz ernannt.

Die schiedsrichterliche Entscheidung muß innerhalb der auf die Niedersetzung des Schiedsgerichts folgenden vierzehn Tage abgegeben werden.

**§ 102.** Die Niederlageverwaltung muß für die wirthschaftliche Erhaltung der Niederlageräume in Dach und Fach, für sichern Verschluß derselben, für Aufrechterhaltung der Ruhe und Ordnung unter den in der Niederlage beschäftigten Personen, sowie für Abwendung von Feuersgefahr im Innern des Gebäudes und dem dazu gehörigen umschlossenen Raum sorgen und haftet für Beschädigungen der lagernden Waaren, welche aus einer ihr zur Last fallenden Unterlassung oder Vernachlässigung dieser Fürsorge entstehen. Diese Verpflichtung tritt erst ein, nachdem die Waare in die Niederlage aufgenommen und die amtliche Bescheinigung hierüber ertheilt worden ist.

Andere Beschädigungen der lagernden Waaren und Unglücksfälle, welche dieselben treffen, hat die Niederlageverwaltung nicht zu vertreten.

**§ 104.** Sind Güter, deren Eigenthümer und Disponenten unbekannt sind, ein Jahr in der Niederlage geblieben, so soll dies unter genauer Bezeichnung derselben zu zwei verschiedenen Malen mit einem Zwischenraum von mindestens vier Wochen durch öffentliche Blätter bekannt gemacht werden, und wenn sich hierauf binnen sechs Monaten nach der letzten Bekanntmachung Niemand meldet, die Niederlageverwaltung berechtigt sein, die Güter öffentlich meistbietend zu verkaufen. Der Erlös bleibt nach Abzug der Bekanntmachungs- und Verkaufskosten, der Abgaben, sowie der etwa auf die Erhaltung der Waaren verwandten Kosten und des Lagergeldes sechs Monate hindurch aufbewahrt und fällt, wenn er bis zu deren Ablauf von Niemand in Anspruch genommen wird, der Staatskasse anheim.

Sind dergleichen Waaren einem schnellen Verderben ausgesetzt, so kann ein früherer Verkauf mit Genehmigung der dem Hauptamte vorgesetzten Behörde in der Art geschehen, daß der Lizitationstermin im Orte zu zwei verschiedenen Malen innerhalb acht Tagen öffentlich bekannt gemacht wird.

Haben Güter, deren Eigenthümer oder Disponent bekannt ist, länger als fünf Jahre gelagert, so ist derselbe, sofern nicht auf seinen Antrag ausnahmsweise eine längere Lagerung bewilligt ist, aufzufordern, die Güter binnen einer Frist, welche vier Wochen nicht überschreiten darf, von der Niederlage zu nehmen. Genügt er dieser Aufforderung nicht, so wird zum öffentlichen Verkauf der Waaren geschritten und der Erlös nach Abzug der Kosten und Abgaben dem Eigenthümer oder Disponenten zugestellt.

**§ 154.** Der in Folge einer Kontrebande oder Defraudation eintretende Verlust der Gegenstände des Vergehens trifft jederzeit den Eigenthümer. Eine Ausnahme findet statt, wenn die Kontrebande oder Defraudation von dem bekannten Frachtfuhrmann oder Schiffer, welchem der Transport allein anvertraut war, ohne Theilnahme oder Mitwissen des Eigenthümers oder des in dessen Namen handelnden Befrachters verübt worden ist, und der Waarenführer nicht zu denjenigen Personen gehört, für welche der Eigenthümer oder der Befrachter nach Vorschrift des § 153 subsidiarisch verhaftet ist. In diesem Falle tritt statt der Konfiskation die Verpflichtung des Waarenführers ein, den Werth jener Gegenstände zu entrichten.

**§ 155.** In allen Fällen, in denen die Konfiskation selbst nicht vollzogen werden kann, ist statt derselben auf Erlegung des Werths der Gegenstände und, wenn dieser nicht zu ermitteln ist, auf Zahlung einer Geldsumme von fünf und zwanzig bis Eintausend Thalern zu erkennen.

**§ 156.** Das Eigenthum der Gegenstände, die der Konfiskation unterliegen, geht in dem Augenblick, wo dieselben in Beschlag genommen worden sind, auf den Staat über, und kann nach den Grundsätzen der Civilgesetze über die Vindikation gegen jeden dritten Besitzer verfolgt werden.

**§ 157.** Zollpflichtige Gegenstände, welche im Grenzbezirke gefunden werden, unterliegen, sofern deren Eigenthum von Niemand in Anspruch genommen und der Nachweis ihrer Verzollung oder ihrer Herkunft aus dem freien Verkehr des Zollvereins nicht erbracht wird, der Beschlagnahme durch die Zollverwaltung.

Mit den hiernach in Beschlag genommenen Gegenständen ist weiter nach den Bestimmungen im Absatz 1 und 2 des § 104 zu verfahren.

---

## 15) Gesetz, betr. die Gleichberechtigung der Konfessionen in bürgerlicher und staatsbürgerlicher Beziehung. Vom 3. Juli 1869.

(BGBl S. 292.)[1]

**Einziger Artikel.** Alle noch bestehenden, aus der Verschiedenheit des religiösen Bekenntnisses hergeleiteten Beschränkungen der bürgerlichen und staatsbürgerlichen Rechte werden hierdurch aufgehoben. Insbesondere soll die Befähigung zur Theilnahme an der Gemeinde- und Landesvertretung und zur Bekleidung öffentlicher Ämter vom religiösen Bekenntniß unabhängig sein.

---

# 1870.

## 16) Gesetz, betr. die Eheschließung und die Beurkundung des Personenstandes von Bundesangehörigen im Auslande. Vom 4. Mai 1870. (BGBl S. 599.)[2]

**§ 1.**[3] Der Bundeskanzler kann einem diplomatischen Vertreter

---

[1] Gilt nicht in Elsaß-Lothringen.

[2] Vgl. G vom 6. Febr. 1875 § 85.

[3] Die einschlagenden Bekanntmachungen des Reichskanzlers sind bis zum Jahre 1873 im RGBl abgedruckt, seit 1873 im Centralblatt für das Deutsche Reich.

Die Gültigkeit derartig geschlossener Ehen erkennen für ihr eigenes Rechtsgebiet nur an: Salvador (Freundschafts-, Handels- und Schifffahrtsvertrag des Bundes für das ganze Gebiet des Staates, bei dessen Hofe oder Regierung derselbe beglaubigt ist, und einem Bundeskonsul für dessen Amtsbezirk die allgemeine Ermächtigung ertheilen, bürgerlich gültige Eheschließungen von Bundesangehörigen vorzunehmen, und die Geburten, Heirathen und Sterbefälle von Bundesangehörigen zu beurkunden.

**§ 2.** Die zur Eheschließung und zur Beurkundung des Personenstandes ermächtigten Beamten (§ 1) haben über die Beurkundung der Geburten, Heirathen und Sterbefälle getrennte Register zu führen. Die vorkommenden Fälle sind in protokollarischer Form unter fortlaufender Nummer in die Register einzutragen. Jedes Register wird in zwei gleichlautenden Originalen nach einem Formulare geführt, welches von dem Bundeskanzler vorgeschrieben wird. Das Formular soll für alle Beamten ein übereinstimmendes sein.

Am Jahresschlusse hat der Beamte die Register abzuschließen und das eine Exemplar derselben dem Bundeskanzler einzusenden. Gleichzeitig hat er den Regierungen der einzelnen Bundesstaaten aus den Registern einen Auszug der Fälle mitzutheilen, welche Angehörige derselben betreffen.

Wenn im Laufe des Jahres in ein Register eine Eintragung nicht erfolgt ist, so hat der Beamte eine amtliche Bescheinigung hierüber am Jahresschlusse dem Bundeskanzler einzusenden.

**§ 3.** Der Schließung der Ehe muß das Aufgebot vorangehen. Vor Beginn desselben sind dem Beamten die zur Eingehung einer Ehe nach den Gesetzen der Heimath der Verlobten nothwendigen Erfordernisse als vorhanden nachzuweisen. Insbesondere haben die Verlobten in beglaubigter Form beizubringen:

1) ihre Geburtsurkunden;
2) die zustimmende Erklärung derjenigen Personen, deren Ein-

---

vom 13. Juni 1870, RGBl 1872, S. 382, Art. 8), Costa Rica (Freundschafts-, Handels- und Schifffahrtsvertrag vom 18. Mai 1875, Art. 9, RGBl 1877, S. 18; vgl. dazu Protokoll vom 21. Nov. 1876, RGBl 1877, S. 37), Brasilien (Konsularvertrag vom 10. Januar 1882, Art. 14, RGBl 1882, S. 78), Serbien (Konsularvertrag vom 6. Januar 1883, Art. 10, RGBl 1883, S. 66), Südafrikanische Republik (Freundschafts- und Handelsvertrag vom 22. Jan. 1885, Art. 16, RGBl 1886, S. 220), Paraguay (Meistbegünstigungsvertrag vom 21. Juli 1887, RGBl 1888, S. 178), ferner Vertrag zwischen dem Deutschen Reich und Italien vom 4. Mai 1891, RGBl S. 113). Nach dem Freundschafts-, Handels-, Schifffahrts- und Konsular-Vertrag mit Hawaii gilt der Grundsatz: locus regit actum (Vertrag vom 5. März/19. September 1879, Art. II. Abs. 3; RGBl 1880, S. 123), vgl. dazu Deklaration vom 10. Febr. 1880 (RGBl 1880, S. 143) Erstens.

Das G vom 4. Mai 1870 findet Anwendung auch auf die deutschen Schutzgebiete. Vgl. G vom 17. April 1886 § 4.

willigung nach den Gesetzen der Heimath der Verlobten erforderlich ist.

Der Beamte kann die Beibringung dieser Urkunden erlassen, wenn ihm die Thatsachen, welche durch dieselben festgestellt werden sollen, persönlich bekannt oder auf andere Weise glaubhaft nachgewiesen sind.

Auch kann er von unbedeutenden Abweichungen in den Urkunden, beispielsweise von einer verschiedenen Schreibart der Namen, oder einer Verschiedenheit der Vornamen absehen, wenn in anderer Weise die Identität der Betheiligten festgestellt wird.

Der Beamte ist berechtigt, den Verlobten die eidesstattliche Versicherung über die Richtigkeit der Thatsachen abzunehmen, welche durch die vorliegenden Urkunden oder die sonst beigebrachten Beweismittel ihm nicht als hinreichend festgestellt erscheinen.

**§ 4.** Das Aufgebot geschieht durch eine Bekanntmachung des Beamten, welche die Vornamen, die Familiennamen, das Alter, den Stand oder das Gewerbe und den Wohnort der Verlobten und ihrer Eltern enthalten muß. Diese Bekanntmachung muß an der Thür oder an einer in die Augen fallenden Stelle vor oder in der Kanzlei des Beamten eine Woche hindurch ausgehängt bleiben. Erscheint an dem Amtssitze des Beamten eine Zeitung, so ist die Bekanntmachung außerdem einmal darin einzurücken, und die Eheschließung nicht vor Ablauf des dritten Tages von dem Tage an zulässig, an welchem das die Bekanntmachung enthaltende Blatt ausgegeben ist. Unter mehreren an dem bezeichneten Orte erscheinenden Zeitungen hat der Beamte die Wahl.

**§ 5.** Wenn eine der aufzubietenden Personen innerhalb der letzten sechs Monate ihren Wohnsitz außerhalb des Amtsbereichs (§ 1) des Beamten gehabt hat, so muß die Bekanntmachung des Aufgebots auch an dem früheren Wohnsitze nach den dort geltenden Vorschriften erfolgen, oder ein gehörig beglaubigtes Zeugniß der Obrigkeit des früheren Wohnortes darüber beigebracht werden, daß daselbst Ehehindernisse in Betreff der einzugehenden Ehe nicht bekannt seien.

**§ 6.** Der Beamte kann aus besonders dringenden Gründen von dem Aufgebote (§§ 4 und 5) ganz dispensiren.

**§ 7.** Die Schließung der Ehe erfolgt in Gegenwart von zwei Zeugen durch die an die Verlobten einzeln und nach einander gerichtete feierliche Frage des Beamten:

ob sie erklären, daß sie die Ehe mit dem gegenwärtigen anderen Theile eingehen wollen,

und durch die bejahende Antwort der Verlobten und durch den hierauf erfolgenden Ausspruch des Beamten, daß er sie nunmehr kraft des Gesetzes für rechtmäßig verbundene Eheleute erkläre.

**§ 8.** Die Ehe erlangt mit dem Abschlusse vor dem Beamten bürgerliche Gültigkeit.

**§ 9.** Die über die geschlossene Ehe in die Register einzutragende Urkunde (Heiraths-Urkunde) muß enthalten:

1) Vor- und Familiennamen, Staatsangehörigkeit, Alter, Stand oder Gewerbe, Geburts- und Wohnort der die Ehe eingehenden Personen;
2) Vor- und Familiennamen, Alter, Stand oder Gewerbe und Wohnort ihrer Eltern;
3) Vor- und Familiennamen, Alter, Stand oder Gewerbe und Wohnort der zugezogenen Zeugen;
4) die auf Befragen des Beamten abgegebene Erklärung der Verlobten, sowie die erfolgte Verkündigung ihrer Verbindung;
5) die Unterschrift der anwesenden Personen.

**§ 10.** Die vorstehenden Bestimmungen über die Eheschließung (§§ 3—9) finden auch Anwendung, wenn nicht beide Verlobte, sondern nur einer derselben ein Bundesangehöriger ist.

**§ 11.** Die Eintragung der Geburt eines Kindes in die Register kann von dem Beamten nur vorgenommen werden, nachdem sich derselbe durch Vernehmung des Vaters des Kindes oder anderer Personen die Überzeugung von der Richtigkeit der einzutragenden Thatsachen verschafft hat.

Diese Eintragung muß enthalten:

1) den Ort, den Tag und die Stunde der Geburt;
2) das Geschlecht des Kindes;
3) die ihm beigelegten Vornamen;
4) Vor- und Familiennamen, Staatsangehörigkeit, Stand oder Gewerbe, sowie den Wohnort der Eltern und zweier bei der Eintragung zuzuziehender Zeugen.
5) die Unterschrift des Vaters, wenn er anwesend ist, und der vorgedachten Zeugen.

**§ 12.** Die Eintragung eines Todesfalles in die Register erfolgt auf Grund der Erklärung zweier Zeugen. Sie muß enthalten:

1) Vor- und Familiennamen des Verstorbenen, dessen Staatsangehörigkeit, Alter, Stand oder Gewerbe, Wohn- und Geburtsort;
2) Vor- und Familiennamen seines Ehegatten;
3) Vor- und Familiennamen, Staatsangehörigkeit, Stand oder Gewerbe und Wohnort der Eltern des Verstorbenen;
4) Ort, Tag und Stunde des erfolgten Todes,

soweit diese Verhältnisse bekannt sind;

5) Vor- und Familiennamen, Alter, Stand oder Gewerbe und Wohnort der Zeugen, welche die Erklärung abgeben, und, wenn es Verwandte des Verstorbenen sind, den Grad ihrer Verwandtschaft;

6) Unterschriften der Zeugen.

**§ 13.** Insoweit durch die Gesetze eines Bundesstaates den diplomatischen Vertretern und Konsuln in Ansehung der Eheschließungen, sowie der Beurkundung der Geburten, Heirathen und Sterbefälle der Angehörigen dieses Staates von einer besonderen Ermächtigung nicht abhängige oder ausgedehntere Befugnisse, als die im gegenwärtigen Gesetze bestimmten, beigelegt sind oder künftig beigelegt werden, stehen diese Befugnisse für die bezeichneten Angehörigen auch den diplomatischen Vertretern des Bundes und den Bundeskonsuln zu.

**§ 14.** Auf die Gebühren, welche für die durch das gegenwärtige Gesetz den Beamten des Bundes überwiesenen Geschäfte und insbesondere für die Ausfertigungen und Abschriften aus den Personenstands-Registern zu erheben sind, findet der § 38 des Bundesgesetzes, betreffend die Organisation der Bundeskonsulate, sowie die Amtsrechte und Pflichten der Bundeskonsuln, vom 8. November 1867 (BGBl S. 137) Anwendung.

---

## 17) Gesetz über die Abgaben von der Flößerei. Vom 1. Juni 1870. (BGBl S. 312.)

**§ 1.** Auf den nur flößbaren Strecken derjenigen natürlichen Wasserstraßen, welche mehreren Bundesstaaten gemeinschaftlich sind, dürfen von der Flößerei mit verbundenen Hölzern Abgaben nur für die Benutzung besonderer zur Erleichterung des Verkehrs bestimmter Anstalten erhoben werden.

Das Bundespräsidium bestimmt für die einzelnen Flüsse Termine, an welchen die fernere Erhebung der nach der vorstehenden Bestimmung unzulässigen Abgaben aufhört.[1]

**§ 2.** Für die Aufhebung der nach § 1 unzulässigen Abgaben wird alsdann eine Entschädigung geleistet, wenn das Recht zur Erhebung der Abgabe auf einem lästigen Privatrechtstitel beruht und nicht einem Bundesstaate zusteht.

Die Leistung der Entschädigung erfolgt aus der Bundeskasse;

---

[1] Vgl. V vom 1. Juni 1870 (BGBl S. 314), 19. Febr. 1871 (RGBl S. 31), 13. Febr. 1874 (RGBl S. 14).

die Entschädigung besteht in dem achtzehnfachen Betrage des durchschnittlichen Reinertrages der Abgabe aus den letzten drei Kalenderjahren vor dem Aufhören der Erhebung.[1]

Der Antrag auf Entschädigung ist bei Vermeidung der Präklusion innerhalb sechs Monaten nach dem Tage, mit welchem die Erhebung der Abgabe aufgehört hat, an das Reichskanzleramt zu richten.[2] Wenn dasselbe den Anspruch ganz oder theilweise zurückweist, so findet gegen diese Entscheidung der Rechtsweg statt. Die Klage muß binnen einer Frist von 90 Tagen, von dem Tage der zurückweisenden Entscheidung an gerechnet, erhoben werden; sie ist gegen den Bundesfiskus, vertreten durch das Bundeskanzler-Amt, zu richten, und bei dem Stadtgerichte zu Berlin als dem zuständigen Prozeßgerichte erster Instanz anzubringen. In letzter Instanz wird von dem Bundes-Oberhandelsgerichte entschieden.

**§ 3.** Abgaben, welche als Entschädigung an Besitzer von Wasserwerken, insbesondere Wehren zu betrachten sind, gehören nicht zu den nach der Bestimmung des § 1 unzulässigen. Es dürfen jedoch vom 1. Januar 1872 an dergleichen Abgaben:

1) nur in Gelde nach Tarifen, welche von den Landesregierungen festgestellt worden, erhoben werden;
2) den Betrag, in welchem sie bisher erhoben sind, und das Maß einer billigen Entschädigung für geleistete Dienste, Beschädigung der Wehre, oder gehinderten Betrieb nicht überschreiten;
3) bei neu angelegten Mühlen oder nicht mehr vorhandenen Wehren überall nicht erhoben werden.

---

## 18) Gesetz über die Erwerbung und den Verlust der Bundes- und Staatsangehörigkeit. Vom 1. Juni 1870. (BGBl S. 355.)

**§ 1.** Die Bundesangehörigkeit wird durch die Staatsangehörigkeit in einem Bundesstaate erworben und erlischt mit deren Verlust.

[Angehörige des Großherzogthums Hessen besitzen die Bundesangehörigkeit nur dann, wenn sie in den zum Bunde gehörigen Theilen des Großherzogthums heimathsberechtigt sind.][3]

---

[1] Fassung auf Grund von §§ 8, 12 des Gesetzes vom 22. April 1871 (RGBl S. 87).

[2] Fassung auf Grund von §§ 8, 12 des Gesetzes vom 22. April 1871 (RGBl S. 87).

[3] Der § 1, Abs. 2 ist geltungslos geworden durch G vom 22. April 1871, betr. die Einführung Norddeutscher Bundesgesetze in Bayern (RGBl S. 87): § 9. Das Gesetz über die Erwerbung und den Verlust der Bundes- und Staatsangehörigkeit vom 1. Juni 1870 tritt mit dem Tage der Wirksamkeit des gegenwärtigen Gesetzes in Kraft, jedoch mit Ausnahme der Bestimmungen im § 1 Abs. 2 § 8 Abs. 3 und § 16. — § 12 Die in den §§ 3. 8. und 9 getroffenen Abänderungen der dort bezeichneten Gesetze finden im ganzen Reiche Anwendung...

§ 2. Die Staatsangehörigkeit in einem Bundesstaate wird fortan nur begründet:

1) durch Abstammung (§ 3),
2) durch Legitimation (§ 4),
3) durch Verheirathung (§ 5),
4) für einen Norddeutschen durch Aufnahme und } (§§ 6 ff.)
5) für einen Ausländer durch Naturalisation } (§§ 6 ff.)

Die Adoption allein hat für sich diese Wirkung nicht.

§ 3. Durch die Geburt, auch wenn diese im Auslande erfolgt, erwerben eheliche Kinder eines Norddeutschen die Staatsangehörigkeit des Vaters, uneheliche Kinder einer Norddeutschen die Staatsangehörigkeit der Mutter.

§ 4. Ist der Vater eines unehelichen Kindes ein Norddeutscher und besitzt die Mutter nicht die Staatsangehörigkeit des Vaters, so erwirbt das Kind durch eine den gesetzlichen Bestimmungen gemäß erfolgte Legitimation die Staatsangehörigkeit des Vaters.

§ 5. Die Verheirathung mit einem Norddeutschen begründet für die Ehefrau die Staatsangehörigkeit des Mannes. . . . .

§ 11. Die Verleihung der Staatsangehörigkeit erstreckt sich, insofern nicht dabei eine Ausnahme gemacht wird, zugleich auf die Ehefrau und die noch unter väterlicher Gewalt stehenden minderjährigen Kinder. . .

§ 13. Die Staatsangehörigkeit geht fortan nur verloren:

1) durch Entlassung auf Antrag (§§ 14 ff.);
2) durch Ausspruch der Behörde (§§ 20 und 22);
3) durch zehnjährigen Aufenthalt im Auslande (§ 21);
4) bei unehelichen Kindern durch eine den gesetzlichen Bestimmungen gemäß erfolgte Legitimation, wenn der Vater einem anderen Staate angehört als die Mutter.
5) bei einer Norddeutschen durch Verheirathung mit dem Angehörigen eines anderen Bundesstaates oder einem Ausländer. . . . .

§ 19. Die Entlassung erstreckt sich, insofern nicht dabei eine Ausnahme gemacht wird, zugleich auf die Ehefrau und die noch unter väterlicher Gewalt stehenden minderjährigen Kinder.

---

## 19) Gesetz über den Unterstützungswohnsitz. Vom 6. Juni 1870. (BGBl S. 360.)[1]

§ 1. Jeder Norddeutsche ist in jedem Bundesstaate in Bezug

a) auf die Art und das Maß der im Falle der Hülfsbedürftigkeit zu gewährenden öffentlichen Unterstützung,

---

[1] Gilt nicht für Bayern (Vertrag vom 23. Nov. 1870, Art. 79 unter III. § 1, RGBl 1871, S. 18) und Elsaß-Lothringen.

b) auf den Erwerb und Verlust des Unterstützungswohnsitzes als Inländer zu behandeln.

Die Bestimmungen in § 7 des Gesetzes über die Freizügigkeit vom 1. November 1867 (BGBl S. 55) sind auf Norddeutsche ferner nicht anwendbar.

**§ 2.** Die öffentliche Unterstützung hülfsbedürftiger Norddeutscher wird, nach näherer Vorschrift dieses Gesetzes, durch Ortsarmenverbände und durch Landarmenverbände geübt.

**§ 3.** Ortsarmenverbände können aus einer oder mehreren Gemeinden und, wo die Gutsbezirke außerhalb der Gemeinden stehen, aus einem oder mehreren Gutsbezirken, beziehungsweise aus Gemeinden und Gutsbezirken zusammengesetzt sein. Alle zu einem Ortsarmenverbande vereinigten Gemeinden und Gutsbezirke gelten in Ansehung der durch dieses Gesetz geregelten Verhältnisse als eine Einheit.

**§ 4.** Wo räumlich abgegrenzte Ortsarmenverbände noch nicht bestehen, sind dieselben bis zum 1. Juli 1871 einzurichten. Bis zum gleichen Termin muß jedes Grundstück, welches noch zu keinem Ortsarmenverbande gehört, entweder einem angrenzenden Ortsarmenverbande nach Anhörung der Betheiligten durch die zuständige Behörde (§ 8) zugeschlagen, oder selbstständig als Ortsarmenverband eingerichtet werden. . . . .

**§ 15.** Die Ehefrau theilt vom Zeitpunkte der Eheschließung ab den Unterstützungswohnsitz des Mannes.

**§ 16.** Wittwen und rechtskräftig geschiedene Ehefrauen behalten den bei Auflösung der Ehe gehabten Unterstützungswohnsitz so lange, bis sie denselben nach den Vorschriften der §§ 22, Nr. 2, 23—27 verloren oder einen anderweitigen Unterstützungswohnsitz nach Vorschrift der §§ 9—14 erworben haben.

**§ 17.** Als selbstständig in Beziehung auf den Erwerb und Verlust des Unterstützungswohnsitzes gilt die Ehefrau auch während der Dauer der Ehe, wenn und so lange der Ehemann sie böslich verlassen hat, ferner wenn und so lange sie während der Dauer der Haft des Ehemannes oder in Folge ausdrücklicher Einwilligung desselben oder kraft der nach den Landesgesetzen ihr zustehenden Befugniß vom Ehemanne getrennt lebt und ohne dessen Beihülfe ihre Ernährung findet.

**§ 18.** Eheliche und den ehelichen gesetzlich gleichstehende Kinder theilen, vorbehaltlich der Bestimmung des § 20, den Unterstützungswohnsitz des Vaters so lange, bis sie denselben nach Vorschrift der §§ 22, Nr. 2, 23—27 verloren, oder einen anderweitigen Unterstützungswohnsitz nach Vorschrift der §§ 9—14 erworben haben.

Sie behalten diesen Unterstützungswohnsitz auch nach dem Tode des Vaters bis zu dem vorstehend gedachten Zeitpunkte, vorbehaltlich der Bestimmung des § 19.

**§ 19.** Wenn die Mutter den Vater überlebt, so theilen nach Auflösung der Ehe durch den Tod des Vaters die ehelichen und den ehelichen gesetzlich gleichstehenden Kinder den Unterstützungswohnsitz der Mutter in dem Umfange des § 18.

Gleiches gilt im Falle des § 17, sofern die Kinder bei der Trennung vom Hausstande des Vaters der Mutter gefolgt sind.

**§ 20.** Bei der Scheidung der Ehe theilen die ehelichen und den ehelichen gleichstehenden Kinder in dem Umfange des § 18 den Unterstützungswohnsitz der Mutter, wenn dieser die Erziehung der Kinder zusteht.

**§ 21.** Uneheliche Kinder theilen in dem Umfange des § 18 den Unterstützungswohnsitz der Mutter.

**§ 61.** Durch die Bestimmungen des Gesetzes werden Rechte und Verbindlichkeiten nur zwischen den zur Gewährung öffentlicher Unterstützung nach Vorschrift dieses Gesetzes verpflichteten Verbänden (Orts-, Landarmenverbände, Bundesstaaten) begründet.

Daher werden die auf anderen Titeln (Familien- und Dienstverhältniß, Vertrag, Genossenschaft, Stiftung u. s. w.) beruhenden Verpflichtungen, einen Hülfsbedürftigen zu unterstützen, von den Bestimmungen dieses Gesetzes nicht betroffen.

**§ 62.** Jeder Armenverband, welcher nach Vorschrift dieses Gesetzes einen Hülfsbedürftigen unterstützt hat, ist befugt, Ersatz derjenigen Leistungen, zu deren Gewährung ein Dritter aus anderen, als den durch dieses Gesetz begründeten Titeln verpflichtet ist, von dem Verpflichteten in demselben Maße und unter denselben Voraussetzungen zu fordern, als dem Unterstützten auf jene Leistungen ein Recht zusteht.

Der Einwand, daß der unterstützende Armenverband den Ersatz von einem anderen Armenverbande zu fordern berechtigt sei, darf demselben hierbei nicht entgegengestellt werden.

---

## 20) Gesetz, betr. das Urheberrecht an Schriftwerken, Abbildungen, musikalischen Kompositionen und dramatischen Werken. Vom 11. Juni 1870. (BGBl S. 339.)[1]

### I. Schriftstücke.

#### a. Ausschließliches Recht des Urhebers.

**§ 1.** Das Recht, ein Schriftwerk auf mechanischem Wege zu vervielfältigen, steht dem Urheber desselben ausschließlich zu.

---

[1] Vgl. unten die Gesetze vom 9. 10. 11. Januar 1876. Für Bayern vgl. auch § 11 des Gesetzes betr. die Einführung Norddeutscher Bundesgesetze in Bayern. Vom 22. April 1871. (RGBl S. 87).: Das Gesetz, betreffend das

**§ 2.** Dem Urheber wird in Beziehung auf den durch das gegenwärtige Gesetz gewährten Schutz der Herausgeber eines aus Beiträgen Mehrerer bestehenden Werkes gleich geachtet, wenn dieses ein einheitliches Ganzes bildet.

Das Urheberrecht an den einzelnen Beiträgen steht den Urhebern derselben zu.

**§ 3.** Das Recht des Urhebers geht auf dessen Erben über. Dieses Recht kann beschränkt oder unbeschränkt durch Vertrag oder durch Verfügung von Todeswegen auf Andere übertragen werden.

b. Verbot des Nachdrucks.

**§ 4.** Jede mechanische Vervielfältigung eines Schriftwerkes, welche ohne Genehmigung des Berechtigten (§§ 1, 2, 3) hergestellt wird, heißt Nachdruck und ist verboten.

Hinsichtlich dieses Verbotes macht es keinen Unterschied, ob das Schriftwerk ganz oder nur theilweise vervielfältigt wird.

Als mechanische Vervielfältigung ist auch das Abschreiben anzusehen, wenn es dazu bestimmt ist, den Druck zu vertreten.

**§ 5.** Als Nachdruck (§ 4) ist auch anzusehen:

a) der ohne Genehmigung des Urhebers erfolgte Abdruck von noch nicht veröffentlichten Schriftwerken (Manuskripten).

Auch der rechtmäßige Besitzer eines Manuskriptes oder einer Abschrift desselben bedarf der Genehmigung des Urhebers zum Abdruck;

b) der ohne Genehmigung des Urhebers erfolgte Abdruck von Vorträgen, welche zum Zwecke der Erbauung, der Belehrung oder der Unterhaltung gehalten sind;

c) der neue Abdruck von Werken, welchen der Urheber oder der Verleger dem unter ihnen bestehenden Vertrage zuwider veranstaltet;

d) die Anfertigung einer größeren Anzahl von Exemplaren eines Werkes seitens des Verlegers, als demselben vertragsmäßig oder gesetzlich gestattet ist.

**§ 6.** Übersetzungen ohne Genehmigung des Urhebers des Originalwerkes gelten als Nachdruck:

a) wenn von einem, zuerst in einer todten Sprache erschienenen Werke eine Übersetzung in einer lebenden Sprache herausgegeben wird;

b) wenn von einem gleichzeitig in verschiedenen Sprachen heraus-

---

Urheberrecht an Schriftwerken, Abbildungen, musikalischen Kompositionen und dramatischen Werken, vom 11. Juni 1870 tritt am 1. Januar 1872 in Wirksamkeit unbeschadet der fortdauernden Geltung des Art. 68 des bayerischen Gesetzes über den Schutz der Urheberrechte an literarischen Erzeugnissen und Werken der Kunst vom 28. Juni 1865. [Dieser Art. 68 betrifft die Pflichtexemplare der bayerischen Verleger.]

gegebenen Werke eine Übersetzung in einer dieser Sprachen veranstaltet wird;

c) wenn der Urheber sich das Recht der Übersetzung auf dem Titelblatte oder an der Spitze des Werkes vorbehalten hat, vorausgesetzt, daß die Veröffentlichung der vorbehaltenen Übersetzung nach dem Erscheinen des Originalwerkes binnen einem Jahre begonnen und binnen drei Jahren beendet wird. Das Kalenderjahr, in welchem das Originalwerk erschienen ist, wird hierbei nicht mitgerechnet.

Bei Originalwerken, welche in mehreren Bänden oder Abtheilungen erscheinen, wird jeder Band oder jede Abtheilung im Sinne dieses Paragraphen als ein besonderes Werk angesehen, und muß der Vorbehalt der Übersetzung auf jedem Bande oder jeder Abtheilung wiederholt werden.

Bei dramatischen Werken muß die Übersetzung innerhalb sechs Monaten, vom Tage der Veröffentlichung des Originals an gerechnet, vollständig erschienen sein.

Der Beginn und beziehungsweise die Vollendung der Übersetzung muß zugleich innerhalb der angegebenen Fristen zur Eintragung in die Eintragsrolle (§§ 39 ff.) angemeldet werden, widrigenfalls der Schutz gegen neue Übersetzungen erlischt.

Die Übersetzung eines noch ungedruckten gegen Nachdruck geschützten Schriftwerkes (§ 5 Littr. a und b) ist als Nachdruck anzusehen.

Übersetzungen genießen gleich Originalwerken den Schutz dieses Gesetzes gegen Nachdruck.

### c. Was nicht als Nachdruck anzusehen ist.

**§ 7.** Als Nachdruck ist nicht anzusehen:

a) das wörtliche Anführen einzelner Stellen oder kleinerer Theile eines bereits veröffentlichten Werkes oder die Aufnahme bereits veröffentlichter Schriften von geringerem Umfang in ein größeres Ganzes, sobald dieses nach seinem Hauptinhalt ein selbstständiges wissenschaftliches Werk ist, sowie in Sammlungen, welche aus Werken mehrerer Schriftsteller, zum Kirchen-, Schul- und Unterrichtsgebrauch oder zu einem eigenthümlichen literarischen Zwecke veranstaltet werden. Vorausgesetzt ist jedoch, daß der Urheber oder die benutzte Quelle angegeben ist;

b) der Abdruck einzelner Artikel aus Zeitschriften und anderen öffentlichen Blättern mit Ausnahme von novellistischen Erzeugnissen und wissenschaftlichen Ausarbeitungen, sowie von sonstigen größeren Mittheilungen, sofern an der Spitze der letzteren der Abdruck untersagt ist;

c) der Abdruck von Gesetzbüchern, Gesetzen, amtlichen Erlassen, öffentlichen Aktenstücken und Verhandlungen aller Art;

d) der Abdruck von Reden, welche bei den Verhandlungen der Gerichte, der politischen, kommunalen und kirchlichen Vertretungen, sowie der politischen und ähnlichen Versammlungen gehalten werden.

d. Dauer des ausschließlichen Rechtes des Urhebers.

**§ 8.** Der Schutz des gegenwärtigen Gesetzes gegen Nachdruck wird, vorbehaltlich der folgenden besonderen Bestimmungen, für die Lebensdauer des Urhebers (§§ 1 und 2) und dreißig Jahre nach dem Tode desselben gewährt.

**§ 9.** Bei einem von mehreren Personen als Miturheber verfaßten Werke erstreckt sich die Schutzfrist auf die Dauer von dreißig Jahren nach dem Tode des Letztlebenden derselben.

Bei Werken, welche durch Beiträge mehrerer Mitarbeiter gebildet werden, richtet sich die Schutzfrist für die einzelnen Beiträge danach, ob die Urheber derselben genannt sind oder nicht (§§ 8, 11).

**§ 10.** Einzelne Aufsätze, Abhandlungen 2c., welche in periodischen Werken, als: Zeitschriften, Taschenbüchern, Kalendern 2c., erschienen sind, darf der Urheber, falls nicht Anderes verabredet ist, auch ohne Einwilligung des Herausgebers oder Verlegers des Werkes, in welches dieselben aufgenommen sind, nach zwei Jahren vom Ablauf des Jahres des Erscheinens an gerechnet, anderweitig abdrucken.

**§ 11.** Bei Schriftwerken, welche bereits veröffentlicht sind, ist die im § 8 vorgeschriebene Dauer des Schutzes an die Bedingung geknüpft, daß der wahre Name des Urhebers auf dem Titelblatte oder unter der Zueignung oder unter der Vorrede angegeben ist.

Bei Werken, welche durch Beiträge mehrerer Mitarbeiter gebildet werden, genügt es für den Schutz der Beiträge, wenn der Name des Urhebers an der Spitze oder am Schluß des Beitrags angegeben ist.

Ein Schriftwerk, welches entweder unter einem anderen, als dem wahren Namen des Urhebers veröffentlicht, oder bei welchem ein Urheber gar nicht angegeben ist, wird dreißig Jahre lang, von der ersten Herausgabe an gerechnet, gegen Nachdruck geschützt (§ 28).

Wird innerhalb dreißig Jahre, von der ersten Herausgabe an gerechnet, der wahre Name des Urhebers von ihm selbst oder seinen hierzu legitimirten Rechtsnachfolgern zur Eintragung in die Eintragsrolle (§ 39 ff.) angemeldet, so wird dadurch dem Werke die im § 8 bestimmte längere Dauer des Schutzes erworben.

**§ 12.** Die erst nach dem Tode des Urhebers erschienenen Werke werden dreißig Jahre lang, vom Tode des Urhebers an gerechnet, gegen Nachdruck geschützt.

**§ 13.** Akademien, Universitäten, sonstige juristische Personen, öffentliche Unterrichtsanstalten, sowie gelehrte oder andere Gesellschaften, wenn sie als Herausgeber dem Urheber gleich zu achten sind (§ 2), genießen für die von ihnen herausgegebenen Werke einen Schutz von dreißig Jahren nach deren Erscheinen.

**§ 14.** Bei Werken, die in mehreren Bänden oder Abtheilungen erscheinen, wird die Schutzfrist von dem ersten Erscheinen eines jeden Bandes oder einer jeden Abtheilung an berechnet.

Bei Werken jedoch, die in einem oder mehreren Bänden eine einzige Aufgabe behandeln und mithin als in sich zusammenhängend zu betrachten sind, beginnt die Schutzfrist erst nach dem Erscheinen des letzten Bandes oder der letzten Abtheilung.

Wenn indessen zwischen der Herausgabe einzelner Bände oder Abtheilungen ein Zeitraum von mehr als drei Jahren verflossen ist, so sind die vorher erschienenen Bände, Abtheilungen rc als ein für sich bestehendes Werk und ebenso die nach Ablauf der drei Jahre erscheinenden weiteren Fortsetzungen als ein neues Werk zu behandeln.

**§ 15.** Das Verbot der Herausgabe von Übersetzungen dauert in dem Falle des § 6 Littr. b fünf Jahre vom Erscheinen des Originalwerkes, in dem Falle des § 6 Littr. c fünf Jahre vom ersten Erscheinen der rechtmäßigen Uebersetzung ab gerechnet.

**§ 16.** In den Zeitraum der gesetzlichen Schutzfrist (§§ 8 ff.) wird das Todesjahr des Verfassers, beziehungsweise das Kalenderjahr des ersten Erscheinens des Werkes oder der Uebersetzung nicht eingerechnet.

**§ 17.** Ein Heimfallsrecht des Fiskus oder anderer zu herrenlosen Verlassenschaften berechtigter Personen findet auf das ausschließliche Recht des Urhebers und seiner Rechtsnachfolger nicht statt.

### e. Entschädigung und Strafen.

**§ 18.** Wer vorsätzlich oder aus Fahrlässigkeit einen Nachdruck (§§ 4 ff.) in der Absicht, denselben innerhalb oder außerhalb des Norddeutschen Bundes zu verbreiten, veranstaltet, ist den Urheber oder dessen Rechtsnachfolger zu entschädigen verpflichtet und wird außerdem mit einer Geldstrafe bis zu Eintausend Thalern bestraft.

Die Bestrafung des Nachdrucks bleibt jedoch ausgeschlossen, wenn der Veranstalter desselben auf Grund entschuldbaren, *thatsächlichen oder rechtlichen* Irrthums in gutem Glauben gehandelt hat.

Kann die verwirkte Geldstrafe nicht beigetrieben werden, so wird dieselbe nach Maßgabe der allgemeinen Strafgesetze in eine entsprechende Freiheitsstrafe bis zu sechs Monaten umgewandelt.

Statt jeder aus diesem Gesetze entspringenden Entschädigung kann auf Verlangen des Beschädigten neben der Strafe auf eine an den Beschädigten zu erlegende Geldbuße bis zum Betrage von zweitausend Thalern erkannt werden. Für diese Buße haften die zu derselben Verurtheilten als Gesammtschuldner.

Eine erkannte Buße schließt die Geltendmachung eines weiteren Entschädigungsanspruches aus.

Wenn den Veranstalter des Nachdrucks kein Verschulden trifft, so haftet er dem Urheber oder dessen Rechtsnachfolger für den entstandenen Schaden nur bis zur Höhe seiner Bereicherung.

**§ 19.** Darüber, ob ein Schaden entstanden ist, und wie hoch sich derselbe beläuft, desgleichen über den Bestand und die Höhe einer Bereicherung, entscheidet das Gericht unter Würdigung aller Umstände nach freier Überzeugung.

**§ 20.** Wer vorsätzlich oder aus Fahrlässigkeit einen Anderen zur Veranstaltung eines Nachdrucks veranlaßt, hat die im § 18 festgesetzte Strafe verwirkt, und ist den Urheber oder dessen Rechtsnachfolger nach Maßgabe der §§ 18 und 19 zu entschädigen verpflichtet, und zwar selbst dann, wenn der Veranstalter des Nachdrucks nach § 18 nicht strafbar oder ersatzverbindlich sein sollte.

Wenn der Veranstalter des Nachdrucks ebenfalls vorsätzlich oder aus Fahrlässigkeit gehandelt hat, so haften Beide dem Berechtigten solidarisch.

Die Strafbarkeit und die Ersatzverbindlichkeit der übrigen Theilnehmer am Nachdruck richtet sich nach den allgemeinen gesetzlichen Vorschriften.

**§ 21.** Die vorräthigen Nachdrucks-Exemplare und die zur widerrechtlichen Vervielfältigung ausschließlich bestimmten Vorrichtungen, wie Formen, Platten, Steine, Stereotypabgüsse ꝛc., unterliegen der Einziehung. Dieselben sind, nachdem die Einziehung dem Eigenthümer gegenüber rechtskräftig erkannt ist, entweder zu vernichten oder ihrer gefährdenden Form zu entkleiden und alsdann dem Eigenthümer zurückzugeben.

Wenn nur ein Theil des Werkes als Nachdruck anzusehen ist, so erstreckt sich die Einziehung nur auf den als Nachdruck erkannten Theil des Werkes und die Vorrichtungen zu diesem Theile.

Die Einziehung erstreckt sich auf alle diejenigen Nachdrucks-Exemplare und Vorrichtungen, welche sich im Eigenthum des Veranstalters des Nachdrucks, des Druckers, der Sortimentsbuchhändler, der gewerbsmäßigen Verbreiter und desjenigen, welcher den Nachdruck veranlaßt hat (§ 20), befinden.

Die Einziehung tritt auch dann ein, wenn der Veranstalter oder

Veranlasser des Nachdrucks weder vorsätzlich noch fahrlässig gehandelt hat (§ 18). Sie erfolgt auch gegen die Erben desselben.

Es steht dem Beschädigten frei, die Nachdrucks-Exemplare und Vorrichtungen ganz oder theilweise gegen die Herstellungskosten zu übernehmen, insofern nicht die Rechte eines Dritten dadurch verletzt oder gefährdet werden.

**§ 22.** Das Vergehen des Nachdrucks ist vollendet, sobald ein Nachdrucks-Exemplar eines Werkes den Vorschriften des gegenwärtigen Gesetzes zuwider, sei es im Gebiet des Norddeutschen Bundes, sei es außerhalb desselben hergestellt worden ist.

Im Falle des bloßen Versuchs des Nachdrucks tritt weder eine Bestrafung noch eine Entschädigungsverbindlichkeit des Nachdruckers ein. Die Einziehung der Nachdrucksvorrichtungen (§ 21) erfolgt auch in diesem Falle.

**§ 23.** Wegen Rückfalls findet eine Erhöhung der Strafe über das höchste gesetzliche Maaß (§ 18) nicht statt.

**§ 24.** Wenn in den Fällen des § 7 Littr. a die Angabe der Quelle oder des Namens des Urhebers vorsätzlich oder aus Fahrlässigkeit unterlassen wird, so haben der Veranstalter und der Veranlasser des Abdrucks eine Geldstrafe bis zu zwanzig Thalern verwirkt.

Eine Umwandlung der Geldstrafe in Freiheitsstrafe findet nicht statt.

Eine Entschädigungspflicht tritt nicht ein.

**§ 25.** Wer vorsätzlich Exemplare eines Werkes, welche den Vorschriften des gegenwärtigen Gesetzes zuwider angefertigt worden sind, innerhalb oder außerhalb des Norddeutschen Bundes gewerbemäßig feilhält, verkauft oder in sonstiger Weise verbreitet, ist nach Maßgabe des von ihm verursachten Schadens den Urheber oder dessen Rechtsnachfolger zu entschädigen verpflichtet und wird außerdem mit Geldstrafe nach § 18 bestraft.

Die Einziehung der zur gewerbemäßigen Verbreitung bestimmten Nachdrucks-Exemplare nach Maßgabe des § 21 findet auch dann statt, wenn der Verbreiter nicht vorsätzlich gehandelt hat.

Der Entschädigungspflicht, sowie der Bestrafung wegen Verbreitung unterliegen auch der Veranstalter und Veranlasser des Nachdrucks, wenn sie nicht schon als solche entschädigungspflichtig und strafbar sind.

### f. Verfahren.

**§ 26.** Sowohl die Entscheidung über den Entschädigungsanspruch, als auch die Verhängung der im gegenwärtigen Gesetze angedrohten Strafen und die Einziehung der Nachdrucks=Exemplare ꝛc. gehört zur Kompetenz der ordentlichen Gerichte.

Die Einziehung der Nachdrucks=Exemplare ꝛc. kann sowohl im Strafrechtswege beantragt, als im Civilrechtswege verfolgt werden.

**§ 27.** Das gerichtliche Strafverfahren ist nicht von Amtswegen, sondern nur auf den Antrag des Verletzten einzuleiten. Der Antrag auf Bestrafung kann bis zur Verkündung eines auf Strafe lautenden Erkenntnisses zurückgenommen werden.

**§ 28.** Die Verfolgung des Nachdrucks steht Jedem zu, dessen Urheber= oder Verlagsrechte durch die widerrechtliche Vervielfältigung beeinträchtigt oder gefährdet sind.

Bei Werken, welche bereits veröffentlicht sind, gilt bis zum Gegenbeweise derjenige als Urheber, welcher nach Maßgabe des § 11 Absatz 1. 2 auf dem Werke als Urheber angegeben ist.

Bei anonymen und pseudonymen Werken ist der Herausgeber, und wenn ein solcher nicht angegeben ist, der Verleger berechtigt, die dem Urheber zustehenden Rechte wahrzunehmen. Der auf dem Werke angegebene Verleger gilt ohne weiteren Nachweis als der Rechtsnachfolger des anonymen oder pseudonymen Urhebers.

**§ 29.** In den Rechtsstreitigkeiten wegen Nachdrucks, einschließlich der Klagen wegen Bereicherung aus dem Nachdruck, hat der Richter, ohne an positive Regeln über die Wirkung der Beweismittel gebunden zu sein, den Thatbestand nach seiner freien, aus dem Inbegriff der Verhandlungen geschöpften Ueberzeugung festzustellen.

Ebenso ist der Richter bei Entscheidung der Frage: ob der Nachdrucker oder der Veranlasser des Nachdrucks (§§ 18, 20) fahrlässig gehandelt hat, an die in den Landesgesetzen vorgeschriebenen verschiedenen Grade der Fahrlässigkeit nicht gebunden.

**§ 30.** Sind technische Fragen, von welchen der Thatbestand des Nachdrucks oder der Betrag des Schadens oder der Bereicherung abhängt, zweifelhaft oder streitig, so ist der Richter befugt, das Gutachten Sachverständiger einzuholen.

**§ 31.** In allen Staaten des Norddeutschen Bundes sollen aus Gelehrten, Schriftstellern, Buchhändlern und anderen geeigneten Personen Sachverständigen=Vereine gebildet werden, welche, auf Erfordern des Richters, Gutachten über die an sie gerichteten Fragen abzugeben verpflichtet sind. Es bleibt den einzelnen Staaten überlassen, sich zu diesem Behufe an andere Staaten des Norddeutschen Bundes anzuschließen, oder auch mit denselben sich zur Bildung gemeinschaftlicher Sachverständigen=Vereine zu verbinden.

Die Sachverständigen=Vereine sind befugt, auf Anrufen der Betheiligten über streitige Entschädigungsansprüche und die Einziehung nach Maßgabe der §§ 18 bis 21 als Schiedsrichter zu verhandeln und zu entscheiden.

Das Bundeskanzler-Amt erläßt die Instruktion[1] über die Zusammensetzung und den Geschäftsbetrieb der Sachverständigen-Vereine.

**§ 32.** Die in den §§ 12 und 13 des Gesetzes, betreffend die Errichtung eines obersten Gerichtshofes für Handelssachen vom 12. Juni 1869 (BGBl S. 201), geregelte Zuständigkeit des Bundes-Oberhandelsgerichts zu Leipzig wird auf diejenigen bürgerlichen Rechtsstreitigkeiten ausgedehnt, in welchen auf Grund der Bestimmungen dieses Gesetzes durch die Klage ein Entschädigungsanspruch oder ein Anspruch auf Einziehung geltend gemacht wird.

Das Bundes-Oberhandelsgericht tritt auch in den nach den Bestimmungen dieses Gesetzes zu beurtheilenden Strafsachen an die Stelle des für das Gebiet, in welchem die Sache in erster Instanz anhängig geworden ist, nach den Landesgesetzen bestehenden obersten Gerichtshofes, und zwar mit derjenigen Zuständigkeit, welche nach diesen Landesgesetzen dem obersten Gerichtshofe gebührt.

In den zufolge der vorstehenden Bestimmung zur Zuständigkeit des Bundes-Oberhandelsgerichts gehörenden Strafsachen bestimmt sich das Verfahren auch bei diesem Gerichtshofe nach den für das Gebiet, aus welchem die Sache an das Bundes-Oberhandelsgericht gelangt, geltenden Strafprozeßgesetzen. Die Verrichtungen der Staatsanwaltschaft in diesen Strafsachen werden bei dem Bundes-Oberhandelsgericht von dem Staatsanwalt wahrgenommen, welcher dieselben bei dem betreffenden obersten Landesgerichtshofe wahrzunehmen hat. Der bezeichnete Staatsanwalt kann sich jedoch bei der mündlichen Verhandlung durch einen in Leipzig angestellten Staatsanwalt oder durch einen in Leipzig wohnenden Advokaten vertreten lassen.

Strafsachen, für welche in letzter Instanz das Bundes-Oberhandelsgericht zuständig ist, und Strafsachen, für welche in letzter Instanz der oberste Landesgerichtshof zuständig ist, können in Einem Strafverfahren nicht verbunden werden.

Die Bestimmungen der §§ 10, 12 Absatz 2, § 16 Absatz 2, §§ 17, 18, 21 und 22 des Gesetzes vom 12. Juni 1869 finden auch auf die zur Zuständigkeit des Bundes-Oberhandelsgerichts gehörenden Strafsachen entsprechende Anwendung.

---

[1] Vgl. Instruktion vom 12. Dez. 1870 (BGBl S. 621) und Bekanntmachung betr. die Abänderung des § 6 der Instruktion vom 12. Dez. 1870. Vom 16. Juli 1879 (RGBl S. 266), Bekanntmachung vom 16. Juli 1879 (CBl S. 490), Bekanntmachung vom 25. Okt. 1882 (CBl S. 417).

## g. Verjährung.

**§ 33.** Die Strafverfolgung des Nachdrucks und die Klage auf Entschädigung wegen Nachdrucks, einschließlich der Klage wegen Bereicherung (§ 18), verjähren in drei Jahren.

Der Lauf der Verjährung beginnt mit dem Tage, an welchem die Verbreitung der Nachdrucks-Exemplare zuerst stattgefunden hat.

**§ 34.** Die Strafverfolgung der Verbreitung von Nachdrucks-Exemplaren und die Klage auf Entschädigung wegen dieser Verbreitung (§ 25) verjähren ebenfalls in drei Jahren.

Der Lauf der Verjährung beginnt mit dem Tage, an welchem die Verbreitung zuletzt stattgefunden hat.

**§ 35.** Der Nachdruck und die Verbreitung von Nachdrucks-Exemplaren sollen straflos bleiben, wenn der zum Strafantrage Berechtigte den Antrag binnen drei Monaten nach erlangter Kenntniß von dem begangenen Vergehen und von der Person des Thäters zu machen unterläßt.

**§ 36.** Der Antrag auf Einziehung und Vernichtung der Nachdrucks-Exemplare, sowie der zur widerrechtlichen Vervielfältigung ausschließlich bestimmten Vorrichtungen (§ 21), ist so lange zulässig, als solche Exemplare und Vorrichtungen vorhanden sind.

**§ 37.** Die Uebertretung, welche dadurch begangen wird, daß in den Fällen des § 7 Littr. a die Angabe der Quelle oder des Namens des Urhebers unterblieben ist, verjährt in drei Monaten.

Der Lauf der Verjährung beginnt mit dem Tage, an welchem der Abdruck zuerst verbreitet worden ist.

**§ 38.** Die allgemeinen gesetzlichen Vorschriften bestimmen, durch welche Handlungen die Verjährung unterbrochen wird.

Die Einleitung des Strafverfahrens unterbricht die Verjährung der Entschädigungsklage nicht, und eben so wenig unterbricht die Anstellung der Entschädigungsklage die Verjährung des Strafverfahrens.

## h. Eintragsrolle.

**§ 39.** Die Eintragsrolle, in welche die in den §§ 6 und 11 vorgeschriebenen Eintragungen stattzufinden haben, wird bei dem Stadtrath zu Leipzig geführt.

**§ 40.** Der Stadtrath zu Leipzig ist verpflichtet, auf Antrag der Betheiligten die Eintragungen zu bewirken, ohne daß eine zuvorige Prüfung über die Berechtigung des Antragstellers oder über die Richtigkeit der zur Eintragung angemeldeten Thatsachen stattfindet.

**§ 41.** Das Bundeskanzler-Amt erläßt die Instruktion[1] über die Führung der Eintragsrolle. Es ist Jedermann gestattet, von der Eintragsrolle Einsicht zu nehmen und sich beglaubigte Auszüge aus derselben ertheilen zu lassen. Die Eintragungen werden im Börsenblatt für den Deutschen Buchhandel und, falls dasselbe zu erscheinen aufhören sollte, in einer anderen vom Bundeskanzler-Amte zu bestimmenden Zeitung öffentlich bekannt gemacht.

**§ 42.** Alle Eingaben, Verhandlungen, Atteste, Beglaubigungen, Zeugnisse, Auszüge u. s. w., welche die Eintragung in die Eintragsrolle betreffen, sind stempelfrei.

Dagegen wird für jede Eintragung, für jeden Eintragsschein, sowie für jeden sonstigen Auszug aus der Eintragsrolle eine Gebühr von je 15 Sgr. erhoben, und außerdem hat der Antragsteller die etwaigen Kosten für die öffentliche Bekanntmachung der Eintragung (§ 41) zu entrichten.

## II. Geographische, topographische, naturwissenschaftliche, architektonische, technische und ähnliche Abbildungen.

**§ 43.** Die Bestimmungen in den §§ 1—42 finden auch Anwendung auf geographische, topographische, naturwissenschaftliche, architektonische, technische und ähnliche Zeichnungen und Abbildungen, welche nach ihrem Hauptzwecke nicht als Kunstwerke zu betrachten sind.

**§ 44.** Als Nachdruck ist es nicht anzusehen, wenn einem Schriftwerke einzelne Abbildungen aus einem anderen Werke beigefügt werden, vorausgesetzt, daß das Schriftwerk als die Hauptsache erscheint und die Abbildungen nur zur Erläuterung des Textes u. s. w. dienen. Auch muß der Urheber oder die benutzte Quelle angegeben sein, widrigenfalls die Strafbestimmung im § 24 Platz greift.

## III. Musikalische Kompositionen.

**§ 45.** Die Bestimmungen in den §§ 1 bis 5, 8 bis 42 finden auch Anwendung auf das ausschließliche Recht des Urhebers zur Vervielfältigung musikalischer Kompositionen.

**§ 46.** Als Nachdruck sind alle ohne Genehmigung des Urhebers einer musikalischen Komposition herausgegebenen Bearbeitungen derselben anzusehen, welche nicht als eigenthümliche Komposition betrachtet werden können, insbesondere Auszüge aus einer musikalischen Komposition, Arrangements für einzelne oder mehrere Instrumente oder Stimmen, sowie der Abdruck von einzelnen Motiven oder Melodien eines und desselben Werkes, die nicht künstlerisch verarbeitet sind.

---

[1] Vgl. Instruktion vom 7. Dez. 1870 (CBl 1876, S. 120).

§ 47. Als Nachdruck ist nicht anzusehen: das Anführen einzelner Stellen eines bereits veröffentlichten Werkes der Tonkunst, die Aufnahme bereits veröffentlichter kleinerer Kompositionen in ein nach seinem Hauptinhalte selbstständiges wissenschaftliches Werk, sowie in Sammlungen von Werken verschiedener Komponisten zur Benutzung in Schulen, ausschließlich der Musikschulen. Vorausgesetzt ist jedoch, daß der Urheber oder die benutzte Quelle angegeben ist, widrigenfalls die Strafbestimmung des § 24 Platz greift.

§ 48. Als Nachdruck ist nicht anzusehen: die Benutzung eines bereits veröffentlichten Schriftwerkes als Text zu musikalischen Kompositionen, sofern der Text in Verbindung mit der Komposition abgedruckt wird.

Ausgenommen sind solche Texte, welche ihrem Wesen nach nur für den Zweck der Komposition Bedeutung haben, namentlich Texte zu Opern oder Oratorien. Texte dieser Art dürfen nur unter Genehmigung ihres Urhebers mit den musikalischen Kompositionen zusammen abgedruckt werden.

Zum Abdruck des Textes ohne Musik ist die Einwilligung des Urhebers oder seiner Rechtsnachfolger erforderlich.

§ 49. Die Sachverständigen-Vereine, welche nach Maßgabe des § 31 Gutachten über den Nachdruck musikalischer Kompositionen abzugeben haben, sollen aus Komponisten, Musikverständigen und Musikalienhändlern bestehen.

## IV. Öffentliche Aufführung dramatischer, musikalischer oder dramatisch-musikalischer Werke.

§ 50. Das Recht, ein dramatisches, musikalisches oder dramatisch-musikalisches Werk öffentlich aufzuführen, steht dem Urheber und dessen Rechtsnachfolgern (§ 3) ausschließlich zu.

In Betreff der dramatischen und der dramatisch-musikalischen Werke ist es hierbei gleichgültig, ob das Werk bereits durch den Druck ꝛc. veröffentlicht worden ist oder nicht. Musikalische Werke, welche durch Druck veröffentlicht worden sind, können ohne Genehmigung des Urhebers öffentlich aufgeführt werden, falls nicht der Urheber auf dem Titelblatt oder an der Spitze des Werkes sich das Recht der öffentlichen Aufführung vorbehalten hat.

Dem Urheber wird der Verfasser einer rechtmäßigen Übersetzung des dramatischen Werkes in Beziehung auf das ausschließliche Recht zur öffentlichen Aufführung dieser Übersetzung gleich geachtet.

Die öffentliche Aufführung einer rechtswidrigen Übersetzung (§ 6) oder einer rechtswidrigen Bearbeitung (§ 46) des Originalwerkes ist untersagt.

**§ 51.** Sind mehrere Urheber vorhanden, so ist zur Veranstaltung der öffentlichen Aufführung die Genehmigung jedes Urhebers erforderlich.

Bei musikalischen Werken, zu denen ein Text gehört, einschließlich der dramatisch-musikalischen Werke, genügt die Genehmigung des Komponisten allein.

**§ 52.** In Betreff der Dauer des ausschließlichen Rechts zur öffentlichen Aufführung kommen die §§ 8 bis 17 zur Anwendung.

Anonyme und pseudonyme Werke, welche zur Zeit ihrer ersten rechtmäßigen öffentlichen Aufführung noch nicht durch den Druck veröffentlicht sind, werden dreißig Jahre vom Tage der ersten rechtmäßigen Aufführung an, posthume Werke dreißig Jahre vom Tode des Urhebers an gegen unbefugte öffentliche Aufführung geschützt.

Wenn der Urheber des anonymen oder pseudonymen Werkes oder sein hierzu legitimirter Rechtsnachfolger innerhalb der Frist von dreißig Jahren den wahren Namen des Urhebers vermittelst Eintragung in die Eintragsrolle (§ 39) bekannt macht, oder wenn der Urheber das Werk innerhalb derselben Frist unter seinem wahren Namen veröffentlicht, so gelangt die Bestimmung des § 8 zur Anwendung.

**§ 53.** Bei dramatischen, musikalischen und dramatisch-musikalischen Werken, welche noch nicht mechanisch vervielfältigt, aber öffentlich aufgeführt worden sind, gilt bis zum Gegenbeweise derjenige als Urheber, welcher bei der Ankündigung der Aufführung als solcher bezeichnet worden ist.

**§ 54.** Wer vorsätzlich oder aus Fahrlässigkeit ein dramatisches, musikalisches oder dramatisch-musikalisches Werk vollständig oder mit unwesentlichen Änderungen unbefugter Weise öffentlich aufführt, ist den Urheber oder dessen Rechtsnachfolger zu entschädigen verpflichtet und wird außerdem mit einer Geldstrafe nach Maßgabe der §§ 18 und 23 bestraft.

Auf den Veranlasser der unbefugten Aufführung findet der § 20 mit der Maßgabe Anwendung, daß die Höhe der Entschädigung nach § 55 zu bemessen ist.

**§ 55.** Die Entschädigung, welche dem Berechtigten im Falle des § 54 zu gewähren ist, besteht in dem ganzen Betrage der Einnahme von jeder Aufführung ohne Abzug der auf dieselbe verwendeten Kosten.

Ist das Werk in Verbindung mit anderen Werken aufgeführt worden, so ist, unter Berücksichtigung der Verhältnisse, ein entsprechender Theil der Einnahme als Entschädigung festzusetzen.

Wenn die Einnahme nicht zu ermitteln oder eine solche nicht vorhanden ist, so wird der Betrag der Entschädigung vom Richter nach freiem Ermessen festgestellt.

Trifft den Veranstalter der Aufführung kein Verschulden, so haftet er dem Berechtigten auf Höhe seiner Bereicherung.

**§ 56.** Die Bestimmungen in den §§ 26 bis 42 finden auch in Betreff der Aufführung von dramatischen, musikalischen und dramatisch-musikalischen Werken Anwendung.

## V. Allgemeine Bestimmungen.

**§ 57.** Das gegenwärtige Gesetz tritt mit dem 1. Januar 1871 in Kraft. Alle früheren, in den einzelnen Staaten des Norddeutschen Bundes geltenden, rechtlichen Bestimmungen in Beziehung auf das Urheberrecht an Schriftwerken, Abbildungen, musikalischen Kompositionen und dramatischen Werken treten von demselben Tage ab außer Wirksamkeit.

**§ 58.** Das gegenwärtige Gesetz findet auf alle vor dem Inkrafttreten desselben erschienenen Schriftwerke, Abbildungen, musikalischen Kompositionen und dramatischen Werke Anwendung, selbst wenn dieselben nach den bisherigen Landesgesetzgebungen keinen Schutz gegen Nachdruck, Nachbildung oder öffentliche Aufführung genossen haben.

Die bei dem Inkrafttreten dieses Gesetzes vorhandenen Exemplare, deren Herstellung nach der bisherigen Gesetzgebung gestattet war, sollen auch fernerhin verbreitet werden dürfen, selbst wenn ihre Herstellung nach dem gegenwärtigen Gesetze untersagt ist.

Ebenso sollen die bei dem Inkrafttreten dieses Gesetzes vorhandenen, bisher rechtmäßig angefertigten Vorrichtungen, wie Formen, Platten, Steine, Stereotypabgüsse rc., auch fernerhin zur Anfertigung von Exemplaren benutzt werden dürfen.

Auch dürfen die beim Inkrafttreten des Gesetzes bereits begonnenen, bisher gestatteten Vervielfältigungen noch vollendet werden.

Die Regierungen der Staaten des Norddeutschen Bundes werden ein Inventarium über die Vorrichtungen, deren fernere Benutzung hiernach gestattet ist, amtlich aufstellen und diese Vorrichtungen mit einem gleichförmigen Stempel bedrucken lassen. Ebenso sollen alle Exemplare von Schriftwerken, welche nach Maßgabe dieses Paragraphen auch fernerhin verbreitet werden dürfen, mit einem Stempel versehen werden.

Nach Ablauf der für die Legalisirung angegebenen Frist unterliegen alle mit dem Stempel nicht versehenen Vorrichtungen und Exemplare der bezeichneten Werke, auf Antrag des Verletzten, der Einziehung. Die nähere Instruktion über das bei der Aufstellung des Inventariums und bei der Stempelung zu beobachtende Verfahren wird vom Bundeskanzler-Amte erlassen.

**§ 59.** Insofern nach den bisherigen Landesgesetzgebungen für den Vorbehalt des Übersetzungsrechts andere Förmlichkeiten und für das Erscheinen der ersten Übersetzung andere Fristen, als im § 6 Littr. c vorgeschrieben sind, hat es bei denselben in Betreff derjenigen Werke, welche vor dem Inkrafttreten des gegenwärtigen Gesetzes bereits erschienen sind, sein Bewenden.

**§ 60.** Die Ertheilung von Privilegien zum Schutze des Urheberrechtes ist nicht mehr zulässig.

Dem Inhaber eines vor dem Inkrafttreten des gegenwärtigen Gesetzes von dem Deutschen Bunde oder den Regierungen einzelner, jetzt zum Norddeutschen Bunde gehörigen Staaten ertheilten Privilegiums steht es frei, ob er von diesem Privilegium Gebrauch machen oder den Schutz des gegenwärtigen Gesetzes anrufen will.

Der Privilegienschutz kann indeß nur für den Umfang derjenigen Staaten geltend gemacht werden, von welchen derselbe ertheilt worden ist.

Die Berufung auf den Privilegienschutz ist dadurch bedingt, daß das Privilegium entweder ganz oder dem wesentlichen Inhalte nach dem Werke vorgedruckt oder auf oder hinter dem Titelblatt desselben bemerkt ist. Wo dieses nach der Natur des Gegenstandes nicht stattfinden kann, oder bisher nicht geschehen ist, muß das Privilegium, bei Vermeidung des Erlöschens, binnen drei Monaten nach dem Inkrafttreten dieses Gesetzes zur Eintragung in die Eintragsrolle angemeldet und von dem Kuratorium derselben öffentlich bekannt gemacht werden.

**§ 61.** Das gegenwärtige Gesetz findet Anwendung auf alle Werke inländischer Urheber, gleichviel ob die Werke im Inlande oder Auslande erschienen oder überhaupt noch nicht veröffentlicht sind.

Wenn Werke ausländischer Urheber bei Verlegern erscheinen, die im Gebiete des Norddeutschen Bundes ihre Handelsniederlassung haben, so stehen diese Werke unter dem Schutze des gegenwärtigen Gesetzes.[1]

---

[1] Vgl. die verschiedenen Conventionen wegen gegenseitigen Schutzes der Rechte an literarischen Erzeugnissen und Werken der Kunst. Mit der Schweiz: 13. Mai 1869 (BGBl S. 624); vgl. dazu Verabredung vom 23. Mai 1881 (RGBl S. 171), und Bekanntmachung vom 28. Sept. 1881 (CBl S. 405). Mit Frankreich: 19. April 1883 (RGBl S. 269), dazu Bekanntmachung vom 3. Nov. 1883 (CBl S. 317). Mit Belgien: 12. Dez. 1883 (RGBl 1884, S. 173; dazu Bekanntmachung vom 18. Dez. 1884 (CBl S. 324). Mit Italien: 20. Juni 1884 (RGBl S. 193); dazu Bekanntmachung vom 18. Dez. 1884 (CBl S. 327), 20. Juni 1884 (CBl 1885, S. 21). Mit Großbritannien: 2. Juni 1886 (RGBl S. 237). Mit den Vereinigten Staaten von Amerika: 15. Januar 1892 (RGBl S. 473). — Sehr wichtig die Übereinkunft, betr. die Bildung eines internationalen Verbandes zum

**§ 62.** Diejenigen Werke ausländischer Urheber, welche in einem Orte erschienen sind, der zum ehemaligen Deutschen Bunde, nicht aber zum Norddeutschen Bunde, gehört, genießen den Schutz dieses Gesetzes unter der Voraussetzung, daß das Recht des betreffenden Staates den innerhalb des Norddeutschen Bundes erschienenen Werken einen den einheimischen Werken gleichen Schutz gewährt; jedoch dauert der Schutz nicht länger als in dem betreffenden Staate selbst. Dasselbe gilt von nicht veröffentlichten Werken solcher Urheber, welche zwar nicht im Norddeutschen Bunde, wohl aber im ehemaligen Deutschen Bundesgebiete staatsangehörig sind.

---

## 1871.

### 21) Verfassung des Deutschen Reiches. Vom 16. April 1871.
(RGBl S. 64.)

**Artikel 2.** Innerhalb dieses Bundesgebietes übt das Reich das Recht der Gesetzgebung nach Maßgabe des Inhalts dieser Verfassung und mit der Wirkung aus, daß die Reichsgesetze den Landesgesetzen vorgehen. Die Reichsgesetze erhalten ihre verbindliche Kraft durch ihre Verkündigung von Reichswegen, welche vermittelst eines Reichsgesetzblattes geschieht. Sofern nicht in dem publizirten Gesetze ein anderer Anfangstermin seiner verbindlichen Kraft bestimmt ist, beginnt die letztere mit dem vierzehnten Tage nach dem Ablauf desjenigen Tages, an welchem das betreffende Stück des Reichsgesetzblattes in Berlin ausgegeben worden ist.[1]

**Artikel 3.** Für ganz Deutschland besteht ein gemeinsames Indigenat mit der Wirkung, daß der Angehörige (Unterthan, Staatsbürger) eines jeden Bundesstaates in jedem anderen Bundesstaate als Inländer zu behandeln und demgemäß zum festen Wohnsitz, zum Gewerbebetriebe, zu öffentlichen Ämtern, zur Erwerbung von Grundstücken, zur Erlangung des Staatsbürgerrechtes und zum Genusse aller sonstigen bürgerlichen Rechte unter denselben Voraussetzungen wie der Einheimische zuzulassen, auch in Betreff der Rechtsverfolgung und des Rechtsschutzes demselben gleich zu behandeln ist.

---

Schutze von Werken der Literatur und Kunst, zwischen Deutschland, Belgien, Spanien, Frankreich, England, Haiti, Italien, Liberia, Schweiz und Tunis. Vom 9. Sept. 1886 RGBl 1887, S. 493. (Dieselbe gelangt unten unter 1886 zum Abdruck.) Beigetreten Montenegro, Bekanntm. vom 25. März 1893. (RGBl 1893, S. 136). In wie weit die Sonderverträge mit der Schweiz, Frankreich, Belgien, „Italien und England weiter gelten, s. unten Art. 15 und Zusatzartikel der Berner Übereinkunft.

[1] Vgl. auch G über die Konsulargerichtsbarkeit vom 10. Juli 1879, § 47.

Kein Deutscher darf in der Ausübung dieser Befugniß durch die Obrigkeit seiner Heimath, oder durch die Obrigkeit eines anderen Bundesstaates beschränkt werden.

Diejenigen Bestimmungen, welche die Armenversorgung und die Aufnahme in den lokalen Gemeindeverband betreffen, werden durch den im ersten Absatz ausgesprochenen Grundsatz nicht berührt.

Ebenso bleiben bis auf Weiteres die Verträge in Kraft, welche zwischen den einzelnen Bundesstaaten in Beziehung auf die Übernahme von Auszuweisenden, die Verpflegung erkrankter und die Beerdigung verstorbener Staatsangehörigen bestehen.

Hinsichtlich der Erfüllung der Militairpflicht im Verhältniß zu dem Heimathslande wird im Wege der Reichsgesetzgebung das Nöthige geordnet werden.

Dem Auslande gegenüber haben alle Deutschen gleichmäßig Anspruch auf den Schutz des Reichs.

**Artikel 4.** Der Beaufsichtigung seitens des Reichs und der Gesetzgebung desselben unterliegen die nachstehenden Angelegenheiten:

1) die Bestimmungen über Freizügigkeit, Heimaths- und Niederlassungs-Verhältnisse, Staatsbürgerrecht, Paßwesen und Fremdenpolizei und über den Gewerbebetrieb, einschließlich des Versicherungswesens, soweit diese Gegenstände nicht schon durch den Artikel 3 dieser Verfassung erledigt sind, in Bayern jedoch mit Ausschluß der Heimaths- und Niederlassungs-Verhältnisse, desgleichen über die Kolonisation und die Auswanderung nach außerdeutschen Ländern;
2) die Zoll- und Handelsgesetzgebung und die für die Zwecke des Reichs zu verwendenden Steuern;
3) die Ordnung des Maß-, Münz- und Gewichtssystems, nebst Feststellung der Grundsätze über die Emission von fundirtem und unfundirtem Papiergelde;
4) die allgemeinen Bestimmungen über das Bankwesen;
5) die Erfindungspatente;
6) der Schutz des geistigen Eigenthums;
7) Organisation eines gemeinsamen Schutzes des Deutschen Handels im Auslande, der Deutschen Schifffahrt und ihrer Flagge zur See und Anordnung gemeinsamer konsularischer Vertretung, welche vom Reiche ausgestattet wird;
8) das Eisenbahnwesen, in Bayern vorbehaltlich der Bestimmung im Artikel 46, und die Herstellung von Land- und Wasserstraßen im Interesse der Landesvertheidigung und des allgemeinen Verkehrs;
9) der Flößerei- und Schifffahrtsbetrieb auf den mehreren Staaten

gemeinsamen Wasserstraßen und der Zustand der letzteren, sowie die Fluß- und sonstigen Wasserzölle, desgleichen die Seeschifffahrtszeichen (Leuchtfeuer, Tonnen, Baken und sonstige Tagesmarken)[1];

10) das Post- und Telegraphenwesen, jedoch in Bayern und Württemberg nur nach Maßgabe der Bestimmung im Artikel 52;

11) Bestimmungen über die wechselseitige Vollstreckung von Erkenntnissen in Civilsachen und Erledigung von Requisitionen überhaupt;

12) sowie über die Beglaubigung von öffentlichen Urkunden;

13) die gemeinsame Gesetzgebung über das gesammte bürgerliche Recht, das Strafrecht und das gerichtliche Verfahren[2];

14) das Militairwesen des Reichs und die Kriegsmarine;

15) Maßregeln der Medizinal- und Veterinairpolizei;

16) die Bestimmungen über die Presse und das Vereinswesen;

**Artikel 5.** Die Reichsgesetzgebung wird ausgeübt durch den Bundesrath und den Reichstag. Die Übereinstimmung der Mehrheitsbeschlüsse beider Versammlungen ist zu einem Reichsgesetz erforderlich und ausreichend.

Bei Gesetzesvorschlägen über das Militairwesen, die Kriegsmarine und die im Artikel 35 bezeichneten Abgaben giebt, wenn im Bundesrathe eine Meinungsverschiedenheit stattfindet, die Stimme des Präsidiums den Ausschlag, wenn sie sich für die Aufrechterhaltung der bestehenden Einrichtungen ausspricht.

**Artikel 17.** Dem Kaiser steht die Ausfertigung und Verkündigung der Reichsgesetze und die Überwachung der Ausführung derselben zu. Die Anordnungen und Verfügungen des Kaisers werden im Namen des Reichs erlassen und bedürfen zu ihrer Gültigkeit der Gegenzeichnung des Reichskanzlers, welcher dadurch die Verantwortlichkeit übernimmt.

**Artikel 31.** Ohne Genehmigung des Reichstages kann kein Mitglied desselben während der Sitzungsperiode wegen einer mit Strafe bedrohten Handlung zur Untersuchung gezogen oder verhaftet werden, außer wenn es bei Ausübung der That oder im Laufe des nächstfolgenden Tages ergriffen wird.

Gleiche Genehmigung ist bei einer Verhaftung wegen Schulden erforderlich.

Auf Verlangen des Reichstages wird jedes Strafverfahren gegen

---

[1] Zusatz durch G vom 3. März 1873 (RGBl S. 47).
[2] Fassung in Folge Gesetzes vom 20. Dezember 1873 (RGBl S. 379).

ein Mitglied desselben und jede Untersuchungs- oder Civilhaft für die Dauer der Sitzungsperiode aufgehoben.

**Artikel 32.** Die Mitglieder des Reichstages dürfen als solche keine Besoldung oder Entschädigung beziehen.

---

## 22) Gesetz, betr. die Verbindlichkeit zum Schadenersatz für die bei dem Betriebe von Eisenbahnen, Bergwerken rc. herbeigeführten Tödtungen und Körperverletzungen. Vom 7. Juni 1871.

(RGBl S. 207.)

**§ 1.** Wenn bei dem Betriebe einer Eisenbahn ein Mensch getödtet oder körperlich verletzt wird, so haftet der Betriebs-Unternehmer für den dadurch entstandenen Schaden, sofern er nicht beweist, daß der Unfall durch höhere Gewalt oder durch eigenes Verschulden des Getödteten oder Verletzten verursacht ist.

**§ 2.** Wer ein Bergwerk, einen Steinbruch, eine Gräberei (Grube) oder eine Fabrik betreibt, haftet, wenn ein Bevollmächtigter oder ein Repräsentant oder eine zur Leitung oder Beaufsichtigung des Betriebes oder der Arbeiter angenommene Person durch ein Verschulden in Ausführung der Dienstverrichtungen den Tod oder die Körperverletzung eines Menschen herbeigeführt hat, für den dadurch entstandenen Schaden.

**§ 3.** Der Schadenersatz (§§ 1 und 2) ist zu leisten:

1) im Falle der Tödtung durch Ersatz der Kosten einer versuchten Heilung und der Beerdigung, sowie des Vermögensnachtheils, welchen der Getödtete während der Krankheit durch Erwerbsunfähigkeit oder Verminderung der Erwerbsfähigkeit erlitten hat. War der Getödtete zur Zeit seines Todes vermöge Gesetzes verpflichtet, einem Andern Unterhalt zu gewähren, so kann dieser insoweit Ersatz fordern, als ihm in Folge des Todesfalles der Unterhalt entzogen worden ist;
2) im Fall einer Körperverletzung durch Ersatz der Heilungskosten und des Vermögensnachtheils, welchen der Verletzte durch eine in Folge der Verletzung eingetretene zeitweise oder dauernde Erwerbsunfähigkeit oder Verminderung der Erwerbsfähigkeit erleidet.

**§ 4.** War der Getödtete oder der Verletzte unter Mitleistung von Prämien oder anderen Beiträgen durch den Betriebs-Unternehmer bei einer Versicherungsanstalt, Knappschafts-, Unterstützungs-, Kranken- oder ähnlichen Kasse gegen den Unfall versichert, so ist die Leistung der Letzteren an den Ersatzberechtigten auf die Entschädigung einzurechnen, wenn die Mitleistung des Betriebs-Unternehmers nicht unter einem Drittel der Gesammtleistung beträgt.

**§ 5.** Die in den §§ 1 und 2 bezeichneten Unternehmer sind nicht befugt, die Anwendung der in den §§ 1 bis 3 enthaltenen Bestimmungen zu ihrem Vortheil durch Verträge (mittelst Reglements oder durch besondere Übereinkunft) im Voraus auszuschließen oder zu beschränken.

Vertragsbestimmungen, welche dieser Vorschrift entgegenstehen, haben keine rechtliche Wirkung.

**§ 6.**[1] Das Gericht hat über die Wahrheit der thatsächlichen Behauptungen unter Berücksichtigung des gesammten Inhaltes der Verhandlungen nach freier Überzeugung zu entscheiden.

Die Vorschriften der Landesgesetze über den Beweis durch Eid, sowie über die Beweiskraft öffentlicher Urkunden und gerichtlicher Geständnisse bleiben unberührt.

Ob einer Partei über die Wahrheit oder Unwahrheit einer thatsächlichen Behauptung noch ein Eid aufzulegen, sowie ob und inwieweit über die Höhe des Schadens eine beantragte Beweisaufnahme anzuordnen oder Sachverständige mit ihrem Gutachten zu hören, bleibt dem Ermessen des Gerichts überlassen.

**§ 7.** Das Gericht hat unter Würdigung aller Umstände über die Höhe des Schadens, sowie darüber, ob, in welcher Art und in welcher Höhe Sicherheit zu bestellen ist, nach freiem Ermessen zu erkennen. Als Ersatz für den zukünftigen Unterhalt oder Erwerb ist, wenn nicht beide Theile über die Abfindung in Kapital einverstanden sind, in der Regel eine Rente zuzubilligen.

Der Verpflichtete kann jederzeit die Aufhebung oder Minderung der Rente fordern, wenn diejenigen Verhältnisse, welche die Zuerkennung oder Höhe der Rente bedingt hatten, inzwischen wesentlich verändert sind. Ebenso kann der Verletzte, dafern er den Anspruch auf Schadenersatz innerhalb der Verjährungsfrist (§ 8) geltend gemacht hat, jederzeit die Erhöhung oder Wiedergewährung der Rente fordern, wenn die Verhältnisse, welche für die Feststellung, Minderung oder Aufhebung der Rente maßgebend waren, wesentlich verändert sind.

Der Berechtigte kann auch nachträglich die Bestellung einer Sicherheit oder Erhöhung derselben fordern, wenn die Vermögensverhältnisse des Verpflichteten inzwischen sich verschlechtert haben.

**§ 8.** Die Forderungen auf Schadenersatz (§§ 1 bis 3) verjähren in zwei Jahren vom Tage des Unfalls an. Gegen denjenigen, welchem der Getödtete Unterhalt zu gewähren hatte (§ 3, Nr. 1),

[1] Aufgehoben durch § 13 Nr. 3 EG z. CPO (Vgl. oben S. 4 Anm. 2).

beginnt die Verjährung mit dem Todestage. Die Verjährung läuft auch gegen Minderjährige und diesen gleichgestellte Personen von denselben Zeitpunkten an, mit Ausschluß der Wiedereinsetzung.

**§ 9.** Die Bestimmungen der Landesgesetze, nach welchen außer den in diesem Gesetz vorgesehenen Fällen der Unternehmer einer in den §§ 1 und 2 bezeichneten Anlage oder eine andere Person, insbesondere wegen eines eigenen Verschuldens für den bei dem Betriebe der Anlage durch Tödtung oder Körperverletzung eines Menschen entstandenen Schaden haftet, bleiben unberührt.

Die Vorschriften der §§ 3, 4, 6 bis 8 finden auch in diesen Fällen Anwendung, jedoch unbeschadet derjenigen Bestimmungen der Landesgesetze, welche dem Beschädigten einen höheren Ersatzanspruch gewähren.

**§ 10.** Die Bestimmungen des Gesetzes, betreffend die Errichtung eines obersten Gerichtshofes für Handelssachen, vom 12. Juni 1869, sowie die Ergänzungen desselben werden auf diejenigen bürgerlichen Rechtsstreitigkeiten ausgedehnt, in welchen durch die Klage oder Widerklage ein Anspruch auf Grund des gegenwärtigen Gesetzes oder der in § 9 erwähnten landesgesetzlichen Bestimmungen geltend gemacht wird.

---

## 23) Gesetz, betr. die Inhaberpapiere mit Prämien. Vom 8. Juni 1871. (RGBl S. 210.)

**§ 1.** Auf den Inhaber lautende Schuldverschreibungen, in welchen allen Gläubigern oder einem Theile derselben außer der Zahlung der verschriebenen Geldsumme eine Prämie dergestalt zugesichert wird, daß durch Ausloosung oder durch eine andere auf den Zufall gestellte Art der Ermittelung die zu prämiirenden Schuldverschreibungen und die Höhe der ihnen zufallenden Prämie bestimmt werden sollen (Inhaberpapiere mit Prämien), dürfen innerhalb des Deutschen Reichs nur auf Grund eines Reichsgesetzes und nur zum Zwecke der Anleihe eines Bundesstaates oder des Reichs ausgegeben werden.

**§ 2.** Inhaberpapiere mit Prämien, welche nach Verkündigung des gegenwärtigen Gesetzes, der Bestimmung im § 1 zuwider, im Inlande ausgegeben sein möchten, imgleichen Inhaberpapiere mit Prämien, welche nach dem 30. April 1871 im Auslande ausgegeben sind, dürfen weder weiter beigegeben, noch an den Börsen, noch an anderen zum Verkehr mit Werthpapieren bestimmten Versammlungsorten zum Gegenstande eines Geschäfts- oder einer Geschäftsvermittlung gemacht werden.

**§ 3.** Dasselbe gilt vom 15. Juli 1871 ab von ausländischen Inhaberpapieren mit Prämien, deren Ausgabe vor dem 1. Mai 1871 erfolgt ist, sofern dieselben nicht abgestempelt sind (§§ 4, 5).

**§ 4.** Die Schuldverschreibungen, deren Abstempelung erfolgen soll, müssen spätestens am 15. Juli 1871 zu diesem Zwecke eingereicht werden.

Für die Abstempelung ist eine Gebühr zu entrichten, welche für eine Schuldverschreibung, deren Nominalbetrag den Werth von Einhundert Thalern nicht übersteigt . . 5 Sgr. oder $17\frac{1}{2}$ Kr. S. W., für eine Schuldverschreibung, deren Nominalbetrag den Werth von Einhundert Thalern übersteigt . 10 " 35 " " " beträgt.

Der Ertrag dieser Abstempelungsgebühr fließt zur Reichskasse.

**§ 5.**[1] Der Bundesrath wird die zur Ausführung dieses Gesetzes erforderliche Instruktion erlassen und in derselben festsetzen, unter welchen Umständen ein gutgläubiger Inhaber, der aus entschuldbaren Gründen die Einreichungsfrist versäumt hat, noch nachträglich Abstempelung seiner Schuldverschreibungen erlangen kann. Der Bundesrath wird ferner zur Berechnung der Stempel-Abgabe den Thalerwerth der fremden Valuten feststellen, auch die Behörden bestimmen, bei welchen die Einreichung zur Abstempelung (§ 4) zu erfolgen hat.

**§ 6.** Wer den Bestimmungen der §§ 1, 2 oder 3 zuwiderhandelt, verfällt in eine Geldstrafe, welche dem fünften Theile des Nennwerthes der den Gegenstand der Zuwiderhandlung bildenden Papiere gleichkommt, mindestens aber Einhundert Thaler betragen soll.

Mit Geldstrafe bis zu Einhundert Thalern oder Gefängniß bis zu drei Monaten wird bestraft, wer ein im § 2 oder § 3 bezeichnetes Inhaberpapier mit Prämie öffentlich ankündigt, ausbietet oder empfiehlt, oder zur Feststellung eines Kurswerthes notirt.

## 24) Gesetz, betr. die Pensionirung und Versorgung der Militairpersonen des Reichsheeres und der Kaiserlichen Marine, sowie die Bewilligungen für die Hinterbliebenen solcher Personen. Vom 27. Juni 1871. (RGBl S. 275.)

**§ 113.**[2] Verfolgung von Rechtsansprüchen. Über die Rechtsansprüche auf Pensionen, Beihülfen und Bewilligungen, welche

[1] Vgl. hierzu: Bekanntmachung vom 19. Juni 1871 (RGBl S. 255); vom 1. Juli 1871 (RGBl S. 304); vom 10. Juli 1871 (RGBl S. 314); vom 4. Dezember 1871 (RGBl S. 408).

[2] Vgl. auch G vom 17. Juni 1887, § 34.

dieses Gesetz (Theil I und II) gewährt, findet mit folgenden Maßgaben der Rechtsweg statt.

**§ 114.**[1] Vor Anstellung der Klage muß der Instanzenzug bei den Militair-Verwaltungsbehörden erschöpft sein. Die Klage muß sodann bei Verlust des Klagerechts innerhalb 6 Monaten, nachdem dem Kläger die endgültige Entscheidung der Militair-Verwaltungsbehörde bekannt gemacht worden, angebracht werden.

## 25) Gesetz über das Postwesen des Deutschen Reiches. Vom 28. Oktober 1871. (RGBl S. 347.)[2]

### Abschnitt I.

### Grundsätzliche Rechte und Pflichten der Post.

**§ 1.** Die Beförderung

1) aller versiegelten, zugenähten oder sonst verschlossenen Briefe,

---

[1] Vgl. auch G, betr. einige Abänderungen und Ergänzungen der Militärpensionsgesetze vom 27. Juni 1871 und vom 4. April 1874, sowie des Reichsbeamtengesetzes vom 31. März 1873 und des Gesetzes über den Reichs-Invalidenfonds vom 11. Mai 1877. Vom 22. Mai 1893. (RGBl S. 171).

Artikel 18. Die auf Grund der §§ 13, 56, 72 und 89 bis 93 des Gesetzes vom 27. Juni 1871 gewährten Verstümmelungszulagen bleiben bei der Veranlagung zu den Steuern und anderen öffentlichen Abgaben jeder Art außer Ansatz.

Diese Pensionserhöhungen sind weder der Pfändung unterworfen, noch bei der Ermittelung, ob und zu welchem Betrage ein Einkommen der Pfändung unterliege, zu berechnen.

Der Anspruch der Unteroffiziere auf die ihnen bei ihrem Ausscheiden gewährten Dienstprämien kann mit rechtlicher Wirkung weder verpfändet, noch übertragen, noch gepfändet werden. Auch ist bei Unteroffizieren während dreier Monate nach Auszahlung der Prämie ein dieser gleichkommender Geldbetrag der Pfändung nicht unterworfen.

Die im Absatz 2 und 3 festgesetzten Beschränkungen der Pfändung finden keine Anwendung auf die im § 749 Absatz 4 der Civilprozeßordnung bezeichneten Forderungen der Ehefrau und der ehelichen Kinder des Schuldners.

[2] Vgl. hierzu Postordnung vom 11. Juni 1892 (CBl S. 430 ff.)

Vgl. ferner Weltpostvereinsvertrag vom 1. Juni 1878 (RGBl 1879, S. 83), dazu Übereinkommen vom 1. Juni 1878 (RGBl 1879, S. 102), 4. Juni 1878 (RGBl 1879, S. 112), 3. Nov. 1880 (RGBl 1881, S. 69), 21. März 1885 (RGBl 1886, S. 82), 21. März 1885 (RGBl 1886, S. 97), 21. März 1885 (RGBl 1886, S. 100), 21. März 1885 (RGBl 1886, S. 104), 21. März 1885 (RGBl 1886, S. 115). — Vgl. auch die verschiedenen Postverträge mit außerdeutschen Staaten aus den Jahren 1868—1874. Vgl. Weltpostvertrag vom 4. Juli 1891 (RGBl 1892, S. 503 ff.); „Übereinkommen, betr. den Austausch von Briefen und Kästchen mit Werthangabe; Übereinkommen, betr. den Postanweisungsdienst; betr. den Austausch von Postpacketen; betr. den „Postauftragsdienst; betr. den Postbezug von Zeitungen und Zeitschriften (sämmtliche Übereinkommen vom 4. Juli 1891, RGBl 1892 S. 535 ff.).

Vgl. Posttaxgesetz vom 28. Okt. 1871 (RGBl S. 358), G vom 17. Mai 1873 (RGBl S. 107), 3. Nov. 1874 (RGBl S. 127). G, betr. die Portofreiheiten im Gebiete des Nordd. Bundes. Vom 5. Juni 1869 (BGBl S. 141).

2) aller Zeitungen politischen Inhalts, welche öfter als einmal wöchentlich erscheinen,

gegen Bezahlung von Orten mit einer Postanstalt nach anderen Orten mit einer Postanstalt des In- oder Auslandes auf andere Weise, als durch die Post, ist verboten. Hinsichtlich der politischen Zeitungen erstreckt dieses Verbot sich nicht auf den zweimaligen Umkreis ihres Ursprungsortes.

Wenn Briefe und Zeitungen (Nr. 1 und 2) vom Auslande eingehen und nach inländischen Orten mit einer Postanstalt bestimmt sind, oder durch das Gebiet des Deutschen Reiches transitiren sollen, so müssen sie bei der nächsten inländischen Postanstalt zur Weiterbeförderung eingeliefert werden.

Unverschlossene Briefe, welche in versiegelten, zugenähten oder sonst verschlossenen Packeten befördert werden, sind den verschlossenen Briefen gleich zu achten. Es ist jedoch gestattet, versiegelten, zugenähten oder sonst verschlossenen Packeten, welche auf andere Weise, als durch die Post befördert werden, solche unverschlossene Briefe, Fakturen, Preiskurante, Rechnungen und ähnliche Schriftstücke beizufügen, welche den Inhalt des Packets betreffen.

**§ 2.** Die Beförderung von Briefen und politischen Zeitungen (§ 1) gegen Bezahlung durch expresse Boten oder Fuhren ist gestattet. Doch darf ein solcher Expresser nur von Einem Absender abgeschickt sein, und dem Postzwange unterliegende Gegenstände weder von Anderen mitnehmen, noch für Andere zurückbringen.

**§ 3.** Die Annahme und Beförderung von Postsendungen darf von der Post nicht verweigert werden, sofern die Bestimmungen dieses Gesetzes und des Reglements (§ 50) beobachtet sind. Auch darf keine im Gebiete des Deutschen Reiches erscheinende politische Zeitung vom Postdebit ausgeschlossen und ebensowenig darf bei der Normirung der Provision, welche für die Beförderung und Debitirung der im Gebiete des Deutschen Reichs erscheinenden Zeitungen zu erheben ist, nach verschiedenen Grundsätzen verfahren werden. Die Post besorgt die Annahme der Pränumeration auf die Zeitungen, sowie den gesammten Debit derselben.

**Artikel 1.**[1] Der Eisenbahnbetrieb ist, soweit es die Natur und die Erfordernisse desselben gestatten, in die nothwendige Übereinstimmung mit den Bedürfnissen des Postdienstes zu bringen.

---

[1] Die folgenden Bestimmungen, Art. 1—12, sind kraft G vom 20. Dezember 1875 (RGBl S. 318) an die Stelle des früheren § 4 getreten. Vgl. auch die Verordnungen vom 9. Februar 1876 (CBl S. 87), 9. Mai 1878 (CBl S. 261), 24. Dezember 1881 (CBl S. 4).

Die Einlegung besonderer Züge für die Zwecke des Postdienstes kann jedoch von der Postverwaltung nicht beansprucht werden.

Bei Meinungsverschiedenheiten zwischen der Postverwaltung und den Eisenbahnverwaltungen über die Bedürfnisse des Postdienstes, die Natur und die Erfordernisse des Eisenbahnbetriebes entscheidet, soweit die Postverwaltung sich bei dem Ausspruche der Landes-Aufsichtsbehörde nicht beruhigt, der Bundesrath, nach Anhörung der Reichs-Postverwaltung und des Reichs-Eisenbahn-Amts.

**Artikel 2.** Mit jedem für den regelmäßigen Beförderungsdienst der Bahn bestimmten Zuge ist auf Verlangen der Postverwaltung Ein von dieser gestellter Postwagen unentgeltlich zu befördern. Diese unentgeltliche Beförderung umfaßt:

a) die Briefpostsendungen, Zeitungen, Gelder mit Einschluß des ungemünzten Goldes und Silbers, Juwelen und Pretiosen ohne Unterschied des Gewichts, ferner sonstige Poststücke bis zum Einzelgewichte von 10 Kilogramm einschließlich,

b) die zur Begleitung von Postsendungen, sowie zur Verrichtung des Dienstes unterwegs erforderlichen Postbeamten, auch wenn dieselben vom Dienste zurückkehren,

c) die Geräthschaften, deren die Postbeamten unterwegs bedürfen.

Für Poststücke, welche nicht unentgeltlich zu befördern sind, hat die Postverwaltung eine Frachtvergütung zu zahlen, welche nach der Gesammtmenge der auf der betreffenden Eisenbahn sich bewegenden zahlungspflichtigen Poststücke für den Achskilometer berechnet wird.

Die Mitbeförderung solcher Päckereien, welche nicht zu den Brief- und Zeitungspacketen gehören, soll bei Zügen, deren Fahrzeit besonders kurz bemessen ist, beschränkt oder ausgeschlossen werden, wenn dies von der Eisenbahn-Aufsichtsbehörde zur Wahrung der pünktlichen und sicheren Beförderung der betreffenden Züge für nothwendig erachtet wird, und andere zur Mitnahme der Päckereien geeignete Züge auf der betreffenden Bahn eingerichtet sind.

**Artikel 3.** Auf Grund vorangegangener Verständigung kann an Stelle eines besonderen Postwagens eine Abtheilung eines Eisenbahnwagens gegen Erstattung der für Herstellung und Wiederbeseitigung der für die Zwecke des Postdienstes erforderlichen Einrichtungen von der Eisenbahnverwaltung aufgewendeten Selbstkosten, sowie gegen Zahlung einer Miethe für Hergabe und Unterhaltung benutzt werden, welche nach Artikel 6 Absatz 5 zu berechnen ist.

**Artikel 4.** Bei solchen für den regelmäßigen Beförderungsdienst der Bahn bestimmten Zügen, welche nicht in der in den Artikeln 2 und 3 bezeichneten Weise zur Postbeförderung benutzt werden, kann die Postverwaltung entweder, insoweit dies nach dem Ermessen der

Eisenbahnverwaltung zulässig ist, der letzteren Briefbeutel, sowie Brief- und Zeitungspackete zur unentgeltlichen Beförderung durch das Zugpersonal überweisen, oder die Beförderung von Briefbeuteln, sowie Brief- und Zeitungspacketen durch einen Postbeamten besorgen lassen, welchem der erforderliche Platz in einem Eisenbahnwagen unentgeltlich einzuräumen ist.

**Artikel 5.** Reicht der eine Postwagen (Art. 2) oder die an Stelle für Postzwecke bestimmte Wagenabtheilung (Art. 3) für die Bedürfnisse des Postdienstes nicht aus, so sind die Eisenbahnverwaltungen auf rechtzeige Anmeldung oder Bestellung gehalten, nach Wahl der Postverwaltung

mehrere Postwagen zur Beförderung zuzulassen,

oder der Postverwaltung zur Befriedigung des Mehrbedürfnisses geeignete Güterwagen oder einzelne geeignete Abtheilungen solcher Personenwagen, deren übrige Abtheilungen in dem betreffenden Zuge für Eisenbahnzwecke verwendbar sind, zu gestellen,

oder endlich die ihnen von der Postverwaltung überwiesenen Postsendungen zur eigenen Beförderung zu übernehmen.

Bei Zügen, auf denen die Beförderung von Postpäckereien ausgeschlossen oder beschränkt ist (Art. 2 Abs. 3), darf die Gestellung außerordentlicher Transportmittel seitens der Postverwaltung nicht beansprucht werden. Die Überweisung von Postsendungen an die Eisenbahnverwaltungen ist nur insoweit zulässig, als letztere sich bei dem betreffenden Zuge mit der Beförderung von Gütern (Eil- oder Frachtgütern) befaßt und die zu überweisenden Poststücke nicht in Geld- oder Werthsendungen bestehen.

Für die Beförderung eines zweiten oder mehrerer Postwagen, sowie für die Gestellung und Beförderung der erforderlichen Eisenbahn-Transportmittel ist von der Postverwaltung eine für den Achskilometer zu berechnende Vergütung, für die Beförderung der überwiesenen Poststücke aber die tarifmäßige Eisenbahn-Eilfrachtgebühr zu zahlen. Für die Mitbeförderung des etwa erforderlichen Postbegleitungspersonals und der Geräthschaften für den Dienst wird eine Vergütung nicht gezahlt.

**Artikel 6.** Die für den regelmäßigen Dienst erforderlichen Eisenbahn-Postwagen werden für Rechnung der Postverwaltung beschafft.

Die Eisenbahnverwaltungen sind verbunden, die Unterhaltung, äußere Reinigung, das Schmieren und das Ein- und Ausrangiren dieser Wagen gegen eine den Selbstkosten entsprechende Vergütung zu bewirken.

Wenn die im regelmäßigen Dienst befindlichen Eisenbahn-Postwagen während des Stilllagers auf den Bahnhöfen der Endstationen im Freien stehen bleiben, so ist dafür eine Vergütung nicht zu zahlen. Letzteres gilt auch für die Plätze auf den Bahnhöfen, welche der Postverwaltung zur Aufbewahrung der Perronwagen und sonstigen Geräthschaften für das Verladungsgeschäft angewiesen werden.

Unbeladene Postwagen sind gegen Erstattung der für Eisenbahn-Güterwagen tarifmäßig zu entrichtenden Frachtgebühr zu befördern. Für die Beförderung zur Eisenbahn-Reparaturwerkstatt und zurück findet eine Vergütung nicht statt.

Wenn Eisenbahn-Postwagen beschädigt oder laufunfähig werden, so sind die Eisenbahnverwaltungen gehalten, der Postverwaltung geeignete Güterwagen zur Aushülfe zu überlassen. Für diese Güterwagen hat die Postverwaltung die nämliche Miethe zu bezahlen, welche die betreffende Eisenbahnverwaltung im Verkehr mit benachbarten Bahnen für Benutzung fremder Wagen von gleicher Beschaffenheit entrichtet.

Desgleichen sind die theilweise von der Post benutzten Eisenbahnwagen (Art. 3), wenn sie laufunfähig werden, von den Eisenbahnverwaltungen auf ihre Kosten durch andere zu ersetzen.

**Artikel 7.** Bei Errichtung neuer Bahnhöfe oder Stationsgebäude sind auf Verlangen der Postverwaltung die durch den Eisenbahnbetrieb bedingten, für die Zwecke des Postdienstes erforderlichen Diensträume mit den für den Postdienst etwa erforderlichen besonderen baulichen Anlagen von der Eisenbahnverwaltung gegen Miethsentschädigung zu beschaffen und zu unterhalten.

Dasselbe gilt bei dem Um- oder Erweiterungsbau bestehender Stationsgebäude, insofern durch die den Bau veranlassenden Verhältnisse eine Erweiterung oder Veränderung der Postdiensträume bedingt wird.

Bei dem Mangel geeigneter Privatwohnungen in der Nähe der Bahnhöfe sind die Eisenbahnverwaltungen gehalten, bei Aufstellung von Bauplänen zu Bahnhofsanlagen und bei dem Um- oder Erweiterungsbau von Stationsgebäuden auf die Beschaffung von Dienstwohnungsräumen für die Postbeamten, welche zur Verrichtung des durch den Eisenbahnbetrieb bedingten Postdienstes erforderlich sind, Rücksicht zu nehmen. Über den Umfang dieser Dienstwohnungsräume wird sich die Postverwaltung mit der Eisenbahnverwaltung und erforderlichen Falls mit der Landes-Aufsichtsbehörde in jedem einzelnen Falle verständigen. Für die Beschaffung und Unterhaltung der Dienstwohnungsräume hat die Postverwaltung eine Miethsentschädigung nach gleichen Grundsätzen wie für die Diensträume auf den Bahnhöfen zu entrichten.

Das Miethsverhältniß bezüglich der der Postverwaltung überwiesenen Dienst- und Dienstwohnungsräume auf den Bahnhöfen kann nur durch das Einverständniß beider Verwaltungen aufgelöst werden.

Werden bei Errichtung neuer Bahnhofsanlagen, sowie bei dem Um- oder Erweiterungsbau bestehender Stationsgebäude zur Unterbringung von Dienst- oder Dienstwohnungsräumen auf Verlangen der Postbehörde besondere Gebäude auf den Bahnhöfen hergestellt, so ist der erforderliche Bauplatz von den Eisenbahnverwaltungen gegen Erstattung der Selbstkosten zu beschaffen, der Bau und die Unterhaltung derartiger Gebäude aber aus der Postkasse zu bestreiten.

**Artikel 8.** Wenn bei dem Betriebe einer Eisenbahn ein im Dienst befindlicher Postbeamter getödtet oder körperlich verletzt worden ist, und die Eisenbahnverwaltung den nach den Gesetzen ihr obliegenden Schadensersatz dafür geleistet hat, so ist die Postverwaltung verpflichtet, derselben das Geleistete zu ersetzen, falls nicht der Tod oder die Körperverletzung durch ein Verschulden des Eisenbahnbetriebs-Unternehmers oder einer der im Eisenbahnbetrieb verwendeten Personen herbeigeführt worden ist.

**Artikel 9.** Der Reichskanzler ist ermächtigt, für Eisenbahnen mit schmalerer als der Normalspur und für Eisenbahnen, bei welchen wegen ihrer untergeordneten Bedeutung das Bahnpolizei-Reglement für die Eisenbahnen Deutschlands nicht für anwendbar erachtet ist, die vorstehenden Verpflichtungen für die Zwecke des Postdienstes zu ermäßigen oder ganz zu erlassen.

**Artikel 10.** Durch die von dem Reichskanzler, nach Anhörung der Reichs-Postverwaltung und des Reichs-Eisenbahn-Amtes, unter Zustimmung des Bundesraths zu erlassenden Vollzugsbestimmungen werden die näheren Anordnungen über die Ausführung der vorstehenden Leistungen, sowie über die Festsetzung und die Berechnung der Vergütung für die gegen Entgelt zu gewährenden Leistungen getroffen.

**Artikel 11.** Auf die bei Erlaß dieses Gesetzes bereits konzessionirten Eisenbahngesellschaften und deren zukünftig konzessionirte Erweiterungen durch Neubauten finden die vorstehenden Vorschriften insoweit Anwendung, als dies nach den Konzessionsurkunden zulässig ist. Im Übrigen bewendet es für die Verbindlichkeiten der bereits konzessionirten Eisenbahngesellschaften bei den Bestimmungen der Konzessionsurkunden, und bleiben insbesondere in dieser Beziehung die bis dahin zur Anwendung gekommenen Vorschriften über den Umfang des Postzwanges und über die Verbindlichkeiten der Eisenbahnverwaltungen zu Leistungen für die Zwecke des Postdienstes maßgebend.

Die bereits konzessionirten Eisenbahngesellschaften sind jedoch berechtigt, an Stelle der ihnen konzessionsmäßig obliegenden Verpflichtungen für die Zwecke des Postdienstes die durch das gegenwärtige Gesetz angeordneten Leistungen zu übernehmen.

**Artikel 12.** Die vertragsmäßige Vergütung, welche an das Großherzogthum Baden für Leistungen seiner Staatsbahnen zu den Zwecken des Postdienstes zu entrichten ist, wird, sofern nicht eine anderweite Vereinbarung erfolgt, bis zum Ablauf des Jahres 1879 weiter gezahlt. Bis dahin bleiben für die Leistungen der badischen Staatsbahnen zu Zwecken des Postdienstes die Bestimmungen des Reglements über die Verhältnisse der Post zu den Staatseisenbahnen vom 1. Januar 1868 maßgebend.

Im Übrigen kommen die Vorschriften dieses Gesetzes auf die im Eigenthum des Reichs oder eines Bundesstaates befindlichen, sowie auf die in das Eigenthum des Reichs oder eines Bundesstaates übergehenden Eisenbahnen mit dem Inkrafttreten dieses Gesetzes zur Anwendung.

**§ 5.** Das Briefgeheimniß ist unverletzlich. Die bei strafgerichtlichen Untersuchungen und in Konkurs- und civilprozessualischen Fällen nothwendigen Ausnahmen sind durch ein Reichsgesetz festzustellen. Bis zu dem Erlaß eines Reichsgesetzes werden jene Ausnahmen durch die Landesgesetze bestimmt.

## Abschnitt II.

### Garantie.

**§ 6.** Die Postverwaltung leistet dem Absender im Falle reglementsmäßig erfolgter Einlieferung Ersatz:

I. für den Verlust und die Beschädigung
 1) der Briefe mit Werthangabe,
 2) der Packete mit oder ohne Werthangabe,

II. für den Verlust der rekommandirten Sendungen, denen in dieser Beziehung Sendungen gleichgestellt werden, welche zur Beförderung durch Estafette eingeliefert sind.

Für einen durch verzögerte Beförderung oder Bestellung der unter I bezeichneten Gegenstände entstandenen Schaden leistet die Postverwaltung nur dann Ersatz, wenn die Sache durch die verzögerte Beförderung oder Bestellung verdorben ist, oder ihren Werth bleibend ganz oder theilweise verloren hat. Auf eine Veränderung des Kurses oder marktgängigen Preises wird jedoch hierbei keine Rücksicht genommen.

Die Verbindlichkeit der Postverwaltung zur Ersatzleistung bleibt ausgeschlossen, wenn der Verlust, die Beschädigung oder die verzögerte Beförderung oder Bestellung

a) durch die eigene Fahrlässigkeit des Absenders, oder
b) durch die unabwendbaren Folgen eines Naturereignisses, oder durch die natürliche Beschaffenheit des Gutes herbeigeführt worden ist, oder
c) auf einer auswärtigen Beförderungsanstalt sich ereignet hat, für welche die Postverwaltung nicht durch Konvention die Ersatzleistung ausdrücklich übernommen hat; ist jedoch in diesem Falle die Einlieferung bei einer deutschen Postanstalt erfolgt, und will der Absender seine Ansprüche gegen die auswärtige Beförderungsanstalt geltend machen, so hat die Postverwaltung ihm Beistand zu leisten.

Für die auf Postanweisungen eingezahlten Beträge leistet die Postverwaltung Garantie.

Für andere, als die vorstehend bezeichneten Gegenstände, insbesondere für gewöhnliche Briefe, wird weder im Falle eines Verlustes oder einer Beschädigung, noch im Falle einer verzögerten Beförderung oder Bestellung Ersatz geleistet.

**§ 7.** Wenn der Verschluß und die Verpackung der zur Post gegebenen Gegenstände bei der Aushändigung an den Empfänger äußerlich unverletzt und zugleich das Gewicht mit dem bei der Einlieferung ermittelten übereinstimmend befunden wird, so darf dasjenige, was bei der Eröffnung an dem angegebenen Inhalte fehlt, von der Postverwaltung nicht vertreten werden. Die ohne Erinnerung geschehene Annahme einer Sendung begründet die Vermuthung, daß bei der Aushändigung Verschluß und Verpackung unverletzt und das Gewicht mit dem bei der Einlieferung ermittelten übereinstimmend befunden worden ist.

**§ 8.** Wenn eine Werthangabe geschehen ist, so wird dieselbe bei der Feststellung des Betrages des von der Postverwaltung zu leistenden Schadenersatzes zum Grunde gelegt. Beweist jedoch die Postverwaltung, daß der angegebene Werth den gemeinen Werth der Sache übersteigt, so hat sie nur diesen zu ersetzen.

Ist in betrüglicher Absicht zu hoch deklarirt worden, so verliert der Absender nicht nur jeden Anspruch auf Schadenersatz, sondern ist auch nach den Vorschriften der Strafgesetze zu bestrafen.

**§ 9.** Wenn bei Packeten die Angabe des Werthes unterblieben ist, so vergütet die Postverwaltung im Falle eines Verlustes oder einer Beschädigung den wirklich erlittenen Schaden, jedoch niemals mehr, als Einen Thaler für jedes Pfund (= 500 Gramme) der ganzen Sendung. Packete, welche weniger als Ein Pfund wiegen, werden den Packeten zum Gewicht von Einem Pfunde gleichgestellt und überschießende Pfundtheile für Ein Pfund gerechnet.

§ 10. Für eine rekommandirte Sendung, sowie für eine zur Beförderung durch Estafette eingelieferte Sendung (§ 6, II) wird dem Absender im Falle des Verlustes, ohne Rücksicht auf den Werth der Sendung, ein Ersatz von vierzehn Thalern gezahlt.

§ 11. Bei Reisen mit den ordentlichen Posten leistet die Postverwaltung Ersatz:

1) für den Verlust oder die Beschädigung des reglementsmäßig eingelieferten Passagierguts nach Maßgabe der §§ 8 und 9, und
2) für die erforderlichen Kur- und Verpflegungskosten im Falle der körperlichen Beschädigung eines Reisenden, wenn dieselbe nicht erweislich durch höhere Gewalt oder durch eigene Fahrlässigkeit des Reisenden herbeigeführt ist.

Bei der Extrapostbeförderung wird weder für den Verlust oder die Beschädigung an Sachen, welche der Reisende bei sich führt, noch bei einer körperlichen Beschädigung des Reisenden Entschädigung von der Postverwaltung geleistet.

§ 12. Eine weitere, als die in den §§ 8, 9, 10 und 11 nach Verschiedenheit der Fälle bestimmte Entschädigung wird von der Postverwaltung nicht geleistet; insbesondere findet gegen dieselbe ein Anspruch wegen eines durch den Verlust oder die Beschädigung einer Sendung entstandenen mittelbaren Schadens oder entgangenen Gewinnes nicht statt.

§ 13. Der Anspruch auf Schadloshaltung gegen die Postverwaltung muß in allen Fällen gegen die Ober-Postdirektion, beziehungsweise gegen die mit deren Funktionen beauftragte Postbehörde gerichtet werden, in deren Bezirk der Ort der Einlieferung der Sendung oder der Ort der Einschreibung des Reisenden liegt.

§ 14.[1] Der Anspruch auf Entschädigung an die Postverwaltung erlischt mit Ablauf von sechs Monaten, vom Tage der Einlieferung der Sendung oder vom Tage der Beschädigung des Reisenden an gerechnet. Diese Verjährung wird nicht allein durch Anmeldung der Klage, sondern auch durch Anbringung der Reklamation bei der kompetenten Postbehörde (§ 13) unterbrochen.[1] Ergeht hierauf eine abschlägige Bescheidung, so beginnt vom Empfange derselben eine neue Verjährung, welche durch eine Reklamation gegen jenen Bescheid nicht unterbrochen wird.

§ 15. In Fällen des Krieges und gemeiner Gefahr ist die Postverwaltung befugt, durch öffentliche Bekanntmachung jede Vertretung abzulehnen und Briefe, sowie Sachen, nur auf Gefahr des Absenders zur Beförderung zu übernehmen. In solchem Falle steht

[1] Abgeändert durch § 13 Nr. 4 EG z. CPO. (Vgl. oben S. 5. Anm.).

jedoch dem Absender frei, sich ohne Rücksicht auf die Bestimmung des § 1 jeder anderen Beförderungsgelegenheit zu bedienen.

## Abschnitt III.

### Besondere Vorrechte der Posten.

**§ 16.** Die ordentlichen Posten nebst deren Beiwagen, die auf Kosten des Staates beförderten Kuriere und Estafetten, die von Postbeförderungen ledig zurückkommenden Postfuhrwerke und Postpferde, die Briefträger und die Postboten sind von Entrichtung der Chausseegelder und anderen Kommunikationsabgaben befreit. Dasselbe gilt von Personenfuhrwerken, welche durch Privatunternehmer eingerichtet und als Ersatz für ordentliche Posten ausschließlich zur Beförderung von Reisenden und deren Effekten und von Postsendungen benutzt werden.

Diese Befreiung findet auch, jedoch unbeschadet wohlerworbener Rechte, gegen die zur Erhebung solcher Abgaben berechtigten Korporationen, Gemeinden oder Privatpersonen statt.

**§ 17.** In besonderen Fällen, in denen die gewöhnlichen Postwege gar nicht oder schwer zu passiren sind, können die ordentlichen Posten, die Extraposten, Kuriere und Estafetten sich der Neben- und Feldwege, sowie der ungehegten Wiesen und Äcker bedienen, unbeschadet jedoch des Rechtes der Eigenthümer auf Schadenersatz.

**§ 18.** Gegen die ordentlichen Posten, Extraposten, Kuriere und Estafetten ist keine Pfändung erlaubt; auch darf dieselbe gegen einen Postillon nicht geübt werden, welcher mit dem ledigen Gespann zurückkehrt. Bei Zuwiderhandlungen ist eine Geldstrafe von zehn Silbergroschen bis zu zwanzig Thalern verwirkt.

**§ 19.** Jedes Fuhrwerk muß den ordentlichen Posten, sowie den Extraposten, Kurieren und Estafetten auf das übliche Signal ausweichen. Bei Zuwiderhandlungen ist eine Geldstrafe von zehn Silbergroschen bis zu zehn Thalern verwirkt.

**§ 20.**[1] Das Inventarium der Posthaltereien darf im Wege des Arrestes oder der Exekution nicht mit Beschlag belegt werden.

**§ 21.** Wenn den ordentlichen Posten, Extraposten, Kurieren oder Estafetten unterwegs ein Unfall begegnet, so sind die Anwohner der Straße verbunden, denselben die zu ihrem Weiterkommen erforderliche Hülfe gegen vollständige Entschädigung schleunigst zu gewähren.

**§ 22.** Die vorschriftsmäßig zu haltenden Postpferde und

---

[1] Vgl. § 1, Abs. 3 KO.

Postillone dürfen zu den behufs der Staats- und Kommunalbedürfnisse zu leistenden Spanndiensten nicht herangezogen werden.

**§ 23.** Die Thorwachen, Thor-, Brücken- und Barrierebeamten sind verbunden, die Thore und Schlagbäume schleunigst zu öffnen, sobald der Postillon das übliche Signal giebt. Ebenso müssen auf dasselbe die Fährleute die Überfahrt unverzüglich bewirken. Bei Zuwiderhandlungen ist eine Geldstrafe von zehn Silbergroschen bis zu zehn Thalern verwirkt.

**§ 24.** Auf Requisition der Postbehörden haben die Polizei- und Steuerbeamten und deren Organe zur Verhütung und Entdeckung von Postübertretungen mitzuwirken.

**§ 25.** Die Postanstalten sind berechtigt, unbezahlt gebliebene Beträge an Personengeld, Porto und Gebühren nach den für die Beitreibung öffentlicher Abgaben bestehenden Vorschriften exekutivisch einziehen zu lassen.

Die mit Beitreibung exekutionsreifer Forderungen im Allgemeinen betrauten Organe sind verpflichtet, die von den Postanstalten angemeldeten rückständigen Beträge an Personengeld, Porto und Gebühren im Wege der Hülfsvollstreckung einzuheben.

Dem Exequirten steht jedoch die Betretung des Rechtsweges offen.

**§ 26.** Die Beträge, welche in einer Sendung enthalten sind, die weder an den Adressaten bestellt, noch an den Absender zurückgegeben werden kann, oder welche aus dem Verkaufe der vorgefundenen Gegenstände gelöst werden, fließen nach Abzug des Portos und der sonstigen Kosten zur Postarmen- oder Unterstützungskasse. Meldet sich der Absender oder der Adressat später, so zahlt ihm die Postarmen- oder Unterstützungskasse die ihr zugeflossenen Summen, jedoch ohne Zinsen, zurück.

Nach gleichen Grundsätzen ist mit Beträgen, welche auf Postsendungen eingezahlt sind, und mit zurückgelassenen Passagier-Effekten zu verfahren.

## Abschnitt IV.

Strafbestimmungen bei Post- und Portodefraudationen.

## Abschnitt V.

Strafverfahren bei Post- und Portodefraudationen.

## Abschnitt VI.

Allgemeine Bestimmungen.

## 26) Gesetz, betr. die Ausprägung von Reichsgoldmünzen. Vom 4. Dezember 1871. (RGBl S. 404.)[1]

**§ 1.** Es wird eine Reichsgoldmünze ausgeprägt, von welcher aus Einem Pfunde feinen Goldes $139^1/_2$ Stück ausgebracht werden.

**§ 2.** Der zehnte Theil dieser Goldmünze wird Mark genannt und in hundert Pfennige eingetheilt.

**§ 3.** Außer der Reichsgoldmünze zu 10 Mark (§ 1) sollen ferner ausgeprägt werden:

Reichsgoldmünzen zu 20 Mark, von welchen aus Einem Pfunde feinen Goldes $69^3/_4$ Stück ausgebracht werden.

**§ 4.** Das Mischungsverhältniß der Reichsgoldmünzen wird auf 900 Tausendtheile Gold und 100 Tausendtheile Kupfer festgestellt.

Es werden demnach

125,55 Zehn-Mark-Stücke,
62,775 Zwanzig-Mark-Stücke

je Ein Pfund wiegen.

**§ 5.** Die Reichsgoldmünzen tragen auf der einen Seite den Reichsadler mit der Inschrift „Deutsches Reich", und mit der Angabe des Werthes in Mark, sowie mit der Jahreszahl der Ausprägung, auf der anderen Seite das Bildniß des Landesherrn, beziehungsweise das Hoheitszeichen der freien Städte, mit einer entsprechenden Umschrift und dem Münzzeichen. Durchmesser der Münzen, Beschaffenheit und Inschrift der Ränder derselben werden vom Bundesrathe festgestellt.

**§ 8.** Alle Zahlungen, welche gesetzlich in Silbermünzen der Thalerwährung, der süddeutschen Währung, der lübischen oder hamburgischen Kurantwährung oder in Thalern Gold bremer Rechnung zu leisten sind, oder geleistet werden dürfen, können in Reichsgoldmünzen (§§ 1 und 3) dergestalt geleistet werden, daß gerechnet wird:

das Zehn-Mark-Stück zum Werthe von $3^1/_3$ Thalern oder 5 Fl. 50 Kr. süddeutscher Währung, 8 Mark $5^1/_3$ Schilling lübischer und hamburgischer Kurant-Währung, $3^1/_{93}$ Thaler Gold bremer Rechnung;

das Zwanzig-Mark-Stück zum Werthe von $6^2/_3$ Thalern oder 11 Fl. 40 Kr. süddeutscher Währung, 16 Mark $10^2/_3$ Schilling lübischer und hamburgischer Kurant-Währung, $6^2/_{93}$ Thaler Gold bremer Rechnung.

**§ 9.**[2] Reichsgoldmünzen, deren Gewicht um nicht mehr als

[1] Vgl. G vom 9. Juli 1873 (RGBl S. 233), vom 15. Nov. 1874 (RGBl S. 131) und Allerhöchsten Erlaß vom 17. Febr. 1875 (RGBl S. 72).
[2] Vgl. Bekanntmachung vom 29. Mai 1876 (CBl S. 260).

fünf Tausendtheile hinter dem Normalgewicht (§ 4) zurückbleibt (Passirgewicht), und welche nicht durch gewaltsame oder gesetzwidrige Beschädigung am Gewicht verringert sind, sollen bei allen Zahlungen als vollwichtig gelten.

Reichsgoldmünzen, welche das vorgedachte Passirgewicht nicht erreichen und an Zahlungsstatt von den Reichs-, Staats-, Provinzial- oder Kommunalkassen, sowie von Geld- und Kreditanstalten und Banken angenommen worden sind, dürfen von den gedachten Kassen und Anstalten nicht wieder ausgegeben werden.

Die Reichsgoldmünzen werden, wenn dieselben in Folge längerer Cirkulation und Abnutzung am Gewicht so viel eingebüßt haben, daß sie das Passirgewicht nicht mehr erreichen, für Rechnung des Reichs zum Einschmelzen eingezogen. Auch werden dergleichen abgenutzte Goldmünzen bei allen Kassen des Reichs und der Bundesstaaten stets voll zu demjenigen Werthe, zu welchem sie ausgegeben sind, angenommen werden.

**§ 10.** Eine Ausprägung von anderen, als den durch dieses Gesetz eingeführten Goldmünzen, sowie von groben Silbermünzen, mit Ausnahme von Denkmünzen[1], findet bis auf weiteres nicht statt.

**§ 11.** Die zur Zeit umlaufenden Goldmünzen der deutschen Bundesstaaten sind von Reichs wegen und auf Kosten des Reichs nach Maßgabe der Ausprägung der neuen Goldmünzen (§ 6) einzuziehen.

Der Reichskanzler wird ermächtigt, in gleicher Weise die Einziehung der bisherigen groben Silbermünzen der deutschen Bundesstaaten anzuordnen und die zu diesem Behufe erforderlichen Mittel aus den bereitesten Beständen der Reichskasse zu entnehmen.

Über die Ausführung der vorstehenden Bestimmungen ist dem Reichstage alljährlich in seiner ersten ordentlichen Session Rechenschaft zu geben.

---

## 27) Gesetz, betr. die Beschränkungen des Grundeigenthums in der Umgebung von Festungen. Vom 21. Dezember 1871.

(RGBl S. 459.)

**§ 1.** Die Benutzung des Grundeigenthums in der nächsten Umgebung der bereits vorhandenen, sowie der in Zukunft anzulegenden permanenten Befestigungen unterliegt nach Maßgabe dieses Gesetzes dauernden Beschränkungen.

**§ 2.** Behufs Feststellung dieser Beschränkungen wird die

[1] Diese Ausnahme ist aufgehoben durch Art. 11 des Münzgesetzes vom 9. Juli 1873.

nächste Umgebung der Festungen in Rayons getheilt, und je nach der Entfernung von der äußersten Vertheidigungslinie ab als erster, zweiter, dritter Rayon bezeichnet.

Wenn bei Festungen mehrere zusammenhängende Befestigungslinien vor einander liegen, so bildet der Raum zwischen denselben die Zwischen-Rayons.

Bei Festungen mit einer Citadelle heißt der Rayonbezirk vor den stadtwärts gewendeten Werken derselben Esplanade.

**§ 3.** Die Abmessung der Rayons erfolgt von den ausspringenden Winkeln des bedeckten Weges, und zwar von dem oberen Rande des Glacis oder in Ermangelung eines Glacis von dem äußeren Grabenrande, oder wenn auch ein Graben nicht vorhanden ist, von der Feuerlinie der Wallbrustwehren, beziehungsweise der äußeren Mauerflucht der krenelirten Mauern.

**§ 4.** Der erste Rayon umfaßt bei allen Festungen und neu zu erbauenden detachirten Forts das im Umkreise derselben von 600 Metern belegene Terrain, außerdem bei Festungen, welche an Gewässern belegen sind und besondere Kehlbefestigungen haben, das Terrain zwischen diesen und dem Ufer.

**§ 5.** Der zweite Rayon begreift das Terrain zwischen der äußeren Grenze des ersten Rayons und einer von dieser im Abstande von 375 Metern gezogenen Linie.

Detachirte Forts haben keinen zweiten Rayon; bei diesen unterliegt jedoch das Terrain von der Grenze des ersten Rayon bis zu einer Entfernung von 1650 Metern den für den dritten Rayon gegebenen Beschränkungen.

**§ 6.** Der dritte Rayon umfaßt bei allen Festungen das Terrain von der äußeren Grenze des zweiten Rayons bis zu einer Entfernung von 1275 Metern.

**§ 7.** Die Zwischenrayons zerfallen in strenge und einfache. Die ersteren enthalten das Terrain in einem Abstande von 75 Metern von der zurückliegenden oder inneren Befestigungslinie; darüber hinaus liegt der einfache Zwischenrayon.

**§ 8.** Bei Neu-Anlagen von Befestigungen werden die denselben zunächst gelegenen beiden Rayons, sowie etwaige Esplanaden und Zwischenrayons durch die Kommandanturen unter Mitwirkung der Polizeibehörden und Zuziehung der Ortsvorstände, sowie der Besitzer selbstständiger Gutsbezirke abgesteckt und durch feste Marken (Rayonsteine) bezeichnet.

Von diesem Zeitpunkte an treten die gesetzlichen Beschränkungen in der Benutzung des Grundeigenthums in Wirksamkeit.

**§ 9.** Unmittelbar nach der Absteckung der Rayonlinie hat die Kommandantur einen Rayonplan und ein Rayonkataster aufzustellen.

Der Rayonplan muß den allgemeinen Erfordernissen eines Situationsplanes entsprechen, insbesondere die Richtung und Entfernung der Rayonlinien von den Festungswerken, Lage und Nummer der Grenzmarken enthalten und die Lage und Benutzungsweise, sowie Beschaffenheit der einzelnen in den Rayons belegenen Grundstücke erkennen lassen.

Das Rayon-Kataster enthält unter Bezugnahme auf den Rayonplan:

1) die Namen der Besitzer der einzelnen Grundstücke,
2) die Beschreibung des Zustandes und Umfanges, sowie der Zeit der Entstehung aller innerhalb der ersten beiden und der Zwischenrayons vorhandenen Baulichkeiten und Anlagen,
3) Vermerke über Entschädigungsberechtigung bei etwa stattfindender Demolirung.

**§ 10.** Behufs Aufnahme des Rayonplanes und Rayonkatasters sind alle Behörden verpflichtet, den Kommandanturen die in ihrem Besitze befindlichen Flurkarten, Risse, Pläne, Zeichnungen, Vermessungs- und Bonitirungsregister, Taxen, Kataster und dergleichen unentgeltlich zur Benutzung offen zu legen oder gegen Empfangsbescheinigung zuzustellen.

**§ 11.** Rayonplan und Rayonkataster sind in derjenigen Gemeinde, in deren Bezirk die aufgenommenen Grundstücke liegen, während 6 Wochen öffentlich auszulegen.

Der Beginn der Auslegung ist durch den Gemeindevorstand ortsüblich öffentlich bekannt zu machen.

Die öffentliche Bekanntmachung muß die Aufforderung zur Erhebung etwaiger Einwendungen unter Angabe der Frist zu deren Anbringung bei dem Gemeindevorstande und die Verwarnung enthalten, daß nach Ablauf dieser Frist mit Feststellung des Katasters verfahren wird.

Alle während dieser Frist eingehenden Beschwerden oder Anträge werden mit dem Vermerk des Eingangstages versehen, gesammelt und nach Ablauf der Anmeldefrist mit der Bescheinigung über die stattgefundene öffentliche Auslegung und die vorschriftsmäßige öffentliche Bekanntmachung der Kommandantur zugestellt.

Letztere prüft die Einwendungen und ertheilt den Bescheid.

Gegen diesen steht innerhalb einer Präklusivfrist von vier Wochen nach dem Empfange den Betheiligten der bei der Kommandantur einzulegende Rekurs an die Reichs-Rayonkommission zu.

Nach Verlauf der obigen Frist, beziehungsweise nach Eingang

der Rekursbescheide, erfolgt die Feststellung des Katasters und des Planes durch die Kommandantur. Hiervon erhalten die betreffenden Gemeindevorstände Kenntniß und haben diese die Feststellung öffentlich bekannt zu machen.

**§ 12.** Die Kommandantur hat dafür Sorge zu tragen, daß im Rayonplan und Rayonkataster alle Veränderungen in baulicher Beziehung, sowie im Besitz, in der Benutzung oder Bestimmung der Grundstücke nachgetragen werden.

**§ 13.** Innerhalb sämmtlicher Rayons sind nicht ohne Genehmigung der Kommandantur zulässig, vorbehaltlich der Bestimmung in § 30:

1) jede dauernde Veränderung der Höhe der Terrainoberfläche, insbesondere die Anlage und der Betrieb von Lehm- und Sandgruben, Stein- und Kalkbrüchen, die Anlage von Plätzen zur Ablagerung von Ballast, sowie eine jede solche Ablagerung an nicht dazu bestimmten Plätzen;
2) alle Neuanlagen oder Veränderungen von Dämmen, Deichen, Gräben, sowie in den Vorfluthverhältnissen, Ent- und Bewässerungsanlagen und sonstigen Bauten; desgleichen alle Neuanlagen oder Veränderungen von Chausseen, Wegen und Eisenbahnen;
3) die Anlage von größeren Parkanlagen, Baumschulen und Waldungen;
4) die Errichtung und Veränderung an Kirch- und Glockenthürmen, sowie alle thurmartigen Konstruktionen.

Die Genehmigung darf nicht versagt werden, wenn durch die bezeichneten Neuanlagen, beziehungsweise Veränderungen keine nachtheilige Deckung gegen die rasante Bestreichung der Werke, kein nachtheiliger Einfluß auf das Wasserspiel der Festungsgräben, auf Inundation des Vorterrains und auf die Tiefe der mit den Festungsanlagen in Beziehung stehenden Flußläufe entsteht, und keine vermehrte Einsicht in die Werke des Platzes gewonnen wird.

**§ 14.** Im dritten Rayon ist bei etwaiger Feststellung von Bebauungsplänen rücksichtlich der Breite und Richtung der Straßen die Genehmigung der Reichs-Rayonkommission (§ 31) erforderlich.

**§ 15.** Innerhalb des zweiten Rayon sind:

A. unzulässig:

1) alle Massivkonstruktionen von Gebäuden oder Gebäudetheilen mit Ausnahme massiver Feuerungsanlagen und solcher massiver Fundamente, die das umliegende Terrain nicht über 30 Centimeter überragen;
2) jede Art von Gewölbebauten, sowie Eindeckungen von Kelleranlagen mit steinerner und eiserner Konstruktion.

3) die Anlage von bleibenden Ziegel- und Kalköfen, sowie überhaupt massiver zu Fabrik- und sonstigen gewerblichen Zwecken bestimmter Öfen von größeren Abmessungen;

B. nicht ohne Genehmigung der Kommandantur zulässig:

1) die Anlage von Beerdigungsplätzen;

2) die Errichtung von Grabhügeln von mehr als 50 Centimetern Höhe, sowie von Denkmälern aus Stein oder Eisen, welche in den mehr als 50 Centimeter über der Erdoberfläche liegenden Theilen eine größere Stärke haben, als 15 Centimeter für Stein, bezüglich 2 Centimeter für Eisen.

3) die Errichtung von Gebäuden, welche nicht schon nach den Bestimmungen von A unzulässig sind;

die Genehmigung darf bei Einhaltung nachstehender Bestimmungen nicht versagt werden:

a) die Gebäude dürfen nur von Holz, oder einer nach dem Urtheil der Militairbehörde leicht zerstörbaren Eisenkonstruktion, oder in ausgemauertem Fachwerk von nicht mehr als 15 Centimetern Stärke erbaut sein; doch dürfen sie eine Ziegelbedachung, massive Feuerungsanlagen, soweit solche nicht nach A Nr. 3 unzulässig sind, und massive Fundamente haben, welche das umliegende Terrain nicht über 30 Centimeter überragen;

b) die Höhe des Gebäudes bis zur Dachfirst darf 13 Meter nicht übersteigen;

c) Keller dürfen nur hölzerne oder leichte eiserne Balken, mit gewöhnlichem Balkenzwischenraum und hölzernem Fußboden darüber haben;

4) die Anlage massiver Dampfschornsteine;

die Genehmigung darf nicht versagt werden, wenn die Höhe 20 Meter nicht übersteigt.

**§ 16.** Für den einfachen Zwischenrayon gelten die in § 15 für den zweiten Rayon gegebenen Vorschriften, jedoch mit folgenden Abweichungen:

Zu A. Unter besonderen Verhältnissen kann die Herstellung massiver Bauten und gewölbter Anlagen gestattet werden.

Zu B. 3b. Die Höhe des Gebäudes bis zur Dachfirst darf 8 Meter nicht übersteigen.

**§ 17.** Im ersten Rayon ist

A. unzulässig:

1) Alles, was im zweiten Rayon unzulässig ist; massive Fundamente dürfen jedoch das umliegende Terrain nicht über 15 Centimeter überragen;

2) Wohngebäude jeder Art;
3) Baulichkeiten von anderen Materialien, als von Holz oder einer nach dem Urtheil der Militairbehörde leicht zerstörbaren Eisenkonstruktion; Keller- oder mit dem Grund und Boden fest zusammenhängende Feuerungsanlagen; Baulichkeiten von größerer Höhe, als 7 Meter bis zur Dachfirst; andere Bedachungsmaterialien, als Holz, Stroh, Rohr, Dachpappe, Dachfilz, Zink oder Schiefer;
4) die Aufstellung von Lokomobilen in fester Verbindung mit Baulichkeiten, oder auf Terrain, aus welchem dieselben nicht sofort entfernt werden können;
5) Denkmäler von Stein oder Eisen, welche in den mehr als 50 Centimeter über der Erdoberfläche liegenden Theilen eine größere Breite haben, als 30 Centimeter;
6) Einhegungen durch Neuanlage von lebendigen Hecken;

B. nicht ohne Genehmigung der Kommandantur zulässig:
1) die Anlage von Beerdigungsplätzen;
2) die Errichtung von Grabhügeln von mehr als 50 Centimetern Höhe, sowie von Denkmälern aus Stein oder Eisen, welche in den mehr als 50 Centimeter über der Erdoberfläche liegenden Theilen eine größere Stärke haben, als 15 Centimeter für Stein, bezüglich 2 Centimeter für Eisen;
3) die Anlage hölzerner Windmühlen;

   die Genehmigung darf nicht versagt werden, wenn die Entfernung von den Festungswerken 300 Meter oder mehr beträgt;
4) alle vorstehend nicht als unzulässig bezeichneten Baulichkeiten; bewegliche Feuerungsanlagen; hölzerne und eiserne Einfriedigungen, letztere, wenn sie ohne Schwierigkeit beseitigt werden können; Brunnen.

   Die Genehmigung darf nur versagt werden, wenn es sich um wohnliche Einrichtungen irgend einer Art handelt. Jedoch darf bei nachgewiesener Nothwendigkeit der Anwesenheit eines Wächters die Aufstellung einer mit einem transportablen eisernen Ofen versehenen Wächterhütte auf je einem Grundstück nicht verweigert werden, sofern dieselbe im Grundflächenmaß 20 Quadratmeter nicht überschreitet, mit anderen Baulichkeiten nicht in Verbindung gesetzt ist, und der Ofen mit blecherner Rauchröhre versehen ist.

**§ 18.** Das Alignement der im ersten und zweiten Rayon und einfachen Zwischenrayon zu errichtenden Gebäude in Beziehung auf die Festungswerke, insofern dasselbe nicht von der Richtung vorhandener öffentlicher Wege oder Straßen abhängig ist, unterliegt der Genehmigung der Kommandantur.

**§ 19.** Innerhalb des strengen Zwischenrayons sind alle baulichen Anlagen unzulässig.

Auf Esplanaden sind nur solche Anlagen gestattet, welche nach dem Urtheil der Militairbehörde zu Vertheidigung dienen können.

Die Anlage von Hecken ist im strengen Zwischenrayon, wie auf Esplanaden unzulässig.

**§ 20.** Im ersten und zweiten Rayon und im einfachen Zwischenrayon ist die Einrichtung von Niederlagen und Plätzen, auf welchen Vorräthe zu gewerblichen Zwecken im Freien oder in Schuppen aufgestapelt werden, nicht ohne Genehmigung der Kommandantur zulässig.

Die Genehmigung darf nicht versagt werden, wenn die Entfernung von den Festungswerken 225 Meter beträgt.

Die Höhe der zulässigen Aufstapelung beträgt:

a) für unverbrennliche Materialien, für Stein- und Braunkohlen, Koaks und dergleichen: im ersten Rayon $1^1/_2$ Meter, im zweiten und einfachen Zwischenrayon 2 Meter,

b) für Torf- und Lohkuchen: 3 Meter,

c) für Bau- und Brennholz: im ersten Rayon 4 Meter, im zweiten und einfachen Zwischenrayon 5 Meter.

Eine höhere Aufstapelung bedarf der Genehmigung der Kommandantur.

Auf dem Terrain, welches bei Festungen, die an schiff- oder flößbaren Gewässern liegen und besondere Kehlbefestigungen haben, zwischen diesen und dem Ufer befindlich ist (§ 4), ist die Lagerung derartiger Vorräthe, sowie die Anlage der zum Ein- und Ausladen nöthigen Anstalten ohne Genehmigung der Kommandantur zulässig. Jedoch steht es der Kommandantur zu, die einzuhaltende Entfernung von der Kehle, und die Zeit für die Wiederbeseitigung zu bestimmen.

**§ 21.** Bei vorübergehenden Veränderungen der Höhe der Terrainoberfläche, wie der Auflagerung von Baumaterialien während der Ausführung eines genehmigten Baues, der Benutzung der Grabenränder zur Auflagerung der bei der Grabenräumung ausgeworfenen Erde und dergleichen ähnlichen Benutzungen bedarf es im ersten und zweiten Rayon und einfachen Zwischenrayon nur einer vorgängigen Anzeige an die Kommandantur. Jedoch steht es derselben zu, die Zeit der Wiederbeseitigung der vorübergehenden Erhöhung des Terrains zu bestimmen.

Zur Anlage von Komposthaufen ist die Genehmigung der Kommandantur erforderlich.

**§ 22.** Die einmal vorhandenen Baulichkeiten und Anlagen, auf denen nicht die besondere Bedingung des Eingehens durch Verfall, oder der künftigen Reduktion auf eine leichtere Bauart schon haftet, sollen, unbeschadet der Bestimmung des § 43, erhalten bleiben, auch wenn sie den Vorschriften dieses Gesetzes nicht entsprechen. Dieselben können, wenn sie ganz oder theilweise zerstört oder baufällig geworden sind, nach vorgängiger Anzeige bei der Kommandantur in den alten Abmessungen und der bisherigen Bauart wieder hergestellt werden.

Überschreiten Wiederherstellungsbauten das vorbestimmte Maß, so bedarf es der Genehmigung der Kommandantur.

**§ 23.** Ob und inwieweit aus örtlichen Rücksichten Einschränkung der räumlichen Ausdehnung der Rayons oder Ermäßigungen der gesetzlichen Beschränkungen zulässig seien, bestimmt die Reichs-Rayonkommission.

**§ 24.** Die bisherigen von diesen Bestimmungen abweichenden Rayons bestehender Befestigungen, insbesondere die der vorhandenen detachirten Forts, verbleiben bis zur Ausführung eines Neu- oder Verstärkungsbaues unverändert.

Die vorhandenen Esplanaden bleiben in ihrer bisherigen Ausdehnung unverändert; bei Neubau einer Citadelle wird über den Umfang der Esplanade in jedem Falle besondere Bestimmung durch die Reichs-Rayonkommission getroffen.

Ebenso verbleiben alle übrigen zur Zeit vorhandenen besonderen Rayons, wie die von verschanzten Lägern, Städtebefestigungen, inneren Abschnitten in und bei Festungen unverändert.

**§ 25.** Bei den bestehenden Festungen bleibt die Anlegung eines Rayonplanes und Rayonkatasters der Kommandantur überlassen. Dieselbe muß nach Maßgabe der §§ 8—12 erfolgen, wenn in Folge eines Neu- oder Verstärkungsbaues die bisherigen Rayons verändert werden sollen.

Bis zur endgültigen Feststellung der Rayonkataster sind die bisher erforderlichen Reverse für die beabsichtigten Bauausführungen beizubehalten.

**§ 26.** Zu jeder Anlage, jeder Veränderung und Benutzung, die nach den §§ 13 ff. nicht ohne Genehmigung der Kommandantur zulässig ist, muß vor dem Beginn der Ausführung diese Genehmigung nachgesucht werden.

**§ 27.** Das Gesuch ist nebst zwei Exemplaren der etwa nöthigen Bauzeichnungen an die Ortspolizeibehörde zu richten. Findet diese gegen die Zulässigkeit nichts zu erinnern, so übersendet sie das Gesuch der Kommandantur, welche ihre Entscheidung, nebst einem Exemplar der Zeichnung, in welchem die im Festungs-Interesse nothwendigen Abänderungen einzutragen sind, an die Ortspolizeibehörde behufs Mittheilung an den Antragsteller zurückgelangen läßt.

**§ 28.** Die von der Kommandantur auszufertigende Genehmigung muß alle für den betreffenden Fall nach Maßgabe dieses Gesetzes festzustellenden speziellen Beschränkungen genau bestimmen, denen der Grundbesitzer, sowie alle Besitznachfolger bezüglich des Baues, der Niederlage von Materialien, der Anlage oder des Gewerbebetriebes sich zu unterwerfen haben. Insoweit nach Maßgabe dieses Gesetzes die Genehmigung nicht zu versagen ist, darf dieselbe auch nicht an Bedingungen geknüpft werden.

Sind seit der Aushändigung der Genehmigung zwei Jahre verflossen, ohne daß davon Gebrauch gemacht worden ist, so wird sie als erloschen betrachtet.

Wird die Genehmigung ganz oder theilweise versagt, so sind die Gründe der Ablehnung anzugeben.

**§ 29.** Gegen die Entscheidung der Kommandantur, wie gegen alle Anordnungen derselben, ist in Rayon-Angelegenheiten binnen einer vierwöchentlichen Präklusivfrist von der Zustellung ab, der Rekurs zulässig. Die Entscheidung auf den Rekurs erfolgt endgültig durch die Reichs-Rayonkommission.

Nach Ablauf der Frist, eintretenden Falls nach der höheren Entscheidung, sind die Anordnungen vollstreckbar.

Ist durch eine Anordnung der Kommandantur eine Anlage untersagt, so darf diese erst dann begonnen oder fortgesetzt werden, wenn die Anordnung in der höheren Instanz aufgehoben ist.

**§ 30.** Die Projekte größerer Anlagen (Chausseen, Deiche, Eisenbahnen u. s. w.) in den Rayons der Festungen und festen Plätze werden durch eine gemischte Kommission erörtert, deren Mitglieder von dem zuständigen Kriegsministerium im Verein mit den betreffenden höheren Verwaltungsbehörden berufen werden, und in welcher auch die von der Anlage betroffenen Gemeinden durch Deputirte vertreten werden.

Das hierüber aufzunehmende Protokoll wird der Reichs-Rayonkommission übersandt, welche in Gemeinschaft mit der betreffenden Centralverwaltungsbehörde die Entscheidung trifft oder erforderlichen Falls herbeiführt.

**§ 31.** Die Reichs-Rayonkommission ist eine durch den Kaiser zu berufende ständige Militairkommission, in welcher die Staaten, in deren Gebieten Festungen liegen, vertreten sind.

**§ 32.** Grundbesitzer, welche ohne die gesetzlich erforderliche Genehmigung, oder mit eigenmächtiger Abweichung von dem genehmigten Plane eine Anlage, einen Neu- oder Wiederherstellungsbau ausführen oder ausführen lassen, werden mit einer Geldbuße bis zu fünfzig Thalern bestraft. Eine gleiche Strafe trifft denjenigen, welcher als Baumeister oder Bauhandwerker die Ausführung geleitet hat. Soweit nach dem Urtheil der Kommandantur die Anlagen unzulässig befunden werden, ist der Besitzer innerhalb der vom Kommandanten zu bestimmenden Frist zu deren Beseitigung verbunden; nöthigenfalls erfolgt letztere auf Antrag der Kommandantur durch die Polizeibehörde auf Kosten des Besitzers. Die Einlegung des Rekurses hemmt die Vollstreckung, vorbehaltlich der Bestimmung in § 29.

Wer die in den §§ 21, 22 vorgeschriebene Anzeige unterläßt, wird mit einer Geldbuße bis zu fünf Thalern bestraft.

**§ 33.** Behufs der Kontrolle über alle Bauten, Anlagen und die Benutzung von Grundstücken in den Rayons sind die Kommandanturen und Ortspolizeibehörden und deren Organe befugt, in den Stunden von 8 Uhr Morgens bis 4 Uhr Nachmittags den Zutritt zu allen Privat- und öffentlichen Grundstücken in den Rayons zu verlangen.

Die Organe der Kommandantur sind die Ingenieur-Offiziere vom Platz, Posten-Offiziere und Wallmeister.

Alljährlich einmal erfolgt eine allgemeine Revision der Bauten und Anlagen in allen Rayons durch die Kommandantur oder ihre Organe unter Zuziehung der Ortspolizeibehörde und des Gemeindevorstandes.

**§ 34.** Für die in Folge dieses Gesetzes eintretenden Beschränkungen in der Benutzung des innerhalb der Rayons belegenen Grundeigenthums leistet das Reich Entschädigung.

Entschädigung wird von Seiten des Reichs nicht gewährt:

1) für Beschränkungen jeder Art, welchen das Grundeigenthum innerhalb des bisherigen Rayons der bereits bestehenden Festungen nach der seitherigen Gesetzgebung unterworfen war, und auch nach dem gegenwärtigen Gesetz unterworfen bleibt;
2) für Beschränkungen der im Eigenthum des Reichs oder eines Bundesstaats befindlichen Grundstücke und für Beschränkungen in Betreff der Anlagen auf Beerdigungsplätzen;
3) für die Verpflichtung zur Duldung der Rayonsteine;
4) für die auf besonderem Rechtstitel beruhenden Rayonbeschränkungen, wenn nicht durch dieselben eine Entschädigung ausdrücklich zugesichert ist.

**§ 35.** Die Entschädigung besteht im Ersatz derjenigen Verminderung des Werthes des Grundstücks, welche für den Besitzer dadurch entsteht, daß das Grundstück fortan Beschränkungen in der Benutzung unterliegt, denen es bisher nicht unterworfen war.

Bei der Feststellung des bisherigen Werthes darf die Zeit nach der im Reichsgesetzblatt erfolgten Bekanntmachung[1] des Reichskanzlers,

---

[1] Vgl. Bekanntmachungen betr. die Erweiterung von Festungsanlagen, vom 26. Februar 1872 (RGBl S. 56), vom 1. Februar 1873 (RGBl S. 39), vom 27. März 1873 (RGBl S. 58), vom 7. Juni 1876 (RGBl S. 165), vom 8. Januar 1882 (RGBl S. 3), 4. Dezember 1884 (RGBl S. 253), vom 13. Mai 1887 (RGBl S. 157), vom 16. August 1888 (RGBl S. 232).

daß die Neubefestigung des Platzes oder die Erweiterung der schon bestehenden Festungsanlage oder deren Rayons in Aussicht genommen ist, nicht berücksichtigt werden.

Steht das von der Beschränkung betroffene Grundstück mit anderem Grundbesitz desselben Besitzers dergestalt in Zusammenhang, daß die Beschränkung des ersteren auch auf den Werth des letzteren Einfluß übt, so ist der verminderte Werth des gesammten Grundbesitzes der Berechnung zu Grunde zu legen.

**§ 36.** Die Entschädigung wird in Rente gewährt; falls jedoch die Werthverminderung mindestens ein Drittel des bisherigen Werthes beträgt, nach der Wahl des Besitzers entweder in Kapital, oder in Rente.

Wird die Entschädigung in Kapital geleistet, so besteht sie in Zahlung derjenigen Summe, um welche sich der Werth des Grundstücks vermindert hat, nebst fünf Prozent Zinsen von dem Tage der Absteckung der Rayonlinien.

Wird die Entschädigung in Rente gewährt, so beträgt die Rente jährlich sechs Prozent der vorgedachten Summe, wovon fünf Prozent als Verzinsung angesehen werden. Die Rente wird vom Tage der Absteckung der Rayonlinien auf die Dauer von 37 Jahren gewährt, erlischt jedoch, sobald das Grundstück aufhört, den Beschränkungen der ersten beiden Rayons oder der Zwischenrayons unterworfen zu sein.

Die Rente wird dem jeweiligen im Rayonkataster bezeichneten Besitzer des Grundstücks in vierteljährlichen Raten postnumerando aus der Festungskasse gezahlt.

Renten, welche jährlich weniger als Einen Thaler betragen, werden mit dem $16^2/_3$fachen Betrage kapitalisirt, und sofort an die Besitzer ausgezahlt.

**§ 37.** Welche Rechte anderen Realberechtigten an der Entschädigung zustehen, bestimmt sich nach den Landesgesetzen.

**§ 38.** Für die gesetzlichen Beschränkungen im dritten Rayon wird Entschädigung nicht gewährt. Wenn jedoch die Genehmigung zu einer der im § 13 gedachten Anlagen versagt wird, so gewährt das Reich Entschädigung. Bei Feststellung derselben ist die Zeit der Anbringung des Gesuchs bei der Kommandantur zu Grunde zu legen.

Im Übrigen finden die Bestimmungen der §§ 35—37 Anwendung, mit der Maßgabe, daß die Zinsen der Entschädigung in Kapital, beziehungsweise die Entschädigungsrente vom Tage des ablehnenden Bescheides der Kommandantur zu zahlen ist.

**§ 39.** Die Besitzer der Grundstücke, die sich durch die auferlegten Beschränkungen beeinträchtigt glauben, haben ihren Anspruch auf Entschädigung binnen einer sechswöchentlichen Präklusivfrist nach Feststellung des Rayonplans bei der Kommandantur geltend zu machen.

Beginn und Ablauf der Frist sind gleichzeitig mit der Feststellung des Rayonplanes öffentlich bekannt zu machen.

**§ 40.** Die Kommandantur theilt die Anmeldungen der höheren Civil-Verwaltungsbehörde mit, welche einen Kommissarius ernennt, der die Entschädigungsansprüche in Gegenwart der Entschädigungsberechtigten und eines Vertreters der Kommandantur erörtert und, falls die Parteien sich einigen, einen Rezeß aufnimmt, welcher die Kraft einer gerichtlichen oder notariellen Urkunde hat.

Wird eine Einigung nicht erzielt, so bleibt, wenn die Entschädigungspflicht von der Kommandantur bestritten wird, dem Besitzer des Grundstücks die Betretung des Rechtsweges unbenommen.

Ist dagegen nur das Vorhandensein oder die Höhe des Schadens streitig, so erfolgt die Ermittelung der Entschädigung durch Sachverständige.

Wenn beide Parteien sich nicht über Einen Sachverständigen vereinigen, so wählt jede Partei einen Sachverständigen, den dritten ernennt der Kommissarius.

Die Sachverständigen haben ihr Gutachten zu begründen und die Richtigkeit desselben zu beschwören oder auf den ein- für allemal geleisteten Sachverständigen-Eid zu versichern.

Ist nach einem dieser Gutachten die Werthsverminderung so groß, daß der Entschädigungsberechtigte eine Entschädigung in Kapital zu verlangen berechtigt ist, so muß er auf die Aufforderung des Kommissarius binnen einer Präklusivfrist von vier Wochen erklären, daß er die Entschädigung in Kapital verlange, widrigenfalls er nur Entschädigung in Rente verlangen kann.

**§ 41.** Der Kommissarius überreicht die Abschätzungsverhandlungen mit seinem Gutachten der höheren Civil-Verwaltungsbehörde behufs Feststellung der Entschädigung durch Beschluß.

Dieselbe setzt den Entschädigungsbetrag nach ihrem aus der Verhandlung und den Umständen geschöpften pflichtmäßigen Ermessen fest. Das Gutachten der Sachverständigen dient jeder Behörde hierbei nur als Auskunft und Anhalt.

Gegen den Beschluß der Verwaltungsbehörde steht dem Entschädigungsberechtigten innerhalb einer Präklusivfrist von neunzig Tagen, vom Empfange des Beschlusses an gerechnet, der Rechtsweg offen.

Innerhalb derselben Präklusivfrist ist die Militairbehörde berechtigt, die Enteignung des Grundstücks zu verlangen. Macht sie von diesem Rechte Gebrauch, so ist der Besitzer die Ausdehnung der Enteignung auf alle diejenigen Theile des Grundstücks zu verlangen berechtigt, deren fernere Benutzung in der bisherigen Weise nach dem Gutachten von Sachverständigen durch die Abtrennung des den Rayonbeschränkungen unterworfenen Theils wesentlich beeinträchtigt, erschwert oder verhindert werden würde. Die Erklärung der Militairbehörde an die höhere Verwaltungsbehörde, daß von dieser Befugniß Gebrauch gemacht wird, unterbricht den Lauf der im Absatz 3 bestimmten Frist und das gerichtliche Verfahren über die Höhe der Entschädigung.

Das Verfahren bei der Enteignung richtet sich nach den Landesgesetzen.

**§ 42.** Die nach den §§ 40 und 41 anzustellenden Klagen sind gegen den Reichsfiskus zu richten, welcher durch die Kommandantur vertreten wird.

Zuständig ist das Gericht, in dessen Bezirk das betreffende Grundstück belegen ist.

Das Gericht hat das Ergebniß der Beweisaufnahme nach freier Überzeugung zu würdigen.

**§ 43.** Wird die Armirung permanenter Befestigungen angeordnet, so sind die Besitzer der innerhalb der Rayons belegenen Grundstücke verpflichtet, der schriftlichen oder öffentlich bekannt gemachten Aufforderung der Kommandantur zur Niederlegung von baulichen oder sonstigen Anlagen, Wegschaffung von Materialien-Vorräthen, Beseitigung von Pflanzungen und Einstellung des Gewerbebetriebes nachzukommen. Wird dieser Aufforderung nicht in der gestellten Frist genügt, so können die Besitzer der betreffenden Grundstücke durch administrative Zwangsmaßregeln hierzu angehalten werden.

**§ 44.** Wird im Falle einer Armirung die Freilegung der Festungs-Rayons von der Kommandantur angeordnet, so veranlaßt die letztere vor der Beseitigung der baulichen und sonstigen Anlagen, Pflanzungen und dergleichen eine Beschreibung und nähere Feststellung des Zustandes durch die Ortsobrigkeit unter Zuziehung des Besitzers, eines Vertreters der Kommandantur und zweier Sachverständigen, und ertheilt über die stattgefundene Zerstörung oder Entziehung ein Anerkenntniß.

Die hierüber aufgenommene Verhandlung wird von der Ortsobrigkeit der höheren Civil-Verwaltungsbehörde überreicht, auch der Kommandantur und den Betheiligten in Abschrift mitgetheilt.

Die Entschädigungsermittelung erfolgt sobald als möglich, spätestens sofort nach Aufhebung des Armirungszustandes der Festung nach Vorschrift der §§ 39 ff.

Das Reich stellt Anerkenntnisse über die zu gewährende Entschädigung aus, welche bis zur Zahlung vom ersten Tage des auf die stattgefundene Zerstörung oder Entziehung folgenden Monates mit fünf Prozent jährlich verzinst wird.

Entschädigung wird nicht gewährt:

1) hinsichtlich derjenigen vor Eintritt der Geltung dieses Gesetzes vorhandenen Gebäude und Anlagen, welche nach der bisherigen

Gesetzgebung, oder in Folge besonderer Rechtstitel, die Besitzer auf Befehl der Kommandantur unentgeltlich zu beseitigen verpflichtet waren;

2) hinsichtlich derjenigen Gebäude und Anlagen, welche nach Eintritt der Geltung dieses Gesetzes

a) entweder im ersten oder zweiten Rayon, oder in einem Zwischenrayon einer neu angelegten Befestigung,

b) oder auf einem Terrain, welches in Folge des Neu- oder Verstärkungsbaues einer schon bestehenden Festung in einen strengeren Rayon fällt,

nach erfolgter Absteckung der Rayonlinien errichtet worden sind.

Die Kosten der Beseitigung der vorstehend unter 1) und 2) erwähnten Gebäude und Anlagen trägt der Besitzer, die Kosten der Beseitigung anderer Gebäude und Anlagen fallen dem Reiche zur Last.

**§ 45.** Alle Zustellungen in Rayon-Angelegenheiten sind gültig, wenn sie nach den für bürgerliche Rechtsstreitigkeiten bestehenden Vorschriften geschehen.

Die vereideten Verwaltungsbeamten haben dabei den Glauben der Gerichtsbeamten.

**§ 46.** Alle administrativen Verhandlungen und Gesuche in Rayon-Angelegenheiten sind kosten- und stempelfrei.

**§ 47.** Alle den Vorschriften dieses Gesetzes zuwiderlaufenden Bestimmungen werden aufgehoben.

Die zur Ausführung dieses Gesetzes erforderlichen Anordnungen erfolgen durch besondere Verordnungen.

## 1873.

### 28) Gesetz, betr. einen Zusatz zu dem Art. 4, Nr. 9 der Reichsverfassung. Vom 3. März 1873. (RGBl S. 47.)

Vgl. oben zu Art. 4 der Reichs-Verfassung vom 16. April 1871.

### 29) Gesetz, betr. die Rechtsverhältnisse der Reichsbeamten. Vom 31. März 1873. (RGBl S.61.)

**§ 1.** Reichsbeamter im Sinne dieses Gesetzes ist jeder Beamte, welcher entweder vom Kaiser angestellt oder nach Vorschrift der Reichsverfassung den Anordnungen des Kaisers Folge zu leisten verpflichtet ist.

**§ 6.** Die Reichsbeamten können den auf die Zahlung von Diensteinkünften, Wartegeldern oder Pensionen ihnen zustehenden Anspruch mit rechtlicher Wirkung nur in soweit cediren, verpfänden oder sonst übertragen, als sie der Beschlagnahme unterliegen (§ 19).

Die Benachrichtigung an die auszahlende Kasse geschieht durch eine der Kasse auszuhändigende öffentliche Urkunde.

**§ 7.** Hinterläßt ein Beamter, welcher mit der Wahrnehmung einer in den Besoldungs-Etats aufgeführten Stelle betraut ist, eine Wittwe oder eheliche Nachkommen, so gebührt den Hinterbliebenen für das auf den Sterbemonat folgende Vierteljahr noch die volle Besoldung des Verstorbenen (Gnadenquartal), unbeschadet jedoch weitergehender Ansprüche, welche ihm etwa vor Erlaß dieses Gesetzes und vor Eintritt in den Reichsdienst zugestanden worden sind. Zur Besoldung im Sinne der vorstehenden Bestimmung gehören außer dem Gehalt auch die sonstigen, dem Verstorbenen aus Reichsfonds gewährten Dienstemolumente, soweit dieselben nicht als Vergütung für baare Auslagen zu betrachten sind. An wen die Zahlung des Gnadenquartals zu leisten ist, bestimmt die vorgesetzte Dienstbehörde. Das Gnadenquartal kann nicht Gegenstand der Beschlagnahme sein.[1]

**§ 8.** Die Gewährung des Gnadenquartals kann in Ermangelung der im § 7 bezeichneten Hinterbliebenen mit Genehmigung der obersten Reichsbehörde auch dann stattfinden, wenn der Verstorbene Eltern, Geschwister, Geschwisterkinder oder Pflegekinder, deren Ernährer er war, in Bedürftigkeit hinterläßt, oder wenn der Nachlaß nicht ausreicht, um die Kosten der letzten Krankheit und der Beerdigung zu decken.

**§ 9.** In dem Genusse der von dem verstorbenen Beamten bewohnten Dienstwohnung ist die hinterbliebene Familie nach Ablauf des Sterbemonats noch drei fernere Monate zu belassen.

Hinterläßt der Beamte keine Familie, so ist denjenigen, auf welche sein Nachlaß übergeht, eine vom Todestage an zu rechnende dreißigtägige Frist zur Räumung der Dienstwohnung zu gewähren.

In jedem Falle müssen Arbeits- und Sessionszimmer, sowie sonstige für den amtlichen Gebrauch bestimmte Lokalitäten sofort geräumt werden.

**§ 13.** Jeder Reichsbeamte ist für die Gesetzmäßigkeit seiner amtlichen Handlungen verantwortlich.

**§ 15.** Die vom Kaiser angestellten Beamten dürfen Titel, Ehrenzeichen, Geschenke, Gehaltsbezüge oder Remunerationen von anderen Regenten oder Regierungen nur mit Genehmigung des Kaisers annehmen.

Zur Annahme von Geschenken oder Belohnungen in Bezug auf sein Amt bedarf jeder Reichsbeamte der Genehmigung der obersten Reichsbehörde.

---

[1] Vgl. G betr. die Fürsorge für die Wittwen und Waisen der Reichsbeamten der Civilverwaltung, vom 20. April 1881 (RGBl S. 85). Ausdehnung dieses Gesetzes auf Wittwen und Waisen der Reichsbankbeamten durch V vom 8. Juni 1881 (RGBl S. 117).

**§ 16.** Kein Reichsbeamter darf ohne vorgängige Genehmigung der obersten Reichsbehörde ein Nebenamt oder eine Nebenbeschäftigung, mit welcher eine fortlaufende Remuneration verbunden ist, übernehmen oder ein Gewerbe betreiben. Dieselbe Genehmigung ist zu dem Eintritt eines Reichsbeamten in den Vorstand, Verwaltungs- oder Aufsichtsrath einer jeden auf Erwerb gerichteten Gesellschaft erforderlich. Sie darf jedoch nicht ertheilt werden, sofern die Stelle mittelbar oder unmittelbar mit einer Remuneration verbunden ist.

Die ertheilte Genehmigung ist jederzeit widerruflich.

Auf Wahlkonsuln und einstweilen in den Ruhestand versetzte Beamte finden diese Bestimmungen keine Anwendung.[1]

**§ 20.** Ingleichen stehen bezüglich:

1) der Mitwirkung bei der Siegelung des Nachlasses eines Reichsbeamten,

2) des Vorzugsrechts im Konkurse oder außerhalb desselben wegen der einem Reichsbeamten zur Last fallenden Defekte aus einer von demselben geführten Kassen- oder sonstigen Vermögensverwaltung

dem Reiche, beziehungsweise dessen Behörden, im Verhältniß zu den Reichsbeamten dieselben Rechte zu, welche die am dienstlichen Wohnsitze des Reichsbeamten geltende Gesetzgebung des einzelnen Bundesstaates dem Staate, beziehungsweise dessen Behörden den Staatsbeamten gegenüber gewährt.

**§ 31.** Nach dem Tode eines einstweilig in den Ruhestand versetzten Beamten erfolgt die Gewährung des Gnadenquartals vom Wartegelde an die Hinterbliebenen nach den in den §§ 7 und 8 enthaltenen Grundsätzen.

**§ 34.**[2] Jeder Beamte, welcher sein Diensteinkommen aus der Reichskasse bezieht, erhält aus der letzteren eine lebenslängliche Pension, wenn er nach einer Dienstzeit von wenigstens zehn Jahren in Folge eines körperlichen Gebrechens oder wegen Schwäche seiner körperlichen oder geistigen Kräfte zu der Erfüllung seiner Amtspflichten dauernd unfähig ist, und deshalb in den Ruhestand versetzt wird.

**§ 69.** Hinterläßt ein Pensionair eine Wittwe oder eheliche Nachkommen, so wird die Pension noch für den auf den Sterbemonat

---

[1] Ebenfalls nicht auf nicht ständige Mitglieder des Patentamtes (Patentgesetz vom 7. April 1891, § 13) und des Reichsversicherungsamtes (Unfallversicherungsgesetz vom 6. Juli 1884, § 91).

[2] Die §§ 34—71 sind ausgedehnt auf die Reichsbankbeamten durch V vom 23. Dez. 1875 (RGBl S. 380). — Vgl. auch G, betr. einige Abänderungen und Ergänzungen der Militärpensionsgesetze vom 27. Juni 1871 und vom 4. April 1874, sowie des Reichsbeamtengesetzes vom 31. März 1873 und des Gesetzes über den Reichsinvalidenfonds vom 11. Mai 1877. Vom 22. Mai 1893. (RGBl S. 171.)

folgenden Monat gezahlt. An wen die Zahlung erfolgt, bestimmt die oberste Reichsbehörde.

Die Zahlung der Pension für den auf den Sterbemonat folgenden Monat kann mit Genehmigung der obersten Reichsbehörde auch dann stattfinden, wenn der Verstorbene Eltern, Geschwister, Geschwisterkinder oder Pflegekinder, deren Ernährer er gewesen ist, in Bedürftigkeit hinterläßt, oder wenn der Nachlaß nicht ausreicht, um die Kosten der letzten Krankheit und der Beerdigung zu decken.

Der über den Sterbemonat hinaus gewährte einmonatliche Betrag der Pension kann nicht Gegenstand der Beschlagnahme sein.

**§ 79.** Spricht das Gesetz bei Dienstvergehen, welche Gegenstand eines Disziplinarverfahrens werden, die Verpflichtung zur Wiedererstattung oder zum Schadensersatze oder eine sonstige civilrechtliche Verpflichtung aus, so gehört die Klage der Betheiligten vor das Civilgericht. Die Befugniß der vorgesetzten Behörde, einen Beamten zur Erstattung eines widerrechtlich erhobenen oder vorenthaltenen Werthbetrages anzuhalten, wird hierdurch nicht ausgeschlossen.

**§ 134.** Die Feststellung der Defekte an öffentlichem oder Privatvermögen, welche bei Reichskassen oder anderen Reichsverwaltungen entdeckt werden, ist zunächst von derjenigen Behörde zu bewirken, zu deren Geschäftskreise die unmittelbare Aufsicht über die Kasse oder andere Verwaltung gehört.

**§ 135.** Von dieser Behörde ist zugleich festzustellen, ob ein Reichsbeamter und eintretenden Falls welcher Beamte nach den Vorschriften des § 141 für den Defekt zu haften hat, und bei einem Defekt an Materialien, auf wie hoch die zu erstattende Summe in Gelde zu berechnen ist.

**§ 136.** Ebenso (§§ 134 und 135) hat die unmittelbar vorgesetzte Behörde die Defekte an solchem öffentlichen oder Privatvermögen festzustellen, welches, ohne zu einer Reichskasse oder anderen Reichsverwaltung gebracht zu sein, vermöge besonderer amtlicher Anordnung in den Gewahrsam eines Reichsbeamten gekommen ist.

**§ 137.** Über den Betrag des Defekts, die Person des zum Ersatz verpflichteten Beamten und den Grund seiner Verpflichtung ist von der in den §§ 134 und 135 bezeichneten Behörde ein motivirter Beschluß abzufassen.

**§ 138.** Nach Befinden der Umstände kann die Behörde auch mehrere Beschlüsse abfassen, wenn ein Theil des Defekts sofort klar ist, der andere Theil aber noch weitere Ermittelungen nothwendig macht, ingleichen, wenn unter mehreren Personen die Verpflichtung der einen feststeht, die der anderen noch zweifelhaft ist.

**§ 139.** Hat die Behörde die Eigenschaft einer höheren Reichsbehörde, so ist der Beschluß nach Maßgabe der §§ 143 und 144 vollstreckbar

In allen anderen Fällen unterliegt der Beschluß der Prüfung der vorgesetzten höheren Reichsbehörde und wird erst nach deren Genehmigung vollstreckbar.

Von dem Beschlusse ist der obersten Reichsbehörde unverzüglich Kenntniß zu geben.

Der obersten Reichsbehörde bleibt in allen Fällen unbenommen, einzuschreiten und den Beschluß selbst abzufassen oder zu berichtigen.

**§ 140.** In dem abzufassenden Beschlusse ist zugleich zu bestimmen, welche Vollstreckungs- oder Sicherheitsmaßregeln behufs des Ersatzes des Defektes zu ergreifen sind.

Für diese Maßregeln sind die Gesetze des Bundesstaates, in welchem dieselben erfolgen, entscheidend.

**§ 141.** Der abzufassende Beschluß kann auf die unmittelbare Verpflichtung zum Ersatz des Defekts gerichtet werden:

1) gegen jeden Beamten, welcher der Unterschlagung als Thäter oder Theilnehmer nach der Überzeugung der Reichsbehörde überführt ist;
2) a. gegen diejenigen Beamten, welchen die Kasse u. s. w. zur Verwaltung übergeben war, und zwar auf Höhe des ganzen Defekts,
   b. gegen jeden anderen Beamten, der an der Einnahme oder Ausgabe, der Erhebung, der Ablieferung oder dem Transport von Kassengeldern oder anderen Gegenständen vermöge seiner dienstlichen Stellung theilzunehmen hatte, jedoch nur auf Höhe des in seinen Gewahrsam gekommenen Betrages,

   sofern der Defekt nach der Überzeugung der Reichsbehörde durch grobes Versehen entstanden ist.

Eben dies gilt gegen die in § 136 genannten Beamten in den daselbst bezeichneten Fällen.

**§ 142.** Sind Beamte, gegen welche die zwangsweise Einziehung des Defekts beschlossen wird, in der Verwaltung ihres Amtes, wofür sie eine Amtskaution gestellt haben, belassen worden, so haben dieselben wegen Ersatzes des Defekts anderweite Sicherheit zu leisten. Erfolgt die Sicherstellung nicht, so findet die Zwangsvollstreckung zunächst nicht in die Kaution, sondern in das übrige Vermögen statt.

**§ 143.** Die Verwaltungsbehörde ersucht die zuständigen Gerichte, Vollstreckungsbeamten oder Hypothekenbehörden um Vollziehung des Beschlusses.

Diese sind, ohne auf eine Beurtheilung der Rechtmäßigkeit des Beschlusses einzugehen, verpflichtet, wenn sonst kein Anstand obwaltet, schleunig, ohne vorgängiges Zahlungsmandat, die Zwangsvollstreckung auszuführen, die Beschlagnahme der zur Deckung des Defekts erforderlichen Vermögensstücke zu verfügen und die in Antrag gebrachten Eintragungen im Hypothekenbuche zu veranlassen.

**§ 144.** Gegen den Beschluß, wodurch ein Beamter zur Erstattung eines Defekts für verpflichtet erklärt wird (§§ 137 und 140), steht demselben sowohl hinsichtlich des Betrages, als hinsichtlich der Ersatzverbindlichkeit außer der Beschwerde im Instanzenzuge der Rechtsweg zu.

Die Frist zur Beschreitung des Rechtsweges beträgt ein Jahr, ist eine Ausschlußfrist und beginnt mit dem Tage der dem Beamten geschehenen Bekanntmachung des vollstreckbaren Beschlusses, oder wenn der Beamte an seinem Wohnort nicht zu treffen ist, mit dem Tage des abgefaßten Beschlusses.

In dem auf die Klage des Beamten entstandenen Rechtsstreit hat das Gericht über die Wahrheit der thatsächlichen Behauptungen der Parteien nach seiner freien aus dem Inbegriff der Verhandlungen und Beweise geschöpften Überzeugung zu entscheiden.

Die Vorschriften der Landesgesetze über den Beweis durch Eid, sowie über die Beweiskraft öffentlicher Urkunden und gerichtlicher Geständnisse bleiben unberührt.[1]

Ob einer Partei über die Wahrheit oder Unwahrheit einer thatsächlichen Behauptung noch ein Eid aufzuerlegen, bleibt dem Ermessen des Gerichts überlassen.

In der wegen des Defekts etwa eingeleiteten Untersuchung bleiben dem Beamten, insofern es auf die Bestrafung ankommt, seine Einreden gegen den abgefaßten Beschluß auch nach Ablauf des Jahres, wenngleich sie im Civilprozeß nicht mehr geltend gemacht werden können, vorbehalten.

**§ 145.** Das Gericht hat auf Antrag des Beamten darüber Beschluß zu fassen, ob die Zwangsvollstreckung fortzusetzen oder einstweilen einzustellen sei. Die einstweilige Einstellung erfolgt, wenn der Beamte glaubhaft macht, daß die Fortsetzung der Zwangsvollstreckung für ihn einen schwer ersetzlichen Nachtheil zur Folge haben würde. Das Gericht ist jedoch verpflichtet, falls es die Einstellung der Zwangsvollstreckung verordnet, an Stelle derselben auf Antrag der verklagten Reichsbehörde die erforderlichen Sicherheitsmaßregeln behufs des Ersatzes des Defekts herbeizuführen.

**§ 146.** Wenn eine nahe und dringende Gefahr vorhanden ist, daß ein Beamter, gegen welchen die Zwangsvollstreckung zulässig ist (§ 141), sich auf flüchtigen Fuß setzen oder sein Vermögen der Verwendung zum Ersatz des Defekts entziehen werde, so kann die unmittelbar vorgesetzte Behörde, auch wenn sie nicht die Eigenschaft einer höheren Reichsbehörde hat, oder der unmittelbar vorgesetzte Beamte das abzugsfähige Gehalt (§ 19 Nr. 1) und nöthigenfalls das

---

[1] Dieser Absatz ist aufgehoben durch § 13 Nr. 5 EG z. CPO; vgl. oben S. 4 Anm. 2. Vgl. §§ 410 ff., 380 ff., 261 ff. CPO.

übrige bewegliche Vermögen des im Eingange bezeichneten Beamten vorläufig in Beschlag nehmen.

Der vorgesetzten höheren Reichsbehörde ist ungesäumt Anzeige davon zu machen und deren Genehmigung einzuholen.

**§ 147.** Ist von den vorgesetzten Behörden oder Beamten gemäß § 146 eine Beschlagnahme erfolgt, so hat das Gericht, in dessen Bezirk die Beschlagnahme stattgefunden hat, auf Antrag des von derselben betroffenen Beamten anzuordnen, daß binnen einer zu bestimmenden Frist der in den §§ 137 und 140 vorgesehene Beschluß beizubringen sei.

Wird dieser Anordnung nicht Folge geleistet, so ist auf weiteren Antrag des Beamten die Beschlagnahme sofort aufzuheben; andernfalls kommen die Bestimmungen des § 144 zur Anwendung.

**§ 149.** Über vermögensrechtliche Ansprüche der Reichsbeamten aus ihrem Dienstverhältniß, insbesondere über Ansprüche auf Besoldung, Wartegeld oder Pension, sowie über die den Hinterbliebenen der Reichsbeamten gesetzlich gewährten Rechtsansprüche auf Bewilligungen, findet mit folgenden Maßgaben der Rechtsweg statt.[1]

**§ 150.** Die Entscheidung der obersten Reichsbehörde muß der Klage vorhergehen und letztere sodann bei Verlust des Klagerechts innerhalb sechs Monaten, nachdem dem Betheiligten die Entscheidung jener Behörde bekannt gemacht worden, angebracht werden.

**In den Fällen, in welchen gemäss § 54 die höhere Reichsbehörde Entscheidung getroffen hat, tritt der Verlust des Klagerechts auch dann ein, wenn nicht von dem Betheiligten gegen diese Entscheidung binnen gleicher Frist die Beschwerde an die oberste Reichsbehörde erhoben ist.**[2]

**§ 151.** Der Reichsfiskus wird durch die höhere Reichsbehörde, unter welcher der Reichsbeamte steht oder gestanden hat, oder falls er direkt unter der obersten Reichsbehörde steht oder gestanden hat, durch die oberste Reichsbehörde vertreten.

Die Klage ist bei demjenigen Gerichte anzubringen, in dessen Bezirke die betreffende Behörde ihren Sitz hat.

---

[1] Vgl. G betr. die Fürsorge für die Wittwen und Waisen von Angehörigen des Reichsheeres und der Kaiserlichen Marine. Vom 17. Juni 1887 (RGBl S. 237):

§ 34. „Über die auf Grund dieses Gesetzes erhobenen Rechtsansprüche auf Wittwen- und Waisengeld findet der Rechtsweg, und zwar, soweit nicht die Bestimmungen der §§ 149 ff. des Reichsbeamtengesetzes vom 31. März 1873 Platz greifen, mit denselben Maßgaben statt, welche für die gerichtliche Geltendmachung von Pensionsansprüchen des beitragspflichtigen Ehemannes oder Vaters vorgeschrieben sind."

[2] Zusatz auf Grund des Gesetzes betr. Abänderungen des Reichsbeamtengesetzes vom 31. März 1873. Vom 25. Mai 1887 (RGBl S. 194).

**§ 153.** Auf die im § 144 erwähnten Rechtsstreitigkeiten finden die Bestimmungen der §§ 151 und 152 mit der Maßgabe Anwendung, daß der Reichsfiskus durch die höhere Reichsbehörde vertreten wird, welche den Defektbeschluß abgefaßt oder für vollstreckbar erklärt hat (§ 139 Abs. 2). Ist die Abfassung durch die oberste Reichsbehörde geschehen, so übernimmt diese die Vertretung des Reichsfiskus.

**§ 155.** Die Entscheidungen der Disziplinar- und Verwaltungsbehörden darüber, ob und von welchem Zeitpunkte ab ein Reichsbeamter aus seinem Amte zu entfernen, einstweilig oder definitiv in den Ruhestand zu versetzen, oder vorläufig seines Dienstes zu entheben sei, und über die Verhängung von Ordnungsstrafen sind für die Beurtheilung der vor dem Gerichte geltend gemachten vermögensrechtlichen Ansprüche maßgebend.

**§ 157.** Auf Personen des Soldatenstandes findet dieses Gesetz nur in den §§ 134 bis 148 Anwendung.

**§ 159.** Die Ausführung dieses Gesetzes regelt eine vom Kaiser zu erlassende Verordnung, durch welche namentlich diejenigen Behörden näher zu bezeichnen sind, welche unter den in diesem Gesetze erwähnten Reichsbehörden verstanden sein sollen.[1]

---

## 30) Gesetz über die Rechtsverhältnisse der zum dienstlichen Gebrauche einer Reichsverwaltung bestimmten Gegenstände. Vom 25. Mai 1873. (RGBl S. 113.)

**§ 1.** An allen dem dienstlichen Gebrauche einer verfassungsmäßig aus Reichsmitteln zu unterhaltenden Verwaltung gewidmeten Gegenständen stehen das Eigenthum und die sonstigen dinglichen Rechte, welche den einzelnen Bundesstaaten zugestanden haben, dem Deutschen Reiche zu. Der Zeitpunkt des Übergangs dieser Gegenstände in eine solche Verwaltung ist als Zeitpunkt des Übergangs der Rechte auf das Reich anzusehen.

Hinsichtlich der Befreiung von Steuern und sonstigen dinglichen Lasten sind die im Eigenthume des Reichs befindlichen Gegenstände den im Eigenthume des einzelnen Staates befindlichen gleichartigen Gegenständen gleichgestellt.

---

[1] Vgl. V betr. die Zuständigkeit der Reichsbehörden zur Ausführung des Gesetzes vom 31. März 1873 und die Anstellung der Reichsbeamten. Vom 23. Nov. 1874 (RGBl S. 135); vgl. dazu V vom 19. Dez. 1875 (RGBl S. 378), vom 7. August 1888 (RGBl S. 229).

Auch unterliegt das Reich bezüglich der ihm zugehörigen Gegenstände der nämlichen Gerichtszuständigkeit, welcher der Staat, in dessen Bereich jene Gegenstände sich befinden, bezüglich der ihm zugehörigen gleichartigen Gegenstände unterworfen ist.

§ 2. Ausgenommen von den Bestimmungen im § 1 bleiben:

1) solche beim Erlaß dieses Gesetzes den Zwecken einer Reichsverwaltung dienenden Grundstücke und deren gesetzliche Zubehörungen, welche nach den in den einzelnen Bundesstaaten geltenden Bestimmungen der Benutzung des Staatsoberhauptes oder der Apanagirung der Mitglieder des regierenden Hauses gewidmet sind;
2) Grundstücke, welche bei dem Übergange in eine Verwaltung des Reichs dieser nur auf eine bestimmte Zeit, oder auf Widerruf, oder miethweise überlassen sind;
3) Grundstücke, aus deren Erlös die zur Erwerbung oder Bebauung eines im Besitze derselben Reichsverwaltung befindlichen Grundstücks von einem Bundesstaate gemachten Ausgaben nach den darüber getroffenen Bestimmungen zu erstatten sind;
4) Grundstücke, welche bei dem Übergange in eine Verwaltung des Reichs dem betreffenden Dienstzweige nicht unmittelbar dienten, vielmehr nur insofern mit ihm in einem Zusammenhange standen, als die aus den Grundstücken aufkommenden Einkünfte bei jenem Dienstzweige mit verrechnet wurden;
5) Grundstücke, welche zu einem Theile von einer Reichsverwaltung, zu einem anderen Theile von einer Landesverwaltung benutzt werden, sofern der letzteren die Mitbenutzung nicht lediglich auf eine bestimmte Zeit oder auf Widerruf oder miethweise eingeräumt ist. An solchen Grundstücken steht dem Reiche auch ein Miteigenthum nicht zu, die Reichsverwaltung behält aber, bis sie mit der Landesverwaltung eine Theilung oder sonstige Auseinandersetzung vereinbart, das Benutzungsrecht im bisherigen Umfange.

§ 3. Wenn aus einem in das Eigenthum des Reichs übergegangenen Grundstücke, neben der Benutzung zum Dienstgebrauche oder zu Dienstwohnungen, noch sonst Erträgnisse gezogen werden, so ist eine feste Geldrente, welche nach dem nachhaltigen Werthe dieser Erträgnisse zu ermitteln ist, an denjenigen Bundesstaat abzuführen, von welchem das betreffende Grundstück an das Reich übergegangen ist.

§ 4. Die nach der Bestimmung im § 1 in das Eigenthum des Reichs übergegangenen Grundstücke können, wenn sie für die Zwecke der Reichsverwaltung in demjenigen Dienstzweige dem sie bisher gewidmet waren, entbehrlich oder unbrauchbar werden, für Zwecke eines anderen Dienstzweiges der Reichsverwaltung verwendet werden.

**§ 5.** Das Reich ist zur Veräußerung eines nach § 1 in sein Eigenthum übergegangenen Grundstücks nur dann befugt, wenn dasselbe für die Zwecke der Reichsverwaltung entbehrlich oder unbrauchbar wird und der Erlös aus seinem Verkaufe dazu bestimmt ist, durch die Erwerbung eines anderen Grundstücks, oder die Herstellung einer anderen Baulichkeit im Gebiete desselben Bundesstaates einen Ersatz für das entbehrlich oder unbrauchbar gewordene Grundstück zu beschaffen.

**§ 6.** Ist für ein entbehrlich oder unbrauchbar gewordenes Grundstück ein Ersatz nicht nothwendig, so ist dasselbe in dem Zustande, in welchem es sich befindet, unentgeltlich und ohne Ersatzleistung für etwaige Verbesserungen oder Verschlechterungen demjenigen Bundesstaate zurückzugeben, aus dessen Besitz es in die Verwaltung des Reichs übergegangen war.

**§ 7.** Die Rückgabe (§ 6) solcher Grundstücke, welche den Zwecken der Militärverwaltung gewidmet sind, erfolgt, wenn sie für diese Verwaltung entbehrlich oder unbrauchbar werden, und weder nach § 5 ein Ersatz für sie zu beschaffen, noch ihre Verwendung für Zwecke der Marine erforderlich ist.

Im Falle der Einziehung einer Befestigung erfolgt die Rückgabe nur nach Vollendung der im Interesse der Landesvertheidigung nothwendigen Einebnungsarbeiten gegen Erstattung der Kosten dieser Arbeiten.

**§ 9.** Durch den Übergang des Eigenthums an den im § 1 bezeichneten unbeweglichen Gegenständen an das Reich werden nicht berührt:

1) Verfügungen, welche in Betreff dieser Gegenstände vor dem 1. Januar 1873 getroffen sind;
2) die Fortdauer von Zahlungen oder anderen Leistungen, welche von einer Reichsverwaltung für die Einräumung eines Rechts an einem Grundstücke oder einem Theile desselben (§ 1 und § 2 Nr. 5) bisher an einen Bundesstaat zu entrichten waren;
3) die Rechte Dritter, insbesondere der Staatsgläubiger.

Die zur Wahrung dieser Rechte in den Landesgesetzen bestehenden Vorschriften sind auch von dem Reiche zu erfüllen.

Rechte und Pflichten in Bezug auf rückständige Kaufgelder gehen auf das Reich nicht über.

---

## 31) Gesetz über die Kriegsleistungen. Vom 13. Juni 1873.
(RGBl S. 129.)

[Enthält zwar einige Bestimmungen über Enteignung (z. B. §§ 24, 25), dieselben sind aber überwiegend öffentlich-rechtlichen Charakters.]

---

## 32) Münzgesetz. Vom 9. Juli 1873. (RGBl S. 233.)[1]

**Artikel 1.** An die Stelle der in Deutschland geltenden Landeswährungen tritt die Reichsgoldwährung. Ihre Rechnungseinheit bildet die Mark, wie solche durch § 2 des Gesetzes vom 4. Dezember 1871, betreffend die Ausprägung von Reichsgoldmünzen (RGBl S. 404), festgestellt worden ist.

Der Zeitpunkt, an welchem die Reichswährung im gesammten Reichsgebiete in Kraft treten soll, wird durch eine mit Zustimmung des Bundesrathes zu erlassende, mindestens drei Monate vor dem Eintritt dieses Zeitpunktes zu verkündende Verordnung des Kaisers bestimmt.[2] Die Landesregierungen sind ermächtigt, auch vor diesem Zeitpunkte für ihr Gebiet die Reichsmarkrechnung im Verordnungswege einzuführen.

**Artikel 2.** Außer den in dem Gesetze vom 4. Dezember 1871 bezeichneten Reichsgoldmünzen sollen ferner ausgeprägt werden Reichsgoldmünzen zu fünf Mark, von welchen aus einem Pfunde feinen Goldes 279 Stück ausgebracht werden. Die Bestimmungen der §§ 4, 5, 7, 8 und 9 jenes Gesetzes finden auf diese Münzen entsprechende Anwendung, jedoch mit der Maßgabe, daß bei denselben die Abweichung in Mehr oder Weniger im Gewicht (§ 7) vier Tausendtheile, und der Unterschied zwischen dem Normalgewicht und dem Passirgewicht (§ 9) acht Tausendtheile betragen darf.

**Artikel 3.** Außer den Reichsgoldmünzen sollen als Reichsmünzen und zwar

1) als Silbermünzen:
   Fünfmarkstücke,
   Zweimarkstücke,
   Einmarkstücke,
   Fünfzigpfennigstücke und
   Zwanzigpfennigstücke;
2) als Nickelmünzen:
   **Zwanzigpfennigstücke**[3]
   Zehnpfennigstücke und
   Fünfpfennigstücke;
3) als Kupfermünzen:
   Zweipfennigstücke und
   Einpfennigstücke

nach Maßgabe folgender Bestimmungen ausgeprägt werden.

---

[1] Eingeführt in Elsaß-Lothringen durch G vom 15. Nov. 1874 (RGBl S. 131).
[2] Vgl. V vom 22. Sept. 1875 (RGBl S. 303).
[3] G, betr. die Ausprägung einer Nickelmünze zu 20 Pfennig. Vom 1. April 1886 (RGBl S. 67).

**§ 1.** Bei Ausprägung der Silbermünzen wird das Pfund feinen Silbers in

20 Fünfmarkstücke,
50 Zweimarkstücke,
100 Einmarkstücke.
200 Fünfzigpfennigstücke und in
500 Zwanzigpfennigstücke

ausgebracht.

Das Mischungsverhältniß beträgt 900 Theile Silber und 100 Theile Kupfer, so daß 90 Mark in Silbermünzen 1 Pfund wiegen.

Das Verfahren bei Ausprägung dieser Münzen wird vom Bundesrath festgestellt. Bei den einzelnen Stücken darf die Abweichung im Mehr oder Weniger im Feingehalt nicht mehr als drei Tausendtheile, im Gewicht, mit Ausnahme der Zwanzigpfennigstücke, nicht mehr als zehn Tausendtheile betragen. In der Masse aber müssen das Normalgewicht und der Normalgehalt bei allen Silbermünzen innegehalten werden.

**§ 2.** Die Silbermünzen über ein Mark tragen auf der einen Seite den Reichsadler mit der Inschrift „Deutsches Reich" und mit der Angabe des Werthes in Mark, sowie mit der Jahreszahl der Ausprägung, auf der anderen Seite das Bildniß des Landesherrn beziehungsweise das Hoheitszeichen der freien Städte mit einer entsprechenden Umschrift und dem Münzzeichen. Durchmesser der Münzen, Beschaffenheit und Verzierung der Ränder derselben werden vom Bundesrathe festgestellt.

**§ 3.** Die übrigen Silbermünzen, die Nickel- und Kupfermünzen tragen auf der einen Seite die Werthangabe, die Jahreszahl und die Inschrift „Deutsches Reich", auf der andern Seite den Reichsadler und das Münzzeichen. Die näheren Bestimmungen über Zusammensetzung, Gewicht und Durchmesser dieser Münzen, sowie über die Verzierung der Schriftseite und die Beschaffenheit der Ränder werden vom Bundesrathe festgestellt.

**§ 4.** Die Silber-, Nickel- und Kupfermünzen werden auf den Münzstätten derjenigen Bundesstaaten, welche sich dazu bereit erklären, ausgeprägt. Die Ausprägung und Ausgabe dieser Münzen unterliegt der Beaufsichtigung von Seiten des Reichs. Der Reichskanzler bestimmt unter Zustimmung des Bundesrathes die auszuprägenden Beträge, die Vertheilung dieser Beträge auf die einzelnen Münzgattungen und auf die einzelnen Münzstätten und die den letzteren für die Prägung jeder einzelnen Münzgattung gleichmäßig zu gewährende Vergütung. Die Beschaffung der Münzmetalle für die Münzstätten erfolgt auf Anordnung des Reichskanzlers.

**Artikel 8.** Die Anordnung der Außerkurssetzung von Landesmünzen und Feststellung der für dieselbe erforderlichen Vorschriften erfolgt durch den Bundesrath.[1]

Die Bekanntmachungen über Außerkurssetzung von Landesmünzen sind außer in den zu der Veröffentlichung von Landesverordnungen bestimmten Blättern auch durch das Reichs-Gesetzblatt zu veröffentlichen.

Eine Außerkurssetzung darf erst eintreten, wenn eine Einlösungsfrist von mindestens vier Wochen festgesetzt und mindestens drei Monate vor ihrem Ablaufe durch die vorbezeichneten Blätter bekannt gemacht worden ist.

**Artikel 9.** Niemand ist verpflichtet, Reichssilbermünzen im Betrage von mehr als zwanzig Mark und Nickel- und Kupfermünzen im Betrage von mehr als einer Mark in Zahlung zu nehmen.

Von den Reichs- und Landeskassen werden Reichssilbermünzen in jedem Betrage in Zahlung genommen. Der Bundesrath wird diejenigen Kassen bezeichnen, welche Reichsgoldmünzen gegen Einzahlung von Reichssilbermünzen in Beträgen von mindestens 200 Mark

---

[1] Vgl. hierzu: Bekanntmachung, betr. die Außerkurssetzung der Landesgoldmünzen und der landesgesetzlich den inländischen Münzen gleichgestellten ausländischen Goldmünzen. Vom 6. Dez. 1873 (RGBl S. 375). — Bekanntmachung, betr. die Außerkurssetzung der Kronenthaler, sowie von Münzen des Konventionsfußes. Vom 7. März 1874 (RGBl S. 21). — Bekanntmachung, betr. die Außerkurssetzung der Zweiguldenstücke süddeutscher Währung. Vom 2. Juli 1874 (RGBl S. 111). — Bekanntmachung, betr. die Außerkurssetzung verschiedener Landes-Silber- und Kupfermünzen. Vom 19. Dez. 1874 (RGBl S. 149). — Bekanntmachung, betr. die Außerkurssetzung der Halbguldenstücke süddeutscher Währung, sowie der vor dem Jahre 1753 geprägten Dreißigkreuzerstücke und Fünfzehnkreuzerstücke deutschen Gepräges. Vom 7. Juni 1875 (RGBl S. 247). — Bekanntmachung, betr. die Außerkurssetzung der Münzen der lübisch-hamburgischen Kurantwährung, sowie verschiedener anderer Landesmünzen. Vom 21. Sept. 1875 (RGBl S. 304). — Bekanntmachung, betr. die Außerkurssetzung der Silber- und Bronzemünzen der Frankenwährung. Vom 21. Sept. 1875 (RGBl S. 307). — Bekanntmachung, betr. die Außerkurssetzung der Dreipfennigstücke deutschen Gepräges. Vom 17. Okt. 1875 (RGBl S. 311). — Bekanntmachung, betr. die Außerkurssetzung der Guldenstücke süddeutscher Währung, sowie die Einlösung der vom 1. Januar 1876 ab außer Kurs tretenden Scheidemünzen süddeutscher Währung. Vom 10. Dez. 1875 (RGBl S. 315). — Bekanntmachung, betr. die Außerkurssetzung von Scheidemünzen der Thalerwährung. Vom 12. April 1876 (RGBl S. 162). — Bekanntmachung, betr. die Außerkurssetzung der Zweithalerstücke und Eindrittelthalerstücke deutschen Gepräges. Vom 2. Nov. 1876 (RGBl S. 221). — Bekanntmachung, betr. die Außerkurssetzung verschiedener Landes-Silber- und Kupfermünzen. Vom 22. Februar 1878 (RGBl S. 3).

oder von Nickel- und Kupfermünzen in Beträgen von mindestens 50 Mark auf Verlangen verabfolgen. Derselbe wird zugleich die näheren Bedingungen des Umtausches festsetzen.[1]

**Artikel 10.** Die Verpflichtung zur Annahme und zum Umtausch (Art. 9) findet auf durchlöcherte und anders, als durch den gewöhnlichen Umlauf im Gewicht verringerte, ingleichen auf verfälschte Münzstücke keine Anwendung.

Reichs-Silber-, Nickel- und Kupfermünzen, welche in Folge längerer Cirkulation und Abnutzung an Gewicht oder Erkennbarkeit erheblich eingebüßt haben, werden zwar noch in allen Reichs- und Landeskassen angenommen, sind aber auf Rechnung des Reichs einzuziehen.

**Artikel 12.** Die Ausprägung von Reichsgoldmünzen geschieht auch ferner nach Maßgabe der Bestimmung im § 6 des Gesetzes, betr. die Ausprägung von Reichsgoldmünzen, vom 4. Dez. 1871 (RGBl. S. 404), auf Rechnung des Reichs.

Privatpersonen haben das Recht, auf denjenigen Münzstätten, welche sich zur Ausprägung auf Reichsrechnung bereit erklärt haben, Zwanzigmarkstücke für ihre Rechnung ausprägen zu lassen, soweit diese Münzstätten nicht für das Reich beschäftigt sind.

Die für solche Ausprägungen zu erhebende Gebühr wird vom Reichskanzler mit Zustimmung des Bundesrathes festgestellt, darf aber das Maximum von 7 Mark auf das Pfund fein Gold nicht übersteigen.[2]

Die Differenz zwischen dieser Gebühr und der Vergütung, welche die Münzstätte für die Ausprägung in Anspruch nimmt, fließt in die Reichskasse. Diese Differenz muß für alle deutschen Münzstätten dieselbe sein.

Die Münzstätten dürfen für die Ausprägung keine höhere Vergütung in Anspruch nehmen, als die Reichskasse für die Ausprägung von Zwanzigmarkstücken gewährt.

**Artikel 13.** Der Bundesrath ist befugt:[3]

1) den Werth zu bestimmen, über welchen hinaus fremde Gold- und Silbermünzen nicht in Zahlung angeboten und gegeben werden dürfen, sowie den Umlauf fremder Münzen gänzlich zu untersagen;[4]

---

[1] Vgl. Bekanntmachung vom 19. Dez. 1875 (CBl S. 802).

[2] Vgl. Bekanntmachung vom 8. Juni 1875 (CBl S. 348).

[3] Vgl. hierzu Bekanntmachungen vom 16. April 1888 (RGBl S. 149). Vom 30. April 1888 (RGBl S. 171). Vom 7. Juli 1888 (RGBl S. 218). Vom 26. Febr. 1889 (RGBl S. 37). Vom 24. Januar 1893 (RGBl S. 6).

[4] Vgl. hierzu: Bekanntmachung, das Verbot des Umlaufs der österreichischen und ungarischen Ein- und Zweiguldenstücke und der niederländischen

2) zu bestimmen, ob ausländische Münzen von Reichs- oder Landeskassen zu einem öffentlich bekannt zu machenden Kurse im inländischen Verkehr in Zahlung genommen werden dürfen, auch in solchem Falle den Kurs festzusetzen.

Gewohnheitsmäßige oder gewerbsmäßige Zuwiderhandlungen gegen die vom Bundesrathe in Gemäßheit der Bestimmungen unter 1 getroffenen Anordnungen werden bestraft mit Geldstrafe bis zu 150 Mark oder mit Haft bis zu sechs Wochen.

**Artikel 14.** Von dem Eintritt der Reichswährung an gelten folgende Vorschriften:

**§ 1.** Alle Zahlungen, welche bis dahin in Münzen einer inländischen Währung oder in landesgesetzlich den inländischen Münzen gleichgestellten ausländischen Münzen zu leisten waren, sind vorbehaltlich der Vorschriften Art. 9, 15 und 16 in Reichsmünzen zu leisten.

**§ 2.** Die Umrechnung solcher Goldmünzen, für welche ein bestimmtes Verhältniß zu Silbermünzen gesetzlich nicht feststeht, erfolgt nach Maßgabe des Verhältnisses des gesetzlichen Feingehalts derjenigen Münzen, auf welche die Zahlungsverpflichtung lautet, zu dem gesetzlichen Feingehalte der Reichsgoldmünzen.

Bei der Umrechnung anderer Münzen werden
der Thaler zum Werthe von 3 Mark,
der Gulden süddeutscher Währung zum Werthe von $1^{5}/_{7}$ Mark,
die Mark lübischer oder hamburgischer Kurantwährung zum Werthe von $1^{1}/_{5}$ Mark,
die übrigen Münzen derselben Währungen zu entsprechenden Werthen nach ihrem Verhältniß zu den genannten berechnet.

Bei der Umrechnung werden Bruchtheile von Pfennigen der Reichswährung zu einem Pfennig berechnet, wenn sie einen halben Pfennig oder mehr betragen, Bruchtheile unter einem halben Pfennig werden nicht gerechnet.

**§ 3.** Werden Zahlungsverpflichtungen nach Eintritt der Reichswährung unter Zugrundelegung vormaliger inländischer Geld- oder Rechnungswährungen begründet, so ist die Zahlung vorbehaltlich der

---

Ein- und Zweieinhalbguldenstücke betreffend. Vom 22. Jan. 1874 (RGBl S. 12). — Bekanntmachung, betr. das Verbot des Umlaufs der niederländischen Halbguldenstücke, sowie der österreichischen und ungarischen Viertelguldenstücke. Vom 29. Juni 1874 (RGBl S. 111). — Bekanntmachung, das Verbot des Umlaufs der finnischen Silbermünzen betreffend. Vom 16. Okt. 1874 (RGBl S. 126). — Bekanntmachung, das Verbot des Umlaufs fremder Silber- und Kupfermünzen betreffend. Vom 19. Dez. 1874 (RGBl S. 152). — Bekanntmachung, betr. das Verbot des Umlaufs polnischer eindrittel und einsechstel Talarastücke. Vom 26. Febr. 1875 (RGBl S. 134).

Vorschriften Art. 9, 15 und 16 in Reichsmünzen unter Anwendung der Vorschriften des § 2 zu leisten.

**§ 4.** In allen gerichtlich oder notariell aufgenommenen Urkunden, welche auf einen Geldbetrag lauten, desgleichen in allen zu einem Geldbetrag verurtheilenden gerichtlichen Entscheidungen ist dieser Geldbetrag, wenn für denselben ein bestimmtes Verhältniß zur Reichswährung gesetzlich feststeht, in Reichswährung auszudrücken; woneben jedoch dessen gleichzeitige Bezeichnung nach derjenigen Währung, in welcher ursprünglich die Verbindlichkeit begründet war, gestattet bleibt.

**Artikel 15.** An Stelle der Reichsmünzen sind bei allen Zahlungen bis zur Außerkurssetzung[1] anzunehmen:

1) im gesammten Bundesgebiete an Stelle aller Reichsmünzen die Ein [und Zwei-]thalerstücke deutschen Gepräges unter Berechnung des Thalers zu drei Mark;[2]

[2) im gesammten Bundesgebiete an Stelle der Reichssilbermünzen, Silberkurantmünzen deutschen Gepräges zu $^{1}/_{3}$ und $^{1}/_{6}$ Thaler unter Berechnung des $^{1}/_{3}$ Thalerstücks zu einer Mark und des $^{1}/_{6}$ Thalerstücks zu einer halben Mark;

3) in denjenigen Ländern, in welchen gegenwärtig die Thalerwährung gilt an Stelle der Reichs-, Nickel- und Kupfermünzen die nachbezeichneten Münzen der Thalerwährung zu den daneben bezeichneten Werthen:

| | | | | | | |
|---|---|---|---|---|---|---|
| $^{1}/_{12}$ | Thalerstücke | zum | Werthe | von | 25 | Pfennig, |
| $^{1}/_{15}$ | " | " | " | " | 20 | " |
| $^{1}/_{30}$ | " | " | " | " | 10 | " |
| $^{1}/_{2}$ | Groschenstücke | " | " | " | 5 | " |
| $^{1}/_{5}$ | " | " | " | " | 2 | " |
| $^{1}/_{10}$ und $^{1}/_{12}$ | " | " | " | " | 1 | " |

4) in denjenigen Ländern, in welchen die Zwölftheilung des Groschens besteht, an Stelle der Reichs-, Nickel- und Kupfermünzen die auf der Zwölftheilung des Groschens beruhenden Dreipfennigstücke zum Werthe von $2^{1}/_{2}$ Pfennig;]

5) in Bayern an Stelle der Reichskupfermünzen die Hellerstücke zum Werthe von $^{1}/_{2}$ Pfennig;

[6) in Mecklenburg an Stelle der Reichskupfermünzen die nach dem Marksystem ausgeprägten Fünfpfennigstücke, Zweipfennigstücke und Einpfennigstücke zum Werthe von 5, 2 und 1 Pfennig.

---

[1] Durch die erfolgte Außerkurssetzung (vgl. Anm. zu Art. 8) ist der größte Theil des Art. 15 geltungslos geworden.

[2] Vgl. hierzu G vom 20. April 1874 (RGBl S. 35). Einziger Artikel: „Die Bestimmung im Art. 15, Ziffer 1 des Münzgesetzes vom 9. Juli 1873 (RGBl S. 233) findet auf die in Österreich bis zum Schlusse des Jahres 1867 geprägten Vereinsthaler und Vereinsdoppelthaler Anwendung.“ G vom 28. Febr. 1892 (RGBl S. 315): § 1. „Der Bundesrath wird ermächtigt, die Außerkurssetzung der in Österreich bis zum Schlusse des Jahres 1867 geprägten Vereinsthaler und Vereinsdoppelthaler über Einlösung derselben auf Rechnung des Reiches zu dem Werthverhältnisse von drei Mark gleich einem Thaler anzuordnen und die hierfür erforderlichen Vorschriften festzustellen.“ Die Außerkurssetzung der österreichischen Vereinsthaler hat bis zum 1. April 1894 zu erfolgen.

Die sämmtlichen sub 3 und 4 verzeichneten Münzen sind an allen öffentlichen Kassen des gesammten Bundesgebietes zu den angegebenen Werthen bis zur Außerkurssetzung in Zahlung anzunehmen.]

Der Bundesrath ist befugt zu bestimmen[1], daß die Einthalerstücke deutschen Gepräges, sowie die in Österreich bis zum Schlusse des Jahres 1867 geprägten Vereinsthaler bis zu ihrer Außerkurssetzung nur noch an Stelle der Reichssilbermünzen, unter Berechnung des Thalers zu 3 Mark, in Zahlung anzunehmen sind.

Eine solche Bestimmung ist durch das Reichs-Gesetzblatt zu veröffentlichen und tritt frühestens einen Monat nach ihrer Veröffentlichung in Kraft.

**Artikel 18.** Bis zum 1. Januar 1876 sind sämmtliche nicht auf Reichswährung lautenden Noten der Banken einzuziehen.[2] Von diesem Termine an dürfen nur solche Banknoten, welche auf Reichswährung in Beträgen von nicht weniger als 100 Mark lauten, in Umlauf bleiben oder ausgegeben werden.

Dieselben Bestimmungen gelten für die bis jetzt von Korporationen ausgegebenen Scheine.

Das von den einzelnen Bundesstaaten ausgegebene Papiergeld ist spätestens bis zum 1. Januar 1876 einzuziehen und spätestens sechs Monate vor diesem Termine öffentlich aufzurufen. Dagegen wird nach Maßgabe eines zu erlassenden Reichsgesetzes eine Ausgabe von Reichspapiergeld stattfinden.[3] Das Reichsgesetz wird über die Ausgabe und den Umlauf des Reichspapiergeldes, sowie über die den einzelnen Bundesstaaten zum Zweck der Einziehung ihres Papiergeldes zu gewährenden Erleichterungen die näheren Bestimmungen treffen.

---

## 33) Gesetz, betr. die Abänderung der Nr. 13 des Art. 4 der Verfassung des Deutschen Reiches. Vom 20. Dez. 1873. (RGBl S. 379.)

Vgl. oben S. 40 zu Art. 4 Nr. 13 der Verfassung vom 16. April 1871.

---

# 1874.

## 34) Gesetz, betr. die Abänderung des Art. 15 des Münzgesetzes vom 9. Juli 1873. Vom 20. April 1874. (RGBl S. 35.)

Vgl. Anm. zu Art. 15 Nr. 1 des Münzgesetzes vom 9. Juli 1873 (oben S. 85, Anm. 2).

---

[1] Zusatzbestimmung durch das G, betr. die Abänderung des Art. 15 des Münzgesetzes vom 9. Juli 1873. Vom 6. Januar 1876 (RGBl S. 3). — Vgl. Anmerkung zu Art. 15 Ziffer 1.

[2] Vgl. unten G, betr. die Ausgabe von Banknoten vom 21. Dez. 1874 und Bankgesetz vom 14. März 1875.

[3] Vgl. G vom 30. April 1874.

**35) Gesetz, betr. die Ausgabe von Reichskassenscheinen. Vom 30. April 1874.** (RGBl S. 40.)

**§ 1.** Der Reichskanzler wird ermächtigt, Reichskassenscheine zum Gesammtbetrage von 120 Millionen Mark in Abschnitten zu 5, 20 und 50 Mark ausfertigen zu lassen und unter die Bundesstaaten nach dem Maßstabe ihrer durch die Zählung vom 1. Dezember 1871 festgestellten Bevölkerung zu vertheilen.

Über die Vertheilung des Gesammtbetrages auf die einzelnen Abschnitte beschließt der Bundesrath.

**§ 5.** Die Reichskassenscheine[1] werden bei allen Kassen des Reichs und sämmtlichen Bundesstaaten nach ihrem Nennwerthe in Zahlung angenommen und von der Reichs-Hauptkasse für Rechnung des Reichs jederzeit auf Erfordern gegen baares Geld eingelöst.

Im Privatverkehr findet ein Zwang zu ihrer Annahme nicht statt.

**§ 6.** Die Ausfertigung der Reichskassenscheine wird der Preußischen Hauptverwaltung der Staatsschulden unter der Benennung „Reichsschulden-Verwaltung" übertragen.

Die Reichsschulden-Verwaltung hat für beschädigte oder unbrauchbar gewordene Exemplare für Rechnung des Reichs Ersatz zu leisten, wenn das vorgelegte Stück zu einem echten Reichskassenscheine gehört und mehr als die Hälfte eines solchen beträgt. Ob in anderen Fällen ausnahmsweise ein Ersatz geleistet werden kann, bleibt ihrem pflichtmäßigen Ermessen überlassen.[2]

**§ 7.** Vor der Ausgabe der Reichskassenscheine ist eine Beschreibung derselben öffentlich bekannt zu machen.[3]

Die Kontrolle über die Ausfertigung und Ausgabe der Reichskassenscheine übt die Reichsschulden-Kommission.

**§ 8.** Von den Bundesstaaten darf auch ferner nur auf Grund eines Reichsgesetzes Papiergeld ausgegeben oder dessen Ausgabe gestattet werden.

---

**36) Reichsmilitärgesetz. Vom 2. Mai 1874.** (RGBl S. 45.)

**§ 40.** Die Militärpersonen des Friedensstandes bedürfen zu ihrer Verheirathung der Genehmigung ihrer Vorgesetzten.[4]

---

[1] Vgl. G, betr. die Einziehung der mit dem Datum vom 11. Juli 1874 ausgefertigten Reichskassenscheine. Vom 21. Juli 1884 (RGBl S. 172).

[2] Vgl. Bekanntmachung der Reichsschuldenverwaltung. Vom 18. Mai 1876 (CBl S. 296).

[3] Vgl. G, betr. den Schutz des zur Anfertigung von Reichskassenscheinen verwendeten Papiers gegen unbefugte Nachahmung. Vom 26. Mai 1885 (RGBl S. 165) § 1.

[4] Aber Mangel dieser Genehmigung hat nur Strafe, nicht Ungültigkeit zur Folge. Vgl. Militärstrafgesetzbuch für das Deutsche Reich. Vom 20. Juni 1872. (RGBl S. 174) § 150 Abs. 2; Reichsges. vom 6. Febr. 1875, § 38.

§ 41. Die Militärpersonen des Friedensstandes und die Civilbeamten der Militärverwaltung können die Übernahme von Vormundschaften ablehnen, und sind zu deren Übernahme nur mit Genehmigung ihrer Vorgesetzten berechtigt.

§ 42. Die landesgesetzlich für einzelne Klassen von Militärpersonen bestehenden Beschränkungen hinsichtlich der Erwerbung, Veräußerung und Belastung von Grundstücken werden aufgehoben.

§ 43. Zum Betriebe eines Gewerbes bedürfen die Militärpersonen des Friedensstandes für sich und für die in Dienstgebäuden bei ihnen wohnenden Mitglieder ihres Hausstandes der Erlaubniß ihrer Vorgesetzten, insofern nicht das Gewerbe mit der Bewirthschaftung eines ihnen gehörigen ländlichen Grundstückes verbunden ist.

§ 44. In Kriegszeiten oder während eines Belagerungszustandes können die im § 38 bezeichneten und die nach §§ 155 bis 158 des Militär-Strafgesetzbuchs vom 20. Juni 1872 den Militärgesetzen unterworfenen Personen letztwillige Verordnungen unter besonders erleichterten Formen gültig errichten (privilegirte militärische letztwillige Verfügungen). Die Vorrechte der Militärpersonen in Beziehung auf diese letztwilligen Verordnungen bestehen allein darin, daß sie nach Maßgabe der nachstehenden Bestimmungen den für ordentliche letztwillige Verfügungen vorgeschriebenen Förmlichkeiten nicht unterworfen sind. Es sind dabei die folgenden Bestimmungen zu beobachten:

1) Die Befugniß, in Kriegszeiten oder während eines Belagerungszustandes privilegirte militärische letztwillige Verfügungen zu errichten, beginnt für die oben bezeichneten Personen von der Zeit, wo sie entweder ihre Standquartiere oder im Fall ihnen solche nicht angewiesen sind, ihre bisherigen Wohnorte im Dienste verlassen oder in denselben angegriffen oder belagert werden.

   Kriegsgefangene oder Geißeln haben diese Befugniß, so lange sie sich in der Gewalt des Feindes befinden.

2) Privilegirte militärische letztwillige Verfügungen sind in gültiger Form errichtet:
   a) wenn sie von dem Testator eigenhändig geschrieben und unterschrieben sind;
   b) wenn sie von dem Testator eigenhändig unterschrieben und von zwei Zeugen oder einem Auditeur oder Offizier mitunterzeichnet sind;
   c) wenn von einem Auditeur oder Offizier, unter Zuziehung zweier Zeugen oder noch eines Auditeurs oder Offiziers,

über die mündliche Erklärung des Testators eine schriftliche Verhandlung aufgenommen und diese dem Testator vorgelesen, sowie von dem Auditeur oder Offizier und den Zeugen, bezw. von den Auditeuren oder Offizieren unterschrieben ist.

Bei verwundeten oder kranken Militärpersonen können die unter b) und c) erwähnten Auditeure und Offiziere durch Militärärzte oder höhere Lazarethbeamte oder Militärgeistliche vertreten werden.

3) Die sub 2 erwähnten Zeugen sind Beweiszeugen; sie brauchen nicht die Eigenschaft von Instrumentszeugen zu haben und es kann die Aussage eines derselben für vollständig beweisend angenommen werden.

4) Die nach Vorschrift sub 2c aufgenommene Verhandlung hat in Betreff ihres Inhalts und der in ihr angegebenen Zeit der Aufnahme die Beweiskraft einer öffentlichen Urkunde.

Ist in der eigenhändig geschriebenen und unterschriebenen, oder in der eigenhändig unterschriebenen letztwilligen Verfügung (2a. b.) die Zeit der Errichtung angegeben, so streitet die Vermuthung bis zum Beweise des Gegentheils für die Richtigkeit dieser Angabe.

Eine gleiche Vermuthung streitet dafür, daß die letztwillige Verfügung während des die privilegirte Form zulassenden Ausnahmezustandes errichtet ist, wenn dieselbe während dieser Zeit oder innerhalb vierzehn Tage nach deren Aufhören einer vorgesetzten Militärbehörde zur Aufbewahrung übergeben ist, oder wenn dieselbe in dem Feldnachlaß des Testators aufgefunden wird.

5) Privilegirte militärische letztwillige Verfügungen verlieren ihre Gültigkeit mit dem Ablauf eines Jahres von dem Tage ab, an welchem der Truppentheil, zu dem der Testator gehört, demobil gemacht ist, oder der Testator aufgehört hat zu dem mobilen Truppentheil zu gehören, oder als Kriegsgefangener oder Geißel aus der Gewalt des Feindes entlassen ist.

Der Lauf dieser Frist wird jedoch suspendirt durch anhaltende Unfähigkeit des Testators zur Errichtung einer anderweiten letztwilligen Verordnung.

Wenn der Testator innerhalb des Jahres vermißt und in dem Verfahren auf Todeserklärung oder auf Abwesenheitserklärung festgestellt wird, daß er seit jener Zeit verschollen ist, so tritt die Ungültigkeit der letztwilligen Verfügung nicht ein.

**§ 45.** Die durch Reichs- oder Landesgesetze vorgeschriebenen Beschränkungen der gerichtlichen Zwangsvollstreckung gegen Militärpersonen finden auf alle Arten der Zwangsvollstreckung gegen die letzteren entsprechende Anwendung. Eine Aufhebung dieser Beschränkungen durch vorgängige Einwilligung des Schuldners ist ohne rechtliche Wirkung.

Den Anspruch auf Zahlung von Diensteinkünften, Wartegeldern oder Pensionen können die Militärpersonen mit rechtlicher Wirkung nur insoweit abtreten, verpfänden oder sonst übertragen, als eine Beschlagnahme im Falle einer Zwangsvollstreckung zulässig gewesen wäre. Die Benachrichtigung an die auszahlende Kasse geschieht durch eine der Kasse auszuhändigende öffentliche Urkunde.

---

## 37) Strandungsordnung. Vom 17. Mai 1874. (RGBl S. 73.)[1]

### I. Abschnitt.

### Von den Strandbehörden.

**§ 1.** Die Verwaltung der Strandungsangelegenheiten wird durch Strandämter geführt.

Den Strandämtern werden Strandvögte untergeordnet. Letztere haben insbesondere diejenigen Maßregeln zu leiten, welche zum Zwecke der Bergung oder Hülfsleistung zu ergreifen sind.

**§ 2.** Die Organisation der Strandämter, die Abgrenzung ihrer Bezirke, die Anstellung der Strandbeamten, die Regelung des Verhältnisses der Strandvögte zu den Strandämtern, und die Bestimmung der Behörden, welche die Aufsicht über diese Ämter und Beamten zu führen haben, sowie die Feststellung der Dienstbezüge der Strandbeamten steht den Landesregierungen nach Maßgabe der Landesgesetze zu.

Der Vorsteher eines Strandamts kann für den ihm überwiesenen Bezirk oder einen Theil desselben zugleich zum Strandvogt bestellt werden.

**§ 3.** Die Oberaufsicht über die Verwaltung der Strandungsangelegenheiten steht dem Reiche zu.

### II. Abschnitt.

### Von dem Verfahren bei Bergung und Hülfsleistung in Seenoth.

**§ 4.** Wer ein auf den Strand gerathenes oder sonst unweit

---

[1] Vgl. Instruktion zur Strandungsordnung vom 24. Nov. 1875 (CBl S. 751). Vgl. Verzeichniß der auf Grund §§ 1 und 2 der Strandungsordnung vom 17. Mai 1874 von den Regierungen der Bundes-Seestaaten eingesetzten Strandämter und Strandvogteien (CBl 1878, S. 285; dazu CBl 1879, S. 270. 531. 639).

desselben in Seenoth befindliches Schiff wahrnimmt, hat hiervon sofort dem zuständigem Strandvogt oder der nächsten Gemeindebehörde Anzeige zu machen. Der Überbringer der ersten Anzeige hat Anspruch auf eine angemessene Vergütung.

**§ 5.** Die Gemeindebehörde hat unverzüglich für die Mittheilung der Nachricht an den Strandvogt zu sorgen. Die Gemeinden sind verpflichtet, hierzu gegen eine den ortsüblichen Sätzen entsprechende Vergütung einen Boten und die nöthigen Beförderungsmittel (Pferd, Gespann, Boot) zu stellen.

**§ 6.** Der Strandvogt hat unverzüglich nach Empfang der Nachricht (§ 5) sich an Ort und Stelle zu begeben und daselbst die zur Aufrechterhaltung der Ordnung sowie zur Bergung oder Hülfsleistung erforderlichen Anordnungen zu treffen. Auch hat er für schleunigste Benachrichtigung des Strandamts sowie des nächsten Zollbeamten Sorge zu tragen, bis zur Ankunft des letzteren aber das Zollinteresse selbst wahrzunehmen.

Bis zum Erscheinen des Strandvogts sind die Strand-Unterbeamten und in deren Ermangelung die nächste Gemeindebehörde zu den erforderlichen Anordnungen berufen.

**§ 7.** Wider den Willen des Schiffers dürfen Maßregeln zum Zweck der Bergung oder Hülfsleistung nicht ergriffen werden. Insbesondere darf wider den Willen des Schiffers weder an das Schiff angelegt, noch dasselbe betreten werden. Ist das Schiff von der Schiffsbesatzung verlassen, so bedarf es zum Anlegen an dasselbe oder zum Betreten desselben, sofern nicht dringende Gefahr im Verzuge liegt, der Erlaubniß des Strandvogts.

Auf die Thätigkeit der Vereine zur Rettung Schiffbrüchiger finden diese Bestimmungen keine Anwendung.

**§ 8.** Der Schiffer ist befugt, dem Strandvogt die Leitung des Verfahrens jederzeit wieder abzunehmen, sobald er für die etwa bereits entstandenen Bergungs- und Hülfskosten, einschließlich des Berge- und Hülfslohnes (Art. 753 des Allgemeinen Deutschen Handelsgesetzbuchs), die von dem Vorsteher des Strandamtes oder dem Strandvogt erforderlich befundene Sicherheit bestellt hat.

**§ 9.** Die Verpflichtung, den polizeilichen Aufforderungen zur Hülfe Folge zu leisten, bestimmt sich nach § 360 Nr. 10 des Strafgesetzbuchs mit der Maßgabe, daß als „Polizeibehörde" im Sinne dieser Vorschrift auch der Strandvogt gilt.

Während der Seenoth ist der Strandvogt befugt, zur Rettung von Menschenleben die erforderlichen Fahrzeuge und Geräthschaften, sowie jeden außerhalb der öffentlichen Wege zum Strande führenden Zugang auch ohne Einwilligung der Verfügungsberechtigten in Anspruch zu nehmen. Der hieraus entstehende wirkliche Schaden ist zu vergüten. Wer der Anordnung des Strandvogts nicht Folge leistet, wird mit der im § 360 Nr. 10 a. a. O. angedrohten Strafe belegt.

Die Fahrzeuge und Geräthschaften der Vereine zur Rettung Schiffbrüchiger dürfen nur, insoweit die Vereinsmannschaft nicht selbst einschreitet, zur Rettung von Menschenleben in Anspruch genommen werden.

**§ 10.** Die in den §§ 4, 5 und 9 bezeichneten Vergütungen gehören zu den im Art. 745 Abs. 2 des Allgemeinen Deutschen Handelsgesetzbuchs bestimmten Bergungs- und Hülfskosten. Dieselben werden nach Maßgabe der Bestimmungen des fünften Abschnitts festgesetzt und sind, wenn anderweit die Befriedigung nicht zu erreichen ist, aus Staatsmitteln zu leisten. Auf Verlangen sind sie aus diesen vorschußweise zu zahlen.

**§ 11.** Der Strandvogt hat vor Allem für die Rettung der Personen zu sorgen. Im Falle der Bergung hat er zunächst die Schiffs- und Ladungspapiere, insbesondere das Schiffsjournal an sich zu nehmen, das letztere sobald als möglich mit dem Datum und seiner Unterschrift abzuschließen und demnächst sämmtliche Papiere dem Schiffer zurückzugeben.

**§ 12.** Ohne Genehmigung des Schiffers darf nichts aus dem Schiffe fortgeschafft werden. Auch hat zunächst der Schiffer darüber Bestimmung zu treffen, wohin die fortgeschafften Gegenstände sowie das Schiff selbst zu bringen sind. Sowohl jene Genehmigung als auch diese Bestimmung steht dem Strandvogt zu, wenn derselbe die Leitung des Verfahrens übernommen hatte. In Ermangelung einer Bestimmung des Schiffers oder des Strandvogts muß das Geborgene, sofern keine Hindernisse entgegenstehen, bei Verlust des Anspruchs auf Berge- oder Hülfslohn nach dem zunächst erreichbaren deutschen Hafen oder Landungsplatze gebracht und sofort der nächsten Polizeibehörde oder dem Strandvogt angezeigt werden.

Die aus dem Schiffe fortgeschafften Gegenstände sind, sobald dies thunlich, zu verzeichnen.

**§ 13.** Werden einzelne Stücke der Ladung oder des Schiffs oder sonstige Gegenstände, welche auf dem Schiffe sich befunden, oder zu demselben gehört haben, an das Land getrieben, so hat derjenige, welcher dieselben birgt, dies sofort einem der mitwirkenden Beamten anzuzeigen und auf Erfordern die Sachen abzuliefern.

**§ 14.** Der Strandvogt hat dem nächsten Steuerbeamten von der Bergung sofort Nachricht zu geben und bis zur Ankunft desselben das steuerfiskalische Interesse wahrzunehmen.

Die geborgenen Gegenstände werden von dem Strandamt und dem Zollbeamten gemeinschaftlich in Gewahrsam genommen.

**§ 15.** Das Strandamt hat mit Zuziehung des Schiffers und des Zollbeamten ein Inventarium der geborgenen Gegenstände unter Angabe der etwa vorhandenen Marken und Nummern und mit Benutzung der vorläufigen Verzeichnisse (§ 12) aufzunehmen, dabei auch überall den Werth und die Menge zu vermerken, soweit dieselben sich aus vorhandenen Schriftstücken ergeben oder anderweit ohne Verletzung der Verpackung festzustellen sind. Das Inventarium ist von dem Zollbeamten und dem Schiffer zu unterschreiben, die Einsicht desselben oder die Fertigung einer Abschrift ist auch anderen Betheiligten zu gestatten.

**§ 16.** Die geborgenen Gegenstände sind dem Schiffer, in Ermangelung desselben demjenigen, welcher sonst seine Empfangsberechtigung nachweist, auszuliefern. Die Auslieferung darf jedoch, mit Ausnahme der für das augenblickliche Bedürfniß der Mannschaft und Passagiere erforderlichen Gegenstände, erst nach Bezahlung oder Sicherstellung der Bergungskosten einschließlich des Bergelohns (Art. 753 des Allgemeinen Deutschen Handelsgesetzbuchs) und nach erfolgter zollamtlicher Abfertigung geschehen.

**§ 17.** Behufs Übernahme der Vertretung der Betheiligten in Bergungs- und Hülfsleistungsfällen können von den Landesregierungen an geeigneten Orten ein- für allemal Sachverständige bestellt werden. Dieselben sind in den einzelnen Fällen den Betheiligten von dem Strandamt namhaft zu machen. Die Wahl anderer Vertreter ist hierdurch nicht ausgeschlossen.

**§ 18.** Leicht verderbliche und solche Gegenstände, deren Aufbewahrung mit Gefahr oder unverhältnißmäßigen Kosten verbunden sein würde, können von dem Strandamt öffentlich verkauft werden, jedoch bei Anwesenheit des Empfangsberechtigten nur mit Zustimmung desselben oder nach fruchtlos an ihn ergangener Aufforderung, die Gegenstände gemäß § 16 in Empfang zu nehmen.

**§ 19.** Entstehen Zweifel oder Streitigkeiten über die Empfangsberechtigung, oder sind die Empfangsberechtigten nicht alsbald zu ermitteln, so hat das Strandamt die betreffenden Gegenstände oder deren Erlös (§ 18) in Verwahrung zu nehmen, und demnächst nach den Bestimmungen des IV. Abschnitts zu verfahren.

## III. Abschnitt.

### Von Seeauswurf und strandtriftigen Gegenständen, sowie von versunkenen und seetriftigen Gegenständen.

**§ 20.** Wenn außer dem Falle der Seenoth eines Schiffes besitzlos gewordene Gegenstände von der See auf den Strand geworfen oder gegen denselben getrieben, und vom Strande aus geborgen werden, so haben auch in diesen Fällen die Berger Anspruch auf Bergelohn nach den Vorschriften des Allgemeinen Deutschen Handelsgesetzbuchs, Buch V, Titel 9. Sie sind verpflichtet, bei Verlust des Anspruchs auf Bergelohn von den geborgenen Gegenständen der nächsten Polizeibehörde oder dem Strandvogt sofort Anzeige zu machen, und dieselben zur Verfügung zu stellen.

**§ 21.** Denselben Anspruch und dieselbe Verpflichtung haben die Berger, wenn versunkene Schiffstrümmer oder sonstige Gegenstände vom Meeresgrunde heraufgebracht, oder wenn ein verlassenes Schiff oder sonstige besitzlos gewordene Gegenstände, in offener See treibend, von einem Fahrzeuge geborgen werden.

Die Verpflichtung tritt in diesem Falle ein, sobald das bergende Fahrzeug nach der Bergung an der deutschen Küste anlegt oder vor Anker geht, fällt aber fort, wenn das Fahrzeug inzwischen an einer fremden Küste angelegt hat, oder vor Anker gegangen ist, und die Berger dort die geborgenen Gegenstände dem Eigenthümer oder einer Behörde zur Verfügung gestellt haben.

**§ 22.** Welche Gewässer bei Anwendung der §§ 20 und 21 der See gleichzustellen sind, bestimmen die Landesregierungen.

**§ 23.** Das Strandamt hat den Berger über die Zeit, den Ort und die Umstände der Bergung sowie über den beanspruchten Lohn zu hören und für die angemessene Aufbewahrung der Gegenstände zu sorgen, auch dem nächsten Zollbeamten Nachricht zu geben. Die Bestimmungen der §§ 14, 15 und 18 finden auch hier Anwendung.

Kann der Empfangsberechtigte alsbald ermittelt werden, so ist nach der Vorschrift des § 16, andernfalls nach den Vorschriften des IV. Abschnitts, zu verfahren.

**§ 24.** Die Landesregierungen sind ermächtigt, Anmeldestellen einzurichten, welchen die Strandämter jede Bergung in den Fällen der §§ 20 und 21 mitzutheilen haben. Auf diesen Anmeldestellen ist ein Fundverzeichniß über die geborgenen Gegenstände und den Ort ihrer Aufbewahrung zu führen und zur Einsicht für jedermann auszulegen. Ein Auszug aus diesem Verzeichniß wird in angemessenen Fristen bekannt gemacht.

Die Bestimmungen des § 23 finden auch da Anwendung, wo Anmeldestellen bestehen.

**§ 25.** Wenn auf der Rhede oder im Fahrwasser eines Hafens versunkene Wracks, Anker oder andere Gegenstände die Schifffahrt beeinträchtigen und der Eigenthümer entweder nicht bekannt oder zur Fortschaffung derselben nicht bereit ist, so ist die Behörde befugt, die

Beseitigung zu veranlassen und zur Deckung der Kosten die beseitigten Gegenstände öffentlich zu verkaufen. In diesem Falle ist mit dem Rest des Erlöses nach den §§ 16 und 19 zu verfahren. Nach fruchtlosem Aufgebotsverfahren (§ 26) fällt derselbe der Seemannskasse oder in Ermangelung einer solchen der Armenkasse des Hafenorts zu.

## IV. Abschnitt.

### Von dem Aufgebotsverfahren in Bergungssachen und dem Rechte auf herrenlose geborgene Gegenstände.

**§ 26.** Behufs der Ermittelung des Empfangsberechtigten hat das Strandamt, sofern sich genügender Anlaß dazu bietet, geeignete Vorverhandlungen einzuleiten. Dem dadurch ermittelten Berechtigten sind die geborgenen Gegenstände nach Maßgabe des § 16 auszuliefern.

Wenn sich kein Anlaß zu Vorverhandlungen bietet, oder durch dieselben der Empfangsberechtigte nicht ermittelt wird, so tritt das Aufgebotsverfahren (§§ 27 ff.) ein.

**§ 27.** Im Aufgebotsverfahren werden alle unbekannten Berechtigten aufgefordert, bis zu einem bestimmten Termine bei dem Strandamte ihre Ansprüche anzuzeigen, widrigenfalls dieselben bei der Verfügung über die geborgenen Gegenstände unberücksichtigt bleiben würden.

Der Termin ist auf vier Wochen bis neun Monate zu bestimmen. Das Aufgebot wird durch Aushang (Anschlag) an der Amtsstelle sowie nach dem Ermessen des Strandamtes durch eine oder mehrere Anzeigen in öffentlichen Blättern und Anschlag an Börsen und anderen geeigneten Orten bekannt gemacht. Zur Ersparung von Kosten kann das Aufgebot so lange ausgesetzt werden, bis eine angemessene Zahl von Gegenständen angesammelt ist.

Ein Ausschlußbescheid wird nicht erlassen.

**§ 28.** Diejenigen Gegenstände, auf welche ein Anspruch nicht angezeigt ist, werden nach Ablauf des Termins den nach § 35 Berechtigten gegen Erlegung der Bergungskosten, zu welchen in den Fällen des ersten Absatzes des § 35 auch der Bergelohn gehört, nach erfolgter zollamtlicher Abfertigung ausgeliefert.

Der Empfänger ist, wenn versäumte Ansprüche später geltend gemacht werden, nur insoweit, als er sich dann im Besitze der Sache noch befindet oder durch den aus derselben gelösten Werth noch bereichert ist, dem Berechtigten zur Entschädigung verpflichtet. In den Fällen des zweiten Absatzes des § 35 behält der Berger auch den noch in seinem Besitze befindlichen Vortheil, insoweit dieser den Bergelohn nicht übersteigt.

§ 29. Sind dagegen Ansprüche angezeigt, so fordert das Strandamt die nach § 35 Berechtigten auf, sich binnen einer bestimmten Frist zu erklären, ob sie diese Ansprüche anerkennen wollen oder nicht, widrigenfalls dieselben für anerkannt erachtet werden würden.

Wenn innerhalb dieser Frist ein Widerspruch seitens der Aufgeforderten nicht erfolgt, so ist die Auslieferung der Gegenstände an denjenigen, welcher den Anspruch angezeigt hat, gemäß § 16 zu bewirken und zwar, falls das Strandamt den Anspruch für nachgewiesen erachtet, sofort, anderenfalls erst nach Ablauf des Aufgebotstermins, sofern auch bis dahin weitere Ansprüche nicht angemeldet werden.

Wenn dagegen ein Widerspruch von einem der Aufgeforderten innerhalb der Erklärungsfrist erfolgt, so sind die angezeigten Ansprüche gegen denselben im Wege der Klage auszuführen.

§ 30. Wenn die Berechtigung zum Empfang streitig, und von keinem der nach § 35 Berechtigten ein Widerspruch erhoben ist, so bestimmt das Strandamt denjenigen, gegen welchen die sonst angezeigten Ansprüche im Wege der Klage auszuführen sind.

Diesem steht auch die Befugniß zu, gegen Leistung der vom Strandamte zu bestimmenden Sicherheit die Auslieferung der geborgenen Gegenstände zu verlangen.

§ 31. Zur Anstellung der Klage (§§ 29 Abs. 3 und 30), welche bei dem für den Ort des Strandamts zuständigen Gerichte zu erheben ist, bestimmt das Strandamt eine angemessene Ausschlußfrist.

§ 32. Im Falle des § 30 hat das Strandamt auf Antrag dafür zu sorgen, daß die nach Abschnitt V dieses Gesetzes festgestellten Ansprüche aus der bestellten Sicherheit oder durch den Verkauf der geborgenen Gegenstände befriedigt werden.

§ 33. Streitigkeiten über die Empfangsberechtigung werden im Prozeßwege erledigt.

§ 34. Die Kosten der Vorverhandlungen und des Aufgebotsverfahrens gehören zu den im Artikel 745 Absatz 2 des Allgemeinen Deutschen Handelsgesetzbuchs bestimmten Bergungskosten.

§ 35. Wenn der Empfangsberechtigte auch durch das Aufgebotsverfahren nicht ermittelt wird, so werden Gegenstände, welche in Seenoth vom Strande aus geborgen sind (§§ 4—19), desgleichen Seeauswurf und strandtriftige Güter (§ 20), dem Landesfiskus überwiesen.

Unter gleicher Voraussetzung werden versunkene und seetriftige Gegenständige (§ 21) dem Berger überwiesen.

Die Antheile mehrerer Mitberechtigter im Falle des Artikels 751 des Allgemeinen Deutschen Handelsgesetzbuchs bestimmen sich auch in

Beziehung auf diesen Anspruch nach den dort vorgeschriebenen Grundsätzen. Wer die ihm nach dem § 21 obliegende Anzeige unterläßt, geht dieses Anspruchs zu Gunsten der Seemannskasse des Orts, wo das Strandamt seinen Sitz hat, und in Ermangelung einer solchen, zu Gunsten der Ortsarmenkasse verlustig.

Ob und in welcher Weise diejenigen zu entschädigen sind, welchen nach den bisherigen Bestimmungen die in den vorstehenden Absätzen der Staatskasse und dem Berger überwiesenen Ansprüche zugestanden haben, bestimmen die Landesgesetze.

## V. Abschnitt.

### Von der Festsetzung der Bergungs- und Hülfskosten.

**§ 36.** Wer Berge- oder Hülfslohn oder die Erstattung sonstiger Bergungs- oder Hülfskosten verlangt, hat in Ermangelung einer gütlichen Einigung seine Ansprüche bei dem Strandamt anzumelden.

**§ 37.** Das Strandamt hat nach Anhörung der Betheiligten, soweit dieselben anwesend sind, eine Berechnung der aufgestellten Forderungen zu entwerfen und mit seinen gutachtlichen Bemerkungen der Aufsichtsbehörde einzureichen.

**§ 38.** Die Aufsichtsbehörde hat die angemeldeten Ansprüche nach den Bestimmungen des Allgemeinen Deutschen Handelsgesetzbuchs, Buch V, Titel 9, zu prüfen und durch Bescheid festzusetzen. Jedem Betheiligten ist der Bescheid zu Protokoll bekannt zu machen, oder eine Ausfertigung desselben zuzustellen.

Die Zustellung ist gültig, wenn sie unter Beobachtung der für Zustellungen in bürgerlichen Rechtsstreitigkeiten vorgeschriebenen Formen erfolgt. Die vereideten Verwaltungsbeamten haben dabei die Glaubwürdigkeit der Gerichtsbeamten.

**§ 39.** Gegen den Bescheid der Aufsichtsbehörde findet nur der Rechtsweg statt.

Die Partei, welche sich durch den Bescheid beschwert fühlt, hat binnen einer Ausschlußfrist von 14 Tagen — vom Tage nach der Bekanntmachung oder Behändigung des Bescheides (§ 38) an gerechnet — die Klage bei dem für den Ort des Strandamts zuständigen Gerichte anzubringen. Das Gericht kann aus Gründen, die in der Sache selbst liegen, diese Frist angemessen verlängern.

Durch rechtzeitige Erhebung der Klage verliert der Bescheid zwischen den Prozeßparteien seine Kraft.

**§ 40.** Den Landesregierungen steht es zu, die in § 38 der Aufsichtsbehörde zugewiesenen Obliegenheiten dem Strandamt zu übertragen.

§ 41. Die Erhebung der festgesetzten Beträge und die Vertheilung derselben unter die Berechtigten erfolgt in der Regel durch das Strandamt.

Der Vorsteher des Strandamts hat auch in dem Falle keinen Anspruch auf Berge- oder Hülfslohn, wenn er zugleich zum Strandvogt bestellt ist.

## VI. Abschnitt.

### Allgemeine Bestimmungen.

§ 42. Schiffer im Sinne dieses Gesetzes ist der Führer des Schiffs (Schiffskapitän), in Ermangelung oder Verhinderung desselben dessen Stellvertreter.

§ 43. Wer den Vorschriften der §§ 4, 7 Abs. 1, 12 Abs. 1, 13, 20, 21 zuwiderhandelt, wird, sofern nicht nach allgemeinen Strafgesetzen eine höhere Strafe verwirkt ist, mit Geldstrafe bis zu einhundertfünfzig Mark oder mit Haft bestraft.

§ 44. Die Bestimmungen des Gesetzes, betreffend die Errichtung eines obersten Gerichtshofes für Handelssachen, vom 12. Juni 1869, sowie die Ergänzungen desselben werden auf diejenigen bürgerlichen Rechtsstreitigkeiten ausgedehnt, in welchen durch Klage oder Widerklage ein Anspruch aus Rechtsverhältnissen geltend gemacht wird, welche auf die Bergung außer dem Falle der Seenoth sich beziehen.

§ 45. Ob und inwieweit im Falle der Bergung des von den Landesregierungen zur Betonnung verwendeten Materials an Tonnen, Ketten und sonstigem Zubehör bestimmte Lohnsätze an Stelle des Bergelohns treten, bestimmt sich, wenn die Bergung im eigenen Gebiete erfolgt, nach dem bezüglichen Landesrecht, andernfalls nach den etwa abgeschlossenen Staatsverträgen.

§ 46. Die in diesem Gesetz vorgeschriebene Mitwirkung der Zollbehörde findet in den Zollausschlüssen nicht statt.

§ 47. Die Bestimmungen der Staatsverträge über die den Konsuln fremder Staaten in Bergungsfällen zustehenden Rechte werden durch dieses Gesetz nicht berührt.

§ 48. Dieses Gesetz tritt am 1. Januar 1875 in Kraft.

---

**38) Gesetz, betr. die Aufhebung der Art. 11 und 12, Buch III, Titel 12 des revidirten Lübischen Rechtes, sowie der Art. 14 und 16, Theil III, Titel 12 des Rostocker Stadtrechtes. Vom 4. Nov. 1874.**
(RGBl S. 128.)

---

## 39) Gesetz über den Markenschutz. Vom 30. November 1874. (RGBl S. 143.)

**§ 1.** Gewerbetreibende, deren Firma im Handelsregister eingetragen ist, können Zeichen, welche zur Unterscheidung ihrer Waaren von den Waaren anderer Gewerbetreibenden auf den Waaren selbst oder auf deren Verpackung angebracht werden sollen, zur Eintragung in das Handelsregister des Ortes ihrer Hauptniederlassung bei dem zuständigen Gerichte anmelden.[1]

**§ 2.** Der Anmeldung muß eine deutliche Darstellung des Waarenzeichens (§ 1) nebst einem Verzeichniß der Waarengattungen, für welche das Zeichen bestimmt ist, mit der Unterschrift der Firma versehen, beigefügt sein.

**§ 3.** Die Eintragung von Waarenzeichen, deren Benutzung für den Anmeldenden landesgesetzlich geschützt ist, ferner von solchen Zeichen, welche bis zum Beginn des Jahres 1875 im Verkehr allgemein als Kennzeichen der Waaren eines bestimmten Gewerbetreibenden gegolten haben, darf nicht versagt werden.[2]

Im Übrigen ist die Eintragung zu versagen, wenn die Zeichen ausschließlich in Zahlen, Buchstaben oder Worten bestehen, oder wenn sie öffentliche Wappen oder Ärgerniß erregende Darstellungen enthalten.

**§ 4.** Die Eintragung erfolgt unter der Firma des Anmeldenden. Die Zeit der Anmeldung ist dabei zu vermerken. Gelangt ein bereits eingetragenes Waarenzeichen aus Anlaß der Verlegung der Hauptniederlassung wiederholt zur Eintragung, so ist dabei die Zeit der ersten Anmeldung zu vermerken.

**§ 5.** Auf Antrag des Inhabers der Firma wird das eingetragene Waarenzeichen gelöscht.

Von Amtswegen erfolgt die Löschung:

1) wenn die Firma im Handelsregister gelöscht wird;
2) wenn eine Änderung der Firma und nicht zugleich die Beibehaltung des Zeichens angemeldet wird;
3) wenn seit der Eintragung des Zeichens, ohne daß dessen weitere Beibehaltung angemeldet worden, zehn Jahre verflossen sind;
4) wenn das Zeichen nach § 3 nicht hätte eingetragen werden dürfen.

---

[1] Bekanntmachung der Bestimmung zur Ausführung des Gesetzes über Markenschutz. Vom 8. Febr. 1875 (CBl S. 123).

[2] Vgl. Allerhöchsten Erlaß, betr. den Gebrauch des Kaiserlichen Adlers (vgl. Allerh. Erlaß vom 3. August 1871. RGBl S. 318) zur Bezeichnung von Waaren oder Etiquetten. Vom 16. März 1872 (RGBl S. 90); dazu Bekanntmachung vom 11. April 1872 (RGBl S. 93).

§ 6. Die erste Eintragung und die Löschung eines Zeichens wird im „Deutschen Reichsanzeiger" bekannt gemacht.

Die Kosten der Bekanntmachung der Eintragung hat der Inhaber der Firma zu tragen.[1]

§ 7. Für die erste Eintragung eines Zeichens, welches landesgesetzlich nicht geschützt ist, wird eine Gebühr von fünfzig Mark entrichtet.

Von der Entrichtung einer Gebühr für die Eintragung solcher Zeichen, welche bis zum Beginn des Jahres 1875 im Verkehr allgemein als Kennzeichen der Waaren eines bestimmten Gewerbetreibenden gegolten haben, können die Landesregierungen entbinden.

Andere Eintragungen und Löschungen geschehen unentgeltlich.

§ 8. Das Recht, Waaren oder deren Verpackung mit einem für diese Waaren zum Handelsregister angemeldeten Zeichen zu versehen oder auf solche Art bezeichnete Waaren in Verkehr zu bringen, steht dem Inhaber derjenigen Firma, für welche zuerst die Anmeldung bewirkt ist, ausschließlich zu.

§ 9. Auf Waarenzeichen, welche landesgesetzlich geschützt sind, ferner auf solche Zeichen, welche bis zum Beginn des Jahres 1875 im Verkehr allgemein als Kennzeichen der Waaren eines bestimmten Gewerbetreibenden gegolten haben, kann durch die Anmeldung außer den gesetzlich geschützten oder im Verkehr allgemein anerkannten Inhabern niemand ein Recht erwerben, sofern diese vor dem 1. Oktober 1875 die Anmeldung bewirken.

§ 10. Durch die Anmeldung eines Waarenzeichens, welches Buchstaben oder Worte enthält, wird niemand gehindert, seinen Namen oder seine Firma, sei es auch in abgekürzter Gestalt, zur Kennzeichnung seiner Waaren zu gebrauchen.

Auf Waarenzeichen, welche bisher im freien Gebrauche aller oder gewisser Klassen von Gewerbetreibenden sich befunden haben, oder deren Eintragung nicht zulässig ist, kann durch Anmeldung niemand ein Recht erwerben.

§ 11. Der Inhaber einer Firma, für welche ein Waarenzeichen eingetragen ist, hat dasselbe auf Verlangen desjenigen, welcher ihn von der Benutzung des Zeichens auszuschließen berechtigt ist, oder sofern das Waarenzeichen zu den im § 10 Abs. 2 erwähnten gehört, auf Verlangen eines Betheiligten löschen zu lassen.

§ 12. Das durch die Anmeldung eines Waarenzeichens erlangte Recht erlischt:

---

[1] Vgl. Bekanntmachung vom 8. Febr. 1875 (CBl S. 131), vom 22. Dez. 1886 (CBl S. 418).

1) mit der Zurücknahme der Anmeldung, oder mit dem Antrage auf Löschung seitens des Inhabers der berechtigten Firma;

2) mit dem Eintritte eines der im § 5 Nr. 1 bis 3 bezeichneten Fälle.

**§ 13.** Jeder inländische Produzent oder Handeltreibende kann gegen denjenigen, welcher Waaren oder deren Verpackung mit einem für den Ersteren nach Maßgabe dieses Gesetzes zu schützenden Waarenzeichen oder mit dem Namen oder der Firma des Ersteren widerrechtlich bezeichnet, im Wege der Klage beantragen, daß derselbe für nicht berechtigt erklärt werde, diese Bezeichnung zu gebrauchen.

Desgleichen kann der Produzent oder Handeltreibende gegen denjenigen, welcher dergleichen widerrechtlich bezeichnete Waaren in Verkehr bringt oder feilhält, im Wege der Klage beantragen, daß derselbe für nicht berechtigt erklärt werde, so bezeichnete Waaren in Verkehr zu bringen oder feil zu halten.

**§ 14.** Wer Waaren oder deren Verpackung wissentlich mit einem nach Maßgabe dieses Gesetzes zu schützenden Waarenzeichen, oder mit dem Namen oder der Firma eines inländischen Produzenten oder Handeltreibenden widerrechtlich bezeichnet, oder wissentlich dergleichen widerrechtlich bezeichnete Waaren in Verkehr bringt oder feilhält, wird mit Geldstrafe von einhundertfünfzig bis dreitausend Mark oder mit Gefängniß bis zu sechs Monaten bestraft und ist dem Verletzten zur Entschädigung verpflichtet.

Die Strafverfolgung tritt nur auf Antrag ein.

**§ 15.** Statt jeder aus diesem Gesetze entspringenden Entschädigung kann auf Verlangen des Beschädigten neben der Strafe auf eine an ihn zu erlegende Buße bis zum Betrage von fünftausend Mark erkannt werden. Für diese Buße haften die zu derselben Verurtheilten als Gesammtschuldner.

Eine erkannte Buße schließt die Geltendmachung eines weiteren Entschädigungsanspruchs aus.

**§ 16.** Darüber, ob ein Schaden entstanden ist, und wie hoch sich derselbe beläuft, entscheidet das Gericht unter Würdigung aller Umstände nach freier Überzeugung.

**§ 17.** Erfolgt eine Verurtheilung auf Grund des § 14, so ist auf Antrag des Verletzten bezüglich der im Besitze des Verurtheilten befindlichen Waaren auf Vernichtung der Zeichen auf der Verpackung oder den Waaren, oder, wenn die Beseitigung der Zeichen in anderer Weise nicht möglich ist, auf Vernichtung der Verpackung oder der Waaren selbst zu erkennen.

Erfolgt die Verurtheilung im Strafverfahren, so ist dem Verletzten die Befugniß zuzusprechen, die Verurtheilung auf Kosten des Verurtheilten öffentlich bekannt zu machen. Die Art der Bekanntmachung, sowie die Frist zu derselben ist in dem Urtheil zu bestimmen.

**§ 18.** Der dem Inhaber eines Waarenzeichens, eines Namens oder einer Firma nach Inhalt dieses Gesetzes gewährte Schutz wird dadurch nicht ausgeschlossen, daß das Waarenzeichen, der Name oder die Firma mit Abänderungen wiedergegeben sind, welche nur durch Anwendung besonderer Aufmerksamkeit wahrgenommen werden können.

**§ 19.** Bürgerliche Rechtsstreitigkeiten, in welchen durch die Klage ein Anspruch auf Grund dieses Gesetzes erhoben wird, gelten im Sinne der Reichs- und Landesgesetze als Handelssachen.

**§ 20.**[1] Auf Waarenzeichen von Gewerbetreibenden, welche im

---

[1] Vgl. die verschiedenen Konventionen: Mit Schweden-Norwegen, vom 11. Juli 1872 (RGBl S. 293), Vereinigten Staaten von Nordamerika (Konsularkonv. vom 11. Dez. 1871, RGBl 1872, S. 106), Portugal (Handelsvertrag, vom 2. März 1872, Art. 10, RGBl S. 258), Rußland, vom 18. Aug. 1873 (RGBl S. 337), Frankreich, vom 8. Okt. 1873 (RGBl S. 365), Großbritannien (Deklaration vom 14. April 1875, RGBl S. 199), Belgien, vom 13. Sept. 1875 (RGBl S. 301), Luxemburg, vom 14. Juli 1876 (RGBl S. 169, vgl. dazu Bekanntm. vom 2. August 1883, RGBl S. 268), Brasilien, vom 28. Febr. 1877 (RGBl S. 406), Dänemark, vom 4. April 1879 (RGBl S. 123), den Niederlanden, vom 19. Januar 1882 (RGBl S. 5), Rumänien, vom 27. Januar 1882 (RGBl S. 7), Venezuela, vom 8. Dez. 1883 (RGBl S. 339), Serbien, vom 7. Juli 1886 (RGBl S. 231), Italien, vom 18. Januar 1892 (RGBl S. 293), Schweiz, vom 31. Januar 1892 (RGBl S. 304).

Übereinkommen zwischen dem Reich und Österreich-Ungarn über den gegenseitigen Patent-, Muster- und Markenschutz. Vom 6. Dez. 1891 (RGBl S. 289 ff.):

Artikel 1. Die Angehörigen des einen der vertragschließenden Theile sollen in den Gebieten des anderen in Bezug auf den Schutz von Erfindungen, von Mustern (einschließlich der Gebrauchsmuster) und Modellen, von Handels- und Fabrikmarken, von Firmen und Namen dieselben Rechte wie die eigenen Angehörigen genießen.

Artikel 2. Den Angehörigen im Sinne dieser Vereinbarnng sind gleichgestellt andere Personen, welche in den Gebieten des einen der vertragschließenden Theile ihren Wohnsitz oder ihre Hauptniederlassung haben.

Artikel 3. Wird eine Erfindung, ein Muster oder Modell, eine Fabrik- oder Handelsmarke in den Gebieten des einen der vertragschließenden Theile behufs Erlangung des Schutzes angemeldet, und binnen einer Frist von drei Monaten die Anmeldung auch in den Gebieten des anderen vertragschließenden Theiles bewirkt, so soll

a) diese spätere Anmeldung allen Anmeldungen vorgehen, welche in den Gebieten des anderen Theiles nach dem Zeitpunkt der ersten Anmeldung eingereicht worden sind;

b) durch Umstände, welche nach dem Zeitpunkt der ersten Anmeldung eintreten, dem Gegenstande derselben die Neuheit in den Gebieten des anderen Theiles nicht entzogen werden.

Artikel 4. Die im Artikel 3 vorgesehene Frist beginnt:

Inlande eine Handelsniederlassung nicht besitzen, sowie auf die Namen oder die Firmen ausländischer Produzenten oder Handeltreibenden finden, wenn in dem Staate, wo ihre Niederlassung sich befindet, nach einer in dem Reichs-Gesetzblatt enthaltenen Bekanntmachung

---

b) bei Erfindungen mit dem Zeitpunkte, in welchem auf die erste Anmeldung das Patent ertheilt wird;

c) bei Gegenständen, welche in Deutschland als Gebrauchsmuster, in Österreich-Ungarn als Erfindungen angemeldet werden, mit dem Zeitpunkt der ersten Anmeldung, falls diese in Deutschland erfolgt, und mit dem Zeitpunkt, in welchem das Patent auf die erste Anmeldung ertheilt wird, falls diese in Österreich-Ungarn erfolgt.

Der Tag der Anmeldung oder der Ertheilung wird in die Frist nicht eingerechnet.

Als Tag der Ertheilung gilt der Tag, an welchem der Beschluß über die endgültige Ertheilung des Patents zugestellt worden ist.

Artikel 5. Die Einfuhr einer in den Gebieten des einen Theiles hergestellten Waare in die Gebiete des anderen Theiles soll in den letzteren den Verlust des auf Grund einer Erfindung, eines Musters oder Modells für die Waare gewährten Schutzrechtes nicht zur Folge haben.

a) bei Mustern und Modellen, sowie Handels- und Fabrikmarken mit dem Zeitpunkt, in welchem die erste Anmeldung erfolgt;

Artikel 6. Dem Inhaber einer in den Gebieten des einen Theiles eingetragenen Handels- und Fabrikmarke kann die Eintragung in den Gebieten des anderen Theiles nicht aus dem Grunde versagt werden, weil die Marke den hier geltenden Vorschriften über die Zusammensetzung und äußere Gestaltung der Marken nicht entspricht.

Zu den Vorschriften über die Zusammensetzung und äußere Gestaltung der Marken werden diejenigen Vorschriften nicht gerechnet, welche in den Marken die Verwendung von Bildnissen der Landesherren oder der Mitglieder der landesherrlichen Häuser oder von Staats- und anderen öffentlichen Wappen verbieten.

Artikel 7. Handels- und Fabrikmarken, welche in den Gebieten des einen Theiles als Kennzeichen der Waaren von Angehörigen eines bestimmten gewerblichen Verbandes, eines bestimmten Ortes oder Bezirkes Schutz genießen, sind, sofern die Anmeldung dieser Marken vor dem 1. Oktober 1875 in den Gebieten des anderen Theiles erfolgt ist, hier von der Benutzung als Freizeichen ausgeschlossen. Außer den Angehörigen eines solchen Verbandes, Ortes oder Bezirkes hat niemand Anspruch auf Schutz dieser Marken.

Waarenzeichen, welche öffentliche Wappen aus den Gebieten des einen Theiles enthalten, sind in den Gebieten des anderen Theiles von der Benutzung als Freizeichen ausgeschlossen. Außer demjenigen, welcher die Erlaubniß zur Benutzung der Wappen besitzt, hat niemand Anspruch auf Schutz dieser Zeichen.

Artikel 8. Jeder der vertragschließenden Theile wird, soweit dies noch nicht geschehen ist, Bestimmungen gegen den Verkauf und das Feilhalten solcher Waaren treffen, welche zum Zweck der Täuschung in Handel und Verkehr mit Staatswappen des anderen Theiles oder mit Namen oder Wappen bestimmter, in den Gebieten des anderen Theiles belegenen Orte oder Bezirke behufs Bezeichnung des Ursprungs versehen sind.

Artikel 9. Muster und Modelle, sowie Handels- und Fabrikmarken, für welche deutsche Angehörige in der Österreichisch-Ungarischen Monarchie einen Schutz erlangen wollen, sind sowohl bei der Handels- und Gewerbekammer in deutsche Waarenzeichen, Namen und Firmen einen Schutz genießen, die Bestimmungen dieses Gesetzes Anwendung, jedoch in Ansehung der Waarenzeichen (§ 1) mit folgenden Maßgaben:

1) die Anmeldung eines Waarenzeichens hat bei dem Handelsgerichte in Leipzig mit der Erklärung zu erfolgen, daß sich der Anmeldende für Klagen auf Grund dieses Gesetzes der Gerichtsbarkeit des genannten Gerichts unterwirft;
2) mit der Anmeldung ist der Nachweis zu verbinden, daß in dem fremden Staate die Voraussetzungen erfüllt sind, unter welchen der Anmeldende dort einen Schutz für das Zeichen beanspruchen kann;
3) die Anmeldung begründet ein Recht auf das Zeichen nur insofern und auf so lange, als in dem fremden Staate der Anmeldende in der Benutzung des Zeichens geschützt ist.

**§ 21.** Dieses Gesetz tritt mit dem 1. Mai 1875 in Kraft.

Auf Waarenzeichen, welche bis zu diesem Tage landesgesetzlich geschützt waren, finden jedoch die landesgesetzlichen Bestimmungen noch bis dahin, daß die Anmeldung nach Maßgabe gegenwärtigen Gesetzes erfolgt ist, längstens bis zum 1. Oktober 1875 Anwendung.

---

Wien für die im Reichsrath vertretenen Königreiche und Länder, als auch bei der Handels- und Gewerbekammer in Budapest für die Länder der Ungarischen Krone anzumelden.

Artikel 10. Das gegenwärtige Übereinkommen tritt am 1. Februar 1892 in Kraft und bleibt bis zum Ablauf von sechs Monaten nach erfolgter Kündigung von Seite eines der vertragschließenden Theile in Wirksamkeit.

Schlußprotokoll. Bei der am heutigen Tage erfolgten Unterzeichnung des Übereinkommens zwischen dem Deutschen Reich und der Österreichisch-Ungarischen Monarchie über den gegenseitigen Patent-, Muster- und Markenschutz haben die beiderseitigen Bevollmächtigten folgende Erklärung in das gegenwärtige Protokoll niedergelegt:

Die Bestimmung im Artikel 6 Absatz 1 des Übereinkommens bezweckt nicht, der in den Gebieten des einen Theiles eingetragenen Marke in den Gebieten des anderen Theiles auch dann einen Anspruch auf Eintragung zu gewähren, wenn hier befunden wird, daß der Inhalt der Marke gegen die Sittlichkeit oder gegen die öffentliche Ordnung verstößt, oder mit den thatsächlichen Verhältnissen in einem das Publikum irreführenden Widerspruch steht. Liegt eine dieser Voraussetzungen vor, so kann die Eintragung versagt werden.

Das gegenwärtige Protokoll, welches einen integrirenden Bestandtheil des Übereinkommens bildet, auf das es sich bezieht, und welches ohne besondere Ratifikation durch die bloße Thatsache der Auswechselung der Ratifikationen dieses Übereinkommens als von den vertragschließenden Theilen gebilligt und bestätigt anzusehen ist, wurde in doppelter Ausfertigung zu Wien am 6. Dezember 1891 unterzeichnet.

## 40) Gesetz, betr. die Ausgabe von Banknoten. Vom 21. Dez. 1874. (RGBl S. 193.)[1]

**Artikel II.** Zur Ausführung der Anordnungen, welche im Art. 18 des Münzgesetzes vom 9. Juli 1873 (RGBl S. 239) über die Einziehung der nicht auf Reichswährung lautenden Noten getroffen sind, wird Folgendes bestimmt:

**§ 1.** Eine Bank, welche zur Ausgabe von Banknoten befugt ist, darf vom 1. Juli 1875 ab Banknoten, welche auf Beträge von fünfzig Mark oder darunter lauten, wenn dieselben von ihr ausgestellt sind, nicht ausgeben und, wenn sie von einer anderen Bank ausgestellt sind, nur an die letztere in Zahlung geben oder bei derselben zur Einlösung präsentiren.

**§ 2.** Die Mitglieder des Vorstandes einer Bank werden, wenn die Bank den Vorschriften des § 1 zuwider Noten ausgiebt, mit einer Geldstrafe bestraft, welche dem Vierfachen des gesetzwidrig ausgegebenen Betrages gleichkommt, mindestens aber eintausend Mark beträgt.

**§ 3.** Die Banken sind verpflichtet, bis spätestens den 30. Juni 1875 dem Reichskanzler nachzuweisen, daß sie alle diejenigen Anordnungen getroffen haben, welche in Gemäßheit der für sie maßgebenden landesgesetzlichen und statutarischen Bestimmungen erforderlich sind, um die Einziehung ihrer sämmtlichen nicht auf Reichswährung, sowie ihrer auf Reichswährung in Beträgen von weniger als einhundert Mark lautenden Noten längstens bis zum 31. Dezember 1875 herbeizuführen.

**§ 4.** Die Banken sind ferner verpflichtet, dem Reichskanzler behufs der Veröffentlichung spätestens am siebenten Tage eines jeden Monats den am letzten Tage des vorausgegangenen Monats vorhanden gewesenen Betrag

der umlaufenden —

der in den Bankkassen (einschließlich der Filiale, Agenturen und sonstigen Zweiganstalten) befindlichen —

eintretendenfalls auch der nach erfolgter Einlösung vernichteten —

Noten, nach den einzelnen Abschnitten (Appoints) gesondert, anzuzeigen.

**Artikel III.** Das gegenwärtige Gesetz tritt mit dem 1. Januar 1875 in Wirksamkeit.

---

[1] Vgl. Bankgesetz vom 14. März 1875.

# 1875.

## 41) Gesetz über die Beurkundung des Personenstandes und die Eheschließung. Vom 6. Februar 1875. (RGBl S. 23.)

### Erster Abschnitt.

Allgemeine Bestimmungen.

**§ 1.** Die Beurkundung der Geburten, Heirathen und Sterbefälle erfolgt ausschließlich durch die vom Staate bestellten Standesbeamten mittels Eintragung in die dazu bestimmten Register.

**§ 2.** Die Bildung der Standesamtsbezirke erfolgt durch die höhere Verwaltungsbehörde.

Die Standesamtsbezirke können aus einer oder mehreren Gemeinden gebildet, größere Gemeinden in mehrere Standesamtsbezirke getheilt werden.

**§ 3.** Für jeden Standesamtsbezirk ist ein Standesbeamter und mindestens ein Stellvertreter zu bestellen. Für den Fall vorübergehender Behinderung oder gleichzeitiger Erledigung des Amtes des Standesbeamten und der Stellvertreter ist die nächste Aufsichtsbehörde ermächtigt, die einstweilige Beurkundung des Personenstandes einem benachbarten Standesbeamten oder Stellvertreter zu übertragen.

Die Bestellung erfolgt, soweit nicht im § 4 ein Anderes bestimmt ist, durch die höhere Verwaltungsbehörde.

Geistlichen und anderen Religionsdienern darf das Amt eines Standesbeamten oder die Stellvertretung eines solchen nicht übertragen werden.

**§ 4.** In den Standesamtsbezirken, welche den Bezirk einer Gemeinde nicht überschreiten, hat der Vorsteher der Gemeinde, (Bürgermeister, Schultheiß, Ortsvorsteher oder deren gesetzlicher Stellvertreter) die Geschäfte des Standesbeamten wahrzunehmen, sofern durch die höhere Verwaltungsbehörde nicht ein besonderer Beamter für dieselben bestellt ist. Der Vorsteher ist jedoch befugt, diese Geschäfte mit Genehmigung der höheren Verwaltungsbehörde anderen Gemeindebeamten widerruflich zu übertragen.

Die Gemeindebehörde kann die Anstellung besonderer Standesbeamten beschließen. Die Ernennung der Standesbeamten erfolgt in diesem Falle durch den Gemeindevorstand unter Genehmigung der höheren Verwaltungsbehörde.

In der gleichen Weise erfolgt die Bestellung der Stellvertreter.

Die durch den Gemeindevorstand ernannten besonderen Standesbeamten und deren Stellvertreter sind Gemeindebeamte.

**§ 5.** Die durch die höhere Verwaltungsbehörde erfolgte Bestellung und Genehmigung zur Bestellung ist jederzeit widerruflich.

**§ 6.** Ist ein Standesamtsbezirk aus mehreren Gemeinden gebildet, so werden der Standesbeamte und dessen Stellvertreter stets von der höheren Verwaltungsbehörde bestellt.

Ein jeder Vorsteher oder andere Beamte einer dieser Gemeinden ist verpflichtet, das Amt des Standesbeamten oder des Stellvertreters zu übernehmen.

Die landesgesetzlichen Vorschriften, nach welchen den Vorstehern der aus mehreren Gemeinden gebildeten Verbände die gleiche Verpflichtung obliegt, werden hierdurch nicht berührt.

**§ 7.** Die etwa erforderliche Entschädigung der nach § 4 von den Gemeinden bestellten Standesbeamten fällt der Gemeinde zur Last.

Die in § 6 Absatz 2 und 3 bezeichneten Beamten sind berechtigt, für Wahrnehmung der Geschäfte des Standesbeamten von den zum Bezirk ihres Hauptamtes nicht gehörigen Gemeinden eine in allen Fällen als Pauschquantum festzusetzende Entschädigung zu beanspruchen.

Die Festsetzung erfolgt durch die untere Verwaltungsbehörde; über Beschwerden entscheidet endgültig die höhere Verwaltungsbehörde.

Bestellt die höhere Verwaltungsbehörde andere Personen zu Standesbeamten oder zu Stellvertretern, so fällt die etwa zu gewährende Entschädigung der Staatskasse zur Last.

**§ 8.** Die sächlichen Kosten werden in allen Fällen von den Gemeinden getragen; die Register und Formulare zu allen Registerauszügen werden jedoch den Gemeinden von der Zentralbehörde des Bundesstaates kostenfrei geliefert.

**§ 9.** In Standesamtsbezirken, welche aus mehreren Gemeinden gebildet sind, wird die den Standesbeamten oder den Stellvertretern zu gewährende Entschädigung und der Betrag der sächlichen Kosten auf die einzelnen betheiligten Gemeinden nach dem Maßstabe der Seelenzahl vertheilt.

**§ 10.** Den Gemeinden im Sinne dieses Gesetzes werden die außerhalb der Gemeiden stehenden Gutsbezirke, den Gemeindevorstehern die Vorsteher dieser Bezirke gleich geachtet.

**§ 11.** Die Aufsicht über die Amtsführung der Standesbeamten wird von der unteren Verwaltungsbehörde, in höherer Instanz von der höheren Verwaltungsbehörde geübt, insoweit die Landesgesetze nicht andere Aufsichtsbehörden bestimmen.

Die Aufsichtsbehörde ist befugt, gegen den Standesbeamten Warnungen, Verweise und Geldstrafen zu verhängen. Letztere dürfen für jeden einzelnen Fall den Betrag von einhundert Mark nicht übersteigen.

Lehnt der Standesbeamte die Vornahme einer Amtshandlung ab, so kann er dazu auf Antrag der Betheiligten durch das Gericht angewiesen werden. Zuständig ist das Gericht erster Instanz, in dessen Bezirk der Standesbeamte seinen Amtssitz hat. Das Verfahren und die Beschwerdeführung regelt sich, insoweit die Landesgesetze nicht ein Anderes bestimmen, nach den Vorschriften, welche in Sachen der nichtstreitigen Gerichtsbarkeit gelten.

**§ 12.** Von jedem Standesbeamten sind drei Standesregister unter der Bezeichnung:

Geburtsregister,
Heirathsregister,
Sterberegister

zu führen.

**§ 13.** Die Eintragungen in die Standesregister erfolgen unter fortlaufenden Nummern und ohne Abkürzungen. Unvermeidliche Zwischenräume sind durch Striche auszufüllen, die wesentlichen Zahlenangaben mit Buchstaben zu schreiben.

Die auf mündliche Anzeige oder Erklärung erfolgenden Eintragungen sollen enthalten:

1. den Ort und Tag der Eintragung;
2. die Bezeichnung der Erschienenen;
3. den Vermerk des Standesbeamten, daß und auf welche Weise er sich die Überzeugung von der Persönlichkeit der Erschienenen verschafft hat;
4. den Vermerk, daß die Eintragung den Erschienenen vorgelesen und von denselben genehmigt ist;
5. die Unterschrift der Erschienenen und, falls sie schreibensunkundig oder zu schreiben verhindert sind, ihr Handzeichen oder die Angabe des Grundes, aus welchem sie dieses nicht beifügen konnten;
6. die Unterschrift des Standesbeamten.

Die auf schriftliche Anzeige erfolgenden Eintragungen sind unter Angabe von Ort und Tag der Eintragung zu bewirken und durch die Unterschrift des Standesbeamten zu vollziehen.

Zusätze, Löschungen oder Abänderungen sind am Rande zu vermerken und gleich der Eintragung selbst besonders zu vollziehen.

**§ 14.** Von jeder Eintragung in das Register ist von dem Standesbeamten an demselben Tage eine von ihm zu beglaubigende Abschrift in ein Nebenregister einzutragen.

Nach Ablauf des Kalenderjahres hat der Standesbeamte jedes Haupt- und jedes Nebenregister unter Vermerkung der Zahl der darin enthaltenen Eintragungen abzuschließen und das Nebenregister der Aufsichtsbehörde einzureichen; die letztere hat dasselbe nach erfolgter Prüfung dem Gerichte erster Instanz zur Aufbewahrung zuzustellen.

Eintragungen, welche nach Einreichung des Nebenregisters in dem Hauptregister gemacht werden, sind gleichzeitig der Aufsichtsbehörde in beglaubigter Abschrift mitzutheilen. Die Letztere hat zu veranlassen, daß diese Eintragungen dem Nebenregister beigeschrieben werden.

**§ 15.** Die ordnungsmäßig geführten Standesregister (§§ 12 bis 14) beweisen diejenigen Thatsachen, zu deren Beurkundung sie bestimmt und welche in ihnen eingetragen sind, bis der Nachweis der Fälschung, der unrichtigen Eintragung oder der Unrichtigkeit der Anzeigen und Feststellungen, auf Grund deren die Eintragung stattgefunden hat, erbracht ist.

Dieselbe Beweiskraft haben die Auszüge, welche als gleichlautend mit dem Haupt- oder Nebenregister bestätigt und mit der Unterschrift und dem Dienstsiegel des Standesbeamten oder des zuständigen Gerichtsbeamten versehen sind.

Inwiefern durch Verstöße gegen die Vorschriften dieses Gesetzes über Art und Form der Eintragung die Beweiskraft aufgehoben oder geschwächt wird, ist nach freiem richterlichen Ermessen zu beurtheilen.

**§ 16.** Die Führung der Standesregister und die darauf bezüglichen Verhandlungen erfolgen kosten- und stempelfrei.

Gegen Zahlung der nach dem angehängten Tarife zulässigen Gebühren müssen die Standesregister jedermann zur Einsicht vorgelegt, sowie beglaubigte Auszüge (§ 15) aus denselben ertheilt werden. In amtlichem Interesse und bei Unvermögen der Betheiligten ist die Einsicht der Register und die Ertheilung der Auszüge gebührenfrei zu gewähren.

Jeder Auszug einer Eintragung muß auch die zu derselben gehörigen Ergänzungen und Berichtigungen enthalten.

## Zweiter Abschnitt.

### Beurkundung der Geburten.

**§ 17.** Jede Geburt eines Kindes ist innerhalb einer Woche dem Standesbeamten des Bezirks, in welchem die Niederkunft stattgefunden hat, anzuzeigen.

**§ 18.** Zur Anzeige sind verpflichtet:

1. der eheliche Vater;
2. die bei der Niederkunft zugegen gewesene Hebamme;
3. der dabei zugegen gewesene Arzt;
4. jede andere dabei zugegen gewesene Person;
5. die Mutter, sobald sie dazu im Stande ist.

Jedoch tritt die Verpflichtung der in der vorstehenden Reihenfolge später genannten Personen nur dann ein, wenn ein früher genannter Verpflichteter nicht vorhanden oder derselbe an der Erstattung der Anzeige verhindert ist.

**§ 19.** Die Anzeige ist mündlich von dem Verpflichteten selbst oder durch eine andere aus eigener Wissenschaft unterrichtete Person zu machen.

**§ 20.** Bei Geburten, welche sich in öffentlichen Entbindungs-, Hebammen-, Kranken-, Gefangen- und ähnlichen Anstalten, sowie in Kasernen ereignen, trifft die Verpflichtung zur Anzeige ausschließlich den Vorsteher der Anstalt oder den von der zuständigen Behörde ermächtigten Beamten. Es genügt eine schriftliche Anzeige in amtlicher Form.

**§ 21.** Der Standesbeamte ist verpflichtet, sich von der Richtigkeit der Anzeige (§§ 17 bis 20), wenn er dieselbe zu bezweifeln Anlaß hat, in geeigneter Weise Überzeugung zu verschaffen.

**§ 22.** Die Eintragung des Geburtsfalles soll enthalten:

1. Vor- und Familiennamen, Stand oder Gewerbe und Wohnort des Anzeigenden;
2. Ort, Tag und Stunde der Geburt;
3. Geschlecht des Kindes;
4. Vornamen des Kindes;
5. Vor- und Familiennamen, Religion, Stand und Gewerbe und Wohnort der Eltern.

Bei Zwillings- und Mehrgeburten ist die Eintragung für jedes Kind besonders und so genau zu bewirken, daß die Zeitfolge der verschiedenen Geburten ersichtlich ist.

Standen die Vornamen des Kindes zur Zeit der Anzeige noch nicht fest, so sind dieselben nachträglich und längstens binnen zwei Monaten nach der Geburt anzuzeigen. Ihre Eintragung erfolgt am Rande der ersten Eintragung.

**§ 23.** Wenn ein Kind todtgeboren oder in der Geburt verstorben ist, so muß die Anzeige spätestens am nächstfolgenden Tage geschehen. Die Eintragung ist alsdann mit dem im § 22 unter Nr. 1 bis 3 und 5 angegebenen Inhalte nur im Sterberegister zu machen.

**§ 24.** Wer ein neugeborenes Kind findet, ist verpflichtet, hiervon spätestens am nächstfolgenden Tage Anzeige bei der Ortspolizeibehörde zu machen. Die Letztere hat die erforderlichen Ermittelungen vorzunehmen und dem Standesbeamten des Bezirks von deren Ergebniß behufs Eintragung in das Geburtsregister Anzeige zu machen.

Die Eintragung soll enthalten die Zeit, den Ort und die Umstände des Auffindens, die Beschaffenheit und die Kennzeichen der bei dem Kinde vorgefundenen Kleider und sonstigen Gegenstände, die körperlichen Merkmale des Kindes, sein vermuthliches Alter, sein Geschlecht, die Behörde, Anstalt oder Person, bei welcher das Kind untergebracht worden, und die Namen, welche ihm beigelegt werden.

**§ 25.** Die Anerkennung eines unehelichen Kindes darf in das Geburtsregister nur dann eingetragen werden, wenn dieselbe vor dem Standesbeamten oder in einer gerichtlich oder notariell aufgenommenen Urkunde erklärt ist.

**§ 26.** Wenn die Feststellung der Abstammung eines Kindes erst nach Eintragung des Geburtsfalles erfolgt oder die Standesrechte durch Legitimation, Annahme an Kindesstatt oder in anderer Weise eine Veränderung erleiden, so ist dieser Vorgang, sofern er durch öffentliche Urkunden nachgewiesen wird, auf Antrag eines Betheiligten am Rande der über den Geburtsfall vorgenommenen Eintragung zu vermerken.

**§ 27.** Wenn die Anzeige eines Geburtsfalles über drei Monate verzögert wird, so darf die Eintragung nur mit Genehmigung der Aufsichtsbehörde nach Ermittelung des Sachverhalts erfolgen.

Die Kosten dieser Ermittelung sind von demjenigen einzuziehen, welcher die rechtzeitige Anzeige versäumt hat.

## Dritter Abschnitt.

### Erfordernisse der Eheschließung.

**§ 28.** Zur Eheschließung ist die Einwilligung und die Ehemündigkeit der Eheschließenden erforderlich.

Die Ehemündigkeit des männlichen Geschlechts tritt mit dem vollendeten zwanzigsten Lebensjahre, die des weiblichen Geschlechts mit dem vollendeten sechszehnten Lebensjahre ein. Dispensation ist zulässig.

**§ 29.** Eheliche Kinder bedürfen zur Eheschließung, so lange der Sohn das fünfundzwanzigste, die Tochter das vierundzwanzigste Lebensjahr nicht vollendet hat, der Einwilligung des Vaters, nach dem Tode des Vaters der Einwilligung der Mutter und, wenn sie minderjährig sind, auch des Vormundes.

Sind beide Eltern verstorben, so bedürfen Minderjährige der Einwilligung des Vormundes.

Dem Tode des Vaters oder der Mutter steht es gleich, wenn dieselben zur Abgabe einer Erklärung dauernd außer Stande sind, oder ihr Aufenthalt dauernd unbekannt ist.

Eine Einwilligung des Vormundes ist für diejenigen Minderjährigen nicht erforderlich, welche nach Landesrecht einer Vormundschaft nicht unterliegen.

Inwiefern die Wirksamkeit einer Vormundschaftsbehörde oder eines Familienrathes stattfindet, bestimmt sich nach Landesrecht.

**§ 30.** Auf uneheliche Kinder finden die im vorhergehenden Paragraphen für vaterlose eheliche Kinder gegebenen Bestimmungen Anwendung.

**§ 31.** Bei angenommenen Kindern tritt an Stelle des Vaters (§ 29) derjenige, welcher an Kindesstatt angenommen hat. Diese Bestimmung findet in denjenigen Theilen des Bundesgebietes keine Anwendung, in welchen durch eine Annahme an Kindesstatt die Rechte der väterlichen Gewalt nicht begründet werden können.

**§ 32.** Im Falle der Versagung der Einwilligung zur Eheschließung steht großjährigen Kindern die Klage auf richterliche Ergänzung zu.

**§ 33.** Die Ehe ist verboten:

1. zwischen Verwandten in auf- und absteigender Linie,
2. zwischen voll- und halbbürtigen Geschwistern,
3. zwischen Stiefeltern und Stiefkindern, Schwiegereltern und Schwiegerkindern jeden Grades,

   ohne Unterschied, ob das Verwandtschafts- oder Schwägerschaftsverhältniß auf ehelicher oder außerehelicher Geburt beruht und ob die Ehe, durch welche die Stief- oder Schwiegerverbindung begründet wird, noch besteht oder nicht,
4. zwischen Personen, deren eine die andere an Kindesstatt angenommen hat, so lange dieses Rechtsverhältniß besteht,
5. zwischen einem wegen Ehebruchs geschiedenen und seinem Mitschuldigen.

Im Falle der Nr. 5 ist Dispensation zulässig.

**§ 34.** Niemand darf eine neue Ehe schließen, bevor seine frühere Ehe aufgelöst, für ungültig oder für nichtig erklärt ist.

**§ 35.** Frauen dürfen erst nach Ablauf des zehnten Monats seit Beendigung der früheren Ehe eine weitere Ehe schließen.

Dispensation ist zulässig.

**§ 36.** Hinsichtlich der rechtlichen Folgen einer gegen die Bestimmungen der §§ 28 bis 35 geschlossenen Ehe sind die Vorschriften des Landesrechts maßgebend.

Dasselbe gilt von dem Einflusse des Zwangs, Irrthums und Betrugs auf die Gültigkeit der Ehe.

**§ 37.** Die Eheschließung eines Pflegebefohlenen mit seinem Vormund oder dessen Kindern ist während der Dauer der Vormundschaft unzulässig.

Ist die Ehe gleichwohl geschlossen, so kann dieselbe als ungültig nicht angefochten werden.

**§ 38.** Die Vorschriften, welche die Ehe der Militärpersonen, der Landesbeamten und der Ausländer von einer Erlaubniß abhängig machen, werden nicht berührt. Auf die Rechtsgültigkeit der geschlossenen Ehe ist der Mangel dieser Erlaubniß ohne Einfluß.

Ein Gleiches gilt von den Vorschriften, welche vor der Eheschließung eine Nachweisung, Auseinandersetzung oder Sicherstellung des Vermögens erfordern.

**§ 39.**[1] Alle Vorschriften, welche das Recht zur Eheschließung weiter beschränken, als es durch dieses Gesetz geschieht, werden aufgehoben.

**§ 40.** Die Befugniß zur Dispensation von Ehehindernissen steht nur dem Staate zu. Über die Ausübung dieser Befugniß haben die Landesregierungen zu bestimmen.

## Vierter Abschnitt.

### Form und Beurkundung der Eheschließung.

**§ 41.** Innerhalb des Gebietes des Deutschen Reiches kann eine Ehe rechtsgültig nur vor dem Standesbeamten geschlossen werden.

**§ 42.** Zuständig ist der Standesbeamte, in dessen Bezirk einer der Verlobten seinen Wohnsitz hat oder sich gewöhnlich aufhält. Unter mehreren zuständigen Standesbeamten haben die Verlobten die Wahl.

Eine nach den Vorschriften dieses Gesetzes geschlossene Ehe kann nicht aus dem Grunde angefochten werden, weil der Standesbeamte nicht der zuständige gewesen ist.

**§ 43.** Auf schriftliche Ermächtigung des zuständigen Standesbeamten darf die Eheschließung auch vor dem Standesbeamten eines anderen Orts stattfinden.

**§ 44.** Der Eheschließung soll ein Aufgebot voraufgehen.

Für die Anordnung desselben ist jeder Standesbeamte zuständig, vor welchem nach § 42 Abs. 1 die Ehe geschlossen werden kann.

**§ 45.** Vor Anordnung des Aufgebots sind dem Standesbeamten (§ 44) die zur Eheschließung gesetzlich nothwendigen Erfordernisse als vorhanden nachzuweisen.

Insbesondere haben die Verlobten in beglaubigter Form beizubringen:

1. ihre Geburtsurkunden,
2. die zustimmende Erklärung derjenigen, deren Einwilligung nach dem Gesetze erforderlich ist.

---

[1] In Bayern gilt aber das G über Heimath, Verehelichung und Aufenthalt vom 16. April 1868 weiter (Nov. vom 17. März 1892). Vgl. auch unten Anm. zu § 74.

Der Beamte kann die Beibringung dieser Urkunden erlassen, wenn ihm die Thatsachen, welche durch dieselben festgestellt werden sollen, persönlich bekannt oder sonst glaubhaft nachgewiesen sind. Auch kann er von unbedeutenden Abweichungen in den Urkunden, beispielsweise von einer verschiedenen Schreibart der Namen oder einer Verschiedenheit der Vornamen absehen, wenn in anderer Weise die Persönlichkeit der Betheiligten festgestellt wird.

Der Beamte ist berechtigt, den Verlobten die eidesstattliche Versicherung über die Richtigkeit der Thatsachen abzunehmen, welche durch die vorliegenden Urkunden oder die sonst beigebrachten Beweismittel ihm nicht als hinreichend festgestellt erscheinen.

**§ 46.** Das Aufgebot ist bekannt zu machen:

1) in der Gemeinde oder in den Gemeinden, woselbst die Verlobten ihren Wohnsitz haben;
2) wenn einer der Verlobten seinen gewöhnlichen Aufenthalt außerhalb seines gegenwärtigen Wohnsitzes hat, auch in der Gemeinde seines jetzigen Aufenthalts;
3) wenn einer der Verlobten seinen Wohnsitz innerhalb der letzten sechs Monate gewechselt hat, auch in der Gemeinde seines früheren Wohnsitzes.

Die Bekanntmachung hat die Vor- und Familiennamen, den Stand oder das Gewerbe und den Wohnort der Verlobten und ihrer Eltern zu enthalten.

Sie ist während zweier Wochen an dem Raths- oder Gemeindehause, oder an der sonstigen, zu Bekanntmachungen der Gemeindebehörde bestimmten Stelle auszuhängen.

**§ 47.** Ist einer der Orte, an welchem nach § 46 das Aufgebot bekannt zu machen ist, im Auslande belegen, so ist an Stelle des an diesem Orte zu bewirkenden Aushanges die Bekanntmachung auf Kosten des Antragstellers einmal in ein Blatt einzurücken, welches an dem ausländischen Orte erscheint oder verbreitet ist. Die Eheschließung ist nicht vor Ablauf zweier Wochen nach dem Tage der Ausgabe der betreffenden Nummer des Blattes zulässig.

Es bedarf dieser Einrückung nicht, wenn eine Bescheinigung der betreffenden ausländischen Ortsbehörde dahin beigebracht wird, daß ihr von dem Bestehen eines Ehehindernisses nichts bekannt sei.

**§ 48.** Kommen Ehehindernisse zur Kenntniß des Standesbeamten, so hat er die Eheschließung abzulehnen.

**§ 49.** Soll die Ehe vor einem anderen Standesbeamten als demjenigen geschlossen werden, welcher das Aufgebot angeordnet hat, so hat der letztere eine Bescheinigung dahin auszustellen, daß und wann das Aufgebot vorschriftsmäßig erfolgt ist und daß Ehehindernisse nicht zu seiner Kenntniß gekommen sind.

**§ 50.** Die Befugniß zur Dispensation von dem Aufgebot steht nur dem Staate zu. Über die Ausübung dieser Befugniß haben die Landesregierungen zu bestimmen.

Wird eine lebensgefährliche Krankheit, welche einen Aufschub der Eheschließung nicht gestattet, ärztlich bescheinigt, so kann der Standesbeamte (§ 42 Abs. 1) auch ohne Aufgebot die Eheschließung vornehmen.

**§ 51.** Das Aufgebot verliert seine Kraft, wenn seit dessen Vollziehung 6 Monate verstrichen sind, ohne daß die Ehe geschlossen worden ist.

**§ 52.** Die Eheschließung erfolgt in Gegenwart von zwei Zeugen durch die an die Verlobten einzeln und nach einander gerichtete Frage des Standesbeamten:

ob sie erklären, daß sie die Ehe mit einander eingehen wollen, durch die bejahende Antwort der Verlobten und den hierauf erfolgenden Ausspruch des Standesbeamten, daß er sie nunmehr kraft des Gesetzes für rechtmäßig verbundene Eheleute erkläre.

**§ 53.** Als Zeugen sollen nur Großjährige zugezogen werden. Verwandtschaft und Schwägerschaft zwischen den Betheiligten und den Zeugen, oder zwischen den Zeugen unter einander steht deren Zuziehung nicht entgegen.

**§ 54.** Die Eintragung in das Heirathsregister soll enthalten:

1. Vor- und Familiennamen, Religion, Alter, Stand oder Gewerbe, Geburts- und Wohnort der Eheschließenden;
2. Vor- und Familiennamen, Stand oder Gewerbe und Wohnort ihrer Eltern;
3. Vor- und Familiennamen, Alter, Stand oder Gewerbe und Wohnort der zugezogenen Zeugen;
4. die Erklärung der Eheschließenden;
5. den Ausspruch des Standesbeamten.

Über die erfolgte Eheschließung ist den Eheleuten sofort eine Bescheinigung auszustellen.

**§ 55.** Ist eine Ehe für aufgelöst, ungültig oder nichtig erklärt worden, so ist dies am Rande der über die Eheschließung bewirkten Eintragung zu vermerken.

Die landesgesetzlichen Vorschriften, nach welchen es zur Trennung einer Ehe einer besonderen Erklärung und Beurkundung vor dem Standesbeamten bedarf, werden hierdurch nicht berührt.

## Fünfter Abschnitt.

### Beurkundung der Sterbefälle.

**§ 56.** Jeder Sterbefall ist spätestens am nächstfolgenden Wochentage dem Standesbeamten des Bezirks, in welchem der Tod erfolgt ist, anzuzeigen.

§ 57. Zu der Anzeige verpflichtet ist das Familienhaupt, und wenn ein solches nicht vorhanden oder an der Anzeige behindert ist, derjenige, in dessen Wohnung oder Behausung der Sterbefall sich ereignet hat.

§ 58. Die §§ 19 bis 21 kommen auch in Beziehung auf die Anzeige der Sterbefälle zur Anwendung.

Findet eine amtliche Ermittelung über den Todesfall statt, so erfolgt die Eintragung auf Grund der schriftlichen Mittheilung der zuständigen Behörde.

§ 59. Die Eintragung des Sterbefalles soll enthalten:

1. Vor- und Familiennamen, Stand oder Gewerbe und Wohnort des Anzeigenden;
2. Ort, Tag und Stunde des erfolgten Todes;
3. Vor- und Familiennamen, Religion, Alter, Stand oder Gewerbe, Wohnort und Geburtsort des Verstorbenen;
4. Vor- und Familiennamen seines Ehegatten, oder Vermerk, daß der Verstorbene ledig gewesen sei;
5. Vor- und Familiennamen, Stand oder Gewerbe und Wohnort der Eltern des Verstorbenen.

Soweit diese Verhältnisse unbekannt sind, ist dies bei der Eintragung zu vermerken.

§ 60. Ohne Genehmigung der Ortspolizeibehörde darf keine Beerdigung vor der Eintragung des Sterbefalles in das Sterberegister stattfinden. Ist die Beerdigung dieser Vorschrift entgegen geschehen, so darf die Eintragung des Sterbefalles nur mit Genehmigung der Aufsichtsbehörde nach Ermittelung des Sachverhaltes erfolgen.

## Sechster Abschnitt.

### Beurkundung des Personenstandes der auf See befindlichen Personen.

§ 61. Geburten und Sterbefälle, welche sich auf Seeschiffen während der Reise ereignen, sind nach den Vorschriften dieses Gesetzes spätestens am nächstfolgenden Tage nach der Geburt oder dem Todesfall von dem Schiffer, unter Zuziehung von zwei Schiffsoffizieren oder anderen glaubhaften Personen, in dem Tagebuch zu beurkunden. Bei Sterbefällen ist zugleich die muthmaßliche Ursache des Todes zu vermerken.

§ 62. Der Schiffer hat zwei von ihm beglaubigte Abschriften der Urkunden demjenigen Seemannsamte, bei dem es zuerst geschehen kann, zu übergeben. Eine dieser Abschriften ist bei dem Seemannsamte aufzubewahren, die andere ist demjenigen Standesbeamten, in dessen Bezirk die Eltern des Kindes, beziehungsweise der Verstorbene ihren Wohnsitz haben oder zuletzt gehabt haben, behufs der Eintragung in das Register zuzufertigen.

**§ 63.** Ist der Schiffer verstorben oder verhindert, so hat der Steuermann die in den §§ 61 und 62 dem Schiffer auferlegten Verpflichtungen zu erfüllen.

**§ 64.** Sobald das Schiff in den inländischen Hafen eingelaufen ist, in welchem es seine Fahrt beendet, ist das Tagebuch der für den Standesbeamten des Hafenorts zuständigen Aufsichtsbehörde vorzulegen.

Diese hat beglaubigte Abschrift der in das Tagebuch eingetragenen Standesurkunde dem Standesbeamten, in dessen Register der Fall gehört (§ 62), behufs Kontrolirung der Eintragungen zuzustellen.

## Siebenter Abschnitt.

### Berichtigung der Standesregister.

**§ 65.** Die Berichtigung der Eintragung in dem Standesregister kann nur auf Grund gerichtlicher Anordnung erfolgen. Sie geschieht durch Beischreibung eines Vermerks am Rande der zu berichtigenden Eintragung.

**§ 66.** Für das Berichtigungsverfahren gelten, insoweit die Landesgesetze nicht ein Anderes bestimmen, die nachstehenden Vorschriften.

Die Aufsichtsbehörde hat, wenn ein Antrag auf Berichtigung gestellt wird, oder wenn sie eine solche von Amtswegen für erforderlich erachtet, die Betheiligten zu hören und geeignetenfalls eine Aufforderung durch ein öffentliches Blatt zu erlassen. Die abgeschlossenen Verhandlungen hat sie demnächst dem Gericht erster Instanz vorzulegen. Dieses kann noch weitere thatsächliche Aufklärungen veranlassen und geeignetenfalls den Antragsteller auf den Prozeßweg verweisen.

Im Übrigen finden die für Sachen der nichtstreitigen Gerichtsbarkeit geltenden Vorschriften Anwendung.

## Achter Abschnitt.

### Schlußbestimmungen.

**§ 67.** Ein Geistlicher oder anderer Religionsdiener, welcher zu den religiösen Feierlichkeiten einer Eheschließung schreitet, bevor ihm nachgewiesen worden ist, daß die Ehe vor dem Standesbeamten geschlossen sei, wird mit Geldstrafe bis zu dreihundert Mark oder mit Gefängniß bis zu drei Monaten bestraft.

**§ 68.** Wer den in den §§ 17 bis 20, 22 bis 24, 56 bis 58 vorgeschriebenen Anzeigepflichten nicht nachkommt, wird mit Geldstrafe bis zu einhundertfünfzig Mark oder mit Haft bestraft. Die Strafverfolgung tritt nicht ein, wenn die Anzeige, obwohl nicht von den zunächst Verpflichteten, doch rechtzeitig gemacht worden ist.

Die bezeichnete Strafe trifft auch den Schiffer oder Steuermann, welcher den Vorschriften der §§ 61 bis 64 zuwiderhandelt.

Die Standesbeamten sind außerdem befugt, die zu Anzeigen oder zu sonstigen Handlungen auf Grund dieses Gesetzes Verpflichteten hierzu durch Geldstrafen anzuhalten, welche für jeden einzelnen Fall den Betrag von fünfzehn Mark nicht übersteigen dürfen.

**§ 69.** Ein Standesbeamter, welcher unter Außerachtlassung der in diesem Gesetze gegebenen Vorschriften eine Eheschließung vollzieht, wird mit Geldstrafe bis zu sechshundert Mark bestraft.

**§ 70.** Gebühren und Geldstrafen, welche in Gemäßheit dieses Gesetzes zur Erhebung gelangen, fließen, insoweit die Landesgesetze nicht ein Anderes bestimmen, den Gemeinden zu, welche die sächlichen Kosten der Standesämter (§§ 8, 9) zu tragen haben.

**§ 71.** In welcher Weise die Verrichtungen der Standesbeamten in Bezug auf solche Militärpersonen wahrzunehmen sind, welche ihr Standquartier nicht innerhalb des Deutschen Reichs, oder dasselbe nach eingetretener Mobilmachung verlassen haben, oder welche sich auf den in Dienst gestellten Schiffen oder anderen Fahrzeugen der Marine befinden, wird durch Kaiserliche Verordnung bestimmt.[1]

**§ 72.** Für die Landesherren und die Mitglieder der landesherrlichen Familien, sowie der Fürstlichen Familie Hohenzollern erfolgt die Ernennung des Standesbeamten und die Bestimmung über die Art der Führung und Aufbewahrung der Standesregister durch Anordnung des Landesherrn.

In Betreff der Stellvertretung der Verlobten und in Betreff des Aufgebots entscheidet die Observanz.

Im Übrigen werden in Ansehung der Mitglieder dieser Häuser die auf Hausgesetzen oder Observanz beruhenden Bestimmungen über die Erfordernisse der Eheschließung und über die Gerichtsbarkeit in Ehesachen nicht berührt.

**§ 73.** Den mit der Führung der Standesregister oder Kirchenbücher bisher betraut gewesenen Behörden und Beamten verbleibt die Berechtigung und Verpflichtung, über die bis zur Wirksamkeit

---

[1] Vgl. V vom 4. Nov. 1875 (RGBl S. 313) und vom 20. Januar 1875 (RGBl S. 5).

dieses Gesetzes eingetragenen Geburten, Heirathen und Sterbefälle Zeugnisse zu ertheilen.

**§ 74.** Unberührt bleiben die landesgesetzlichen Vorschriften, welche

1. Geistlichen und Kirchendienern aus Anlaß der Einführung der bürgerlichen Standesregister und der bürgerlichen Form der Eheschließung einen Anspruch auf Entschädigung gewähren;
2. bestimmten Personen die Pflicht zu Anzeigen von Geburts- und Todesfällen auferlegen.

Wo die Zulässigkeit der Ehe nach den bestehenden Landesgesetzen von einem Aufgebote abhängig ist[1], welches durch andere bürgerliche Beamte als die Standesbeamten vollzogen wird, vertritt dieses die Stelle des von den Standesbeamten anzuordnenden Aufgebots.

**§ 75.** Innerhalb solcher Grenzpfarreien, deren Bezirk sich in das Ausland erstreckt, bleibt das bestehende Recht für die Beurkundung derjenigen Geburten und Sterbefälle, sowie für die Form und Beurkundung derjenigen Eheschließungen maßgebend, für welche ein Standesbeamter nach den Vorschriften dieses Gesetzes nicht zuständig, dagegen nach dem bestehenden Recht die Zuständigkeit des Geistlichen begründet ist.

Im Geltungsgebiet des preußischen Gesetzes vom 9. März 1874 ist unter dem bestehenden Recht dasjenige Recht zu verstehen, welches vor dem Inkrafttreten jenes Gesetzes maßgebend war.

**§ 76.** In streitigen Ehe- und Verlöbnißsachen sind die bürgerlichen Gerichte ausschließlich zuständig. Eine geistliche oder eine durch die Zugehörigkeit zu einem Glaubensbekenntniß bedingte Gerichtsbarkeit findet nicht statt.

**§ 77.** Wenn nach dem bisherigen Rechte auf beständige Trennung der Ehegatten von Tisch und Bett zu erkennen sein würde, ist fortan die Auflösung des Bandes der Ehe auszusprechen.

Ist vor dem Tage, an welchem dieses Gesetz in Kraft tritt, auf beständige Trennung von Tisch und Bett erkannt worden, so kann, wenn eine Wiedervereinigung der getrennten Ehegatten nicht stattgefunden hat, jeder derselben auf Grund des ergangenen Urtheils die Auflösung des Bandes der Ehe im ordentlichen Prozeßverfahren beantragen.

**§ 78.** Ehestreitigkeiten, welche in Bayern vor dem Tage, an welchem dieses Gesetz daselbst in Kraft tritt, durch Zustellung des Beschlusses über Zulässigkeit der Klage anhängig geworden sind, werden von dem mit der Sache befaßten Gericht bis zur rechtskräftigen Entscheidung nach Maßgabe der bisher geltenden Gesetze durchgeführt.

---

[1] Vgl. für Bayern oben Anm. zu § 39.

Daselbst kann die Auflösung der Ehe auf Grund eines die beständige Trennung von Tisch und Bett verfügenden Urtheils geltend gemacht werden, nachdem das Gericht auf Anrufen eines Ehegatten in dem nach Art. 675 Abs. 1 und 2 der Prozeßordnung in bürgerlichen Rechtsstreitigkeiten vom 29. April 1869 vorgesehenen Verfahren die Auflösung des Bandes der Ehe ausgesprochen hat.

Das Verfahren in streitigen Ehesachen richtet sich in Bayern in den rechtsrheinischen Gebietstheilen nach den Bestimmungen des Hauptstückes XXVI. der genannten Prozeßordnung, in der Pfalz nach den Bestimmungen des Artikels 69 des Gesetzes über die Einführung dieser Prozeßordnung.[1]

**§ 79.** Dieses Gesetz tritt mit dem 1. Januar 1876 in Kraft. Es bleibt den Landesregierungen überlassen, das ganze Gesetz oder auch den dritten Abschnitt und § 77 im Verordnungswege früher einzuführen.

**§ 80.** Die vor dem Tage, an welchem dieses Gesetz in Kraft tritt, nach den Vorschriften des bisherigen Rechts ergangenen Aufgebote behalten ihre Wirksamkeit.

**§ 81.** Auf Geburts- und Sterbefälle, welche sich vor dem Tage, an welchem dieses Gesetz in Kraft tritt, ereignet haben, an diesem Tage aber noch nicht eingetragen sind, findet das gegenwärtige Gesetz mit der Maßgabe Anwendung, daß der Lauf der vorgeschriebenen Anzeigefristen mit dem Tage beginnt, an welchem dieses Gesetz in Kraft tritt.

Ein Gleiches gilt für den Fall, daß auch nur die Vornamen eines Kindes an diesem Tage noch nicht eingetragen sind.

**§ 82.** Die kirchlichen Verpflichtungen in Beziehung auf Taufe und Trauung werden durch dieses Gesetz nicht berührt.

**§ 83.** Die zur Ausführung dieses Gesetzes erforderlichen Bestimmungen werden, soweit dieselben nicht durch eine vom Bundesrathe erlassene Ausführungsverordnung getroffen werden, von den einzelnen Landesregierungen erlassen.[2]

**§ 84.** Welche Behörden in jedem Bundesstaate unter der Bezeichnung: höhere Verwaltungsbehörde, untere Verwaltungsbehörde, Gemeindebehörde, Gemeindevorstand, Gericht erster Instanz zu verstehen sind, wird von der Zentralbehörde des Bundesstaates bekannt gemacht.

**§. 85.** Durch dieses Gesetz werden die Bestimmungen des Ge-

---

[1] Der Abs. 3 des § 78 ist aufgehoben durch § 13 EG z. CPO. (Vgl. oben S. 4.) Vgl. §§ 568—592 CPO.

[2] Vgl. Ausführungsverordnung vom 22. Juni 1875 (CBl S. 386), vom 10. März 1892 (CBl S. 161).

setzes vom 4. Mai 1870, betreffend die Eheschließung und die Beurkundung des Personenstandes von Reichsangehörigen im Auslande, nicht berührt.

Der Reichskanzler kann einem diplomatischen Vertreter oder einem Konsul des Deutschen Reichs die allgemeine Ermächtigung zur Vornahme von Eheschließungen und zur Beurkundung der Geburten, Heirathen und Sterbefälle, wie für Reichsangehörige, so auch für Schutzgenossen ertheilen. Diese Vorschrift tritt mit dem 1. März 1875 in Kraft.[1]

---

**42) Gesetz über die Naturalleistung für die bewaffnete Macht im Frieden. Vom 13. Februar 1875.** (RGBl S. 52.)

**§ 11.** Wenn kultivirte Grundstücke zu Truppenübungen benutzt werden sollen, so sind davon zuvor die betreffenden Ortsvorstände zu benachrichtigen, damit die vorzugsweise zu schonenden Ländereien durch Warnungszeichen kenntlich gemacht werden können.

Ausgeschlossen von jeder Benutzung bei Truppenübungen bleiben Gebäude, Wirthschafts- und Hofräume, Gärten, Parkanlagen, Holzschonungen, Dünen-Anpflanzungen, Hopfengärten und Weinberge, sowie die Versuchsfelder land- und forstwirthschaftlicher Lehranstalten und Versuchsstationen.

**§ 12.** Die Besitzer von Brunnen und Tränken sind verpflichtet, marschirende, bivouakirende, kantonnirende und übende Truppen, falls die vorhandenen öffentlichen Brunnen und Tränken für die Bedürfnisse der Truppen nicht ausreichen, zur Mitbenutzung der Brunnen und Tränken zuzulassen, auch wenn zu diesem Zwecke Wirthschafts- und Hofräume betreten werden müssen.

Auf die Übungen der Truppen auf ihren ständigen Exerzier- und Schießplätzen findet diese Vorschrift keine Anwendung.

**§ 13.** Die Besitzer von Schmieden sind verpflichtet, marschirende, bivouakirende und kantonnirende Truppen zur Mitbenutzung der Schmieden gegen angemessene Vergütung zuzulassen.

**§ 14.**[2] Alle durch die Benutzung von Grundstücken zu Truppenübungen, sowie die in den Fällen des § 12 entstehenden Schäden werden aus Militärfonds vergütet. Die Feststellung derselben, sowie

---

[1] Vgl. oben Anm. zu § 1 des Gesetzes vom 4. Mai 1870.

[2] Vgl. hierzu Allerhöchsten Erlaß betr. die Instruktion zur Ausführung des Gesetzes über die Naturalleistungen für die bewaffnete Macht im Frieden vom 13. Febr. 1875 und der dazu ergangenen abändernden Bestimmungen des Gesetzes vom 21. Juni 1887. Vom 30. Aug. 1887 (RGBl S. 433). Vgl. ferner Erlaß vom 28. Juli 1889 (RGBl S. 175).

der nach § 13 eintretenden Vergütungen erfolgt, sofern über den Betrag eine Einigung nicht stattfindet, endgültig unter Ausschluss des Rechtsweges[1] auf Grund sachverständiger Schätzung.

Bei der Auswahl der Sachverständigen haben die Vertretungen der Kreise oder gleichartiger Verbände mitzuwirken. Die Betheiligten sind zum Schätzungstermine vorzuladen.

**§ 16.** Entschädigungsansprüche, welche auf Grund dieses Gesetzes erhoben werden, sind bei dem Gemeindevorstande beziehungsweise der zuständigen Civilbehörde anzumelden. Sie erlöschen in den Fällen der §§ 9 Ziffer 1, Absatz 4[2], 10 Absatz 4, 11 bis 14, wenn sie nicht innerhalb vier Wochen nach dem Eintritte der behaupteten Beschädigung, in allen anderen Fällen, wenn sie nicht spätestens im Laufe desjenigen Kalenderjahres angemeldet werden, welches auf das Jahr folgt, in dem die Entschädigungsverpflichtung begründet worden ist.

Diese Frist läuft auch gegen Minderjährige und Bevormundete, sowie moralische Personen, denen gesetzlich die Rechte der Minderjährigen zustehen, ohne Zulassung der Wiedereinsetzung in den vorigen Stand, jedoch mit Vorbehalt des Regresses gegen die Vormünder und Verwalter.

---

## 43) Gesetz, betr. das Alter der Großjährigkeit. Vom 17. Febr. 1875.
(RGBl S. 71.)

**§ 1.** Das Alter der Großjährigkeit beginnt im ganzen Umfange des Deutschen Reichs mit dem vollendeten einundzwanzigsten Lebensjahre.

**§ 2.** Die hausverfassungsmäßigen oder landesgesetzlichen Bestimmungen über den Beginn der Großjährigkeit der Landesherren und der Mitglieder der landesherrlichen Familien, sowie der Fürstlichen Familie Hohenzollern werden durch die Vorschrift des § 1 nicht berührt.

**§ 3.** Dieses Gesetz tritt mit dem 1. Januar 1876 in Kraft.

---

## 44) Gesetz, Maßregeln gegen die Reblauskrankheit betreffend. Vom 6. März 1875. (RGBl S. 175.)

[Enthält eine Bestimmung über Enteignung.]

---

[1] Zusatz in Folge Gesetzes vom 21. Juni 1887 (RGBl S. 245) Art. II. § 7.

[2] Die Worte: Ziffer 1, Absatz 4 sind in Folge Gesetzes vom 21. Juni 1887 (RGBl S. 245) § 8 an die Stelle der früheren: Nr. 1. Absatz 2 getreten.

## 45) Bankgesetz. Vom 14. März 1875. (RGBl S. 177.)

### Titel I.

### Allgemeine Bestimmungen.

**§ 1.** Die Befugniß zur Ausgabe von Banknoten kann nur durch Reichsgesetz erworben, oder über den bei Erlaß des gegenwärtigen Gesetzes zulässigen Betrag der Notenausgabe hinaus erweitert werden.

Den Banknoten im Sinne dieses Gesetzes wird dasjenige Staatspapiergeld gleich geachtet, dessen Ausgabe einem Bankinstitute zur Verstärkung seiner Betriebsmittel übertragen ist.

**§ 2.** Eine Verpflichtung zur Annahme von Banknoten bei Zahlungen, welche gesetzlich in Geld zu leisten sind, findet nicht statt und kann auch für Staatskassen durch Landesgesetz nicht begründet werden.

**§ 3.** Banknoten dürfen nur auf Beträge von 100, 200, 500 und 1000 Mark oder von einem Vielfachen von 1000 Mark ausgefertigt werden.

**§ 4.** Jede Bank ist verpflichtet, ihre Noten sofort auf Präsentation zum vollen Nennwerthe einzulösen, auch solche nicht nur an ihrem Hauptsitz, sondern auch bei ihren Zweiganstalten jederzeit zum vollen Nennwerthe in Zahlung anzunehmen.

Für beschädigte Noten hat sie Ersatz zu leisten, sofern der Inhaber entweder einen Theil der Note präsentirt, welcher größer ist, als die Hälfte, oder den Nachweis führt, daß der Rest der Note, von welcher er nur die Hälfte oder einen geringeren Theil als die Hälfte präsentirt, vernichtet sei.

Für vernichtete oder verlorene Noten Ersatz zu leisten ist sie nicht verpflichtet.

**§ 5.** Banknoten, welche in die Kasse der Bank oder einer ihrer Zweiganstalten oder in eine von ihr bestellte Einlösungskasse in beschädigtem oder beschmutztem Zustande zurückkehren, dürfen nicht wieder ausgegeben werden.

**§ 6.** Der Aufruf und die Einziehung der Noten einer Bank oder einer Gattung von Banknoten darf nur auf Anordnung oder mit Genehmigung des Bundesraths erfolgen.

Die Anordnung erfolgt, wenn ein größerer Theil des Umlaufs sich in beschädigtem oder beschmutztem Zustande befindet, oder wenn die Bank die Befugniß zur Notenausgabe verloren hat.

Die Genehmigung darf nur ertheilt werden, wenn nachgewiesen wird, daß Nachahmungen der aufzurufenden Noten in den Verkehr gebracht sind.

In allen Fällen schreibt der Bundesrath die Art, die Zahl und die Fristen der über den Aufruf zu erlassenden Bekanntmachungen, den Zeitraum, innerhalb dessen und die Stellen, an welchen die Noten eingelöst werden sollen, die Maßgaben, unter denen nach Ablauf der Fristen eine Einlösung der aufgerufenen Noten noch stattzufinden hat, und die zur Sicherung der Noteninhaber sonst erforderlichen Maßregeln vor.

Die nach dem Vorstehenden von dem Bundesrathe zu erlassenden Vorschriften sind durch das Reichs-Gesetzblatt zu veröffentlichen.[1]

§ 7. Den Banken, welche Noten ausgeben, ist nicht gestattet:

1. Wechsel zu akzeptiren,
2. Waaren oder kurshabende Papiere für eigene oder fremde Rechnung auf Zeit zu kaufen oder auf Zeit zu verkaufen, oder für die Erfüllung solcher Kaufs- oder Verkaufsgeschäfte Bürgschaft zu übernehmen.

§ 8. Banken, welche Noten ausgeben, haben

1. den Stand ihrer Aktiva und Passiva vom 7., 15., 23. und Letzten jeden Monats, spätestens am fünften Tage nach diesen Terminen und
2. spätestens drei Monate nach dem Schlusse jedes Geschäftsjahres eine genaue Bilanz ihrer Aktiva und Passiva, sowie den Jahresabschluß des Gewinn- und Verlustkontos

durch den Reichsanzeiger auf ihre Kosten zu veröffentlichen.

---

[1] Vgl. Bekanntm. vom 7. Juni 1877 betr. den Aufruf und die Einziehung der Einhundertmarknoten der bayr. Hypotheken- und Wechselbank (RGBl S. 527), Bekanntm. betr. den Aufruf und die Einziehung der Einhundertmarknoten der Rostocker Bank. Vom 19. Dez. 1877 (RGBl S. 575), 9. April 1878 (RGBl S. 11), 19. Okt. 1879 (RGBl S. 350), Bekanntm. betr. den Aufruf und die Einziehung der von der vormaligen preußischen Bank ausgegebenen Hundertmarknoten. Vom 15. März 1878 (RGBl S. 6), 10. April 1878 (RGBl S. 12), Bekanntm. betr. den Aufruf und die Einziehung der Einhundertmarknoten der Commerzbank in Lübeck. Vom 8. August 1886 (RGBl S. 259), Bekanntm. betr. den Aufruf und die Einziehung der Einhundertmarknoten der Kölnischen Privatbank in Köln. Vom 7. Juli 1887 (RGBl S. 286), Bekanntm. betr. den Aufruf und die Einziehung der Einhundertmarknoten der Bremer Bank in Bremen. Vom 25. Oktober 1889 (RGBl S. 199), Bekanntm. betr. den Aufruf und die Einziehung der Fünfhundertmarknoten des Leipziger Kassenvereins in Leipzig. Vom 4. Juli 1890 (RGBl S. 76), Bekanntm. betr. den Aufruf und die Einziehung der Noten der Magdeburger Privatbank in Magdeburg. Vom 9. Dez. 1890 (RGBl S. 205), Bekanntm. betr. den Aufruf und die Einziehung der Einhundert-, Zweihundert- und Fünfhundertmarknoten der Provinzial-Aktien-Bank des Großherzogthums Posen in Posen. Vom 9. Dezember 1890 (RGBl S. 206), Bekanntm. betr. den Aufruf und die Einziehung der Einhundertmarknoten der Danziger Privat-Aktien-Bank in Danzig. Vom 25. Dezember 1890 (RGBl S. 213), Bekanntm. betr. den Aufruf und die Einziehung der Einhundertmarknoten der Chemnitzer Stadtbank. Vom 3. Februar 1891 (RGBl S. 12), Bekanntm. betr. den Aufruf und die Einziehung der Noten der Magdeburger Privatbank. Vom 29. April 1893 (RGBl S. 15).

Die wöchentliche Veröffentlichung muß angeben

1. auf Seiten der Passiva:

   das Grundkapital,
   den Reservefonds,
   den Betrag der umlaufenden Noten,
   die sonstigen täglich fälligen Verbindlichkeiten,
   die an eine Kündigungsfrist gebundenen Verbindlichkeiten,
   die sonstigen Passiva;

2. auf Seiten der Aktiva:

   den Metallbestand (den Bestand an kursfähigem deutschem Gelde und an Gold in Barren oder ausländischen Münzen, das Pfund fein zu 1392 Mark berechnet),
   den Bestand:
   an Reichs-Kassenscheinen,
   an Noten anderer Banken,
   an Wechseln,
   an Lombardforderungen,
   an Effekten,
   an sonstigen Aktiven.

Welche Kategorien der Aktiva und Passiva in der Jahresbilanz gesondert nachzuweisen sind, bestimmt der Bundesrath.

Außerdem sind in beiden Veröffentlichungen die aus weiterbegebenen im Inlande zahlbaren Wechseln entsprungenen eventuellen Verbindlichkeiten ersichtlich zu machen.

**§ 9.** Banken, deren Notenumlauf ihren Baarvorrath und den ihnen nach Maßgabe der Anlage zugewiesenen Betrag übersteigt, haben vom 1. Januar 1876 ab von dem Überschusse eine Steuer von jährlich Fünf vom Hundert an die Reichskasse zu entrichten. Als Baarvorrath gilt bei Feststellung der Steuer der in den Kassen der Bank befindliche Betrag an kursfähigem deutschem Gelde, an Reichs-Kassenscheinen, an Noten anderer deutscher Banken und an Gold in Barren oder ausländischen Münzen, das Pfund fein zu 1392 Mark berechnet.

Erlischt die Befugniß einer Bank zur Notenausgabe (§ 49), so wächst der derselben zustehende Antheil an dem Gesammtbetrage des der Steuer nicht unterliegenden ungedeckten Notenumlaufs dem Antheile der Reichsbank zu.[1]

---

[1] Vgl Bekanntmachungen vom 1. April 1876 (RGBl S. 124), 23. Juli 1876 (RGBl S. 170), 13. Okt. 1877 (RGBl S. 567), 25. Juli 1886 (RGBl S. 236), 15. März 1887 (RGBl S. 123), 25. Oktober 1889 (RGBl S. 200), 9. Mai 1890 (RGBl S. 68), 14. Januar 1891 (RGBl S. 9).

**§ 10.** Zum Zweck der Feststellung der Steuer hat die Verwaltung der Bank am 7., 15., 23. und Letzten jedes Monats den Betrag des Baarvorraths und der umlaufenden Noten der Bank festzustellen und diese Feststellung an die Aufsichtsbehörde einzureichen. Am Schluß jedes Jahres wird von der Aufsichtsbehörde auf Grund dieser Nachweisungen die von der Bank zu zahlende Steuer in der Weise festgestellt, daß von dem aus jeder dieser Nachweisungen sich ergebenden steuerpflichtigen Überschusse des Notenumlaufs $^{5}/_{48}$ Prozent als Steuersoll berechnet werden. Die Summe dieser für jede einzelne Nachweisung als Steuersoll berechneten Beträge ergiebt die von der Bank spätestens am 31. Januar des folgenden Jahres zur Reichskasse abzuführende Steuer.

**§ 11.** Ausländische Banknoten oder sonstige auf den Inhaber lautende unverzinsliche Schuldverschreibungen ausländischer Korporationen, Gesellschaften oder Privaten dürfen, wenn sie ausschließlich oder neben anderen Werthbestimmungen in Reichswährung oder einer deutschen Landeswährung ausgestellt sind, innerhalb des Reichsgebietes zu Zahlungen nicht gebraucht werden.

## Titel II.

## Reichsbank.

**§ 12.** Unter dem Namen

„Reichsbank“

wird eine unter Aufsicht und Leitung des Reiches stehende Bank errichtet, welche die Eigenschaft einer juristischen Person besitzt und die Aufgabe hat, den Geldumlauf im gesammten Reichsgebiete zu regeln, die Zahlungsausgleichungen zu erleichtern und für die Nutzbarmachung verfügbaren Kapitals zu sorgen.

Die Reichsbank hat ihren Hauptsitz in Berlin. Sie ist berechtigt, aller Orten im Reichsgebiete Zweiganstalten zu errichten.

Der Bundesrath kann die Errichtung solcher Zweiganstalten an bestimmten Plätzen anordnen.

**§ 13.** Die Reichsbank ist befugt, folgende Geschäfte zu betreiben:

1. Gold und Silber in Barren und Münzen zu kaufen und zu verkaufen;
2. Wechsel, welche eine Verfallzeit von höchstens drei Monaten haben und aus welchen in der Regel drei, mindestens aber zwei als zahlungsfähig bekannte Verpflichtete haften, ferner Schuldverschreibungen des Reichs, eines deutschen Staats oder inländischer kommunaler Korporationen, welche nach spätestens drei Monate mit ihrem Nennwerthe fällig sind, zu diskontiren, zu kaufen und zu verkaufen;

3. zinsbare Darlehne auf nicht länger als drei Monate gegen bewegliche Pfänder zu ertheilen (Lombardverkehr), und zwar:
   a) gegen Gold und Silber, gemünzt und ungemünzt,
   b) gegen zinstragende oder spätestens nach einem Jahre fällige und auf den Inhaber lautende Schuldverschreibungen des Reichs, eines deutschen Staats oder inländischer kommunaler Korporationen, oder gegen zinstragende, auf den Inhaber lautende Schuldverschreibungen, deren Zinsen vom Reiche oder von einem Bundesstaate garantirt sind, gegen voll eingezahlte Stamm- und Stammprioritätsaktien und Prioritätsobligationen deutscher Eisenbahngesellschaften, deren Bahnen in Betrieb befindlich sind, sowie gegen Pfandbriefe landschaftlicher, kommunaler oder anderer unter staatlicher Aufsicht stehender Bodenkreditinstitute Deutschlands und deutscher Hypothekenbanken auf Aktien, zu höchstens drei Viertel des Kurswerthes,
   c) gegen zinstragende, auf den Inhaber lautende Schuldverschreibungen nicht deutscher Staaten, sowie gegen staatlich garantirte ausländische Eisenbahn-Prioritätsobligationen, zu höchstens 50 Prozent des Kurswerthes,
   d) gegen Wechsel, welche anerkannt solide Verpflichtete aufweisen, mit einem Abschlage von mindestens 5 Prozent ihres Kurswerthes,
   e) gegen Verpfändung im Inlande lagernder Kaufmannswaaren, höchstens bis zu zwei Drittheilen ihres Werthes;
4. Schuldverschreibungen der vorstehend unter 3. b. bezeichneten Art zu kaufen und zu verkaufen; die Geschäftsanweisung für das Reichsbank-Direktorium (§ 26) wird feststellen, bis zu welcher Höhe die Betriebsmittel der Bank in solchen Schuldverschreibungen angelegt werden dürfen;
5. für Rechnung von Privatpersonen, Anstalten und Behörden Inkassos zu besorgen und nach vorheriger Deckung Zahlungen zu leisten und Anweisungen oder Überweisungen auf ihre Zweiganstalten oder Korrespondenten auszustellen;
6. für fremde Rechnung Effekten aller Art, sowie Edelmetalle nach vorheriger Deckung zu kaufen und nach vorheriger Überlieferung zu verkaufen;
7. verzinsliche und unverzinsliche Gelder im Depositengeschäft und im Giroverkehr anzunehmen; die Summe der verzinslichen Depositen darf diejenige des Grundkapitals und des Reservefonds der Bank nicht übersteigen;
8. Werthgegenstände in Verwahrung und in Verwaltung zu nehmen.

**§ 14.** Die Reichsbank ist verpflichtet, Barrengold zum festen Satze von 1392 Mark für das Pfund fein gegen ihre Noten umzutauschen.

Die Bank ist berechtigt, auf Kosten des Abgebers solches Gold durch die von ihr zu bezeichnenden Techniker prüfen und scheiden zu lassen.

**§ 15.** Die Reichsbank hat jeweilig den Prozentsatz öffentlich bekannt zu machen, zu welchem sie diskontirt (§ 13, 2) oder zinsbare Darlehne ertheilt (§ 13, 3). Die Aufstellung ihrer Wochen-Übersichten erfolgt auf Grundlage der Bücher des Reichsbank-Direktoriums und der demselben unmittelbar untergeordneten Zweiganstalten.

**§ 16.** Die Reichsbank hat das Recht, nach Bedürfniß ihres Verkehrs Banknoten auszugeben.

Die An- und Ausfertigung, Einziehung und Vernichtung derselben erfolgt unter Kontrole der Reichsschulden-Kommission, welcher zu diesem Zwecke ein vom Kaiser ernanntes Mitglied hinzutritt.

**§ 17.** Die Reichsbank ist verpflichtet, für den Betrag ihrer im Umlauf befindlichen Banknoten jederzeit mindestens ein Drittheil in kursfähigem deutschen Gelde, Reichs-Kassenscheinen oder in Gold in Barren oder ausländischen Münzen, das Pfund fein zu 1392 Mark gerechnet, und den Rest in diskontirten Wechseln, welche eine Verfallzeit von höchstens drei Monaten haben, und aus welchen in der Regel drei, mindestens aber zwei als zahlungsfähig bekannte Verpflichtete haften, in ihren Kassen als Deckung bereit zu halten.

**§ 18.** Die Reichsbank ist verpflichtet, ihre Noten:

a) bei ihrer Hauptkasse in Berlin sofort auf Präsentation,

b) bei ihren Zweiganstalten, soweit es deren Baarbestände und Geldbedürfnisse gestatten,

dem Inhaber gegen kursfähiges deutsches Geld einzulösen.

**§ 19.** Die Reichsbank ist verpflichtet, die Noten der, vom Reichskanzler nach der Bestimmung im § 45 dieses Gesetzes bekannt gemachten Banken sowohl in Berlin, als auch bei ihren Zweiganstalten in Städten von mehr als 80000 Einwohnern oder am Sitze der Bank, welche die Noten ausgegeben hat, zum vollen Nennwerthe in Zahlung zu nehmen, so lange die ausgebende Bank ihrer Noteneinlösungspflicht pünktlich nachkommt. Die auf diesem Wege angenommenen Banknoten dürfen nur entweder zur Einlösung präsentirt oder zu Zahlungen an diejenige Bank, welche dieselben ausgegeben hat, oder zu Zahlungen an dem Orte, wo letztere ihren Hauptsitz hat, verwendet werden.

Die Reichsbank ist ermächtigt, mit anderen deutschen Banken Vereinbarungen über Verzichtleistung der letzteren auf das Recht zur Notenausgabe abzuschließen.

**§ 20.** Wenn der Schuldner eines im Lombardverkehr (§ 13 Ziffer 3) gewährten Darlehns im Verzuge ist, ist die Reichsbank berechtigt, ohne gerichtliche Ermächtigung oder Mitwirkung das bestellte Faustpfand durch einen ihrer Beamten oder durch einen zu Versteigerungen befugten Beamten öffentlich verkaufen, oder, wenn der verpfändete Gegenstand einen Börsenpreis oder Marktpreis hat, den Verkauf auch nicht öffentlich durch einen ihrer Beamten, oder durch einen Handelsmakler, oder, in Ermangelung eines solchen, durch einen zu Versteigerungen befugten Beamten zum laufenden Preise bewirken zu lassen, und sich aus dem Erlöse wegen Kapital, Zinsen und Kosten bezahlt zu machen. Dieses Recht behält die Bank auch gegenüber anderen Gläubigern und gegenüber der Konkursmasse des Schuldners.

**§ 21.** Die Reichsbank und ihre Zweiganstalten sind im gesammten Reichsgebiete frei von staatlichen Einkommen- und Gewerbesteuern.

**§ 22.** Die Reichsbank ist verpflichtet, ohne Entgelt für Rechnung des Reichs Zahlungen anzunehmen und bis auf Höhe des Reichsguthabens zu leisten.

Sie ist berechtigt, die nämlichen Geschäfte für die Bundesstaaten zu übernehmen.[1]

**§ 23.** Das Grundkapital der Reichsbank besteht aus einhundertundzwanzig Millionen Mark, getheilt in vierzigtausend auf Namen lautende Antheile von je dreitausend Mark.

Die Antheilseigner haften persönlich für die Verbindlichkeiten der Reichsbank nicht.

**§ 24.** Aus dem beim Jahresabschlusse sich ergebenden Reingewinn der Reichsbank wird:

1. zunächst den Antheilseignern eine ordentliche Dividende von drei[2] und einhalb Prozent des Grundkapitals berechnet, sodann
2. von dem Mehrbetrage eine Quote von zwanzig Prozent dem Reservefonds zugeschrieben, so lange derselbe nicht ein Viertel des Grundkapitals beträgt,
3. der alsdann verbleibende Überrest zur Hälfte an die Antheilseigner und zur Hälfte an die Reichskasse gezahlt, soweit die Gesammtdividende der Antheilseigner nicht sechs[2] Prozent übersteigt. Von dem weiter verbleibenden Reste erhalten die Antheilseigner ein Viertel, die Reichskasse drei Viertel.

Erreicht der Reingewinn nicht volle drei[2] und einhalb Prozent

---

[1] Vgl. Bekanntmachung betr. die Reichshauptkasse vom 29. Dez. 1875 (CBl S. 821).

[2] Neue Fassung durch G, betr. die Abänderung des Bankgesetzes vom 14. März 1875. Vom 18. Dezember 1889 (RGBl S. 201).

des Grundkapitals, so ist das Fehlende aus dem Reservefonds zu ergänzen.

Das bei Begebung von Antheilsscheinen der Reichsbank etwa zu gewinnende Aufgeld fließt dem Reservefonds zu.

Dividendenrückstände verjähren binnen vier Jahren, von dem Tage ihrer Fälligkeit an gerechnet, zum Vortheil der Bank.

**§ 25.** Die dem Reiche zustehende Aufsicht über die Reichsbank wird von einem Bank-Kuratorium ausgeübt, welches aus dem Reichskanzler als Vorsitzenden und vier Mitgliedern besteht. Eines dieser Mitglieder ernennt der Kaiser, die drei anderen der Bundesrath.

Das Kuratorium versammelt sich vierteljährlich einmal. In diesen Versammlungen wird ihm über den Zustand der Bank und alle darauf Bezug habenden Gegenstände Bericht erstattet und eine allgemeine Rechenschaft von allen Operationen und Geschäftseinrichtungen der Bank ertheilt.

**§ 26.** Die dem Reiche zustehende Leitung der Bank wird vom Reichskanzler, und unter diesem von dem Reichsbank-Direktorium ausgeübt; in Behinderungsfällen des Reichskanzlers wird die Leitung durch einen vom Kaiser hierfür ernannten Stellvertreter wahrgenommen.

Der Reichskanzler leitet die gesammte Bankverwaltung innerhalb der Bestimmungen dieses Gesetzes und des zu erlassenden Statutes (§ 40). Er erläßt die Geschäftsanweisungen für das Reichsbank-Direktorium und für die Zweiganstalten, sowie die Dienstinstruktionen für die Beamten der Bank, und verfügt die erforderlichen Abänderungen der bestehenden Geschäftsanweisungen (Reglements) und Dienstinstruktionen.

**§ 27.** Das Reichsbank-Direktorium ist die verwaltende und ausführende, sowie die, die Reichsbank nach außen vertretende Behörde.

Es besteht aus einem Präsidenten und der erforderlichen Anzahl von Mitgliedern, und faßt seine Beschlüsse nach Stimmenmehrheit, hat jedoch bei seiner Verwaltung überall den Vorschriften und Weisungen des Reichskanzlers Folge zu leisten.

Präsident und Mitglieder des Reichsbank-Direktoriums werden auf den Vorschlag des Bundesraths vom Kaiser auf Lebenszeit ernannt.

**§ 28.** Die Beamten der Reichsbank haben die Rechte und Pflichten der Reichsbeamten.

Ihre Besoldungen, Pensionen und sonstigen Dienstbezüge, sowie die Pensionen und Unterstützungen für ihre Hinterbliebenen, trägt die Reichsbank.[1] Der Besoldungs- und Pensionsetat des Reichsbank-

---

[1] Vgl. V betr. die Fürsorge für die Wittwen und Waisen der Reichsbankbeamten vom 8. Juni 1881 (RGBl S. 117); V betr. die Pensionen und Kautionen der Reichsbankbeamten. Vom 23. Dez. 1875 (RGBl S. 380); dazu V vom 31. März 1880 (RGBl S. 97).

Direktoriums wird jährlich durch den Reichshaushalts-Etat, der der übrigen Beamten jährlich vom Kaiser im Einvernehmen mit dem Bundesrathe auf den Antrag des Reichskanzlers festgesetzt.

Kein Beamter der Reichsbank darf Antheilscheine derselben besitzen.

**§ 29.** Die Rechnungen der Reichsbank unterliegen der Revision durch den Rechnungshof des Deutschen Reichs.

Die Form, in welcher die jährliche Rechnungslegung zu erfolgen hat, wird durch den Reichskanzler bestimmt. Die hierüber ergehenden Bestimmungen sind dem Rechnungshof mitzutheilen.

**§ 30.** Die Antheilseigner üben die ihnen zustehende Betheiligung an der Verwaltung der Reichsbank durch die Generalversammlung, außerdem durch einen aus ihrer Mitte gewählten ständigen Zentralausschuß nach Maßgabe der nachfolgenden Bestimmungen aus.

**§ 31.** Der Zentralausschuß ist die ständige Vertretung der Antheilseigner gegenüber der Verwaltung. Er besteht aus fünfzehn Mitgliedern, neben welchen fünfzehn Stellvertreter zu wählen sind. Die Mitglieder und die Stellvertreter werden von der Generalversammlung aus der Zahl der im Besitze von mindestens je drei auf ihren Namen lautenden Antheilscheinen befindlichen Antheilseigner gewählt. Sämmtliche Mitglieder und Stellvertreter müssen im Reichsgebiete und wenigstens neun Mitglieder und neun Stellvertreter in Berlin ihren Wohnsitz haben. Ein Drittel der Mitglieder scheidet jährlich aus. Die Ausscheidenden sind wieder wählbar.

Der Zentralausschuß versammelt sich unter Vorsitz des Präsidenten des Reichsbank-Direktoriums wenigstens einmal monatlich, kann von demselben aber auch außerordentlich berufen werden. Er ist beschlußfähig bei Anwesenheit von wenigstens sieben Mitgliedern; die Geschäftsanweisung wird festsetzen, in welchen Fällen und in welcher Reihenfolge die Einberufung von Stellvertretern zu bewirken ist.

**§ 32.** Dem Zentralausschuß werden in jedem Monat die wöchentlichen Nachweisungen über die Diskonto-, Wechsel- und Lombardbestände, den Notenumlauf, die Baarfonds, die Depositen, über den An- und Verkauf von Gold, Wechseln und Effekten, über die Vertheilung der Fonds auf die Zweiganstalten zur Einsicht vorgelegt, und zugleich die Ergebnisse der ordentlichen und der außerordentlichen Kassenrevisionen, sowie die Ansichten und Vorschläge des Reichsbank-Direktoriums über den Gang der Geschäfte im Allgemeinen und über die etwa erforderlichen Maßregeln mitgetheilt.

Insbesondere ist der Zentralausschuß gutachtlich zu hören:

a) über die Bilanz und die Gewinnberechnung, welche nach Ablauf des Geschäftsjahres vom Reichsbank-Direktorium aufgestellt, mit dessen Gutachten dem Reichskanzler zur definitiven Festsetzung überreicht, und demnächst den Antheilseignern in deren ordentlicher Generalversammlung mitgetheilt wird;

b) über Abänderungen des Besoldungs- und Pensionsetats (§ 28);

c) über die Besetzung erledigter Stellen im Reichsbank-Direktorium, mit Ausnahme der Stelle des Präsidenten, vor der Beschlußfassung des Bundesraths (§ 27);

d) über den Höchstbetrag, bis zu welchem die Fonds der Bank zu Lombarddarlehen verwendet werden können.

Der Ankauf von Effekten für Rechnung der Bank kann nur erfolgen, nachdem die Höhe des Betrages, bis zu welcher die Fonds der Bank zu diesem Zwecke verwendet werden können, zuvor mit Zustimmung des Zentralausschusses festgesetzt ist;

e) über die Höhe des Diskontosatzes und des Lombard-Zinsfußes, sowie über Veränderungen in den Grundsätzen und Fristen der Krediterteilung;

f) über Vereinbarungen mit anderen deutschen Banken (§ 19), sowie über die in den Geschäftsbeziehungen zu denselben zu beobachtenden Grundsätze.

Allgemeine Geschäftsanweisungen und Dienstinstruktionen sind dem Zentralausschusse alsbald nach ihrem Erlasse (§ 26) zur Kenntnißnahme mitzutheilen.

**§ 33.** Die Mitglieder des Zentralausschusses beziehen keine Besoldung.

Wenn ein Ausschußmitglied das Bankgeheimniß (§ 39) verletzt, die durch sein Amt erlangten Aufschlüsse gemißbraucht oder sonst das öffentliche Vertrauen verloren hat, oder wenn durch dasselbe überhaupt das Interesse des Instituts gefährdet erscheint, so ist die Generalversammlung berechtigt, seine Ausschließung zu beschließen.

Ein Ausschußmitglied, welches in Konkurs geräth, während eines halben Jahres den Versammlungen nicht beigewohnt, oder eine der Voraussetzungen seiner Wählbarkeit (§ 31) verloren hat, wird für ausgeschieden erachtet.

**§ 34.** Die fortlaufende spezielle Kontrole über die Verwaltung der Reichsbank üben drei, von dem Zentralausschusse aus der Zahl seiner Mitglieder auf ein Jahr gewählte Deputirte des Zentralausschusses beziehungsweise deren gleichzeitig zu wählende Stellvertreter. Die Geschäftsanweisung wird festsetzen, in welchen Fällen und in welcher Reihenfolge die Einberufung von Stellvertretern zu bewirken ist.

Die Deputirten sind insbesondere berechtigt, allen Sitzungen des Reichsbank-Direktoriums mit berathender Stimme beizuwohnen.

Sie sind ferner berechtigt und verpflichtet, in den gewöhnlichen

Geschäftsstunden und im Beisein eines Mitgliedes des Reichsbank-Direktoriums von dem Gange der Geschäfte Kenntniß zu nehmen, die Bücher und Portefeuilles der Bank einzusehen und den ordentlichen, wie außerordentlichen Kassenrevisionen beizuwohnen. Über ihre Wirksamkeit erstatten sie in den monatlichen Versammlungen des Zentralausschusses Bericht.

Im Fall des § 33 Absatz 2 kann ein Deputirter bereits vor der Entscheidung der Generalversammlung durch den Zentralausschuß suspendirt werden.

**§ 35.** Geschäfte mit den Finanzverwaltungen des Reichs oder deutscher Bundesstaaten dürfen nur innerhalb der Bestimmungen dieses Gesetzes und des Bankstatuts gemacht und müssen, wenn andere als die allgemein geltenden Bedingungen des Bankverkehrs in Anwendung kommen sollen, zuvor zur Kenntniß der Deputirten gebracht, und, wenn auch nur Einer derselben darauf anträgt, dem Zentralausschuß vorgelegt werden. Sie müssen unterbleiben, wenn der letztere nicht in einer beschlußfähigen Versammlung mit Stimmenmehrheit für die Zulässigkeit sich ausspricht.

**§ 36.** Außerhalb des Hauptsitzes der Bank sind an, vom Bundesrathe zu bestimmenden, größeren Plätzen Reichsbankhauptstellen zu errichten, welche unter Leitung eines aus wenigstens zwei Mitgliedern bestehenden Vorstandes, und unter Aufsicht eines vom Kaiser ernannten Bank-Kommissarius stehen.

Bei jeder Reichsbankhauptstelle soll, wenn sich daselbst eine hinreichende Zahl geeigneter Antheilseigner vorfindet, ein Bezirksausschuß bestehen, dessen Mitglieder vom Reichskanzler aus den vom Bank-Kommissar und vom Zentralausschuß aufgestellten Vorschlagslisten der am Sitz der Bankhauptstelle oder in dessen unmittelbarer Nähe wohnhaften Antheilseigner ausgewählt werden. Dem Ausschuß werden in seinen monatlich abzuhaltenden Sitzungen die Übersichten über die Geschäfte der Bankhauptstelle und die von der Zentralverwaltung ergangenen allgemeinen Anordnungen mitgetheilt. Anträge und Vorschläge des Bezirksausschusses, welchen vom Vorstande der Bankhauptstelle nicht in eigener Zuständigkeit entsprochen wird, werden von letzterem dem Reichskanzler mittelst Berichts eingereicht.

Eine fortlaufende spezielle Kontrole über den Geschäftsgang bei den Bankhauptstellen nach Maßgabe der Bestimmungen im § 34 üben, soweit es ohne Störung der täglichen laufenden Geschäfte geschehen kann, 2 bis 3 Beigeordnete, welche vom Bezirksausschuß aus seiner Mitte gewählt, oder, wo ein Bezirksausschuß nicht besteht, vom Reichskanzler nach Absatz 2 ernannt werden.

**§ 37.** Die Errichtung sonstiger Zweiganstalten erfolgt, sofern dieselben dem Reichsbank-Direktorium unmittelbar untergeordnet werden (Reichsbankstellen), durch den Reichskanzler, sofern sie einer anderen Zweiganstalt untergeordnet werden, durch das Reichsbank-Direktorium.

**§ 38.** Die Reichsbank wird in allen Fällen, und zwar auch wo die Gesetze eine Spezialvollmacht erfordern, durch die Unterschrift des Reichsbank-Direktoriums oder einer Reichsbankhauptstelle verpflichtet, sofern diese Unterschriften von zwei Mitgliedern des Reichsbank-Direktoriums beziehungsweise von zwei Mitgliedern des Vorstandes der Reichsbankhauptstelle oder den als Stellvertretern der letzteren bezeichneten Beamten vollzogen sind.

Unter welchen Voraussetzungen und in welcher Form die Unterschriften der Bankstellen eine Verpflichtung für die Reichsbank begründen, wird vom Reichskanzler bestimmt und besonders bekannt gemacht.

Gegen die Reichsbankhauptstellen und Bankstellen können alle Klagen, welche auf den Geschäftsbetrieb derselben Bezug haben, bei dem Gerichte des Orts erhoben werden, wo die Zweiganstalt errichtet ist.

**§ 39.** Sämmtliche bei der Verwaltung der Bank als Beamte, Ausschußmitglieder, Beigeordnete betheiligte Personen sind verpflichtet, über alle einzelne Geschäfte der Bank, besonders über die mit Privatpersonen und über den Umfang des den letzteren gewährten Kredits, Schweigen zu beobachten. Die Deputirten des Zentralausschusses und deren Stellvertreter, sowie die Beigeordneten bei den Reichsbankhauptstellen sind hierzu vor Antritt ihrer Funktionen mittelst Handschlags an Eidesstatt besonders zu verpflichten.

**§ 40.** Das Statut der Reichsbank wird nach Maßgabe der vorstehend in den §§ 12 bis 39 enthaltenen Vorschriften vom Kaiser im Einvernehmen mit dem Bundesrath erlassen.[1]

Dasselbe muß insbesondere Bestimmungen enthalten:

1. über die Form der Antheilscheine der Reichsbank und der dazu gehörigen Dividendenscheine und Talons;
2. über die bei Übertragung oder Verpfändung von Antheilscheinen zu beobachtenden Formen;
3. über die Mortifikation verlorener oder vernichteter Antheilscheine, sowie über das Verfahren in Betreff abhanden gekommener Dividendenscheine und Talons;
4. über die Grundsätze, nach denen die Jahresbilanz der Reichsbank aufzunehmen ist;
5. über Termine und Modalitäten der Erhebung der Dividende;

---

[1] Vgl. Statut vom 21. März 1875 (RGBl S. 203).

6. über die Form, in welcher die Zusammenberufung der Generalversammlung geschieht, sowie über die Bedingungen und die Art der Ausübung des Stimmrechts der Antheilseigner; die Ausübung des Stimmrechts darf jedoch nicht durch den Besitz von mehr als einem Antheilsscheine bedingt, noch dürfen mehr als hundert Stimmen in einer Hand vereinigt werden;
7. über die Modalitäten der Wahl des Zentralausschusses und der Deputirten desselben, der Bezirksausschüsse und der Beigeordneten bei den Reichsbankhauptstellen;
8. über die Form, in welcher die von der Gesellschaft ausgehenden Bekanntmachungen erfolgen, sowie über die öffentlichen Blätter, in welche dieselben aufzunehmen sind;
9. über die im Fall der Aufhebung der Reichsbank (§ 41) eintretende Liquidation;
10. über die Form, in welcher die Mitwirkung der Antheilseigner oder deren Vertreter zu einer durch Reichsgesetz festzustellenden Erhöhung des Grundkapitals herbeigeführt werden soll;
11. über die Voraussetzungen der Sicherstellung, unter denen Effekten für fremde Rechnung gekauft oder verkauft werden dürfen.

**§ 41.** Das Reich behält sich das Recht vor, zuerst zum 1. Januar 1891, alsdann aber von zehn zu zehn Jahren nach vorausgegangener einjähriger Ankündigung, welche auf Kaiserliche Anordnung, im Einvernehmen mit dem Bundesrath, vom Reichskanzler an das Reichsbank-Direktorium zu erlassen und von letzterem zu veröffentlichen ist, entweder

a) die auf Grund dieses Gesetzes errichtete Reichsbank aufzuheben und die Grundstücke derselben gegen Erstattung des Buchwerthes zu erwerben, oder
b) die sämmtlichen Antheile der Reichsbank zum Nennwerth zu erwerben.

In beiden Fällen geht der bilanzmäßige Reservefonds, soweit derselbe nicht zur Deckung von Verlusten in Anspruch zu nehmen ist, zur einen Hälfte an die Antheilseigner, zur andern Hälfte an das Reich über.

Zur Verlängerung der Frist nach Inhalt des ersten Absatzes ist die Zustimmung des Reichstags erforderlich.

## Titel III.

### Privat-Notenbanken.

**§ 42.** Banken, welche sich bei Erlaß dieses Gesetzes im Besitze der Befugniß zur Notenausgabe befinden, dürfen außerhalb desjenigen Staates, welcher ihnen diese Befugniß ertheilt hat, Bankgeschäfte durch Zweiganstalten weder betreiben noch durch Agenten für ihre Rechnung betreiben lassen, noch als Gesellschafter an Bankhäusern sich betheiligen.

**§ 43.** Die Noten einer Bank, welche sich bei Erlaß dieses Gesetzes im Besitze der Befugniß zur Notenausgabe befindet, dürfen außerhalb desjenigen Staates, welcher derselben diese Befugniß ertheilt hat, zu Zahlungen nicht gebraucht werden.

Der Umtausch solcher Noten gegen andere Banknoten, Papiergeld oder Münzen unterliegt diesem Verbote nicht.

**§ 44.** Die beschränkenden Bestimmungen des § 43 finden auf diejenigen Banken keine Anwendung, welche bis zum 1. Januar 1876 folgende Voraussetzungen erfüllen:

1. Die Bank darf ihre Betriebsmittel nur in den im § 13 unter 1 bis 4 bezeichneten Geschäften, und zwar zu 4 höchstens bis zur Höhe der Hälfte des Grundkapitals der Banken und der Reserven, anlegen.

   Bezüglich des Darlehnsgeschäfts ist der Bank eine Frist bis zum 1. Januar 1877 eingeräumt, innerhalb welcher sie ihre Darlehne den Bestimmungen des § 13 Nr. 3 zu konformiren hat.

   Sie hat jeweilig den Prozentsatz öffentlich bekannt zu machen, zu welchem sie diskontirt oder zinsbare Darlehne gewährt.
2. Die Bank legt von dem sich jährlich über das Maß von $4^1/_2$ Prozent des Grundkapitals hinaus ergebenden Reingewinn jährlich mindestens 20 Prozent so lange zur Ansammlung eines Reservefonds zurück, als der letztere nicht ein Viertheil des Grundkapitals beträgt.
3. Die Bank verpflichtet sich, für den Betrag ihrer im Umlauf befindlichen Banknoten jederzeit mindestens ein Drittheil in kursfähigem deutschem Gelde, Reichs-Kassenscheinen oder in Gold in Barren oder ausländischen Münzen, das Pfund fein zu 1392 Mark gerechnet, und den Rest in diskontirten Wechseln, welche eine Verfallzeit von höchstens drei Monaten haben und aus welchen in der Regel drei, mindestens aber zwei als zahlungsfähig bekannte Verpflichtete haften, in ihren Kassen als Deckung bereit zu halten.
4. Die Bank verpflichtet sich, ihre Noten bei einer von ihr zu bezeichnenden Stelle in Berlin oder Frankfurt, deren Wahl der Genehmigung des Bundesraths unterliegt, dem Inhaber gegen kursfähiges deutsches Geld einzulösen.

Die Einlösung hat spätestens vor Ablauf des auf den Tag der Präsentation folgenden Tages zu erfolgen.

5. Die Bank verpflichtet sich, alle deutschen Banknoten, deren Umlauf im gesammten Reichsgebiet gestattet ist, an ihrem Sitze, sowie bei denjenigen ihrer Zweiganstalten, welche in Städten von mehr als 80,000 Einwohnern ihren Sitz haben, zu ihrem vollen Nennwerthe in Zahlung zu nehmen, so lange die Bank, welche solche Noten ausgegeben hat, ihrer Noteneinlösungspflicht pünktlich nachkommt. Alle bei einer Bank eingegangenen Noten einer anderen Bank dürfen, soweit es nicht Noten der Reichsbank sind, nur entweder zur Einlösung präsentirt, oder zu Zahlungen an diejenige Bank, welche dieselben ausgegeben hat, oder zu Zahlungen an dem Orte, wo letztere ihren Hauptsitz hat, verwendet werden.

6. Die Bank verzichtet auf jedes Widerspruchsrecht, welches ihr entweder gegen die Ertheilung der Befugniß zur Ausgabe von Banknoten an andere Banken, oder gegen die Aufhebung einer etwa bestehenden Verpflichtung der Landesregierung, ihre Noten in den öffentlichen Kassen statt baaren Geldes in Zahlung nehmen zu lassen, zustehen möchte.

7. Die Bank willigt ein, daß ihre Befugniß zur Ausgabe von Banknoten zu den in § 41 bezeichneten Terminen durch Beschluß der Landesregierung oder des Bundesraths mit einjähriger Kündigungsfrist aufgehoben werden könne, ohne daß ihr ein Anspruch auf irgend welche Entschädigung zustände.

Von Seiten des Bundesraths wird eine Kündigung nur eintreten zum Zwecke weiterer einheitlicher Regelung des Notenbankwesens oder wenn eine Notenbank den Anordnungen gegenwärtigen Gesetzes zuwidergehandelt hat. Ob diese Voraussetzungen vorliegen, entscheidet der Bundesrath.

Einer Bank, welche die vorstehend unter 1 bis 7 bezeichneten Voraussetzungen erfüllt hat, kann der Betrieb von Bankgeschäften durch Zweiganstalten oder Agenturen außerhalb des im § 42 bezeichneten Gebietes auf Antrag der für den Ort, wo dieses geschehen soll, zuständigen Landesregierung durch den Bundesrath gestattet werden.

Banken, welche bis zum 1. Januar 1876 nachweisen, daß der Betrag der nach ihrem Statut oder Privileg ihnen gestatteten Notenausgabe auf den Betrag des Grundkapitals eingeschränkt ist, welcher am 1. Januar 1874 eingezahlt war, sind von der Erfüllung der unter 2 bezeichneten Voraussetzung entbunden und erlangen mit der Gestattung des Umlaufs ihrer Noten im gesammten Reichsgebiete zugleich die Befugniß, im gesammten Reichsgebiete durch Zweiganstalten oder Agenturen Bankgeschäfte zu betreiben. Dem Bundesrath bleibt vorbehalten, diesen Banken einzelne der durch die Bestimmungen unter 1 ausgeschlossenen Formen der Kreditertheilung, in deren Ausübung dieselben sich bisher befunden haben, auf Grund des nachgewiesenen besonderen Bedürfnisses zeitweilig oder widerruflich auch ferner zu gestatten und die hierfür etwa nothwendigen Bedingungen festzusetzen.

**§ 45.**[1] Banken, welche von den Bestimmungen im § 44 zu ihren Gunsten Gebrauch machen wollen, haben dem Reichskanzler nachzuweisen:

1. daß ihre Statuten den durch den § 44 aufgestellten Voraussetzungen entsprechen;
2. daß die erforderliche Einlösungsstelle eingerichtet ist.

Sobald dieser Nachweis geführt ist, erläßt der Reichskanzler eine durch das Reichs-Gesetzblatt zu veröffentlichende Bekanntmachung, in welcher:

1. die beschränkenden Bestimmungen der §§ 42 und 43 oder des § 43 dieses Gesetzes zu Gunsten der zu bezeichnenden Bank als nicht anwendbar erklärt,
2. die Stelle, an welcher die Noten der Bank eingelöst werden, bezeichnet wird.

**§ 46.** Kann die Dauer einer bereits erworbenen Befugniß zur Ausgabe von Banknoten durch eine vom Staate oder einer öffentlichen Behörde ausgehende, an einen bestimmten Termin gebundene Kündigung auf eine bestimmte Zeit beschränkt werden, so tritt diese Kündigung zu dem frühesten zulässigen Termine kraft gegenwärtigen Gesetzes ein, es sei denn, daß die Bank den zulässigen Betrag ihrer Notenausgabe auf den am 1. Januar 1874 eingezahlten Betrag ihres Grundkapitals beschränkt und sich den Bestimmungen im § 44 unter 1 und 3 bis 7 unterworfen hat.

Statutarische Bestimmungen, durch welche die Dauer einer Bank oder der derselben ertheilten Befugniß zur Notenausgabe von der unveränderten Fortdauer des Notenprivilegiums der Preußischen Bank abhängig gemacht ist, treten außer Kraft.

**§ 47.** Jede Abänderung der Bestimmungen des Grundgesetzes, Statuts oder Privilegiums einer Bank, welche die Befugniß zur Ausgabe von Banknoten bereits erworben hat, bedarf, so lange der Bank diese Befugniß zusteht, zu ihrer Gültigkeit der Genehmigung

[1] Vgl. Bekanntmachungen vom 29. Dez. 1875 (RGBl S. 390), 7. Januar 1876 (RGBl S. 2), 3. Sept. 1879 (RGBl S. 286), 18. Mai 1885 (RGBl S. 108).

des Bundesraths, sofern sie das Grundkapital, den Reservefonds, den Geschäftskreis oder die Deckung der auszugebenden Noten, oder die Dauer der Befugniß zur Notenausgabe zum Gegenstande hat. Landesgesetzliche Vorschriften und Konzessionsbedingungen, durch welche eine Bank bezüglich des Betriebs des Diskonto=, des Lombard=, des Effekten= und des Depositengeschäfts Beschränkungen unterworfen ist, welche das gegenwärtige Gesetz nicht enthält, stehen einer solchen Änderung nicht entgegen.

Die Genehmigung wird, nach Erfüllung der sonstigen gesetzlichen Erfordernisse, durch die betheiligte Landesregierung beantragt und muß versagt werden, wenn die Bank nicht von den Bestimmungen des § 44 Gebrauch macht.

Die bayerische Regierung ist berechtigt, bis zum Höchstbetrage von 70 Millionen Mark die Befugniß zur Ausgabe von Banknoten für die in Bayern bestehende Notenbank zu erweitern, oder diese Befugniß einer anderen Bank zu ertheilen, sofern die Bank sich den Bestimmungen des § 44 unterwirft.

**§ 48.** Der Reichskanzler ist jederzeit befugt, sich nöthigenfalls durch kommissarische Einsichtnahme von den Büchern, Geschäftslokalen und Kassenbeständen der Noten ausgebenden Banken die Überzeugung zu verschaffen, daß dieselben die durch Gesetz oder Statut festgestellten Bedingungen und Beschränkungen der Notenausgabe innehalten, oder die Voraussetzungen der zu ihren Gunsten etwa ausgesprochenen Nichtanwendbarkeit der §§ 42 und 43 oder des § 43 dieses Gesetzes erfüllen und daß die von ihnen veröffentlichten Wochen= und Jahresübersichten (§ 8), sowie die behufs der Steuerberechnung abgegebenen Nachweise (§ 10) der wirklichen Sachlage entsprechen.

Das Aufsichtsrecht der Landesregierungen wird durch diese Bestimmung nicht berührt.

**§ 49.** Die Befugniß zur Ausgabe von Banknoten geht verloren:

1. durch Ablauf der Zeitdauer, für welche sie ertheilt ist,
2. durch Verzicht,
3. im Falle des Konkurses durch Eröffnung des Verfahrens gegen die Bank,
4. durch Entziehung kraft richterlichen Urtheils,
5. durch Verfügung der Landesregierung nach Maßgabe der Statuten und Privilegien.

**§ 50.** Die Entziehung der Befugniß zur Notenausgabe wird auf Klage des Reichskanzlers oder der Regierung des Bundesstaates, in welchem die Bank ihren Sitz hat, durch gerichtliches Urtheil ausgesprochen:

1. wenn die Vorschriften der Statuten, des Privilegiums oder des gegenwärtigen Gesetzes über die Deckung für die umlaufenden Noten verletzt worden sind oder der Notenumlauf die durch Statut, Privilegium oder Gesetz bestimmte Grenze überschritten hat;
2. wenn die Bank vor Erlaß der in § 45 erwähnten Bekanntmachung des Reichskanzlers außerhalb des durch § 42 ihr angewiesenen Gebiets die in § 42 ihr untersagten Geschäfte betreibt, oder außerhalb des durch § 43 ihr angewiesenen Gebiets ihre Noten vertreibt oder vertreiben läßt;
3. wenn die Bank die Einlösung präsentirter Noten nicht bewirkt
   a) an ihrem Sitze am Tage der Präsentation,
   b) an ihrer Einlösungsstelle (§ 44 Nr. 4) bis zum Ablaufe des auf den Tag der Präsentation folgenden Tages,
   c) an sonstigen durch die Statuten bestimmten Einlösungsstellen bis zum Ablaufe des dritten Tages nach dem Tage der Präsentation;
4. sobald das Grundkapital sich durch Verluste um ein Drittheil vermindert hat.

Die Klage ist im ordentlichen Verfahren zu verhandeln. Der Rechtsstreit gilt im Sinne der Reichs- und Landesgesetze als Handelssache.

In dem Urtheile ist zugleich die Verpflichtung zur Einziehung der Noten auszusprechen.

**§ 51.** Das Urtheil ist erst nach Eintritt der Rechtskraft vollstreckbar. Die Vollstreckung wird auf Antrag durch das Prozeßgericht verfügt. Das Gericht bestimmt zu diesem Zwecke die Frist, innerhalb welcher von der Bankverwaltung die Bekanntmachung über die Einziehung der Noten zu erlassen ist.

Sofern nicht der Konkurs über die Bank ausgebrochen ist, setzt das Gericht einen Kurator ein, welcher die Einziehung der Noten zu überwachen und, wenn die Bank den für diesen Fall vorgesehenen Verpflichtungen nicht nachkommt, die Liquidation der Bank beim Gerichte zu beantragen verpflichtet ist.

Eingehende Noten sind von der Bank an eine vom Reichskanzler zu bezeichnende, am Sitze der Bank gelegenen Kasse abzuliefern.

**§ 52.** Sechs Monate, nachdem das Urtheil (§ 50) die Rechtskraft erlangt hat, zahlt die Bank an die vom Reichskanzler bezeichnete Kasse einen Betrag in baarem Gelde ein, welcher dem bis dahin nicht abgelieferten Betrage ihrer Noten gleichkommt. Dieser Baarbetrag wird ihr nach Maßgabe der weiter von ihr abgelieferten Noten und der verbleibende Rest nach Ablauf der letzten vom Bundesrathe für die Einlösung festgesetzten Frist zurückgezahlt.

**§ 53.** Die an die Kasse abgelieferten Noten (§ 51 und § 52) werden in Gegenwart des Kurators der Kasse und des für die Einziehung der Noten bestellten Kurators vernichtet. Über die Vernichtung wird ein gerichtliches oder notarielles Protokoll aufgenommen. Die Verwaltung der Bank ist befugt, an der Vernichtung durch zwei Abgeordnete Theil zu nehmen. Der für die Vernichtung bestimmte Termin ist ihr jedesmal spätestens acht Tage vorher von der der Kasse vorgesetzten Behörde anzuzeigen. Die Vernichtung kann in einem oder in mehreren Terminen erfolgen.

**§ 54.** Für diejenigen Korporationen, welche, ohne Zettelbanken zu sein, sich beim Erlaß dieses Gesetzes im Besitz der Befugniß zur Ausgabe von Noten, Kassenscheinen oder sonstigen auf den Inhaber ausgestellten unverzinslichen Schuldverschreibungen befinden, und für das von ihnen ausgegebene Papiergeld gelten insolange, als sie von der Befugniß, Papiergeld in Umlauf zu erhalten, Gebrauch machen, die Bestimmungen der §§ 2 bis einschließlich 6, dann des § 43 und des § 47 Absatz 1 dieses Gesetzes, soweit sich derselbe auf die Befugniß zur Ausgabe von Papiergeld, auf deren Dauer, oder auf die Deckung des Papiergeldes bezieht.

### Titel IV.

Strafbestimmungen.

### Titel V.

Schlußbestimmungen.

**§ 66.** Die Bestimmungen des Handelsgesetzbuchs über die Eintragung in das Handelsregister und die rechtlichen Folgen derselben finden auf die Reichsbank keine Anwendung.

---

**46) Gesetz, betr. die Abänderung des § 4 des Gesetzes über das Postwesen des Deutschen Reiches vom 28. Oktober 1871. Vom 20. Dezember 1875.** (RGBl S. 318.)

Vgl. oben zu § 4 des Gesetzes vom 28. Oktober 1871.

---

## 1876.

**47) Gesetz, betr. die Abänderung des Artikels 15 des Münzgesetzes vom 9. Juli 1873. Vom 6. Januar 1876.** (RGBl S. 3.)

Vgl. oben S. 86 zu Art. 15 des Münzgesetzes vom 9. Juli 1873.

---

## 48) Gesetz, betr. das Urheberrecht an Werken der bildenden Künste. Vom 9. Januar 1876. (RGBl S. 4.)

### A. Ausschließliches Recht des Urhebers.

§ 1. Das Recht, ein Werk der bildenden Künste ganz oder theilweise nachzubilden, steht dem Urheber desselben ausschließlich zu.

§ 2. Das Recht des Urhebers geht auf dessen Erben über. Dieses Recht kann beschränkt oder unbeschränkt durch Vertrag oder durch Verfügung von Todeswegen auf Andere übertragen werden.

§ 3. Auf die Baukunst findet das gegenwärtige Gesetz keine Anwendung.

§ 4. Als Nachbildung ist nicht anzusehen die freie Benutzung eines Werkes der bildenden Künste zur Hervorbringung eines neuen Werkes.

§ 5. Jede Nachbildung eines Werkes der bildenden Künste, welche in der Absicht, dieselbe zu verbreiten, ohne Genehmigung des Berechtigten (§§ 1, 2) hergestellt wird, ist verboten. Als verbotene Nachbildung ist es auch anzusehen:

1. wenn bei Hervorbringung derselben ein anderes Verfahren angewendet worden ist, als bei dem Originalwerk;
2. wenn die Nachbildung nicht unmittelbar nach dem Originalwerke, sondern mittelbar nach einer Nachbildung desselben geschaffen ist;
3. wenn die Nachbildung eines Werkes der bildenden Künste sich an einem Werke der Baukunst, der Industrie der Fabriken, Handwerke oder Manufakturen befindet;
4. Wenn der Urheber oder Verleger dem unter ihnen bestehenden Vertrage zuwider eine neue Vervielfältigung des Werkes veranstalten;
5. wenn der Verleger eine größere Anzahl von Exemplaren eines Werkes anfertigen läßt, als ihm vertragsmäßig oder gesetzlich gestattet ist;

§ 6. Als verbotene Nachbildung ist nicht anzusehen:

1. die Einzelkopie eines Werkes der bildenden Künste, sofern dieselbe ohne die Absicht der Verwerthung angefertigt wird. Es ist jedoch verboten, den Namen oder das Monogramm des Urhebers des Werkes in irgend einer Weise auf der Einzelkopie anzubringen, widrigenfalls eine Geldstrafe bis zu fünfhundert Mark verwirkt ist;
2. die Nachbildung eines Werkes der zeichnenden oder malenden Kunst durch die plastische Kunst, oder umgekehrt;
3. die Nachbildung von Werken der bildenden Künste, welche auf

oder an Straßen oder öffentlichen Plätzen bleibend sich befinden. Die Nachbildung darf jedoch nicht in derselben Kunstform erfolgen;

4. Die Aufnahme von Nachbildungen einzelner Werke der bildenden Künste in ein Schriftwerk, vorausgesetzt, daß das letztere als die Hauptsache erscheint, und die Abbildungen nur zur Erläuterung des Textes dienen. Jedoch muß der Urheber des Originals oder die benutzte Quelle angegeben werden, widrigenfalls die Strafbestimmung im § 24 des Gesetzes vom 11. Juni 1870, betreffend das Urheberrecht an Schriftwerken &c., (BGBl 1870 S. 339) Platz greift.

**§ 7.** Wer ein von einem Anderen herrührendes Werk der bildenden Künste auf rechtmäßige Weise, aber mittelst eines anderen Kunstverfahrens nachbildet, hat in Beziehung auf das von ihm hervorgebrachte Werk das Recht eines Urhebers (§ 1), auch wenn das Original bereits Gemeingut geworden ist.

**§ 8.** Wenn der Urheber eines Werkes der bildenden Künste das Eigenthum am Werke einem Anderen überläßt, so ist darin die Übertragung des Nachbildungsrechts fortan nicht enthalten; bei Portraits und Portraitbüsten geht dieses Recht jedoch auf den Besteller über.

Der Eigenthümer des Werkes ist nicht verpflichtet, dasselbe zum Zweck der Veranstaltung von Nachbildungen an den Urheber oder dessen Rechtsnachfolger herauszugeben.

### B. Dauer des Urheberrechts.

**§ 9.** Der Schutz des gegenwärtigen Gesetzes gegen Nachbildung wird für die Lebensdauer des Urhebers und dreißig Jahre nach dem Tode desselben gewährt.

Bei Werken, welche veröffentlicht sind, ist diese Dauer des Schutzes an die Bedingung geknüpft, daß der wahre Name des Urhebers auf dem Werke vollständig genannt oder durch kenntliche Zeichen ausgedrückt ist.

Werke, welche entweder unter einem anderen, als dem wahren Namen des Urhebers veröffentlicht, oder bei welchen ein Urheber gar nicht angegeben ist, werden dreißig Jahre lang, von der Veröffentlichung an, gegen Nachbildung geschützt. Wird innerhalb dieser dreißig Jahre der wahre Name des Urhebers von ihm selbst oder seinen hierzu legitimirten Rechtsnachfolgern zur Eintragung in die Eintragsrolle[1] (§ 39 des Gesetzes vom 11. Juni 1870, betreffend

[1] Vgl. Bestimmungen über die Führung der Eintragsrolle für Werke der bildenden Künste. Vom 29. Febr. 1876 (CBl S. 119).

das Urheberrecht an Schriftwerken ꝛc., — BGBl 1870 S. 339) angemeldet, so wird dadurch dem Werke die im Abs. 1 bestimmte längere Dauer des Schutzes erworben.

**§ 10.** Bei Werken, die in mehreren Bänden oder Abtheilungen erscheinen, wird die Schutzfrist von dem ersten Erscheinen eines jeden Bandes oder einer jeden Abtheilung an berechnet.

Bei Werken jedoch, die in einem oder mehreren Bänden eine einzige Aufgabe behandeln und mithin als in sich zusammenhängend zu betrachten sind, beginnt die Schutzfrist erst nach dem Erscheinen des letzten Bandes oder letzten Abtheilung.

Wenn indessen zwischen der Herausgabe einzelner Bände oder Abtheilungen ein Zeitraum von mehr als drei Jahren verflossen ist, so sind die vorher erschienenen Bände, Abtheilungen ꝛc. als ein für sich bestehendes Werk und ebenso die nach Ablauf der drei Jahre erscheinenden weiteren Fortsetzungen als ein neues Werk zu behandeln.

**§ 11.** Die erst nach dem Tode des Urhebers veröffentlichten Werke werden dreißig Jahre lang, vom Tode des Urhebers an gerechnet, gegen Nachbildung geschützt.

**§ 12.** Einzelne Werke der bildenden Künste, welche in periodischen Werken, als Zeitschriften, Taschenbüchern, Kalendern ꝛc. erschienen siud, darf der Urheber, falls nichts anderes verabredet ist, auch ohne Einwilligung des Herausgebers oder Verlegers des Werkes, in welches dieselben aufgenommen sind, nach zwei Jahren, vom Ablaufe des Jahres des Erscheinens an gerechnet, anderweitig abdrucken.

**§ 13.** In den Zeitraum der gesetzlichen Schutzfrist wird das Todesjahr des Verfassers beziehungsweise das Kalenderjahr der ersten Veröffentlichung oder des ersten Erscheinens des Werkes nicht eingerechnet.

**§ 14.** Wenn der Urheber eines Werkes der bildenden Künste gestattet, daß dasselbe an einem Werke der Industrie, der Fabriken, Handwerke oder Manufakturen nachgebildet wird, so genießt er den Schutz gegen weitere Nachbildungen an Werken der Industrie ꝛc. nicht nach Maßgabe des gegenwärtigen Gesetzes, sondern nur nach Maßgabe des Gesetzes, betreffend das Urheberrecht an Mustern und Modellen.

**§ 15.** Ein Heimfallsrecht des Fiskus oder anderer zu herrenlosen Verlassenschaften berechtigter Personen findet auf das ausschließliche Recht des Urhebers und seiner Rechtsnachfolger nicht statt.

### C. Sicherstellung des Urheberrechts.

**§ 16.**[1] Die Bestimmungen in den §§ 18—42 des Gesetzes vom

[1] Vgl. Bestimmungen über die Zusammensetzung und den Geschäftsbetrieb der künstlerischen, photographischen und gewerblichen Sachverständigen-Vereine

11. Juni 1870, betreffend das Urheberrecht an Schriftwerken rc., (BGBl 1870 S. 339) finden auch auf die Nachbildung von Werken der bildenden Künste entsprechende Anwendung.

Die Sachverständigen-Vereine, welche nach Maßgabe des § 31 des genannten Gesetzes Gutachten über die Nachbildung von Werken der bildenden Künste abzugeben haben, sollen aus Künstlern verschiedener Kunstzweige, aus Kunsthändlern, Kunstgewerbetreibenden und aus anderen Kunstverständigen bestehen.

## D. Allgemeine Bestimmungen.

**§ 17.** Das gegenwärtige Gesetz tritt mit dem 1. Juli 1876 in Kraft. Alle früheren in den einzelnen Staaten des Deutschen Reichs geltenden Bestimmungen in Beziehung auf das Urheberrecht an Werken der bildenden Künste treten von demselben Tage ab außer Wirksamkeit.

**§ 18.** Das gegenwärtige Gesetz findet auch auf alle vor dem Inkrafttreten desselben erschienenen Werke der bildenden Künste Anwendung, selbst wenn dieselben nach den bisherigen Landesgesetzgebungen keinen Schutz gegen Nachbildung genossen haben.

Die bei dem Inkrafttreten dieses Gesetzes vorhandenen Exemplare, deren Herstellung nach der bisherigen Gesetzgebung gestattet war, sollen auch fernerhin verbreitet werden dürfen, selbst wenn ihre Herstellung nach dem gegenwärtigen Gesetze untersagt ist.

Ebenso sollen die bei dem Inkrafttreten dieses Gesetzes vorhandenen, bisher rechtmäßig angefertigten Vorrichtungen, wie Formen, Platten, Steine, Stereotypabgüsse rc. auch fernerhin zur Anfertigung von Exemplaren benutzt werden dürfen.[1]

Auch dürfen die beim Inkrafttreten des Gesetzes bereits begonnenen, bisher gestatteten Vervielfältigungen noch vollendet werden.

Die Regierungen der Staaten des Deutschen Reichs werden ein Inventarium über die Vorrichtungen, deren fernere Benutzung hiernach gestattet ist, amtlich aufstellen und diese Vorrichtungen mit einem gleichförmigen Stempel bedrucken lassen.

Nach Ablauf der für die Legalisirung angegebenen Frist unterliegen alle mit dem Stempel nicht versehenen Vorrichtungen der be-

---

vom 29. Febr. 1866 (CBl S. 117), dazu Bekanntm. betr. die Abänderung des § 4 der Bestimmungen über die Zusammensetzung rc. vom 29. Febr. 1876. Vom 16. Juli 1879 (CBl S. 490); dazu Bekanntm. betr. die Abänderung der Bestimmungen über die Zusammensetzung rc. vom 29. Febr. 1876. Vom 25. Okt. 1882 (CBl S. 417). — Vgl. auch oben S. 31 Anm. zu § 31 des Gesetzes vom 11. Juni 1870.

[1] Vgl. Bestimmungen betr. die Inventarisirung und Stempelung der nach der bisherigen Gesetzgebung rechtmäßig angefertigten Vorrichtungen zur Herstellung von Werken der bildenden Künste. Vom 29. Febr. 1876 (CBl S. 118).

zeichneten Werke, auf Antrag des Verletzten, der Einziehung. Die nähere Instruktion über das bei der Aufstellung des Inventariums und bei der Stempelung zu beobachtende Verfahren wird vom Reichskanzler-Amt erlassen.

**§ 19.** Die Ertheilung von Privilegien zum Schutze des Urheberrechts ist nicht mehr zulässig.

Dem Inhaber eines vor dem Inkrafttreten des gegenwärtigen Gesetzes von den Regierungen einzelner deutscher Staaten ertheilten Privilegiums steht es frei, ob er von diesem Privilegium Gebrauch machen oder den Schutz des gegenwärtigen Gesetzes anrufen will.

Der Privilegienschutz kann indeß nur für den Umfang derjenigen Staaten geltend gemacht werden, von welchen derselbe ertheilt worden ist.

Die Berufung auf den Privilegienschutz ist dadurch bedingt, daß das Privilegium entweder ganz oder dem wesentlichen Inhalte nach dem Werke vorgedruckt oder auf oder hinter dem Titelblatt desselben bemerkt ist. Wo dieses nach der Natur des Gegenstandes nicht stattfinden kann oder bisher nicht geschehen ist, muß das Privilegium, bei Vermeidung des Erlöschens, binnen drei Monaten nach dem Inkrafttreten dieses Gesetzes zur Eintragung in die Eintragsrolle angemeldet werden. Das Kuratorium der Eintragsrolle hat das Privilegium öffentlich bekannt zu machen.

**§ 20.**[1] Das gegenwärtige Gesetz findet Anwendung auf alle Werke inländischer Urheber, gleichviel ob die Werke im Inlande oder Auslande erschienen oder überhaupt noch nicht veröffentlicht sind.

Wenn Werke ausländischer Urheber bei inländischen Verlegern erscheinen, so stehen diese Werke unter dem Schutze des gegenwärtigen Gesetzes.

**§ 21.** Diejenigen Werke ausländischer Urheber, welche in einem Orte erschienen sind, der zum ehemaligen Deutschen Bunde, nicht aber zum Deutschen Reich gehört, genießen den Schutz dieses Gesetzes unter der Voraussetzung, daß das Recht des betreffenden Staates den innerhalb des Deutschen Reichs erschienenen Werken einen den einheimischen Werken gleichen Schutz gewährt; jedoch dauert der Schutz nicht länger, als in dem betreffenden Staate selbst. Dasselbe gilt von nicht veröffentlichten Werken solcher Urheber, welcher zwar nicht im Deutschen Reich, wohl aber im ehemaligen deutschen Bundesgebiete staatsangehörig sind.

---

[1] Vgl. die Konventionen mit dem Auslande wegen gegenseitigen Schutzes der Werke der bildenden Künste oben S. 37 Anm. zu § 61 des Gesetzes vom 11. Juni 1870, insbesondere auch Schlußprotokoll des Berner Vertrages vom 9. Sept. 1886 (vgl. unter 1886).

**49) Gesetz, betr. den Schutz der Photographieen gegen unbefugte Nachbildung. Vom 10. Januar 1876.** (RGBl S. 8.)

**§ 1.** Das Recht, ein durch Photographie hergestelltes Werk ganz oder theilweise auf mechanischem Wege nachzubilden, steht dem Verfertiger der photographischen Aufnahme ausschließlich zu.

Auf Photographieen von solchen Werken, welche gesetzlich gegen Nachdruck und Nachbildung noch geschützt sind, findet das gegenwärtige Gesetz keine Anwendung.

**§ 2.** Als Nachbildung ist nicht anzusehen die freie Benutzung eines durch Photographie hergestellten Werkes zur Hervorbringung eines neuen Werkes.

**§ 3.** Die mechanische Nachbildung eines photographischen Werkes, welche in der Absicht, dieselbe zu verbreiten, ohne Genehmigung der Berechtigten (§§ 1 und 7) hergestellt wird, ist verboten.

**§ 4.** Die Nachbildung eines photographischen Werkes, wenn sie sich an einem Werke der Industrie, der Fabriken, Handwerke oder Manufakturen befindet, ist als eine verbotene nicht anzusehen.

**§ 5.** Jede rechtmäßige photographische oder sonstige mechanische Abbildung der Originalaufnahme muß auf der Abbildung selbst oder auf dem Karton

a) den Namen beziehungsweise die Firma des Verfertigers der Originalaufnahme oder des Verlegers, und

b) den Wohnort des Verfertigers oder Verlegers,

c) das Kalenderjahr, in welchem die rechtmäßige Abbildung zuerst erschienen ist,

enthalten, widrigenfalls ein Schutz gegen Nachbildung nicht stattfindet.

**§ 6.** Der Schutz des gegenwärtigen Gesetzes gegen Nachbildung wird dem Verfertiger des photographischen Werkes fünf Jahre gewährt. Diese Frist wird vom Ablaufe desjenigen Kalenderjahres ab gerechnet, in welchem die rechtmäßigen photographischen oder sonstigen mechanischen Abbildungen der Originalaufnahme zuerst erschienen sind.

Wenn solche Abbildungen nicht erscheinen, so wird die fünfjährige Frist von dem Ablauf desjenigen Kalenderjahres ab gerechnet, in welchem das Negativ der photographischen Aufnahme entstanden ist.

Bei Werken, die in mehreren Bänden oder Abtheilungen erscheinen, findet der § 14 des Gesetzes vom 11. Juni 1870, betreffend das Urheberrecht an Schriftwerken ꝛc., Anwendung.

**§ 7.** Das im § 1 bezeichnete Recht des Verfertigers eines photographischen Werkes geht auf dessen Erben über. Auch kann dieses Recht von dem Verfertiger oder dessen Erben ganz oder theilweise durch Vertrag oder durch Verfügung von Todeswegen auf

Andere übertragen werden. Bei photographischen Bildnissen (Portraits) geht das Recht auch ohne Vertrag von selbst auf den Besteller über.

**§ 8.** Wer eine von einem Anderen verfertigte photographische Aufnahme durch ein Werk der malenden, zeichnenden oder plastischen Kunst nachbildet, genießt in Beziehung auf das von ihm hervorgebrachte Werk das Recht eines Urhebers nach Maßgabe des § 7 des Gesetzes vom 9. Januar d. J., betreffend das Urheberrecht an Werken der bildenden Künste.

**§ 9.** Die Bestimmungen in den §§ 18 bis 38, 44, 61 Abs. 1 des Gesetzes vom 11. Juni 1870, betreffend das Urheberrecht an Schriftwerken ꝛc., finden auch Anwendung auf das ausschließliche Nachbildungs- und Vervielfältigungsrecht des Verfertigers photographischer Werke.

**§ 10.**[1] Die Sachverständigen-Vereine, welche Gutachten über die Nachbildung photographischer Aufnahmen abzugeben haben, sollen aus Künstlern verschiedener Kunstzweige, aus Kunsthändlern, aus anderen Kunstverständigeu und aus Photographen bestehen.

**§ 11.** Die Bestimmungen des gegenwärtigen Gesetzes finden auch Anwendung auf solche Werke, welche durch ein der Photographie ähnliches Verfahren hergestellt werden.

**§ 12.** Das gegenwärtige Gesetz tritt mit dem 1. Juli 1876 in Kraft. Auf photographische Aufnahmen, welche vor diesem Tage angefertigt sind, findet dasselbe nur dann Anwendung, wenn die erste rechtmäßige photographische oder sonstige mechanische Abbildung der Originalaufnahme nach dem Inkrafttreten des gegenwärtigen Gesetzes erschienen ist.

Photographische Aufnahmen, welche schon bisher landesgesetzlich gegen Nachbildung geschützt waren, behalten diesen Schutz; jedoch kann derselbe nur für denjenigen räumlichen Umfang geltend gemacht werden, für welchen er durch die Landesgesetzgebung ertheilt war.

---

## 50) Gesetz, betr. das Urheberrecht an Mustern und Modellen. Vom 11. Januar 1876. (RGBl S. 11.)

**§ 1.** Das Recht, ein gewerbliches Muster oder Modell ganz oder theilweise nachzubilden, steht dem Urheber desselben ausschließlich zu.

Als Muster oder Modelle im Sinne dieses Gesetzes werden nur neue und eigenthümliche Erzeugnisse angesehen.

**§ 2.** Bei solchen Mustern und Modellen, welche von den in

---

[1] Vgl. oben S. 144 Anm. 1.

einer inländischen gewerblichen Anstalt beschäftigten Zeichnern, Malern, Bildhauern rc. im Auftrage oder für Rechnung des Eigenthümers der gewerblichen Anstalt angefertigt werden, gilt der letztere wenn durch Vertrag nichts anderes bestimmt ist, als der Urheber der Muster und Modelle.

§ 3. Das Recht des Urhebers geht auf dessen Erben über. Dieses Recht kann beschränkt oder unbeschränkt durch Vertrag oder durch Verfügung von Todeswegen auf Andere übertragen werden.

§ 4. Die freie Benutzung einzelner Motive eines Musters oder Modells zur Herstellung eines neuen Musters oder Modells ist als Nachbildung nicht anzusehen.

§ 5. Jede Nachbildung eines Musters oder Modells welche in der Absicht, dieselbe zu verbreiten, ohne Genehmigung des Berechtigten (§§ 1—3) hergestellt wird, ist verboten. Als verbotene Nachbildung ist es auch anzusehen:

1. wenn bei Hervorbringung derselben ein anderes Verfahren angewendet worden ist, als bei dem Originalwerke, oder wenn die Nachbildung für einen anderen Gewerbszweig bestimmt ist, als das Original;
2. wenn die Nachbildung in anderen räumlichen Abmessungen oder Farben hergestellt wird, als das Original, oder wenn sie sich vom Original nur durch solche Abänderungen unterscheidet, welche nur bei Anwendung besonderer Aufmerksamkeit wahrgenommen werden können;
3. wenn die Nachbildung nicht unmittelbar nach dem Originalwerke, sondern mittelbar nach einer Nachbildung desselben geschaffen ist.

§ 6. Als verbotene Nachbildung ist nicht anzusehen:

1. die Einzelkopie eines Musters oder Modells, sofern dieselbe ohne die Absicht der gewerbsmäßigen Verbreitung und Verwerthung angefertigt wird;
2. die Nachbildung von Mustern, welche für Flächenerzeugnisse bestimmt sind, durch plastische Erzeugnisse, und umgekehrt;
3. die Aufnahme von Nachbildungen einzelner Muster oder Modelle in ein Schriftwerk.

§ 7. Der Urheber eines Musters oder Modells genießt den Schutz gegen Nachbildung nur dann, wenn er dasselbe zur Eintragung in das Musterregister angemeldet und ein Exemplar oder eine Abbildung des Musters rc. bei der mit Führung des Musterregisters beauftragten Behörde niedergelegt hat.

Die Anmeldung und Niederlegung muß erfolgen, bevor ein nach dem Muster oder Modelle gefertigtes Erzeugniß verbreitet wird.

**§ 8.** Der Schutz des gegenwärtigen Gesetzes gegen Nachbildung wird dem Urheber des Musters oder Modells nach seiner Wahl ein bis drei Jahre lang, vom Tage der Anmeldung (§ 7) ab, gewährt.

Der Urheber ist berechtigt, gegen Zahlung der im § 12 Absatz 3 bestimmten Gebühr, eine Ausdehnung der Schutzfrist bis auf höchstens fünfzehn Jahre zu verlangen. Die Verlängerung der Schutzfrist wird in dem Musterregister eingetragen.

Der Urheber kann das ihm nach Absatz 2 zustehende Recht außer bei der Anmeldung auch bei Ablauf der dreijährigen und der zehnjährigen Schutzfrist ausüben.

**§ 9.**[1] Das Musterregister wird von den mit der Führung der Handelsregister beauftragten Gerichtsbehörden geführt.

Der Urheber hat die Anmeldung und Niederlegung des Musters oder Modells bei der Gerichtsbehörde seiner Hauptniederlassung, und falls er eine eingetragene Firma nicht besitzt, bei der betreffenden Gerichtsbehörde seines Wohnortes zu bewirken.

Urheber, welche im Inlande weder eine Niederlassung, noch einen Wohnsitz haben, müssen die Anmeldung und Niederlegung bei dem Handelsgericht in Leipzig bewirken.

Die Muster oder Modelle können offen oder versiegelt, einzeln oder in Packeten niedergelegt werden. Die Packete dürfen jedoch nicht mehr als 50 Muster oder Modelle enthalten und nicht mehr als 10 Kilogramm wiegen. Die näheren Vorschriften über die Führung des Musterregisters erläßt das Reichskanzler-Amt.

Die Eröffnung der versiegelt niedergelegten Muster erfolgt drei Jahre nach der Anmeldung (§ 7) beziehentlich, wenn die Schutzfrist eine kürzere ist, nach dem Ablaufe derselben.

Die Eintragung und die Verlängerung der Schutzfrist (§ 8 Alinea 2) wird monatlich im Deutschen Reichsanzeiger bekannt gemacht. Die Kosten der Bekanntmachung hat der Anmeldende zu tragen.

**§ 10.** Die Eintragungen in das Musterregister werden bewirkt, ohne daß eine zuvorige Prüfung über die Berechtigung des Antragstellers oder über die Richtigkeit der zur Eintragung angemeldeten Thatsachen stattfindet.

**§ 11.** Es ist Jedermann gestattet, von dem Musterregister und den nicht versiegelten Mustern oder Modellen Einsicht zu nehmen und sich beglaubigte Auszüge aus dem Musterregister ertheilen zu

---

[1] Vgl. Bestimmungen über die Führung des Musterregisters. Vom 29. Febr. 1876 (CBl S. 123); dazu Bekanntm. vom 12. Nov 1883 (CBl S. 325) und vom 23. Dez. 1886 (CBl S. 418).

lassen. In Streitfällen darüber, ob ein Muster oder Modell gegen Nachbildung geschützt ist, können zur Herbeiführung der Entscheidung auch die versiegelten Packete von der mit der Führung des Musterregisters beauftragten Behörde geöffnet werden.

**§ 12.** Alle Eingaben, Verhandlungen, Atteste, Beglaubigungen, Zeugnisse, Auszüge ꝛc., welche die Eintragung in das Musterregister betreffen, sind stempelfrei.

Für jede Eintragung und Niederlegung eines einzelnen Musters oder eines Packets mit Mustern ꝛc. (§ 9) wird, insofern die Schutzfrist auf nicht länger als drei Jahre beansprucht wird (§ 8 Absatz 1), eine Gebühr von 1 Mark für jedes Jahr erhoben.

Nimmt der Urheber in Gemäßheit des § 8 Absatz 2 eine längere Schutzfrist in Anspruch, so hat er für jedes weitere Jahr bis zum zehnten Jahre einschließlich eine Gebühr von 2 Mark, von elf bis fünfzehn Jahren eine Gebühr von 3 Mark für jedes einzelne Muster oder Modell zu entrichten. Für jeden Eintragungsschein, sowie für jeden sonstigen Auszug aus dem Musterregister wird eine Gebühr von je 1 Mark erhoben.

**§ 13.** Derjenige, welcher nach Maßgabe des § 7 das Muster oder Modell zur Eintragung in das Musterregister angemeldet und niedergelegt hat, gilt bis zum Gegenweise als Urheber.

**§ 14.**[1] Die Bestimmungen in den §§ 18—36, 38 des Gesetzes vom 11. Juni 1870, betreffend das Urheberrecht an Schriftwerken ꝛc. (Bundes-Gesetzbl. 1870 S. 339), finden auch auf das Urheberrecht an Mustern und Modellen mit der Maßgabe entsprechende Anwendung, daß die vorräthigen Nachbildungen und die zur widerrechtlichen Vervielfältigung bestimmten Vorrichtungen nicht vernichtet, sondern auf Kosten des Eigenthümers und nach Wahl desselben entweder ihrer gefährdenden Form entkleidet, oder bis zum Ablauf der Schutzfrist amtlich aufbewahrt werden.

Die Sachverständigen-Vereine, welche nach § 31 des genannten Gesetzes Gutachten über die Nachbildung von Mustern oder Modellen abzugeben haben, sollen aus Künstlern, aus Gewerbtreibenden verschiedener Gewerbzweige und aus sonstigen Personen, welche mit dem Muster- und Modellwesen vertraut sind, zusammengesetzt werden.

**§ 15.** Bürgerliche Rechtsstreitigkeiten, in welchen auf Grund der Bestimmungen dieses Gesetzes eine Klage wegen Entschädigung,

---

[1] Vgl. Anm. zu § 31 des Gesetzes vom 11. Juni 1870; vgl. Bestimmungen über die Zusammensetzung und den Geschäftsbetrieb der künstlerischen, photographischen und gewerblichen Sachverständigen-Vereine vom 29. Febr. 1876 (CBl S. 117), mit Abänderungen vom 16. Juli 1879 (CBl S. 490).

Bereicherung oder Einziehung angestellt wird, gelten im Sinne der Reichs- und Landesgesetze als Handelssachen.

**§ 16.** Das gegenwärtige Gesetz findet Anwendung auf alle Muster und Modelle inländischer Urheber, sofern die nach den Mustern oder Modellen hergestellten Erzeugnisse im Inlande verfertigt sind, gleichviel ob dieselben im Inlande oder Auslande verbreitet werden.

Wenn ausländische Urheber im Gebiete des Deutschen Reichs ihre gewerbliche Niederlassung haben, so genießen sie für die im Inlande gefertigten Erzeugnisse den Schutz des gegenwärtigen Gesetzes.

Im Übrigen richtet sich der Schutz der ausländischen Urheber nach den bestehenden Staatsverträgen.[1]

**§ 17.** Das gegenwärtige Gesetz tritt mit dem 1. April 1876 in Kraft. Es findet Anwendung auf alle Muster und Modelle, welche nach dem Inkrafttreten desselben angefertigt worden sind.

Muster und Modelle, welche vor diesem Tage angefertigt worden sind, genießen den Schutz des Gesetzes nur dann, wenn das erste nach dem Muster ꝛc. gefertigte Erzeugniß erst nach dem Inkrafttreten des Gesetzes verbreitet worden ist.

Muster und Modelle, welche schon bisher landesgesetzlich gegen Nachbildung geschützt waren, behalten diesen Schutz; jedoch kann derselbe nur für denjenigen räumlichen Umfang geltend gemacht werden, für welchen er durch die Landesgesetzgebung ertheilt war.

---

## 51) Gesetz über die eingeschriebenen Hülfskassen. Vom 7. April 1876. (RGBl S. 125.)[2]

**§ 1.** Kassen, welchen die gegenseitige Unterstützung ihrer Mit-

---

[1] Vgl. Zusätzliche Übereinkunft zu dem Friedensvertrage zwischen Deutschland und Frankreich. Vom 12. Okt. 1871 (RGBl S. 363) Art. 11; Konsular-Konvention mit den Vereinigten Staaten von Amerika. Vom 11. Dez. 1871 (RGBl 1872, S. 95) Art. 17; Handels- und Schifffahrtsvertrag mit Portugal, vom 2. März 1872 (RGBl S. 254) Art. 10; Deklaration des Art. 6 des Handelsvertrages zwischen dem Zollverein und Großbritannien vom 30. Mai 1865. Vom 14. April 1875 (RGBl S. 199); Übereinkunft mit Belgien, vom 12. Dez. 1883 (RGBl 1884, S. 188); Übereinkunft mit Serbien. Vom 3. Juli 1886 (RGBl 1887, S. 151). — In Aussicht genommen sind solche Vereinbarungen mit Rumänien (Handelskonvention vom 14. Nov. 1877 (RGBl 1881, S. 199, Art. 16), Griechenland (Handels- und Schifffahrtsvertrag vom 9. Juli 1884, RGBl 1885, S. 23, Art. 7), der südafrikanischen Republik (Freundschafts- und Handelsvertrag vom 22. Januar 1885, RGBl 1886, S. 209, Art. 6), der dominikanischen Republik (Handels-, Schifffahrts- u. Konsular-Vertrag vom 30. Januar 1885, RGBl 1886, S. 3, Art. 5). Übereinkommen mit Österreich vom 6. Dez. 1891 (oben S. 84 abgedruckt), Übereinkommen mit Italien vom 18. Januar 1892 (RGBl S. 293).

[2] Der ursprüngliche Text des Gesetzes ist wesentlich abgeändert durch G vom 1. Juni 1884 (RGBl S. 54). Die auf dieser Novelle beruhenden Abände-

glieder für den Fall der Krankheit bezwecken und auf freier Übereinkunft beruhen, erhalten die Rechte einer eingeschriebenen Hülfskasse unter den nachstehend angegebenen Bedingungen.

**§ 2.** Die Kasse hat einen Namen anzunehmen, welcher von dem aller anderen, an demselben Orte oder in derselben Gemeinde befindlichen Hülfskassen verschieden ist und die zusätzliche Bezeichnung: „eingeschriebene Hülfskasse" enthält.

**§ 3.** Das Statut der Kasse muß Bestimmung treffen:

1. über Namen, Sitz und Zweck der Kasse;
2. über den Beitritt und Austritt der Mitglieder;
3. über die Höhe der Beiträge . . .;
4. über die Voraussetzungen, die Art und den Umfang der Unterstützungen;
5. über die Bildung des Vorstandes, . . . über die Legitimation seiner Mitglieder und den Umfang seiner Befugnisse;
6. über die Zusammensetzung und Berufung der Generalversammlung und über die Art ihrer Beschlußfassung . . .;

6a. über die Bildung und die Befugnisse der örtlichen Verwaltungsstellen, falls solche errichtet werden sollen;

7. über die Abänderung des Statuts;
8. über die Verwendung des Kassenvermögens im Falle der Auflösung oder Schließung der Kasse;
9. über die Aufstellung und Prüfung der Jahresrechnung.

Das Statut darf keine Bestimmung enthalten, welche mit dem Zwecke der Kasse nicht in Verbindung steht oder den Vorschriften dieses Gesetzes zuwiderläuft.

**§ 4.** Das Statut ist in zwei Exemplaren dem Vorstande der Gemeinde, in deren Bezirk die Kasse ihren Sitz nimmt, von den mit der Geschäftsleitung vorläufig betrauten Personen oder von dem Vorstande der Kasse in Person einzureichen. Der Gemeindevorstand hat

---

rungen sind durch lateinischen Druck, die durch dieselbe verursachten Auslassungen durch Punktirung hervorgehoben. — Die Abänderungen sind enthalten in Art. 1—18. Die beiden Schlußartikel der Novelle lauten:

Artikel 19. Die Statuten bestehender eingeschriebener Hülfskassen, welche den Vorschriften dieses Gesetzes nicht genügen, sind der erforderlichen Abänderung zu unterziehen.

Kassen, welche dieser Verpflichtung nicht bis zum 1. Januar 1885 genügen, sind von der höheren Verwaltungsbehörde unter Bestimmung einer mindestens sechswöchentlichen Frist dazu aufzufordern und können nach unbenutztem Ablauf dieser Frist geschlossen werden. Die Schließung erfolgt nach Maßgabe des § 29.

Artikel 20. Von bestehenden eingeschriebenen Hülfskassen, welche örtliche Verwaltungsstellen errichtet haben, ist die im § 19d vorgeschriebene Anzeige binnen drei Monaten nach Inkrafttreten dieses Gesetzes zu erstatten.

das Statut der höheren Verwaltungsbehörde ungesäumt zu übersenden; diese entscheidet über die Zulassung der Kasse. Der Bescheid ist innerhalb sechs Wochen zu ertheilen.

Die Zulassung darf nur versagt werden, wenn das Statut den Anforderungen dieses Gesetzes nicht genügt. Wird die Zulassung versagt, so sind die Gründe mitzutheilen. Gegen die Versagung steht der Rekurs zu; wegen des Verfahrens und der Behörden gelten die Vorschriften der §§ 20 und 21 der Gewerbeordnung. In Elsaß-Lothringen finden statt derselben die dort geltenden Bestimmungen über das Verfahren in streitigen Verwaltungssachen entsprechende Anwendung. Wird die Zulassung ausgesprochen, so ist eine Ausfertigung des Statuts, versehen mit dem Vermerke der erfolgten Zulassung, zurückzugeben.

Abänderungen des Statuts unterliegen den gleichen Vorschriften. Über die Zulassung einer Abänderung, durch welche der Sitz der Kasse verlegt werden soll, hat die Behörde des alten Sitzes zu entscheiden.

Die Zulassung einer Kasse, welche örtliche Verwaltungsstellen einrichtet, ist bei derjenigen Verwaltungsbehörde zu erwirken, in deren Bezirk die Hauptkasse ihren Sitz nimmt.

Auf[1] den Antrag der Kasse hat die höhere Verwaltungsbehörde bei der Zulassung zugleich zu bescheinigen, daß das Statut den Vorschriften des § 75 des Gesetzes, betreffend die Krankenversicherung der Arbeiter, vom 15. Juni 1883 genügt. Wird die Bescheinigung versagt, so sind die Gründe mitzutheilen. Gegen die Versagung steht der Rekurs gemäß Absatz 2 zu.

**§ 5.** Die Kasse kann unter ihrem Namen Rechte erwerben und Verbindlichkeiten eingehen, Eigenthum und andere dingliche Rechte an Grundstücken erwerben, vor Gericht klagen und verklagt werden.

Für alle Verbindlichkeiten der Kasse haftet den Kassengläubigern nur das Vermögen der Kasse.

Der ordentliche Gerichtsstand der Kasse ist bei dem Gerichte, in dessen Bezirk sie ihren Sitz hat.

**§ 6.** Zum Beitritt der Mitglieder ist eine schriftliche Erklärung oder die Unterzeichnung des Statuts erforderlich. Handzeichen Schreibensunkundiger bedürfen der Beglaubigung durch ein Mitglied des Vorstandes oder einer örtlichen Verwaltungsstelle; vergleiche §§ 19 a ff.

---

[1] Dieser Abs. 5 ist mit dem 1. Januar 1893 außer Kraft getreten. Vgl. G über die Abänderung des Gesetzes, betreffend die Krankenversicherung der Arbeiter, vom 15. Juni 1883. Vom 10. April 1892 (RGBl S. 379) Art. 32. Dazu jetzt § 75a des Krankenversicherungs-Gesetzes in der Fassung vom 10. April 1892 (vgl. unten).

Der Beitritt darf von der Betheiligung an anderen Gesellschaften oder Vereinen nur dann abhängig gemacht werden, wenn eine solche Betheiligung für sämmtliche Mitglieder bei Errichtung der Kasse durch das Statut vorgesehen ist. Im Übrigen darf den Mitgliedern die Verpflichtung zu Handlungen oder Unterlassungen, welche mit dem Kassenzweck in keiner Verbindung stehen, nicht auferlegt werden.

**§ 7.** Das Recht auf Unterstützung aus der Kasse beginnt für sämmtliche Mitglieder spätestens mit dem Ablauf der dreizehnten auf den Beitritt folgenden Woche.

Hat ein Mitglied bereits das Recht auf Unterstützung erworben, so verbleibt ihm dasselbe auch nach dem Austritte oder Ausschlusse für die nach Absatz 1 festgesetzte Frist. Ist der Ausschluß wegen Zahlungssäumniß erfolgt, so läuft diese Frist von dem Tage, bis zu welchem die Beiträge bezahlt sind.

Für die erste Woche nach dem Beginn der Krankheit kann die Gewährung einer Unterstützung ausgeschlossen werden.

Der völlige oder theilweise Ausschluß der Unterstützung ist nur in Fällen solcher Krankheiten zulässig, welche sich die Mitglieder vorsätzlich oder durch schuldhafte Betheiligung an Schlägereien oder Raufhändeln, durch Trunkfälligkeit oder geschlechtliche Ausschweifungen zugezogen haben. Soweit die Unterstützung in Gewährung freier ärztlicher Behandlung oder Arznei besteht, kann sie auch in diesen Fällen nicht ausgeschlossen werden.

**§ 8.** Die Mitglieder sind der Kasse gegenüber lediglich zu den auf Grund dieses Gesetzes und des Statuts festgestellten Beiträgen verpflichtet.

Nach Maßgabe des Geschlechts, des Gesundheitszustandes, des Lebensalters, der Beschäftigung oder des Beschäftigungsortes der Mitglieder darf die Höhe der Beiträge verschieden bemessen werden.

Die Einrichtung von Mitgliederklassen mit verschiedenen Beitrags- und Unterstützungssätzen ist zulässig.

Im Übrigen müssen die Beiträge und Unterstützungen für alle Mitglieder nach gleichen Grundsätzen abgemessen sein.

**§ 9** (ist aufgehoben).

**§ 10.** Der Anspruch auf Unterstützung kann mit rechtlicher Wirkung weder verpfändet, noch übertragen, noch gepfändet und darf nur auf geschuldete Beiträge aufgerechnet werden.

**§ 11** (ist aufgehoben).

**§ 12.** Als Krankenunterstützung können den Mitgliedern Krankengeld, ärztliche Behandlung, Arznei und andere Heilmittel, Verpflegung in einem Krankenhause, sowie die geeigneten Mittel zur Erleichterung der ihnen nach der Genesung verbliebenen körperlichen Mängel gewährt werden.

Auch kann die Krankenunterstützung an Wöchnerinnen gewährt und die Gewährung ärztlicher Behandlung auf die Familienangehörigen der Mitglieder ausgedehnt werden.

Den Hinterbliebenen verstorbener Mitglieder kann ferner eine Beihülfe gewährt werden, welche das Zehnfache der wöchentlichen Unterstützung, auf welche das verstorbene Mitglied Anspruch hatte, nicht überschreitet.

**§ 13.** Zu anderen Zwecken, als den im § . . . 12 bezeichneten Unterstützungen und der Deckung der Verwaltungskosten, dürfen weder Beiträge von den Mitgliedern erhoben werden, noch Verwendungen aus dem Vermögen der Kasse erfolgen.

**§ 14** (ist aufgehoben).

**§ 15.** Der Ausschluß von Mitgliedern aus der Kasse kann nur unter den durch das Statut bestimmten Formen und aus den darin bezeichneten Gründen erfolgen. Er ist nur zulässig bei dem Wegfall einer die Aufnahme bedingenden Voraussetzung, für den Fall einer Zahlungssäumniß oder einer solchen strafbaren Handlung, welche eine Verletzung der Bestimmungen des Statuts in sich schließt. Wegen Überschreitung der Altersgrenze, über welche hinaus nach Bestimmung des Statuts Mitglieder nicht aufgenommen werden, und wegen Veränderung des Gesundheitszustandes, von welchem nach Bestimmung des Statuts die Aufnahme abhängig ist, darf der Ausschluß nicht erfolgen. Wegen des Austrittes oder Ausschlusses aus einer Gesellschaft oder einem Vereine können Mitglieder nicht ausgeschlossen werden, wenn sie der Kasse bereits zwei Jahre angehört haben. Erfolgt ihre Ausschließung vor Ablauf dieser Zeit, so haben sie Anspruch auf Ersatz des von ihnen bezahlten Eintrittsgeldes.

**§ 16.** Die Kasse muß einen von der Generalversammlung gewählten Vorstand haben, durch welchen sie gerichtlich und außergerichtlich vertreten wird.

Die Mitglieder des Vorstandes, welche die Kasse gerichtlich und außergerichtlich vertreten, haben in der Generalversammlung nur eine berathende Stimme.

**§ 17.** Die Zusammensetzung des Vorstandes, sowie jede in der Zusammensetzung des Vorstandes eingetretene Änderung ist dem Vorstande der Gemeinde, in deren Bezirk die Kasse ihren Sitz hat, anzumelden. Die Anmeldung hat durch die Vorstandsmitglieder in Person oder durch eine beglaubigte schriftliche Erklärung zu erfolgen. Ist die Anmeldung nicht geschehen, so kann eine in der Zusammensetzung eingetretene Änderung dritten Personen nur dann entgegengesetzt werden, wenn bewiesen wird, daß sie letzteren bekannt war.

Zur Legitimation des Vorstandes bei allen Geschäften, auch den das Hypotheken- und Grundschuldwesen betreffenden, genügt das Zeugniß des Vorstandes der Gemeinde, daß die darin bezeichneten Personen zur Zeit als Mitglieder des Vorstandes angemeldet sind.

**§ 18.** Die Befugniß des Vorstandes, die Kasse nach Außen zu vertreten, wird durch die im Statut enthaltene Vollmacht bestimmt.

Durch die innerhalb der Grenzen dieser Vollmacht im Namen der Kasse vom Vorstande abgeschlossenen Geschäfte wird die Kasse verpflichtet und berechtigt.

**§ 19.** Dem Vorstande kann zur Überwachung der Geschäftsleitung ein Ausschuß zur Seite gesetzt werden, welcher durch die Generalversammlung zu wählen ist.

**§ 19a.** Die Kasse kann für bestimmte Bezirke örtliche Verwaltungsstellen errichten und denselben folgende Befugnisse ertheilen:

1. Beitrittserklärungen und Austrittserklärungen entgegen zu nehmen, sowie Handzeichen Schreibensunkundiger in Gemäßheit des § 6 Absatz 1 zu beglaubigen.
2. die Kassenbeiträge zu erheben, über Stundungsgesuche zu entscheiden, die Unterstützungen auszuzahlen, sowie die eingehenden Gelder, vorbehaltlich anderweiter Verfügung des Vorstandes über dieselben, bis zum Belaufe einer durchschnittlichen Jahresausgabe zum Zweck des Betriebes zu verwahren und anzulegen;
3. Einrichtungen zur Wahrnehmung der Krankenkontrole zu treffen.

**§ 19b.** Der Versammlung der Kassenmitglieder, für welche die örtliche Verwaltungsstelle errichtet ist, kann die Befugniß beigelegt werden:

1. die Mitglieder der örtlichen Verwaltung und den Kassenarzt für den Bezirk derselben zu wählen. Die Wahlen bedürfen der Bestätigung des Vorstandes (§ 16). Der Letztere ist befugt, die Gewählten, welche bei der Wahrnehmung ihrer Obliegenheiten den gesetzlichen oder statutarischen Anforderungen nicht genügen, zu beseitigen und durch andere zu ersetzen.
2. Kassenrevisoren für die Kasse der örtlichen Verwaltungsstelle und Krankenbesucher für den Bezirk derselben zu wählen;
3. einen oder mehrere Abgeordnete zur Generalversammlung zu wählen, sofern diese statutenmäßig aus Abgeordneten besteht;

4. Anträge und Beschwerden in Angelegenheiten der Kasse an die Generalversammlung zu richten.

**§ 19c.** Weitere, als die in den §§ 19a, 19b bezeichneten Befugnisse dürfen den örtlichen Verwaltungsstellen und der Gesammtheit der Mitglieder ihres Bezirks nicht beigelegt werden.

**§ 19d.** Die Kasse hat der Aufsichtsbehörde, in deren Bezirk sie ihren Sitz hat, von der Errichtung jeder örtlichen Verwaltungsstelle binnen zwei Wochen, unter Angabe des Sitzes und Bezirks derselben und unter Bezeichnung der Personen, welche zur Zeit die örtliche Verwaltung führen, Anzeige zu erstatten.

Die Aufsichtsbehörde hat die Anzeige, sofern die örtliche Verwaltungsstelle ihren Sitz in dem Bezirke einer anderen Aufsichtsbehörde hat, dieser mitzutheilen.

Von jeder Änderung des Bezirks der örtlichen Verwaltungsstelle und der Zusammensetzung ihrer Verwaltung hat diese der Aufsichtsbehörde ihres Sitzes Anzeige zu erstatten.

**§ 20.** Soweit die Angelegenheiten der Kasse nicht durch den Vorstand oder Ausschuß wahrgenommen werden, steht die Beschlußnahme darüber der Generalversammlung zu.

Die Generalversammlung kann dritten Personen ihre Befugnisse nicht übertragen.

Abänderungen des Statuts bedürfen . . . ihrer Zustimmung.

**§ 21.** In der Generalversammlung hat jedes anwesende Mitglied, welches großjährig und im Besitz der bürgerlichen Ehrenrechte ist, eine Stimme. Mitglieder, welche mit den Beiträgen im Rückstande sind, können von der Theilnahme an der Abstimmung ausgeschlossen werden.

Die Generalversammlung kann auch aus Abgeordneten gebildet werden, welche aus der Mitte der stimmfähigen Mitglieder zu wählen sind; die Zahl der zu wählenden Abgeordneten muß jedoch mindestens zwanzig betragen und doppelt so groß sein, als die Zahl der Vorstandsmitglieder.

. . . . . . . . . . . . . . . . . . . . . .

Soll die Wahl der Abgeordneten von den Mitgliedern nach Abtheilungen vorgenommen werden, so muß die Bildung der Wahlabtheilungen und die Vertheilung der Abgeordneten auf dieselben durch das Statut erfolgen.

**§ 22.** Generalversammlungen können nur innerhalb des Deutschen Reichs an einem Orte abgehalten werden, an welchem die Kasse eine örtliche Verwaltungsstelle besitzt. Bei der Berufung ist der Gegenstand der Berathung anzugeben.

Wird von dem Ausschuß oder von dem zehnten Theile der

stimmfähigen Mitglieder die Berufung der Generalversammlung beantragt, so muß der Vorstand die letztere berufen.

**§ 23** (ist aufgehoben).

**§ 24.** Die Einnahmen und Ausgaben der Kasse sind von allen den Zwecken der Kasse fremden Vereinnahmungen und Verausgabungen getrennt festzustellen und zu verrechnen; ebenso sind Bestände gesondert zu verwahren.

Verfügbare Gelder dürfen, außer in öffentlichen Sparkassen, nur ebenso wie die Gelder Bevormundeter angelegt werden.

**§ 25.** Die Kasse hat einen Reservefonds im Mindestbetrage der durchschnittlichen Jahresausgabe der letzten fünf Rechnungsjahre anzusammeln und erforderlichenfalls bis zu dieser Höhe zu ergänzen.

So lange der Reservefonds diesen Betrag nicht erreicht, ist demselben mindestens ein Zehntel des Jahresbetrages der Kassenbeiträge zuzuführen.

**§ 26.** Ergiebt sich aus den Jahresabschlüssen der Kasse, daß die Einnahmen derselben zur Deckung ihrer Ausgaben einschließlich der Rücklagen zur Ansammlung und Ergänzung des Reservefonds nicht ausreichen, so ist entweder eine Erhöhung der Beiträge oder eine Minderung der Kassenleistungen herbeizuführen.

Unterläßt die Kasse, eine dem Bedürfnisse entsprechende Abänderung herbeizuführen, so hat ihr die höhere Verwaltungsbehörde auf Grund eines sachverständigen Gutachtens zu eröffnen, in welcher Art und in welchem Maße dieselbe für erforderlich zu erachten und binnen welcher Frist dieselbe herbeizuführen ist. Die Frist muß auf mindestens sechs Wochen bestimmt werden.

**§ 27.** Die Kasse ist verpflichtet, in den vorgeschriebenen Fristen und nach den vorgeschriebenen Formularen[1] Übersichten über die Mitglieder, über die Krankheits- und Sterbefälle, über die vereinnahmten Beiträge und die geleisteten Unterstützungen, sowie einen Rechnungsabschluß der Aufsichtsbehörde einzusenden.

Sie hat das Ausscheiden der Mitglieder auf Erfordern den Aufsichtsbehörden, in deren Bezirk dieselben sich aufhalten, anzuzeigen. Für Mitglieder, welche sich im Bezirke einer örtlichen Verwaltungsstelle aufhalten, liegt diese Verpflichtung der letzteren ob.

**§ 28.** Die Kasse . . . kann durch Beschluß der Generalversammlung unter Zustimmung von mindestens vier Fünftheilen sämmtlicher Stimmen aufgelöst werden.

**§ 29.** Die Schließung einer Kasse kann durch die höhere Verwaltungsbehörde erfolgen:

---

[1] Vgl. Bekanntm. des Bundesraths vom 16. Okt. 1884 (CBl S. 266).

1. wenn mehr als ein Viertheil der Mitglieder mit der Einzahlung der Beiträge im Rückstande ist, und trotz ergangener Aufforderung der Aufsichtsbehörde weder die Beitreibung der fälligen Beiträge, noch der Ausschluß der säumigen Mitglieder erfolgt;
2. wenn die Kasse trotz ergangener Aufforderung der Aufsichtsbehörde vier Wochen mit Zahlung fälliger nicht streitiger Unterstützungen im Rückstande ist;
3. wenn die Generalversammlung einen mit den Vorschriften dieses Gesetzes oder des Kassenstatuts im Widerspruch stehenden Beschluß gefaßt hat und der Auflage der Aufsichtsbehörde, denselben zurückzunehmen, innerhalb der gesetzten, auf mindestens sechs Wochen zu bemessenden Frist nicht nachgekommen ist;
4. wenn dem § 6 dieses Gesetzes zuwider Mitglieder zu Handlungen oder Unterlassungen verpflichtet, oder wenn der Vorschrift des § 13 entgegen Beiträge von den Mitgliedern erhoben oder Verwendungen aus dem Vermögen der Kasse bewirkt werden;
5. wenn im Falle des § 26 Absatz 2 innerhalb der bestimmten Frist die Erhöhung der Beiträge oder die Minderung der Unterstützungssätze in dem festgesetzten Maße nicht erfolgt;

5a. wenn sich ergiebt, daß nach § 3, 4 die Zulassung der Kasse hätte versagt werden müssen, und die erforderliche Abänderung des Statuts innerhalb einer von der höheren Verwaltungsbehörde zu bestimmenden, mindestens sechswöchentlichen Frist nicht bewirkt worden ist;

6. wenn Mitglieder aus einem nach diesem Gesetze unzulässigen Grunde aus der Kasse ausgeschlossen werden.

Gegen die Maßregeln der Verwaltungsbehörde ist der Rekurs zulässig; wegen des Verfahrens und der Behörden gelten die Vorschriften der §§ 20 und 21 der Gewerbeordnung. In Elsaß-Lothringen finden statt derselben die dort geltenden Bestimmungen über das Verfahren in streitigen Verwaltungssachen entsprechende Anwendung.

Die Eröffnung des Konkursverfahrens über eine Kasse hat die Schließung kraft Gesetzes zur Folge.

**§ 30.** Bei der Auflösung einer Kasse wird die Abwickelung der Geschäfte, sofern die Generalversammlung darüber nicht anderweitig beschließt, durch den Vorstand vollzogen. Genügt dieser seiner Verpflichtung nicht, oder wird die Kasse geschlossen, so hat die Aufsichtsbehörde die Abwickelung der Geschäfte geeigneten Personen zu übertragen und deren Namen bekannt zu machen.

**§ 31.** Von dem Zeitpunkte der Auflösung oder Schließung

einer Kasse ab bleiben die Mitglieder noch für diejenigen Zahlungen verhaftet, zu welchen sie das Statut für den Fall ihres Austrittes aus der Kasse verpflichtete.

Das Vermögen der Kasse ist nach der Auflösung oder Schließung zunächst zur Deckung der vor dem Zeitpunkte der Auflösung oder Schließung bereits eingetretenen Unterstützungsverpflichtungen zu verwenden.

**§ 32.** Bis zum Ablaufe eines Jahres nach Auflösung oder Schließung einer Kasse kann einer für die gleichen Zwecke und für denselben Mitgliederkreis oder für einen Theil desselben neu errichteten Kasse die Zulassung versagt werden.

**§ 33.** Die Kassen und ihre örtlichen Verwaltungsstellen unterliegen in Bezug auf die Befolgung dieses Gesetzes der Beaufsichtigung durch die von den Landesregierungen zu bestimmenden Behörden, mit der Maßgabe, daß mit den von den höheren Verwaltungsbehörden wahrzunehmenden Geschäften diejenigen höheren Verwaltungsbehörden zu betrauen sind, welche nach Landesrecht die Aufsicht oder Oberaufsicht in Gemeindeangelegenheiten wahrzunehmen haben.

Die Kassen sind verpflichtet, der Aufsichtsbehörde auf Verlangen jederzeit ihre Bücher, Verhandlungen und Rechnungen im Geschäftslokale der Kasse zur Einsicht vorzulegen und die Revision ihrer Kassenbestände zu gestatten.

Die Aufsichtsbehörde beruft die Generalversammlung, falls der Vorstand der durch § 22 begründeten Verpflichtung nicht genügt.

Sie kann die Mitglieder des Vorstandes und der örtlichen Verwaltungsstellen, sowie die im Falle der Auflösung oder Schließung einer Kasse mit der Abwickelung der Geschäfte betrauten Personen zur Erfüllung der durch dieses Gesetz begründeten Pflichten durch Androhung, Festsetzung und Vollstreckung von Geldstrafen bis zu einhundert Mark, sowie durch die sonstigen nach den Landesgesetzen ihr zustehenden Zwangsmittel anhalten. Gegen die Androhung und Festsetzung von Geldstrafen beziehungsweise Anwendung von Zwangsmitteln seitens der Aufsichtsbehörden steht den Kassenvorständen der Rekurs zu; wegen des Verfahrens und der Behörden gelten die Vorschriften der §§ 20 und 21 der Reichs-Gewerbeordnung.

**§ 34.** Mitglieder des Vorstandes, des Ausschusses oder einer örtlichen Verwaltungsstelle, welche den Bestimmungen dieses Gesetzes zuwiderhandeln, werden mit Geldstrafe bis zu dreihundert Mark bestraft.

Haben sie absichtlich zum Nachtheil der Kasse gehandelt, so unterliegen sie der Strafbestimmung des § 266 des Strafgesetzbuchs.

**§ 35.** Eine Vereinigung mehrerer Kassen zu einem Verbande behufs gegenseitiger Aushülfe kann unter Zustimmung der Generalversammlungen der einzelnen Kassen und auf Grund eines schriftlichen Statuts erfolgen.

Der Verband ist durch einen aus der Wahl der Vorstände oder Ausschüsse der betheiligten Kassen hervorgegangenen Vorstand zu verwalten. Seine Pflichten und Befugnisse bestimmt das Statut. Sein Sitz darf nur an einem Orte sein, wo eine der betheiligten Kassen ihren Sitz hat.

Der Verband unterliegt nach Maßgabe des § 33 der Aufsicht der höheren Verwaltungsbehörde desjenigen Bezirks, in welchem der Vorstand seinen Sitz hat.

Auf die Mitglieder des Vorstandes und die sonstigen Organe des Verbandes finden die Bestimmungen des § 34 Anwendung.

**§ 35a.** Die Eintragungen in das Hülfskassenregister und die gemäß § 17 zu ertheilenden Zeugnisse sind gebühren- und stempelfrei.

**§ 36.** Die Verfassung und die Rechte der auf Grund landesrechtlicher Vorschriften errichteten Hülfskassen werden durch dieses Gesetz nicht berührt; die Kassen können jedoch durch die Landesregierungen zur Einsendung der im § 27 bezeichneten Übersichten verpflichtet werden.

In Ansehung der Kassen der Knappschaftsvereine verbleibt es bei den dafür maßgebenden besonderen Bestimmungen.

---

## 1877.

### 52) Patentgesetz. Vom 25. Mai 1877. (RGBl S. 501.)

Für die §§ 1—40 vgl. das Patentgesetz vom 7. April 1891 (vgl. unten).

#### Fünfter Abschnitt.

#### Übergangsbestimmungen.

**§ 41.** Die auf Grund landesgesetzlicher Bestimmungen zur Zeit bestehenden Patente bleiben nach Maßgabe dieser Bestimmungen bis zu ihrem Ablaufe in Kraft; eine Verlängerung ihrer Dauer ist unzulässig.

**§ 42.** Der Inhaber eines bestehenden Patentes (§ 41) kann für die dadurch geschützte Erfindung die Ertheilung eines Patentes nach Maßgabe dieses Gesetzes beanspruchen. Die Prüfung der Erfindung unterliegt dann dem durch dieses Gesetz vorgeschriebenen Verfahren. Die Ertheilung des Patentes ist zu versagen, wenn vor der Beschlußfassung über die Ertheilung der Inhaber eines anderen, für dieselbe Erfindung bestehenden Patentes (§ 41) die Ertheilung des Patentes beansprucht oder gegen die Ertheilung Einspruch erhebt. Wegen mangelnder Neuheit ist die Ertheilung des Patentes nur dann zu versagen, wenn die Erfindung zur Zeit, als sie im Inlande zuerst einen Schutz erlangte, im Sinne des § 2 nicht mehr neu war.

Mit der Ertheilung eines Patentes nach Maßgabe dieses Gesetzes erlöschen die für dieselbe Erfindung bestehenden Patente (§ 41), soweit der Inhaber des neuen Patentes deren Inhaber ist. Soweit dieses nicht der Fall ist, treten die gesetzlichen Wirkungen des neuen Patentes in dem Geltungsbereiche der bestehenden Patente erst mit dem Ablaufe der letzteren ein.

**§ 43.** Auf die gesetzliche Dauer eines nach Maßgabe des § 42 ertheilten Patentes wird die Zeit in Anrechnung gebracht, während deren die Erfindung nach dem ältesten der bestehenden Patente im Inlande bereits geschützt gewesen ist. Der Patentinhaber ist für die noch übrige Dauer des Patentes zur Zahlung der gesetzlichen Gebühren (§ 8) verpflichtet; der Fälligkeitstag und der Jahresbetrag der Gebühren wird nach dem Zeitpunkt bestimmt, mit welchem die Erfindung im Inlande zuerst einen Schutz erlangt hat.

**§ 44.** Durch die Ertheilung eines Patentes nach Maßgabe des § 42 werden diejenigen, welche die Erfindung zur Zeit der Anmeldung derselben ohne Verletzung eines Patentrechts bereits in Benutzung genommen oder die zur Benutzung erforderlichen Veranstaltungen getroffen hatten, in dieser Benutzung nicht beschränkt.

**§ 45.** Dieses Gesetz tritt mit dem 1. Juli 1877 in Kraft.

---

## 1878.

### 53) Gesetz, betr. die Gewährung einer Ehrenzulage an die Inhaber des Eisernen Kreuzes von 1870/71. Vom 2. Juni 1878.

(RGBl S. 99.)

**§ 3.** Die Ehrenzulage wird auf Lebenszeit gewährt und unterliegt nicht der Beschlagnahme. Das Anrecht auf die Ehrenzulage erlischt mit dem Eintritt der Rechtskraft eines strafgerichtlichen Erkenntnisses, welches den Verlust der Orden zur Folge hat.

---

# 1879.

## 54) Gesetz, betr. den Verkehr mit Nahrungsmitteln, Genußmitteln und Gebrauchsgegenständen. Vom 14. Mai 1879.
(RGBl S. 145.)

**§ 1.** Der Verkehr mit Nahrungs- und Genußmitteln, sowie mit Spielwaaren, Tapeten, Farben, Eß-, Trink- und Kochgeschirr und mit Petroleum unterliegt der Beaufsichtigung nach Maßgabe dieses Gesetzes.

**§ 2.** Die Beamten der Polizei sind befugt, in die Räumlichkeiten, in welchen Gegenstände der in § 1 bezeichneten Art feilgehalten werden, während der üblichen Geschäftsstunden oder während die Räumlichkeiten dem Verkehr geöffnet sind, einzutreten.

Sie sind befugt, von den Gegenständen der in § 1 bezeichneten Art, welche in den angegebenen Räumlichkeiten sich befinden, oder welche an öffentlichen Orten, auf Märkten, Plätzen, Straßen oder im Umherziehen verkauft oder feilgehalten werden, nach ihrer Wahl Proben zum Zwecke der Untersuchung gegen Empfangsbescheinigung zu entnehmen. Auf Verlangen ist dem Besitzer ein Theil der Probe amtlich verschlossen oder versiegelt zurückzulassen. Für die entnommene Probe ist Entschädigung in Höhe des üblichen Kaufpreises zu leisten.

---

## 55) Gesetz über die Konsulargerichtsbarkeit. Vom 10. Juli 1879.
(RGBl S. 197.)[1]

### I. Allgemeine Bestimmungen.

**§ 1.** Die Konsulargerichtsbarkeit wird in den Ländern ausgeübt, in welchen ihre Ausübung durch Herkommen oder durch Staatsvertrag[2] gestattet ist.

---

[1] Vgl. Instruktion zur Ausführung des Gesetzes über die Konsulargerichtsbarkeit vom 10. Juli 1879 (CBl S. 575):

„Zur Ausführung des Gesetzes über die Konsulargerichtsbarkeit vom 10. Juli 1879 wird Folgendes bestimmt:

Zum § 1: Als Schutzgenossen im Sinne dieses Gesetzes gelten diejenigen Personen, welche zwar keine Reichsangehörigen sind, aber unter deutschem Schutze stehen sogenannte Schutzgenossen im engeren Sinne. Vgl. die Instruktion betr. die Ertheilung des von den Kaiserlich deutschen Konsularbehörden zu gewährenden Schutzes im türkischen Reiche u. s. w. vom 1. Mai 1872, deren Bestimmungen hiermit auf alle Länder ausgedehnt werden, in welchen die Konsulargerichtsbarkeit ausgeübt wird. Die Schutzgenossen unterliegen den Bestimmungen dieses Gesetzes in gleicher Art, wie die Reichsangehörigen, insoweit nicht Staatsverträge eine Ausnahme bedingen."

Vgl. Nachtrag zu dieser Instruktion vom 4. Febr. 1882 (CBl 1882, S. 111).

[2] Die in dem Bundes- bezw. Reichsgesetzblatte nicht enthaltenen Staatsverträge sind zum Abdrucke gebracht in folgender vom Auswärtigen Amte veranstalteten officiellen Sammlung: „Deutsche Konsularverträge. Abdruck der

Der Konsulargerichtsbarkeit sind die in den Konsulargerichtsbezirken wohnenden oder sich aufhaltenden Reichsangehörigen und Schutzgenossen unterworfen.

---

vom deutschen Reiche, vom früheren norddeutschen Bunde, vom früheren deutschen Zoll- und Handels-Verein und von einzelnen deutschen Bundesstaaten mit auswärtigen Staaten über die Befugnisse der Konsuln abgeschlossenen, zur Zeit in Kraft bestehenden Vereinbarungen. Unter Benutzung amtlicher Quellen. Berlin 1878." (Vgl. hierzu CBl 1878, S. 43.)

Bezüglich der Gerichtsbarkeit der Konsuln sind zu erwähnen: Freundschaftsvertrag des Zollvereins mit China, vom 2. Sept. 1861 (Preuß. Gesetzsammlung, 1863, Nr. 15) Art. 39 (angef. Samml. S. 17), Zusatzkonvention vom 31. März 1880 (RGBl 1881, S. 261a); diesem Vertrage sind beigetreten die beiden Mecklenburg und die Hansestädte; Freundschaftsvertrag des Zollvereins mit Siam, vom 7. Februar 1862 (beigetreten die beiden Mecklenburg) angef. Samml. S. 127, Art. 9; ähnlich Art. 9 des Freundschaftsvertrags der beiden Hansestädte mit Siam vom 25. Okt. 1858 (angef. Samml. S. 138). Handelsvertrag des Zollvereins mit der Türkei. Vom 20. März 1862 (Preuß. Gesetzsamml. 1863, Nr. 13. Beitritt der beiden Mecklenburg durch Deklaration vom 5. Nov. 1868; angef. Samml. S. 157) betrifft die Ausdehnung und Aufrechterhaltung des Freundschafts- und Handelsvertrags vom 22. März 1761 mit Preußen. Wichtig: Art. 5 (Angef. Samml. S. 158); Konsulatsvertrag Bayern's mit der Türkei vom 25. Aug. 1870 (a. a. O. S. 161), Art. 5; Handels- und Schifffahrtsvertrag der freien Hansestädte mit der Türkei, vom 27. Sept. 1862; betrifft die Aufrechterhaltung des Freundschaftsvertrages vom 18. Mai 1839. Vgl. Art. 8 (angef. Samml. S. 164).

Vgl. Freundschafts-, Handels- und Schifffahrtsvertrag mit Japan. Vom 20. Febr. 1869 (RGBl 1870, S. 1) Art. 5. Freundschafts-, Handels- und Schifffahrtsvertrag mit Persien. Vom 11. Juni 1873 (RGBl 1873, S. 351) Art. 13. G, betr. die Einschränkung der Gerichtsbarkeit der deutschen Konsuln in Egypten. Vom 30. März 1874 (RGBl S. 23), dazu G vom 5. Juni 1880 (RGBl S. 145); V, betr. die Einschränkung der Gerichtsbarkeit der deutschen Konsuln in Egypten. Vom 23. Dez. 1885 (RGBl S. 381), dazu V, betr. die Konsulargerichtsbarkeit in Egypten. Vom 23. Dez. 1880 (RGBl S. 192). G, betr. die Konsulargerichtsbarkeit in Bosnien und der Herzegowina. Vom 7. Juni 1880 (RGBl S. 136); hier die Konsulargerichtsbarkeit aufgehoben durch V vom 23. Dez. 1880 (RGBl S. 191). Freundschaftsvertrag mit Samoa. Vom 24. Januar 1879 (RGBl 1881, S. 29) Art. 7. G, betr. die Konsulargerichtsbarkeit in Tunis. Vom 27. Juli 1883 (RGBl S. 263); hier die Konsulargerichtsbarkeit aufgehoben durch V vom 21. Januar 1884 (RGBl S. 9). Handels-, Freundschafts- und Schifffahrtsvertrag mit Korea. Vom 26. Nov. 1883. (RGBl 1884, S. 221) Art. 3. Vgl. dazu Schlußprotokoll. Vom 26. Nov. 1883. Zu Art. 3 (RGBl S. 252). Freundschafts-, Handels- und Schifffahrtsvertrag mit Zanzibar. Vom 20. Dez. 1885 (RGBl 1886, S. 261) Art. 16.

Die Ausdehnung des Konsulargerichtsbarkeitsgesetzes auf die deutschen Schutzgebiete ist erfolgt durch G, betr. die Rechtsverhältnisse der deutschen Schutzgebiete vom 17. April 1886 (RGBl S. 75) § 2. § 3 (vgl. unten); vgl. dazu die Verordnungen vom 5. Juni 1886 (RGBl S. 187) bezw. 11. Januar 1887 (RGBl S. 4), Ausdehnung auf das Schutzgebiet der Neuguinea-Kompagnie bezw. die dazu gehörigen Salomonsinseln. (Vgl. unten G vom 15. März 1888.)

§ 2. Die Konsulargerichtsbezirke werden von dem Reichskanzler nach Vernehmung des Ausschusses des Bundesraths für Handel und Verkehr bestimmt.

§ 3. In Betreff des bürgerlichen Rechts ist anzunehmen, daß in den Konsulargerichtsbezirken die Reichsgesetze, das preußische Allgemeine Landrecht und die das bürgerliche Recht betreffenden allgemeinen Gesetze derjenigen preußischen Landestheile, in welchen das Allgemeine Landrecht Gesetzeskraft hat, gelten.

In Handelssachen kommt zunächst das in dem Konsulargerichtsbezirke geltende Handelsgewohnheitsrecht zur Anwendung.

§ 12.[1] Soweit dieses Gesetz nicht abweichende Vorschriften ent-

---

Vgl. G, betr. die Konsulargerichtsbarkeit und die Übernahme einer Bürgschaft des Reichs für die durch Einrichtung einer anderweiten Rechtspflege dortselbst erwachsenden antheilmäßigen Kosten. Vom 6. Juli 1890 (RGBl S. 139); dazu V betr. die Konsulargerichtsbarkeit in Samoa. Vom 29. Okt. 1890 (RGBl S. 189).

[1] Über die freiwillige Gerichtsbarkeit der Konsuln vgl. G, betr. die Organisation der Bundeskonsulate, sowie die Amtsrechte und Pflichten der Bundeskonsuln. Vom 8. Nov. 1867 (RGBl S. 137), §§ 14—18 (zu § 18 vgl V vom 6. Dez. 1875, CBl S. 817). Es handelt sich hier insbesondere um Vornahme von notariellen Akten und Nachlaßregulirung. Hierauf beziehen sich denn auch vornehmlich die folgenden Artikel der Staatsverträge: Freundschaftsvertrag des Zollvereins mit Siam (beigetreten die beiden Mecklenburg) Art. 15 (vgl. oben Anm. zu § 1), ähnlich Art. 15 des Freundschaftsvertrages der freien Hansestädte mit Siam (vgl. Anm. zu § 1); Freundschaftsvertrag des Zollvereins mit der Argentinischen Republik, vom 19. Sept. 1857 (Preuß. Gesetzsamml. 1859, Nr. 31) Art. 11 (angef. Samml. S. 7); Freundschaftsvertrag des Zollvereins mit Chile, vom 1. Febr. 1862 (Preuß. Gesetzsamml. 1863, Nr. 43; beigetreten die beiden Mecklenburg und Lübeck) Art. 11 (angef. Samml. S. 11); Handelsvertrag des Zollvereins mit der Türkei (vgl. Anm. zu § 1) Art. 6. — Vgl. ferner Konsularvertrag mit Italien vom 21. Dez. 1868 (RGBl 1869, S. 113) Art. 10—13 (vgl. Ergänzungsvertrag vom 7. Febr. 1872, RGBl S. 134); Konsularkonvention mit Spanien, vom 22. Febr. 1870 (RGBl 1870, S. 99) Art. 10—13 (vgl. Ergänzungsvertrag vom 12. Januar 1872 (RGBl S. 211); Freundschaftsvertrag mit Salvador. Vom 13. Juni 1870 (RGBl 1872, S. 377) Art. 27; vgl. dazu Konvention mit dem Freistaate Salvador. Vom 12. Januar 1888 (RGBl S. 191); Konsularkonvention mit den Vereinigten Staaten von Amerika. Vom 11. Dez. 1871 (RGBl 1872, S. 95) Art. 9—11; Übereinkunft zwischen Preußen und den Niederlanden wegen der Zulassung preußischer Konsuln in den niederländischen Kolonien. Vom 16. Juni 1856 (RGBl 1872, S. 68), Art. 11; ausgedehnt auf die Konsuln des deutschen Reiches durch Deklaration betr. die Ausdehnung der zwischen Preußen und den Niederlanden am 16. Juni 1856 abgeschlossenen Konsularkonvention auf die Konsuln des deutschen Reiches in den niederländischen Kolonien. Vom 11. Januar 1872 (RGBl S. 67); Handelsvertrag mit Persien (s. Anm. zu § 1) Art. 15. Konsularvertrag mit Rußland. Vom 8. Dez./26. Nov. 1874 (RGBl 1875, S. 145) Art. 9; Konvention über die Regulirung von Hinterlassenschaften zwischen dem Deutschen Reiche und Rußland. Vom 12. Nov./31. Okt. 1874 (RGBl 1875,

hält, ist für die durch das Gerichtsverfassungsgesetz und die Konkursordnung den Amtsgerichten zugewiesenen Sachen der Konsul, für die den Schöffengerichten, sowie für die den Landgerichten in erster Instanz zugewiesenen Sachen das Konsulargericht zuständig.

In den zu der streitigen Gerichtsbarkeit nicht gehörenden Angelegenheiten, welche in den im § 3 Abs. 1 bezeichneten preußischen Landestheilen in erster Instanz zur Zuständigkeit der Amtsgerichte oder der Landgerichte gehören, ist der Konsul zuständig.

**§ 47.** Neue Gesetze erlangen, soweit nicht reichsgesetzlich etwas Anderes bestimmt wird, in den Konsulargerichtsbezirken nach Ablauf von vier Monaten, von dem Tage gerechnet, an welchem das betreffende Stück des Reichs-Gesetzblatts oder der preußischen Gesetzsammlung in Berlin ausgegeben worden ist, verbindliche Kraft.

---

## 56) Gesetz, betr. die Anfechtung von Rechtshandlungen eines Schuldners außerhalb des Konkursverfahrens. Vom 21. Juli 1879.

(RGBl S. 277.)

**§ 1.** Rechtshandlungen eines Schuldners können außerhalb des Konkursverfahrens zum Zwecke der Befriedigung eines Gläubigers als diesem gegenüber unwirksam nach Maßgabe der folgenden Bestimmungen angefochten werden.

**§ 2.** Zur Anfechtung ist jeder Gläubiger, welcher einen vollstreckbaren Schuldtitel erlangt hat und dessen Forderung fällig ist, befugt, sofern die Zwangsvollstreckung in das Vermögen des Schuldners zu einer vollständigen Befriedigung des Gläubigers nicht geführt hat oder anzunehmen ist, daß sie zu einer solchen nicht führen würde.

---

S. 136); Freundschafts-, Handels- und Schifffahrtsvertrag mit Costa Rica. Vom 18. Mai 1875 (RGBl 1877, S. 13) Art. 30; Freundschafts-, Handels-, Schifffahrts- und Konsularvertrag mit Hawaii. Vom 25. März/19. Sept. 1879 (RGBl 1880, S. 121) Art. 18—20; Konsularvertrag mit Griechenland. Vom 26. Nov. 1881 (RGBl 1882, S. 101) Art. 9, 15—26; Konsularvertrag mit Brasilien. Vom 10. Januar 1882 (RGBl S. 69), Art. 12 bis 39; Konsularvertrag mit Serbien. Vom 6. Januar 1883 (RGBl S. 62), Art. 9—13; Freundschafts- und Handelsvertrag mit der südafrikan. Republik. Vom 22. Januar 1885 (RGBl 1886, S. 209) Art 18—29; Handels- Schifffahrts- und Konsularvertrag mit der dominikanischen Republik. Vom 30. Januar 1885 (RGBl 1886, S. 3) Art. 24; Freundschaftsvertrag mit Zanzibar (siehe Anm. zu § 1) Art. 20; Freundschaftsvertrag mit Guatemala. Vom 20. Sept. 1887 (RGBl 1888 S. 238); Freundschaftsvertrag mit Honduras. Vom 12. Dez. 1887 (RGBl 1888, S. 263).

Über die Wirksamkeit der Bundeskonsuln als Standesbeamte vgl. oben G vom 4. Mai 1870 und unten G vom 17. April 1886, nebst Anmerkungen.

§ 3. Anfechtbar sind:

1. Rechtshandlungen, welche der Schuldner in der dem anderen Theile bekannten Absicht, seine Gläubiger zu benachtheiligen, vorgenommen hat;
2. die in dem letzten Jahre vor der Rechtshängigkeit des Anfechtungsanspruchs geschlossenen entgeltlichen Verträge des Schuldners
   mit seinem Ehegatten, vor oder während der Ehe, mit seinen oder seines Ehegatten Verwandten in auf- und absteigender Linie, mit seinen oder seines Ehegatten voll- und halbbürtigen Geschwistern, oder mit dem Ehegatten einer dieser Personen,

   sofern durch den Abschluß des Vertrages die Gläubiger des Schuldners benachtheiligt werden und der andere Theil nicht beweist, daß ihm zur Zeit des Vertragsabschlusses eine Absicht des Schuldners, die Gläubiger zu benachtheiligen, nicht bekannt war;
3. die in dem letzten Jahre vor der Rechtshängigkeit des Anfechtungsanspruchs von dem Schuldner vorgenommenen unentgeltlichen Verfügungen, sofern nicht dieselben gebräuchliche Gelegenheitsgeschenke zum Gegenstande hatten;
4. die in den letzten zwei Jahren vor der Rechtshängigkeit des Anfechtungsanspruchs von dem Schuldner vorgenommenen unentgeltlichen Verfügungen zu Gunsten seines Ehegatten, sowie eine innerhalb dieses Zeitraums vom ihm bewirkte Sicherstellung oder Rückgewähr eines Heirathsguts oder des gesetzlich in seine Verwaltung gekommenen Vermögens seiner Ehefrau, sofern er nicht zu der Sicherstellung oder Rückgewähr durch einen vor diesem Zeitraume geschlossenen Vertrag verpflichtet war.

§ 4. Hat der Gläubiger, bevor er einen vollstreckbaren Schuldtitel erlangt hatte oder seine Forderung fällig war, denjenigen, welchem gegenüber eine im § 3 Nr. 2 bis 4 bezeichnete Rechtshandlung vorgenommen ist, von seiner Absicht, die Handlung anzufechten, durch Zustellung eines Schriftsatzes in Kenntniß gesetzt, so wird die Frist von dem Zeitpunkte der Zustellung zurückgerechnet, sofern schon zu dieser Zeit der Schuldner zahlungsunfähig war und bis zum Ablaufe von zwei Jahren seit diesem Zeitpunkte der Anfechtungsanspruch rechtshängig geworden ist.

§ 5. Die Erhebung des Anfechtungsanspruchs im Wege der Einrede kann erfolgen, bevor ein vollstreckbarer Schuldtitel für die Forderung erlangt ist; der Gläubiger hat denselben jedoch vor der Entscheidung binnen einer von dem Gerichte zu bestimmenden Frist beizubringen.

**§ 6.** Die Anfechtung wird dadurch nicht ausgeschlossen, daß für die anzufechtende Rechtshandlung ein vollstreckbarer Schuldtitel erlangt, oder daß dieselbe durch Zwangsvollstreckung oder durch Vollziehung eines Arrestes erwirkt worden ist.

**§ 7.** Der Gläubiger kann, soweit es zu seiner Befriedigung erforderlich ist, beanspruchen, daß dasjenige, was durch die anfechtbare Handlung ans dem Vermögen des Schuldners veräußert, weggegeben oder aufgegebeu ist, als noch zu demselben gehörig von dem Empfänger zurückgewährt werde.

Der gutgläubige Empfänger einer unentgeltlichen Leistung hat dieselbe nur soweit zurückzugewähren, als er durch sie bereichert ist.

**§ 8.** Wegen Erstattung einer Gegenleistung oder im Fall einer anfechtbaren Leistung wegen seiner Forderung kann der Empfänger sich nur an den Schuldner halten.

**§ 9.** Erfolgt die Anfechtung im Wege der Klage, so hat der Klagantrag bestimmt zu bezeichnen, in welchem Umfange und in welcher Weise die Rückgewähr seitens des Empfängers bewirkt werden soll.

**§ 10.** Liegt ein nur vorläufig vollstreckbarer Schuldtitel des Gläubigers oder ein unter Vorbehalt ergangenes Urtheil (CPO §§ 502, 562) vor, so ist in dem den Anfechtungsanspruch für begründet erklärenden Urtheile die Vollstreckung desselben davon abhängig zu machen, daß die gegen den Schuldner ergangene Entscheidung rechtskräftig oder vorbehaltlos wird.

**§ 11.** Die gegen den Erblasser begründete Anfechtung findet gegen den Erben statt.

Gegen einen anderen Rechtsnachfolger desjenigen, welchem gegenüber die anfechtbare Handlung vorgenommen ist, findet die gegen den letzteren begründete Anfechtung statt:

1. wenn ihm zur Zeit seines Erwerbes bekannt war, daß der Schuldner die Rechtshandlung in der Absicht vorgenommen hatte, seine Gläubiger zu benachtheiligen;
2. wenn er zu den im § 3 Nr. 2 genannten Personen gehört und nicht beweist, daß er zur Zeit seines Erwerbes von den Umständen, welche die Anfechtung gegen den Rechtsvorgänger begründen, keine Kenntniß hatte.

Zur Erstreckung der Fristen in Gemäßheit des § 4 genügt die Zustellung des Schriftsatzes an den Rechtsnachfolger, gegen welchen der Anfechtungsanspruch erhoben wird.

**§ 12.** Das Anfechtungsrecht auf Grund des § 3 Nr. 1 verjährt in zehn Jahren seit dem Zeitpunkte, mit welchem der Gläubiger den vollstreckbaren Schuldtitel erlangt hatte und seine Forderung fällig war, wenn aber die Rechtshandlung nach diesem Zeitpunkte vorgenommen ist, erst seit der Vornahme der Handlung.

**§ 13.** Wird über das Vermögen des Schuldners das Konkursverfahren eröffnet, so steht die Verfolgung der von Konkursgläubigern erhobenen Anfechtungsansprüche dem Konkursverwalter zu. Aus dem Erstrittenen sind dem Gläubiger die Prozeßkosten vorweg zu erstatten.

Ist das Verfahren über den Anfechtungsanspruch noch rechtshängig, so wird dasselbe unterbrochen. Im Fall einer Verzögerung der Aufnahme kommen die Bestimmungen der Civil-Prozeß-Ordnung § 217 zur entsprechenden Anwendung. Der Konkursverwalter kann den Anspruch nach den Vorschriften der Konkurs-Ordnung §§ 30 bis 32, 34 in Gemäßheit der §§ 240, 491 der Civil-Prozeß-Ordnung erweitern. Lehnt der Verwalter die Aufnahme des Rechtsstreits ab, so kann derselbe rücksichtlich der Prozeßkosten von jeder Partei aufgenommen werden. Durch die Ablehnung der Aufnahme wird die Befugniß des Verwalters, nach den Vorschriften der Konkurs-Ordnung das Anfechtungsrecht auszuüben, nicht ausgeschlossen.

Soweit der Gläubiger aus dem Zurückzugewährenden eine Sicherung oder Befriedigung erlangt hatte, finden auf die Anfechtung derselben die Vorschriften des § 23 Nr. 1 der Konkursordnung entsprechende Anwendung.

Nach der Beendigung des Konkursverfahrens können Anfechtungsrechte, deren Ausübung dem Konkursverwalter zustand, von den einzelnen Gläubigern nach Maßgabe dieses Gesetzes verfolgt werden, soweit nicht dem Anspruch entgegenstehende Einreden gegen den Verwalter erlangt sind. War der Anspruch nicht schon zur Zeit der Eröffnung des Konkursverfahrens rechtshängig, so wird die im § 3 Nr. 2—4 bestimmte Frist von diesem Zeitpunkte berechnet, sofern die Rechtshängigkeit bis zum Ablauf eines Jahres seit der Beendigung des Konkursverfahrens eintritt.

Rechtshandlungen, welche der Gemeinschuldner rücksichtlich seines nicht zur Konkursmasse gehörigen Vermögens vorgenommen hat, können von den Konkursgläubigern auch während des Konkursverfahrens nach Maßgabe dieses Gesetzes angefochten werden.

**§ 14.** Dieses Gesetz tritt im ganzen Umfange des Reichs gleichzeitig mit der Konkurs-Ordnung in Kraft.

Dasselbe findet auch auf die vor diesem Zeitpunkte vorgenommenen Rechtshandlungen Anwendung, sofern sie nicht nach den Vorschriften der bisherigen Gesetze der Anfechtung entzogen oder in geringerem Umfange unterworfen sind.

Ist der Anfechtungsanspruch zur Zeit des Inkrafttretens dieses Gesetzes rechtshängig, so bleiben für die Entscheidung des Rechtsstreits die Vorschriften der bisherigen Gesetze maßgebend.

# 1880.

## 57) Gesetz, betr. den Wucher. Vom 24. Mai 1880.
(RGBl S. 109.)

**Artikel 1.** Hinter den § 302 des Strafgesetzbuchs für das Deutsche Reich werden die folgenden neuen §§ 302a, 302b, 302c, 302d eingestellt:

**§ 302a.** Wer unter Ausbeutung der Nothlage, des Leichtsinns oder der Unerfahrenheit eines Anderen für ein Darlehn oder im Falle der Stundung einer Geldforderung sich oder einem Dritten Vermögensvortheile versprechen oder gewähren läßt, welche den üblichen Zinsfuß dergestalt überschreiten, daß nach den Umständen des Falles die Vermögensvortheile in auffälligem Mißverhältnisse zu der Leistung stehen, wird wegen Wuchers mit Gefängniß bis zu sechs Monaten und zugleich mit Geldstrafe bis zu dreitausend Mark bestraft. Auch kann auf Verlust der bürgerlichen Ehrenrechte erkannt werden.

**§ 302b.** Wer sich oder einem Dritten die wucherlichen Vermögensvortheile (§ 302a) verschleiert oder wechselmäßig oder unter Verpfändung der Ehre, auf Ehrenwort, eidlich oder unter ähnlichen Zusicherungen oder Betheuerungen

## 57) Gesetz, betr. Ergänzung der Bestimmungen über den Wucher. Vom 19. Juni 1893.
(RGBl S. 197.)

**Artikel I.** In dem Strafgesetzbuch werden die §§ 302a und 302d folgendermaßen abgeändert, und werden hinter dem § 302d folgender § 302e und in dem § 367 hinter Nr. 15 folgende Nr. 16 eingestellt:

**§ 302a.** Wer unter Ausbeutung der Nothlage, des Leichtsinns oder der Unerfahrenheit eines Anderen mit Bezug auf ein Darlehn oder auf die Stundung einer Geldforderung oder auf ein anderes zweiseitiges Rechtsgeschäft, welches denselben wirthschaftlichen Zwecken dienen soll, sich oder einem Dritten Vermögensvortheile versprechen oder gewähren läßt, welche den üblichen Zinsfuß dergestalt überschreiten, daß nach den Umständen des Falles die Vermögensvortheile in auffälligem Mißverhältniß zu der Leistung stehen, wird wegen Wuchers mit Gefängniß bis zu sechs Monaten und zugleich mit Geldstrafe bis zu dreitausend Mark bestraft. Auch kann auf Verlust der bürgerlichen Ehrenrechte erkannt werden.

versprechen läßt, wird mit Gefängniß bis zu Einem Jahre und zugleich mit Geldstrafe bis zu sechstausend Mark bestraft. Auch kann auf Verlust der bürgerlichen Ehrenrechte erkannt werden.

**§ 302c.** Dieselben Strafen (§ 302a, 302b) treffen denjenigen, welcher mit Kenntniß des Sachverhalts eine Forderung der vorbezeichneten Art erwirbt und entweder dieselbe weiter veräußert oder die wucherlichen Vermögensvortheile geltend macht.

**§ 302d.** Wer den Wucher gewerbs- oder gewohnheitsmäßig betreibt, wird mit Gefängniß nicht unter drei Monaten und zugleich mit Geldstrafe von einhundertfünfzig bis zu fünfzehntausend Mark bestraft. Auch ist auf Verlust der bürgerlichen Ehrenrechte zu erkennen.

**§ 302d.** Wer den Wucher (§§ 302a bis 302c) gewerbs- oder gewohnheitsmäßig betreibt, wird mit Gefängniß nicht unter drei Monaten und zugleich mit Geldstrafe von einhundertfünfzig bis zu fünfzehntausend Mark bestraft. Auch ist auf Verlust der bürgerlichen Ehrenrechte zu erkennen.

**§ 302e.** Dieselbe Strafe (§ 302d) trifft denjenigen, welcher mit Bezug auf ein Rechtsgeschäft anderer als der im § 302a bezeichneten Art gewerbs- oder gewohnheitsmäßig unter Ausbeutung der Nothlage, des Leichtsinns oder der Unerfahrenheit eines Anderen sich oder einem Dritten Vermögensvortheile versprechen oder gewähren läßt, welche den Werth der Leistung dergestalt überschreiten, daß nach den Umständen des Falles die Vermögensvortheile in auffälligem Mißverhältniß zu der Leistung stehen.

**§ 367.** 16. wer den über das Abhalten von öffentlichen Versteigerungen und über das Verabfolgen geistiger Getränke vor und bei öffentlichen Versteigerungen erlassenen polizeilichen Anordnungen zuwiderhandelt.

**Artikel 2.** Der § 360 Nr. 12 des Strafgesetzbuchs in der durch das Gesetz vom 26. Februar 1876 festgestellten Fassung wird durch nachstehende Bestimmung ersetzt:

**§ 360** Nr. 12 Wer als Pfandleiher oder Rückkaufshändler bei Ausübung seines Gewerbes den darüber erlassenen Anordnungen zuwiderhandelt, insbesondere den durch Landesgesetz oder Anordnung der zuständigen Behörde bestimmten Zinsfuß überschreitet.

**Artikel II.** In dem Gesetze, betreffend den Wucher, vom 24. Mai 1880 (Reichs-Gesetzbl. S. 109) wird der Artikel 3 im ersten Absatz und im ersten Satz des zweiten Absatzes folgendermaßen abgeändert und wird folgender Artikel 4 eingestellt:

**Artikel 3.** Verträge, welche gegen die Vorschriften der §§ 302a, 302b des Strafgesetzbuchs verstoßen, sind ungültig.

Sämmtliche von dem Schuldner oder für ihn geleisteten Vermögensvortheile (§ 302a) müssen zurückgewährt und vom Tage des Empfanges an verzinst werden. Hierfür sind diejenigen, welche sich des Wuchers schuldig gemacht haben, solidarisch verhaftet, der nach § 302c des Strafgesetzbuchs Schuldige jedoch nur in Höhe des von ihm oder einem Rechtsnachfolger Empfangenen. Die Verpflichtung eines Dritten, welcher sich des

**Artikel 3.** Verträge, welche gegen die Vorschriften der §§ 302a, 302b, 302e des Strafgesetzbuchs verstoßen, sind ungültig.

Sämmtliche von dem Schuldner oder für ihn geleisteten Vermögensvortheike (§§ 302a, 302e) müssen zurückgewährt und vom Tage des Empfanges an verzinst werden.

Wuchers nicht schuldig gemacht hat, bestimmt sich nach den Vorschriften des bürgerlichen Rechts.

Das Recht der Rückforderung verjährt in fünf Jahren seit dem Tage, an welchem die Leistung erfolgt ist.

Der Gläubiger ist berechtigt, das aus dem ungültigen Vertrage Geleistete zurückzufordern; für diesen Anspruch haftet die für die vertragsmäßige Forderung bestellte Sicherheit. Die weiter gehenden Rechte eines Gläubigers, welchem nach den Bestimmungen des bürgerlichen Rechts die Ungültigkeit des Vertrages nicht engegengesetzt werden kann, werden hierdurch nicht berührt.

**Artikel 4.** Wer aus dem Betriebe von Geld- oder Kreditgeschäften ein Gewerbe macht, hat die Rechnung des Geschäftsjahres für jeden, welcher ein Geschäft der bezeichneten Art mit ihm abgeschlossen hat und daraus sein Schuldner geworden ist, abzuschließen und dem Schuldner binnen drei Monaten nach Schluß des Jahres einen schriftlichen Auszug dieser Rechnung mitzutheilen, der außer dem Ergebniß derselben auch erkennen läßt, wie solches erwachsen ist.

Wer sich dieser Verpflichtung vorsätzlich entzieht, wird mit Geldstrafe bis zu fünfhundert Mark, oder mit Haft bestraft und verliert den Anspruch auf die Zinsen für das verflossene Jahr hinsichtlich der Geschäfte, welche in den Rechnungsauszug aufzunehmen waren.

Die vorstehenden Bestimmungen finden keine Anwendnng:

1. wenn das Schuldverhältniß auf nur Einem während des abgelaufenen Geschäftsjahres abgeschlossenen Rechtsgeschäfte beruht, über dessen Entstehung und Ergebniß dem Schuldner eine schriftliche Mittheilung behändigt ist;
2. auf öffentliche Banken, Notenbanken, Bodenkreditinstitute und Hypothekenbanken auf Aktien, auf öffentliche Leihanstalten, auf Spar- und Darleihinstitute öffentlicher Korporationen und auf eingetragene Genossenschaften, soweit es sich bei den eingetragenen Genossenschaften um den Geschäftsverkehr mit den Mitgliedern handelt;
3. auf den Geschäftsverkehr zwischen Kaufleuten, deren Firma in das Handelsregister eingetragen ist.

**Artikel III.** Der Absatz 3 Satz 1 des § 35 der Gewerbeordnung erhält folgende veränderte Fassung:

Dasselbe gilt von der gewerbsmäßigen Besorgung fremder Rechtsangelegenheiten und bei Behörden wahrzunehmender Geschäfte, insbesondere der Abfassung der darauf bezüglichen schriftlichen Aufsätze, von dem gewerbsmäßigen Betriebe der Viehverstellung (Viehpacht), des Viehhandels und des Handels mit ländlichen Grundstücken, von dem Geschäfte der gewerbsmäßigen Vermittelungsagenten für Immobiliarverträge, Darlehen und Heirathen, von dem Geschäfte eines Gesindevermiethers und eines Stellenvermittlers, sowie vom Geschäfte eines Auktionators.

**58) Gesetz, betr. die Abwehr und Unterdrückung von Viehseuchen. Vom 23. Juni 1880.** (RGBl S. 153.)

**§ 1.** Das nachstehende Gesetz regelt das Verfahren zur Abwehr und Unterdrückung übertragbarer Seuchen der Hausthiere mit Ausnahme der Rinderpest.

c. Schutzmaßregeln gegen Seuchengefahr.

**§ 18.**[1] Im Falle der Seuchengefahr (§ 14) und für die Dauer derselben können, vorbehaltlich der in diesem Gesetze rücksichtlich einzelner Seuchen ertheilten besonderen Vorschriften, je nach Lage des Falles und nach der Größe der Gefahr, unter Berücksichtigung der betheiligten Verkehrsinteressen die nachfolgenden Schutzmaßregeln (§§ 19 bis 29) polizeilich angeordnet werden.

Beschwerden des Besitzers über die von der Polizeibehörde angeordneten Schutzmaßregeln haben keine aufschiebende Wirkung.

**§ 24.** 6. Die Tödtung der an der Seuche erkrankten oder verdächtigen Thiere.

Dieselbe darf nur in den Fällen angeordnet werden, welche in diesem Gesetze ausdrücklich vorgesehen sind.

Die Vorschrift unverzüglicher Tödtung der an einer Seuche erkrankten oder verdächtigen Thiere findet, wo sie in diesem Gesetze enthalten ist, keine Anwendung auf solche Thiere, welche einer der Staatsaufsicht unterworfenen höheren Lehranstalt übergeben sind, um dort für die Zwecke derselben verwendet zu werden.

**§ 25.** Werden Thiere, welche bestimmten Verkehrs- oder Nutzungsbeschränkungen oder der Absperrung unterworfen sind, in verbotwidriger Benutzung oder außerhalb der ihnen angewiesenen Räumlichkeit, oder an Orten, zu welchen ihr Zutritt verboten ist, betroffen, so kann die Polizeibehörde die sofortige Tödtung derselben anordnen.

**§ 57.** Für die auf polizeiliche Anordnung getödteten oder nach dieser Anordnung an der Seuche gefallenen Thiere muß vorbehaltlich der in diesem Gesetze bezeichneten Ausnahmen eine Entschädigung gewährt werden.

**§ 58.** Die Bestimmungen darüber:

[1] Vgl. Instruktion zur Ausführung der §§ 19—29 des Gesetzes vom 23. Juni 1880 betr. die Abwehr und Unterdrückung von Viehseuchen. Vom 24. Febr. 1881 (CBl S. 37); dazu Bekanntm. vom 2. Mai 1882 (CBl S. 215).

1. von wem die Entschädigung zu gewähren und wie dieselbe aufzubringen ist,
2. wie die Entschädigung im einzelnen Falle zu ermitteln und festzustellen ist,

sind von den Einzelstaaten zu treffen.

Die in dieser Hinsicht in den Einzelstaaten bereits bestehenden Vorschriften bleiben unberührt. Insoweit solche Vorschriften nicht entgegenstehen, sind die Landesregierungen befugt, zu bestimmen, daß die Entschädigung für getödtete Pferde und Rinder bis zum Eintritt einer anderweiten landesverfassungsmäßigen Regelung durch Beiträge der Besitzer von Pferden und Rindvieh nach Maßgabe der über die Vertheilung und Erhebung der Beiträge von der Landesregierung zu treffenden näheren Anordnung aufgebracht werden.

In allen Fällen sollen jedoch die Vorschriften der §§ 59—64 dieses Gesetzes dabei maßgebend sein.

**§ 59.** Als Entschädigung soll der gemeine Werth des Thieres gewährt werden, ohne Rücksicht auf den Minderwerth, welchen das Thier dadurch erleidet, daß es mit der Seuche behaftet ist. Bei den mit der Rotzkrankheit behafteten Thieren hat jedoch die Entschädigung $^3/_4$, bei dem mit der Lungenseuche behafteten Rindvieh $^4/_5$ des so berechneten Werthes zu betragen.

Auf die zu leistende Entschädigung werden angerechnet:

1. die aus Privatverträgen zahlbare Versicherungssumme, und zwar bei Rotz zu drei Viertel, bei Lungenseuche zu vier Fünfteln, in allen anderen Fällen zum vollen Betrage;
2. der Werth derjenigen Theile des getödteten Thieres, welche dem Besitzer nach Maßgabe der polizeilichen Anordnungen zur Verfügung bleiben.

**§ 60.** Die zu leistende Entschädigung wird, sofern ein anderer Berechtigter nicht bekannt ist, demjenigen gezahlt, in dessen Gewahrsam oder Obhut sich das Thier zur Zeit der Tödtung befand.

Mit dieser Zahlung ist jeder Entschädigungsanspruch Dritter erloschen.

**§ 61.** Keine Entschädigung wird gewährt:

1. für Thiere, welche dem Reich, den Einzelstaaten oder zu den landesherrlichen Gestüten gehören;
2. für Thiere, welche, der Vorschrift des § 6 zuwider, mit der Krankheit behaftet, in das Reichsgebiet eingeführt sind;
3. für Thiere, bei welchen nach ihrer Einführung in das Reichsgebiet innerhalb 90 Tagen die Rotzkrankheit oder innerhalb 180 Tagen die Lungenseuche festgestellt wird, wenn nicht der Nachweis erbracht wird, daß die Ansteckung der Thiere erst nach Einführung derselben in das Reichsgebiet stattgefunden hat.

**§ 62.** Die Gewährung einer Entschädigung kann versagt werden:
1. für Thiere, welche mit einer ihrer Art oder dem Grade nach unheilbaren und unbedingt tödtlichen Krankheit, mit Ausnahme jedoch des Rotzes und der Lungenseuche behaftet waren;
2. für das in Schlachtviehhöfen oder in öffentlichen Schlachthäusern aufgestellte, auf polizeiliche Anordnung geschlachtete oder getödtete Schlachtvieh;
3. für Hunde und Katzen, welche aus Anlaß der Tollwuth getödtet sind (§§ 34, 37 Abs. 1, 38).

**§ 63.** Der Anspruch auf Entschädigung fällt weg:
1. wenn der Besitzer der Thiere oder der Vorsteher der Wirthschaft, welcher die Thiere angehören, vorsätzlich oder fahrlässig, oder der Begleiter der auf dem Transporte befindlichen Thiere, oder bezüglich der in fremdem Gewahrsam befindlichen Thiere, der Besitzer des Gehöfts, der Stallung, Koppel oder Weide vorsätzlich, den Vorschriften der §§ 9 und 10 zuwider, die Anzeige vom Ausbruche der Seuche oder vom Seuchenverdacht unterläßt, oder länger als 24 Stunden nach erhaltener Kenntniß verzögert;
2. wenn der Besitzer eines der Thiere mit der Seuche behaftet gekauft oder durch ein anderes Rechtsgeschäft unter Lebenden erworben hat und von diesem kranken Zustande beim Erwerbe des Thieres Kenntniß hatte;
3. im Falle des § 25, oder wenn dem Besitzer oder dessen Vertreter die Nichtbefolgung oder Übertretung der polizeilich angeordneten Schutzmaßregeln zur Abwehr der Seuchengefahr zur Last fällt.

**§ 64.** Wenn zur Bestreitung der Entschädigungen Beiträge nach Maßgabe des vorhandenen Pferde- und Rindviehbestandes erhoben werden, dürfen diese Beiträge für Thiere, welche dem Reich, den Einzelstaaten oder zu den landesherrlichen Gestüten gehören, und im Falle des § 62 Nr. 2 für das in Schlachtviehhöfen oder in öffentlichen Schlachthäusern aufgestellte Schlachtvieh nicht beansprucht werden.

---

## 1881.

### 59) Gesetz, betr. die Fürsorge für die Wittwen und Waisen der Reichsbeamten der Civilverwaltung. Vom 20. April 1881.

(RGBl S. 85.)[1]

**§ 4.** Die Wittwen- und Waisengeldbeiträge werden in denjenigen Theilbeträgen, in welchen das Diensteinkommen, das Wartegeld

---

[1] V betr. die Fürsorge für die Wittwen und Waisen der Reichsbankbeamten. Vom 8. Juni 1881 (RGBl S. 117).

oder die Pension zahlbar ist, durch Einbehaltung eines entsprechenden Theiles dieser Bezüge erhoben.

Der einzuhaltende Theil ist weder der Pfändung unterworfen, noch bei der Ermittelung, ob und zu welchem Betrage die Bezüge der Pfändung unterliegen, zu berechnen.

**§ 17.** Das Wittwen- und Waisengeld kann mit rechtlicher Wirkung weder abgetreten, noch verpfändet oder sonst übertragen werden.

---

## 1883.

### 60) Gesetz, betreffend die Krankenversicherung der Arbeiter. Vom 15. Juni 1883. (RGBl S. 73.)

Vgl. unten G vom 10. April 1892.

---

### 61) Gesetz, betr. die Reichskriegshäfen und die Feststellung eines Nachtrages zum Reichshaushaltsetat für das Etatsjahr 1883/84. Vom 19. Juni 1883. (RGBl S. 105.)

**§ 3.** In den im § 1 bestimmten Kriegshafengebieten sind Bauten, Anlagen und Unternehmungen, welche die Sand- oder Schlickablagerung oder die Verlandung befördern, nicht ohne die Genehmigung des Marinestationschefs zulässig. Dies gilt insbesondere von Eindeichungen, Ausschüttung von Baggergut, Ballast oder anderen festen Sinkstoffen, von der Anlage von Gräben, Bollwerken und Buhnen.

Der Marinestationschef darf die Genehmigung nicht versagen, wenn die betreffende Vornahme für die Erhaltung des Fahrwassers beziehungsweise der Wassertiefe unschädlich ist.

Wird die Genehmigung ganz oder theilweise versagt, so sind die Gründe der Ablehnung anzugeben.

Gegen die Versagung der Genehmigung ist binnen einer vierwöchentlichen Präklusivfrist, vom Tage der Zustellung ab, der Rekurs zulässig. Die Einlegung desselben erfolgt bei dem Marinestationschef.

Die Entscheidung auf den Rekurs erfolgt, nach Anhörung der Admiralität, endgültig durch den Bundesrath.

Sind seit der Zustellung der Genehmigung zwei Jahre verflossen, ohne daß davon Gebrauch gemacht worden ist, so wird sie als erloschen betrachtet.

**§ 4.** Wer ohne Genehmigung des Marinestationschefs oder mit eigenmächtiger Abweichung von der ertheilten Genehmigung Bauten, Anlagen oder Unternehmungen der im § 3 bezeichneten Art ausführt oder ausführen läßt, wird mit Geldstrafe bis zu einhundertfünfzig Mark bestraft; eine gleiche Strafe trifft denjenigen, welcher als Bauverständiger die Ausführung geleitet hat.

Soweit nach dem Urtheile des Marinestationschefs der Bau, die Anlage oder die Unternehmung unzulässig befunden wird, ist der Unternehmer innerhalb der von dem Marinestationschef zu bestimmenden Frist zu deren Beseitigung verbunden. Erfolgt die Beseitigung innerhalb dieser Frist nicht, so ist die Marinebehörde befugt, dieselbe auf Kosten des Schuldigen vorzunehmen.

---

## 62) Gesetz, betr. Abänderung der Gewerbeordnung.[1] Vom 1. Juli 1883. (RGBl S. 169.)

**Artikel 16.** Der Reichskanzler wird ermächtigt, den Text der Gewerbeordnung, wie er sich aus den Änderungen ergiebt, welche in diesem Gesetze und den Gesetzen vom

| | | | | |
|---|---|---|---|---|
| | 12. Juni 1872, | Reichs-Gesetzblatt | Seite | 170, |
| | 2. März 1874, | " | " | 19, |
| | 8. April 1876, | " | " | 134, |
| | 17. Juli 1878, | " | " | 199, |
| | 23. Juli 1879, | " | " | 267, |
| | 15. Juli 1880, | " | " | 178, |
| und vom | 18. Juli 1881, | " | " | 233, |

sowie durch die am 26. Juli 1881 und 21. April 1883 bekannt gemachten, vom Reichstag genehmigten Beschlüsse des Bundesraths (Reichs-Gesetzblatt des Jahres 1882 Seite 10 und des Jahres 1883 Seite 33) festgestellt sind, durch das Reichs-Gesetzblatt bekannt zu machen.

Dabei sind an Stelle der Ausdrücke: Norddeutscher Bund, Bundesgebiet, Bundesangehörige, die dem Deutschen Reich entsprechenden Bezeichnungen anzuwenden, die Thalerwährung in Reichswährung zu verändern, und ist in Gemäßheit des Gesetzes vom 11. Juni 1878, betr. den Gewerbebetrieb der Maschinisten auf Seedampfschiffen (Reichsgesetzblatt S. 109), der § 31 Abs. 1, wie folgt, zu fassen:

„Seeschiffer, Seesteuerleute, Maschinisten der Seedampfschiffe und Lootsen müssen sich über den Besitz der erforderlichen Kenntnisse durch ein Befähigungszeugniß der zuständigen Verwaltungsbehörde ausweisen."

Die §§ 15 Abs. 3, 24 Abs. 3 und 156 sind in Wegfall zu bringen.

---

[1] Vgl. oben S. 11.

## 63) Bekanntmachung, betr. die Redaktion der Gewerbeordnung für das Deutsche Reich. Vom 1. Juli 1883. (RGBl S. 177.)[1] u.[2]

### Titel I.

### Allgemeine Bestimmungen.

**§ 1.** Der Betrieb eines Gewerbes ist Jedermann gestattet,

---

[1] Gesetz, betr. die Einführung der Gewerbeordnung in Elsaß-Lothringen. Vom 27. Februar 1888. (RGBl S. 57.)

§ 1. Die Gewerbeordnung für das Deutsche Reich in der Fassung, welche durch Art. 16 des Gesetzes vom 1. Juli 1883, betreffend Abänderung der Gewerbeordnung (Reichs-Gesetzbl. S. 159), durch das Gesetz vom 8. Dez. 1884 wegen Ergänzung des § 100e des Gesetzes, betr. die Abänderung der Gewerbeordnung vom 18. Juli 1881 (Reichs-Gesetzbl. 1884 S. 255), durch das Gesetz vom 23. April 1886, betr. die Abänderung der Gewerbeordnung (Reichs-Gesetzbl. S. 125), durch das Gesetz vom 6. Juli 1887, betr. die Abänderung der Gewerbeordnung (Reichs-Gesetzbl. S. 281), sowie durch die am 4. Januar 1885, am 24. April 1885, 1. April 1886 und 5. Januar 1887 bekannt gemachten, vom Reichstag genehmigten Beschlüsse des Bundesraths (Reichs-Gesetzbl. des Jahres 1885 S. 2 und 92, des Jahres 1886 S. 68 und des Jahres 1887 S. 4)

festgestellt ist, tritt in Elsaß-Lothringen, vorbehaltlich der Bestimmungen der §§ 2—6 dieses Gesetzes, am 1. Januar 1889 als Reichsgesetz in Kraft.

§ 2. Hinsichtlich des Gewerbebetriebes, welcher die Herstellung, den Umsatz und die Verbreitung von Schriften, Drucksachen und bildlichen Darstellungen jeder Art zum Gegenstande hat, bleiben an Stelle der Bestimmungen der Gewerbeordnung die Landesgesetze maßgebend.

§ 3. Die auf die Theaterpolizei bezüglichen Bestimmungen der Landesgesetze bleiben neben den Bestimmungen der Gewerbeordnung in Kraft.

§ 4. Die Schließung von Wirthschaften kann auch fernerhin in den landesgesetzlich vorgesehenen Fällen erfolgen. Die Fortsetzung des Wirthschaftsbetriebes entgegen einer auf Grund der Landesgesetze angeordneten Schließung unterliegt der Strafe des § 147 der Gewerbeordnung.

§ 5. Die Bestimmungen der Landesgesetze über die Befugniß zur Abhaltung von öffentlichen Versteigerungen bleiben unberührt.

§ 6. Die Bestimmungen über die Anlegung von Dampfkesseln bleiben der landesgesetzlichen Regelung überlassen.

Es finden jedoch die auf Grund des § 24 Abs. 2 der Gewerbeordnung vom Bundesrath erlassenen allgemeinen polizeilichen Bestimmungen auch in Elsaß-Lothringen insoweit Anwendung, als dies vom Bundesrath beschlossen wird.

§ 7 Die höhere Verwaltungsbehörde kann gestatten, daß jugendliche Arbeiter (§ 135 der Gewerbeordnung), welche zur Zeit des Inkrafttretens dieses Gesetzes in einer Fabrik bereits beschäftigt waren, daselbst bis zum 1. Januar 1891 in der durch das Gesetz, betr. die Beschäftigung der Kinder in Fabriken u. s. w., vom 22. März 1841 (bulletin des lois IX. série No. 9203) zugelassenen Ausdehnung weiter beschäftigt werden.

§ 8. Die Bezeichnung der nach den Landesgesetzen zuständigen Behörden, sowie die näheren Bestimmungen über das Verfahren bezüglich der Genehmigung der im § 16 der Gewerbeordnung aufgeführten gewerblichen Anlagen erfolgen durch Kaiserliche Verordnung.

Vgl. Bekanntm. betr. Ausführungsbestimmungen zu dem Gesetze über die soweit nicht durch dieses Gesetz Ausnahmen oder Beschränkungen vorgeschrieben oder zugelassen sind.

Wer gegenwärtig zum Betriebe eines Gewerbes berechtigt ist,

---

Einführung der Gewerbeordnung in Elsaß-Lothringen vom 27. Februar 1888. Vom 4. März 1889 (RGBl S. 46) verb. mit Bekanntm. vom 22. Dez. 1888 (RGBl S. 301).

[2] Für Streitigkeiten gilt das Gesetz betr. die Gewerbegerichte. Vom 29. Juli 1890 (RGBl S. 141).

§ 1. Für die Entscheidung von gewerblichen Streitigkeiten zwischen Arbeitern einerseits und ihren Arbeitgebern andererseits, sowie zwischen Arbeitern desselben Arbeitgebers können Gewerbegerichte errichtet werden.

Die Errichtung erfolgt für den Bezirk einer Gemeinde durch Ortsstatut nach Maßgabe des § 142 der Gewerbeordnung. Die Entscheidung der höheren Verwaltungsbehörde über die Genehmigung des Statuts ist binnen sechs Monaten zu ertheilen. Die Entscheidung, durch welche die Genehmigung versagt wird, muß mit Gründen versehen sein.

Mehrere Gemeinden können sich durch übereinstimmende Ortsstatuten zur Errichtung eines gemeinsamen Gewerbegerichts für ihre Bezirke vereinigen. Für die Genehmigung der übereinstimmenden Ortsstatute ist die höhere Verwaltungsbehörde zuständig, in deren Bezirk das Gewerbegericht seinen Sitz haben soll.

Imgleichen kann ein Gewerbegericht für den Bezirk eines weiteren Kommunalverbandes errichtet werden. Die Errichtung erfolgt in diesem Falle nach Maßgabe der Vorschriften, nach welchen Angelegenheiten des Verbandes statutarisch geregelt werden. Die Zuständigkeit eines solchen Gerichts ist ausgeschlossen, soweit die Zuständigkeit eines für eine oder mehrere Gemeinden des Bezirks bestehenden oder später errichteten Gewerbegerichts begründet ist.

Die Errichtung kann auf Antrag betheiligter Arbeitgeber oder Arbeiter durch Anordnung der Landes-Zentralbehörde erfolgen, wenn ungeachtet einer von ihr an die betheiligten Gemeinden oder den weiteren Kommunalverband ergangenen Aufforderung innerhalb der gesetzten Frist die Errichtung auf dem im Abs. 2 bis 4 vorgesehenen Wege nicht erfolgt ist. Alle Bestimmungen, welche dieses Gesetz dem Statute vorbehält, erfolgen in diesem Falle durch die Anordnung der Landes-Zentralbehörde.

Vor der Errichtung sind sowohl Arbeitgeber als Arbeiter der hauptsächlichen Gewerbezweige und Fabrikbetriebe in entsprechender Anzahl zu hören.

§ 2. Als Arbeiter im Sinne dieses Gesetzes gelten diejenigen Gesellen, Gehülfen, Fabrikarbeiter und Lehrlinge, auf welche der siebente Theil der Gewerbeordnung Anwendung findet.

Imgleichen gelten als Arbeiter im Sinne dieses Gesetzes Betriebsbeamte, Werkmeister und mit höheren technischen Dienstleistungen betraute Angestellte, deren Jahresarbeitsverdienst an Lohn oder Gehalt zweitausend Mark nicht übersteigt.

§ 3. Die Gewerbegerichte sind ohne Rücksicht auf den Werth des Streitgegenstandes zuständig für Streitigkeiten:

1. über den Antritt, die Fortsetzung oder die Auflösung des Arbeitsverhältnisses, sowie über die Aushändigung oder den Inhalt des Arbeitsbuches oder Zeugnisses,
2. über die Leistungen und Entschädigungsansprüche aus dem Arbeitsverhältnisse, sowie über eine in Beziehung auf dasselbe bedungene Konventionalstrafe,

kann von demselben nicht deshalb ausgeschlossen werden, weil er den Erfordernissen dieses Gesetzes nicht genügt.

**§ 2.** Die Unterscheidung zwischen Stadt und Land in

---

3. über die Berechnung und Anrechnung der von den Arbeitern zu leistenden Krankenversicherungsbeiträge (§§ 53, 65, 72, 73 des Gesetzes, betr. die Krankenversicherung der Arbeiter, vom 15. Juni 1883, (Reichsgesetzbl. S. 73),
4. über die Ansprüche, welche auf Grund der Übernahme einer gemeinsamen Arbeit von Arbeitern desselben Arbeitgebers gegen einander erhoben werden.

Streitigkeiten über eine Konventionalstrafe, welche für den Fall bedungen ist, daß der Arbeiter nach Beendigung des Arbeitsverhältnisses ein solches bei anderen Arbeitgebern eingeht oder ein eigenes Geschäft errichtet, gehören nicht zur Zuständigkeit der Gewerbegerichte.

§ 4. Zur Zuständigkeit der Gewerbegerichte gehören ferner Streitigkeiten der im § 3 Nr. 1 bis 3 bezeichneten Art zwischen Personen, welche für bestimmte Gewerbetreibende außerhalb der Arbeitsstätte der letzteren mit Anfertigung gewerblicher Erzeugnisse beschäftigt sind (Heimarbeiter, Hausgewerbetreibende), und ihren Arbeitgebern, sofern die Beschäftigung auf die Bearbeitung oder Verarbeitung der den ersteren von den Arbeitgebern gelieferten Rohstoffe oder Halbfabrikate beschränkt ist. Das Gleiche gilt von Streitigkeiten der im § 3 Nr. 4 bezeichneten Art zwischen solchen Hausgewerbetreibenden unter einander.

Streitigkeiten derjenigen Hausgewerbetreibenden, welche die Rohstoffe oder Halbfabrikate selbst beschaffen, unterliegen der Zuständigkeit der Gewerbegerichte, soweit dies durch das Statut bestimmt ist.

§ 5. Durch die Zuständigkeit eines Gewerbegerichts wird die Zuständigkeit der ordentlichen Gerichte ausgeschlossen.

§ 6. Die sachliche Zuständigkeit der Gewerbegerichte kann auf bestimmte Arten von Gewerbe- oder Fabrikbetrieben, die örtliche auf bestimmte Theile des Gemeindebezirks beschränkt werden.

Die Landes-Zentralbehörde kann die örtliche Zuständigkeit eines von ihr errichteten Gewerbegerichts ausdehnen. Die betheiligten Ortsbehörden sind zuvor zu hören.

§ 12. Die Beisitzer müssen zur Hälfte aus den Arbeitgebern, zur Hälfte aus den Arbeitern entnommen werden.

Die ersteren werden mittelst Wahl der Arbeitgeber, die letzteren mittelst Wahl der Arbeiter bestellt. Die Wahl ist unmittelbar und geheim.

Die Wahl erfolgt auf mindestens ein Jahr und auf höchstens sechs Jahre. Eine Wiederwahl ist zulässig.

§ 29. Rechtsanwälte und Personen, welche das Verhandeln vor Gericht geschäftsmäßig betreiben, werden als Prozeßbevollmächtigte oder Beistände vor dem Gewerbegerichte nicht zugelassen.

§ 61. Das Gewerbegericht kann in Fällen von Streitigkeiten, welche zwischen Arbeitgebern und Arbeitern über die Bedingungen der Fortsetzung oder Wiederaufnahme des Arbeitsverhältnisses entstehen, als Einigungsamt angerufen werden.

§ 78. Der § 120a der Gewerbeordnung wird aufgehoben.

Soweit auf denselben zur Bezeichnung der im Abs. 1 daselbst erwähnten Streitigkeiten in anderen Gesetzesstellen Bezug genommen wird, tritt der § 3 Abs. 1 dieses Gesetzes an seine Stelle.

Soweit nach den gesetzlichen Vorschriften über die Krankenversicherung der Arbeiter die Entscheidung von Streitigkeiten über die Berechnung und An-

Bezug auf den Gewerbebetrieb und die Ausdehnung desselben hört auf.

**§ 3.** Der gleichzeitige Betrieb verschiedener Gewerbe, sowie desselben Gewerbes in mehreren Betriebs- oder Verkaufsstätten ist gestattet. Eine Beschränkung der Handwerker auf den Verkauf der selbstgefertigten Waaren findet nicht statt.

**§ 4.** Den Zünften und kaufmännischen Korporationen steht ein Recht, Andere von dem Betrieb eines Gewerbes auszuschließen, nicht zu.

**§ 5.** In den Beschränkungen des Betriebes einzelner Gewerbe, welche auf den Zoll-, Steuer- und Postgesetzen beruhen, wird durch das gegenwärtige Gesetz nichts geändert.

---

rechnung von Versicherungsbeiträgen in Gemäßheit der Bestimmungen des § 120a der Gewerbeordnung zu erfolgen hatte, finden die Vorschriften des gegenwärtigen Gesetzes über das Verfahren vor dem Gemeindevorsteher auch dann Anwendung, wenn es sich um Versicherungsbeiträge anderer, als der im § 2 bezeichneten Arbeiter handelt. Die Zuständigkeit des Gemeindevorstehers wird in diesem Falle nicht dadurch ausgeschlossen, daß ein Gewerbegericht für die Gemeinde errichtet ist.

§ 79. Die Zuständigkeit der Innungen zur Entscheidung von Streitigkeiten zwischen Arbeitgebern und ihren Lehrlingen (Gewerbeordnung § 97 Nr. 4, § 100e Nr. 1), sowie die Zuständigkeit der Innungs-Schiedsgerichte (Gewerbeordnung § 97a Nr. 6, § 100i Abs. 2) erleiden durch dieses Gesetz keine Einschränkung.

Durch die Zuständigkeit einer Innung oder eines Innungs-Schiedsgerichts wird die Zuständigkeit eines für den Bezirk der Innung bestehenden oder später errichteten Gewerbegerichts ausgeschlossen.

Gegen die Entscheidungen der Innungen und der Innungs-Schiedsgerichte steht binnen zehn Tagen die Berufung auf den Rechtsweg durch Erhebung der Klage bei dem ordentlichen Gerichte offen.

§ 80. Die nach § 14 Nr. 4 des Gerichtsverfassungsgesetzes zugelassenen, auf Grund der Landesgesetze zur Entscheidung gewerblicher Streitigkeiten berufenen Gewerbegerichte werden mit dem 1. April 1892 aufgehoben, sofern nicht bis zu diesem Zeitpunkte ihre Zusammensetzung den Bestimmungen des § 12 Abs. 1 und 2 entspricht. Auf die Vertretung der Parteien vor den bezeichneten Gerichten finden die Bestimmungen des § 29 Anwendung.

Sofern diese Gerichte den vorbezeichneten Erfordernissen entsprechen, erleidet ihre Zuständigkeit durch dieses Gesetz keine Einschränkung.

§ 81. Die auf Grund des § 120a Abs. 3 der Gewerbeordnung errichteten Schiedsgerichte gelten als Gewerbegerichte im Sinne dieses Gesetzes.

Die mit Rücksicht auf die Vorschriften desselben über die Zusammensetzung der Gewerbegerichte und das Verfahren erforderlichen Änderungen der geltenden Ortsstatuten sind ohne Verzug vorzunehmen. Ist eine erforderliche Änderung binnen zwei Monaten nach dem Inkrafttreten dieses Gesetzes nicht erfolgt, so ist sie durch die Landes-Zentralbehörde zu verfügen.

Nachdem die erforderlichen Änderungen getroffen sind, finden die Vorschriften dieses Gesetzes auch auf die vorher anhängig gewordenen Streitigkeiten Anwendung.

**§ 6.** Das gegenwärtige Gesetz findet keine Anwendung auf die Fischerei, die Errichtung und Verlegung von Apotheken, die Erziehung von Kindern gegen Entgelt, das Unterrichtswesen, die advokatorische und Notariats-Praxis, den Gewerbebetrieb der Auswanderungsunternehmer und Auswanderungsagenten, der Versicherungsunternehmer und der Eisenbahnunternehmungen, die Befugniß zum Halten öffentlicher Fähren und die Rechtsverhältnisse der Schiffsmannschaften auf den Seeschiffen. — Auf das Bergwesen, die Ausübung der Heilkunde, den Verkauf von Arzneimitteln, den Vertrieb von Lotterieloosen und die Viehzucht findet das gegenwärtige Gesetz nur insoweit Anwendung, als dasselbe ausdrückliche Bestimmungen darüber enthält.

Durch Kaiserliche Verordnung wird bestimmt, welche Apothekerwaaren dem freien Verkehr zu überlassen sind.[1]

**§ 7.** Vom 1. Januar 1873 ab sind, soweit die Landesgesetze solches nicht früher verfügen, aufgehoben:

1. die noch bestehenden ausschließlichen Gewerbeberechtigungen, d. h. die mit dem Gewerbebetriebe verbundenen Berechtigungen, Anderen den Betrieb eines Gewerbes, sei es im allgemeinen oder hinsichtlich der Benutzung eines gewissen Betriebsmaterials, zu untersagen oder sie darin zu beschränken;
2. die mit den ausschließlichen Gewerbeberechtigungen verbundenen Zwangs- und Bannrechte, mit Ausnahme der Abdeckereiberechtigungen;
3. alle Zwangs- und Bannrechte, deren Aufhebung nach dem Inhalte der Verleihungsurkunde ohne Entschädigung zulässig ist;
4. sofern die Aufhebung nicht schon in Folge dieser Bestimmungen eintritt, oder sofern sie nicht auf einem Vertrage zwischen Berechtigten und Verpflichteten beruhen:
   a) das mit dem Besitze einer Mühle, einer Brennerei oder Brenngerechtigkeit, einer Brauerei oder Braugerechtigkeit, oder einer Schankstätte verbundene Recht, die Konsumenten zu zwingen, daß sie bei den Berechtigten ihren Bedarf mahlen oder schroten lassen, oder das Getränk ausschließlich von denselben beziehen (der Mahlzwang, der Branntweinzwang oder der Brauzwang);
   b) das städtischen Bäckern oder Fleischern zustehende Recht, die Einwohner der Stadt, der Vorstädte oder der sogenannten Bannmeile zu zwingen, daß sie ihren Bedarf an Gebäck oder Fleisch ganz oder theilweise von jenen ausschließlich entnehmen;

[1] Vgl. V betr. den Verkehr mit Arzneimitteln. Vom 27. Januar 1890 (RGBl S. 9).

5. die Berechtigungen, Konzessionen zu gewerblichen Anlagen oder zum Betriebe von Gewerben zu ertheilen, die dem Fiskus, Korporationen, Instituten oder einzelnen Berechtigten zustehen;
6. vorbehaltlich der an den Staat und die Gemeinde zu entrichtenden Gewerbesteuern, alle Abgaben, welche für den Betrieb eines Gewerbes entrichtet werden, sowie die Berechtigung, dergleichen Abgaben aufzuerlegen.

Ob und in welcher Weise den Berechtigten für die vorstehend aufgehobenen ausschließlichen Gewerbeberechtigungen, Zwangs- und Bannrechte u. s. w. Entschädigung zu leisten ist, bestimmen die Landesgesetze.

**§ 8.** Von dem gleichen Zeitpunkte (§ 7) ab unterliegen, soweit solches nicht von der Landesgesetzgebung schon früher verfügt ist, der Ablösung:

1. diejenigen Zwangs- und Bannrechte, welche durch die Bestimmungen des § 7 nicht aufgehoben sind, sofern die Verpflichtung auf Grundbesitz haftet, die Mitglieder einer Korporation als solche betrifft, oder Bewohnern eines Ortes oder Distriktes vermöge ihres Wohnsitzes obliegt;
2. das Recht, den Inhaber einer Schankstätte zu zwingen, daß er für seinen Wirthschaftsbedarf das Getränk aus einer bestimmten Fabrikationsstätte entnehme.

Das Nähere über die Ablösung dieser Rechte bestimmen die Landesgesetze.

**§ 9.** Streitigkeiten darüber, ob eine Berechtigung zu den durch die §§ 7 und 8 aufgehobenen oder für ablösbar erklärten gehört, sind im Rechtswege zn entscheiden.

Jedoch bleibt den Landesgesetzen vorbehalten, zu bestimmen, von welchen Behörden und in welchem Verfahren die Frage zu entscheiden ist, ob oder wie weit eine auf einem Grundstücke haftende Abgabe eine Grundabgabe ist, oder für den Betrieb eines Gewerbes entrichtet werden muß.

**§ 10.** Ausschließliche Gewerbeberechtigungen oder Zwangs- und Bannrechte, welche durch Gesetz aufgehoben oder für ablösbar erklärt worden sind, können fortan nicht mehr erworben werden.

Realgewerbeberechtigungen dürfen fortan nicht mehr begründet werden.

**§ 11.** Das Geschlecht begründet in Beziehung auf die Befugniß zum selbständigen Betriebe eines Gewerbes keinen Unterschied.

Frauen, welche selbständig ein Gewerbe betreiben, können in Angelegenheiten ihres Gewerbes selbständig Rechtsgeschäfte abschließen und vor Gericht auftreten, gleichviel, ob sie verheirathet oder unverheirathet sind. Sie können sich in Betreff der Geschäfte aus ihrem Gewerbebetriebe auf die in den einzelnen Bundesstaaten bestehenden Rechtswohlthaten der Frauen nicht berufen. Es macht hierbei keinen Unterschied, ob sie das Gewerbe allein oder in Gemeinschaft mit anderen Personen, ob sie dasselbe in eigener Person oder durch einen Stellvertreter betreiben.

**§ 12.** Hinsichtlich des Gewerbebetriebes der juristischen Personen des Auslandes bewendet es bei den Landesgesetzen.

Diejenigen Beschränkungen, welche in Betreff des Gewerbebetriebes für Personen des Soldaten- und Beamtenstandes, sowie deren Angehörige bestehen, werden durch das gegenwärtige Gesetz nicht berührt.[1]

**§ 13.** Von dem Besitze des Bürgerrechts soll die Zulassung zum Gewerbebetriebe in keiner Gemeinde und bei keinem Gewerbe abhängig sein.

Nach dem begonnenen Gewerbebetriebe ist, soweit dies in der bestehenden Gemeindeverfassung begründet ist, der Gewerbtreibende auf Verlangen der Gemeindebehörde nach Ablauf von drei Jahren verpflichtet, das Bürgerrecht zu erwerben. Es darf jedoch in diesem Falle von ihm das sonst vorgeschriebene oder übliche Bürgerrechtsgeld nicht gefordert und ebenso nicht verlangt werden, daß er sein anderweit erworbenes Bürgerrecht aufgebe.

## Titel II.

## Stehender Gewerbebetrieb.

### I. Allgemeine Erfordernisse.

**§ 14.** Wer den selbständigen Betrieb eines stehenden Gewerbes anfängt, muß der für den Ort, wo solches geschieht, nach den Landesgesetzen zuständigen Behörde gleichzeitig Anzeige davon machen. Diese Anzeige liegt auch demjenigen ob, welcher zum Betriebe eines Gewerbes im Umherziehen (Titel III) befugt ist.

Außerdem hat, wer Versicherungen für eine Mobiliar- oder Immobiliar-Feuerversicherungsanstalt als Agent oder Unteragent vermitteln will, bei Übernahme der Agentur, und derjenige, welcher dieses Geschäft wieder aufgiebt, oder welchem die Versicherungsanstalt den Auftrag wieder entzieht, innerhalb der nächsten acht Tage der zuständigen Behörde seines Wohnortes davon Anzeige zu machen. Buch- und Steindrucker, Buch- und Kunsthändler, Antiquare, Leih-

---

[1] Vgl. Militärgesetz vom 2. Mai 1874, § 43; Reichsbeamtengesetz vom 31. März 1873, § 16.

bibliothekare, Inhaber von Lesekabinetten, Verkäufer von Druckschriften, Zeitungen und Bildern haben bei der Eröffnung ihres Gewerbebetriebes das Lokal desselben, sowie jeden späteren Wechsel des letzteren spätestens am Tage seines Eintritts der zuständigen Behörde ihres Wohnortes anzugeben.

**§ 15.** Die Behörde bescheinigt innerhalb dreier Tage den Empfang der Anzeige.

Die Fortsetzung des Betriebes kann polizeilich verhindert werden, wenn ein Gewerbe, zu dessen Beginn eine besondere Genehmigung erforderlich ist, ohne diese Genehmigung begonnen wird.

## II. Erforderniß besonderer Genehmigung.

### 1. Anlagen, welche einer besonderen Genehmigung bedürfen.

**§ 16.** Zur Errichtung von Anlagen, welche durch die örtliche Lage oder die Beschaffenheit der Betriebsstätte für den Besitzer oder Bewohner der benachbarten Grundstücke oder für das Publikum überhaupt erhebliche Nachtheile, Gefahren oder Belästigungen herbeiführen können, ist die Genehmigung der nach den Landesgesetzen zuständigen Behörde erforderlich.

Es gehören dahin:

Schießpulverfabriken, Anlagen zur Feuerwerkerei und zur Bereitung von Zündstoffen aller Art, Gasbereitungs- und Gasbewahrungsanstalten, Anstalten zur Destillation von Erdöl, Anlagen zur Bereitung von Braunkohlentheer, Steinkohlentheer und Koaks, sofern sie außerhalb der Gewinnungsorte des Materials errichtet werden, Glas- und Rußhütten, Kalk-, Ziegel- und Gypsöfen, Anlagen zur Gewinnung roher Metalle, Röstöfen, Metallgießereien, sofern sie nicht bloße Tiegelgießereien sind, Hammerwerke, chemische Fabriken aller Art, Schnellbleichen, Firnißsiedereien, Stärkefabriken, mit Ausnahme der Fabriken zur Bereitung von Kartoffelstärke, Stärkesyrupsfabriken, Wachstuch-, Darmsaiten-, Dachpappen- und Dachfilzfabriken, Leim-, Thran- und Seifensiedereien, Knochenbrennereien, Knochendarren, Knochenkochereien und Knochenbleichen, Zubereitungsanstalten für Thierhaare, Talgschmelzen, Schlächtereien, Gerbereien, Abdeckereien, Poudretten- und Düngerpulverfabriken, Stauanlagen für Wassertriebwerke (§ 23), Hopfen-Schwefeldörren, Asphaltkochereien und Pechsiedereien, soweit sie außerhalb der Gewinnungsorte des Materials errichtet werden, Strohpapierstofffabriken, Darmzubereitungsanstalten, Fabriken, in welchen Dampfkessel oder andere Blechgefäße durch Vernieten hergestellt werden, Kalifabriken und Anstalten zum Imprägniren von Holz mit erhitzten Theerölen, Kunstwollefabriken, Anlagen zur Herstellung von Celluloid und Dégrasfabriken, die Fabriken, in welchen Röhren aus Blech durch Vernieten hergestellt werden, sowie die Anlagen zur Erbauung eiserner Schiffe, zur Herstellung eiserner Brücken oder sonstiger eiserner Baukonstruktionen,[1] die Anlagen zur Destillation oder zur Verarbeitung von Theer und von Theerwasser,[2] die Anlagen, in welchen aus Holz oder ähnlichem Fasermaterial auf chemischem Wege Papierstoff hergestellt wird (Cellulosefabriken),[3] die Anlagen, in welchen Albuminpapier hergestellt wird,[4] die Anstalten zum Trocknen und Einsalzen ungegerbter Thierfelle, sowie die Verbleiungs-, Verzinnungs- und Verzinkungsanstalten.[5]

Das vorstehende Verzeichniß kann, je nach Eintritt oder Wegfall der im Eingang gedachten Voraussetzung, durch Beschluß des Bundesrathes, vorbehaltlich der Genehmigung des nächstfolgenden Reichstages, abgeändert werden.

**§ 17.** Dem Antrage auf die Genehmigung einer solchen Anlage müssen die zur Erläuterung erforderlichen Zeichnungen und Beschreibungen beigefügt werden.

Ist gegen die Vollständigkeit dieser Vorlage nichts zu erinnern, so wird das Unternehmen mittelst einmaliger Einrückung in das zu den amtlichen Bekanntmachungen der Behörde (§ 16) bestimmte Blatt zur öffentlichen Kenntniß gebracht, mit der Aufforderung, etwaige Einwendungen gegen die neue Anlage binnen vierzehn Tagen anzubringen. Die Frist nimmt ihren Anfang mit Ablauf des Tages, an welchem das die Bekanntmachung enthaltende Blatt ausgegeben worden, und ist für alle Einwendungen, welche nicht auf privatrechtlichen Titeln beruhen, präklusivisch.

**§ 18.** Werden keine Einwendungen angebracht, so hat die Behörde zu prüfen, ob die Anlage erhebliche Gefahren, Nachtheile oder Belästigungen für das Publikum herbeiführen könne. Auf Grund dieser Prüfung, welche sich zugleich auf die Beachtung der bestehenden bau-, feuer- und gesundheitspolizeilichen Vorschriften erstreckt, ist

---

[1] Zusatz durch Bekanntmachungen vom 12. Juli 1884 (RGBl S. 118) und 4. Januar 1885 (RGBl S. 2).

[2] Zusatz durch Bekanntmachungen vom 31. Januar 1885 (RGBl S. 8) und 24. April 1885 (RGBl S. 92).

[3] Zusatz durch Bekanntmachungen vom 15. Febr. 1886 (RGBl S. 28) und 1. April 1886 (RGBl S. 68).

[4] Zusatz durch Bekanntmachungen vom 16. Juni 1886 (RGBl S. 204) und 5. Januar 1887 (RGBl S. 4).

[5] Zusatz durch Bekanntmachungen vom 16. Juli 1888 (RGBl S. 218) und 2. Januar 1889 (RGBl S. 1).

die Genehmigung zu versagen, oder, unter Festsetzung der sich als nöthig ergebenden Bedingungen, zu ertheilen. Zu den letzteren gehören auch diejenigen Anordnungen, welche zum Schutze der Arbeiter gegen Gefahr für Gesundheit und Leben nothwendig sind. Der Bescheid ist schriftlich auszufertigen und muß die festgesetzten Bedingungen enthalten; er muß mit Gründen versehen sein, wenn die Genehmigung versagt oder nur unter Bedingungen ertheilt wird.

**§ 19.** Einwendungen, welche auf besonderen privatrechtlichen Titeln beruhen, sind zur richterlichen Entscheidung zu verweisen, ohne daß von der Erledigung derselben die Genehmigung der Anlage abhängig gemacht wird.

Andere Einwendungen dagegen sind mit den Parteien vollständig zu erörtern. Nach Abschluß dieser Erörterung erfolgt die Prüfung und Entscheidung nach den im § 18 enthaltenen Vorschriften. Der Bescheid ist sowohl dem Unternehmer, als dem Widersprechenden zu eröffnen.

**§ 20.** Gegen den Bescheid ist Rekurs an die nächstvorgesetzte Behörde zulässig, welcher bei Verlust desselben binnen vierzehn Tagen, vom Tage der Eröffnung des Bescheides an gerechnet, gerechtfertigt werden muß.

Der Rekursbescheid ist den Parteien schriftlich zu eröffnen und muß mit Gründen versehen sein.

**§ 21.** Die näheren Bestimmungen über die Behörden und das Verfahren, sowohl in der ersten als in der Rekurs-Instanz, bleiben den Landesgesetzen vorbehalten. Es sind jedoch folgende Grundsätze einzuhalten:

1. In erster oder in zweiter Instanz muß die Entscheidung durch eine kollegiale Behörde erfolgen. Diese Behörde ist befugt, Untersuchungen an Ort und Stelle zu veranlassen, Zeugen und Sachverständige zu laden und eidlich zu vernehmen, überhaupt den angetretenen Beweis in vollem Umfange zu erheben.
2. Bildet die kollegiale Behörde die erste Instanz, so ertheilt sie ihre Entscheidung in öffentlicher Sitzung, nach erfolgter Ladung und Anhörung der Parteien, auch in dem Falle, wenn zwar Einwendungen nicht angebracht sind, die Behörde aber nicht ohne weiteres die Genehmigung ertheilen will, und der Antragsteller innerhalb vierzehn Tagen nach Empfang des, die Genehmigung versagenden oder unter Bedingungen ertheilenden Bescheides der Behörde auf mündliche Verhandlung anträgt.
3. Bildet die kollegiale Behörde die zweite Instanz, so ertheilt sie stets ihre Entscheidung in öffentlicher Sitzung, nach erfolgter Ladung und Anhörung der Parteien.

4. Als Parteien sind der Unternehmer (Antragsteller), sowie diejenigen Personen zu betrachten, welche Einwendungen erhoben haben.

5. Die Öffentlichkeit der Sitzungen kann unter entsprechender Anwendung der §§ 173 bis 176 des Gerichtsverfassungsgesetzes ausgeschlossen oder beschränkt werden.

**§ 22.** Die durch unbegründete Einwendungen erwachsenden Kosten fallen dem Widersprechenden, alle übrigen Kosten, welche durch das Verfahren entstehen, dem Unternehmer zur Last.

In den Bescheiden über die Zulässigkeit der neuen Anlage wird zugleich die Vertheilung der Kosten festgesetzt.

**§ 23.** Bei den Stauanlagen für Wassertriebwerke sind außer den Bestimmungen der §§ 17—22 die dafür bestehenden landesgesetzlichen Vorschriften anzuwenden.

Der Landesgesetzgebung bleibt vorbehalten, für solche Orte, in welchen öffentliche Schlachthäuser in genügendem Umfange vorhanden sind oder errichtet werden, die fernere Benutzung bestehender und die Anlage neuer Privat-Schlächtereien zu untersagen.

Der Landesgesetzgebung bleibt ferner vorbehalten, zu verfügen, inwieweit durch Ortsstatuten darüber Bestimmung getroffen werden kann, daß einzelne Ortstheile vorzugsweise zu Anlagen der im § 16 erwähnten Art zu bestimmen, in anderen Ortstheilen aber dergleichen Anlagen entweder gar nicht oder nur unter besonderen Beschränkungen zuzulassen sind.

**§ 24.** Zur Anlegung von Dampfkesseln, dieselben mögen zum Maschinenbetriebe bestimmt sein oder nicht, ist die Genehmigung der nach den Landesgesetzen zuständigen Behörde erforderlich. Dem Gesuche sind die zur Erläuterung erforderlichen Zeichnungen und Beschreibungen beizufügen.

Die Behörde hat die Zulässigkeit der Anlage nach den bestehenden bau-, feuer- und gesundheitspolizeilichen Vorschriften, sowie nach denjenigen allgemeinen polizeilichen Bestimmungen zu prüfen, welche von dem Bundesrath über die Anlegung von Dampfkesseln erlassen werden.[1] Sie hat nach dem Befunde die Genehmigung entweder zu versagen, oder unbedingt zu ertheilen, oder endlich bei Ertheilung derselben die erforderlichen Vorkehrungen und Einrichtungen vorzuschreiben.

Bevor der Kessel in Betrieb genommen wird, ist zu untersuchen, ob die Ausführung den Bestimmungen der ertheilten Genehmigung

---

[1] Vgl. B vom 29. Mai 1871 (RGBl S. 173); B vom 27. Juli 1889 (RGBl S. 173); B vom 5. August 1890 (RGBl S. 163).

entspricht. Wer vor dem Empfange der hierüber auszufertigenden Bescheinigung den Betrieb beginnt, hat die im § 147 angedrohte Strafe verwirkt.

Die vorstehenden Bestimmungen gelten auch für bewegliche Dampfkessel.

Für den Rekurs und das Verfahren über denselben gelten die Vorschriften der §§ 20 und 21.

**§ 25.** Die Genehmigung zu einer der in den §§ 16 und 24 bezeichneten Anlagen bleibt so lange in Kraft, als keine Änderung in der Lage oder Beschaffenheit der Betriebsstätte vorgenommen wird, und bedarf unter dieser Voraussetzung auch dann, wenn die Anlage an einen neuen Erwerber übergeht, einer Erneuerung nicht. Sobald aber eine Veränderung der Betriebsstätte vorgenommen wird, ist dazu die Genehmigung der zuständigen Behörde nach Maßgabe der §§ 17 bis 23 einschließlich, beziehungsweise des § 24 nothwendig. Eine gleiche Genehmigung ist erforderlich bei wesentlichen Veränderungen in dem Betriebe einer der im § 16 genannten Anlagen. Die zuständige Behörde kann jedoch auf Antrag des Unternehmers von der Bekanntmachung (§ 17) Abstand nehmen, wenn sie die Überzeugung gewinnt, daß die beabsichtigte Veränderung für die Besitzer oder Bewohner benachbarter Grundstücke oder das Publikum überhaupt neue oder größere Nachtheile, Gefahren oder Belästigungen, als mit der vorhandenen Anlage verbunden sind, nicht herbeiführen werde.

Diese Bestimmungen finden auch auf gewerbliche Anlagen (§ 16 und 24) Anwendung, welche bereits vor Erlaß dieses Gesetzes bestanden haben.

**§ 26.** Soweit die bestehenden Rechte zur Abwehr benachtheiligender Einwirkungen, welche von einem Grundstücke aus auf ein benachbartes Grundstück geübt werden, dem Eigenthümer oder Besitzer des letzteren eine Privatklage gewähren, kann diese Klage einer mit obrigkeitlicher Genehmigung errichteten gewerblichen Anlage gegenüber niemals auf Einstellung des Gewerbebetriebes, sondern nur auf Herstellung von Einrichtungen, welche die benachtheiligende Einwirkung ausschließen, oder, wo solche Einrichtungen unthunlich oder mit einem gehörigen Betriebe des Gewerbes unvereinbar sind, auf Schadloshaltung gerichtet werden.

**§ 27.** Die Errichtung oder Verlegung solcher Anlagen, deren Betrieb mit ungewöhnlichem Geräusch verbunden ist, muß, sofern sie nicht schon nach den Vorschriften der §§ 16 bis 25 der Genehmigung bedarf, der Ortspolizeibehörde angezeigt werden. Letztere hat, wenn in der Nähe der gewählten Betriebsstätte Kirchen, Schulen oder andere öffentliche Gebäude, Krankenhäuser oder Heilanstalten vorhanden sind, deren bestimmungsmäßige Benutzung durch den Gewerbebetrieb auf dieser Stelle eine erhebliche Störung erleiden würde, die Entscheidung der höheren Verwaltungsbehörde darüber einzuholen, ob die Ausübung des Gewerbes an der gewählten Betriebsstätte zu untersagen oder nur unter Bedingungen zu gestatten sei.

**§ 28.** Die höheren Verwaltungsbehörden sind befugt, über die Entfernung, welche bei Errichtung von durch Wind bewegten Triebwerken von benachbarten fremden Grundstücken und von öffentlichen Wegen inne zu halten ist, durch Polizeiverordnungen Bestimmung zu treffen.

2. Gewerbetreibende, welche einer besonderen Genehmigung bedürfen.

**§ 29.** Einer Approbation, welche auf Grund eines Nachweises der Befähigung ertheilt wird, bedürfen Apotheker und diejenigen Personen, welche sich als Ärzte (Wundärzte, Augenärzte, Geburtshelfer, Zahnärzte und Thierärzte) oder mit gleichbedeutenden Titeln bezeichnen oder seitens des Staates oder einer Gemeinde als solche anerkannt oder mit amtlichen Funktionen betraut werden sollen. Es darf die Approbation jedoch von der vorherigen akademischen Doktorpromotion nicht abhängig gemacht werden.

Der Bundesrath bezeichnet, mit Rücksicht auf das vorhandene Bedürfniß, in verschiedenen Theilen des Reichs die Behörden, welche für das ganze Reich gültige Approbationen zn ertheilen befugt sind, und erläßt die Vorschriften über den Nachweis der Befähigung. Die Namen der Approbirten werden von der Behörde, welche die Approbation ertheilt, in den vom Bundesrath zu bestimmenden amtlichen Blättern veröffentlicht.

Personen, welche eine solche Approbation erlangt haben, sind innerhalb des Reichs in der Wahl des Ortes, wo sie ihr Gewerbe betreiben wollen, vorbehaltlich der Bestimmungen über die Errichtung und Verlegung von Apotheken (§ 6), nicht beschränkt.

Dem Bundesrath bleibt vorbehalten, zu bestimmen, unter welchen Voraussetzungen Personen wegen wissenschaftlich erprobter Leistungen von der vorgeschriebenen Prüfung ausnahmsweise zu entbinden sind.

Personen, welche vor Verkündigung dieses Gesetzes in einem Bundesstaate die Berechtigung zum Gewerbebetriebe als Ärzte, Wundärzte, Geburtshelfer, Apotheker oder Thierärzte bereits erlangt haben, gelten als für das ganze Reich approbirt.

**§ 30.** Unternehmer von Privat-Kranken-, Privat-Entbindungs- und Privat-Irrenanstalten bedürfen einer Konzession der höheren Verwaltungsbehörde. Die Konzession ist nur dann zu versagen:

a) wenn Thatsachen vorliegen, welche die Unzuverlässigkeit des Unternehmers in Beziehung auf die Leitung oder Verwaltung der Anstalt darthun,

b) wenn nach den von dem Unternehmer einzureichenden Beschreibungen und Plänen die baulichen und die sonstigen technischen Einrichtungen der Anstalt den gesundheitspolizeilichen Anforderungen nicht entsprechen.

Hebammen bedürfen eines Prüfungszeugnisses der nach den Landesgesetzen zuständigen Behörde.

**§ 30a.** Der Betrieb des Hufbeschlaggewerbes kann durch die Landesgesetzgebung von der Beibringung eines Prüfungszeugnisses abhängig gemacht werden. Das ertheilte Prüfungszeugniß gilt für den ganzen Umfang des Reichs.

**§ 31.** Seeschiffer, Seesteuerleute, Maschinisten der Seedampfschiffe und Lootsen müssen sich über den Besitz der erforderlichen Kenntnisse durch ein Befähigungszeugniß der zuständigen Verwaltungsbehörde ausweisen.

Der Bundesrath erläßt die Vorschriften über den Nachweis der Befähigung. Die auf Grund dieses Nachweises ertheilten Zeugnisse gelten für das ganze Reich, bei Lootsen für das im Zeugniß angeführte Fahrwasser.

Soweit in Betreff der Schiffer und Lootsen auf Strömen in Folge von Staatsverträgen besondere Anordnungen getroffen sind, behält es dabei sein Bewenden.

**§ 32.** Schauspielunternehmer bedürfen zum Betriebe ihres Gewerbes der Erlaubniß. Dieselbe ist zu versagen, wenn die Behörde auf Grund von Thatsachen die Überzeugung gewinnt, daß der Nachsuchende die zu dem beabsichtigten Gewerbebetriebe erforderliche Zuverlässigkeit, insbesondere in sittlicher, artistischer und finanzieller Hinsicht nicht besitzt.

**§ 33.** Wer Gastwirthschaft, Schankwirthschaft oder Kleinhandel mit Branntwein oder Spiritus betreiben will, bedarf dazu der Erlaubniß.

Diese Erlaubniß ist nur dann zu versagen:

1. wenn gegen den Nachsuchenden Thatsachen vorliegen, welche die Annahme rechtfertigen, daß er das Gewerbe zur Förderung der Völlerei, des verbotenen Spiels, der Hehlerei oder der Unsittlichkeit mißbrauchen werde;
2. wenn das zum Betriebe des Gewerbes bestimmte Lokal wegen seiner Beschaffenheit oder Lage den polizeilichen Anforderungen nicht genügt.

Die Landesregierungen sind befugt, außerdem zu bestimmen, daß

a) die Erlaubniß zum Ausschänken von Branntwein oder zum Kleinhandel mit Branntwein oder Spiritus allgemein,

b) die Erlaubniß zum Betriebe der Gastwirthschaft oder zum Ausschänken von Wein, Bier oder anderen, nicht unter a fallenden, geistigen Getränken in Ortschaften mit weniger als 15 000 Einwohnern, sowie in solchen Ortschaften mit einer größeren Einwohnerzahl, für welche dies durch Ortsstatut (§ 142) festgesetzt wird,

von dem Nachweis eines vorhandenen Bedürfnisses abhängig sein solle.

Vor Ertheilung der Erlaubniß ist die Ortspolizei- und die Gemeindebehörde gutachtlich zu hören.

**§ 33a.** Wer gewerbsmäßig Singspiele, Gesangs- und deklamatorische Vorträge, Schaustellungen von Personen oder theatralische Vorstellungen, ohne daß ein höheres Interesse der Kunst oder Wissenschaft dabei obwaltet, in seinen Wirthschafts- oder sonstigen Räumen öffentlich veranstalten oder zu deren öffentlicher Veranstaltung seine Räume benutzen lassen will, bedarf zum Betriebe dieses Gewerbes der Erlaubniß ohne Rücksicht auf die etwa bereits erwirkte Erlaubniß zum Betriebe des Gewerbes als Schauspielunternehmer.

Die Erlaubniß ist nur dann zu versagen:

1. wenn gegen den Nachsuchenden Thatsachen vorliegen, welche die Annahme rechtfertigen, daß die beabsichtigten Veranstaltungen den Gesetzen oder guten Sitten zuwiderlaufen werden;
2. wenn das zum Betriebe des Gewerbes bestimmte Lokal wegen seiner Beschaffenheit oder Lage den polizeilichen Anforderungen nicht genügt;
3. wenn der den Verhältnissen des Gemeindebezirks entsprechenden Anzahl von Personen die Erlaubniß bereits ertheilt ist.

Aus den unter Ziffer 1 angeführten Gründen kann die Erlaubniß zurückgenommen und Personen, welche vor dem Inkrafttreten dieses Gesetzes den Gewerbebetrieb begonnen haben, derselbe untersagt werden.

**§ 33b.** Wer gewerbsmäßig Musikaufführungen, Schaustellungen, theatralische Vorstellungen oder sonstige Lustbarkeiten, ohne daß ein höheres Interesse der Kunst oder Wissenschaft dabei obwaltet, von Haus zu Haus oder auf öffentlichen Wegen, Straßen, Plätzen darbieten will, bedarf der vorgängigen Erlaubniß der Ortspolizeibehörde.

**§ 33c.** Die Abhaltung von Tanzlustbarkeiten richtet sich nach den landesrechtlichen Bestimmungen.

**§ 34.** Wer das Geschäft eines Pfandleihers betreiben will, bedarf dazu der Erlaubniß. Diese ist zu versagen, wenn Thatsachen vorliegen, welche die Unzuverlässigkeit des Nachsuchenden in Bezug auf den beabsichtigten Gewerbebetrieb darthun. Die Landesregierungen sind befugt, außerdem zu bestimmen, daß in Ortschaften, für welche dies durch Ortsstatut (§ 142) festgesetzt wird, die Erlaubniß von dem Nachweis eines vorhandenen Bedürfnisses abhängig sein solle.

Als Pfandleihgewerbe gilt auch der gewerbsmäßige Ankauf beweglicher Sachen mit Gewährung des Rückkaufsrechts.

Die Landesgesetze können vorschreiben, daß zum Handel mit Giften und zum Betriebe des Lootsengewerbes besondere Genehmigung erforderlich ist, imgleichen, daß das Gewerbe der Markscheider nur von Personen betrieben werden darf, welche als solche geprüft und konzessionirt sind.

**§ 35.** Die Ertheilung von Tanz-, Turn- und Schwimmunterricht als Gewerbe, sowie der Betrieb von Badeanstalten ist zu untersagen, wenn Thatsachen vorliegen, welche die Unzuverlässigkeit des Gewerbtreibenden in Bezug auf diesen Gewerbebetrieb darthun.

Unter derselben Voraussetzung sind zu untersagen: der Trödelhandel (Handel mit gebrauchten Kleidern, gebrauchten Betten oder gebrauchter Wäsche, Kleinhandel mit altem Metallgeräth, mit Metallbruch oder dergleichen), sowie der Kleinhandel mit Garnabfällen oder Dräumen von Seide, Wolle, Baumwolle oder Leinen, und der Handel mit Dynamit oder anderen Sprengstoffen.

Dasselbe gilt von der gewerbsmäßigen Besorgung fremder Rechtsangelegenheiten und bei Behörden wahrzunehmender Geschäfte, insbesondere der Abfassung der darauf bezüglichen schriftlichen Aufsätze, von dem gewerbsmäßigen Betriebe der Viehverstellung (Viehpacht), des Viehhandels und des Handels mit ländlichen Grundstücken[1], von dem Geschäfte der gewerbsmäßigen Vermittelungsagenten für Immobiliarverträge, Darlehen und Heirathen, von dem Geschäfte eines Gesindevermiethers und eines Stellenvermittlers, sowie vom Geschäfte eines Auktionators. Denjenigen, welche gewerbsmäßig das Geschäft eines Auktionators betreiben, ist es verboten, Immobilien zu versteigern, wenn sie nicht von den dazu befugten Staats- oder Kommunalbehörden oder Korporationen als solche angestellt sind (§ 36).

Personen, welche die in diesem Paragraphen bezeichneten Gewerbe beginnen, haben bei Eröffnung ihres Gewerbebetriebes der zuständigen Behörde hiervon Anzeige zu machen.

**§ 36.** Das Gewerbe der Feldmesser, Auktionatoren, derjenigen, welche den Feingehalt edler Metalle, oder die Beschaffenheit, Menge oder richtige Verpackung von Waaren irgend einer Art feststellen, der Güterbestätiger, Schaffner, Wäger, Messer, Bracker, Schauer,

---

[1] Fassung durch G, betr. Ergänzung der Bestimmungen über den Wucher. Vom 19. Juni 1893 (RGBl S. 197). Art. III.

Stauer u. s. w. darf zwar frei betrieben werden, es bleiben jedoch die verfassungsmäßig dazu befugten Staats- und Kommunalbehörden oder Korporationen auch ferner berechtigt, Personen, welche diese Gewerbe betreiben wollen, auf die Beobachtung der bestehenden Vorschriften zu beeidigen und öffentlich anzustellen.

Die Bestimmungen der Gesetze, welche den Handlungen der genannten Gewerbetreibenden eine besondere Glaubwürdigkeit beilegen oder an diese Handlungen besondere rechtliche Wirkungen knüpfen, sind nur auf die von den verfassungsmäßig dazu befugten Staats- oder Kommunalbehörden oder Korporationen angestellten Personen zu beziehen.

**§ 37.** Der Regelung durch die Ortspolizeibehörde unterliegt die Unterhaltung des öffentlichen Verkehrs innerhalb der Orte durch Wagen aller Art, Gondeln, Sänften, Pferde und andere Transportmittel, sowie das Gewerbe derjenigen Personen, welche auf öffentlichen Straßen oder Plätzen ihre Dienste anbieten.

**§ 38.** Die Zentralbehörden sind befugt, über den Umfang der Befugnisse und Verpflichtungen sowie über den Geschäftsbetrieb der Pfandleiher, soweit darüber die Landesgesetze nicht Bestimmungen treffen, Vorschriften zu erlassen. Die in dieser Beziehung bestehenden landesgesetzlichen Bestimmungen finden auf den im § 34 Abs. 2 bezeichneten Geschäftsbetrieb Anwendung. Soweit es sich um diesen Geschäftsbetrieb handelt, gilt die Zahlung des Kaufpreises als Hingabe des Darlehns, der Unterschied zwischen dem Kaufpreise und dem verabredeten Rückkaufspreise als bedungene Vergütung für das Darlehn und die Übergabe der Sache als Verpfändung derselben für das Darlehn.

Die Zentralbehörden sind ferner befugt, Vorschriften darüber zu erlassen, in welcher Weise die im § 35 Abs. 2 und 3 verzeichneten Gewerbetreibenden ihre Bücher zu führen und welcher polizeilichen Kontrole über den Umfang und die Art ihres Geschäftsbetriebes sie sich zu unterwerfen haben.

**§ 39.** Die Landesgesetze können die Einrichtung von Kehrbezirken für Schornsteinfeger gestatten. Jedoch ist, wo Kehrbezirke bestehen oder eingerichtet werden, die höhere Verwaltungsbehörde, soweit nicht Privatrechte entgegenstehen, befugt, die Kehrbezirke aufzuheben oder zu verändern, ohne daß deshalb den Bezirksschornsteinfegern ein Widerspruchsrecht oder ein Anspruch auf Entschädigung zusteht.

**§ 40.** Die in den §§ 29 bis 33a und im § 34 erwähnten Approbationen und Genehmigungen dürfen weder auf Zeit ertheilt, noch vorbehaltlich der Bestimmungen in den §§ 33a, 53 und 143 widerrufen werden.

Gegen Versagung der Genehmigung zum Betriebe eines der in den §§ 30, 30a, 32, 33, 33a und 34, sowie gegen Untersagung des Betriebes der in den §§ 33a, 35 und 37 erwähnten Gewerbe ist der Rekurs zulässig. Wegen des Verfahrens und der Behörden gelten die Vorschriften der §§ 20 und 21.

### III. Umfang, Ausübung und Verlust der Gewerbebefugnisse.

**§ 41.** Die Befugniß zum selbständigen Betriebe eines stehenden Gewerbes begreift das Recht in sich, in beliebiger Zahl Gesellen, Gehülfen, Arbeiter jeder Art und soweit die Vorschriften des gegenwärtigen Gesetzes nicht entgegenstehen, Lehrlinge anzunehmen. In der Wahl des Arbeits- und Hülfspersonals finden keine anderen Beschränkungen statt, als die durch das gegenwärtige Gesetz festgestellten.

In Betreff der Berechtigung der Apotheker, Gehülfen und Lehrlinge anzunehmen, bewendet es bei den Bestimmungen der Landesgesetze

**§ 41a.**[1] Soweit nach den Bestimmungen der §§ 105b bis 105h Gehülfen, Lehrlinge und Arbeiter im Handelsgewerbe an Sonn- und Festtagen nicht beschäftigt werden dürfen, darf in offenen Verkaufsstellen ein Gewerbebetrieb an diesen Tagen nicht stattfinden.

Weitergehenden landesgesetzlichen Beschränkungen des Gewerbebetriebes an Sonn- und Festtagen steht diese Bestimmung nicht entgegen.

**§ 42.** Wer zum selbständigen Betriebe eines stehenden Gewerbes befugt ist, darf dasselbe innerhalb und unbeschadet der Bestimmungen des dritten Titels auch außerhalb des Gemeindebezirks seiner gewerblichen Niederlassung ausüben.

Eine gewerbliche Niederlassung gilt nicht als vorhanden, wenn der Gewerbetreibende im Inlande ein zu dauerndem Gebrauche eingerichtetes, beständig oder doch in regelmäßiger Wiederkehr von ihm benutztes Lokal für den Betrieb seines Gewerbes nicht besitzt.

**§ 42a.** Gegenstände, welche von dem Ankauf oder Feilbieten im Umherziehen ausgeschlossen sind, dürfen auch innerhalb des Gemeindebezirks des Wohnortes oder der gewerblichen Niederlassung von Haus zu Haus oder auf öffentlichen Wegen, Straßen, Plätzen oder an anderen öffentlichen Orten nicht feilgeboten oder zum Wiederverkauf angekauft werden, mit Ausnahme von Bier und Wein in Fässern und Flaschen und vorbehaltlich des nach § 33 erlaubten Gewerbebetriebes.

Die zuständige Landesregierung ist befugt, soweit ein Bedürfniß

---

[1] Eingeschoben durch G, betr. die Abänderung der GO vom 1. Juni 1891 (RGBl S. 261 ff.).

dazu obwaltet, anzuordnen, daß und inwiefern weitere Ausnahmen von diesem Verbote stattfinden sollen.

Das Feilhalten geistiger Getränke kann von der Ortspolizeibehörde im Falle besonderen Bedürfnisses vorübergehend gestattet werden.

**§ 42b.** Durch die höhere Verwaltungsbehörde kann auf Grund eines Gemeindebeschlusses für einzelne Gemeinden bestimmt werden, daß Personen, welche in dem Gemeindebezirke einen Wohnsitz oder eine gewerbliche Niederlassung besitzen und welche innerhalb des Gemeindebezirks auf öffentlichen Wegen, Straßen, Plätzen oder an anderen öffentlichen Orten, oder ohne vorgängige Bestellung von Haus zu Haus

1. Waaren feilbieten, oder
2. Waaren bei anderen Personen, als bei Kaufleuten oder solchen Personen, welche die Waaren produziren, oder an anderen Orten, als in offenen Verkaufsstellen zum Wiederverkauf ankaufen, oder Waarenbestellungen bei Personen, in deren Gewerbebetriebe Waaren der angebotenen Art keine Verwendung finden, aufsuchen, oder
3. gewerbliche Leistungen, hinsichtlich deren dies nicht Landesgebrauch ist, anbieten wollen,

der Erlaubniß bedürfen. Diese Bestimmung kann auf gewisse Kategorien von Waaren und Leistungen beschränkt werden.

Auf die Ertheilung, Versagung und Zurücknahme der Erlaubniß finden die Vorschriften der §§ 57, 57a, 57b, 58 und 63 Abs. 1, und auf die Ausübung des Gewerbebetriebes die Vorschriften der §§ 60b, 60c, 60d Abs. 1 und 2 und 63 Abs. 2 entsprechende Anwendung.

In Betreff der im § 59 Ziffer 1 und 2 bezeichneten Erzeugnisse und Waaren, auch wenn dieselben nicht zu den selbstgewonnenen oder selbstverfertigten gehören, ferner in Betreff der Druckschriften, anderen Schriften und Bildwerke, insoweit der Gewerbebetrieb hiermit von Haus zu Haus stattfindet, sowie in Betreff der vom Bundesrath in Gemäßheit des § 44 Abs. 2 gestatteten Ausnahmen darf der betreffende Gewerbebetrieb in dem Gemeindebezirke des Wohnsitzes oder der gewerblichen Niederlassung von einer Erlaubniß nicht abhängig gemacht werden. In Betreff der im § 59 Ziffer 1 und 2 bezeichneten Erzeugnisse und Waaren kann jedoch der Gewerbebetrieb unter den im § 57 Ziffer 1—4 erwähnten Voraussetzungen untersagt, sowie nach Maßgabe des § 60b Abs. 2 und § 60c Abs. 2 beschränkt werden. Auf die Untersagung dieses Gewerbebetriebes finden die Vorschriften des § 63 Abs. 1, auf die Beschränkung desselben die Vorschriften des § 63 Abs. 2 entsprechende Anwendung.

Die höhere Verwaltungsbehörde ist befugt, die vom Bundesrath gemäß § 56d getroffenen Bestimmungen auf diejenigen Ausländer entsprechend anzuwenden, welche innerhalb des Gemeindebezirks ihres Wohnortes oder ihrer gewerblichen Niederlassung auf öffentlichen Wegen, Straßen, Plätzen oder an anderen öffentlichen Orten, oder ohne vorgängige Bestellung von Haus zu Haus eins der unter Ziffer 1—3 bezeichneten Gewerbe betreiben wollen.

**§ 43.** Wer gewerbsmäßig Druckschriften oder andere Schriften oder Bildwerke auf öffentlichen Wegen, Straßen, Plätzen oder an anderen öffentlichen Orten ausrufen, verkaufen, anheften oder anschlagen will, bedarf dazu einer Erlaubniß der Ortspolizeibehörde, und hat den über diese Erlaubniß auszustellenden, auf seinen Namen lautenden Legitimationsschein bei sich zu führen.

Auf die Ertheilung und Versagung der Erlaubniß finden die Vorschriften der §§ 57 Nr. 1, 2, 4, 57a, 57b Nr. 1 und 2 und 63 Abs. 1 entsprechende Anwendung. Auf das bloße Anheften und Anschlagen findet der Versagungsgrund der abschreckenden Entstellung keine Anwendung.

Zur Vertheilung von Stimmzetteln und Druckschriften zu Wahlzwecken bei der Wahl zu gesetzgebenden Körperschaften ist eine polizeiliche Erlaubniß in der Zeit von der amtlichen Bekanntmachung des Wahltages bis zur Beendigung des Wahlaktes nicht erforderlich.

Dasselbe gilt auch bezüglich der nichtgewerbsmäßigen Vertheilung von Stimmzetteln und Druckschriften zu Wahlzwecken.

In geschlossenen Räumen ist zur nichtgewerbsmäßigen Vertheilung von Druckschriften oder anderen Schriften oder Bildwerken eine Erlaubniß nicht erforderlich.

An die Stelle des im § 5 Abs. 1 des Preßgesetzes vom 7. Mai 1874 angezogenen § 57 der Gewerbeordnung treten die Bestimmungen der §§ 57 Nr. 1, 2, 4, 57a, 57b Nr. 1 und 2 des gegenwärtigen Gesetzes.

**§ 44.** Wer ein stehendes Gewerbe betreibt, ist befugt, auch außerhalb des Gemeindebezirks seiner gewerblichen Niederlassung persönlich oder durch in seinem Dienste stehende Reisende für die Zwecke seines Gewerbebetriebes Waaren aufzukaufen und Bestellungen auf Waaren zu suchen.

Die aufgekauften Waaren dürfen nur behufs deren Beförderung nach dem Bestimmungsorte mitgeführt werden; von den Waaren, auf welche Bestellungen gesucht werden, dürfen nur Proben und Muster mitgeführt werden, soweit nicht der Bundesrath für bestimmte Waaren, welche im Verhältnisse zu ihrem Umfange einen hohen Werth haben und übungsgemäß an die Wiederverkäufer im Stück abgesetzt werden, zum Zweck des Absatzes an Personen, welche damit Handel treiben, Ausnahmen zuläßt.[1]

Das Aufkaufen von Waaren darf ferner nur bei Kaufleuten oder solchen Personen, welche die Waaren produziren, oder in offenen Verkaufsstellen erfolgen.

**§ 44a.** Wer in Gemäßheit des § 44 Abs. 1 und 2 Waarenbestellungen aufsucht oder Waaren aufkauft, bedarf hierzu einer Legitimationskarte, welche auf den Antrag des Inhabers des stehenden Gewerbebetriebes von der für dessen Niederlassungsort zuständigen Verwaltungsbehörde für die Dauer des Kalenderjahres und den Umfang des Reichs ausgestellt wird. Die Legitimationskarte enthält den Namen des Inhabers derselben, den Namen der Person oder der Firma, in deren Diensten er handelt, und die nähere Bezeichnung des Gewerbebetriebes.

Der Inhaber der Legitimationskarte ist verpflichtet, dieselbe während der Ausübung des Gewerbebetriebes bei sich zu führen, auf Erfordern der zuständigen Behörden oder Beamten vorzuzeigen und, sofern er hierzu nicht im Stande ist, auf deren Geheiß den Betrieb bis zur Herbeischaffung der Legitimationskarte einzustellen.

Die Legitimationskarte ist zu versagen, wenn bei demjenigen, für welchen sie beantragt wird, eine der im § 57 Ziffer 1—4 bezeichneten Voraussetzungen zutrifft, außerdem darf sie nur dann versagt werden, wenn die im § 57b Ziffer 2 bezeichnete Voraussetzung vorliegt.

Die Legitimationskarte kann durch die Behörde, welche sie ausgestellt hat, zurückgenommen werden, wenn sich ergiebt, daß eine der im § 57 Ziffer 1—4 bezeichneten Voraussetzungen zur Zeit der Ertheilung derselben vorhanden gewesen, der Behörde aber unbekannt geblieben, oder nach Ertheilung derselben eingetreten ist, oder wenn bei dem Geschäftsbetriebe die im § 44 gezogenen Schranken überschritten werden.

Wegen des Verfahrens gelten die Vorschriften des § 63 Abs. 1.

Einer Legitimationskarte bedürfen diejenigen Gewerbetreibenden nicht, welche durch die in den Zollvereins- oder Handelsverträgen vorgesehene Gewerbelegitimationskarte bereits legitimirt sind. In Betreff dieser Gewerbetreibenden finden die vorstehenden Bestimmungen über die Verpflichtung zum Mitführen der Legitimationskarte, über die Folgen der Nichterfüllung dieser Verpflichtung, sowie über die Versagung und Zurücknahme der Karte entsprechende Anwendung.

---

[1] Vgl. Bekanntm. des Bundesraths betr. die Ausführungsbestimmungen zur Gewerbeordnung. Vom 31. Okt. 1883 (CBl S. 305).

**§ 45.** Die Befugnisse zum stehenden Gewerbebetriebe können durch Stellvertreter ausgeübt werden; diese müssen jedoch den für das in Rede stehende Gewerbe insbesondere vorgeschriebenen Erfordernissen genügen.

**§ 46.** Nach dem Tode eines Gewerbetreibenden darf das Gewerbe für Rechnung der Wittwe während des Wittwenstandes, oder, wenn minderjährige Erben vorhanden sind, für deren Rechnung durch einen nach § 45 qualifizirten Stellvertreter betrieben werden, insofern die über den Betrieb einzelner Gewerbe bestehenden besonderen Vorschriften nicht ein Anderes anordnen. Dasselbe gilt während der Dauer einer Kuratel oder Nachlaßregulirung.

**§ 47.** Inwiefern für die nach den §§ 34 und 36 konzessionirten oder angestellten Personen eine Stellvertretung zulässig ist, hat in jedem einzelnen Falle die Behörde zu bestimmen, welcher die Konzessionirung oder Anstellung zusteht.

Dasselbe gilt in Beziehung auf diejenigen Schornsteinfeger, denen ein Kehrbezirk zugewiesen ist (§ 39).

**§ 48.** Realgewerbeberechtigungen können auf jede, nach den Vorschriften dieses Gesetzes zum Betriebe des Gewerbes befähigte Person in der Art übertragen werden, daß der Erwerber die Gewerbeberechtigung für eigene Rechnung ausüben darf.

**§ 49.** Bei Ertheilung der Genehmigung zu einer Anlage der in den §§ 16 und 24 bezeichneten Arten, imgleichen zur Anlegung von Privat-Kranken-, Privat-Entbindungs- und Privat-Irrenanstalten, zu Schauspielunternehmungen, sowie zum Betriebe der im § 33 gedachten Gewerbe, kann von der genehmigenden Behörde den Umständen nach eine Frist festgesetzt werden, binnen welcher die Anlage oder das Unternehmen bei Vermeidung des Erlöschens der Genehmigung begonnen und ausgeführt, und der Gewerbebetrieb angefangen werden muß. Ist eine solche Frist nicht bestimmt, so erlischt die ertheilte Genehmigung, wenn der Inhaber nach Empfang derselben ein ganzes Jahr verstreichen läßt, ohne davon Gebrauch zu machen.

Eine Verlängerung der Frist kann von der Behörde bewilligt werden, sobald erhebliche Gründe nicht entgegenstehen.

Hat der Inhaber einer solchen Genehmigung seinen Gewerbebetrieb während eines Zeitraumes von drei Jahren eingestellt, ohne eine Fristung nachgesucht und erhalten zu haben, so erlischt dieselbe.

Für die im § 16 aufgeführten Anlagen darf die nachgesuchte Fristung so lange nicht versagt werden, als wegen einer durch Erbfall oder Konkurserklärung entstandenen Ungewißheit über das Eigenthum an einer Anlage oder, in Folge höherer Gewalt, der Betrieb entweder gar nicht oder nur mit erheblichem Nachtheile für den Inhaber oder Eigenthümer der Anlage stattfinden kann.

Das Verfahren für die Fristung ist dasselbe, wie für die Genehmigung neuer Anlagen.

**§ 50.** Auf die Inhaber der bereits vor dem Erscheinen des gegenwärtigen Gesetzes ertheilten Genehmigungen finden die im § 49 bestimmten Fristen ebenfalls Anwendung, jedoch mit der Maßgabe, daß diese Fristen von dem Tage der Verkündigung des Gesetzes an zu laufen anfangen.

**§ 51.** Wegen überwiegender Nachtheile und Gefahren für das Gemeinwohl kann die fernere Benutzung einer jeden gewerblichen Anlage durch die höhere Verwaltungsbehörde zu jeder Zeit untersagt werden. Doch muß dem Besitzer alsdann für den erweislichen Schaden Ersatz geleistet werden.

Gegen die untersagende Verfügung ist der Rekurs zulässig; wegen der Entscheidung steht der Rechtsweg offen.

**§ 52.** Die Bestimmung des § 51 findet auch auf die zur Zeit der Verkündigung des gegenwärtigen Gesetzes bereits vorhandenen gewerblichen Anlagen Anwendung; doch entspringt aus der Untersagung der ferneren Benutzung kein Anspruch auf Entschädigung, wenn bei der früher ertheilten Genehmigung ausdrücklich vorbehalten worden ist, dieselbe ohne Entschädigung zu widerrufen.

**§ 53.** Die in dem § 29 bezeichneten Approbationen können von der Verwaltungsbehörde nur dann zurückgenommen werden, wenn die Unrichtigkeit der Nachweise dargethan wird, auf Grund deren solche ertheilt worden sind, oder wenn dem Inhaber der Approbation die bürgerlichen Ehrenrechte aberkannt sind, im letzteren Falle jedoch nur für die Dauer des Ehrenverlustes.

Außer aus diesen Gründen können die in den §§ 30, 30a, 32, 33, 34 und 36 bezeichneten Genehmigungen und Bestallungen in gleicher Weise zurückgenommen werden, wenn aus Handlungen oder Unterlassungen des Inhabers der Mangel derjenigen Eigenschaften, welche bei der Ertheilung der Genehmigung oder Bestallung nach der Vorschrift dieses Gesetzes vorausgesetzt werden mußten, klar erhellt. Inwiefern durch die Handlungen oder Unterlassungen eine Strafe verwirkt ist, bleibt der richterlichen Entscheidung vorbehalten.

Pfandleihern, welche vor dem Inkrafttreten des Gesetzes vom 23. Juli 1879 (RGBl S. 267) den Gewerbebetrieb begonnen haben, kann derselbe untersagt werden, wenn Thatsachen vorliegen, welche die Unzuverlässigkeit des Gewerbetreibenden in Bezug auf den Gewerbebetrieb darthun.

**§ 54.** Wegen des Verfahrens und der Behörden, welche in

Bezug auf die untersagte Benutzung einer gewerblichen Anlage (§ 51), auf die Untersagung eines Gewerbebetriebes (§ 35), und die Zurücknahme einer Approbation, Genehmigung oder Bestallung (§§ 33a, 53) maßgebend sind, gelten die Vorschriften der §§ 20 und 21.

## Titel III.

### Gewerbebetrieb im Umherziehen.

**§ 55.** Wer außerhalb des Gemeindebezirks seines Wohnortes oder der durch besondere Anordnung der höheren Verwaltungsbehörde dem Gemeindebezirke des Wohnortes gleichgestellten nächsten Umgebung desselben ohne Begründung einer gewerblichen Niederlassung und ohne vorgängige Bestellung in eigener Person

1. Waaren feilbieten,
2. Waarenbestellungen aufsuchen oder Waaren bei anderen Personen, als bei Kaufleuten, oder an anderen Orten, als in offenen Verkaufsstellen zum Wiederverkauf ankaufen,
3. gewerbliche Leistungen anbieten,
4. Musikaufführungen, Schaustellungen, theatralische Vorstellungen oder sonstige Lustbarkeiten, ohne daß ein höheres Interesse der Kunst oder der Wissenschaft dabei obwaltet, darbieten will,

bedarf eines Wandergewerbescheins, soweit nicht für die in Ziffer 2 bezeichneten Fälle in Gemäßheit des § 44a eine Legitimationskarte genügt.

In dem Falle der Ziffer 4 ist auch für den Marktverkehr (§ 64) ein Wandergewerbeschein erforderlich.

**§ 55a.**[1] An Sonn- und Festtagen (§ 105a Abs. 2) ist der Gewerbebetrieb im Umherziehen, soweit er unter § 55 Abs. 1 Ziffer 1 bis 3 fällt, sowie der Gewerbebetrieb der im § 42b bezeichneten Personen verboten.

Ausnahmen können von der unteren Verwaltungsbehörde zugelassen werden. Der Bundesrath ist ermächtigt, über die Voraussetzungen und Bedingungen, unter denen Ausnahmen zugelassen werden dürfen, Bestimmungen zu erlassen.

**§ 56.** Beschränkungen, vermöge deren gewisse Waaren von dem Feilhalten im stehenden Gewerbebetriebe ganz oder theilweise ausgeschlossen sind, gelten auch für deren Feilbieten im Umherziehen.

Ausgeschlossen vom Ankauf oder Feilbieten im Umherziehen sind:

1. geistige Getränke, soweit nicht das Feilbieten derselben von der

[1] Eingeschoben durch G, betr. Abänderung der GO. Vom 1. Juni 1891 (RGBl S. 261).

Ortspolizeibehörde im Falle besonderen Bedürfnisses vorübergehend gestattet ist;

2. gebrauchte Kleider, gebrauchte Wäsche, gebrauchte Betten und gebrauchte Bettstücke, insbesondere Bettfedern, Menschenhaare, Garnabfälle, Enden und Dräumen von Seide, Wolle, Leinen oder Baumwolle;
3. Gold- und Silberwaaren, Bruchgold und Bruchsilber, sowie Taschenuhren;
4. Spielkarten;
5. Staats- und sonstige Werthpapiere, Lotterieloose, Bezugs- und Antheilscheine auf Werthpapiere und Lotterieloose;
6. explosive Stoffe, insbesondere Feuerwerkskörper, Schießpulver und Dynamit;
7. solche mineralische und andere Öle, welche leicht entzündlich sind, insbesondere Petroleum, sowie Spiritus;
8. Stoß-, Hieb- und Schußwaffen;
9. Gifte und gifthaltige Waaren, Arznei- und Geheimmittel.

Ausgeschlossen vom Feilbieten im Umherziehen sind ferner:

10. Druckschriften, andere Schriften und Bildwerke, insofern sie in sittlicher oder religiöser Beziehung Ärgerniß zu geben geeignet sind, oder welche mittelst Zusicherung von Prämien oder Gewinnen vertrieben werden.

Wer Druckschriften, andere Schriften oder Bildwerke im Umherziehen feilbieten will, hat ein Verzeichniß derselben der zuständigen Verwaltungsbehörde seines Wohnortes zur Genehmigung vorzulegen. Die Genehmigung ist nur zu versagen, soweit das Verzeichniß Druckschriften, andere Schriften oder Bildwerke der vorbezeichneten Art enthält. Der Gewerbetreibende darf nur die in dem genehmigten Verzeichnisse enthaltenen Druckschriften, anderen Schriften oder Bildwerke bei sich führen uud ist verpflichtet, das Verzeichniß während der Ausübung des Gewerbebetriebes bei sich zu führen, auf Erfordern der zuständigen Behörden oder Beamten vorzuzeigen und, sofern er hierzu nicht im Stande ist, auf deren Geheiß den Betrieb bis zur Herbeischaffung des Verzeichnisses einzustellen.

**§ 56a.** Ausgeschlossen vom Gewerbebetriebe im Umherziehen sind ferner:

1. die Ausübung der Heilkunde, insoweit der Ausübende für dieselbe nicht approbirt ist;
2. das Aufsuchen sowie die Vermittelung von Darlehnsgeschäften und Rückkaufsgeschäften ohne vorgängige Bestellung, ferner das Aufsuchen von Bestellungen auf Staats- und sonstige Werth-

papiere, Lotterieloose und Bezugs- und Antheilscheine auf Werthpapiere und Lotterieloose;

3. das Aufsuchen von Bestellungen auf Branntwein und Spiritus bei Personen, in deren Gewerbebetriebe dieselben keine Verwendung finden.

**§ 56 b.**[1] Der Bundesrath ist befugt, soweit ein Bedürfniß obwaltet, anzuordnen, daß und inwiefern der Ankauf oder das Feilbieten von einzelnen der im § 56 Abs. 2 ausgeschlossenen Waaren im Umherziehen gestattet sein soll.

Aus Gründen der öffentlichen Sicherheit, sowie zur Abwehr oder Unterdrückung von Seuchen kann durch Beschluß des Bundesraths und in dringenden Fällen durch Anordnung des Reichskanzlers nach Einvernehmen mit dem Ausschuß des Bundesraths für Handel und Verkehr für den Umfang des Reichs oder für Theile desselben bestimmt werden, daß und inwiefern außer den in den §§ 56 und 56a aufgeführten Gegenständen und Leistungen auch noch andere Gegenstände und Leistungen auf bestimmte Dauer von dem Gewerbebetriebe im Umherziehen ausgeschlossen sein sollen. Die Anordnung ist dem Reichstag sofort, oder, wenn derselbe nicht versammelt ist, bei seinem nächsten Zusammentritt mitzutheilen. Dieselbe ist außer Kraft zu setzen, wenn der Reichstag die Zustimmung nicht ertheilt.

Durch die Landesregierungen kann das Umherziehen mit Zuchthengsten zur Deckung von Stuten untersagt oder Beschränkungen unterworfen werden.

**§ 56 c.** Das Feilbieten von Waaren im Umherziehen in der Art, daß dieselben versteigert oder im Wege des Glückspiels oder der Ausspielung (Lotterie) abgesetzt werden, ist nicht gestattet. Ausnahmen von diesem Verbote dürfen von der zuständigen Behörde zugelassen werden.

Öffentliche Ankündigungen des Gewerbebetriebes dürfen nur unter dem Namen des Gewerbetreibenden mit Hinzufügung seines Wohnortes erlassen werden. Wird für den Gewerbebetrieb eine Verkaufsstelle benutzt, so muß an derselben in einer für Jedermann erkennbaren Weise ein den Namen und Wohnort des Gewerbetreibenden angebender Aushang angebracht werden. Dies gilt insbesondere von den Wanderlagern.

**§ 56 d.**[2] Ausländern kann der Gewerbebetrieb im Umherziehen

---

[1] Vgl. Bekanntmachung betr. die Gestattung des Feilbietens von Bier im Umherziehen. Vom 21. März 1890 (RGBl S. 60).
[2] Vgl. Anm. zu § 44, Abs. 2.

gestattet werden. Der Bundesrath ist befugt, die deshalb nöthigen Bestimmungen zu treffen.

**§ 57.** Der Wandergewerbeschein ist zu versagen:

1. wenn der Nachsuchende mit einer abschreckenden oder ansteckenden Krankheit behaftet oder in einer abschreckenden Weise entstellt ist;
2. wenn er unter Polizeiaufsicht steht;
3. wenn er wegen strafbarer Handlungen aus Gewinnsucht, gegen das Eigenthum, gegen die Sittlichkeit, wegen vorsätzlicher Angriffe auf das Leben und die Gesundheit der Menschen, wegen vorsätzlicher Brandstiftung, wegen Zuwiderhandlungen gegen Verbote oder Sicherungsmaßregeln, betreffend Einführung oder Verbreitung ansteckender Krankheiten oder Viehseuchen, zu einer Freiheitsstrafe von mindestens drei Monaten verurtheilt ist, und seit Verbüßung der Strafe drei Jahre noch nicht verflossen sind;
4. wenn er wegen gewohnheitsmäßiger Arbeitsscheu, Bettelei, Landstreicherei, Trunksucht übel berüchtigt ist;
5. in dem Falle des § 55 Ziffer 4, sobald der den Verhältnissen des Verwaltungsbezirks der zuständigen Verwaltungsbehörde entsprechenden Anzahl von Personen Wandergewerbescheine ertheilt oder ausgedehnt sind (§ 60 Abs. 2).

**§ 57a.** Der Wandergewerbeschein ist in der Regel zu versagen:

1. wenn der Nachsuchende noch nicht großjährig ist;
2. wenn er blind, taub oder stumm ist, oder an Geistesschwäche leidet;

**§ 57b.** Der Wandergewerbeschein darf außerdem nur dann versagt werden:

1. wenn der Nachsuchende im Inlande einen festen Wohnsitz nicht hat;
2. wenn er wegen strafbarer Handlungen aus Gewinnsucht, gegen das Eigenthum, gegen die Sittlichkeit, wegen vorsätzlicher Angriffe auf das Leben und die Gesundheit der Menschen, wegen vorsätzlicher Brandstiftung, wegen Zuwiderhandlungen gegen Verbote und Sicherungsmaßregeln, betreffend Einführung oder Verbreitung ansteckender Krankheiten oder Viehseuchen, zu einer Freiheitsstrafe von mindestens sechs Wochen verurtheilt ist, und seit Verbüßung der Strafe drei Jahre noch nicht verflossen sind;
3. wenn er wegen Verletzung der auf den Gewerbebetrieb im Umherziehen bezüglichen Vorschriften im Laufe der letzten drei Jahre widerholt bestraft ist;
4. wenn er ein oder mehrere Kinder besitzt, für deren Unterhalt und, sofern sie im schulpflichtigen Alter stehen, für deren Unterricht nicht genügend gesorgt ist.

§ 58. Der Wandergewerbeschein kann zurückgenommen werden, wenn sich ergiebt, daß eine der im § 57 Ziffer 1 bis 4, § 57a oder 57b bezeichneten Voraussetzungen entweder zur Zeit der Ertheilung desselben bereits vorhanden gewesen, der Behörde aber unbekannt geblieben, oder erst nach Ertheilung des Scheins eingetreten ist.

§ 59. Eines Wandergewerbescheins bedarf nicht:

1. wer selbstgewonnene oder rohe Erzeugnisse der Land- und Forstwirthschaft, des Garten- und Obstbaues, der Geflügel- und Bienenzucht, sowie selbstgewonnene Erzeugnisse der Jagd und Fischerei feilbietet;
2. wer in der Umgebung seines Wohnortes bis zu 15 Kilometer Entfernung von demselben selbstverfertigte Waaren, welche zu den Gegenständen des Wochenmarktverkehrs gehören, feilbietet oder gewerbliche Leistungen, hinsichtlich deren dies Landesgebrauch ist, anbietet;
3. wer selbstgewonnene Erzeugnisse oder selbstverfertigte Waaren, hinsichtlich deren dies Landesgebrauch ist, zu Wasser anfährt und von dem Fahrzeuge aus feilbietet;
4. wer bei öffentlichen Festen, Truppenzusammenziehungen oder anderen außergewöhnlichen Gelegenheiten mit Erlaubniß der Ortspolizeibehörde die von derselben zu bestimmenden Waaren feilbietet.

Die Landesregierungen können in weiterem Umfange den Gewerbebetrieb im Umherziehen mit Gegenständen des gemeinen Verbrauchs ohne Wandergewerbeschein innerhalb ihres Gebietes gestatten.

§ 59a. In den Fällen des § 59 Ziffer 1 bis 3 kann der Gewerbebetrieb untersagt werden, wenn die Voraussetznngen des § 57 Ziffer 1 bis 4 vorliegen.

§ 60. Der Wandergewerbeschein wird für die Dauer des Kalenderjahres ertheilt, er berechtigt den Inhaber, in dem ganzen Gebiete des Reichs das bezeichnete Gewerbe nach Entrichtung der darauf haftenden Landessteuern zu betreiben. Soweit nach § 56 Ziffer 1 das Feilbieten von geistigen Getränken im Falle besonderen Bedürfnisses vorübergehend gestattet wird, ist die räumliche und zeitliche Beschränkung dieser Erlaubniß im Wandergewerbescheine anzugeben.

Ein Wandergewerbeschein für den Betrieb der im § 55 Ziffer 4 bezeichneten Gewerbe gewährt die Befugniß zum Gewerbebetriebe in einem anderen, als dem Bezirke derjenigen Verwaltungsbehörde, welche ihn ausgestellt hat, nur dann, wenn er auf den anderen Bezirk von dessen Verwaltungsbehörde ausgedehnt ist. Sowohl die Ausstellung als auch die Ausdehnung eines derartigen Wandergewerbescheins kann für eine kürzere Dauer, als das Kalenderjahr, oder für bestimmte Tage während des Kalenderjahres erfolgen. Die Ausdehnung ist zu versagen, sobald für die den Verhältnissen des Bezirks entsprechende Anzahl von Personen Wandergewerbescheine bereits ausgestellt oder ausgedehnt sind.

Die Verwaltungsbehörde kann die von ihr bewilligte Ausdehnung nach Maßgabe des § 58 zurücknehmen.

Der Wandergewerbeschein enthält die Personalbeschreibung des Inhabers und die nähere Bezeichnung des Geschäftsbetriebes. Das Formular der Wandergewerbescheine bestimmt der Bundesrath.[1]

**§ 60a.** Wer die im § 55 Ziffer 4 bezeichneten Gewerbe an einem Orte von Haus zu Haus oder auf öffentlichen Wegen, Straßen, Plätzen oder an anderen öffentlichen Orten ausüben will, bedarf der vorgängigen Erlaubniß der Ortspolizeibehörde.

**§ 60b.** Minderjährigen Personen kann in dem Wandergewerbescheine die Beschränkung auferlegt werden, daß sie das Gewerbe nicht nach Sonnenuntergang, und minderjährigen Personen weiblichen Geschlechts kann außerdem die Beschränkung auferlegt werden, daß sie dasselbe nur auf öffentlichen Wegen, Straßen und Plätzen, nicht aber von Haus zu Haus betreiben dürfen.

Desgleichen kann von der Ortspolizeibehörde minderjährigen Personen verboten werden, daß sie innerhalb des Polizeibezirks die im § 59 Ziffer 1 und 2 aufgeführten Gegenstände nach Sonnenuntergang, und minderjährigen Personen weiblichen Geschlechts, daß sie dieselben Gegenstände von Haus zu Haus feilbieten.

**§ 60c.** Der Inhaber eines Wandergewerbescheines ist verpflichtet, diesen während der Ausübung des Gewerbebetriebes bei sich zu führen, auf Erfordern der zuständigen Behörden oder Beamten vorzuzeigen, und, sofern er hierzu nicht im Stande ist, auf deren Geheiß den Betrieb bis zur Herbeischaffung des Wandergewerbescheins einzustellen. Auf gleiches Erfordern hat er die von ihm geführten Waaren vorzulegen.

Zum Zweck des Gewerbebetriebes ist ohne vorgängige Erlaubniß der Eintritt in fremde Wohnungen, sowie zur Nachtzeit das Betreten fremder Häuser und Gehöfte nicht gestattet.

Denselben Bestimmungen — Abs. 2 — unterliegt das Feilbieten der im § 59 Ziffer 1 und 2 aufgeführten Gegenstände.

**§ 60d.** Der Wandergewerbeschein darf einem Anderen nicht zur Benutzung überlassen werden.

Wer für einen Anderen ein Gewerbe im Umherziehen zu betreiben beabsichtigt, unterliegt für seine Person den Bestimmungen dieses Gesetzes.

---

[1] Vgl. Anm. zu § 44, Abs. 2.

Wenn mehrere Personen die im § 55 Ziffer 3 bezeichneten Gewerbe in Gemeinschaft mit einander zu betreiben beabsichtigen, so kann auf ihren Antrag ein gemeinsamer Wandergewerbeschein für die Gesellschaft als solche ausgestellt werden, in welchem jedes einzelne Mitglied aufzuführen ist. Werden für die einzelnen Mitglieder besondere Wandergewerbescheine ausgestellt, so kann in die letzteren ein Vermerk aufgenommen werden, nach welchem dem Inhaber der Gewerbebetrieb nur im Verbande einer bestimmten Gesellschaft oder einer Gesellschaft überhaupt, gestattet sein soll.

Umherziehenden Schauspielergesellschaften wird der Wandergewerbeschein nur dann ertheilt, wenn der Unternehmer die im § 32 vorgeschriebene Erlaubniß besitzt. In dem Wandergewerbescheine für den Unternehmer einer Schauspielergesellschaft ist ausdrücklich zu vermerken, daß der Gewerbetreibende als Unternehmer auftreten will.

**§ 61.** Die Ertheilung des Wandergewerbescheins erfolgt durch die für den Wohnort oder Aufenthaltsort des Nachsuchenden zuständige höhere Verwaltungsbehörde. Die Verwaltungsbehörde des Aufenthaltsortes kann den Nachsuchenden an die Behörde seines Wohnortes verweisen.

In dem Falle des § 55 Ziffer 4 erfolgt die Ertheilung des Wandergewerbescheins durch die höhere Verwaltungsbehörde, in deren Bezirk das Gewerbe betrieben werden soll.

Die Zurücknahme des Wandergewerbescheins erfolgt durch die für den Wohnort oder Aufenthaltsort des Inhabers zuständige höhere Verwaltungsbehörde.

**§ 62.** Wer beim Gewerbebetriebe im Umherziehen andere Personen von Ort zu Ort mit sich führen will, bedarf der Erlaubniß derjenigen Behörde, welche den Wandergewerbeschein ertheilt hat, oder in deren Bezirk sich der Nachsuchende befindet. Die Erlaubniß wird in dem Wandergewerbescheine unter näherer Bezeichnung dieser Personen vermerkt.

Die Erlaubniß ist zu versagen, insoweit bei ihnen eine der im § 57 bezeichneten Voraussetzungen zutrifft; außerdem darf dieselbe nur dann versagt werden, insoweit eine der im § 57a und § 57b bezeichneten Voraussetzungen vorliegt. Die Zurücknahme der Erlaubniß erfolgt nach Maßgabe des § 58 durch eine für deren Ertheilung zuständige Behörde.

Die Mitführung von Kindern unter vierzehn Jahren zu gewerblichen Zwecken ist verboten.

Die Erlaubniß zur Mitführung von Kindern, welche schulpflichtig sind, ist zu versagen und die bereits ertheilte Erlaubniß zurückzunehmen, wenn nicht für einen ausreichenden Unterricht der Kinder gesorgt ist.

Die Erlaubniß zur Mitführung von Kindern unter vierzehn Jahren kann versagt und von der für die Ertheilung derselben zuständigen Behörde zurückgenommen werden. Dasselbe gilt von der Erlaubniß zur Mitführung von Personen anderen Geschlechts mit Ausnahme der Ehegatten und der über vierzehn Jahre alten eigenen Kinder und Enkel.

**§ 63.** Wird der Wandergewerbeschein versagt oder zurückgenommen, oder wird die erfolgte Ausdehnung desselben zurückgenommen, so ist dies dem Betheiligten mittelst schriftlichen Bescheides unter Angabe der Gründe zu eröffnen. Gegen den Bescheid ist der Rekurs zulässig, jedoch ohne aufschiebende Wirkung. Wegen des Verfahrens und der Behörden gelten die Vorschriften der §§ 20 und 21. Dasselbe gilt von der Versagung der Genehmigung des Druckschriftenverzeichnisses (§ 56 Abs. 4), von der Untersagung des Gewerbebetriebes gemäß § 59a und der Versagung oder Zurücknahme der Erlaubniß in den Fällen des § 62 Abs. 2.

Die in Gemäßheit des § 57 Ziffer 5 erfolgte Versagung des Wandergewerbescheins, sowie die auf Grund der §§ 60 Abs. 2, 60b und 62 Abs. 4 und 5 getroffenen Verfügungen können nur im Wege der Beschwerde an die unmittelbar vorgesetzte Aufsichtsbehörde angefochten werden.

## Titel IV.

### Marktverkehr.

**§ 64.** Der Besuch der Messen, Jahr- und Wochenmärkte, sowie der Kauf und Verkauf auf denselben steht einem Jeden mit gleichen Befugnissen frei.

Wo jedoch nach der bisherigen Ortsgewohnheit gewisse Handwerkerwaaren, welche nicht zu den im § 66 bezeichneten Gegenständen gehören, nur von Bewohnern des Marktortes auf dem Wochenmarkte verkauft werden durften, kann die höhere Verwaltungsbehörde, auf Antrag der Gemeindebehörde, den einheimischen Verkäufern die Fortsetzung des herkömmlichen Wochenmarktverkehrs mit jenen Handwerkerwaaren gestatten, ohne auswärtige Verkäufer derselben Waaren auf dem Wochenmarkte zuzulassen.

Beschränkungen des Marktverkehrs der Ausländer als Erwiderung der im Auslande gegen Reichsangehörige angeordneten Beschränkungen bleiben dem Bundesrath vorbehalten.

**§ 65.** Die Zahl, Zeit und Dauer der Messen, Jahr- und Wochenmärkte wird von der zuständigen Verwaltungsbehörde festgesetzt.

Dem Marktberechtigten steht gegen eine solche Anordnung kein Widerspruch zu; ein Entschädigungsanspruch gebührt demselben nur dann, wenn durch die Anordnung die Zahl der bis dahin abgehaltenen Märkte vermindert wird, und eine größere Zahl ausdrücklich und unwiderruflich verliehen war. Gemeinden, welche einen Entschädigungsanspruch geltend machen wollen, müssen außerdem nachweisen, daß ihr Recht auf einen speziellen lästigen Titel sich gründet.

**§ 66.** Gegenstände des Wochenmarktverkehrs sind:

1. rohe Naturerzeugnisse mit Ausschluß des größeren Viehs;
2. Fabrikate, deren Erzeugung mit der Land- und Forstwirthschaft, dem Garten- und Obstbau oder der Fischerei in unmittelbarer Verbindung steht, oder zu den Nebenbeschäftigungen der Landleute der Gegend gehört, oder durch Tagelöhnerarbeit bewirkt wird, mit Ausschluß der geistigen Getränke;
3. frische Lebensmittel aller Art.

Die zuständige Verwaltungsbehörde ist auf Antrag der Gemeindebehörde befugt, zu bestimmen, welche Gegenstände außerdem nach Ortsgewohnheit und Bedürfniß in ihrem Bezirke überhaupt, oder an gewissen Orten zu den Wochenmarktartikeln gehören.

**§ 67.** Auf Jahrmärkten dürfen außer den im § 66 benannten Gegenständen Verzehrungsgegenstände und Fabrikate aller Art feilgehalten werden.

Zum Verkauf von geistigen Getränken zum Genuß auf der Stelle bedarf es jedoch der Genehmigung der Ortspolizeibehörde.

**§ 68.** Der Marktverkehr darf in keinem Falle mit anderen als solchen Abgaben belastet werden, welche eine Vergütung für den überlassenen Raum und den Gebrauch von Buden und Geräthschaften bilden. In den Bestimmungen darüber, ob und in welchem Umfange Abgaben dieser Art erhoben werden dürfen, wird durch gegenwärtiges Gesetz nichts geändert. Ein Unterschied zwischen Einheimischen und Fremden bezüglich der Zahlung der Abgaben darf nicht stattfinden.

**§ 69.** In den Grenzen der Bestimmungen der §§ 65 bis 68 kann die Ortspolizeibehörde, im Einverständniß mit der Gemeindebehörde, die Marktordnung nach dem örtlichen Bedürfniß festsetzen, namentlich auch für das Feilbieten von gleichartigen Gegenständen den Platz, und für das Feilbieten im Umhertragen, mit oder ohne Ausruf, die Tageszeit und die Gattung der Waaren bestimmen.

**§ 70.** In Betreff der Märkte, welche bei besonderen Gelegenheiten oder für bestimmte Gattungen von Gegenständen gehalten werden, bewendet es bei den bestehenden Anordnungen.

Erweiterungen dieses Marktverkehrs können von der zuständigen Behörde mit Zustimmung der Gemeindebehörde angeordnet werden.

**§ 71.** Beschränkungen des Verkehrs mit den zu Messen und Märkten gebrachten, aber unverkauft gebliebenen Gegenständen werden hierdurch aufgehoben. Der Einzelverkauf solcher Gegenstände außer der Marktzeit ist jedoch nur unter denselben Bedingungen zulässig, unter welchen derselbe statthaft sein würde, wenn die Gegenstände nicht auf den Markt gebracht wären.

## Titel V.

### Taxen.

**§ 72.** Polizeiliche Taxen sollen, soweit nicht ein Anderes nachstehend angeordnet worden, künftig nicht vorgeschrieben werden; da, wo sie gegenwärtig bestehen, sind sie in einer von der Ortspolizeibehörde zu bestimmenden, höchstens einjährigen Frist aufzuheben.

**§ 73.** Die Bäcker und die Verkäufer von Backwaaren können durch die Ortspolizeibehörde angehalten werden, die Preise und das Gewicht ihrer verschiedenen Backwaaren für gewisse von derselben zu bestimmende Zeiträume durch einen von außen sichtbaren Anschlag am Verkaufslokale zur Kenntniß des Publikums zu bringen.

Dieser Anschlag ist kostenfrei mit dem polizeilichen Stempel zu versehen und täglich während der Verkaufszeit auszuhängen.

**§ 74.** Wo der Verkauf von Backwaaren nur nach den von den Bäckern und Verkäufern an ihren Verkaufslokalen angeschlagenen Preisen erlaubt ist, kann die Ortspolizeibehörde die Bäcker und Verkäufer zugleich anhalten, im Verkaufslokale eine Waage mit den erforderlichen geaichten Gewichten aufzustellen und die Benutzung derselben zum Nachwiegen der verkauften Backwaaren zu gestatten.

**§ 75.** Die Gastwirthe können durch die Ortspolizeibehörde angehalten werden, das Verzeichniß der von ihnen gestellten Preise einzureichen und in den Gastzimmern anzuschlagen. Diese Preise dürfen zwar jederzeit abgeändert werden, bleiben aber so lange in Kraft, bis die Abänderung der Polizeibehörde angezeigt und das abgeänderte Verzeichniß in den Gastzimmern angeschlagen ist. Auf Beschwerden Reisender wegen Überschreitung der verzeichneten Preise steht der Ortspolizeibehörde eine vorläufige Entscheidung vorbehaltlich des Rechtsweges zu.

**§ 76.** Die Ortspolizeibehörde ist in Übereinstimmung mit der Gemeindebehörde befugt, für Lohnbediente und andere Personen, welche auf öffentlichen Straßen und Plätzen oder in Wirthshäusern ihre Dienste anbieten (§ 37), sowie für die Benutzung von Wagen,

Pferden, Sänften, Gondeln und anderen Transportmitteln, welche öffentlich zum Gebrauch aufgestellt sind, Taxen festzusetzen.

**§ 77.** Ebenso können für Schornsteinfeger, wenn ihnen Bezirke ausschließlich zugewiesen sind, von der Ortspolizeibehörde, im Einverständniß mit der Gemeindebehörde, oder, wenn der zugewiesene Bezirk mehr als eine Ortschaft umfaßt, von der unteren Verwaltungsbehörde Taxen aufgestellt werden.

**§ 78.** Hinsichtlich der Taxen für solche gewerbetreibende Personen, welche nach den Bestimmungen im § 36 von den Behörden zu beeidigen und anzustellen sind, wird durch das gegenwärtige Gesetz nichts geändert. Die nach § 36 zuständigen Behörden sind befugt, für diese Personen auch da Taxen einzuführen, wo dergleichen bisher nicht bestanden.

**§ 79.** Die in den §§ 73 bis 78 genannten Gewerbetreibenden sind berechtigt, die festgestellten Preise und Taxen zu ermäßigen.

**§ 80.** Die Taxen für die Apotheker können durch die Zentralbehörden festgesetzt werden, Ermäßigungen derselben durch freie Vereinbarungen sind jedoch zulässig.

Die Bezahlung der approbirten Ärzte u. s. w. (§ 29 Abs. 1) bleibt der Vereinbarung überlassen. Als Norm für streitige Fälle im Mangel einer Vereinbarung können jedoch für dieselben Taxen von den Zentralbehörden festgesetzt werden.

## Titel VI.

## Innungen von Gewerbetreibenden.

### I. Bestehende Innungen.

**§ 81.** Alle zur Zeit gesetzlich bestehenden Korporationen von Gewerbetreibenden (Innungen, Zünfte) dauern fort. Ihre Statuten (Innungsartikel, Zunftartikel) bleiben in Kraft, soweit sie nicht durch die Vorschriften dieses Gesetzes oder nach Maßgabe der Bestimmungen im § 92 abgeändert werden.

**§ 82.** Jedes Mitglied einer Innung kann jederzeit, vorbehaltlich der Erfüllung seiner Verpflichtungen, ausscheiden und darf das Gewerbe nach dem Austritte fortsetzen. Der Ausgeschiedene verliert alle Ansprüche an das Zunftvermögen und die durch dasselbe ganz oder theilweise fundirten Nebenkassen, soweit die Statuten nicht ein Anderes bestimmen.

**§ 83.** Von dem Eintritte in die Innung können diejenigen ausgeschlossen werden:

1. welche sich nicht im Besitz der bürgerlichen Ehrenrechte befinden;
   oder
2. welche in Folge gerichtlicher Anordnung in der Verfügung über ihr Vermögen beschränkt sind.

**§ 84.** Vorbehaltlich der vorstehenden Bestimmung (§ 83) darf der Eintritt in eine Innung Keinem versagt werden, welcher die in dem Statut vorgeschriebenen Bedingungen erfüllt hat.

Bedarf es zu diesem Zweck der Ablegung einer Prüfung, so ist dieselbe auf den Nachweis zur Befähigung zur selbständigen Ausführung der gewöhnlichen Arbeiten des Gewerbes zu richten. Die deshalb zu lösenden Aufgaben, sowie der zur Bestreitung der Prüfungskosten von dem zu Prüfenden zu zahlende Betrag, werden von der Innung bestimmt. Bevorzugungen sind dabei nicht statthaft.

Die Prüfungszeugnisse der für einzelne Gewerbe angeordneten besonderen Prüfungsbehörden und der bisher zur Abnahme von Prüfungen befugt gewesenen Kommissionen sind ein genügender Nachweis der Befähigung zum Betriebe der Gewerbe, über welche sie ausgestellt sind.

Die Ablegung einer Prüfung kann von denjenigen nicht gefordert werden, welche das betreffende Gewerbe mindestens seit einem Jahre selbständig ausüben.

**§ 85.** Die bei der Aufnahme in eine Innung zu entrichtenden Antrittsgelder müssen für alle Genossen der Innungen gleich sein. Wo sie mehr als fünfzehn Mark betragen, bedarf es zu ihrer Erhöhung der Genehmigung der höheren Verwaltungsbehörde. Diese Genehmigung ist auch dann erforderlich, wenn Antrittsgelder, welche den Betrag von fünfzehn Mark nicht übersteigen, über diesen Betrag erhöht werden sollen.

Der Beitritt zu einer Innung schließt die Befugniß nicht aus, an anderen Innungen Theil zu nehmen.

**§ 86.** Durch Beschluß der Innung kann von Ausübung des Stimmrechts, sowie der Ehrenrechte innerhalb der Innung derjenige ausgeschlossen werden, welcher in einem der im § 83 unter 1, 2 bezeichneten Verhältnisse sich befindet.

**§ 87.** Wird nach dem Tode eines Innungsgenossen dessen Gewerbe durch einen Stellvertreter für Rechnung der Wittwe oder minderjährigen Erben fortgesetzt, so gehen die Befugnisse und Obliegenheiten des Verstorbenen, mit Ausnahme des Stimmrechts in der Innungsversammlung, auf die Wittwe für die Dauer des Wittwenstandes, beziehungsweise auf die minderjährigen Erben für die Dauer der Minderjährigkeit, über.

§ 88. Die Innung wird bei gerichtlichen wie bei außergerichtlichen Verhandlungen durch ihren Vorstand vertreten.

Die Legitimation desselben wird durch eine amtliche Bescheinigung der Gemeindebehörde über seine Eigenschaft als solcher geführt.

Die Befugniß zur Vertretung erstreckt sich auch auf diejenigen Geschäfte und Rechtshandlungen, für welche nach den Gesetzen eine Spezialvollmacht erforderlich ist.

Soweit in dem Statut (Innungsartikeln, Zunftartikeln) einem Mitgliede oder mehreren Mitgliedern des Vorstandes die Vertretung der Innung nach außen übertragen ist, behält es hierbei sein Bewenden.

§ 89. Verträge der Innung über die Erwerbung, Veräußerung oder Verpfändung unbeweglicher Sachen und über Darlehen, für welche das unbewegliche Vermögen der Innung oder die Nutzungen desselben auf länger als ein Jahr haften sollen, bedürfen zu ihrer Rechtsgültigkeit der Genehmigung der Gemeindebehörde. Dieselbe darf jedoch nicht versagt werden, wenn nachgewiesen wird, daß die Erfüllung aller bestehenden Verpflichtungen der Innung, sowie der für den Fall der Auflösung durch § 94 getroffenen Vorschriften gesichert bleibt.

§ 90. Zahlungen aus den Einnahmen oder dem Vermögen der Innung an Genossen derselben dürfen nur insoweit geleistet werden, als sie auf ausdrücklichen Vorschriften des Statuts beruhen. Für Zehrung dürfen solche Zahlungen niemals geleistet werden.

§ 91. Die exekutivische Beitreibung der Innungsbeiträge und der von Innungsgenossen wegen Verletzung statutarischer Vorschriften verwirkten Geldstrafen im Verwaltungswege findet ferner nicht statt.

§ 92. Abänderungen des Statuts können in einer Versammlung der Innung, zu welcher sämmtliche stimmberechtigte Genossen unter ausdrücklicher Bezeichnung des Gegenstundes der Berathung schriftlich eingeladen sind, durch absolute Mehrheit der Anwesenden beschlossen werden. Der Beschluß bedarf der Genehmigung der höheren Verwaltungsbehörde, wenn er Zahlungen aus den Einnahmen oder dem Vermögen der Innung an Genossen derselben oder andere Verfügungen über das Innungsvermögen zum Gegenstande hat. Diese Genehmigung darf jedoch nicht versagt werden, wenn nachgewiesen wird, daß die Erfüllung aller bestehenden Verpflichtungen der Innung, sowie der für den Fall der Auflösung durch § 94 getroffenen Vorschriften gesichert bleibt.

§ 93. Ihre Auflösung kann die Innung in einer Versammlung, zu welcher sämmtliche stimmberechtigte Genossen unter ausdrücklicher Bezeichnung des Gegenstandes der Berathung schriftlich eingeladen sind, durch absolute Mehrheit der Anwesenden beschließen. Der Beschluß bedarf der Genehmigung der höheren Verwaltungsbehörde. Diese Genehmigung wird ertheilt, wenn die Berichtigung der Schulden und die Erfüllung der Vorschriften des § 94 sichergestellt ist.

**§ 94.** Löst eine Innung sich auf, so muß ihr Vermögen zuvörderst zur Berichtigung ihrer Schulden und zur Erfüllung ihrer sonstigen Verpflichtungen verwendet werden. War dasselbe bisher ganz oder theilweise zur Fundirung von Unterrichtsanstalten oder zu anderen öffentlichen Zwecken bestimmt, so darf dasselbe dieser Bestimmung nicht entzogen werden. Wird dafür nicht in anderer genügender Weise Sorge getragen, so fällt das betreffende Vermögen der Gemeinde gegen Übernahme der darauf lastendenden Verpflichtungen zu.

Eine Vertheilung des hiernach verbleibenden Reinvermögens unter die zeitigen Mitglieder kann die Innung bei ihrer Auflösung nur soweit beschließen, als dasselbe aus Beiträgen dieser Mitglieder entstanden ist.

Der Rest des Vermögens wird, sofern in dem Statut oder in den Landesgesetzen nicht ein Anderes ausdrücklich bestimmt ist, der Gemeinde, in welcher die aufgelöste Innung ihren Sitz hatte, zur Benutzung für gewerbliche Zwecke überwiesen.

Entstehen aus den vorstehenden Bestimmungen Differenzen zwischen der Ortsgemeinde und der Innung, so steht die Entscheidung der höheren Verwaltungsbehörde zu.

Letzterer steht auch die Befugniß zu, den bisher mit der Innung verbunden gewesenen Unterrichtsanstalten, Hülfskassen oder anderen Instituten zu öffentlichen Zwecken nach der Auflösung der Innung Korporationsrechte zu ertheilen.

Die vorstehenden Vorschriften kommen auch im Falle des Erlöschens einer Innung durch Aussterben ihrer Mitglieder zur Anwendung.

**§ 95.** Die Gemeindebehörde übt die Aufsicht über die Innungen aus. Sie entscheidet Streitigkeiten über die Aufnahme und Ausschließung von Genossen, über die Wahl der Vorstände und über die Rechte und Pflichten der letzteren. Gegen ihre Entscheidung steht der Rekurs an die höhere Verwaltungsbehörde offen, welcher binnen einer präklusivischen Frist von vier Wochen bei der Gemeindebehörde anzubringen ist.

Innungsversammlungen, in welchen über Abänderungen des Statuts oder über die Auflösung der Innung Beschluß gefaßt werden soll, wohnt die Gemeindebehörde durch eines ihrer Mitglieder oder einen Beauftragten bei. An anderen Berathungen der Innung nimmt sie nicht Theil. Die Bestätigung der Wahl der Vorstände steht ihr fortan nicht zu.

**§ 96.** Alle Bestimmungen der Gesetze oder der Statuten (Innungsartikel, Zunftartikel), durch welche der Gemeindebehörde in Angelegenheiten der Innungen größere Befugnisse beigelegt sind, als durch gegenwärtiges Gesetz, treten außer Kraft.

## II. Neue Innungen.

**§ 97.**[1] Diejenigen, welche ein Gewerbe selbständig betreiben, können zur Förderung der gemeinsamen gewerblichen Interessen zu einer Innung zusammentreten.

Aufgabe der neuen Innungen ist:

1. die Pflege des Gemeingeistes sowie die Aufrechterhaltung und Stärkung der Standesehre unter den Innungsmitgliedern;
2. die Förderung eines gedeihlichen Verhältnisses zwischen Meistern und Gesellen, sowie die Fürsorge für das Herbergswesen der Gesellen und für die Nachweisung von Gesellenarbeit;
3. die nähere Regelung des Lehrlingswesens und der Fürsorge für die technische, gewerbliche und sittliche Ausbildung der Lehrlinge;
4. Streitigkeiten der im § 120a bezeichneten Art zwischen den Innungsmitgliedern und ihren Lehrlingen an Stelle der Gemeindebehörde (Absatz 2 daselbst) zu entscheiden.

**§ 97a.** Die Innungen sind befugt, ihre Wirksamkeit auf andere, den Innungsmitgliedern gemeinsame gewerbliche Interssen als die im § 97 bezeichneten auszudehnen. Insbesondere steht ihnen zu:

1. Fachschulen für Lehrlinge zu errichten und dieselben zu leiten;
2. zur Förderung der gewerblichen und technischen Ausbildung der Meister und Gesellen geeignete Einrichtungen zu treffen;
3. Gesellen- und Meisterprüfungen zu veranstalten und über die Prüfungen Zeugnisse auszustellen;

---

[1] Die abgedruckte Fassung der §§ 97—104g beruht auf dem Gesetze vom 18. Juli 1881 (RGBl S. 233). Dieses Gesetz enthält in Art. 1 und 2 die Abänderungen der Gewerbeordnung, und im Schlußartikel folgende Bestimmung:

Artikel 3. Die bei Erlaß dieses Gesetzes bestehenden Innungen, welche bis zum Ablauf des Jahres 1885 ihre Verfassung den Bestimmungen des Artikels 1 entsprechend nicht umgestaltet haben, können durch die Zentralbehörde aufgefordert werden, diese Umgestaltung innerhalb bestimmter Frist zu bewirken. Wird der Aufforderung nicht entsprochen, so ist die Zentralbehörde befugt, die Schließung der Innung anzuordnen. Über das Vermögen der Innung ist in diesem Falle nach Maßgabe des § 94 zu verfügen.

4. zur Förderung des Gewerbebetriebes der Innungsmitglieder einen gemeinschaftlichen Geschäftsbetrieb einzurichten;
5. zur Unterstützung der Innungsmitglieder, ihrer Angehörigen, ihrer Gesellen und Lehrlinge in Fällen der Krankheit, des Todes, der Arbeitsunfähigkeit oder sonstigen Bedürftigkeit, Kassen einzurichten;
6. Schiedsgerichte zu errichten, welche berufen sind, Streitigkeiten der im § 120a bezeichneten Art zwischen den Innungsmitgliedern und deren Gesellen an Stelle der sonst zuständigen Behörden zu entscheiden.

**§ 98.** Der Bezirk, für welchen eine Innung errichtet wird, soll in der Regel nicht über den Bezirk der höheren Verwaltungsbehörde, in welchem die Innung ihren Sitz nimmt, hinausgehen. Ausnahmen bedürfen der Genehmigung der Zentralbehörde.

Bei der Errichtung ist der Innung ein Name zu geben, welcher von dem aller anderen, an demselben Orte oder in derselben Gemeinde befindlichen Innungen verschieden ist.

**§ 98a**[1]. Die Aufgaben der Innung, die Einrichtung ihrer Verwaltung und die Rechtsverhältnisse ihrer Mitglieder werden, soweit das Gesetz darüber nicht bestimmt, durch das Innungsstatut geregelt.

Dasselbe muß Bestimmung treffen:
1. Über Namen, Sitz und Bezirk der Innung;
2. über die Aufgaben der Innung, sowie über die dauernden Einrichtungen zur Erfüllung dieser Aufgaben; namentlich sind die nachfolgenden Verhältnisse des Lehrlingswesens zu regeln:
   a) die von den Innungsmitgliedern bei der Annahme von Lehrlingen zu erfüllenden Voraussetzungen und Formen, sowie die Dauer der Lehrzeit,
   b) die Überwachung der Beobachtung der in §§ 41a, 105a bis 105g, 120—120e, 126, 127 vorgesehenen Bestimmungen durch die Innung[2],
   c) die Verpflichtung der Meister, ihre Lehrlinge zum Besuche der Fortbildungsschule oder der Fachschule anzuhalten,
   d) die Beendigung der Lehrzeit, die Ausschreibung der Lehrlinge vor der Innung und die Ertheilung des Lehrbriefes,
   e) die Bildung der Behörde und das Verfahren zur Entscheidung der im § 97 unter Nr. 4 bezeichneten Streitigkeiten;

---

[1] Vgl. Entwurf eines Innungsstatuts auf Grund des Reichsgesetzes vom 18. Juli 1881 (CBl 82. S. 247).
[2] Neue Fassung durch G vom 1. Juni 1891 (RGBl S. 286), Art. 5.

3. über Aufnahme, Austritt und Ausschließung der Mitglieder;
4. über die Rechte und Pflichten der Mitglieder, insbesondere über die Beiträge, welche von denselben zu entrichten sind, und über den Maßstab, nach welchem deren Umlegung erfolgt;
5. über die etwa wegen Verletzung statutarischer Vorschriften gegen die Innungsmitglieder zu verhängenden Ordnungsstrafen;
6. über die Bildung des Vorstandes, über den Umfang seiner Befugnisse und die Formen seiner Geschäftsführung:
7. über die Zusammensetzung und Berufung der Innungsversammlung, über das Stimmrecht in derselben und über die Art der Beschlußfassung;
8. über die Beurkundung der Beschlüsse der Innungsversammlung und des Vorstandes;
9. über die Voraussetzungen und die Form einer Abänderung des Statuts;
10. über die Voraussetzungen und die Form der Auflösung der Innung;
11. über die Verwendung des Innungsvermögens im Falle der Auflösung oder Schließung der Innung;
12. über die Aufstellung und Prüfung der Jahresrechnung.

Das Statut darf keine Bestimmung enthalten, welche mit den in diesem Gesetze bezeichneten Aufgaben der Innung nicht in Verbindung steht oder gesetzlichen Vorschriften zuwiderläuft.

Bestimmungen über Einrichtungen zur Erfüllung der im § 97a unter Nr. 4, 5, 6 bezeichneten Aufgaben dürfen nicht in das Innungsstatut aufgenommen werden.

**§ 98b.** Das Innungsstatut bedarf der Genehmigung durch die höhere Verwaltungsbehörde desjenigen Bezirks, in welchem die Innung ihren Sitz nimmt. Die Einreichung geschieht durch die Aufsichtsbehörde (§ 204).

Die Genehmigung ist zu versagen:
1. wenn das Innungsstatut den gesetzlichen Anforderungen nicht entspricht;
2. wenn durch die in dem Innungsstatut vorgesehenen Einrichtungen die Mittel zur Erfüllung der den Innungen nach § 97 obliegenden Aufgaben nicht sichergestellt erscheinen;
3. wenn die Zentralbehörde der durch das Innungsstatut vorgesehenen Begrenzung des Innungsbezirks die nach § 98 Absatz 1 erforderliche Zustimmung versagt hat.

Außerdem darf die Genehmigung nur versagt werden, wenn in dem durch das Innungsstatut vorgesehenen Innungsbezirke für die gleichen Gewerbe eine Innung bereits besteht.

In dem die Genehmigung versagenden Bescheide sind die Gründe anzugeben; gegen denselben findet der Rekurs statt; wegen des Verfahrens und der Behörden gelten die Vorschriften der §§ 20 und 21, soweit nicht landesgesetzlich das Verfahren in streitigen Verwaltungssachen Platz greift.

Abänderungen des Innungsstatuts unterliegen den gleichen Vorschriften.

**§ 98c.** Soll in der Innung eine Einrichtung der im § 97a unter Nr. 4, 5, 6 vorgesehenen Art getroffen werden, so sind die dafür erforderlichen Bestimmungen in Nebenstatuten zusammenzufassen. Dieselben bedürfen der Genehmigung durch die im § 98b bezeichnete höhere Verwaltungsbehörde. Vor der Genehmigung ist die Gemeindebehörde des Ortes, an welchem die Innung ihren Sitz hat, sowie, falls diese Behörde für die Innung nicht die Aufsichtsbehörde bildet, auch letztere zu hören. Die Genehmigung kann nach Ermessen versagt werden. In dem die Genehmigung versagenden Bescheide sind die Gründe anzugeben. Gegen die Versagung kann binnen vier Wochen Beschwerde an die Zentralbehörde eingelegt werden. Abänderung der Nebenstatuten unterliegen den gleichen Vorschriften.

**§ 99.** Die Innung kann unter ihrem Namen Rechte, insbesondere Eigenthum und sonstige dingliche Rechte an Grundstücken erwerben, Verbindlichkeiten eingehen, vor Gericht klagen und verklagt werden. Für alle Verbindlichkeiten der Innung haftet den Gläubigern nur das Vermögen der Innung.

**§ 100.** Als Innungsmitglieder können nur Personen aufgenommen werden, die ein Gewerbe, für welches die Innung errichtet ist, in dem Innungsbezirke selbständig betreiben oder in einem dem Gewerbe angehörenden Großbetriebe als Werkmeister oder in ähnlicher Stellung beschäftigt sind. Andere Personen können als Ehrenmitglieder aufgenommen werden.

Von der Ablegung einer Prüfung kann die Aufnahme nur abhängig gemacht werden, wenn Art und Umfang derselben durch das Statut geregelt sind; die Prüfung darf nur den Nachweis der Befähigung zur selbständigen Ausführung der gewöhnlichen Arbeiten des Gewerbes bezwecken.

Ist die Aufnahme von der Zurücklegung einer Lehrlings- oder Gesellenzeit oder von der Ablegung einer Prüfung abhängig gemacht, so ist eine Ausnahme von der Erfüllung dieser Anforderungen nur unter bestimmten im Statut festgestellten Voraussetzungen zulässig. Von einem Aufnahmesuchenden, welcher bereits vor einer anderen, den Voraussetzungen dieses Gesetzes entsprechenden Innung desselben

Gewerbes eine Aufnahmeprüfung bestanden hat, kann eine solche nicht nochmals verlangt werden.

Gewerbetreibenden, welche den gesetzlichen und statutarischen Anforderungen entsprechen, darf die Aufnahme in die Innung nicht versagt werden.

Von der Erfüllung der gesetzlichen und statutarischen Bedingungen kann zu Gunsten Einzelner nicht abgesehen werden.

Vom Eintritte in eine Innung sind diejenigen ausgeschlossen, welche sich nicht im Besitze der bürgerlichen Ehrenrechte befinden, oder welche in Folge gerichtlicher Anordnungen in der Verfügung über ihr Vermögen beschränkt sind.

Der Austritt aus der Innung ist, wenn das Innungsstatut eine vorherige Anzeige darüber nicht verlangt, jederzeit gestattet. Eine Anzeige über den Austritt kann frühestens sechs Monate vor dem letzteren verlangt werden.

Ausscheidende Mitglieder verlieren alle Ansprüche an das Innungsvermögen und, soweit nicht statutarisch abweichende Bestimmungen getroffen sind, an die von der Innung errichteten Nebenkassen; sie bleiben zur Zahlung derjenigen Beiträge verpflichtet, deren Umlegung am Tage ihres Austrittes bereits erfolgt war. Besondere Verbindlichkeiten, welche sie der Innung gegenüber eingegangen sind, werden durch den Austritt nicht berührt.

Die Rechte der Innungsmitglieder, mit Ausnahme des Stimmrechts und der Ehrenrechte, können von deren Wittwen, welche den Gewerbebetrieb fortsetzen, so lange ausgeübt werden, als sie die entsprechenden Verpflichtungen erfüllen. Die näheren Bestimmungen sind durch das Statut zu treffen.

**§ 100a.** Die von den Innungsmitgliedern beschäftigten Gesellen nehmen an den Innungsversammlungen und an der Verwaltung der Innung nur insoweit Theil, als dieses in dem Innungsstatut vorgesehen ist. Eine solche Theilnahme muß ihnen eingeräumt werden an der Abnahme von Gesellenprüfungen, sowie an der Begründung und Verwaltung aller Einrichtungen, für welche sie Beiträge entrichten oder eine besondere Mühewaltung übernehmen, oder welche zu ihrer Unterstützung bestimmt sind.

Von der Ausübung eines Stimmrechts oder eines Ehrenrechts in der Innung sind alle diejenigen ausgeschlossen, welche sich nicht im Besitz der bürgerlichen Ehrenrechte befinden, oder welche in Folge gerichtlicher Anordnung in der Verfügung über ihr Vermögen beschränkt sind.

**§ 100b.** Den Innungsmitgliedern darf die Verpflichtung zu

Handlungen oder Unterlassungen, welche mit den Aufgaben der Innung in keiner Verbindung stehen, nicht auferlegt werden.

Zu anderen Zwecken als der Erfüllung der statutarisch oder durch das Gesetz bestimmten Aufgaben der Innung, sowie der Deckung der Kosten der Innungsverwaltung dürfen weder Beiträge von den Innungsmitgliedeern oder von den Gesellen derselben erhoben werden, noch Verwendung aus dem Vermögen der Innung erfolgen.

Die auf Grund des Innungsstatuts oder der Nebenstatuten (§ 98c) umgelegten Beiträge und verhängten Ordnungsstrafen werden nach Antrag des Innungsvorstandes auf dem für die Beitreibung der Gemeindeabgaben landesrechtlich vorgesehenen Wege zwangsweise eingezogen. Über die Verpflichtung zur Zahlung der Beiträge findet, unbeschadet der vorläufigen Einziehung, der Rechtsweg statt. Über Beschwerden wegen der Ordnungsstrafen entscheidet die Aufsichtsbehörde endgültig.

**§ 100c.** Über die Einnahmen und Ausgaben der nach Maßgabe des § 97a unter Nr. 5 begründeten Unterstützungskassen muß getrennte Rechnung geführt werden. Das ausschließlich für diese Kassen bestimmte Vermögen ist getrennt von dem übrigen Innungsvermögen zu verwalten. Verwendungen für andere Zwecke dürfen aus demselben nicht gemacht werden. Die Gläubiger der Kasse haben das Recht auf abgesonderte Befriedigung aus dem getrennt verwalteten Vermögen.

Auf solche Krankenkassen der Innungen, welche eine den Vorschriften des Gesetzes über die eingeschriebenen Hülfskassen vom 7. April 1876 entsprechende Unterstützung gewähren sollen, finden folgende Bestimmungen Anwendung:

1. den Meistern, welche für ihre Gesellen und Lehrlinge die Kassenbeiträge vorschießen, steht das Recht zu, die letzteren bei der dem Fälligkeitstage zunächst vorausgehenden oder bei einer diesem Tage folgenden Lohnzahlung in Anrechnung zu bringen;
2. der Anspruch auf Unterstützung aus der Kasse kann mit rechtlicher Wirkung weder übertragen noch verpfändet werden; er kann nicht Gegenstand der Beschlagnahme sein;
3. die Gesellen können, so lange sie den Kassen angehören, zu den nach Maßgabe des § 141a begründeten Verpflichtungen nicht herangezogen werden;
4. Gesellen, welche bereits einer eingeschriebenen Hülfskasse angehören, können, so lange sie an derselben betheiligt sind, zum Eintritte in die entsprechende Unterstützungskasse der Innung nicht gezwungen werden.

**§ 100d.** Für die auf Grund des § 97a zu errichtenden Schiedsgerichte sind folgende Bestimmungen maßgebend:

1. Die Schiedsgerichte müssen mindestens aus einem Vorsitzenden und zwei Beisitzern bestehen. Die Beisitzer müssen zur Hälfte aus den Innungsmitgliedern, zur Hälfte aus deren Gesellen entnommen sein. Die ersteren sind von der Innungsversammlung oder einer anderen Vertretung der Innungsmitglieder, die letzteren von den Gesellen der Innung oder einer Vertretung derselben zu wählen. Der Vorsitzende wird von der Aufsichtsbehörde bestimmt; er braucht der Innung nicht anzugehören.
2. Die Annahme der Wahl zum Beisitzer kann nur aus Gründen abgelehnt werden, aus welchen die Übernahme einer Vormundschaft abgelehnt werden kann. Wer die Annahme ablehnt, ohne zu der Ablehnung berechtigt zu sein, kann von der Aufsichtsbehörde durch Ordnungsstrafen zur Annahme angehalten werden.
3. Gegen die Entscheidungen der Schiedsgerichte steht nach Maßgabe des § 120a Absatz 2 die Berufung auf den Rechtsweg offen.

Die auf Grund der Bestimmungen in §§ 97 Nr. 4 und 97a Nr. 6 ergehenden Entscheidungen in Streitigkeiten der Innungsmitglieder mit ihren Gesellen und Lehrlingen sind vorläufig vollstreckbar. Die Vollstreckung erfolgt durch die Polizeibehörden nach Maßgabe der Vorschriften über die gerichtliche Zwangsvollstreckung. Lehrlinge sind auf Antrag der zur Entscheidung berufenen Innungsbehörde von der Polizeibehörde anzuhalten, vor der ersteren persönlich zu erscheinen.

**§ 100e.** Für den Bezirk einer Innung, deren Thätigkeit auf dem Gebiete des Lehrlingswesens sich bewährt hat, kann durch die höhere Verwaltungsbehörde nach Anhörung der Aufsichtsbehörde bestimmt werden:

1. daß Streitigkeiten aus den Lehrverhältnissen der im § 120a bezeichneten Art auf Anrufen eines der streitenden Theile von der zuständigen Innungsbehörde auch dann zu entscheiden sind, wenn der Arbeitgeber, obwohl er ein in der Innung vertretenes Gewerbe betreibt und selbst zur Aufnahme in die Innung fähig sein würde, gleichwohl der Innung nicht angehört.
2. daß und inwieweit die von der Innung erlassenen Vorschriften über die Regelung des Lehrlingsverhältnisses, sowie über die Ausbildung und Prüfung der Lehrlinge auch dann bindend

sind, wenn deren Lehrherr zu den unter Nr. 1 bezeichneten Arbeitgebern gehört.

Haben sich hiernach Lehrlinge solcher Gewerbetreibenden, welche der Innung nicht angehören, einer Prüfung zu unterziehen, so ist dieselbe von einer Kommission vorzunehmen, deren Mitglieder zur Hälfte von der Innung, zur Hälfte von der Aufsichtsbehörde berufen werden;

3. daß Arbeitgeber der unter Nr. 1 bezeichneten Art von einem bestimmten Zeitpunkte an Lehrlinge nicht mehr annehmen dürfen. [1]

Die Bestimmungen sind widerruflich.

**§ 100f.** [2] Für den Bezirk einer Innung kann auf Antrag derselben durch die höhere Verwaltungsbehörde bestimmt werden, daß Arbeitgeber, welche, obwohl sie ein in der Innung vertretenes Gewerbe betreiben, derselben nicht angehören, und deren Gesellen zu den Kosten:

1. der von der Innung für das Herbergswesen und den Nachweis für Gesellenarbeit getroffenen, beziehungsweise unternommenen Einrichtungen (§ 97 Ziffer 2),
2. derjenigen Einrichtungen, welche von der Innung zur Förderung der gewerblichen und technischen Ausbildung der Meister, Gesellen und Lehrlinge getroffen sind, beziehungsweise unternommen werden (§§ 97 Ziffer 3, 97a Ziffer 1 und 2),
3. des von der Innung errichteten, beziehungsweise zu errichtenden Schiedsgerichts (§ 97a Ziffer 6)

in derselben Weise und nach demselben Maßstabe beizutragen verpflichtet sind, wie die Innungsmitglieder und deren Gesellen.

Die Bestimmungen sind widerruflich.

**§ 100g.** Die Bestimmung der höheren Verwaltungsbehörde (§ 100f) darf nur erlassen werden, wenn die Einrichtung, für welche dieselbe beantragt ist, zur Erfüllung ihres Zwecks geeignet erscheint.

Vor Erlaß der Bestimmung sind Vertreter der betheiligten außerhalb der Innung stehenden Arbeitgeber, die Aufsichtsbehörde der Innung und, wenn diese einem Innungsverbande angehört, auch dessen Vorstand zu hören.

**§ 100h.** Die Verfügung der höheren Verwaltungsbehörde, durch welche die im § 100f bezeichnete Bestimmung getroffen

---

[1] Zusatz durch G vom 8. Dezember 1884 (RGBl S. 255).

[2] Die §§ 100f—100m sind eingeschaltet durch G vom 6. Juli 1887, Art. I (RGBl S. 281). Über Schluß-Art. II s. unten zu § 148 Nr. 10.

wird, hat die Einrichtungen, für welche sie erlassen wird, sowie den Zeitpunkt des Eintritts ihrer Wirksamkeit zu bezeichnen. Die höhere Verwaltungsbehörde hat die Verfügung durch das zu ihren amtlichen Bekanntmachungen bestimmte Blatt zu veröffentlichen.

Die Rechtsgültigkeit der getroffenen Bestimmung kann im Rechtswege nicht angefochten werden.

**§ 100i.** Ist die Bestimmung für Einrichtungen der im § 100f Ziffer 1 und 2 bezeichneten Art getroffen, so steht den durch dieselbe zu Beiträgen verpflichteten Arbeitgebern, sowie deren Gesellen und Lehrlingen von dem Tage ab, mit welchem die Beitragspflicht beginnt, das gleiche Recht zur Benutzung dieser Einrichtungen zu, wie den Mitgliedern der Innung und deren Gesellen und Lehrlingen.

Ist die Bestimmung für das von der Innung errichtete Schiedsgericht getroffen, so tritt das letztere für die im § 120a bezeichneten Streitigkeiten an die Stelle der sonst zuständigen Behörde, wenn dasselbe von einem der streitenden Theile angerufen wird.

**§ 100k.** Die Beiträge, welche auf Grund der nach Maßgabe des § 100f erlassenen Bestimmung zu entrichten sind, müssen von dem Innungsvorstande für jedes Rechnungsjahr festgestellt und spätestens einen Monat vor der ersten Hebung den Verpflichteten schriftlich unter Mittheilung des zu bestreitenden Kostenbetrages und des Maßstabes der Vertheilung zur Kenntniß gebracht werden.

Über die Verpflichtung zur Zahlung der Beiträge findet, unbeschadet der vorläufigen Einziehung, der Rechtsweg statt.

Rückständige Beiträge werden auf dem im § 100b Absatz 3 bezeichneten Wege eingezogen.

**§ 100l.** Über die Einnahmen und Ausgaben der Innung für solche Einrichtungen, für welche die im § 100f bezeichnete Bestimmung getroffen ist, muß nach näherer Anweisung der höheren Verwaltungsbehörde getrennte Rechnung geführt werden.

Das ausschließlich für diese Einrichtungen bestimmte Vermögen ist getrennt von dem übrigen Innungsvermögen zu verwalten. Verwendungen für andere Zwecke dürfen aus demselben nicht gemacht werden.

Die über diese Einrichtungen gelegte Jahresrechnung ist vor ihrer Abnahme der Aufsichtsbehörde vorzulegen. Erinnerungen derselben sind von der Innung vorbehaltlich der Beschwerde gemäß § 104 Absatz 7 zu erledigen.

**§ 100m.** Von der Beitragspflicht (§ 100f) sind befreit:

1. Arbeitgeber, deren Betriebe zu den Fabriken zu zählen sind, und deren Arbeiter;
2. Arbeitgeber, welche Mitglieder einer anderen Innung sind,

oder auf Grund des § 100f zu den Kosten von gleichartigen Einrichtungen einer anderen Innung beizutragen verpflichtet sind, und deren Gesellen;

3. Gewerbetreibende, welche in ihrem Betriebe regelmäßig weder Gesellen noch Lehrlinge beschäftigen.

Für Arbeitgeber oder Gesellen, welchen durch die Lage ihrer Arbeitsstätte oder durch sonstige Umstände die Benutzung aller oder einzelner im § 100f aufgeführten Einrichtungen unverhältnißmäßig erschwert wird, ist die Befreiung von der Beitragsleistung zu den Kosten dieser Einrichtungen von Amtswegen oder auf Antrag durch die Aufsichtsbehörde auszusprechen. Beschwerden über die Gewährung oder Versagung der Befreiung entscheidet die höhere Verwaltungsbehörde unter Ausschluß des Rechtsweges endgültig.

**§ 101.** Der Innungsvorstand besteht aus einer oder mehreren Personen, welche von den Innungsmitgliedern zu wählen sind (§ 98a Nr. 6). Die Wahl findet unter Leitung des Vorstandes statt. Nur die erste Wahl nach Errichtung der Innung, sowie spätere Wahlen, bei welchen ein Vorstand nicht vorhanden ist, werden von einem Vertreter der Aufsichtsbehörde geleitet. Über den Wahlakt ist ein Protokoll aufzunehmen. Der Vorstand hat über jede Änderung in seiner Zusammensetzung und über das Ergebniß jeder Wahl der Aufsichtsbehörde binnen einer Woche Anzeige zu erstatten, bei Wahlen unter Beifügung des Wahlprotokolls. Ist die Anzeige nicht erfolgt, so kann die Änderung dritten Personen nur dann entgegengesetzt werden, wenn bewiesen wird, daß sie letzteren bekannt war.

Die Innung wird bei gerichtlichen wie bei außergerichtlichen Verhandlungen durch ihren Vorstand vertreten. Die Befugniß zur Vertretung erstreckt sich auch auf diejenigen Geschäfte und Rechtshandlungen, für welche nach den Gesetzen eine Spezialvollmacht erforderlich ist. Durch das Statut kann einem Mitgliede oder mehreren Mitgliedern des Vorstandes die Vertretung der Innung nach außen übertragen werden.

Zur Legitimation des Innungsvorstandes bei allen Rechtsgeschäften genügt die Bescheinigung der Aufsichtsbehörde, daß die darin bezeichneten Personen zur Zeit den Vorstand bilden.

**§ 102.** Für alle oder mehrere derselben Aufsichtsbehörde unterstehende Innungen kann ein gemeinsamer Innungsausschuß gebildet werden. Diesem liegt die Vertretung der gemeinsamen Interessen der betheiligten Innungen ob. Außerdem können ihm Rechte und Pflichten der betheiligten Innungen, soweit dieselben nicht vermögensrechtlicher Natur sind, übertragen werden.

Die Errichtung des Innungsausschusses erfolgt durch ein Statut, welches von den Innungsversammlungen der betheiligten Innungen zu beschließen ist. Das Statut bedarf der Genehmigung der höheren Verwaltungsbehörde. In dem die Genehmigung versagenden Bescheide sind die Gründe anzugeben. Gegen die Versagung kann binnen vier Wochen Beschwerde an die Zentralbehörde eingelegt werden. Abänderungen des Statuts unterliegen den gleichen Vorschriften.

**§ 103.** Die Schließung einer Innung kann erfolgen:

1. wenn sich ergiebt, daß nach § 98b die Genehmigung hätte versagt werden müssen, und die erforderliche Änderung des Statuts innerhalb einer zu setzenden Frist nicht bewirkt wird;
2. wenn die Innung, wiederholter Aufforderung der Aufsichtsbehörde ungeachtet, die Erfüllung der ihr durch § 97 gesetzten Aufgaben vernachlässigt;
3. wenn die Innung sich gesetzwidriger Handlungen oder Unterlassungen schuldig macht, durch welche das Gemeinwohl gefährdet wird, oder wenn sie andere als die gesetzlich zulässigen Zwecke verfolgt.

Die Schließung eines Innungsausschußes kann erfolgen, wenn der Ausschuß seinen statutarischen Verpflichtungen nicht nachkommt, oder wenn er Beschlüsse faßt, welche über seine statutarischen Rechte hinausgehen.

Die Schließung wird durch die höhere Verwaltungsbehörde ausgesprochen.

Gegen die die Schließung aussprechende Verfügung findet der Rekurs statt. Wegen des Verfahrens und der Behörden gelten die entsprechenden Bestimmungen des § 98b.

Die Eröffnung des Konkursverfahrens über das Vermögen einer Innung hat die Schließung kraft Gesetzes zur Folge.

**§ 103a.** Bei der Auflösung einer Innung wird die Abwickelung der Geschäfte, sofern die Innungsversammlung nicht anderweitig beschließt, durch den Vorstand unter Aufsicht der Aufsichtsbehörde vollzogen. Genügt der Vorstand seiner Verpflichtung nicht, oder tritt die Schließung der Innung ein, so erfolgt die Abwickelung der Geschäfte durch die Aufsichtsbehörde oder Beauftragte derselben.

Von dem Zeitpunkte der Auflösung oder Schließung einer Innung ab bleiben die Innungsmitglieder noch für diejenigen Zahlungen verhaftet, zu welchen sie statutarisch für den Fall eigenen Ausscheidens aus den Innungsverhältnissen verpflichtet sind.

Auf die Verwendung des Innungsvermögens finden die Vorschriften des § 94 mit der Maßgabe Anwendung, daß bei einer Vertheilung von Reinvermögen keinem Anspruchsberechtigten mehr als der Gesammtbetrag der von ihm geleisteten Beiträge ausgezahlt werden darf.

**§ 104.** Die Innungen unterliegen der Aufsicht der Gemeindebehörde.

Für Innungen, welche ihren Sitz nicht innerhalb eines Stadtbezirks haben, oder welche mehrere Gemeindebezirke umfassen, wird von der höheren Verwaltungsbehörde, für Innungen, welche sich in die Bezirke mehrerer höherer Verwaltungsbehörden erstrecken, von der Zentralbehörde die Aufsichtsbehörde bestimmt.

Die Aufsichtsbehörde überwacht die Befolgung der gesetzlichen und statutarischen Vorschriften und kann dieselben durch Androhung, Festsetzung und Vollstreckung von Ordnungsstrafen gegen die Inhaber der Innungsämter, gegen die Innungsmitglieder und gegen deren Gesellen, soweit diese an den Geschäften der Innungen theilnehmen, erzwingen.

Sie entscheidet Streitigkeiten über die Aufnahme und Ausschließung der Mitglieder, über die Wahlen zu den Innungsämtern, sowie unbeschadet der Rechte Dritter über die Rechte und Pflichten der Inhaber dieser Ämter.

Sie hat das Recht, einen Vertreter zu den Prüfungen zu entsenden. Sie beruft und leitet die Innungsversammlung, wenn der Innungsvorstand dieselbe zu berufen sich weigert.

Über Abänderungen des Innungsstatuts oder der Nebenstatuten (§ 98c) und über die Auflösung der Innung kann von der Innungsversammlung nur im Beisein eines Vertreters der Aufsichtsbehörde beschlossen werden.

Gegen die Anordnungen und Entscheidungen der Aufsichtsbehörde ist die Beschwerde an die nächstvorgesetzte Behörde zulässig. Dieselbe ist binnen einer präklusivischen Frist von vier Wochen bei der Aufsichtsbehörde einzubringen.

Die vorstehenden Bestimmungen finden auf die Beaufsichtigung der Innungsausschüsse entsprechende Anwendung.

**§ 104a.** Innungen, welche nicht derselben Aufsichtsbehörde unterstehen, können zur gemeinsamen Verfolgung ihrer Aufgaben, sowie zur Pflege der gemeinsamen gewerblichen Interessen der betheiligten Innungen zu Innungsverbänden zusammentreten.

Der Beitritt einer Innung kann nur mit Zustimmung der Innungsversammlung erfolgen.

**§ 104b.** Für den Innungsverband ist ein Statut zu errichten, welches Bestimmungen enthalten muß:

a) über Namen, Zweck und Bezirk des Verbandes,

b) über die Bedingungen der Aufnahme in den Verband und des Ausscheidens aus demselben,

c) über Bildung, Sitz und Befugnisse des Vorstandes,

d) über die Vertretung des Verbandes und ihre Befugnisse,
e) über die Beiträge zu den Ausgaben des Innungsverbandes,
f) über die Voraussetzungen und die Form einer Abänderung des Statuts,
g) über die Voraussetzungen und die Form einer Auflösung des Verbandes.

Das Statut darf keine Bestimmung enthalten, welche mit den gesetzlichen Zwecken des Verbandes nicht in Verbindung steht oder gesetzlichen Vorschriften zuwiderläuft.

**§ 104c.** Das Verbandsstatut bedarf der Genehmigung, und zwar:
a) für Innungsverbände, deren Bezirk nicht über den Bezirk einer höheren Verwaltungsbehörde hinausgreift, durch die letztere;
b) für Innungsverbände, deren Bezirk in die Bezirke mehrerer höherer Verwaltungsbehörden desselben Bundesstaates sich erstreckt, durch die Zentralbehörde;
c) für Innungsverbände, deren Bezirk sich auf mehrere Bundesstaaten erstreckt, durch den Reichskanzler.

Die Genehmigung ist zu versagen:
1. wenn die Zwecke des Verbandes sich nicht in den gesetzlichen Grenzen halten;
2. wenn das Verbandsstatut den gesetzlichen Anforderungen nicht entspricht.

Außerdem darf die Genehmigung nur versagt werden, wenn die Zahl der dem Verbande beigetretenen Innungen nicht hinreichend erscheint, um die Zwecke des Verbandes wirksam zu verfolgen.

Gegen die Versagung der Genehmigung ist, sofern sie durch eine höhere Verwaltungsbehörde erfolgt, die Beschwerde zulässig.

Änderungen des Statuts unterliegen den gleichen Vorschriften.

**§ 104d.** Der Verbandsvorstand hat alljährlich im Monat Januar ein Verzeichniß derjenigen Innungen, welche dem Verbande angehören, der höheren Verwaltungsbehörde, in deren Bezirk er seinen Sitz hat, einzureichen.

Veränderungen in der Zusammensetzung des Vorstandes sind derselben anzuzeigen. Eine gleiche Anzeige hat zu erfolgen, wenn der Sitz des Vorstandes an einen anderen Ort verlegt wird. Liegt letzterer nicht in dem Bezirke der vorbezeichneten Behörde, so ist die Anzeige an diese und an die höhere Verwaltungsbehörde, in deren Bezirk der Sitz verlegt wird, gleichzeitig zu richten.

**§ 104e.** Versammlungen des Verbandsvorstandes und der Vertretung des Verbandes dürfen nur innerhalb des Verbandsbezirkes abgehalten werden.

Sie sind der höheren Verwaltungsbehörde, in deren Bezirk der

Vorstand seinen Sitz hat, sowie der höheren Verwaltungsbehörde, in deren Bezirk die Versammlung abgehalten werden soll, unter Einreichung der Tagesordnung mindestens eine Woche vorher anzuzeigen. Der letzteren steht das Recht zu:

a) die Versammlung zu untersagen, wenn die Tagesordnung Gegenstände umfaßt, welche zu den Zwecken des Verbandes nicht in Beziehung stehen;

b) in die Versammlung einen Vertreter zu entsenden und durch diesen die Versammlung zu schließen, wenn die Verhandlungen auf Gegenstände sich erstrecken, welche zu den Zwecken des Verbandes nicht in Beziehung stehen, oder wenn Anträge oder Vorschläge erörtert werden, welche eine Aufforderung oder Anreizung zu strafbaren Handlungen enthalten.

**§ 104f.** Die Verbandsvorstände sind befugt, in Betreff der Verhältnisse der in dem Verbande vertretenen Gewerbe an die für die Genehmigung des Verbandsstatuts zuständige Stelle Bericht zu erstatten und Anträge zu richten.

Sie sind verpflichtet, auf Erfordern dieser Stelle Gutachten über gewerbliche Fragen abzugeben.

**§ 104g.** Die Innungsverbände können aufgelöst werden:

1. wenn sich ergiebt, daß nach § 104c Nr. 1 und 2 die Genehmigung hätte versagt werden müssen, und die erforderliche Änderung des Statuts innerhalb einer zu setzenden Frist nicht bewirkt wird;
2. wenn den auf Grund des § 104e erlassenen Verfügungen nicht Folge geleistet ist;
3. wenn der Verbandsvorstand oder die Vertretung des Verbandes sich gesetzwidriger Handlungen schuldig machen, welche das Gemeinwohl gefährden, oder wenn sie andere als die gesetzlich zulässigen Zwecke verfolgen.

Die Auflösung erfolgt durch Beschluß der für die Genehmigung des Verbandsstatuts zuständigen Stelle.

Gegen den Beschluß der höheren Verwaltungsbehörde ist die Beschwerde zulässig.

**§ 104h.**[1] Durch Beschluss des Bundesraths kann Innungsverbänden die Fähigkeit beigelegt werden, unter ihrem Namen Rechte, insbesondere Eigenthum und andere dingliche Rechte an Grundstücken zu erwerben, Verbindlichkeiten einzugehen, vor Gericht zu klagen und verklagt zu werden. In solchem Falle haftet

---

[1] Die §§ 104h—104o sind eingeschaltet durch G vom 23. April 1886 (RGBl 1886, S. 125).

den Gläubigern für alle Verbindlichkeiten des Innungsverbandes nur das Vermögen desselben.

Der Beschluß des Bundesraths ist durch den Reichsanzeiger zu veröffentlichen. Auf diejenigen Innungsverbände, welchen die gedachte Fähigkeit beigelegt worden ist, finden die Bestimmungen der §§ 104i bis 104o Anwendung.

**§ 104i.** Der Innungsverband wird bei gerichtlichen wie bei außergerichtlichen Verhandlungen durch seinen Vorstand vertreten. Die Befugniß zur Vertretung erstreckt sich auch auf diejenigen Geschäfte und Rechtshandlungen, für welche nach den Gesetzen eine Spezialvollmacht erforderlich ist. Durch das Statut kann einem Mitgliede oder mehreren Mitgliedern des Vorstandes die Vertretung des Innungsverbandes nach außen übertragen werden.

Zur Legitimation der Vertreter des Innungsverbandes genügt bei allen Rechtsgeschäften die Bescheinigung der höheren Verwaltungsbehörde, in deren Bezirk der Vorstand seinen Sitz hat, daß die bezeichneten Personen zur Vertretung des Verbandes befugt sind.

**§ 104k.** Der Innungsverband ist befugt, Einrichtungen zur Erfüllung der im § 97 Nr. 2 bezeichneten Aufgaben, sowie Einrichtungen der im § 97a Nr. 1, 2, 4, 5 vorgesehenen Art gemeinsam für die ihm angehörenden Innungen zu treffen. Beschließt er die Herstellung von Einrichtungen der im § 97a Nr. 4, 5 bezeichneten Art, so sind die dafür erforderlichen Bestimmungen in Nebenstatuten zusammenzufassen. Diese sowie Abänderungen derselben bedürfen der Genehmigung durch den Reichskanzler.

Auf die von dem Innungsverbande errichteten Unterstützungskassen finden dieselben Vorschriften Anwendung, welche für gleichartige von einer Innung errichtete Kassen gelten. Sofern für solche Unterstützungskassen Zwangsvollstreckungen vorzunehmen sind, haben die in den einzelnen Bundesstaaten für die Beitreibung von Gemeindeabgaben zuständigen Behörden sich gegenseitig im unmittelbaren Geschäftsverkehr Rechtshülfe zu gewähren.

**§ 104l.** Der Innungsverband unterliegt, vorbehaltlich der Vorschrift des § 104e, der Aufsicht der höheren Verwaltungsbehörde, in deren Bezirk der Vorstand seinen Sitz hat.

Die Aufsichtsbehörde überwacht die Befolgung der gesetzlichen und statutarischen Vorschriften und kann dieselben durch Androhung, Festsetzung und Vollstreckung von Ordnungsstrafen gegen die Inhaber der Ämter des Verbandes erzwingen.

Sie entscheidet Streitigkeiten über die Aufnahme und Ausschließung von Verbandsmitgliedern, über die Wahlen zu den

Verbandsämtern sowie, unbeschadet der Rechte Dritter, über die Rechte und Pflichten der Inhaber derselben.

Der Aufsichtsbehörde ist jährlich ein Rechnungsabschluß nebst Vermögensausweis vorzulegen.

**§ 104m.** Die Eröffnung des Konkursverfahrens über das Vermögen des Innungsverbandes hat die Auflösung des letzteren kraft Gesetzes zur Folge. Der Vorstand des Innungsverbandes hat jedoch die während des Konkursverfahrens dem Gemeinschuldner zustehenden Rechte wahrzunehmen.

**§ 104n.** Bei der statutmäßig beschlossenen Auflösung eines Innungsverbandes wird die Abwickelung der Geschäfte, sofern die Verbandsvertretung nicht anderweitig beschließt, durch den Vorstand unter Aufsicht der im § 104l bezeichneten Behörde vollzogen. Genügt der Vorstand seiner Verpflichtung nicht, oder tritt die Auflösung auf Grund des § 104g oder des § 104m ein, so erfolgt die Abwickelung der Geschäfte durch einen Beauftragten der Aufsichtsbehörde.

Von dem Zeitpunkte der Auflösung ab bleiben die Verbandsmitglieder noch für diejenigen Zahlungen verhaftet, zu welchen sie statutarisch für den Fall eigenen Ausscheidens aus den Verbandsverhältnissen verpflichtet sind. Das Recht, diese Beiträge auszuschreiben und einzuziehen, steht dem mit Abwickelung der Geschäfte Beauftragten zu.

**§ 104o.** Im Falle der Auflösung des Innungsverbandes muß sein Vermögen zuvörderst zur Berichtigung seiner Schulden und zur Erfüllung seiner sonstigen Verpflichtungen verwendet werden. War dasselbe bisher ganz oder theilweise zur Fundirung von Unterrichtsanstalten oder zu anderen öffentlichen Zwecken bestimmt, so darf der nach Berichtigung der Schulden übrig bleibende Theil des Vermögens dieser Bestimmung nicht entzogen werden; über seine fernere Verwendung wird von der im § 104c Absatz 1 bezeichneten Behörde Anordnung getroffen.

Bedarf es zum Fortbestande der von dem Innungsverbande errichteten Unterrichtsanstalten, Hülfskassen oder sonstigen zu öffentlichen Zwecken bestimmten Einrichtungen als selbständiger Anstalten der Genehmigung des Landesherrn oder einer Behörde des Staates, in welchem die fernere Verwaltung der Anstalt stattfinden soll, so hat die im vorstehenden Absatze bezeichnete Behörde diese Genehmigung herbeizuführen.

Das hiernach verbleibende Reinvermögen des Innungsverbandes wird, soweit die Verbandsvertretung nicht anders beschließt, unter die Innungen, welche dem Verbande zur Zeit der Auflösung angehört haben, nach dem Verhältniß der von ihnen an den Verband in dem der Auflösung vorangegangenen Jahre geleisteten Beiträge vertheilt. Streitigkeiten hierüber werden von der im § 1041 bezeichneten Stelle endgültig entschieden.

## Titel VII.[1]

### Gewerbliche Arbeiter (Gesellen, Gehülfen, Lehrlinge, Betriebsbeamte, Werkmeister, Techniker, Fabrikarbeiter).

#### I. Allgemeine Verhältnisse.

**§ 105.** Die Festsetzung der Verhältnisse zwischen den selbständigen Gewerbetreibenden und den gewerblichen Arbeitern ist, vorbehaltlich der durch Reichsgesetz begründeten Beschränkungen, Gegenstand freier Übereinkunft.

**§ 105a.** Zum Arbeiten an Sonn- und Festtagen können die Gewerbetreibenden die Arbeiter nicht verpflichten. Arbeiten, welche nach den Bestimmungen dieses Gesetzes auch an Sonn- und Festtagen vorgenommen werden dürfen, fallen unter die vorstehende Bestimmung nicht.

Welche Tage als Festtage gelten, bestimmen unter Berücksichtigung der örtlichen und konfessionellen Verhältnisse die Landesregierungen.

**§ 105b.** Im Betriebe von Bergwerken, Salinen, Aufbereitungsanstalten, Brüchen und Gruben, von Hüttenwerken, Fabriken und Werkstätten, von Zimmerplätzen und anderen Bauhöfen, von Werften und Ziegeleien, sowie bei Bauten aller Art dürfen Arbeiter an Sonn- und Festtagen nicht beschäftigt werden. Die den Arbeitern zu gewährende Ruhe hat mindestens für jeden Sonn- und Festtag vierundzwanzig, für zwei aufeinander folgende Sonn- und Festtage sechsunddreißig, für das Weihnachts-, Oster- und Pfingstfest achtundvierzig Stunden zu dauern. Die Ruhezeit ist von zwölf Uhr Nachts zu rechnen und muß bei zwei aufeinander folgenden Sonn- und Festtagen bis sechs Uhr Abends des zweiten Tages dauern. In Betrieben mit regelmäßiger Tag- und Nachtschicht kann die Ruhezeit frühestens um sechs Uhr Abends des vorhergehenden Werktages, spätestens um sechs Uhr Morgens des Sonn- oder Festtages beginnen, wenn für die auf den Beginn der Ruhezeit folgenden vierundzwanzig Stunden der Betrieb ruht.

Im Handelsgewerbe dürfen Gehülfen, Lehrlinge und Arbeiter

---

[1] Neue Fassung durch G, betr. Abänderung der Gewerbeordnung, vom 1. Juni 1891 (RGBl S. 261).

am ersten Weihnachts-, Oster- und Pfingsttage überhaupt nicht, im Übrigen an Sonn- und Festtagen nicht länger als fünf Stunden beschäftigt werden. Durch statutarische Bestimmung einer Gemeinde oder eines weiteren Kommunalverbandes (§ 142) kann diese Beschäftigung für alle oder einzelne Zweige des Handelsgewerbes auf kürzere Zeit eingeschränkt oder ganz untersagt werden. Für die letzten vier Wochen vor Weihnachten, sowie für einzelne Sonn- und Festtage, an welchen örtliche Verhältnisse einen erweiterten Geschäftsverkehr erforderlich machen, kann die Polizeibehörde eine Vermehrung der Stunden, während welcher die Beschäftigung stattfinden darf, bis auf zehn Stunden zulassen. Die Stunden, während welcher die Beschäftigung stattfinden darf, werden unter Berücksichtigung der für den öffentlichen Gottesdienst bestimmten Zeit, sofern die Beschäftigungszeit durch statutarische Bestimmungen eingeschränkt worden ist, durch letztere, im Übrigen von der Polizeibehörde festgestellt. Die Feststellung kann für verschiedene Zweige des Handelsgewerbes verschieden erfolgen.

**§ 105c.** Die Bestimmungen des § 105b finden keine Anwendung:

1. auf Arbeiten, welche in Nothfällen oder im öffentlichen Interesse unverzüglich vorgenommen werden müssen;
2. für einen Sonntag auf Arbeiten zur Durchführung einer gesetzlich vorgeschriebenen Inventur;
3. auf die Bewachung der Betriebsanlagen, auf Arbeiten zur Reinigung und Instandhaltung, durch welche der regelmäßige Fortgang des eigenen oder eines fremden Betriebes bedingt ist, sowie auf Arbeiten, von welchen die Wiederaufnahme des vollen werktägigen Betriebes abhängig ist, sofern nicht diese Arbeiten an Werktagen vorgenommen werden können;
4. auf Arbeiten, welche zur Verhütung des Verderbens von Rohstoffen oder des Mißlingens von Arbeitserzeugnissen erforderlich sind, sofern nicht diese Arbeiten an Werktagen vorgenommen werden können;
5. auf die Beaufsichtigung des Betriebes, soweit er nach Ziffer 1 bis 4 an Sonn- und Festtagen stattfindet.

Gewerbetreibende, welche Arbeiter an Sonn- und Festtagen mit Arbeiten der unter Ziffer 1 bis 5 erwähnten Art beschäftigen, sind verpflichtet, ein Verzeichniß anzulegen, in welches für jeden einzelnen Sonn- und Festtag die Zahl der beschäftigten Arbeiter, die Dauer ihrer Beschäftigung sowie die Art der vorgenommenen Arbeiten einzutragen sind. Das Verzeichniß ist auf Erfordern der Ortspolizeibehörde sowie dem im § 139b bezeichneten Beamten jederzeit zur Einsicht vorzulegen.

Bei den unter Ziffer 3 und 4 bezeichneten Arbeiten, sofern dieselben länger als drei Stunden dauern, oder die Arbeiter am Besuche des Gottesdienstes hindern, sind die Gewerbetreibenden verpflichtet, jeden Arbeiter entweder an jedem dritten Sonntage volle sechsunddreißig Stunden, oder an jedem zweiten Sonntage mindestens in der Zeit von sechs Uhr Morgens bis sechs Uhr Abends von der Arbeit frei zu lassen.

Ausnahmen von den Vorschriften des vorstehenden Absatzes darf die untere Verwaltungsbehörde gestatten, wenn die Arbeiter am Besuche des sonntäglichen Gottesdienstes nicht gehindert werden und ihnen an Stelle des Sonntages eine vierundzwanzigstündige Ruhezeit an einem Wochentage gewährt wird.

**§ 105** d. Für bestimmte Gewerbe, insbesondere für Betriebe, in denen Arbeiten vorkommen, welche ihrer Natur nach eine Unterbrechung oder einen Aufschub nicht gestatten, sowie für Betriebe, welche ihrer Natur nach auf bestimmte Jahreszeiten beschränkt sind, oder welche in gewissen Zeiten des Jahres zu einer außergewöhnlich verstärkten Thätigkeit genöthigt sind, können durch Beschluß des Bundesraths Ausnahmen von der Bestimmung des § 105b Absatz 1 zugelassen werden.

Die Regelung der an Sonn- und Festtagen in diesen Betrieben gestatteten Arbeiten und der Bedingungen, unter welchen sie gestattet sind, erfolgt für alle Betriebe derselben Art gleichmäßig und unter Berücksichtigung der Bestimmung des § 105c Absatz 3.

Die vom Bundesrath getroffenen Bestimmungen sind durch das Reichs-Gesetzblatt zu veröffentlichen und dem Reichstag bei seinem nächsten Zusammentritt zur Kenntnißnahme vorzulegen.

**§ 105** e. Für Gewerbe, deren vollständige oder theilweise Ausübung an Sonn- und Festtagen zur Befriedigung täglicher oder an diesen Tagen besonders hervortretender Bedürfnisse der Bevölkerung erforderlich ist, sowie für Betriebe, welche ausschließlich oder vorwiegend mit durch Wind oder unregelmäßige Wasserkraft bewegten Triebwerken arbeiten, können durch Verfügung der höheren Verwaltungsbehörde Ausnahmen von den im § 105b getroffenen Bestimmungen zugelassen werden. Die Regelung dieser Ausnahmen hat unter Berücksichtigung der Bestimmungen des § 105c Absatz 3 zu erfolgen.

Das Verfahren auf Anträge wegen Zulassung von Ausnahmen für Betriebe, welche ausschließlich oder vorwiegend mit durch Wind oder unregelmäßige Wasserkraft bewegten Triebwerken arbeiten, unterliegt den Vorschriften der §§ 20 und 21.

**§ 105** f. Wenn zur Verhütung eines unverhältnißmäßigen

Schadens ein nicht vorherzusehendes Bedürfniß der Beschäftigung von Arbeitern an Sonn- und Festtagen eintritt, so können durch die untere Verwaltungsbehörde Ausnahmen von der Bestimmung des § 105b Absatz 1 für bestimmte Zeit zugelassen werden.

Die Verfügung der unteren Verwaltungsbehörde ist schriftlich zu erlassen und muß von dem Unternehmer auf Erfordern dem für die Revision zuständigen Beamten an der Betriebsstelle zur Einsicht vorgelegt werden. Eine Abschrift der Verfügung ist innerhalb der Betriebsstätte an einer den Arbeitern leicht zugänglichen Stelle auszuhängen.

Die untere Verwaltungsbehörde hat über die von ihr gestatteten Ausnahmen ein Verzeichniß zu führen, in welchem die Betriebsstätte, die gestatteten Arbeiten, die Zahl der in dem Betriebe beschäftigten und der an den betreffenden Sonn- und Festtagen thätig gewesenen Arbeiter, die Dauer ihrer Beschäftigung, sowie die Dauer und die Gründe der Erlaubniß einzutragen sind.

**§ 105g.** Das Verbot der Beschäftigung von Arbeitern an Sonn- und Festtagen kann durch Kaiserliche Verordnung mit Zustimmung des Bundesraths auf andere Gewerbe ausgedehnt werden. Diese Verordnungen sind dem Reichstag bei seinem nächsten Zusammentritt zur Kenntnißnahme vorzulegen. Auf die von dem Verbote zuzulassenden Ausnahmen finden die Bestimmungen der §§ 105c bis 105f entsprechende Anwendung.

**§ 105h.** Die Bestimmungen der §§ 105a bis 105g stehen weitergehenden landesgesetzlichen Beschränkungen der Arbeit an Sonn- und Festtagen nicht entgegen.

Den Landes-Zentralbehörden bleibt vorbehalten, für einzelne Festtage, welche nicht auf einen Sonntag fallen, Abweichungen von der Vorschrift des § 105b Absatz 1 zu gestatten. Auf das Weihnachts-, Neujahrs-, Oster-, Himmelfahrts- und Pfingstfest findet diese Bestimmung keine Anwendung.

**§ 105i.** Die §§ 105a Absatz 1, 105b bis 105g finden auf Gast- und Schankwirthschaftsgewerbe, Musikaufführungen, Schaustellungen, theatralische Vorstellungen oder sonstige Lustbarkeiten, sowie auf Verkehrsgewerbe keine Anwendung.

Die Gewerbetreibenden können die Arbeiter in diesen Gewerben nur zu solchen Arbeiten an Sonn- und Festtagen verpflichten, welche nach der Natur des Gewerbebetriebes einen Aufschub oder eine Unterbrechung nicht gestatten.

**§ 106.** **Gewerbetreibende, welchen die bürgerlichen Ehrenrechte aberkannt sind, dürfen, solange ihnen diese Rechte entzogen bleiben, mit der Anleitung von Arbeitern unter achtzehn Jahren sich nicht befassen.**

Die Entlassung der dem vorstehenden Verbote zuwider beschäftigten Arbeiter kann polizeilich erzwungen werden.

**§ 107.** Minderjährige Personen dürfen, soweit reichsgesetzlich nicht ein Anderes zugelassen ist, als Arbeiter nur beschäftigt werden, wenn sie mit einem Arbeitsbuche versehen sind. Bei der Annahme solcher Arbeiter hat der Arbeitgeber das Arbeitsbuch einzufordern. Er ist verpflichtet, dasselbe zu verwahren, auf amtliches Verlangen vorzulegen und nach rechtmäßiger Lösung des Arbeitsverhältnisses wieder auszuhändigen. Die Aushändigung erfolgt an den Vater oder Vormund, sofern diese es verlangen, oder der Arbeiter das sechzehnte Lebensjahr noch nicht vollendet hat, anderenfalls an den Arbeiter selbst. Mit Genehmigung der Gemeindebehörde des im § 108 bezeichneten Ortes kann die Aushändigung des Arbeitsbuches auch an die Mutter oder einen sonstigen Angehörigen oder unmittelbar an den Arbeiter erfolgen.

Auf Kinder, welche zum Besuche der Volksschule verpflichtet sind, finden vorstehende Bestimmungen keine Anwendung.

**§ 108.** Das Arbeitsbuch wird dem Arbeiter durch die Polizeibehörde desjenigen Ortes, an welchem er zuletzt seinen dauernden Aufenthalt gehabt hat, wenn aber ein solcher im Gebiete des Deutschen Reichs nicht stattgefunden hat, von der Polizeibehörde des von ihm zuerst erwählten deutschen Arbeitsortes kosten- und stempelfrei ausgestellt. Die Ausstellung erfolgt auf Antrag oder mit Zustimmung des Vaters oder Vormundes; ist die Erklärung des Vaters nicht zu beschaffen, oder verweigert der Vater die Zustimmung ohne genügenden Grund und zum Nachtheile des Arbeiters, so kann die Gemeindebehörde die Zustimmung desselben ergänzen. Vor der Ausstellung ist nachzuweisen, daß der Arbeiter zum Besuche der Volksschule nicht mehr verpflichtet ist, und glaubhaft zu machen, daß bisher ein Arbeitsbuch für ihn noch nicht ausgestellt war.

**§ 109.** Wenn das Arbeitsbuch vollständig ausgefüllt oder nicht mehr brauchbar, oder wenn es verloren gegangen oder vernichtet ist, so wird an Stelle desselben ein neues Arbeitsbuch ausgestellt. Die Ausstellung erfolgt durch die Polizeibehörde desjenigen Ortes, an welchem der Inhaber des Arbeitsbuches zuletzt seinen dauernden Aufenthalt gehabt hat. Das ausgefüllte oder nicht mehr brauchbare Arbeitsbuch ist durch einen amtlichen Vermerk zu schließen.

Wird das neue Arbeitsbuch an Stelle eines nicht mehr brauchbaren, eines verloren gegangenen oder vernichteten Arbeitsbuches ausgestellt, so ist dies darin zu vermerken. Für die Ausstellung kann in diesem Falle eine Gebühr bis zu fünfzig Pfennig erhoben werden.

**§ 110.** Das Arbeitsbuch (§ 108) muß den Namen des Arbeiters, Ort, Jahr und Tag seiner Geburt, Namen und letzten Wohnort seines Vaters oder Vormundes und die Unterschrift des Arbeiters enthalten. Die Ausstellung erfolgt unter dem Siegel und der Unterschrift der Behörde. Letztere hat über die von ihr ausgestellten Arbeitsbücher ein Verzeichniß zu führen.

Die Einrichtung der Arbeitsbücher wird durch den Reichskanzler bestimmt.

**§ 111.** Bei dem Eintritt des Arbeiters in das Arbeitsverhältniß hat der Arbeitgeber an der dafür bestimmten Stelle des Arbeitsbuches die Zeit des Eintritts und die Art der Beschäftigung, am Ende des Arbeitsverhältnisses die Zeit des Austritts und, wenn die Beschäftigung Änderungen erfahren hat, die Art der letzten Beschäftigung des Arbeiters einzutragen.

Die Eintragungen sind mit Tinte zu bewirken und von dem Arbeitgeber oder dem dazu bevollmächtigten Betriebsleiter zu unterzeichnen.

Die Eintragungen dürfen nicht mit einem Merkmale versehen sein, welches den Inhaber des Arbeitsbuches günstig oder nachtheilig zu kennzeichnen bezweckt.

Die Eintragung eines Urtheils über die Führung oder die Leistungen des Arbeiters und sonstige durch dieses Gesetz nicht vorgesehene Eintragungen oder Vermerke in oder an dem Arbeitsbuche sind unzulässig.

**§ 112.** Ist das Arbeitsbuch bei dem Arbeitgeber unbrauchbar geworden, verloren gegangen oder vernichtet, oder sind von dem Arbeitgeber unzulässige Merkmale, Eintragungen oder Vermerke in oder an dem Arbeitsbuche gemacht, oder wird von dem Arbeitgeber ohne rechtmäßigen Grund die Aushändigung des Arbeitsbuches verweigert, so kann die Ausstellung eines neuen Arbeitsbuches auf Kosten des Arbeitsgebers beansprucht werden.

Ein Arbeitgeber, welcher das Arbeitsbuch seiner gesetzlichen Verpflichtung zuwider nicht rechtzeitig ausgehändigt oder die vorschriftsmäßigen Eintragungen zu machen unterlassen oder unzulässige Merkmale, Eintragungen oder Vermerke gemacht hat, ist dem Arbeiter entschädigungspflichtig. Der Anspruch auf Entschädigung erlischt, wenn er nicht innerhalb vier Wochen nach seiner Entstehung im Wege der Klage oder Einrede geltend gemacht ist.

**§ 113.** Beim Abgange können die Arbeiter ein Zeugniß über die Art und Dauer ihrer Beschäftigung fordern.

Dieses Zeugniß ist auf Verlangen der Arbeiter auch auf ihre Führung und ihre Leistungen auszudehnen.

Den Arbeitgebern ist untersagt, die Zeugnisse mit Merkmalen

zu versehen, welche den Zweck haben, den Arbeiter in einer aus dem Wortlaut des Zeugnisses nicht ersichtlichen Weise zu kennzeichnen.

Ist der Arbeiter minderjährig, so kann das Zeugniß von dem Vater oder Vormund gefordert werden. Diese können verlangen, daß das Zeugniß nicht an den Minderjährigen, sondern an sie ausgehändigt werde. Mit Genehmigung der Gemeindebehörde des im § 108 bezeichneten Ortes kann auch gegen den Willen des Vaters oder Vormundes die Aushändigung unmittelbar an den Arbeiter erfolgen.

**§ 114.** Auf Antrag des Arbeiters hat die Ortspolizeibehörde die Eintragung in das Arbeitsbuch und das dem Arbeiter etwa ausgestellte Zeugniß kosten- und stempelfrei zu beglaubigen.

**§ 115.** Die Gewerbetreibenden sind verpflichtet, die Löhne ihrer Arbeiter in Reichswährung zu berechnen und baar auszuzahlen.

Sie dürfen den Arbeitern keine Waaren kreditiren. Doch ist es gestattet, den Arbeitern Lebensmittel für den Betrag der Anschaffungskosten, Wohnung und Landnutzung gegen die ortsüblichen Mieth- und Pachtpreise, Feuerung, Beleuchtung, regelmäßige Beköstigung, Arzeneien und ärztliche Hülfe, sowie Werkzeuge und Stoffe zu den ihnen übertragenen Arbeiten für den Betrag der durchschnittlichen Selbstkosten unter Anrechnung bei der Lohnzahlung zu verabfolgen. Zu einem höheren Preise ist die Verabfolgung von Werkzeugen und Stoffen für Akkordarbeiten zulässig, wenn derselbe den ortsüblichen nicht übersteigt und im Voraus vereinbart ist.

**§ 115a.** Lohn- und Abschlagszahlungen dürfen in Gast- und Schankwirthschaften oder Verkaufsstellen nicht ohne Genehmigung der unteren Verwaltungsbehörde erfolgen; sie dürfen an Dritte nicht erfolgen auf Grund von Rechtsgeschäften oder Urkunden über Rechtsgeschäfte, welche nach § 2 des Gesetzes, betreffend die Beschlagnahme des Arbeits- oder Dienstlohnes, vom 21. Juni 1869 (Bundes-Gesetzbl. S. 242) rechtlich unwirksam sind.

**§ 116.** Arbeiter, deren Forderungen in einer dem § 115 zuwiderlaufenden Weise berichtigt worden sind, können zu jeder Zeit Zahlung nach Maßgabe des § 115 verlangen, ohne daß ihnen eine Einrede aus dem an Zahlungsstatt Gegebenen entgegengesetzt werden kann. Letzteres fällt, soweit es noch bei dem Empfänger vorhanden oder dieser daraus bereichert ist, derjenigen Hülfskasse zu, welcher der Arbeiter angehört, in Ermangelung einer solchen einer anderen zum Besten der Arbeiter an dem Orte bestehenden, von der Gemeindebehörde zu bestimmenden Kasse und in deren Ermangelung der Ortsarmenkasse.

**§ 117.** Verträge, welche dem § 115 zuwiderlaufen, sind nichtig. Dasselbe gilt von Verabredungen zwischen den Gewerbetreibenden und den von ihnen beschäftigten Arbeitern über die Entnahme der Bedürfnisse der letzteren aus gewissen Verkaufsstellen, sowie überhaupt über die Verwendung des Verdienstes derselben zu einem anderen Zweck als zur Betheiligung an Einrichtungen zur Verbesserung der Lage der Arbeiter oder ihrer Familien.

**§ 118.** Forderungen für Waaren, welche dem § 115 zuwider kreditirt worden sind, können von dem Gläubiger weder eingeklagt, noch durch Anrechnung oder sonst geltend gemacht werden, ohne Unterschied, ob sie zwischen den Betheiligten unmittelbar oder mittelbar erworben sind. Dagegen fallen dergleichen Forderungen der im § 116 bezeichneten Kasse zu.

**§ 119.** Den Gewerbetreibenden im Sinne der §§ 115 bis 118 sind gleich zu achten deren Familienglieder, Gehülfen, Beauftragte, Geschäftsführer, Aufseher und Faktoren, sowie andere Gewerbetreibende, bei deren Geschäft eine der hier erwähnten Personen unmittelbar oder mittelbar betheiligt ist.

**§ 119a.** Lohneinbehaltungen, welche von Gewerbeunternehmern zur Sicherung des Ersatzes eines ihnen aus der widerrechtlichen Auflösung des Arbeitsverhältnisses erwachsenden Schadens oder einer für diesen Fall verabredeten Strafe ausbedungen werden, dürfen bei den einzelnen Lohnzahlungen ein Viertel des fälligen Lohnes, im Gesammtbetrage den Betrag eines durchschnittlichen Wochenlohnes nicht übersteigen.

Durch statutarische Bestimmung einer Gemeinde oder eines weiteren Kommunalverbandes (§ 142) kann für alle Gewerbebetriebe oder gewisse Arten derselben festgesetzt werden:

1. daß Lohn- und Abschlagszahlungen in festen Fristen erfolgen müssen, welche nicht länger als einen Monat und nicht kürzer als eine Woche sein dürfen;
2. daß der von minderjährigen Arbeitern verdiente Lohn an die Eltern oder Vormünder und nur mit deren schriftlicher Zustimmung oder nach deren Bescheinigung über den Empfang der letzten Lohnzahlung unmittelbar an die Minderjährigen gezahlt wird;
3. daß die Gewerbetreibenden den Eltern oder Vormündern innerhalb gewisser Fristen Mittheilung von den an minderjährige Arbeiter gezahlten Lohnbeträgen zu machen haben.

**§ 119b.** Unter den in §§ 115 bis 119a bezeichneten Arbeitern werden auch diejenigen Personen verstanden, welche für bestimmte Gewerbetreibende außerhalb der Arbeitsstätten der letzteren mit der Anfertigung gewerblicher Erzeugnisse beschäftigt sind, und zwar auch dann, wenn sie die Roh- und Hülfsstoffe selbst beschaffen.

**§ 120.** Die Gewerbeunternehmer sind verpflichtet, ihren Arbeitern unter achtzehn Jahren, welche eine von der Gemeindebehörde oder vom Staate als Fortbildungsschule anerkannte Unterrichtsanstalt besuchen, hierzu die erforderlichenfalls von der zuständigen Behörde festzusetzende Zeit zu gewähren. Am Sonntage darf der Unterricht nur stattfinden, wenn die Unterrichtsstunden so gelegt werden, daß die Schüler nicht gehindert werden, den Hauptgottesdienst oder einen mit Genehmigung der kirchlichen Behörden für sie eingerichteten besonderen Gottesdienst ihrer Konfession zu besuchen. Ausnahmen von dieser Bestimmung kann die Zentralbehörde für bestehende Fortbildungsschulen, zu deren Besuch keine Verpflichtung besteht, bis zum 1. Oktober 1894 gestatten.

Als Fortbildungsschulen im Sinne dieser Bestimmung gelten auch Anstalten, in welchen Unterricht in weiblichen Hand- und Hausarbeiten ertheilt wird.

Durch statutarische Bestimmung einer Gemeinde oder eines weiteren Kommunalverbandes (§ 142) kann für männliche Arbeiter unter achtzehn Jahren die Verpflichtung zum Besuche einer Fortbildungsschule, soweit diese Verpflichtung nicht landesgesetzlich besteht, begründet werden. Auf demselben Wege können die zur Durchführung dieser Verpflichtung erforderlichen Bestimmungen getroffen werden. Insbesondere können durch statutarische Bestimmung die zur Sicherung eines regelmäßigen Schulbesuchs den Schulpflichtigen, sowie deren Eltern, Vormündern und Arbeitgebern obliegenden Verpflichtungen bestimmt und diejenigen Vorschriften erlassen werden, durch welche die Ordnung in der Fortbildungsschule und ein gebührliches Verhalten der Schüler gesichert wird. Von der durch statutarische Bestimmung begründeten Verpflichtung zum Besuche einer Fortbildungsschule sind diejenigen befreit, welche eine Innungs- oder andere Fortbildungs- oder Fachschule besuchen, sofern der Unterricht dieser Schule von der höheren Verwaltungsbehörde als ein ausreichender Ersatz des allgemeinen Fortbildungsschulunterrichts anerkannt wird.

**§ 120a.**[1] Die Gewerbeunternehmer sind verpflichtet, die Arbeitsräume, Betriebsvorrichtungen, Maschinen und Geräthschaften

---

[1] § 78 des Gesetzes betr. die Gewerbegerichte vom 29. Juli 1890 (oben S. 183 Anm.) hat den § 120a aufgehoben, wie er vor der Novelle vom 1. Juni 1891 galt.

so einzurichten und zu unterhalten und den Betrieb so zu regeln, daß die Arbeiter gegen Gefahren für Leben und Gesundheit soweit geschützt sind, wie es die Natur des Betriebes gestattet.

Insbesondere ist für genügendes Licht, ausreichenden Luftraum und Luftwechsel, Beseitigung des bei dem Betriebe entstehenden Staubes, der dabei entwickelten Dünste und Gase, sowie der dabei entstehenden Abfälle Sorge zu tragen.

Ebenso sind diejenigen Vorrichtungen herzustellen, welche zum Schutze der Arbeiter gegen gefährliche Berührungen mit Maschinen oder Maschinentheilen oder gegen andere in der Natur der Betriebsstätte oder des Betriebes liegende Gefahren, namentlich auch gegen die Gefahren, welche aus Fabrikbränden erwachsen können, erforderlich sind.

Endlich sind diejenigen Vorschriften über die Ordnung des Betriebes und das Verhalten der Arbeiter zu erlassen, welche zur Sicherung eines gefahrlosen Betriebes erforderlich sind.

§ 120b. Die Gewerbeunternehmer sind verpflichtet, diejenigen Einrichtungen zu treffen und zu unterhalten und diejenigen Vorschriften über das Verhalten der Arbeiter im Betriebe zu erlassen, welche erforderlich sind, um die Aufrechterhaltung der guten Sitten und des Anstandes zu sichern.

Insbesondere muß, soweit es die Natur des Betriebes zuläßt, bei der Arbeit die Trennung der Geschlechter durchgeführt werden, sofern nicht die Aufrechterhaltung der guten Sitten und des Anstandes durch die Einrichtung des Betriebes ohnehin gesichert ist.

In Anlagen, deren Betrieb es mit sich bringt, daß die Arbeiter sich umkleiden und nach der Arbeit sich reinigen, müssen ausreichende, nach Geschlechtern getrennte Ankleide- und Waschräume vorhanden sein.

Die Bedürfnißanstalten müssen so eingerichtet sein, daß sie für die Zahl der Arbeiter ausreichen, daß den Anforderungen der Gesundheitspflege entsprochen wird und daß ihre Benutzung ohne Verletzung von Sitte und Anstand erfolgen kann.

§ 120c. Gewerbeunternehmer, welche Arbeiter unter achtzehn Jahren beschäftigen, sind verpflichtet, bei der Einrichtung der Betriebsstätte und bei der Regelung des Betriebes diejenigen besonderen Rücksichten auf Gesundheit und Sittlichkeit zu nehmen, welche durch das Alter dieser Arbeiter geboten sind.

§ 120d. Die zuständigen Polizeibehörden sind befugt, im Wege der Verfügung für einzelne Anlagen die Ausführung derjenigen Maßnahmen anzuordnen, welche zur Durchführung der in §§ 120a bis 120c enthaltenen Grundsätze erforderlich und nach der Beschaffenheit der Anlage ausführbar erscheinen. Sie können anordnen, daß den Arbeitern zur Einnahme von Mahlzeiten außerhalb der Arbeitsräume angemessene, in der kalten Jahreszeit geheizte Räume unentgeltlich zur Verfügung gestellt werden.

Soweit die angeordneten Maßregeln nicht die Beseitigung einer dringenden, das Leben oder die Gesundheit bedrohenden Gefahr bezwecken, muß für die Ausführung eine angemessene Frist gelassen werden.

Den bei Erlaß dieses Gesetzes bereits bestehenden Anlagen gegenüber können, solange nicht eine Erweiterung oder ein Umbau eintritt, nur Anforderungen gestellt werden, welche zur Beseitigung erheblicher, das Leben, die Gesundheit oder die Sittlichkeit der Arbeiter gefährdender Mißstände erforderlich oder ohne unverhältnißmäßige Aufwendungen ausführbar erscheinen.

Gegen die Verfügung der Polizeibehörde steht dem Gewerbeunternehmer binnen zwei Wochen die Beschwerde an die höhere Verwaltungsbehörde zu. Gegen die Entscheidung der höheren Verwaltungsbehörde ist binnen vier Wochen die Beschwerde an die Zentralbehörde zulässig; diese entscheidet endgültig. Widerspricht die Verfügung den von der zuständigen Berufsgenossenschaft erlassenen Vorschriften zur Verhütung von Unfällen, so ist zur Einlegung der vorstehend bezeichneten Rechtsmittel binnen der dem Gewerbeunternehmer zustehenden Frist auch der Vorstand der Berufsgenossenschaft befugt.

**§ 120e.** Durch Beschluß des Bundesraths können Vorschriften darüber erlassen werden, welchen Anforderungen in bestimmten Arten von Anlagen zur Durchführung der in den §§ 120a bis 120c enthaltenen Grundsätze zu genügen ist.

Soweit solche Vorschriften durch Beschluß des Bundesraths nicht erlassen sind, können dieselben durch Anordnung der Landes-Zentralbehörden oder durch Polizeiverordnungen der zum Erlaß solcher berechtigten Behörden erlassen werden. Vor dem Erlaß solcher Anordnungen und Polizeiverordnungen ist den Vorständen der betheiligten Berufsgenossenschaften oder Berufsgenossenschafts-Sektionen Gelegenheit zu einer gutachtlichen Äußerung zu geben. Auf diese finden die Bestimmungen des § 79 Absatz 1 des Gesetzes, betreffend die Unfallversicherung der Arbeiter, vom 6. Juli 1884 (Reichs-Gesetzbl. S. 69) Anwendung.

Durch Beschluß des Bundesraths können für solche Gewerbe, in welchen durch übermäßige Dauer der täglichen Arbeitszeit die Gesundheit der Arbeiter gefährdet wird, Dauer, Beginn und Ende der zulässigen täglichen Arbeitszeit und der zu gewährenden Pausen vorgeschrieben und die zur Durchführung dieser Vorschriften erforderlichen Anordnungen erlassen werden.

Die durch Beschluß des Bundesraths erlassenen Vorschriften sind durch das Reichs-Gesetzblatt zu veröffentlichen und dem Reichstag bei seinem nächsten Zusammentritt zur Kenntnißnahme vorzulegen.[1]

### II. Verhältnisse der Gesellen und Gehülfen.

**§ 121.** Gesellen und Gehülfen sind verpflichtet, den Anordnungen der Arbeitgeber in Beziehung auf die ihnen übertragenen Arbeiten und auf die häuslichen Einrichtungen Folge zu leisten; zu häuslichen Arbeiten sind sie nicht verbunden.

**§ 122.** Das Arbeitsverhältniß zwischen den Gesellen oder Gehülfen und ihren Arbeitgebern kann, wenn nicht ein Anderes verabredet ist, durch eine jedem Theile freistehende, vierzehn Tage vorher erklärte Aufkündigung gelöst werden. Werden andere Aufkündigungsfristen vereinbart, so müssen sie für beide Theile gleich sein. Vereinbarungen, welche dieser Bestimmung zuwiderlaufen, sind nichtig.

**§ 123.** Vor Ablauf der vertragsmäßigen Zeit und ohne Aufkündigung können Gesellen und Gehülfen entlassen werden:

1. wenn sie bei Abschluß des Arbeitsvertrages den Arbeitgeber durch Vorzeigung falscher oder verfälschter Arbeitsbücher oder Zeugnisse hintergangen oder ihn über das Bestehen eines anderen, sie gleichzeitig verpflichtenden Arbeitsverhältnisses in einen Irrtum versetzt haben;
2. wenn sie eines Diebstahls, einer Entwendung, einer Unterschlagung, eines Betruges oder eines liederlichen Lebenswandels sich schuldig machen;
3. wenn sie die Arbeit unbefugt verlassen haben oder sonst den nach dem Arbeitsvertrage ihnen obliegenden Verpflichtungen nachzukommen beharrlich verweigern;
4. wenn sie der Verwarnung ungeachtet mit Feuer und Licht unvorsichtig umgehen;
5. wenn sie sich Thätlichkeiten oder grobe Beleidigungen gegen den Arbeitgeber oder seine Vertreter oder gegen die Familien-

---

[1] Vgl. Bekanntm., betr. die Einrichtung und den Betrieb von Anlagen zur Anfertigung von Zündhölzern unter Verwendung von weißem Phosphor. Vom 8. Juli 1893 (RGBl S. 209); Bekanntm., betr. die Einrichtung und den Betrieb der Bleifarben- und Bleizuckerfabriken. Vom 8. Juli 1893 (RGBl S. 213); Bekanntm., betr. die Einrichtung und den Betrieb der zur Anfertigung von Cigarren bestimmten Anlagen. Vom 8. Juli 1893 (RGBl S. 218).

angehörigen des Arbeitgebers oder seiner Vertreter zu Schulden kommen lassen;

6. wenn sie einer vorsätzlichen oder rechtswidrigen Sachbeschädigung zum Nachtheile des Arbeitgebers oder eines Mitarbeiters sich schuldig machen;
7. wenn sie Familienangehörige des Arbeitgebers oder seiner Vertreter oder Mitarbeiter zu Handlungen verleiten oder zu verleiten versuchen oder mit Familienangehörigen des Arbeitgebers oder seiner Vertreter Handlungen begehen, welche wider die Gesetze oder die guten Sitten verstoßen;
8. wenn sie zur Fortsetzung der Arbeit unfähig oder mit einer abschreckenden Krankheit behaftet sind.

In den unter Nr. 1 bis 7 gedachten Fällen ist die Entlassung nicht mehr zulässig, wenn die zu Grunde liegenden Thatsachen dem Arbeitgeber länger als eine Woche bekannt sind.

Inwiefern in den unter Nr. 8 gedachten Fällen dem Entlassenen ein Anspruch auf Entschädigung zustehe, ist nach dem Inhalt des Vertrages und nach den allgemeinen gesetzlichen Vorschriften zu beurtheilen.

**§ 124.** Vor Ablauf der vertragsmäßigen Zeit und ohne Aufkündigung können Gesellen und Gehülfen die Arbeit verlassen:

1. wenn sie zur Fortsetzung der Arbeit unfähig werden;
2. wenn der Arbeitgeber oder seine Vertreter sich Thätlichkeiten oder grobe Beleidigungen gegen die Arbeiter oder gegen ihre Familienangehörigen zu Schulden kommen lassen;
3. wenn der Arbeitgeber oder seine Vertreter oder Familienangehörige derselben die Arbeiter oder deren Familienangehörige zu Handlungen verleiten oder zu verleiten versuchen oder mit den Familienangehörigen der Arbeiter Handlungen begehen, welche wider die Gesetze oder die guten Sitten laufen;
4. wenn der Arbeitgeber den Arbeitern den schuldigen Lohn nicht in der bedungenen Weise auszahlt, bei Stücklohn nicht für ihre ausreichende Beschäftigung sorgt, oder wenn er sich widerrechtlicher Übervortheilungen gegen sie schuldig macht;
5. wenn bei Fortsetzung der Arbeit das Leben oder die Gesundheit der Arbeiter einer erweislichen Gefahr ausgesetzt sein würde, welche bei Eingehung des Arbeitsvertrages nicht zu erkennen war.

In den unter Nr. 2 gedachten Fällen ist der Austritt aus der Arbeit nicht mehr zulässig, wenn die zu Grunde liegenden Thatsachen dem Arbeiter länger als eine Woche bekannt sind.

**§ 124a.** Außer den in §§ 123 und 124 bezeichneten Fällen kann jeder der beiden Theile aus wichtigen Gründen vor Ablauf der vertragsmäßigen Zeit und ohne Innehaltung einer Kündigungsfrist die Aufhebung des Arbeitsverhältnisses verlangen, wenn dasselbe mindestens auf vier Wochen oder wenn eine längere als vierzehntägige Kündigungsfrist vereinbart ist.

**§ 124b.** Hat ein Geselle oder Gehülfe rechtswidrig die Arbeit verlassen, so kann der Arbeitgeber als Entschädigung für den Tag des Vertragsbruchs und jeden folgenden Tag der vertragsmäßigen oder gesetzlichen Arbeitszeit, höchstens aber für eine Woche, den Betrag des ortsüblichen Tagelohnes (§ 8 des Krankenversicherungsgesetzes vom 15. Juni 1883, Reichs-Gesetzbl. S. 73) fordern. Diese Forderung ist an den Nachweis eines Schadens nicht gebunden. Durch ihre Geltendmachung wird der Anspruch auf Erfüllung des Vertrages und auf weiteren Schadensersatz ausgeschlossen. Dasselbe Recht steht dem Gesellen oder Gehülfen gegen den Arbeitgeber zu, wenn er von diesem vor rechtmäßiger Beendigung des Arbeitsverhältnisses entlassen worden ist.

**§ 125.** Ein Arbeitgeber, welcher einen Gesellen oder Gehülfen verleitet, vor rechtmäßiger Beendigung des Arbeitsverhältnisses die Arbeit zu verlassen, ist dem früheren Arbeitgeber für den entstandenen Schaden oder den nach § 124b an die Stelle des Schadensersatzes tretenden Betrag als Selbstschuldner mitverhaftet. In gleicher Weise haftet ein Arbeitgeber, welcher einen Gesellen oder Gehülfen annimmt, von dem er weiß, daß derselbe einem anderen Arbeitgeber zur Arbeit noch verpflichtet ist.

In dem im vorstehenden Absatz bezeichneten Umfang ist auch derjenige Arbeitgeber mitverhaftet, welcher einen Gesellen oder Gehülfen, von dem er weiß, daß derselbe einem anderen Arbeitgeber zur Arbeit noch verpflichtet ist, während der Dauer dieser Verpflichtung in der Beschäftigung behält, sofern nicht seit der unrechtmäßigen Lösung des Arbeitsverhältnisses bereits vierzehn Tage verflossen sind.

Den Gesellen und Gehülfen stehen im Sinne der vorstehenden Bestimmungen die im § 119b bezeichneten Personen gleich.

## III. Lehrlingsverhältnisse.

**§ 126.** Der Lehrherr ist verpflichtet, den Lehrling in den bei seinem Betriebe vorkommenden Arbeiten des Gewerbes in der durch den Zweck der Ausbildung gebotenen Reihenfolge und Ausdehnung zu unterweisen. Er muß entweder selbst oder durch einen geeigneten, ausdrücklich dazu bestimmten Vertreter die Ausbildung des Lehrlings leiten. Er darf dem Lehrling die zu seiner Ausbildung und zum Besuche des Gottesdienstes an Sonn- und Festtagen erforderliche Zeit und Gelegenheit durch Verwendung zu anderen Dienstleistungen nicht entziehen. Er hat den Lehrling zur Arbeitsamkeit und zu guten Sitten anzuhalten und vor Ausschweifungen zu bewahren.

**§ 127.** Der Lehrling ist der väterlichen Zucht des Lehrherrn unterworfen. Demjenigen gegenüber, welcher an Stelle des Lehrherrn seine Ausbildung zu leiten hat, ist er zur Folgsamkeit verpflichtet.

**§ 128.** Das Lehrverhältniß kann, wenn eine längere Frist nicht vereinbart ist, während der ersten vier Wochen nach Beginn der Lehrzeit durch einseitigen Rücktritt aufgelöst werden. Eine Vereinbarung, wonach diese Probezeit mehr als drei Monate betragen soll, ist nichtig.

Nach Ablauf der Probezeit kann der Lehrling vor Beendigung der verabredeten Lehrzeit entlassen werden, wenn einer der im § 123 vorgesehenen Fälle auf ihn Anwendung findet.

Von Seiten des Lehrlings kann das Lehrverhältniß nach Ablauf der Probezeit aufgelöst werden:

1. wenn einer der im § 124 unter Nr. 1, 3 bis 5 vorgesehenen Fälle vorliegt;
2. wenn der Lehrherr seine gesetzlichen Verpflichtungen gegen den Lehrling in einer die Gesundheit, die Sittlichkeit oder die Ausbildung des Lehrlings gefährdenden Weise vernachlässigt, oder das Recht der väterlichen Zucht mißbraucht, oder zur Erfüllung der ihm vertragsmäßig obliegenden Verpflichtungen unfähig wird.

Der Lehrvertrag wird durch den Tod des Lehrlings aufgehoben. Durch den Tod des Lehrherrn gilt der Lehrvertrag als aufgehoben, sofern die Aufhebung innerhalb vier Wochen geltend gemacht wird.

Schriftliche Lehrverträge sind stempelfrei.

**§ 129.** Bei Beendigung des Lehrverhältnisses hat der Lehrherr dem Lehrling unter Angabe des Gewerbes, in welchem der Lehrling unterwiesen worden ist, über die Dauer der Lehrzeit und die während derselben erworbenen Kenntnisse und Fertigkeiten, sowie über sein Betragen ein Zeugniß auszustellen, welches von der Gemeindebehörde kosten- und stempelfrei zu beglaubigen ist.

An Stelle dieser Zeugnisse können, wo Innungen oder andere Vertretungen der Gewerbetreibenden bestehen, die von diesen ausgestellten Lehrbriefe treten.

**§ 130.** Verläßt der Lehrling in einem durch dies Gesetz nicht vorgesehenen Falle ohne Zustimmung des Lehrherrn die Lehre, so kann letzterer den Anspruch auf Rückkehr des Lehrlings nur geltend machen, wenn der Lehrvertrag schriftlich geschlossen ist. Die Polizeibehörde kann in diesem Falle auf Antrag des Lehrherrn den Lehrling anhalten, solange in der Lehre zu verbleiben, als durch gerichtliches Urtheil das Lehrverhältniß nicht für aufgelöst erklärt ist. Der Antrag ist nur zulässig, wenn er binnen einer Woche nach dem Austritt des Lehrlings gestellt ist. Im Falle der Weigerung kann die Polizeibehörde den Lehrling zwangsweise zurückführen lassen, oder durch Androhung von Geldstrafe bis zu fünfzig Mark oder Haft bis zu fünf Tagen zur Rückkehr ihn anhalten.

**§ 131.** Wird von dem Vater oder Vormund für den Lehrling oder, sofern der letztere großjährig ist, von ihm selbst dem Lehrherrn die schriftliche Erklärung abgegeben, daß der Lehrling zu einem anderen Gewerbe oder anderen Berufe übergehen werde, so gilt das Lehrverhältniß, wenn der Lehrling nicht früher entlassen wird, nach Ablauf von vier Wochen als aufgelöst. Den Grund der Auflösung hat der Lehrherr in dem Arbeitsbuche zu vermerken.

Binnen neun Monaten nach der Auflösung darf der Lehrling in demselben Gewerbe von einem anderen Arbeitgeber ohne Zustimmung des früheren Lehrherrn nicht beschäftigt werden.

**§ 132.** Erreicht das Lehrverhältniß vor Ablauf der verabredeten Lehrzeit sein Ende, so kann von dem Lehrherrn oder von dem Lehrling ein Anspruch auf Entschädigung nur geltend gemacht werden, wenn der Lehrvertrag schriftlich geschlossen ist. In den Fällen des § 128 Absatz 1 und 4 kann der Anspruch nur geltend gemacht werden, wenn dieses in dem Lehrvertrage unter Festsetzung der Art und Höhe der Entschädigung vereinbart ist.

Der Anspruch auf Entschädigung erlischt, wenn er nicht innerhalb vier Wochen nach Auflösung des Lehrverhältnisses im Wege der Klage oder Einrede geltend gemacht ist.

**§ 133.** Ist von dem Lehrherrn das Lehrverhältniß aufgelöst worden, weil der Lehrling die Lehre unbefugt verlassen hat, so ist die von dem Lehrherrn beanspruchte Entschädigung, wenn in dem Lehrvertrage ein Anderes nicht ausbedungen ist, auf einen Betrag festzusetzen, welcher für jeden auf den Tag des Vertragsbruchs folgenden Tag der Lehrzeit, höchstens aber für sechs Monate, bis auf die Hälfte des in dem Gewerbe des Lehrherrn den Gesellen oder Gehülfen ortsüblich gezahlten Lohnes sich belaufen darf.

Für die Zahlung der Entschädigung sind als Selbstschuldner mitverhaftet der Vater des Lehrlings sowie derjenige Arbeitgeber, welcher den Lehrling zum Verlassen der Lehre verleitet oder welcher ihn in Arbeit genommen hat, obwohl er wußte, daß der Lehrling zur Fortsetzung eines Lehrverhältnisses noch verpflichtet war. Hat der Entschädigungsberechtigte erst nach Auflösung des Lehrverhältnisses von der Person des Arbeitgebers, welcher den Lehrling verleitet oder in Arbeit genommen hat, Kenntniß erhalten, so erlischt gegen diese der Entschädigungsanspruch erst, wenn derselbe nicht innerhalb vier Wochen nach erhaltener Kenntniß geltend gemacht ist.

**IIIa. Verhältnisse der Betriebsbeamten, Werkmeister, Techniker.**

**§ 133a.** Das Dienstverhältniß der von Gewerbeunternehmern gegen feste Bezüge beschäftigten Personen, welche nicht lediglich vorübergehend mit der Leitung oder Beaufsichtigung des Betriebes oder einer Abtheilung desselben beauftragt (Betriebsbeamte, Werkmeister und ähnliche Angestellte) oder mit höheren technischen Dienstleistungen betraut sind (Maschinentechniker, Bautechniker, Chemiker, Zeichner und dergleichen), kann, wenn nicht etwas Anderes verabredet ist, von jedem Theile mit Ablauf jedes Kalendervierteljahres nach sechs Wochen vorher erklärter Aufkündigung aufgehoben werden.

**§ 133b.** Jeder der beiden Theile kann vor Ablauf der vertragsmäßigen Zeit und ohne Innehaltung einer Kündigungsfrist die Aufhebung des Dienstverhältnisses verlangen, wenn ein wichtiger, nach den Umständen des Falles die Aufhebung rechtfertigender Grund vorliegt.

**§ 133c.** Gegenüber den im § 133a bezeichneten Personen kann die Aufhebung des Dienstverhältnisses insbesondere verlangt werden:

1. wenn sie beim Abschluß des Dienstvertrages den Arbeitgeber durch Vorbringung falscher oder verfälschter Zeugnisse hintergangen oder ihn über das Bestehen eines anderen, sie gleichzeitig verpflichtenden Dienstverhältnisses in einen Irrthum versetzt haben;
2. wenn sie im Dienste untreu sind oder das Vertrauen mißbrauchen;
3. wenn sie ihren Dienst unbefugt verlassen oder den nach dem Dienstvertrage ihnen obliegenden Verpflichtungen nachzukommen, beharrlich verweigern;
4. wenn sie durch anhaltende Krankheit oder durch eine längere Freiheitsstrafe oder Abwesenheit an der Verrichtung ihrer Dienste verhindert werden;
5. wenn sie sich Thätlichkeiten oder Ehrverletzungen gegen den Arbeitgeber oder seinen Vertreter zu Schulden kommen lassen;
6. wenn sie sich einem unsittlichen Lebenswandel ergeben.

In dem Falle zu 4 bleibt der Anspruch auf die vertragsmäßigen Leistungen des Arbeitgebers für die Dauer von sechs

Wochen in Kraft, wenn die Verrichtung der Dienste durch unverschuldetes Unglück verhindert worden ist. Jedoch mindern sich die Ansprüche in diesem Falle um denjenigen Betrag, welcher dem Berechtigten aus einer auf Grund gesetzlicher Verpflichtung bestehenden Krankenversicherung oder Unfallversicherung zukommt.

**§ 133** d. Die im § 133 a bezeichneten Personen können die Auflösung des Dienstverhältnisses insbesondere verlangen:

1. wenn der Arbeitgeber oder seine Vertreter sich Thätlichkeiten oder Ehrverletzungen gegen sie zu Schulden kommen lassen;
2. wenn der Arbeitgeber die vertragsmäßigen Leistungen nicht gewährt;
3. wenn bei Fortsetzung des Dienstverhältnisses ihr Leben oder ihre Gesundheit einer erweislichen Gefahr ausgesetzt sein würde, welche bei Eingehung des Dienstverhältnisses nicht zu erkennen war.

**§ 133** e. Auf die im § 133 a bezeichneten Personen finden die Bestimmungen der §§ 124 b und 125 Anwendung, dagegen nicht die Bestimmungen des § 119 a.

### IV. Verhältnisse der Fabrikarbeiter.

**§ 134.** Auf Fabrikarbeiter finden die Bestimmungen der §§ 121 bis 125 oder, wenn die Fabrikarbeiter als Lehrlinge anzusehen sind, die Bestimmungen der §§ 126 bis 133 Anwendung.

Den Unternehmern von Fabriken, in welchen in der Regel mindestens zwanzig Arbeiter beschäftigt werden, ist untersagt, für den Fall der rechtswidrigen Auflösung des Arbeitsverhältnisses durch den Arbeiter die Verwirkung des rückständigen Lohnes über den Betrag des durchschnittlichen Wochenlohnes hinaus auszubedingen. Auf die Arbeitgeber und Arbeiter in solchen Fabriken finden die Bestimmungen des § 124 b keine Anwendung.

**§ 134** a. Für jede Fabrik, in welcher in der Regel mindestens zwanzig Arbeiter beschäftigt werden, ist innerhalb vier Wochen nach Inkrafttreten dieses Gesetzes oder nach der Eröffnung des Betriebes eine Arbeitsordnung zu erlassen. Für die einzelnen Abtheilungen des Betriebes oder für die einzelnen Gruppen der Arbeiter können besondere Arbeitsordnungen erlassen werden. Der Erlaß erfolgt durch Aushang (§ 134 e Absatz 2).

Die Arbeitsordnung muß den Zeitpunkt, mit welchem sie in Wirksamkeit treten soll, angeben und von demjenigen, welcher sie erläßt, unter Angabe des Datums unterzeichnet sein.

Abänderungen ihres Inhalts können nur durch den Erlaß von Nachträgen oder in der Weise erfolgen, daß an Stelle der bestehenden eine neue Arbeitsordnung erlassen wird.

Die Arbeitsordnungen und Nachträge zu denselben treten frühestens zwei Wochen nach ihrem Erlaß in Geltung.

**§ 134** b. Die Arbeitsordnung muß Bestimmungen enthalten:

1. über Anfang und Ende der regelmäßigen täglichen Arbeitszeit, sowie der für die erwachsenen Arbeiter vorgesehenen Pausen;
2. über Zeit und Art der Abrechnung und Lohnzahlung;
3. sofern es nicht bei den gesetzlichen Bestimmungen bewenden soll, über die Frist der zulässigen Aufkündigung, sowie über die Gründe, aus welchen die Entlassung und der Austritt aus der Arbeit ohne Aufkündigung erfolgen darf;
4. sofern Strafen vorgesehen werden, über die Art und Höhe derselben, über die Art ihrer Festsetzung und, wenn sie in Geld bestehen, über deren Einziehung und über den Zweck, für welchen sie verwendet werden sollen;
5. sofern die Verwirkung von Lohnbeträgen nach Maßgabe der Bestimmung des § 134 Absatz 2 durch Arbeitsordnung oder Arbeitsvertrag ausbedungen wird, über die Verwendung der verwirkten Beträge.

Strafbestimmungen, welche das Ehrgefühl oder die guten Sitten verletzen, dürfen in die Arbeitsordnung nicht aufgenommen werden. Geldstrafen dürfen die Hälfte des durchschnittlichen Tagesarbeitsverdienstes nicht übersteigen; jedoch können Thätlichkeiten gegen Mitarbeiter, erhebliche Verstöße gegen die guten Sitten, sowie gegen die zur Aufrechterhaltung der Ordnung des Betriebes, zur Sicherung eines gefahrlosen Betriebes oder zur Durchführung der Bestimmungen der Gewerbeordnung erlassenen Vorschriften mit Geldstrafen bis zum vollen Betrage des durchschnittlichen Tagesarbeitsverdienstes belegt werden. Alle Strafgelder müssen zum Besten der Arbeiter der Fabrik verwendet werden. Das Recht des Arbeitgebers, Schadensersatz zu fordern, wird durch diese Bestimmung nicht berührt.

Dem Besitzer der Fabrik bleibt überlassen, neben den im Absatz 1 unter 1 bis 5 bezeichneten, noch weitere die Ordnung des Betriebes und das Verhalten der Arbeiter im Betriebe betreffende Bestimmungen in die Arbeitsordnung aufzunehmen. Mit Zustimmung eines ständigen Arbeiterausschusses können in die Arbeitsordnung Vorschriften über das Verhalten der Arbeiter bei Benutzung der zu ihrem Besten getroffenen mit der Fabrik verbundenen Einrichtungen, sowie Vorschriften über das Verhalten der minderjährigen Arbeiter außerhalb des Betriebes aufgenommen werden.

**§ 134** c. Der Inhalt der Arbeitsordnung ist, soweit er den Gesetzen nicht zuwiderläuft, für die Arbeitgeber und Arbeiter rechtsverbindlich.

Andere als die in der Arbeitsordnung oder in den §§ 123 und 124 vorgesehenen Gründe der Entlassung und des Austritts aus der Arbeit dürfen im Arbeitsvertrage nicht vereinbart werden. Andere als die in der Arbeitsordnung vorgesehenen Strafen dürfen über den Arbeiter nicht verhängt werden. Die Strafen müssen ohne Verzug festgesetzt und dem Arbeiter zur Kenntniß gebracht werden.

Die verhängten Geldstrafen sind in ein Verzeichniß einzutragen, welches den Namen des Bestraften, den Tag der Bestrafung, sowie den Grund und die Höhe der Strafe ergeben und auf Erfordern dem im § 139b bezeichneten Beamten jederzeit zur Einsicht vorgelegt werden muß.

**§ 134** d. Vor dem Erlaß der Arbeitsordnung oder eines Nachtrags zu derselben ist den in der Fabrik oder in den betreffenden Abtheilungen des Betriebes beschäftigten großjährigen Arbeitern Gelegenheit zu geben, sich über den Inhalt derselben zu äußern.

Für Fabriken, für welche ein ständiger Arbeiterausschuß besteht, wird dieser Vorschrift durch Anhörung des Ausschusses über den Inhalt der Arbeitsordnung genügt.

**§ 134** e. Die Arbeitsordnung, sowie jeder Nachtrag zu derselben ist unter Mittheilung der seitens der Arbeiter geäußerten Bedenken, soweit die Äußerungen schriftlich oder zu Protokoll erfolgt sind, binnen drei Tagen nach dem Erlaß in zwei Ausfertigungen unter Beifügung der Erklärung, daß und in welcher Weise der Vorschrift des § 134d genügt ist, der unteren Verwaltungsbehörde einzureichen.

Die Arbeitsordnung ist an geeigneter, allen betheiligten Arbeitern zugänglicher Stelle auszuhängen. Der Aushang muß stets in lesbarem Zustande erhalten werden. Die Arbeitsordnung ist jedem Arbeiter bei seinem Eintritt in die Beschäftigung zu behändigen.

**§ 134** f. Arbeitsordnungen und Nachträge zu denselben, welche nicht vorschriftsmäßig erlassen sind, oder deren Inhalt den gesetzlichen Bestimmungen zuwiderläuft, sind auf Anordnung der unteren Verwaltungsbehörde durch gesetzmäßige Arbeitsordnungen zu ersetzen oder den gesetzlichen Vorschriften entsprechend abzuändern.

Gegen diese Anordnung findet binnen zwei Wochen die Beschwerde an die höhere Verwaltungsbehörde statt.

§ 134g. Arbeitsordnungen, welche vor dem Inkrafttreten dieses Gesetzes erlassen worden sind, unterliegen den Bestimmungen der §§ 134a bis 134c, 134e Absatz 2, 134f und sind binnen vier Wochen der unteren Verwaltungsbehörde in zwei Ausfertigungen einzureichen. Auf spätere Abänderungen dieser Arbeitsordnungen und auf die seit dem 1. Januar 1891 erstmalig erlassenen Arbeitsordnungen finden die §§ 134d und 134e Absatz 1 Anwendung.

§ 134h. Als ständige Arbeiterausschüsse im Sinne der §§ 134b Absatz 3 und 134d gelten nur:

1. diejenigen Vorstände der Betriebs- (Fabrik-) Krankenkassen oder anderer für die Arbeiter der Fabrik bestehender Kasseneinrichtungen, deren Mitglieder in ihrer Mehrheit von den Arbeitern aus ihrer Mitte zu wählen sind, sofern sie als ständige Arbeiterausschüsse bestellt werden;
2. die Knappschaftsältesten von Knappschaftsvereinen, welche die nicht den Bestimmungen der Berggesetze unterstehenden Betriebe eines Unternehmers umfassen, sofern sie als ständige Arbeiterausschüsse bestellt werden;
3. die bereits vor dem 1. Januar 1891 errichteten ständigen Arbeiterausschüsse, deren Mitglieder in ihrer Mehrzahl von den Arbeitern aus ihrer Mitte gewählt werden;
4. solche Vertretungen, deren Mitglieder in ihrer Mehrzahl von den volljährigen Arbeitern der Fabrik oder der betreffenden Betriebsabtheilung aus ihrer Mitte in unmittelbarer und geheimer Wahl gewählt werden. Die Wahl der Vertreter kann auch nach Arbeiterklassen oder nach besonderen Abtheilungen des Betriebes erfolgen.

§ 135.[1] Kinder unter dreizehn Jahren dürfen in Fabriken nicht beschäftigt werden. Kinder über dreizehn Jahre dürfen in Fabriken nur beschäftigt werden, wenn sie nicht mehr zum Besuche der Volksschule verpflichtet sind.

Die Beschäftigung von Kindern unter vierzehn Jahren darf die Dauer von sechs Stunden täglich nicht überschreiten.

Junge Leute zwischen vierzehn und sechszehn Jahren dürfen in Fabriken nicht länger als zehn Stunden täglich beschäftigt werden.

§ 136. Die Arbeitsstunden der jugendlichen Arbeiter (§ 135) dürfen nicht vor fünfeinhalb Uhr Morgens beginnen und nicht über

[1] Vgl. hierzu G, betr. die Anfertigung und Verzollung von Zündhölzern. Vom 13. Mai 1884 (RGBl S. 49).

achteinhalb Uhr Abends dauern. Zwischen den Arbeitsstunden müssen an jedem Arbeitstage regelmäßige Pausen gewährt werden. Für jugendliche Arbeiter, welche nur sechs Stunden täglich beschäftigt werden, muss die Pause mindestens eine halbe Stunde betragen. Den übrigen jugendlichen Arbeitern muss mindestens Mittags eine einstündige sowie Vormittags und Nachmittags je eine halbstündige Pause gewährt werden.

Während der Pausen darf den jugendlichen Arbeitern eine Beschäftigung in dem Fabrikbetriebe überhaupt nicht und der Aufenthalt in den Arbeitsräumen nur dann gestattet werden, wenn in denselben diejenigen Theile des Betriebes, in welchen jugendliche Arbeiter beschäftigt sind, für die Zeit der Pausen völlig eingestellt werden oder wenn der Aufenthalt im Freien nicht thunlich und andere geeignete Aufenthaltsräume ohne unverhältnißmäßige Schwierigkeiten nicht beschafft werden können.

An Sonn- und Festtagen, sowie während der von dem ordentlichen Seelsorger für den Katechumenen- und Konfirmanden-, Beicht- und Kommunionunterricht bestimmten Stunden dürfen jugendliche Arbeiter nicht beschäftigt werden.

**§ 137.** Arbeiterinnen dürfen in Fabriken nicht in der Nachtzeit von achteinhalb Uhr Abends bis fünfeinhalb Uhr Morgens und am Sonnabend sowie an Vorabenden der Festtage nicht nach fünfeinhalb Uhr Nachmittags beschäftigt werden.

Die Beschäftigung von Arbeiterinnen über sechszehn Jahre darf die Dauer von elf Stunden täglich, an den Vorabenden der Sonn- und Festtage von zehn Stunden, nicht überschreiten.

Zwischen den Arbeitsstunden muß den Arbeiterinnen eine mindestens einstündige Mittagspause gewährt werden.

Arbeiterinnen über sechszehn Jahre, welche ein Hauswesen zu besorgen haben, sind auf ihren Antrag eine halbe Stunde vor der Mittagspause zu entlassen, sofern diese nicht mindestens ein und eine halbe Stunde beträgt.

Wöchnerinnen dürfen während vier Wochen nach ihrer Niederkunft überhaupt nicht und während der folgenden zwei Wochen nur beschäftigt werden, wenn das Zeugniß eines approbirten Arztes dies für zulässig erklärt.

**§ 138.** Sollen Arbeiterinnen oder jugendliche Arbeiter in Fabriken beschäftigt werden, so hat der Arbeitgeber vor dem Beginn der Beschäftigung der Ortspolizeibehörde eine schriftliche Anzeige zu machen.

In der Anzeige sind die Fabrik, die Wochentage, an welchen die Beschäftigung stattfinden soll, Beginn und Ende der Arbeitszeit und der Pausen, sowie die Art der Beschäftigung anzugeben. Eine Änderung hierin darf, abgesehen von Verschiebungen, welche durch Ersetzung behinderter Arbeiter für einzelne Arbeitsschichten nothwendig werden, nicht erfolgen, bevor eine entsprechende weitere Anzeige der Behörde gemacht ist. In jeder Fabrik hat der Arbeitgeber dafür zu sorgen, daß in den Fabrikräumen, in welchen jugendliche Arbeiter beschäftigt werden, an einer in die Augen fallenden Stelle ein Verzeichniß der jugendlichen Arbeiter unter Angabe ihrer Arbeitstage, sowie des Beginns und Endes ihrer Arbeitszeit und der Pausen ausgehängt ist. Ebenso hat er dafür zu sorgen, daß in den betreffenden Räumen eine Tafel ausgehängt ist, welche in der von der Zentralbehörde zu bestimmenden Fassung und in deutlicher Schrift einen Auszug aus den Bestimmungen über die Beschäftigung von Arbeiterinnen und jugendlichen Arbeitern enthält.

§ 138a. Wegen außergewöhnlicher Häufung der Arbeit kann auf Antrag des Arbeitgebers die untere Verwaltungsbehörde auf die Dauer von zwei Wochen die Beschäftigung von Arbeiterinnen über sechszehn Jahre bis zehn Uhr Abends an den Wochentagen außer Sonnabend unter der Voraussetzung gestatten, daß die tägliche Arbeitszeit dreizehn Stunden nicht überschreitet. Innerhalb eines Kalenderjahres darf die Erlaubniß einem Arbeitgeber für seinen Betrieb oder für eine Abtheilung seines Betriebes auf mehr als vierzig Tage nicht ertheilt werden.

Für eine zwei Wochen überschreitende Dauer kann die gleiche Erlaubniß nur von der höheren Verwaltungsbehörde und auch von dieser für mehr als vierzig Tage im Jahre nur dann ertheilt werden, wenn die Arbeitszeit für den Betrieb oder die betreffende Abtheilung des Betriebes so geregelt wird, daß ihre tägliche Dauer im Durchschnitt der Betriebstage des Jahres die regelmäßige gesetzliche Arbeitszeit nicht überschreitet.

Der Antrag ist schriftlich zu stellen und muß den Grund, aus welchem die Erlaubniß beantragt wird, die Zahl der in Betracht kommenden Arbeiterinnen, das Maß der längeren Beschäftigung, sowie den Zeitraum angeben, für welchen dieselbe stattfinden soll. Der Bescheid der unteren Verwaltungsbehörde auf den Antrag ist binnen drei Tagen schriftlich zu ertheilen. Gegen die Versagung der Erlaubniß steht die Beschwerde an die vorgesetzte Behörde zu.

Die untere Verwaltungsbehörde hat über die Fälle, in welchen die Erlaubniß ertheilt worden ist, ein Verzeichniß zu führen, in welches der Name des Arbeitgebers und die für den schriftlichen Antrag vorgeschriebenen Angaben einzutragen sind.

Die untere Verwaltungsbehörde kann die Beschäftigung von Arbeiterinnen über sechszehn Jahre, welche kein Hauswesen zu besorgen haben und eine Fortbildungsschule nicht besuchen, bei den im § 105c Absatz 1 unter Ziffer 2 und 3 bezeichneten Arbeiten an Sonnabenden und Vorabenden von Festtagen Nachmittags nach fünfeinhalb Uhr, jedoch nicht über achteinhalb Uhr Abends hinaus, gestatten. Die Erlaubniß ist schriftlich zu ertheilen und vom Arbeitgeber zu verwahren.

**§ 139.** Wenn Naturereignisse oder Unglücksfälle den regelmäßigen Betrieb einer Fabrik unterbrochen haben, so können Ausnahmen von den in §§ 135 Absatz 2 und 3, 136, 137 Absatz 1 bis 3 vorgesehenen Beschränkungen auf die Dauer von vier Wochen durch die höhere Verwaltungsbehörde, auf längere Zeit durch den Reichskanzler zugelassen werden. In dringenden Fällen solcher Art, sowie zur Verhütung von Unglücksfällen kann die untere Verwaltungsbehörde, jedoch höchstens auf die Dauer von vierzehn Tagen, solche Ausnahmen gestatten.

Wenn die Natur des Betriebes oder Rücksichten auf die Arbeiter in einzelnen Fabriken es erwünscht erscheinen lassen, daß die Arbeitszeit der Arbeiterinnen oder jugendlichen Arbeiter in einer anderen als der durch §§ 136 und 137 Absatz 1 und 3 vorgesehenen Weise geregelt wird, so kann auf besonderen Antrag eine anderweite Regelung hinsichtlich der Pausen durch die höhere Verwaltungsbehörde, im Übrigen durch den Reichskanzler gestattet werden. Jedoch dürfen in solchen Fällen die jugendlichen Arbeiter nicht länger als sechs Stunden beschäftigt werden, wenn zwischen den Arbeitsstunden nicht Pausen von zusammen mindestens einstündiger Dauer gewährt werden.

Die auf Grund vorstehender Bestimmungen zu treffenden Verfügungen müssen schriftlich erlassen werden.

**§ 139a.** Der Bundesrath ist ermächtigt:[1]

---

[1] Bekanntmachungen betr. die Beschäftigung von Arbeiterinnen und jugendlichen Arbeitern: in Walz- und Hammer-Werken, vom 23. April 1879 (CBl S. 303); in Glashütten, vom 23. April 1879 (CBl S. 304); in Spinnereien, vom 20. Mai 1879 (CBl S. 362); in Steinkohlenbergwerken, vom 12. März 1883 (CBl S. 63); in Drahtziehereien mit Wasserbetrieb, vom 3. Febr. 1886 (RGBl S. 24); Bekanntm. betr. die Einrichtung und den Betrieb der Bleifarben- und Bleizuckerfabriken. Vom 12. April 1886 (RGBl S. 69); Bekanntm. betr. die Einrichtung und den Betrieb der zur Anfertigung von Cigarren bestimmten Anlagen. Vom 9. Mai 1888 (RGBl S. 172); betr. die Beschäftigung von Arbeiterinnen und jugendlichen Arbeitern in Gummifabriken. Vom 21. Juli 1888 (RGBl S. 219); betr. die Beschäftigung von Arbeiterinnen und jugendlichen Arbeitern in Glashütten; desgl. in Drahtziehereien mit Wasserbetrieb,

1. die Verwendung von Arbeiterinnen, sowie von jugendlichen Arbeitern für gewisse Fabrikationszweige, welche mit besonderen Gefahren für Gesundheit oder Sittlichkeit verbunden sind, gänzlich zu untersagen oder von besonderen Bedingungen abhängig zu machen;
2. für Fabriken, welche mit ununterbrochenem Feuer betrieben werden, oder welche sonst durch die Art des Betriebes auf eine regelmäßige Tag- und Nachtarbeit angewiesen sind, sowie für solche Fabriken, deren Betrieb eine Eintheilung in regelmäßige Arbeitsschichten von gleicher Dauer nicht gestattet oder seiner Natur nach auf bestimmte Jahreszeiten beschränkt ist, Ausnahmen von den in §§ 135 Absatz 2 und 3, 136, 137 Absatz 1 bis 3 vorgesehenen Bestimmungen nachzulassen;
3. für gewisse Fabrikationszweige, soweit die Natur des Betriebes oder die Rücksicht auf die Arbeiter es erwünscht erscheinen lassen, die Abkürzung oder den Wegfall der für jugendliche Arbeiter vorgeschriebenen Pausen zu gestatten;
4. für Fabrikationszweige, in denen regelmäßig zu gewissen Zeiten des Jahres ein vermehrtes Arbeitsbedürfniß eintritt, Ausnahmen von den Bestimmungen des § 137 Absatz 1 und 2 mit der Maßgabe zuzulassen, daß die tägliche Arbeitszeit dreizehn Stunden, an Sonnabenden zehn Stunden nicht überschreitet.

In den Fällen zu 2 darf die Dauer der wöchentlichen Arbeitszeit für Kinder sechsunddreißig Stunden, für junge Leute sechzig, für Arbeiterinnen fünfundsechzig, in Ziegeleien für junge Leute und Arbeiterinnen siebzig Stunden nicht überschreiten. Die Nachtarbeit darf in vierundzwanzig Stunden die Dauer von zehn Stunden nicht überschreiten und muß in jeder Schicht durch eine oder mehrere Pausen in der Gesammtdauer von mindestens einer Stunde unterbrochen sein. Die Tagschichten und Nachtschichten müssen wöchentlich wechseln.

---

vom 11. März 1892 (RGBl S. 317); desgl. in Cichorienfabriken; desgl. jugendlicher Arbeiter auf Steinkohlenbergwerken, vom 17. März 1892 (RGBl S. 327); desgl. von Arbeiterinnen auf Steinkohlenbergwerken, Zink- und Bleierzwerken und auf Kokereien im Regierungsbezirk Oppeln; desgl. von Arbeiterinnen und jugendlichen Arbeitern in Rohzuckerfabriken und Zuckerraffinerien, vom 24. März 1892 (RGBl S. 331, vgl. dazu die Berichtigung auf S. 3 des RGBl 1893.); desgl. von Arbeiterinnen und jugendlichen Arbeitern in Walz- und Hammer-Werken, desgl. in Hechelräumen u. dgl., vom 29. April 1892 (RGBl S. 601 ff.); desgl. von Arbeiterinnen und jugendlichen Arbeitern in Ziegeleien, vom 27. April 1893 (RGBl S. 148).

In den Fällen zu 3 dürfen die jugendlichen Arbeiter nicht länger als sechs Stunden beschäftigt werden, wenn zwischen den Arbeitsstunden nicht eine oder mehrere Pausen von zusammen mindestens einstündiger Dauer gewährt werden.

In den Fällen zu 4 darf die Erlaubniß zur Überarbeit für mehr als vierzig Tage im Jahre nur dann ertheilt werden, wenn die Arbeitszeit so geregelt wird, daß ihre tägliche Dauer im Durchschnitt der Betriebstage des Jahres die regelmäßige gesetzliche Arbeitszeit nicht überschreitet.

Die durch Beschluß des Bundesraths getroffenen Bestimmungen sind zeitlich zu begrenzen und können auch für bestimmte Bezirke erlassen werden. Sie sind durch das Reichs-Gesetzblatt zu veröffentlichen und dem Reichstag bei seinem nächsten Zusammentritt zur Kenntnißnahme vorzulegen.

## V. Aufsicht.

**§ 139b.** Die Aufsicht über die Ausführung der Bestimmungen der §§ 105a, 105b Absatz 1, 105c bis 105h, 120a bis 120e, 134 bis 139a ist ausschließlich oder neben den ordentlichen Polizeibehörden besonderen von den Landesregierungen zu ernennenden Beamten zu übertragen. Denselben stehen bei Ausübung dieser Aufsicht alle amtlichen Befugnisse der Ortspolizeibehörden, insbesondere das Recht zur jederzeitigen Revision der Anlagen zu. Sie sind, vorbehaltlich der Anzeige von Gesetzwidrigkeiten, zur Geheimhaltung der amtlich zu ihrer Kenntniß gelangenden Geschäfts- und Betriebsverhältnisse der ihrer Revision unterliegenden Anlagen zu verpflichten.

Die Ordnung der Zuständigkeitsverhältnisse zwischen diesen Beamten und den ordentlichen Polizeibehörden bleibt der verfassungsmäßigen Regelung in den einzelnen Bundesstaaten vorbehalten.

Die erwähnten Beamten haben Jahresberichte über ihre amtliche Thätigkeit zu erstatten. Diese Jahresberichte oder Auszüge aus denselben sind dem Bundesrath und dem Reichstag vorzulegen.

Die auf Grund der Bestimmungen der §§ 105a bis 105h, 120a bis 120e, 134 bis 139a auszuführenden amtlichen Revisionen müssen die Arbeitgeber zu jeder Zeit, namentlich auch in der Nacht, während des Betriebes gestatten.

Die Arbeitgeber sind ferner verpflichtet, den genannten Beamten oder der Polizeibehörde diejenigen statistischen Mittheilungen über die Verhältnisse ihrer Arbeiter zu machen, welche vom Bundesrath oder von der Landes-Zentralbehörde unter Festsetzung der dabei zu beobachtenden Fristen und Formen vorgeschrieben werden.[1]

## Titel VIII.

### Gewerbliche Hülfskassen.

**§ 140.** Die durch Ortsstatut oder Anordnung der Verwaltungsbehörde begründete Verpflichtung der selbständigen Gewerbetreibenden, einer mit einer Innung verbundenen oder außerhalb derselben bestehenden Kranken-, Hülfs- oder Sterbekasse für selbständige Gewerbetreibende beizutreten, wird aufgehoben. Im Übrigen wird in den Verhältnissen dieser Kassen durch gegenwärtiges Gesetz nichts geändert.

Neue Kassen der selbständigen Gewerbetreibenden für die erwähnten Zwecke erhalten durch die Genehmigung der höheren Verwaltungsbehörde die Rechte juristischer Personen, soweit es zur Erlangung dieser Rechte einer besonderen staatlichen Genehmigung bedarf.

**§ 141**[2]. Durch Ortsstatut (§ 142) kann die Bildung von Hülfskassen nach Maßgabe des Gesetzes über die eingeschriebenen Hülfskassen vom 7. April 1876 zur Unterstützung von Gesellen, Gehülfen und Fabrikarbeitern angeordnet werden.

In diesem Falle ist die Gemeindebehörde ermächtigt, nach Maßgabe des genannten Gesetzes die Einrichtung der Kassen nach Anhörung der Betheiligten zu regeln und die Verwaltung der Kassen sicher zu stellen.

**§ 141a.** Durch Ortsstatut kann Gesellen, Gehülfen und Fabrikarbeitern, welche das sechszehnte Lebensjahr zurückgelegt haben, die Betheiligung an einer auf Anordnung der Gemeindebehörde gebildeten Kasse zur Pflicht gemacht werden.

Von der Pflicht, einer solchen Hülfskasse beizutreten oder fernerhin anzugehören, werden diejenigen befreit, welche die Betheiligung an einer anderen eingeschriebenen Hülfskasse nachweisen.

Wer der Pflicht zur Betheiligung nicht genügt, kann von der Kasse für alle Zahlungen, welche bei rechtzeitigem Eintritte von ihm

---

[1] Vgl. Bekanntm., betr. die Ermittelung der Zahl der in Fabriken und diesen gleichstehenden Anlagen beschäftigten Arbeiterinnen. Vom 26. März 1892 (RGBl S. 337).

[2] Die §§ 141 bis 141f beruhen auf dem G, betr. die Abänderung des Titel VIII der Gewerbeordnung, vom 8. April 1876 (RGBl S. 134). Dieses G ist durch § 87 des Gesetzes, betr. die Krankenversicherung der Arbeiter, vom 15. Juni 1883 (RGBl S. 73) aufgehoben. Vgl. unten in der Neu-Publikation vom 10. April 1892.

zu entrichten gewesen wären, gleich einem Mitgliede in Anspruch genommen werden.

**§ 141b.** Für Gesellen, Gehülfen und Fabrikarbeiter, welche nach Maßgabe der Landesgesetze auf Grund einer Anordnung der Gemeindeverwaltung regelmäßige Beiträge zum Zweck der Krankenunterstützung entrichten, kann durch Ortsstatut die Verpflichtung zur Betheiligung an einer eingeschriebenen Hülfskasse nicht begründet werden.

**§ 141c.** Durch Ortsstatut kann bestimmt werden:

1. daß Arbeitgeber diejenigen Beiträge, welche ihre Arbeiter an eine auf Anordnung der Gemeindebehörde gebildete Hülfskasse zu entrichten haben, bis auf die Hälfte des verdienten Lohnes vorschießen, soweit diese Beiträge während der Dauer der Arbeit bei ihnen fällig werden;
2. daß Fabrikinhaber zu den vorgedachten Beiträgen ihrer Arbeiter Zuschüsse bis auf Höhe der Hälfte dieser Beiträge leisten;
3. daß Arbeitgeber ihre zum Eintritte in eine bestimmte Hülfskasse verpflichteten Arbeiter für diese Kasse anmelden. Wer dieser Pflicht nicht genügt, kann von der Kasse für alle Zahlungen, welche bei rechtzeitigem Eintritte von den Arbeitern zu entrichten gewesen wären, gleich einem Mitgliede in Anspruch genommen werden.

**§ 141d.** Die im § 141a Absatz 3 und § 141c Nr. 3 bezeichneten Forderungen einer Kasse verjähren in einem Jahre; die Verjährung beginnt mit Schluß des Kalenderjahres, in welchem die Forderung entstanden ist.

**§ 141e.** Gleich der Gemeinde kann auch ein größerer Kommunalverband nach Maßgabe der vorstehenden Bestimmungen durch seine verfassungsmäßigen Organe für seinen Bezirk oder für Theile desselben die Bildung eingeschriebener Hülfskassen anordnen und Gesellen, Gehülfen sowie Fabrikarbeiter zur Betheiligung an diesen Kassen verpflichten.

**§ 141f.** Den Bestimmungen der §§ 141 bis 141e unterliegen auch diejenigen bei Bergwerken, Aufbereitungsanstalten und Brüchen oder Gruben beschäftigten Arbeiter und Arbeitgeber, für welche eine sonstige gesetzliche Verpflichtung zur Bildung von Hülfskassen und zur Betheiligung an denselben nicht besteht. Arbeitgeber der hier bezeichneten Art werden den Fabrikinhabern (§ 141c Nr. 2) gleichgeachtet.

Auf Arbeiter und Arbeitgeber, welche bei den auf Grund berggesetzlicher Vorschriften gebildeten Hülfskassen betheiligt sind, finden die Bestimmungen der §§ 141 bis 141e keine Anwendung.

## Titel IX.[1]

### Statutarische Bestimmungen.

**§ 142.** Statutarische Bestimmungen einer Gemeinde oder eines weiteren Kommunalverbandes können die ihnen durch das Gesetz überwiesenen gewerblichen Gegenstände mit verbindlicher Kraft ordnen. Dieselben werden nach Anhörung betheiligter Gewerbetreibender und Arbeiter abgefaßt, bedürfen der Genehmigung der höheren Verwaltungsbehörde und sind in der für Bekanntmachungen der Gemeinde oder des weiteren Kommunalverbandes vorgeschriebenen oder üblichen Form zu veröffentlichen.

Die Zentralbehörde ist befugt, statutarische Bestimmungen, welche mit den Gesetzen oder den statutarischen Bestimmungen des weiteren Kommunalverbandes in Widerspruch stehen, außer Kraft zu setzen.

## Titel X.[2]

### Strafbestimmungen.

**§ 143.** Die Berechtigung zum Gewerbebetriebe kann, abgesehen von den in den Reichsgesetzen vorgesehenen Fällen ihrer Entziehung, weder durch richterliche, noch administrative Entscheidung entzogen werden.

Ausnahme von diesem Grundsatze, welche durch die Steuergesetze begründet sind, bleiben so lange aufrecht erhalten, als diese Steuergesetze in Kraft bleiben.

Die Bestimmungen der Landesgesetze, nach welchen die Befugniß zur Herausgabe von Druckschriften und zum Vertriebe derselben innerhalb des Reichsgebiets im Verwaltungswege entzogen werden darf, werden hierdurch aufgehoben.

**§ 144.** Inwiefern, abgesehen von den Vorschriften über die Entziehung des Gewerbebetriebes (§ 143), Zuwiderhandlungen der Gewerbetreibenden gegen ihre Berufspflichten außer den in diesem Gesetz erwähnten Fällen einer Strafe unterliegen, ist nach den darüber bestehenden Gesetzen zu beurtheilen.

Jedoch werden aufgehoben die für Medizinalpersonen bestehenden besonderen Bestimmungen, welche ihnen unter Androhung von Strafen einen Zwang zu ärztlicher Hülfe auferlegen.

---

[1] Neue Fassung durch G, betr. Abänderung der Gewerbeordnung, vom 1. Juni 1891 (RGBl S. 261).

[2] Die lateinisch gedruckten Sätze entstammen dem G, betr. Abänderung der Gewerbeordnung, vom 1. Juni 1891 (RGBl S. 261).

**§ 145.** Für das Mindestmaß der Strafen, das Verhältniß von Geldstrafe zur Freiheitsstrafe, sowie für die Verjährung der in den §§ 146 und 153 verzeichneten Vergehen sind die Bestimmungen des Strafgesetzbuchs für das Deutsche Reich maßgebend.

Die übrigen in diesem Titel mit Strafe bedrohten Handlungen verjähren binnen drei Monaten, von dem Tage an gerechnet, an welchem sie begangen sind.

**§ 146.** Mit Geldstrafe bis zu zweitausend Mark und im Unvermögensfalle mit Gefängniß bis zu sechs Monaten werden bestraft:

1. Gewerbetreibende, welche dem § 115 zuwiderhandeln;
2. Gewerbetreibende, welche den §§ 135, 136, 137 oder den auf Grund der §§ 139 und 139a getroffenen Verfügungen zuwiderhandeln;
3. Gewerbetreibende, welche den §§ 111 Absatz 3 und 113 Absatz 3 zuwiderhandeln;
4. wer § 56 Ziffer 6 zuwiderhandelt.

Die Geldstrafen fließen der im § 116 bezeichneten Kasse zu.

Der § 75 des Gerichtsverfassungsgesetzes findet Anwendung.

**§ 146a.** Mit Geldstrafe bis zu sechshundert Mark, im Unvermögensfalle mit Haft wird bestraft, wer den §§ 105b bis 105g oder den auf Grund derselben erlassenen Anordnungen zuwider Arbeitern an Sonn- und Festtagen Beschäftigung giebt oder den §§ 41a und 55a, oder den auf Grund des § 105b Absatz 2 erlassenen statutarischen Bestimmungen zuwiderhandelt.

**§ 147.** Mit Geldstrafe bis zu dreihundert Mark und im Unvermögensfalle mit Haft wird bestraft:

1. wer den selbständigen Betrieb eines stehenden Gewerbes, zu dessen Beginn eine besondere polizeiliche Genehmigung (Konzession, Approbation, Bestallung) erforderlich ist, ohne die vorschriftsmäßige Genehmigung unternimmt oder fortsetzt, oder von den in der Genehmigung festgesetzten Bedingungen abweicht;
2. wer eine gewerbliche Anlage, zu der mit Rücksicht auf die Lage oder Beschaffenheit der Betriebsstätte oder des Lokals eine besondere Genehmigung erforderlich ist (§§ 16 und 24), ohne diese Genehmigung errichtet, oder die wesentlichen Bedingungen, unter welchen die Genehmigung ertheilt worden, nicht innehält, oder ohne neue Genehmigung eine wesentliche Veränderung der Betriebsstätte oder eine Verlegung des Lokals oder eine wesentliche Veränderung in dem Betriebe der Anlage vornimmt;
3. wer, ohne hierzu approbirt zu sein, sich als Arzt (Wundarzt, Augenarzt, Geburtshelfer, Zahnarzt, Thierarzt) bezeichnet oder sich einen ähnlichen Titel beilegt, durch den der Glauben er-

weckt wird, der Inhaber desselben sei eine geprüfte Medizinalperson;

4. wer den auf Grund des § 120d endgültig erlassenen Verfügungen oder den auf Grund des § 120e erlassenen Vorschriften zuwiderhandelt;
5. wer eine Fabrik betreibt, für welche eine Arbeitsordnung (§ 134a) nicht besteht, oder wer der endgültigen Anordnung der Behörde wegen Ersetzung oder Abänderung der Arbeitsordnung (§ 134f) nicht nachkommt.

Enthält die Handlung zugleich eine Zuwiderhandlung gegen die Steuergesetze, so soll nicht außerdem noch auf eine Steuerstrafe erkannt werden, es ist aber darauf bei Zumessung der Strafe Rücksicht zu nehmen.

In dem Falle zu 2 kann die Polizeibehörde die Wegschaffung der Anlage oder die Herstellung des den Bedingungen entsprechenden Zustandes derselben anordnen.

In dem Falle zu 4 kann die Polizeibehörde bis zur Herstellung des der Verfügung oder der Vorschrift entsprechenden Zustandes die Einstellung des Betriebes, soweit derselbe durch die Verfügung oder die Vorschrift getroffen wird, anordnen, falls dessen Fortsetzung erhebliche Nachtheile oder Gefahren herbeizuführen geeignet sein würde.

**§ 148.** Mit Geldstrafe bis zu einhundertfünfzig Mark und im Unvermögensfalle mit Haft bis zu vier Wochen wird bestraft:

1. wer außer den im § 147 vorgesehenen Fällen ein stehendes Gewerbe beginnt, ohne dasselbe vorschriftsmäßig anzuzeigen;
2. wer die im § 14 erforderte An- oder Abmeldung einer übernommenen Feuerversicherungsagentur unterläßt;
3. wer die im § 14 erforderten Anzeigen über das Betriebslokal unterläßt;
4. wer der nach § 35 gegen ihn ergangenen Untersagung eines Gewerbebetriebes zuwiderhandelt, oder die im § 35 vorgeschriebene Anzeige unterläßt;
5. wer dem § 33b oder außer den im § 149 Ziffer 1 vorgesehenen Fällen den §§ 42a bis 44a zuwiderhandelt, oder seine Legitimationskarte (§ 44a) oder seinen Wandergewerbeschein (§ 55) einem Anderen zur Benutzung überläßt;
6. wer zum Zweck der Erlangung einer Legitimationskarte, eines Wandergewerbescheins oder der im § 62 vorgesehenen Erlaubniß in Bezug auf seine Person, oder die Personen, die er mit sich zu führen beabsichtigt, wissentlich unrichtige Angaben macht;
7. wer ein Gewerbe im Umherziehen ohne den gesetzlich erforder-

lichen Wandergewerbeschein, imgleichen wer eines der im § 59 Ziffer 1 bis 3 bezeichneten Gewerbe der nach § 59a ergangenen Untersagung zuwider betreibt;

7a. wer dem § 56 Absatz 1, Absatz 2 Ziffer 1 bis 5, 7 bis 9, Absatz 3, § 56a oder § 56b zuwiderhandelt;

7b. wer den Vorschriften der §§ 56c, 60a, 60b Absatz 2 oder 60c Absatz 2 und 3 zuwiderhandelt;

7c. wer einer ihm in Gemäßheit des § 60 Absatz 1, § 60b Absatz 1 oder des § 60d Absatz 3 in dem Wandergewerbescheine auferlegten Beschränkung zuwiderhandelt;

7d. wer bei dem Gewerbebetriebe im Umherziehen Kinder unter vierzehn Jahren zu gewerblichen Zwecken mit sich führt;

7e. ein Ausländer, welcher bei dem Gewerbebetriebe im Umherziehen den in Gemäßheit des § 56d vom Bundesrath getroffenen Bestimmungen zuwiderhandelt;

8. wer bei dem Betriebe seines Gewerbes die von der Obrigkeit vorgeschriebenen oder genehmigten Taxen überschreitet;

9. wer die gesetzlichen Pflichten gegen die ihm anvertrauten Lehrlinge verletzt;

10. wer wissentlich der Bestimmung im § 131 Absatz 2 zuwider einen Lehrling beschäftigt, oder wer einer auf Grund des § 100e Nr. 2 und 3[1] getroffenen Bestimmung zuwiderhandelt;

11. wer der Bestimmung des § 134c Absatz 2 zuwider gegen Arbeiter Strafen verhängt, welche in der Arbeitsordnung nicht vorgesehen sind oder den gesetzlich zulässigen Betrag übersteigen, oder wer Strafgelder oder die im § 134b Nr. 5 bezeichneten Beträge in einer in der Arbeitsordnung nicht vorgesehenen Weise verwendet;

12. wer es unterläßt, der durch §§ 134e Absatz 1 und 134g für ihn begründeten Verpflichtung nachzukommen;

13. wer dem § 115a oder den auf Grund des § 119a erlassenen statutarischen Bestimmungen zuwiderhandelt.

In allen diesen Fällen bleibt die Strafe ausgeschlossen, wenn die strafbare Handlung zugleich eine Zuwiderhandlung gegen die Steuergesetze enthält.

**§ 149.** Mit Geldstrafe bis zu dreißig Mark und im Unvermögensfalle mit Haft bis zu acht Tagen wird bestraft:

1. wer den im § 42b vorgesehenen Erlaubnißschein oder den im § 43 vorgesehenen Legitimationsschein während der Ausübung

---

[1] Die Worte „und 3" sind eingeschaltet durch G vom 6. Juni 1887 (RGBl S. 281) Art. II.

des Gewerbebetriebes nicht bei sich führt, oder den Bestimmungen des § 44a Absatz 2 zuwiderhandelt;

2. wer bei dem Gewerbebetriebe im Umherziehen dem letzten Absatz des § 56 oder dem § 60c Absatz 1 zuwiderhandelt;
3. wer ein Gewerbe im Umherziehen, für welches ihm ein auf einen bestimmten Bezirk lautender Wandergewerbeschein ertheilt ist, unbefugt in einem anderen Bezirke betreibt;
4. wer ein Gewerbe im Umherziehen mit anderen Waarengattungen oder unter Darbietung anderer Leistungen betreibt, als sein Wandergewerbeschein angiebt;
5. wer bei dem Gewerbebetriebe im Umherziehen unbefugt Personen mit sich führt, oder einen Gewerbetreibenden, zu welchem er nicht in dem Verhältnisse eines Ehegatten, Kindes oder Enkels steht, unbefugt begleitet;
6. wer den polizeilichen Anordnungen wegen des Marktverkehrs zuwiderhandelt;
7. wer es unterläßt, den durch §§ 105c Absatz 2, 134e Absatz 2, 138, 138a Absatz 5, 139b für ihn begründeten Verpflichtungen nachzukommen;
8. wer, ohne einer Innung als Mitglied anzugehören, sich als Innungsmeister bezeichnet.

Die Unterlassung einer durch das Gesetz oder durch Statuten vorgeschriebenen Anzeige über Innungsverhältnisse an die Behörden, sowie Unrichtigkeiten in einer solchen Anzeige werden gegen die Mitglieder des Vorstandes der Innung oder des Innungsverbandes mit der gleichen Strafe geahndet.

In allen diesen Fällen bleibt die Strafe ausgeschlossen, wenn die strafbare Handlung zugleich eine Zuwiderhandlung gegen die Steuergesetze enthält.

**§ 150.** Mit Geldstrafe bis zu zwanzig Mark und im Unvermögensfalle mit Haft bis zu drei Tagen für jeden Fall der Verletzung des Gesetzes wird bestraft:

1. wer den Bestimmungen der §§ 106 bis 112 zuwider einen Arbeiter in Beschäftigung nimmt oder behält;
2. wer außer dem im § 146 Ziffer 3 vorgesehenen Falle den Bestimmungen dieses Gesetzes in Ansehung der Arbeitsbücher zuwiderhandelt;
3. wer vorsätzlich ein auf seinen Namen ausgestelltes Arbeitsbuch unbrauchbar macht oder vernichtet;
4. wer den Bestimmungen des § 120 Absatz 1 oder einer auf Grund des § 120 Absatz 3 erlassenen statutarischen Bestimmung zuwiderhandelt;

5. wer es unterläßt, den durch § 134c Absatz 3 für ihn begründeten Verpflichtungen nachzukommen.

Landesgesetzliche Vorschriften gegen die Verletzung der Schulpflicht, nach welchen eine höhere Strafe eintritt, werden durch die Bestimmung unter Ziffer 4 nicht berührt.

**§ 151.** Sind bei der Ausübung des Gewerbes polizeiliche Vorschriften von Personen übertreten worden, welche der Gewerbetreibende zur Leitung des Betriebes oder eines Theiles desselben oder zur Beaufsichtigung bestellt hatte, so trifft die Strafe diese letzteren. Der Gewerbetreibende ist neben denselben strafbar, wenn die Übertretung mit seinem Vorwissen begangen ist oder wenn er bei der nach den Verhältnissen möglichen eigenen Beaufsichtigung des Betriebes, oder bei der Auswahl oder der Beaufsichtigung der Betriebsleiter oder Aufsichtspersonen es an der erforderlichen Sorgfalt hat fehlen lassen.

Ist an eine solche Übertretung der Verlust der Konzession, Approbation oder Bestallung geknüpft, so findet derselbe auch als Folge der von dem Stellvertreter begangenen Übertretung statt, wenn diese mit Vorwissen des verfügungsfähigen Vertretenen begangen worden. Ist dies nicht der Fall, so ist der Vertretene bei Verlust der Konzession, Approbation u. s. w. verpflichtet, den Stellvertreter zu entlassen.

**§ 152.** Alle Verbote und Strafbestimmungen gegen Gewerbetreibende, gewerbliche Gehülfen, Gesellen oder Fabrikarbeiter wegen Verabredungen und Vereinigungen zum Behufe der Erlangung günstiger Lohn- und Arbeitsbedingungen, insbesondere mittelst Einstellung der Arbeit oder Entlassung der Arbeiter, werden aufgehoben.

Jedem Theilnehmer steht der Rücktritt von solchen Vereinigungen und Verabredungen frei, und es findet aus letzteren weder Klage noch Einrede statt.

**§ 153.** Wer Andere durch Anwendung körperlichen Zwanges, durch Drohungen, durch Ehrverletzung oder durch Verrufserklärung bestimmt oder zu bestimmen versucht, an solchen Verabredungen (§ 152) Theil zu nehmen, oder ihnen Folge zu leisten, oder Andere durch gleiche Mittel hindert oder zu hindern versucht, von solchen Verabredungen zurückzutreten, wird mit Gefängniß bis zu drei Monaten bestraft, sofern nach dem allgemeinen Strafgesetz nicht eine härtere Strafe eintritt.

## Schlußbestimmungen.

**§ 154.** Die Bestimmungen der §§ 105 bis 133e finden auf Gehülfen und Lehrlinge in Apotheken, die Bestimmungen der

§§ 105, 106 bis 119b, 120a bis 133e auf Gehülfen und Lehrlinge in Handelsgeschäften keine Anwendung.

Die Bestimmungen der §§ 134 bis 139b finden auf Arbeitgeber und Arbeiter in Hüttenwerken, in Zimmerplätzen und anderen Bauhöfen, in Werften sowie in solchen Ziegeleien, über Tage betriebenen Brüchen und Gruben, welche nicht blos vorübergehend oder in geringem Umfang betrieben werden, entsprechende Anwendung. Darüber, ob die Anlage vorübergehend oder in geringem Umfang betrieben wird, entscheidet die höhere Verwaltungsbehörde endgültig.

Die Bestimmungen der §§ 135 bis 139b finden auf Arbeitgeber und Arbeiter in Werkstätten, in welchen durch elementare Kraft (Dampf, Wind, Wasser, Luft, Elektrizität u. s. w.) bewegte Triebwerke nicht blos vorübergehend zur Verwendung kommen, mit der Maßgabe entsprechende Anwendung, daß der Bundesrath für gewisse Arten von Betrieben Ausnahmen von den in §§ 135 Absatz 2 und 3, 136, 137 Absatz 1 bis 3 und 138 vorgesehenen Bestimmungen nachlassen kann.

Auf andere Werkstätten sowie auf Bauten können durch Kaiserliche Verordnung mit Zustimmung des Bundesraths die Bestimmungen der §§ 135 bis 139b ganz oder theilweise ausgedehnt werden. Werkstätten, in welchen der Arbeitgeber ausschließlich zu seiner Familie gehörige Personen beschäftigt, fallen unter diese Bestimmungen nicht.

Die Kaiserlichen Verordnungen, sowie die Ausnahmebestimmungen des Bundesraths können auch für bestimmte Bezirke erlassen werden. Sie sind durch das Reichs-Gesetzblatt zu veröffentlichen und dem Reichstag bei seinem nächsten Zusammentritt zur Kenntnißnahme vorzulegen.

**§ 154a.** Die Bestimmungen der §§ 115 bis 119a, 135 bis 139b, 152 und 153 finden auf die Besitzer und Arbeiter von Bergwerken, Salinen, Aufbereitungsanstalten und unterirdisch betriebenen Brüchen oder Gruben entsprechende Anwendung.

Arbeiterinnen dürfen in Anlagen der vorbezeichneten Art nicht unter Tage beschäftigt werden. Zuwiderhandlungen unterliegen der Strafbestimmung des § 146.

**§ 155.** Wo in diesem Gesetze auf die Landesgesetze verwiesen ist, sind unter den letzteren auch die verfassungs- oder gesetzmäßig erlassenen Verordnungen verstanden.

Welche Behörden in jedem Bundesstaate unter der Bezeichnung: höhere Verwaltungsbehörde, untere Verwaltungsbehörde, Gemeindebehörde, Ortsbehörde, Unterbehörde, Polizeibehörde, Ortspolizeibehörde und welche Verbände unter der Bezeichnung weitere Kommunalverbände zu verstehen sind, wird von der Zentralbehörde des Bundesstaates bekannt gemacht.

Für die unter Reichs- und Staatsverwaltung stehenden Betriebe können die den Polizeibehörden, unteren und höheren Verwaltungsbehörden durch die §§ 105b Absatz 2, 105c Absatz 2, 105e, 105f, 115a, 120d, 134e, 134f, 134g, 138 Absatz 1, 138a, 139, 139b übertragenen Befugnisse und Obliegenheiten auf die der Verwaltung dieser Betriebe vorgesetzten Dienstbehörden übertragen werden.[1]

## 64) Gesetz, betr. die Abwehr und Unterdrückung der Reblauskrankheit. Vom 3. Juli 1883. (RGBl S. 149.)

**§ 1.** Alle Rebpflanzungen unterliegen der Beaufsichtigung und Untersuchung durch die von den Landesregierungen ermächtigten Organe. Die letzteren sind befugt, zum Zweck von Nachforschungen nach der Reblaus (Phylloxera vastatrix) die Entwurzelung einer entsprechenden Anzahl Rebstöcke zu bewirken.

---

[1] Art. 9 des Gesetzes, betr. die Abänderung der Gewerbeordnung, vom 1. Juni 1891 bestimmt:

Der Zeitpunkt, an welchem die in §§ 41a, 55a, 105a bis 105f, 105h, 105i und 154 Absatz 3 getroffenen Bestimmungen ganz oder theilweise in Kraft treten, wird durch Kaiserliche Verordnung mit Zustimmung des Bundesraths bestimmt.[1] Bis dahin bleiben die bisherigen gesetzlichen Bestimmungen in Kraft.

Die Bestimmungen der §§ 120 und 150 Ziffer 4 treten mit dem 1. Oktober 1891 in Kraft.

Im Übrigen tritt dieses Gesetz mit dem 1. April 1892 in Kraft.

Für Kinder im Alter von zwölf bis vierzehn Jahren und für junge Leute zwischen vierzehn und sechzehn Jahren, welche vor Verkündung dieses Gesetzes bereits in Fabriken oder in den in §§ 154 Absatz 2 bis 4 und 154a bezeichneten gewerblichen Anlagen beschäftigt waren, bleiben die bisherigen gesetzlichen Bestimmungen bis zum 1. April 1894 in Kraft.

Für Betriebe, in welchen vor Verkündung dieses Gesetzes Arbeiterinnen über sechzehn Jahre in der Nachtzeit beschäftigt worden sind, kann die Landes-Zentralbehörde die Ermächtigung ertheilen, längstens bis zum 1. April 1894 solche Arbeiterinnen in der bisherigen Anzahl während der Nachtzeit weiter zu beschäftigen, wenn die Fortführung des Betriebes im bisherigen Umfange bei Beseitigung der Nachtarbeit Betriebsänderungen bedingt, welche ohne unverhältnißmäßige Kosten nicht früher hergestellt werden können. Die Nachtarbeit darf in vierundzwanzig Stunden die Dauer von zehn Stunden nicht überschreiten und muß in jeder Schicht durch eine oder mehrere Pausen in der Gesammtdauer von mindestens einer Stunde unterbrochen sein. Die Tagschichten und Nachtschichten müssen wöchentlich wechseln.

---

[1] V vom 28. März 1892 (RGBl S. 339): (für das Handelsgewerbe vom 1. Juli 1892 ab.)

**§ 2.** Die Landesregierungen werden die Rebpflanzungen überwachen lassen.

Insbesondere sind diejenigen Rebschulen, in welchen Reben zum Verkaufe gezogen werden, einer regelmäßigen, mindestens alljährlichen Untersuchung zu unterwerfen. Die höheren Verwaltungsbehörden können Ausnahmen zu Gunsten derjenigen kleineren Rebschulen gestatten, in welchen ausschließlich in der Gegend übliche Rebsorten gezogen werden.

**§ 3.** Im Falle der Ermittelung des Insekts liegt den Landesregierungen ob, nach Möglichkeit Verfügungen zu treffen, welche eine Verbreitung desselben zu verhindern geeignet sind.

Zu diesem Behufe können die Landesregierungen namentlich

1. verbieten, daß Reben, Rebtheile, Rebpfähle (Rebstützen) oder Erzeugnisse des Weinstocks, ferner auch, daß andere Pflanzen oder Pflanzentheile von dem betreffenden Grundstücke entfernt werden;
2. die Vernichtung der angesteckten oder dem Verdacht einer Ansteckung unterworfenen Rebpflanzungen und die Unschädlichmachung (Desinfektion) des Bodens anordnen;
3. die Benutzung des Grundstücks zur Kultur von Reben für einen bestimmten Zeitraum untersagen.

Die vorgezeichneten oder sonst erforderlichen Maßregeln können einzeln oder in Verbindung mit einander angeordnet werden; dieselben können auf Theile des Grundstücks beschränkt, aber auch auf mehrere Grundstücke und erforderlichenfalls auf größere Bezirke erstreckt werden.

**§ 9.** Die Kosten der nach Maßgabe dieses Gesetzes auf obrigkeitliche Anordnung ausgeführten Vernichtung von Rebpflanzen und Unschädlichmachung des Bodens fallen demjenigen Bundesstaate zur Last, in dessen Gebiete die infizirte Rebpflanzung belegen ist.

**§ 10.** Derjenige, dessen Rebpflanzungen von den in den §§ 1 bis 3 bezeichneten Maßregeln betroffen worden, ist befugt, den Ersatz des Werthes der auf obrigkeitliche Anordnung vernichteten und des Minderwerthes der bei der Untersuchung beschädigten gesunden Reben zu verlangen.

Die Bestimmungen darüber:

1. von wem diese Entschädigung zu gewähren und wie dieselbe aufzubringen ist,
2. nach welchen Normen die Entschädigung zu ermitteln und festzustellen ist,

sind von den einzelnen Bundesstaaten zu treffen.

**§ 11.** Der Anspruch auf Entschädigung (§ 10) geht verloren, wenn der Eigenthümer oder Nutzungsberechtigte der im § 8 ihm auferlegten Verpflichtung wissentlich oder aus einem vertretbaren Versehen nicht nachgekommen ist.

---

## 1884.

### 65) Gesetz, betr. die Anfertigung und Verzollung von Zündhölzern. Vom 13. Mai 1884. (RGBl S. 49)[1]

**§ 1.** Die Anfertigung von Zündhölzern unter Verwendung von weißem Phosphor darf nur in Anlagen stattfinden, welche ausschließlich für die Herstellung von Zündhölzern benutzt werden.

**§ 2.** In Räumen, in welchen

a. das Zubereiten der Zündmasse,

b. das Betunken der Hölzer,

c. das Trocknen der betunkten Hölzer

erfolgt, darf jugendlichen Arbeitern (§ 136 der Gewerbeordnung), in Räumen, welche

d. zu dem Abfüllen der Hölzer und ihrer ersten Verpackung dienen,

darf Kindern (§ 135 Abs. 1 und 2 der Gewerbeordnung) der Aufenthalt nicht gestattet werden.

**§ 3.** Zuwiderhandlungen gegen die Vorschrift in § 1 werden mit Geldstrafe bis zu dreihundert Mark, im Unvermögensfalle mit Haft bestraft. Neben der Strafe ist auf Einziehung der in dem gesetzwidrigen Betriebe benutzten beweglichen Gegenstände und der hergestellten Zündhölzer zu erkennen.

**§ 4.** Zuwiderhandlung gegen die Vorschrift im § 2 werden mit Geldstrafe bis zu zweitausend Mark, im Unvermögensfalle mit Gefängniß bis zu 6 Monaten bestraft.

Die auf Grund der vorstehenden Bestimmung auferlegten Geldstrafen fließen der im § 116 der Gewerbeordnung bezeichneten Kasse zu.

---

### 66) Gesetz, betr. die Abänderung des Gesetzes über die eingeschriebenen Hülfskassen vom 7. April 1876. Vom 1. Juni 1884. (RGBl S. 54.)

Vgl. oben Anmerkung zum Hülfskassengesetz vom 7. April 1876.

---

[1] Vgl. hierzu Bekanntm., betr. die Einrichtung und den Betrieb von Anlagen zur Anfertigung von Zündhölzern unter Verwendung von weißem Phosphor. Vom 8. Juli 1893 (RGBl S. 209).

## 67) Unfallversicherungsgesetz. Vom 6. Juli 1884. (RGBl S. 69.)[1]

### I. Allgemeine Bestimmungen.

Umfang der Versicherung.

**§ 1.** Alle in Bergwerken, Salinen, Aufbereitungsanstalten, Steinbrüchen, Gräbereien (Gruben), auf Werften und Bauhöfen, sowie in Fabriken und Hüttenwerken beschäftigten Arbeiter und Betriebsbeamten, letztere sofern ihr Jahresarbeitsverdienst an Lohn oder Gehalt zweitausend Mark nicht übersteigt, werden gegen die Folgen der bei dem Betriebe sich ereignenden Unfälle nach Maßgabe der Bestimmungen dieses Gesetzes versichert.

Dasselbe gilt von Arbeitern und Betriebsbeamten, welche von einem Gewerbetreibenden, dessen Gewerbebetrieb sich auf die Ausführung von Maurer-, Zimmer-, Dachdecker-, Steinhauer- und Brunnenarbeiten erstreckt, in diesem Betriebe beschäftigt werden, sowie von den im Schornsteinfegergewerbe beschäftigten Arbeitern.

Den im Absatz 1 aufgeführten gelten im Sinne dieses Gesetzes diejenigen Betriebe gleich, in welchen Dampfkessel oder durch elementare Kraft (Wind, Wasser, Dampf, Gas, heiße Luft u. s. w.) bewegte Triebwerke zur Verwendung kommen, mit Ausnahme der land- und forstwirthschaftlichen nicht unter den Absatz 1 fallenden Nebenbetriebe, sowie derjenigen Betriebe, für welche nur vorübergehend eine nicht zur Betriebsanlage gehörende Kraftmaschine benutzt wird.

Im übrigen gelten als Fabriken im Sinne dieses Gesetzes insbesondere diejenigen Betriebe, in welchen die Bearbeitung oder Verarbeitung von Gegenständen gewerbsmäßig ausgeführt wird, und in welchen zu diesem Zweck mindestens zehn Arbeiter regelmäßig beschäftigt werden, sowie Betriebe, in welchen Explosivstoffe oder explodirende Gegenstände gewerbsmäßig erzeugt werden.

Welche Betriebe außerdem als Fabriken im Sinne dieses Gesetzes anzusehen sind, entscheidet das Reichs-Versicherungsamt (§§ 87 ff.).

Auf gewerbliche Anlagen, Eisenbahn- und Schifffahrtsbetriebe, welche wesentliche Bestandtheile eines der vorbezeichneten Betriebe sind, finden die Bestimmungen dieses Gesetzes ebenfalls Anwendung.

Für solche unter die Vorschrift des § 1 fallende Betriebe,

---

[1] Vgl. unten die Gesetze vom 28. Mai 1885, 15. März 1886, 5. Mai 1886, 11. Juli 1887, 13. Juli 1887.

welche mit Unfallgefahr für die darin beschäftigten Personen nicht verknüpft sind, kann durch Beschluß des Bundesrathes die Versicherungspflicht ausgeschlossen werden.

Arbeiter und Betriebsbeamte in anderen, nicht unter Absatz 2 fallenden, auf die Ausführung von Bauarbeiten sich erstreckenden Betrieben können durch Beschluß des Bundesraths für versicherungspflichtig erklärt werden. [1]

**§ 2.** Durch statutarische Bestimmung (§§ 16 ff.) kann die Versicherungspflicht auf Betriebsbeamte mit einem zweitausend Mark übersteigenden Jahresarbeitsverdienst erstreckt werden. In diesem Falle ist bei der Feststellung der Entschädigung der volle Jahresverdienst zu Grunde zu legen.

Durch Statut kann ferner bestimmt werden, daß und unter welchen Bedingungen Unternehmer der nach § 1 versicherungspflichtigen Betriebe berechtigt sind, sich selbst oder andere nach § 1 nicht versicherungspflichtige Personen gegen die Folgen von Betriebsunfällen zu versichern.

## Ermittelung des Jahresarbeitsverdienstes.

**§ 3.** Als Gehalt oder Lohn im Sinne dieses Gesetzes gelten auch Tantiemen und Naturalbezüge. Der Werth der letzteren ist nach Ortsdurchschnittspreisen in Ansatz zu bringen.

Als Jahresarbeitsverdienst gilt, soweit sich derselbe nicht aus mindestens wochenweise fixirten Beträgen zusammensetzt, das Dreihundertfache des durchschnittlichen täglichen Arbeitsverdienstes. Für Arbeiter in Betrieben, in welchen die übliche Betriebsweise für den das ganze Jahr regelmäßig beschäftigten Arbeiter eine höhere oder niedrigere Zahl von Arbeitstagen ergiebt, wird diese Zahl statt der Zahl dreihundert der Berechnung des Jahresarbeitsverdienstes zu Grunde gelegt.

Bei jugendlichen Arbeitern und solchen Personen, welche wegen noch nicht beendigter Ausbildung keinen oder einen geringen Lohn beziehen, gilt als Jahresarbeitsverdienst das Dreihundertfache des von der höheren Verwaltungsbehörde nach Anhörung der Gemeindebehörde für Erwachsene festgesetzten ortsüblichen Tagelohnes gewöhnlicher Tagearbeiter (§ 8 des Gesetzes, betreffend die Krankenversicherung der Arbeiter, vom 15. Juni 1883).

---

[1] Vgl. Bekanntmachung betr. die Anmeldung unfallversicherungspflichtiger Baubetriebe. Vom 11. Febr. 1885 (CBl S. 38), Bekanntm. vom 22. Januar 1885 (RGBl S. 13), Bekanntm. vom 27. Mai 1886 (RGBl S. 190), vom 10. Juni 1886 (CBl S. 91).

### Reichs-, Staats- und Kommunalbeamte.

**§ 4.** Auf Beamte, welche in Betriebsverwaltungen des Reichs, eines Bundesstaates oder eines Kommunalverbandes mit festem Gehalt und Pensionsberechtigung angestellt sind, findet dieses Gesetz keine Anwendung.

### Gegenstand der Versicherung und Umfang der Entschädigung.

**§ 5.** Gegenstand der Versicherung ist der nach Maßgabe der nachfolgenden Bestimmungen zu bemessende Ersatz des Schadens, welcher durch Körperverletzung oder Tödtung entsteht.

Der Schadensersatz soll im Falle der Verletzung bestehen:

1. in den Kosten des Heilverfahrens, welche vom Beginn der vierzehnten Woche nach Eintritt des Unfalls an entstehen;
2. in einer dem Verletzten vom Beginn der vierzehnten Woche nach Eintritt des Unfalls an für die Dauer der Erwerbsunfähigkeit zu gewährenden Rente.

Die Rente ist nach Maßgabe desjenigen Arbeitsverdienstes zu berechnen, den der Verletzte während des letzten Jahres seiner Beschäftigung in dem Betriebe, in welchem der Unfall sich ereignete, an Gehalt oder Lohn durchschnittlich für den Arbeitstag bezogen hat (§ 3), wobei der vier Mark übersteigende Betrag nur mit einem Drittel zur Anrechnung kommt.

War der Verletzte in dem Betriebe nicht ein volles Jahr, von dem Unfalle zurückgerechnet, beschäftigt, so ist der Betrag zu Grunde zu legen, welchen während dieses Zeitraumes Arbeiter derselben Art in demselben Betriebe oder in benachbarten gleichartigen Betrieben durchschnittlich bezogen haben.

Erreicht dieser Arbeitsverdienst (Abs. 3 und 4) den von der höheren Verwaltungsbehörde nach Anhörung der Gemeindebehörde für Erwachsene festgesetzten ortsüblichen Tagelohn gewöhnlicher Tagearbeiter (§ 8 des Gesetzes, betreffend die Krankenversicherung der Arbeiter, vom 15. Juni 1883) nicht, so ist der letztere der Berechnung zu Grunde zu legen.

Die Rente beträgt:

a) im Falle völliger Erwerbsunfähigkeit für die Dauer derselben sechsundsechzigzweidrittel Prozent des Arbeitsverdienstes;
b) im Falle theilweiser Erwerbsunfähigkeit für die Dauer derselben einen Bruchtheil der Rente unter a, welcher nach dem Maße der verbliebenen Erwerbsfähigkeit zu bemessen ist.

Dem Verletzten und seinen Hinterbliebenen steht ein Anspruch nicht zu, wenn er den Betriebsunfall vorsätzlich herbeigeführt hat.

Die Berufsgenossenschaften (§ 9) sind befugt, der Krankenkasse, welcher der Verletzte angehört, gegen Erstattung der ihr dadurch erwachsenden Kosten die Fürsorge für den Verletzten über den Beginn der vierzehnten Woche hinaus bis zur Beendigung des Heilverfahrens zu übertragen. In diesem Falle gilt als Ersatz der im § 6 Absatz 1 Ziffer 1 des Krankenversicherungsgesetzes bezeichneten Leistungen die Hälfte des in jenem Gesetze bestimmten Mindestbetrages des Krankengeldes, sofern nicht höhere Aufwendungen nachgewiesen werden. Streitigkeiten, welche aus Anlaß dieser Bestimmung zwischen den Berufsgenossenschaften und den Krankenkassen entstehen, werden nach Maßgabe des § 58 Absatz 2 des Krankenversicherungsgesetzes entschieden.

Von Beginn der fünften Woche nach Eintritt des Unfalls bis zum Ablauf der dreizehnten Woche ist das Krankengeld, welches den durch einen Betriebsunfall verletzten Personen auf Grund des Krankenversicherungsgesetzes gewährt wird, auf mindestens zwei Drittel des bei der Berechnung desselben zu Grunde gelegten Arbeitslohnes zu bemessen. Die Differenz zwischen diesen zwei Dritteln und dem gesetzlich oder statutengemäß zu gewährenden niedrigeren Krankengelde ist der betheiligten Krankenkasse (Gemeinde-Krankenversicherung) von dem Unternehmer desjenigen Betriebes zu erstatten, in welchem der Unfall sich ereignet hat. Die zur Ausführung dieser Bestimmung erforderlichen Vorschriften erläßt das Reichsversicherungsamt.[1]

Den nach § 1 versicherten Personen, welche nicht nach den Bestimmungen des Krankenversicherungsgesetzes versichert sind, hat der Betriebsunternehmer die in den §§ 6 und 7 des Krankenversicherungsgesetzes vorgesehenen Unterstützungen einschließlich des aus dem vorhergehenden Absatze sich ergebenden Mehrbetrages für die ersten dreizehn Wochen aus eigenen Mitteln zu leisten.

Streitigkeiten, welche aus Anlaß der in den beiden vorhergehenden Absätzen enthaltenen Bestimmungen unter den Betheiligten entstehen, werden nach Maßgabe des § 58 Absatz 1 des Krankenversicherungsgesetzes entschieden, und zwar in den Fällen des letztvorhergehenden Absatzes von der für Ortskrankenkassen des Beschäftigungsortes zuständigen Aufsichtsbehörde.

**§ 6.** Im Falle der Tödtung ist als Schadensersatz außerdem zu leisten:

[1] Vgl. Bekanntm. betr. den von der Krankenkasse in der Zeit von der fünften bis zur dreizehnten Woche nach dem Unfall zu leistenden, seitens des Betriebsunternehmers zu erstattenden Mehrbetrag an Krankengeld. Vom 30. Sept. 1885 (CBl S. 481); vgl. Regulativ vom 31. März 1886 (CBl S. 76).

1. Als Ersatz der Beerdigungskosten das Zwanzigfache des nach § 5 Absatz 3 bis 5 für den Arbeitstag ermittelten Verdienstes, jedoch mindestens dreißig Mark;
2. eine den Hinterbliebenen des Getödteten vom Todestage an zu gewährende Rente, welche nach den Vorschriften des § 5 Absatz 3 bis 5 zu berechnen ist.

Dieselbe beträgt:

a) für die Wittwe des Getödteten bis zu deren Tode oder Wiederverheirathung zwanzig Prozent, für jedes hinterbliebene vaterlose Kind bis zu dessen zurückgelegtem fünfzehnten Lebensjahre fünfzehn Prozent und, wenn das Kind auch mutterlos ist oder wird, zwanzig Prozent des Arbeitsverdienstes.

Die Renten der Wittwen und der Kinder dürfen zusammen sechzig Prozent des Arbeitsverdienstes nicht übersteigen; ergiebt sich ein höherer Betrag, so werden die einzelnen Renten in gleichem Verhältnisse gekürzt.

Im Falle der Wiederverheirathung erhält die Wittwe den dreifachen Betrag ihrer Jahresrente als Abfindung.

Der Anspruch der Wittwe ist ausgeschlossen, wenn die Ehe erst nach dem Unfalle geschlossen worden ist;

b) für Ascendenten des Verstorbenen, wenn dieser ihr einziger Ernährer war, für die Zeit bis zu ihrem Tode oder bis zum Wegfall der Bedürftigkeit zwanzig Prozent des Arbeitsverdienstes.

Wenn mehrere der unter b Berechtigten vorhanden sind, so wird die Rente den Eltern vor den Großeltern gewährt.

Wenn die unter b bezeichneten mit den unter a bezeichneten Berechtigten konkurriren, so haben die ersteren einen Anspruch nur, soweit für die letzteren der Höchstbetrag der Rente nicht in Anspruch genommen wird.

Die Hinterbliebenen eines Ausländers, welche zur Zeit des Unfalls nicht im Inlande wohnten, haben keinen Anspruch auf die Rente.

**§ 7.** An Stelle der im § 5 vorgeschriebenen Leistungen kann bis zum beendigten Heilverfahren freie Kur und Verpflegung in einem Krankenhause gewährt werden, und zwar:

1. für Verunglückte, welche verheirathet sind oder bei einem Mitgliede ihrer Familie wohnen, mit ihrer Zustimmung oder unabhängig von derselben, wenn die Art der Verletzung Anforderungen an die Behandlung oder Verpflegung stellt, denen in der Familie nicht genügt werden kann;
2. für sonstige Verunglückte in allen Fällen.

Für die Zeit der Verpflegung des Verunglückten in dem Krankenhause steht dem im § 6 Ziffer 2 bezeichneten Angehörigen desselben die daselbst angegebene Rente insoweit zu, als sie auf dieselbe im Falle des Todes des Verletzten einen Anspruch haben würden.

Verhältniß zu Krankenkassen, Armenverbänden rc.

**§ 8.** Die Verpflichtung der eingeschriebenen Hülfskassen, sowie der sonstigen Kranken-, Sterbe-, Invaliden- und anderen Unterstützungskassen, den von Betriebsunfällen betroffenen Arbeitern und Betriebsbeamten sowie deren Angehörigen und Hinterbliebenen Unterstützungen zu gewähren, sowie die Verpflichtung von Gemeinden oder Armenverbänden zur Unterstützung hülfsbedürftiger Personen wird durch dieses Gesetz nicht berührt. Soweit auf Grund solcher Verpflichtung Unterstützungen in Fällen gewährt sind, in welchen dem Unterstützten nach Maßgabe dieses Gesetzes ein Entschädigungsanspruch zusteht, geht der letztere bis zum Betrage der geleisteten Unterstützung auf die Kassen, die Gemeinden oder die Armenverbände über, von welchen die Unterstützung gewährt worden ist.

Das Gleiche gilt von den Betriebsunternehmern und Kassen, welche die den bezeichneten Gemeinden und Armenverbänden obliegende Verpflichtung zur Unterstützung auf Grund gesetzlicher Vorschrift erfüllt haben.

Träger der Versicherung (Berufsgenossenschaften).

**§ 9.** Die Versicherung erfolgt auf Gegenseitigkeit durch die Unternehmer der unter § 1 fallenden Betriebe, welche zu diesem Zweck in Berufsgenossenschaften vereinigt werden. Die Berufsgenossenschaften sind für bestimmte Bezirke zu bilden und umfassen innerhalb derselben alle Betriebe derjenigen Industriezweige, für welche sie errichtet sind.

Als Unternehmer gilt derjenige, für dessen Rechnung der Betrieb erfolgt.

Betriebe, welche wesentliche Bestandtheile verschiedenartiger Industriezweige umfassen, sind derjenigen Berufsgenossenschaft zuzutheilen, welcher der Hauptbetrieb angehört.

Die Berufsgenossenschaften können unter ihrem Namen Rechte erwerben und Verbindlichkeiten eingehen, vor Gericht klagen und verklagt werden.

Für die Verbindlichkeiten der Berufsgenossenschaft haftet den Gläubigern derselben nur das Genossenschaftsvermögen.

Aufbringung der Mittel.

**§ 10.** Die Mittel zur Deckung der von den Berufsgenossenschaften zu leistenden Entschädigungsbeträge und der Verwaltungskosten werden durch Beiträge aufgebracht, welche von den Mitgliedern nach Maßgabe der in ihren Betrieben von den Versicherten verdienten Löhne und Gehälter beziehungsweise des Jahresarbeitsverdienstes jugendlicher und nicht ausgebildeter Arbeiter (§ 3 Abs. 3), sowie der statutenmäßigen Gefahrentarife (§ 28) jährlich umgelegt werden.

Löhne und Gehälter, welche während der Beitragsperiode durchschnittlich den Satz von vier Mark täglich übersteigen, kommen mit dem vier Mark übersteigenden Betrage nur zu einem Drittel in Anrechnung.

Zu anderen Zwecken als zur Deckung der von der Genossenschaft zu leistenden Entschädigungsbeträge und der Verwaltungskosten, zur Gewährung von Prämien für Rettung Verunglückter und für Abwendung von Unglücksfällen, sowie zur Ansammlung des Reservefonds (§ 18) dürfen weder Beiträge von den Mitgliedern der Genossenschaft erhoben werden, noch Verwendungen aus dem Vermögen der Genossenschaft erfolgen.

Behufs Beschaffung der zur Bestreitung der Verwaltungskosten erforderlichen Mittel können die Berufsgenossenschaften von den Mitgliedern für das erste Jahr einen Beitrag im voraus erheben. Falls das Statut hierüber nichts Anderes bestimmt, erfolgt die Aufbringung dieser Mittel nach Maßgabe der Zahl der von den Mitgliedern in ihren Betrieben beschäftigten versicherungspflichtigen Personen (§ 11).

## II. Bildung und Veränderung der Berufsgenossenschaften.

### Ermittelung der versicherungspflichtigen Betriebe.

**§ 11.**[1] Jeder Unternehmer eines unter den § 1 fallenden Betriebes hat den letzteren binnen einer von dem Reichs-Versicherungsamt zu bestimmenden und öffentlich bekannt zu machenden Frist unter Angabe des Gegenstandes und der Art desselben, sowie die Zahl der durchschnittlich darin beschäftigten versicherungspflichtigen Personen bei der unteren Verwaltungsbehörde anzumelden.

Für die nicht angemeldeten Betriebe hat die untere Verwaltungsbehörde die Angaben nach ihrer Kenntniß der Verhältnisse zu ergänzen.

Dieselbe ist befugt, die Unternehmer nicht angemeldeter Betriebe zu einer Auskunft darüber innerhalb einer zu bestimmenden Frist durch Geldstrafen im Betrage bis zu einhundert Mark anzuhalten.

Die untere Verwaltungsbehörde hat ein nach den Gruppen,

[1] Vgl. Bekanntm. des Reichsversicherungsamtes betr. die Anmeldung der unfallversicherungspflichtigen Betriebe. Vom 14. Juli 1884 (CBl S. 203).

Klassen und Ordnungen der Reichs-Berufsstatistik geordnetes Verzeichniß sämmtlicher Betriebe ihres Bezirks unter Angabe des Gegenstandes und der Art des Betriebes, sowie der Zahl der darin beschäftigten versicherungspflichtigen Personen aufzustellen. Das Verzeichniß ist der höheren Verwaltungsbehörde einzureichen und von dieser erforderlichenfalls hinsichtlich der Einreihung der Betriebe in die Gruppen, Klassen und Ordnungen der Reichs-Berufsstatistik zu berichtigen.

Die höhere Verwaltungsbehörde hat ein gleiches Verzeichniß sämmtlicher versicherungspflichtigen Betriebe ihres Bezirks dem Reichs-Versicherungsamt einzureichen.

Freiwillige Bildung der Berufsgenossenschaften.

**§ 12.**[1] Die Bildung der Berufsgenossenschaften erfolgt auf dem Wege der Vereinbarung der Betriebsunternehmer unter Zustimmung des Bundesraths. Die Zustimmung des Bundesraths kann versagt werden:

1. wenn die Anzahl der Betriebe, für welche die Berufsgenossenschaft gebildet werden soll, oder die Anzahl der in denselben beschäftigten Arbeiter zu gering ist, um die dauernde Leistungsfähigkeit der Berufsgenossenschaft in Bezug auf die bei der Unfallversicherung ihr obliegenden Pflichten zu gewährleisten;
2. wenn Betriebe von der Aufnahme in die Berufsgenossenschaft ausgeschlossen werden sollen, welche wegen ihrer geringen Zahl oder wegen der geringen Zahl der in ihnen beschäftigten Arbeiter eine eigene leistungsfähige Berufsgenossenschaft zu bilden außer Stande sind, und auch einer anderen Berufsgenossenschaft zweckmäßig nicht zugetheilt werden können;
3. wenn eine Minderheit der Bildung der Berufsgenossenschaft widerspricht und für einzelne Industriezweige oder Bezirke eine besondere Berufsgenossenschaft zu bilden beantragt, welche als dauernd leistungsfähig zu erachten ist.

**§ 13.** Die Beschlußfassung über die Bildung der Berufsgenossenschaften erfolgt durch die zu diesem Zwecke zu einer Generalversammlung zu berufenden Betriebsunternehmer mit Stimmenmehrheit.

Anträge auf Einberufung der Generalversammlung sind an das Reichs-Versicherungsamt zu richten; dasselbe hat, sofern es nicht den Fall des § 12 Ziffer 1 für vorliegend erachtet, den Anträgen statt-

[1] Vgl. Bekanntm. betr. die Bildung der Berufsgenossenschaften. Vom 22. Mai 1885 (CBl S. 213).

zugeben, wenn dieselben innerhalb vier Monaten nach dem Inkrafttreten dieses Gesetzes und mindestens von dem zwanzigsten Theil der Unternehmer derjenigen Betriebe, für welche die Berufsgenossenschaft gebildet werden soll, oder von solchen Unternehmern, welche mindestens den zehnten Theil der in diesen Betrieben vorhandenen versicherungspflichtigen Personen beschäftigen, gestellt werden.

Erachtet das Reichs-Versicherungsamt die Voraussetzungen des § 12 Ziffer 1 für vorliegend, so ist von demselben die Entscheidung des Bundesraths einzuholen.

Findet das Reichs-Versicherungsamt bei der Prüfung von Anträgen auf Einberufung der Generalversammlung, daß der unter § 12 Ziffer 2 vorgesehene Fall vorliegt, so hat dasselbe die Unternehmer der dabei in Betracht kommenden Betriebe zum Zweck der Beschlußfassung über die Abgrenzung der Berufsgenossenschaft zu der Generalversammlung mit einzuladen.

**§ 14.** Auf Grund der unter § 11 erwähnten Verzeichnisse werden die Betriebsunternehmer von dem Reichs-Versicherungsamt unter Angabe der ihnen zustehenden Stimmenzahl zur Generalversammlung einzeln eingeladen.

Jeder Unternehmer oder Vertreter eines Betriebes, in welchem nicht mehr als 20 versicherungspflichtige Personen beschäftigt werden, hat eine, darüber hinaus bis zu 200 für je 20 und von 200 an für je 100 mehr versicherungspflichtige Personen eine weitere Stimme.

Abwesende Betriebsunternehmer können sich durch stimmberechtigte Berufsgenossen oder durch einen bevollmächtigten Leiter ihres Betriebes vertreten lassen.

Die Generalversammlung findet in Gegenwart eines Vertreters des Reichs-Versicherungsamts statt, welcher dieselbe zu eröffnen, die Wahl des aus einem Vorsitzenden, zwei Schriftführern und mindestens zwei Beisitzern bestehenden Vorstandes herbeizuführen und, bis dieselbe erfolgt ist, die Verhandlungen zu leiten hat.

Die Generalversammlung hat unter Leitung ihres Vorstandes außer über den auf Bildung der Berufsgenossenschaft gerichteten Antrag, welcher zu ihrer Einberufung Anlaß gegeben hat, auch über die aus ihrer Mitte dazu etwa gestellten Abänderungsanträge Beschluß zu fassen.

Auf Verlangen des Vertreters des Reichs-Versicherungsamts, welcher jederzeit gehört werden muß, erfolgt die Abstimmung über die in Bezug auf die Abgrenzung der Berufsgenossenschaft gestellten Anträge getrennt nach Industriezweigen oder Bezirken.

Über die Verhandlungen der Generalversammlung ist ein Protokoll aufzunehmen, welches die gestellten Anträge, sowie die gefaßten

Beschlüsse — letztere unter Angabe des Stimmverhältnisses sowie der Art der Abstimmung — enthalten muß. Das Protokoll ist innerhalb acht Tagen nach der Generalversammlung durch den Vorstand dem Reichs-Versicherungsamt einzureichen und demnächst dem Bundesrath (§ 11) vorzulegen.

### Bildung der Berufsgenossenschaften durch den Bundesrath.

**§ 15.**[1] Für diejenigen Industriezweige, für welche innerhalb der im § 13 festgesetzten Frist genügend unterstützte Anträge auf Einberufung der Generalversammlung zur freiwilligen Bildung einer Berufsgenossenschaft nicht gestellt worden sind, werden die Berufsgenossenschaften durch den Bundesrath nach Anhörung von Vertretern der betheiligten Industriezweige gebildet. Dasselbe geschieht, wenn den gestellten Anträgen in Rücksicht auf § 12 Ziffer 1 nicht stattgegeben, oder wenn den Beschlüssen, welche in einer nach § 14 berufenen Generalversammlung gefaßt sind, die Genehmigung versagt worden ist, sofern nicht der Bundesrath den Betheiligten eine weitere Frist für die Fassung anderweiter Beschlüsse gewährt.

Die Beschlüsse des Bundesraths, durch welche Berufsgenossenschaften errichtet, sowie die beantragte Bildung freiwilliger Berufsgenossenschaften genehmigt werden, sind unter Bezeichnung der Bezirke und Industriezweige, für welche die einzelnen Berufsgenossenschaften gebildet sind, durch den Reichsanzeiger zu veröffentlichen.[2]

### Statut der Berufsgenossenschaften.

**§ 16.** Die Berufsgenossenschaften regeln ihre innere Verwaltung sowie ihre Geschäftsordnung durch ein von der Generalversammlung ihrer Mitglieder (Genossenschaftsversammlung) zu beschließendes Statut. Bis zum Zustandekommen eines gültigen Genossenschaftsstatuts (§ 20) finden die im § 14 enthaltenen Bestimmungen über die Einladung zu der Generalversammlung, die Ausübung des Stimmrechts der Genossenschaftsmitglieder und die Betheiligung eines Vertreters des Reichs-Versicherungsamts an den Verhandlungen auch auf die Genossenschaftsversammlungen Anwendung.

Die Genossenschaftsversammlung wählt bei ihrem erstmaligen Zusammentreten einen aus einem Vorsitzenden, einem Schriftführer

---

[1] Vgl. Anm. zu § 12.

[2] Vgl. Bekanntm. des Reichsversicherungsamtes betr. die berufsgenossenschaftliche Eingliederung derjenigen Gewerbebetriebe, welche sich auf die Ausführung von Schreiner- (Tischler-), Einsetzer-, Schlosser- oder Anschläger-Arbeiten bei Bauten erstrecken. Vom 20. Dez. 1886 (CBl S. 416).

und mindestens drei Beisitzern bestehenden provisorischen Genossenschaftsvorstand, welcher bis zur Übernahme der Geschäfte durch den auf Grund des Statuts gewählten Vorstand die Genossenschaftsversammlung leitet und die Geschäfte der Genossenschaft führt.

Die Mitglieder der Berufsgenossenschaften können sich in der Genossenschaftsversammlung durch andere stimmberechtigte Mitglieder oder durch einen bevollmächtigten Leiter ihres Betriebes vertreten lassen.

**§ 17.**[1] Das Genossenschaftsstatut muß Bestimmung treffen:

1. über Namen und Sitz der Genossenschaft;
2. über die Bildung des Genossenschaftsvorstandes und über den Umfang seiner Befugnisse;
3. über die Berufung der Genossenschaftsversammlung, sowie über die Art ihrer Beschlußfassung;
4. über das Stimmrecht der Mitglieder der Genossenschaft und die Prüfung ihrer Vollmachten;
5. über das von den Organen der Genossenschaft bei der Einschätzung der Betriebe in die Klassen des Gefahrentarifs zu beobachtende Verfahren (§ 28);
6. über das Verfahren bei Betriebsveränderungen, sowie bei Änderungen in der Person des Unternehmers (§§ 37 letzter Abs., 38, 39);
7. über die Folgen der Betriebseinstellungen, insbesondere über die Sicherstellung der Beiträge der Unternehmer, welche den Betrieb einstellen;
8. über die den Vertretern der versicherten Arbeiter zu gewährenden Vergütungssätze (§§ 44 Abs. 4, 49 Abs. 2, 55 Abs. 1);
9. über die Aufstellung, Prüfung und Abnahme der Jahresrechnung;
10. über die Ausübung der der Genossenschaft zustehenden Befugnisse zum Erlaß von Vorschriften behufs der Unfallverhütung und zur Überwachung der Betriebe (§§ 78 ff.);
11. über die Voraussetzungen einer Abänderung des Statuts.

**§ 18.** Die Berufsgenossenschaften haben einen Reservefonds anzusammeln. An Zuschlägen zur Bildung desselben sind bei der erstmaligen Umlegung der Entschädigungsbeiträge dreihundert Prozent, bei der zweiten zweihundert, bei der dritten einhundertfünfzig, bei der vierten einhundert, bei der fünften achtzig, bei der sechsten sechzig und von da an bis zur elften Umlegung jedesmal zehn Prozent weniger als Zuschlag zu den Entschädigungsbeträgen zu erheben.

[1] Vgl. Normalstatut. AN 1885 S. 9.

Nach Ablauf der ersten elf Jahre sind die Zinsen des Reservefonds dem letzteren solange weiter zuzuschlagen, bis dieser den doppelten Jahresbedarf erreicht hat. Ist das letztere der Fall, so können die Zinsen insoweit, als der Bestand des Reservefonds den laufenden doppelten Jahresbedarf übersteigt, zur Deckung der Genossenschaftslasten verwendet werden.

Auf Antrag des Genossenschaftsvorstandes kann die Genossenschaftsversammlung jederzeit weitere Zuschläge zum Reservefonds beschließen, sowie bestimmen, daß derselbe über den doppelten Jahresbedarf erhöht werde. Derartige Beschlüsse bedürfen der Genehmigung des Reichs-Versicherungsamts.

In dringenden Bedarfsfällen kann die Genossenschaft mit Genehmigung des Reichs-Versicherungsamts schon vorher die Zinsen und erforderlichenfalls auch den Kapitalbestand des Reservefonds angreifen. Die Wiederergänzung erfolgt alsdann nach näherer Anordnung des Reichs-Versicherungsamts.

**§ 19.** Das Statut kann die Zusammensetzung der Genossenschaftsversammlung aus Vertretern, die Eintheilung der Berufsgenossenschaft in örtlich abgegrenzte Sektionen, sowie die Einsetzung von Vertrauensmännern als örtliche Genossenschaftsorgane vorschreiben. Enthält dasselbe Vorschriften dieser Art, so ist darin zugleich über die Wahl der Vertreter, über Sitz und Bezirk der Sektionen, über die Bildung der Sektionsvorstände und über den Umfang ihrer Befugnisse, sowie über die Abgrenzung der Bezirke der Vertrauensmänner, die Wahl der letzteren und ihrer Stellvertreter und den Umfang ihrer Befugnisse Bestimmung zu treffen.

Die Abgrenzung der Bezirke der Vertrauensmänner, sowie die Wahl der letzteren und ihrer Stellvertreter kann von der Genossenschaftsversammlung dem Genossenschaftsvorstande übertragen werden.

**§ 20.** Das Genossenschaftsstatut bedarf zu seiner Gültigkeit der Genehmigung des Reichs-Versicherungsamts.

Gegen die Entscheidung desselben, durch welche die Genehmigung versagt wird, findet binnen einer Frist von vier Wochen, vom Tage der Zustellung an den provisorischen Genossenschaftsvorstand (§ 16), die Beschwerde an den Bundesrath statt.

Wird innerhalb dieser Frist Beschwerde nicht eingelegt oder wird die Versagung der Genehmigung des Statuts vom Bundesrath aufrecht erhalten, so hat das Reichs-Versicherungsamt innerhalb vier Wochen die Mitglieder der Genossenschaft zu einer neuen Genossenschaftsversammlung behufs anderweiter Beschlußfassung über das Statut einzuladen. Wird auch dem von dieser Versammlung beschlossenen Statut die Genehmigung endgültig versagt, so wird ein solches von dem Reichs-Versicherungsamt erlassen.

Abänderungen des Statuts bedürfen der Genehmigung des Reichs-Versicherungsamts, gegen deren Versagung binnen einer Frist von vier Wochen die Beschwerde an den Bundesrath zulässig ist.

## Veröffentlichung des Namens und Sitzes der Genossenschaft rc.

**§ 21.** Nach endgültiger Feststellung des Statuts hat der Genossenschaftsvorstand durch den Reichsanzeiger bekannt zu machen:

1. den Namen und den Sitz der Genossenschaft,
2. die Bezirke der Sektionen und der Vertrauensmänner,
3. die Zusammensetzung des Genossenschaftsvorstandes und der Sektionsvorstände, sowie die Namen der Vertrauensmänner und ihrer Stellvertreter.

Etwaige Änderungen sind in gleicher Weise zur öffentlichen Kenntniß zu bringen.

## Genossenschaftsvorstände.

**§ 22.** Dem Genossenschaftsvorstande liegt die gesammte Verwaltung der Genossenschaft ob, soweit nicht einzelne Angelegenheiten durch Gesetz oder Statut der Beschlußnahme der Genossenschaftsversammlung vorbehalten oder anderen Organen der Genossenschaft übertragen sind.

Die Beschlußfassung der Vorstände kann in eiligen Fällen durch schriftliche Abstimmung erfolgen.

Der Beschlußnahme der Genossenschaftsversammlung müssen vorbehalten werden:

1. die Wahl der Mitglieder des Genossenschaftsvorstandes,
2. die Prüfung und Abnahme der Jahresrechnung,
3. Abänderungen des Statuts.

**§ 23.** Die Genossenschaft wird durch ihren Vorstand gerichtlich und außergerichtlich vertreten. Die Vertretung erstreckt sich auch auf diejenigen Geschäfte und Rechtshandlungen, für welche nach den Gesetzen eine Spezialvollmacht erforderlich ist.

Durch die Geschäfte, welche der Vorstand der Genossenschaft und die Vorstände der Sektionen, sowie die Vertrauensmänner innerhalb der Grenzen ihrer gesetzlichen und statutarischen Vollmacht im Namen der Genossenschaft abschließen, wird die letztere berechtigt und verpflichtet.

Zur Legitimation der Vorstände bei Rechtsgeschäften genügt die

Bescheinigung der höheren Verwaltungsbehörde, daß die darin bezeichneten Personen den Vorstand bilden.

**§ 24.** Wählbar zu Mitgliedern der Vorstände und zu Vertrauensmännern sind nur die stimmberechtigten Mitglieder der Genossenschaft beziehungsweise deren gesetzliche Vertreter. Nicht wählbar ist, wer durch gerichtliche Anordnung in der Verfügung über sein Vermögen beschränkt ist.

Die Ablehnung der Wahl ist nur aus denselben Gründen zulässig, aus welchen das Amt eines Vormundes abgelehnt werden kann. Eine Wiederwahl kann abgelehnt werden.

Genossenschaftsmitglieder, welche eine Wahl ohne solchen Grund ablehnen, können auf Beschluß der Genossenschaftsversammlung für die Dauer der Wahlperiode zu erhöhten Beiträgen bis zum doppelten Betrage herangezogen werden.

Das Statut kann bestimmen, daß die von den Unternehmern bevollmächtigten Leiter ihrer Betriebe zu Mitgliedern der Vorstände und zu Vertrauensmännern gewählt werden können.

**§ 25.** Die Mitglieder der Vorstände und die Vertrauensmänner verwalten ihr Amt als unentgeltliches Ehrenamt, sofern nicht durch das Statut eine Entschädigung für den durch Wahrnehmung der Genossenschaftsgeschäfte ihnen erwachsenden Zeitverlust bestimmt wird. Baare Auslagen werden ihnen von der Genossenschaft ersetzt, und zwar, soweit sie in Reisekosten bestehen, nach festen, von der Genossenschaftsversammlung zu bestimmenden Sätzen.

**§ 26.** Die Mitglieder der Vorstände, sowie die Vertrauensmänner haften der Genossenschaft für getreue Geschäftsverwaltung, wie Vormünder ihren Mündeln.

Mitglieder der Vorstände, sowie Vertrauensmänner, welche absichtlich zum Nachtheil der Genossenschaft handeln, unterliegen der Strafbestimmung des § 266 des Strafgesetzbuchs.

**§ 27.** Solange die Wahl der gesetzlichen Organe einer Genossenschaft nicht zu Stande kommt, solange ferner diese Organe die Erfüllung ihrer gesetzlichen oder statutarischen Obliegenheiten verweigern, hat das Reichs-Versicherungsamt die letzteren auf Kosten der Genossenschaft wahrzunehmen oder durch Beauftragte wahrnehmen zu lassen.

### Bildung der Gefahrenklassen.

**§ 28.** Durch die Genossenschaftsversammlung sind für die zur Genossenschaft gehörigen Betriebe je nach dem Grade der mit denselben verbundenen Unfallgefahr entsprechende Gefahrenklassen zu bilden und über die Höhe der in denselben zu leistenden Beiträge (Gefahrentarif) Bestimmungen zu treffen.

Durch Beschluß der Genossenschaftsversammlung kann die Aufstellung und Änderung des Gefahrentarifs einem Ausschusse oder dem Vorstande übertragen werden.

Die Aufstellung und Abänderung des Gefahrentarifs bedarf der Genehmigung des Reichs-Versicherungsamts. Wird ein Gefahrentarif von der Genossenschaft innerhalb einer vom Reichs-Versicherungsamt zu bestimmenden Frist nicht aufgestellt, oder dem aufgestellten die Genehmigung versagt, so hat das Reichs-Versicherungsamt nach Anhörung der mit der Aufstellung beauftragten Organe der Genossenschaft den Tarif selbst festzusetzen.

Die Veranlagung der Betriebe zu den einzelnen Gefahrenklassen liegt nach näherer Bestimmung des Statuts (§ 17) den Organen der Genossenschaft ob. Gegen die Veranlagung steht dem Betriebsunternehmer binnen einer Frist von zwei Wochen die Beschwerde an das Reichs-Versicherungsamt zu.

Der Gefahrentarif ist nach Ablauf von längstens zwei Rechnungsjahren und sodann mindestens von fünf zu fünf Jahren unter Berücksichtigung der in den einzelnen Betrieben vorgekommenen Unfälle einer Revision zu unterziehen. Die Ergebnisse derselben sind mit dem Verzeichnisse der in den einzelnen Betrieben vorgekommenen, auf Grund dieses Gesetzes zu entschädigenden Unfälle der Genossenschaftsversammlung zur Beschlußfassung über die Beibehaltung oder Änderung der bisherigen Gefahrenklassen oder Gefahrentarife vorzulegen. Die Genossenschaftsversammlung kann den Unternehmern nach Maßgabe der in ihren Betrieben vorgekommenen Unfälle für die nächste Periode Zuschläge auflegen oder Nachlässe bewilligen. Die über die Änderung der bisherigen Gefahrenklassen oder Gefahrentarife gefaßten Beschlüsse bedürfen zu ihrer Gültigkeit der Genehmigung des Reichs-Versicherungsamts; demselben ist das Verzeichniß der vorgekommenen Unfälle vorzulegen.[1]

## Theilung des Risikos.

**§ 29.** Durch das Statut kann vorgeschrieben werden, daß die Entschädigungsbeträge bis zu fünfzig Prozent von den Sektionen zu tragen sind, in deren Bezirken die Unfälle eingetreten sind.

Die hiernach den Sektionen zur Last fallenden Beträge sind auf die Mitglieder derselben nach Maßgabe der für die Genossenschaft

---

[1] AN für U 1889 S. 331; 1891 S. 151ff., 187ff.; 1892 S. 252.

festgesetzten Gefahrenklassen und der in diesen zu leistenden Beiträge (§§ 10, 28) umzulegen.

Gemeinsame Tragung des Risikos.

**§ 30.** Vereinbarungen von Genossenschaften, die von ihnen zu leistenden Entschädigungsbeträge ganz oder zum Theil gemeinsam zu tragen, sind zulässig. Derartige Vereinbarungen bedürfen zu ihrer Gültigkeit der Zustimmung der betheiligten Genossenschaftsversammlungen, sowie der Genehmigung des Reichs-Versicherungsamts. Dieselben dürfen nur mit dem Beginn eines neuen Rechnungsjahres in Wirksamkeit treten.

Die Vereinbarung hat sich darauf zu erstrecken, in welcher Weise der gemeinsam zu tragende Entschädigungsbetrag auf die betheiligten Genossenschaften zu vertheilen ist.

Über die Vertheilung des auf eine jede Genossenschaft entfallenden Antheils an der gemeinsam zu tragenden Entschädigung unter die Mitglieder der Genossenschaft entscheidet die Genossenschaftsversammlung. Mangels einer anderweiten Bestimmung erfolgt die Umlage dieses Betrages in gleicher Weise, wie die der von der Genossenschaft nach Maßgabe dieses Gesetzes zu leistenden Entschädigungsbeträge (§§ 10, 28).

Abänderung des Bestandes der Berufsgenossenschaften.

**§ 31.** Nach erfolgtem Abschluß der Organisation der Berufsgenossenschaften sind Änderungen in dem Bestande der letzteren mit dem Beginn eines neuen Rechnungsjahres unter nachstehenden Voraussetzungen zulässig:

1. Die Vereinigung mehrerer Genossenschaften erfolgt auf übereinstimmenden Beschluß der Genossenschaftsversammlungen mit Genehmigung des Bundesraths.
2. Das Ausscheiden einzelner Industriezweige oder örtlich abgegrenzter Theile aus einer Genossenschaft und die Zutheilung derselben zu einer anderen Genossenschaft erfolgt auf Beschluß der betheiligten Genossenschaftsversammlungen mit Genehmigung des Bundesraths. Die Genehmigung kann versagt werden, wenn durch das Ausscheiden die Leistungsfähigkeit einer der betheiligten Genossenschaften in Bezug auf die ihr obliegenden Pflichten gefährdet wird.
3. Wird die Vereinigung mehrerer Genossenschaften oder das Ausscheiden einzelner Industriezweige oder örtlich abgegrenzter Theile aus einer Genossenschaft und die Zutheilung derselben zu einer anderen Genossenschaft auf Grund eines Genossenschaftsbeschlusses

beantragt, dagegen von der anderen betheiligten Genossenschaft abgelehnt, so entscheidet auf Anrufen der Bundesrath.

4. Anträge auf Ausscheidung einzelner Industriezweige oder örtlich abgegrenzter Theile aus einer Genossenschaft und Bildung einer besonderen Genossenschaft für dieselben sind zunächst der Beschlußfassung der Genossenschaftsversammlung zu unterbreiten und sodann dem Bundesrath zur Entscheidung vorzulegen. Die Genehmigung zur Bildung der neuen Genossenschaft kann versagt werden, wenn einer der im § 12 Ziffer 1 und 2 angegebenen Gründe vorliegt.

Wird die Genehmigung ertheilt, so erfolgt die Beschlußfassung über das Statut für die neue Genossenschaft nach Maßgabe der Bestimmungen in den §§ 16 bis 20.[1]

**§ 32.** Werden mehrere Genossenschaften zu einer Genossenschaft vereinigt, so gehen mit dem Zeitpunkte, zu welchem die Veränderung in Wirksamkeit tritt, alle Rechte und Pflichten der vereinigten Genossenschaften auf die neugebildete Genossenschaft über.

Wenn einzelne Industriezweige oder örtlich abgegrenzte Theile aus einer Genossenschaft ausscheiden und einer anderen Genossenschaft angeschlossen werden, so sind von dem Eintritt dieser Veränderung ab die Entschädigungsansprüche, welche gegen die erstere Genossenschaft aus den in Betrieben der ausscheidenden Genossenschaftstheile eingetretenen Unfällen erwachsen sind, von der Genossenschaft zu befriedigen, welcher die Genossenschaftstheile nunmehr angeschlossen sind.

Scheiden einzelne Industriezweige oder örtlich abgegrenzte Theile aus einer Genossenschaft unter Bildung einer neuen Genossenschaft aus, so sind von dem Zeitpunkte der Ausscheidung ab die Entschädigungsansprüche, welche gegen die erstere Genossenschaft aus den in Betrieben der ausscheidenden Genossenschaftstheile eingetretenen Unfällen erwachsen sind, von der neugebildeten Genossenschaft zu befriedigen.

Insoweit zufolge des Ausscheidens aus Industriezweigen oder örtlich abgegrenzten Theilen Entschädigungsansprüche auf andere Genossenschaften übergehen, haben die letzteren Anspruch auf einen entsprechenden Theil des Reservefonds und des sonstigen Vermögens derjenigen Genossenschaft, aus welcher die Ausscheidung stattfindet.

Die vorstehenden Bestimmungen können durch übereinstimmenden Beschluß der betheiligten Genossenschaftsversammlungen abgeändert oder ergänzt werden.

---

[1] Vgl. Bekanntm. vom 17. August 1887 (CBl S. 333). Bekanntm. vom 5. Juli 1889 (CBl S. 401). Vom 19. Oktober 1889 (AN S. 389).

Streitigkeiten, welche in Betreff der Vermögensauseinandersetzung zwischen den betheiligten Genossenschaften entstehen, werden mangels Verständigung derselben über eine schiedsgerichtliche Entscheidung von dem Reichs-Versicherungsamt entschieden.

Auflösung von Berufsgenossenschaften.

**§ 33.** Berufsgenossenschaften, welche zur Erfüllung der ihnen durch dieses Gesetz auferlegten Verpflichtungen leistungsunfähig werden, können auf Antrag des Reichs-Versicherungsamts von dem Bundesrath aufgelöst werden. Diejenigen Industriezweige, welche die aufgelöste Genossenschaft gebildet haben, sind anderen Berufsgenossenschaften nach deren Anhörung zuzutheilen. Mit der Auflösung der Genossenschaft gehen deren Rechtsansprüche und Verpflichtungen, vorbehaltlich der Bestimmung im § 92, auf das Reich über.

## III. Mitgliedschaft des einzelnen Betriebes. Betriebsveränderungen.

Mitgliedschaft.

**§ 34.** Mitglied der Genossenschaft ist jeder Unternehmer eines im Bezirke derselben belegenen Betriebes derjenigen Industriezweige, für welche die Genossenschaft errichtet ist. Die Mitgliedschaft beginnt für die Unternehmer der zur Zeit des Inkrafttretens des Gesetzes versicherungspflichtigen Betriebe mit diesem Zeitpunkte, für die Unternehmer später entstehender oder versicherungspflichtig werdender Betriebe mit dem Zeitpunkte der Eröffnung beziehungsweise des Beginns der Versicherungspflicht derselben.

Stimmberechtigt ist jedes Mitglied der Genossenschaft, sofern es sich im Besitze der bürgerlichen Ehrenrechte befindet.

Betriebsanmeldung.

**§ 35.** Der Betriebsunternehmer, welcher seinen Betrieb nicht bereits nach Maßgabe des § 11 angemeldet hat, ist verpflichtet, binnen einer Woche, nachdem er Mitglied einer Genossenschaft geworden ist (§ 34), der unteren Verwaltungsbehörde, in deren Bezirk der Betrieb belegen ist, eine Anzeige zu erstatten, welche

1. den Gegenstand und die Art des Betriebes,
2. die Zahl der versicherten Personen,
3. die Berufsgenossenschaft, welcher der Betrieb angehört,
4. falls es sich um einen nach dem Inkrafttreten des Gesetzes neu begonnenen oder versicherungspflichtig gewordenen Betrieb handelt, den Tag der Eröffnung beziehungsweise des Beginns der Versicherungspflicht

angiebt. Die Anzeige ist in zwei Exemplaren einzureichen. Über dieselbe ist eine Empfangsbescheinigung zu ertheilen.

Wird die Anzeige nicht rechtzeitig erstattet, so findet die Vorschrift des § 11 Absatz 3 Anwendung.

**§ 36.** Die untere Verwaltungsbehörde hat jeden in ihrem Bezirke belegenen Betrieb, über welchen die Anzeige (§ 35) erstattet ist, binnen einer Woche nach dem Eingange der letzteren durch Einsendung eines Exemplars derselben dem Vorstande der in der Anzeige bezeichneten Genossenschaft zu überweisen.

Gehört der Betrieb nach Ansicht der unteren Verwaltungsbehörde einer anderen als der in der Anzeige bezeichneten Genossenschaft an, so ist dem Vorstande dieser Genossenschaft, unter gleichzeitiger Benachrichtigung des Vorstandes der in der Anzeige bezeichneten Genossenschaft und des Betriebsunternehmers, eine Abschrift der Anzeige zuzustellen.

Für Betriebe, über welche eine Anzeige nicht erstattet ist, hat die untere Verwaltungsbehörde die Überweisung binnen einer Woche nach Ablauf der von ihr in Gemäßheit des § 35 Absatz 2 bestimmten Frist dadurch zu bewirken, daß sie die im § 35 Ziffer 1 bis 4 bezeichneten Angaben selbst macht.

## Genossenschaftskataster.

**§ 37.** Die Genossenschaftsvorstände haben auf Grund der von dem Reichs-Versicherungsamt ihnen mitzutheilenden Verzeichnisse der versicherungspflichtigen Betriebe (§ 11) und der später erfolgenden Überweisungen (§ 36) Genossenschaftskataster zu führen.

Die Aufnahme der einzelnen Genossen in das Kataster erfolgt nach vorgängiger Prüfung ihrer Zugehörigkeit zur Genossenschaft.

Den in das Kataster aufgenommenen Genossen werden vom Genossenschaftsvorstande durch Vermittelung der unteren Verwaltungsbehörde Mitgliedscheine zugestellt. Ist die Genossenschaft in Sektionen eingetheilt, so muß der Mitgliedschein die Sektion, welcher der Unternehmer angehört, bezeichnen. Wird die Aufnahme in das Kataster abgelehnt, so ist hierüber ein mit Gründen versehener Bescheid dem Betriebsunternehmer durch Vermittelung der unteren Verwaltungsbehörde zuzustellen.

Gegen die Aufnahme in das Kataster, sowie gegen die Ablehnung derselben steht dem Unternehmer binnen einer Frist von zwei Wochen nach erfolgter Zustellung des Mitgliedscheines beziehungsweise des ablehnenden Bescheides die Beschwerde an das Reichs-Versicherungsamt zu. Dieselbe ist bei der unteren Verwaltungsbehörde einzulegen. Stellt sich bei der Verhandlung der Beschwerde heraus, daß der Betrieb keiner der vorhandenen Genossenschaften zugehört, so ist derselbe durch das Reichs-Versicherungsamt derjenigen Genossenschaft zuzuweisen, der er seiner Natur nach am nächsten steht.

Wird gegen einen ablehnenden Bescheid von dem Betriebsunternehmer innerhalb der angegebenen Frist Beschwerde nicht erhoben, so hat die untere Verwaltungsbehörde den Fall dem Reichs-Versicherungsamt zur Entscheidung vorzulegen.

Wird in dem Falle des § 36 Absatz 2 die Mitgliedschaft des Unternehmers von dem Vorstande der in der Anzeige bezeichneten Genossenschaft anerkannt, so liegt diesem die Verpflichtung ob, hiervon dem Vorstande der anderen Genossenschaft Mittheilung zu machen. Letzterer ist berechtigt, innerhalb zwei Wochen nach dem Empfange der Mittheilung gegen die Anerkennung der Mitgliedschaft beim Reichs-Versicherungsamt die Beschwerde zu erheben.

Den Sektionsvorständen sind Auszüge aus dem Kataster in Betreff der zu ihren Sektionen gehörenden Unternehmer mitzutheilen.

Jeder Wechsel in der Person desjenigen, für dessen Rechnung der Betrieb erfolgt, ist von dem Unternehmer binnen einer durch das Statut festzusetzenden Frist dem Genossenschaftsvorstande behufs Berichtigung des Katasters anzuzeigen. Ist die Anzeige von dem Wechsel nicht erfolgt, so werden die auf die Genossenschaftsmitglieder umzulegenden Beiträge von dem in das Kataster eingetragenen Unternehmer bis für dasjenige Rechnungsjahr einschließlich forterhoben, in welchem die Anzeige geschieht, ohne daß dadurch der neue Unternehmer von der auch ihm gesetzlich obliegenden Verhaftung für die Beiträge entbunden ist.

### Betriebsveränderungen.

**§ 38.** Jeder Betriebsunternehmer ist verpflichtet, Änderungen seines Betriebes, welche für die Zugehörigkeit zu einer Genossenschaft von Bedeutung sind, dem Genossenschaftsvorstande binnen einer durch das Statut festzusetzenden Frist anzuzeigen. Erachtet letzterer in Folge dieser Anzeige, oder ohne den Empfang einer solchen von Amtswegen die Überweisung des Betriebes an eine andere Genossenschaft für geboten, so theilt er dies unter Angabe der Gründe dem Betriebsunternehmer durch Vermittelung der unteren Verwaltungsbehörde und dem betheiligten Genossenschaftsvorstande mit. Sowohl der letztere, als auch der Betriebsunternehmer können innerhalb zwei Wochen gegen die Überweisung bei dem überweisenden Genossenschaftsvorstande Widerspruch erheben.

Wird innerhalb dieser Frist kein Widerspruch erhoben, so erfolgt die Ab- beziehungsweise Zuschreibung des Betriebes in den

Genossenschaftskatastern, sowie die Ausstellung eines anderweiten Mitgliedscheines für den Betriebsunternehmer.

Wird gegen die Überweisung Widerspruch erhoben, oder beansprucht der Vorstand einer dritten Genossenschaft unter dem Widerspruch des Betriebsunternehmers oder des Vorstandes der Genossenschaft, welcher der Betrieb bisher angehörte, die Überweisung des letzteren, so hat der Vorstand der Genossenschaft, welcher der Betrieb bisher angehört hat, die Entscheidung des Reichs-Versicherungsamts zu beantragen. Dasselbe entscheidet nach Anhörung des betheiligten Betriebsunternehmers, sowie der Vorstände der betheiligten Genossenschaften.

Wird dem Überweisungsantrage stattgegeben, so tritt die Änderung in der Zugehörigkeit zur Genossenschaft von dem Tage ab in Wirksamkeit, an welchem der Antrag dem betheiligten Genossenschaftsvorstande zugestellt ist.

**§ 39.** In Betreff der Anmeldung von Änderungen in dem Betriebe, welche für dessen Einschätzung in den Gefahrentarif (§ 28) von Bedeutung sind, sowie in Betreff des weiteren Verfahrens hat das Genossenschaftsstatut Bestimmung zu treffen. Gegen den auf die Anmeldung der Änderung oder von Amtswegen erfolgenden Bescheid des Genossenschaftsvorstandes oder des Ausschusses (§ 28) steht dem Betriebsunternehmer binnen einer Frist von zwei Wochen die Beschwerde an das Reichs-Versicherungsamt zu.

**§ 40.** Binnen vier Wochen nach Ablauf des Rechnungsjahres hat der Genossenschaftsvorstand ein Verzeichniß der beim Schlusse des Rechnungsjahres zur Genossenschaft gehörenden Mitglieder dem Reichs-Versicherungsamt nach einem von diesem vorzuschreibenden Formular einzureichen. Ein gleiches Verzeichniß ist binnen derselben Frist der höheren Verwaltungsbehörde, sowie jedem Mitglied der Genossenschaft mitzutheilen.

Das Reichs-Versicherungsamt kann den Vorstand von diesen Verpflichtungen ganz oder theilweise entbinden.

## IV. Vertretung der Arbeiter.

### Vertretung der Arbeiter.

**§ 41.** Zum Zweck der Wahl von Beisitzern zum Schiedsgericht (§ 46), der Begutachtung der zur Verhütung von Unfällen zu erlassenden Vorschriften (§§ 78, 81) und der Theilnahme an der Wahl zweier nichtständiger Mitglieder des Reichs-Versicherungsamts (§ 87) werden für jede Genossenschaftssektion und, sofern die Genossenschaft nicht in Sektionen getheilt ist, für die Genossenschaft Vertreter der Arbeiter gewählt.

Die Zahl der Vertreter muß der Zahl der von den Betriebsunternehmern in den Vorstand der Sektion beziehungsweise der Genossenschaft gewählten Mitglieder gleich sein.

**§ 42.** Die Wahl erfolgt durch die Vorstände derjenigen Orts-, Betriebs- (Fabrik-) und Innungs-Krankenkassen, sowie derjenigen Knappschaftskassen, welche im Bezirke der Sektion beziehungsweise der Genossenschaft ihren Sitz haben und welchen mindestens zehn in den Betrieben der Genossenschaftsmitglieder beschäftigte versicherte Personen angehören, unter Ausschluß der Vertreter der Arbeitgeber. Wählbar sind nur männliche, großjährige, auf Grund dieses Gesetzes versicherungspflichtige Kassenmitglieder, welche in Betrieben der Genossenschaftsmitglieder und im Bezirke der Sektion beziehungsweise der Genossenschaft beschäftigt sind, sich im Besitze der bürgerlichen Ehrenrechte befinden und nicht durch richterliche Anordnung in der Verfügung über ihr Vermögen beschränkt sind.

**§ 43.** Die Vertheilung der Vertretung der Arbeiter auf örtlich abzugrenzende Theile der Genossenschaft wird mittelst eines Regulativs bestimmt, welches durch das Reichs-Versicherungsamt oder, sofern es sich um eine Genossenschaft oder Sektion handelt, welche über die Grenzen eines Landes nicht hinausgeht, durch die Landes-Zentralbehörde oder die von derselben zu bestimmende höhere Verwaltungsbehörde zu erlassen ist.[1]

**§ 44.** Die Wahl der Vertreter der Arbeitgeber erfolgt nach näherer Bestimmung des Regulativs unter der Leitung eines Beauftragten derjenigen Behörde, von welcher das Regulativ erlassen worden ist.

Für jeden Vertreter sind ein erster und ein zweiter Ersatzmann zu wählen, welche denselben in Verhinderungsfällen zu ersetzen und im Falle des Ausscheidens für den Rest der Wahlperiode in der Reihenfolge ihrer Wahl einzutreten haben.

Die Wahl erfolgt auf vier Jahre. Alle zwei Jahre scheidet die Hälfte der Vertreter und Ersatzmänner aus. Die erstmalig Ausscheidenden werden durch das Loos bestimmt, demnächst entscheidet das Dienstalter. Die Ausscheidenden können wiedergewählt werden.

Die Vertreter erhalten aus der Genossenschaftskasse auf An-

[1] Vgl. Regulativ vom 26. September 1885 (AN 1885 S. 244), Nachtrag vom 10. Januar 1891 (AN für U S. 179).

weisung des Genossenschaftsvorstandes nach den durch das Genossenschaftsstatut zu bestimmenden Sätzen Ersatz für nothwendige baare Auslagen und entgangenen Arbeitsverdienst. Gegen die Anweisung ist die Beschwerde an diejenige Behörde, welche das Regulativ erlassen hat (§ 43), zulässig. Dieselbe entscheidet endgültig.

**§ 45.** Die Vorstände der Krankenkassen und der Knappschaftskassen, welchen mindestens zehn in den Betrieben der Genossenschaftsmitglieder beschäftigte versicherte Personen angehören, wählen alle zwei Jahre aus der Zahl der Kassenmitglieder zum Zweck der Theilnahme an den Unfalluntersuchungen (§ 54) für den Bezirk einer oder mehrerer Ortspolizeibehörden je einen Bevollmächtigten und zwei Ersatzmänner, deren Name und Wohnort den betheiligten Ortspolizeibehörden mitzutheilen ist.

Die dem Vorstande der Kasse angehörenden Vertreter der Arbeitgeber nehmen an der Wahl nicht theil.

## V. Schiedsgerichte.

### Schiedsgerichte.

**§ 46.** Für jeden Bezirk einer Berufsgenossenschaft oder, sofern dieselbe in Sektionen getheilt ist, einer Sektion, wird ein Schiedsgericht errichtet.

Der Bundesrath kann anordnen, daß statt eines Schiedsgerichts deren mehrere nach Bezirken gebildet werden.

Der Sitz des Schiedsgerichts wird von der Zentralbehörde des Bundesstaates, zu welchem der Bezirk desselben gehört, oder, sofern der Bezirk über die Grenzen eines Bundesstaates hinausgeht, im Einvernehmen mit den betheiligten Zentralbehörden von dem Reichs-Versicherungsamt bestimmt.[1]

**§ 47.** Jedes Schiedsgericht besteht aus einem ständigen Vorsitzenden und aus vier Beisitzern.

Der Vorsitzende wird aus der Zahl der öffentlichen Beamten, mit Ausschluß der Beamten derjenigen Betriebe, welche unter dieses Gesetz fallen, von der Zentralbehörde des Landes, in welchem der Sitz des Schiedsgerichts belegen ist, ernannt. Für den Vorsitzenden ist gleicher Weise ein Stellvertreter zu ernennen, welcher ihn in Behinderungsfällen vertritt.

---

[1] Bekanntm. vom 1. Dezember 1891, betr. Verzeichniß der Verwaltungsbehörden und Organisation der Unfallversicherung (AN für U 1891, S. 291 ff.). Vgl. auch Bekanntm. vom 17. Dezember 1891 (AN für U 1892, S. 158).

Zwei Beisitzer werden von der Genossenschaft oder, sofern die Genossenschaft in Sektionen getheilt ist, von der betheiligten Sektion gewählt. Wählbar sind die stimmberechtigten Genossenschaftsmitglieder sowie die von denselben bevollmächtigten Leiter ihrer Betriebe, sofern sie weder dem Vorstande der Genossenschaft, noch dem Vorstande der Sektion, noch den Vertrauensmännern angehören und nicht durch richterliche Anordnung in der Verfügung über ihr Vermögen beschränkt sind.

Die beiden anderen Beisitzer werden nach näherer Bestimmung des Regulativs (§ 43) von den im § 41 bezeichneten Vertretern der Arbeiter aus der Zahl der in den Betrieben der Genossenschaft beschäftigten, dem Arbeiterstande angehörenden versicherten Personen, welche den im § 42 genannten Kassen angehören, gewählt.

Für jeden Beisitzer sind ein erster und ein zweiter Stellvertreter zu wählen, welche ihn in Behinderungsfällen zu vertreten haben.

Die Beisitzer und Stellvertreter werden auf vier Jahre gewählt. Alle zwei Jahre scheidet die Hälfte der Beisitzer und ihrer Stellvertreter aus. Die erstmalig Ausscheidenden werden durch das Loos bestimmt, demnächst entscheidet das Dienstalter. Scheidet ein Beisitzer während der Wahlperiode aus, so treten für den Rest derselben die Stellvertreter in der Reihenfolge ihrer Wahl für ihn ein. Ausscheidende Beisitzer und Stellvertreter sind wieder wählbar.

**§ 48.** Der Name und Wohnort des Vorsitzenden, sowie der Mitglieder des Schiedsgerichts und der Stellvertreter derselben ist von der Landes-Zentralbehörde (§ 47 Abs. 2) in dem zu deren amtlichen Veröffentlichungen bestimmten Blatte öffentlich bekannt zu machen.

**§ 49.** Der Vorsitzende und dessen Stellvertreter, die Beisitzer und deren Stellvertreter sind mit Beziehung auf ihr Amt zu beeidigen.

Auf das Amt des Beisitzers des Schiedsgerichts finden die Bestimmungen der §§ 24 Absatz 2 und 25 Anwendung. Die von den Versicherten gewählten Beisitzer erhalten nach den durch das Genossenschaftsstatut zu bestimmenden Sätzen Ersatz für den ihnen in Folge ihrer Theilnahme an den Verhandlungen entgangenen Arbeitsverdienst. Die Festsetzung des Ersatzes, sowie der baaren Auslagen erfolgt durch den Vorsitzenden.

Die Behörde, welche das im § 43 vorgesehene Regulativ erlassen hat, ist berechtigt, die Übernahme und die Wahrnehmung der Obliegenheiten des Amts eines Beisitzers oder Stellvertreters durch Geldstrafen bis zu fünfhundert Mark gegen die ohne gesetzlichen

Grund sich Weigernden zu erzwingen. Die Geldstrafen fließen zur Genossenschaftskasse.

Verweigern die Gewählten gleichwohl ihre Dienstleistung, oder kommt eine Wahl nicht zu Stande, so hat, so lange und soweit dies der Fall ist, die untere Verwaltungsbehörde, in deren Bezirk der Sitz des Schiedsgerichts belegen ist, die Beisitzer aus der Zahl der Arbeitgeber und Arbeitnehmer zu ernennen.

### Verfahren vor dem Schiedsgericht.

**§ 50.** Der Vorsitzende beruft das Schiedsgericht und leitet die Verhandlungen desselben. Das Schiedsgericht ist befugt, denjenigen Theil des Betriebes, in welchem der Unfall vorgekommen ist, in Augenschein zu nehmen, sowie Zeugen und Sachverständige — auch eidlich — zu vernehmen.

Das Schiedsgericht ist nur beschlußfähig, wenn außer dem Vorsitzenden eine gleiche Anzahl von Arbeitgebern und Arbeitnehmern und zwar mindestens je einer als Beisitzer mitwirken.

Die Entscheidungen des Schiedsgerichts erfolgen nach Stimmenmehrheit.

Im Übrigen wird das Verfahren vor dem Schiedsgericht durch Kaiserliche Verordnung mit Zustimmung des Bundesraths geregelt.[1]

Die Kosten des Schiedsgerichts, sowie die Kosten des Verfahrens vor demselben trägt die Genossenschaft.

Dem Vorsitzenden des Schiedsgerichts und dessen Stellvertreter darf eine Vergütung von der Genossenschaft nicht gewährt werden.

## VI. Feststellung und Auszahlung der Entschädigungen.

### Anzeige und Untersuchung der Unfälle.

**§ 51.**[2] Von jedem in einem versicherten Betriebe vorkommenden Unfall, durch welchen eine in demselben beschäftigte Person getödtet wird oder eine Körperverletzung erleidet, welche eine Arbeitsunfähigkeit von mehr als drei Tagen oder den Tod zur Folge hat, ist von

---

[1] Vgl. Verordnung vom 2. Nov. 1885 (RGBl S. 279). Vgl. Bekanntm. betr. den von dem Vorsitzenden der berufsgenossenschaftlichen Schiedsgerichte dem Reichsversicherungsamte am Schlusse eines jeden Jahres einzureichenden Geschäftsbericht. Vom 1. Okt. 1886 (CBl S. 354). — Vgl. Rundschreiben des Reichsversicherungsamts an die Vorstände der lediglich der Aufsicht des Reichsversicherungsamtes unterstehenden Berufsgenossenschaften, betr. das bei einem negativen Kompetenzkonflikt örtlicher Feststellungsorgane einzuschlagende Verfahren. Vom 22. Mai 1890 (AN S. 449)

[2] Vgl. Mittheilung, betr. das Formular für die Unfallsanzeigen. Vom 1. Okt. 1885 (AN S. 286).

dem Betriebsunternehmer bei der Ortspolizeibehörde schriftliche Anzeige zu erstatten.

Dieselbe muß binnen zwei Tagen nach dem Tage erfolgen, an welchem der Betriebsunternehmer von dem Unfall Kenntniß erlangt hat.

Für den Betriebsunternehmer kann derjenige, welcher zur Zeit des Unfalls den Betrieb oder den Betriebstheil, in welchem sich der Unfall ereignete, zu leiten hatte, die Anzeige erstatten; im Falle der Abwesenheit oder Behinderung des Betriebsunternehmers ist er dazu verpflichtet.

Das Formular für die Anzeige wird vom Reichs-Versicherungsamt festgestellt.

Die Vorstände der unter Reichs- oder Staatsverwaltung stehenden Betriebe haben die im Absatz 1 vorgeschriebene Anzeige der vorgesetzten Dienstbehörde nach näherer Anweisung derselben zu erstatten.

**§ 52.** Die Ortspolizeibehörden, im Falle des § 51 Absatz 5 die Betriebsvorstände, haben über die zur Anzeige gelangenden Unfälle ein Unfallverzeichniß zu führen.

**§ 53.** Jeder zur Anzeige gelangte Unfall, durch welchen eine versicherte Person getödtet ist oder eine Körperverletzung erlitten hat, die voraussichtlich den Tod oder eine Erwerbsunfähigkeit von mehr als dreizehn Wochen zur Folge haben wird, ist von der Ortspolizeibehörde sobald wie möglich einer Untersuchung zu unterziehen, durch welche festzustellen sind:

1. die Veranlassung und Art des Unfalls,
2. die getödteten oder verletzten Personen,
3. die Art der vorgekommenen Verletzungen,
4. der Verbleib der verletzten Personen,
5. die Hinterbliebenen der durch den Unfall getödteten Personen, welche nach § 6 dieses Gesetzes einen Entschädigungsanspruch erheben können.

**§ 54.** An den Untersuchungsverhandlungen können theilnehmen: Vertreter der Genossenschaft, der von dem Vorstande der Krankenkasse, welcher der Getödtete oder Verletzte zur Zeit des Unfalls angehört hat, gewählte Bevollmächtigte (§ 45), sowie der Betriebsunternehmer, letzterer entweder in Person oder durch einen Vertreter. Zu diesem Zweck ist dem Genossenschaftsvorstande, dem Bevollmächtigten der Krankenkasse und dem Betriebsunternehmer von der Einleitung der Untersuchung rechtzeitig Kenntniß zu geben. Ist die Genossenschaft in Sektionen getheilt, oder sind von der Genossenschaft Vertrauensmänner bestellt, so ist die Mittheilung von der Einleitung der Untersuchung an den Sektionsvorstand beziehungsweise an den Vertrauensmann zu richten.[1]

Außerdem sind, soweit thunlich, die sonstigen Betheiligten und auf Antrag und Kosten der Genossenschaft Sachverständige zuzuziehen.

**§ 55.** Dem Bevollmächtigten der Krankenkasse, welcher an der Untersuchung des Unfalls theilgenommen hat, wird nach den durch das Genossenschaftsstatut zu bestimmenden Sätzen für den entgangenen Arbeitsverdienst Ersatz geleistet. Die Festsetzung erfolgt durch die Ortspolizeibehörde.

Von dem über die Untersuchung aufgenommenen Protokolle, sowie von den sonstigen Untersuchungsverhandlungen ist den Betheiligten auf ihren Antrag Einsicht und gegen Erstattung der Schreibgebühren Abschrift zu ertheilen.

**§ 56.** Bei den im § 51 Absatz 5 bezeichneten Betrieben bestimmt die vorgesetzte Dienstbehörde diejenige Behörde, welche die Untersuchung nach den Bestimmungen der §§ 53 bis 55 vorzunehmen und die Vergütung für den Bevollmächtigten der Krankenkasse (§ 45) festzusetzen hat.

## Entscheidung der Vorstände.

**§ 57.** Die Feststellung der Entschädigungen für die durch Unfall verletzten Versicherten und für die Hinterbliebenen der durch Unfall getödteten Versicherten erfolgt:

1. sofern die Genossenschaft in Sektionen eingetheilt ist, durch den Vorstand der Sektion, wenn es sich handelt
   a) um den Ersatz der Kosten des Heilverfahrens,
   b) um die für die Dauer einer voraussichtlich vorübergehenden Erwerbsunfähigkeit zu gewährende Rente,
   c) um den Ersatz der Beerdigungskosten;
2. in allen übrigen Fällen durch den Vorstand der Genossenschaft.[2]

Das Genossenschaftsstatut kann bestimmen, daß die Feststellung der Entschädigungen in den Fällen der Ziffer 1 und 2 durch einen Ausschuß des Sektionsvorstandes oder durch eine besondere Kommission oder durch örtliche Beauftragte (Vertrauensmänner) und in den Fällen der Ziffer 2 auch durch den Sektionsvorstand oder durch einen Ausschuß des Genossenschaftsvorstandes zu bewirken ist.

Vor der Feststellung der Entschädigung ist dem Entschädigungs-

[1] Vgl. Rundschreiben des Reichsversicherungsamts an die Berufsgenossenschaftsvorstände. Vom 21. Sept. 1887 (AN S. 336).

[2] Vgl. Rundschreiben des Reichsversicherungsamts an die Berufsgenossenschaftsvorstände AN 1887, S. 215.

berechtigten durch Mittheilung der Unterlagen, auf Grund deren dieselbe zu bemessen ist, Gelegenheit zu geben, sich binnen einer Frist von einer Woche zu äußern.

**§ 58.** Sind versicherte Personen in Folge des Unfalls getödtet, so haben die im § 57 bezeichneten Genossenschaftsorgane sofort nach Abschluß der Untersuchung (§§ 53 bis 56) oder, falls der Tod erst später eintritt, sobald sie von demselben Kenntniß erlangt haben, die Feststellung der Entschädigung vorzunehmen.

Sind versicherte Personen in Folge des Unfalls körperlich verletzt, so ist so bald als möglich die ihnen zu gewährende Entschädigung festzustellen.

Für diejenigen verletzten Personen, für welche noch nach Ablauf von dreizehn Wochen eine weitere ärztliche Behandlung behufs Heilung der erlittenen Verletzungen nothwendig ist, hat sich die Feststellung zunächst mindestens auf die bis zur Beendigung des Heilverfahrens zu leistenden Entschädigungen zu erstrecken. Die weitere Entschädigung ist, sofern deren Feststellung früher nicht möglich ist, nach Beendigung des Heilverfahrens unverzüglich zu bewirken.

In den Fällen des Absatzes 2 und 3 ist bis zur definitiven Feststellung der Entschädigung noch vor Beendigung des Heilverfahrens vorläufig eine Entschädigung zuzubilligen.

**§ 59.** Entschädigungsberechtigte, für welche die Entschädigung nicht von Amtswegen festgestellt ist, haben ihren Entschädigungsanspruch bei Vermeidung des Ausschlusses vor Ablauf von zwei Jahren nach dem Eintritt des Unfalls bei dem zuständigen Vorstande anzumelden.

Nach Ablauf dieser Frist ist der Anmeldung nur dann Folge zu geben, wenn zugleich glaubhaft bescheinigt wird, daß die Folgen des Unfalls erst später bemerkbar geworden sind oder daß der Entschädigungsberechtigte von der Verfolgung seines Anspruchs durch außerhalb seines Willens liegende Verhältnisse abgehalten worden ist.

Wird der angemeldete Entschädigungsanspruch anerkannt, so ist die Höhe der Entschädigung sofort festzustellen; anderenfalls ist der Entschädigungsanspruch durch schriftlichen Bescheid abzulehnen.

Ereignete sich der Unfall, in Folge dessen der Entschädigungsanspruch erhoben wird, in einem Betriebe, für welchen ein Mitgliedschein von einer Genossenschaft nicht ertheilt war, so hat die Anmeldung des Entschädigungsanspruchs bei der unteren Verwaltungsbehörde zu erfolgen, in deren Bezirk der Betrieb belegen ist. Dieselbe hat den Entschädigungsanspruch mittelst Bescheides zurückzuweisen, wenn sie den Betrieb, in welchem der Unfall sich ereignet hat, für nicht unter den § 1 fallend erachtet; anderenfalls hat sie die Feststellung der

Genossenschaft, welcher der Betrieb angehört, nach Maßgabe der §§ 34 bis 37 herbeizuführen, und, nachdem diese Feststellung erfolgt ist, den angemeldeten Entschädigungsanspruch dem zuständigen Vorstande zur weiteren Veranlassung zu überweisen, auch dem Entschädigungsberechtigten hiervon schriftlich Nachricht zu geben.

**§ 60.** Die Mitglieder der Genossenschaften sind verpflichtet auf Erfordern der Behörden und Vorstände (Vertrauensmänner) (§ 57) binnen einer Woche diejenigen Lohn- und Gehaltsnachweisungen zu liefern, welche zur Feststellung der Entschädigung erforderlich sind.

**§ 61.** Über die Feststellung der Entschädigung hat der Vorstand (Ausschuß, Vertrauensmann), welcher dieselbe vorgenommen hat, dem Entschädigungsberechtigten einen schriftlichen Bescheid zu ertheilen, aus welchem die Höhe der Entschädigung und die Art ihrer Berechnung zu ersehen ist. Bei Entschädigungen für erwerbsunfähig gewordene Verletzte ist namentlich anzugeben, in welchem Maße die Erwerbsunfähigkeit angenommen worden ist.

### Berufung gegen die Entscheidung der Behörden und Genossenschaftsorgane.

**§ 62.** Gegen den Bescheid der unteren Verwaltungsbehörde, durch welchen der Entschädigungsanspruch aus dem Grunde abgelehnt wird, weil der Betrieb, in welchem der Unfall sich ereignet hat, für nicht unter den § 1 fallend erachtet wird (§ 59 Abs. 4), steht dem Verletzten und seinen Hinterbliebenen die Beschwerde an das Reichs-Versicherungsamt zu. Dieselbe ist binnen vier Wochen nach der Zustellung des ablehnenden Bescheides bei der unteren Verwaltungsbehörde einzulegen.

Gegen den Bescheid, durch welchen der Entschädigungsanspruch aus einem anderen als dem vorbezeichneten Grunde abgelehnt wird (§ 59 Abs. 3), sowie gegen den Bescheid, durch welchen die Entschädigung festgestellt wird (§ 61), findet die Berufung auf schiedsrichterliche Entscheidung statt.

Die Berufung ist bei Vermeidung des Ausschlusses binnen vier Wochen nach der Zustellung des Bescheides bei dem Vorsitzenden desjenigen Schiedsgerichts (§ 47) zu erheben, in dessen Bezirk der Betrieb, in welchem der Unfall sich ereignet hat, belegen ist.

Der Bescheid muß die Bezeichnung der für die Berufung zuständigen Stelle beziehungsweise des Vorsitzenden des Schiedsgerichts, sowie die Belehrung über die einzuhaltenden Fristen enthalten.

Die Berufung hat keine aufschiebende Wirkung.

### Entscheidung des Schiedsgerichts. Rekurs an das Reichs-Versicherungsamt.

**§ 63.** Die Entscheidung des Schiedsgerichts ist dem Berufenden und demjenigen Genossenschaftsorgane, welches den angefochtenen Bescheid erlassen hat, zuzustellen. Gegen die Entscheidung steht in den Fällen des § 57 Ziffer 2 dem Verletzten oder dessen Hinterbliebenen, sowie dem Genossenschaftsvorstande binnen einer Frist von vier Wochen nach der Zustellung der Entscheidung der Rekurs an das Reichs-Versicherungsamt zu. Derselbe hat keine aufschiebende Wirkung.

Bildet in dem Falle des § 6 Ziffer 2 die Anerkennung oder Nichtanerkennung des Rechtsverhältnisses zwischen dem Getödteten und dem die Entschädigung Beanspruchenden die Voraussetzung des Entschädigungsanspruchs, so kann das Schiedsgericht den Betheiligten aufgeben, zuvörderst die Feststellung des betreffenden Rechtsverhältnisses im ordentlichen Rechtswege herbeizuführen. In diesem Falle ist die Klage bei Vermeidung des Ausschlusses des Entschädigungsanspruchs binnen einer vom Schiedsgericht zu bestimmenden, mindestens auf vier Wochen zu bemessenden Frist nach der Zustellung des hierüber ertheilten Bescheides des Schiedsgerichts zu erheben.

Nach erfolgter rechtskräftiger Entscheidung des Gerichts hat das Schiedsgericht auf erneuten Antrag über den Entschädigungsanspruch zu entscheiden.

### Berechtigungsausweis.

**§ 64.** Nach erfolgter Feststellung der Entschädigung (§ 57) ist dem Berechtigten von Seiten des Genossenschaftsvorstandes eine Bescheinigung über die ihm zustehenden Bezüge unter Angabe der mit der Zahlung beauftragten Postanstalt (§ 69) und Zahlungstermine auszufertigen.

Wird in Folge des schiedsgerichtlichen Verfahrens der Betrag der Entschädigung geändert, so ist dem Entschädigungsberechtigten ein anderweiter Berechtigungsausweis zu ertheilen.

### Veränderung der Verhältnisse.

**§ 65.**[1] Tritt in den Verhältnissen, welche für die Feststellung der Entschädigung maßgebend gewesen sind, eine wesentliche Veränderung ein, so kann eine anderweitige Feststellung derselben auf Antrag oder von Amtswegen erfolgen.

Ist der Verletzte, für welchen eine Entschädigung auf Grund des § 5 festgestellt war, in Folge der Verletzung gestorben, so muß

[1] Vgl. AN für U 1891 S. 221 ff.

der Antrag auf Gewährung einer Entschädigung für die Hinterbliebenen, falls deren Feststellung nicht von Amtswegen erfolgt ist, bei Vermeidung des Ausschlusses, vor Ablauf von zwei Jahren nach dem Tode des Verletzten bei dem zuständigen Vorstande angemeldet werden. Nach Ablauf dieser Frist ist der Anmeldung nur dann Folge zu geben, wenn zugleich glaubhaft bescheinigt wird, daß der Entschädigungsberechtigte von der Verfolgung seines Anspruchs durch außerhalb seines Willens liegende Verhältnisse abgehalten worden ist. Im Übrigen finden auf das Verfahren die Vorschriften der §§ 57 bis 64 entsprechende Anwendung.

Eine Erhöhung der im § 5 bestimmten Rente kann nur für die Zeit nach Anmeldung des höheren Anspruchs gefordert werden.

Eine Minderung oder Aufhebung der Rente tritt von dem Tage ab in Wirksamkeit, an welchem der dieselbe aussprechende Bescheid (§ 61) den Entschädigungsberechtigten zugestellt ist.

### Fälligkeitstermine.

**§ 66.** Die Kosten des Heilverfahrens (§ 5 Ziffer 1) und die Kosten der Beerdigung (§ 6 Ziffer 1) sind binnen acht Tagen nach ihrer Feststellung (§ 57) zu zahlen.

Die Entschädigungsrenten der Verletzten und der Hinterbliebenen der Getödteten sind in monatlichen Raten im voraus zu zahlen. Dieselben werden auf volle fünf Pfennig für den Monat nach oben abgerundet.

### Ausländische Entschädigungsberechtigte.

**§ 67.** Die Genossenschaft kann Ausländer, welche dauernd das Reichsgebiet verlassen, durch eine Kapitalzahlung für ihren Entschädigungsanspruch abfinden.

### Unpfändbarkeit der Entschädigungsforderungen.

**§ 68.** Die den Entschädigungsberechtigten auf Grund dieses Gesetzes zustehenden Forderungen können mit rechtlicher Wirkung weder verpfändet, noch auf Dritte übertragen, noch für andere als die im § 749 Absatz 4 der Civilprozeßordnung bezeichneten Forderungen der Ehefrau und ehelichen Kinder und die des ersatzberechtigten Armenverbandes gepfändet werden.

### Auszahlungen durch die Post.

**§ 69.**[1] Die Auszahlung der auf Grund dieses Gesetzes zu leistenden Entschädigungen wird auf Anweisung des Genossenschafts-

[1] Vgl. Geschäftsanweisung des Reichsversicherungsamts für die Vorstände der Berufsgenossenschaften betr. die Auszahlungen durch die Post, vom 27. Sept. 1885 (AN S. 224), 7. Dez. 1889 (AN S. 399), 27. April 1892 (AN für U S. 279).

vorstandes vorschußweise durch die Postverwaltungen, und zwar in der Regel durch dasjenige Postamt, in dessen Bezirk der Entschädigungsberechtigte zur Zeit des Unfalls seinen Wohnsitz hatte, bewirkt.

Verlegt der Entschädigungsberechtigte seinen Wohnsitz, so hat er die Überweisung der Auszahlung der ihm zustehenden Entschädigung an das Postamt seines neuen Wohnortes bei dem Vorstande, von welchem die Zahlungsanweisung erlassen worden ist, zu beantragen.

### Liquidationen der Post.

**§ 70.** Binnen acht Wochen nach Ablauf jedes Rechnungsjahres haben die Zentral-Postbehörden den einzelnen Genossenschaftsvorständen Nachweisungen der auf Anweisung der Vorstände geleisteten Zahlungen zuzustellen und gleichzeitig die Postkassen zu bezeichnen, an welche die zu erstattenden Beträge einzuzahlen sind.

### Umlage- und Erhebungsverfahren.

**§ 71.** Die von den Zentral-Postverwaltungen zur Erstattung liquidirten Beträge sind von den Genossenschaftsvorständen gleichzeitig mit den Verwaltungskosten unter Berücksichtigung der auf Grund der §§ 29 und 30 etwa vorliegenden Verpflichtungen und Berechtigungen nach dem festgestellten Vertheilungsmaßstab auf die Genossenschaftsmitglieder umzulegen und von denselben einzuziehen.

Zu diesem Zweck hat jedes Mitglied der Genossenschaft binnen sechs Wochen nach Ablauf des Rechnungsjahres dem Genossenschaftsvorstande eine Nachweisung einzureichen, welche enthält:

1. die während des abgelaufenen Rechnungsjahres im Betriebe beschäftigten versicherten Personen und die von denselben verdienten Löhne und Gehälter,
2. eine Berechnung der bei der Umlegung der Beiträge in Anrechnung zu bringenden Beträge der Löhne und Gehälter,
3. die Gefahrenklasse, in welche der Betrieb eingeschätzt worden ist (§ 28).

Für Genossenschaftsmitglieder, welche mit der rechtzeitigen Einsendung der Nachweisung im Rückstande sind, erfolgt die Feststellung der letzteren durch den Genossenschafts- beziehungsweise Sektionsvorstand auf Vorschlag des etwa bestellten Vertrauensmannes.

**§ 72.** Von dem Genossenschaftsvorstande wird auf Grund der ihm vorliegenden Nachweisungen (§ 71) eine summarische Gesammtnachweisung der im abgelaufenen Rechnungsjahre von den Mitgliedern der Genossenschaft beschäftigten versicherten Personen und der von denselben verdienten anrechnungsfähigen Gehälter und Löhne aufgestellt und demnächst für jedes Genossenschaftsmitglied der Beitrag berechnet, welcher auf dasselbe zur Deckung des Gesammtbedarfs (§ 71 Abs. 1) entfällt.

Jedem Genossenschaftsmitgliede ist ein Auszug aus der zu diesem Zweck aufzustellenden Heberolle mit der Aufforderung zuzustellen, den festgesetzten Beitrag zur Vermeidung der zwangsweisen Beitreibung binnen zwei Wochen einzuzahlen. Der Auszug muß diejenigen Angaben enthalten, welche den Zahlungspflichtigen in den Stand setzen, die Richtigkeit der angestellten Beitragsberechnung zu prüfen.

**§ 73.** Die Mitglieder der Genossenschaften können gegen die Feststellung ihrer Beiträge binnen zwei Wochen nach Zustellung des Auszuges aus der Heberolle unbeschadet der Verpflichtung zur vorläufigen Zahlung Widerspruch bei dem Genossenschaftsvorstande erheben. Wird demselben entweder überhaupt nicht, oder nicht in dem beantragten Umfange Folge gegeben, so steht ihnen innerhalb zwei Wochen nach der Zustellung der Entscheidung des Genossenschaftsvorstandes die Beschwerde an das Reichs-Versicherungsamt zu.

Die Beschwerde ist nur zulässig, wenn dieselbe sich entweder auf Rechenfehler, oder auf die unrichtige Feststellung des anrechnungsfähigen Betrages der Löhne und Gehälter, oder auf den irrthümlichen Ansatz einer anderen Gefahrenklasse, als wozu der Betrieb eingeschätzt ist, gründet.

Aus den letzteren beiden Gründen ist die Beschwerde jedoch nicht zulässig, wenn die Feststellung in dem Falle der von dem Genossenschaftsmitgliede unterlassenen Einsendung der Nachweisung durch den Vorstand bewirkt worden war (§ 71 Abs. 3).

Tritt in Folge des erhobenen Widerspruchs oder der erhobenen Beschwerde eine Herabminderung des Beitrages ein, so ist der Ausfall bei dem Umlageverfahren des nächsten Rechnungsjahres zu decken.

**§ 74.** Rückständige Beiträge, sowie die im Falle einer Betriebseinstellung etwa zu leistenden Kautionsbeträge (§ 17 Ziffer 7) werden in derselben Weise beigetrieben, wie Gemeindeabgaben. Dasselbe gilt von den Strafzuschlägen in dem Falle der Ablehnung von Wahlen (§ 24 Abs. 3).[1]

Uneinziehbare Beiträge fallen der Gesammtheit der Berufsgenossen zur Last. Sie sind vorschußweise aus dem Betriebsfonds oder erforderlichenfalls aus dem Reservefonds der Berufsgenossen-

---

[1] Vgl. hierzu AN 1888, S. 222.

schaft zu decken und bei dem Umlageverfahren des nächsten Rechnungsjahres zu berücksichtigen.

Abführung der Beträge an die Postkassen.

**§ 75.** Die Genossenschaftsvorstände haben die von den Zentral-Postbehörden liquidirten Beträge innerhalb drei Monaten nach Empfang der Liquidationen an die ihnen bezeichneten Postkassen abzuführen.

Gegen Genossenschaften, welche mit der Erstattung der Beträge im Rückstande bleiben, ist auf Antrag der Zentral-Postbehörden von dem Reichs-Versicherungsamt, vorbehaltlich der Bestimmungen des § 33, das Zwangsbeitreibungsverfahren einzuleiten.

Das Reichs-Versicherungsamt ist befugt, zur Deckung der Ansprüche der Postverwaltungen zunächst über bereite Bestände der Genossenschaftskassen zu verfügen. Soweit diese nicht ausreichen, hat dasselbe das Beitreibungsverfahren gegen die Mitglieder der Genossenschaft einzuleiten und bis zur Deckung der Rückstände durchzuführen.

Rechnungsführung.

**§ 76.** Die Einnahmen und Ausgaben der Genossenschaften sind von allen den Zwecken der letzteren fremden Vereinnahmungen und Verausgabungen gesondert festzustellen und zu verrechnen; ebenso sind die Bestände gesondert zu verwahren. Verfügbare Gelder dürfen nur in öffentlichen Sparkassen oder wie Gelder bevormundeter Personen angelegt werden.

Sofern besondere gesetzliche Vorschriften über die Anlegung der Gelder Bevormundeter nicht bestehen, kann die Anlegung der verfügbaren Gelder in Schuldverschreibungen, welche von dem Deutschen Reich, von einem deutschen Bundesstaate oder dem Reichslande Elsaß-Lothringen mit gesetzlicher Ermächtigung ausgestellt sind, oder in Schuldverschreibungen, deren Verzinsung von dem Deutschen Reich, von einem deutschen Bundesstaate oder dem Reichslande Elsaß-Lothringen gesetzlich garantirt ist, oder in Schuldverschreibungen, welche von deutschen kommunalen Korporationen (Provinzen, Kreisen, Gemeinden 2c.) oder von deren Kreditanstalten ausgestellt und entweder seitens der Inhaber kündbar sind, oder einer regelmäßigen Amortisation unterliegen, erfolgen. Auch können die Gelder bei der Reichsbank verzinslich angelegt werden.

**§ 77.** Über die gesammten Rechnungsergebnisse eines Rechnungsjahres ist nach Abschluß desselben alljährlich dem Reichstag eine vom Reichs-Versicherungsamt aufzustellende Nachweisung vorzulegen.

Beginn und Ende des Rechnungsjahres wird für alle Genossenschaften übereinstimmend durch Beschluß des Bundesraths festgestellt.[1]

## VII. Unfallverhütung. Überwachung der Betriebe durch die Genossenschaften.

### Unfallverhütungsvorschriften.

**§ 78.** Die Genossenschaften sind befugt, für den Umfang des Genossenschaftsbezirkes oder für bestimmte Industriezweige oder Betriebsarten oder bestimmt abzugrenzende Bezirke Vorschriften zu erlassen:[2]

1. über die von den Mitgliedern zur Verhütung von Unfällen in ihren Betrieben zu treffenden Einrichtungen unter Bedrohung der Zuwiderhandelnden mit der Einschätzung ihrer Betriebe in eine höhere Gefahrenklasse, oder falls sich die letzteren bereits in der höchsten Gefahrenklasse befinden, mit Zuschlägen bis zum doppelten Betrage ihrer Beiträge.
   Für die Herstellung der vorgeschriebenen Einrichtungen ist den Mitgliedern eine angemessene Frist zu bewilligen;
2. über das in den Betrieben von den Versicherten zur Verhütung von Unfällen zu beobachtende Verhalten unter Bedrohung der Zuwiderhandelnden mit Geldstrafen bis zu sechs Mark.

Diese Vorschriften bedürfen der Genehmigung des Reichs-Versicherungsamts.

Dem Antrage auf Ertheilung der Genehmigung ist die gutachtliche Äußerung der Vorstände derjenigen Sektionen, für welche die Vorschriften Gültigkeit haben sollen, oder, sofern die Genossenschaft in Sektionen nicht eingetheilt ist, des Genossenschaftsvorstandes beizufügen.

**§ 79.** Die im § 41 bezeichneten Vertreter der Arbeiter sind zu der Berathung und Beschlußfassung der Genossenschafts- oder Sektionsvorstände über diese Vorschriften zuzuziehen. Dieselben haben dabei volles Stimmrecht. Das über die Verhandlungen aufzunehmende Protokoll, aus welchem die Abstimmung der Vertreter der Arbeiter ersichtlich sein muß, ist dem Reichs-Versicherungsamt vorzulegen.

Die genehmigten Vorschriften sind den höheren Verwaltungs-

---

[1] Vgl. Bekanntm. des Reichskanzlers vom 23. Febr. 1885 (CBl S. 51); dazu Bekanntm. vom 22. Nov. 1885 (CBl S. 525).

[2] Vgl. die AN von Bd. II (1886) an.

behörden, auf deren Bezirke dieselben sich erstrecken, durch den Genossenschaftsvorstand mitzutheilen.

**§ 80.** Die im § 78 Ziffer 1 vorgesehene höhere Einschätzung des Betriebes, sowie die Festsetzung von Zuschlägen erfolgt durch den Vorstand der Genossenschaft, die Festsetzung der im § 78 Ziffer 2 vorgesehenen Geldstrafen durch den Vorstand der Betriebs- (Fabrik-) Krankenkasse, oder wenn eine solche für den Betrieb nicht errichtet ist, durch die Ortspolizeibehörde. In beiden Fällen findet zwei Wochen nach der Zustellung der bezüglichen Verfügung die Beschwerde statt. Über dieselbe entscheidet im ersten Falle das Reichs-Versicherungsamt, im zweiten Falle die der Ortspolizeibehörde unmittelbar vorgesetzte Aufsichtsbehörde.

Die Geldstrafen (§ 78 Ziffer 2) fließen in die Krankenkasse, welcher der zu ihrer Zahlung Verpflichtete zur Zeit der Zuwiderhandlung angehört.

**§ 81.** Die von den Landesbehörden für bestimmte Industriezweige oder Betriebsarten zur Verhütung von Unfällen zu erlassenden Anordnungen sollen, sofern nicht Gefahr im Verzuge ist, den betheiligten Genossenschaftsvorständen oder Sektionsvorständen zur Begutachtung nach Maßgabe des § 78 vorher mitgetheilt werden. Dabei findet der § 79 entsprechende Anwendung.

## Überwachung der Betriebe.

**§ 82.** Die Genossenschaften sind befugt, durch Beauftragte die Befolgung der zur Verhütung von Unfällen erlassenen Vorschriften zu überwachen, von den Einrichtungen der Betriebe, soweit sie für die Zugehörigkeit zur Genossenschaft oder für die Einschätzung in den Gefahrentarif von Bedeutung sind, Kenntniß zu nehmen und behufs Prüfung der von den Betriebsunternehmern auf Grund gesetzlicher oder statutarischer Bestimmungen eingereichten Arbeiter- und Lohnnachweisungen diejenigen Geschäftsbücher und Listen einzusehen, aus welchen die Zahl der beschäftigten Arbeiter und Beamten und die Beträge der verdienten Löhne und Gehälter ersichtlich werden.

Die einer Genossenschaft angehörenden Betriebsunternehmer sind verpflichtet, den als solchen legitimirten Beauftragten der betheiligten Genossenschaft auf Erfordern den Zutritt zu ihren Betriebsstätten während der Betriebszeit zu gestatten und die bezeichneten Bücher und Listen an Ort und Stelle zur Einsicht vorzulegen. Sie können hierzu, vorbehaltlich der Bestimmungen des § 83, auf Antrag der Beauftragten von der unteren Verwaltungsbehörde durch Geldstrafen im Betrage bis zu dreihundert Mark angehalten werden.

**§ 83.** Befürchtet der Betriebsunternehmer die Verletzung eines Fabrikgeheimnisses oder die Schädigung seiner Geschäftsinteressen in Folge der Besichtigung des Betriebes durch den Beauftragten der Genossenschaft, so kann derselbe die Besichtigung durch andere Sachverständige beanspruchen. In diesem Falle hat er dem Genossenschaftsvorstande, sobald er den Namen des Beauftragten erfährt, eine entsprechende Mittheilung zu machen und einige geeignete Personen zu bezeichnen, welche auf seine Kosten die erforderliche Einsicht in den Betrieb zu nehmen und dem Vorstande die für die Zwecke der Genossenschaft nothwendige Auskunft über die Betriebseinrichtungen zu geben bereit sind. In Ermangelung einer Verständigung zwischen dem Betriebsunternehmer und dem Vorstande entscheidet auf Anrufen des letzteren das Reichs-Versicherungsamt.

**§ 84.** Die Mitglieder der Vorstände der Genossenschaften, sowie deren Beauftragte (§§ 82, 83) und die nach § 83 ernannten Sachverständigen haben über die Thatsachen, welche durch die Überwachung und Kontrole der Betriebe zu ihrer Kenntniß kommen, Verschwiegenheit zu beobachten und sich der Nachahmung der von den Betriebsunternehmern geheim gehaltenen, zu ihrer Kenntniß gelangten Betriebseinrichtungen und Betriebsweisen, solange als diese Betriebsgeheimnisse sind, zu enthalten. Die Beauftragten der Genossenschaften und Sachverständigen sind hierauf von der unteren Verwaltungsbehörde ihres Wohnortes zu beeidigen.

**§ 85.** Namen und Wohnsitz der Beauftragten sind von dem Genossenschaftsvorstande den höheren Verwaltungsbehörden, auf deren Bezirke sich ihre Thätigkeit erstreckt, anzuzeigen.

Die Beauftragten sind verpflichtet, den nach Maßgabe des § 139b der Gewerbeordnung bestellten staatlichen Aufsichtsbeamten auf Erfordern über ihre Überwachungsthätigkeit und deren Ergebnisse Mittheilung zu machen, und können dazu von dem Reichs-Versicherungsamt durch Geldstrafen bis zu einhundert Mark angehalten werden.

**§ 86.** Die durch die Überwachung und Kontrole der Betriebe entstehenden Kosten gehören zu den Verwaltungskosten der Genossenschaft. Soweit dieselben in baaren Auslagen bestehen, können sie durch den Vorstand der Genossenschaft dem Betriebsunternehmer auferlegt werden, wenn derselbe durch Nichterfüllung der ihm obliegenden Verpflichtungen zu ihrer Aufwendung Anlaß gegeben hat. Gegen die Auferlegung der Kosten findet binnen zwei Wochen nach Zustellung des Beschlusses die Beschwerde an das Reichs-Versicherungsamt statt. Die Beitreibung derselben erfolgt in derselben Weise, wie die der Gemeindeabgaben.

## VIII. Das Reichs-Versicherungsamt.

### Organisation.

**§ 87.**[1] Die Genossenschaften unterliegen in Bezug auf die Befolgung dieses Gesetzes der Beaufsichtigung des Reichs-Versicherungsamts.

Das Reichs-Versicherungsamt hat seinen Sitz in Berlin. Es besteht aus mindestens drei ständigen Mitgliedern, einschließlich des Vorsitzenden, und aus acht nichtständigen Mitgliedern.

Der Vorsitzende und die übrigen ständigen Mitglieder werden auf Vorschlag des Bundesraths vom Kaiser auf Lebenszeit ernannt. Von den nichtständigen Mitgliedern werden vier vom Bundesrath aus seiner Mitte, und je zwei mittelst schriftlicher Abstimmung von den Genossenschaftsvorständen und von den Vertretern der versicherten Arbeiter (§ 41) aus ihrer Mitte in getrennter Wahlhandlung unter Leitung des Reichs-Versicherungsamts gewählt. Die Wahl erfolgt nach relativer Stimmenmehrheit; bei Stimmengleichheit entscheidet das Loos. Die Amtsdauer der nichtständigen Mitglieder währt vier Jahre. Das Stimmenverhältniß der einzelnen Wahlkörper bei der Wahl der nichtständigen Mitglieder bestimmt der Bundesrath unter Berücksichtigung der Zahl der versicherten Personen.

Für die nichtständigen Mitglieder des Reichs-Versicherungsamts sind in der gleichen Weise nach Bedürfniß Stellvertreter zu bestellen, welche die Mitglieder in Behinderungsfällen zu vertreten haben.[2]

Scheidet ein solches Mitglied während der Wahlperiode aus, so haben für den Rest derselben die Stellvertreter in der Reihenfolge ihrer Wahl als Mitglied einzutreten.

Die übrigen Beamten des Reichs-Versicherungsamts werden vom Reichskanzler ernannt.

### Zuständigkeit.

**§ 88.** Die Aufsicht des Reichs-Versicherungsamts über den Geschäftsbetrieb der Genossenschaften hat sich auf die Beobachtung der gesetzlichen und statutarischen Vorschriften zu erstrecken. Alle Ent-

---

[1] Vgl. Bekanntmachung vom 14. Juli 1884 (CBl S. 198) und 1. Mai 1886 (CBl S. 121).

[2] Die lateinisch gedruckten Zeilen sind Änderung durch G vom 16. Mai 1892 (RGBl S. 665).

scheidungen desselben sind endgültig, soweit in diesem Gesetze nicht ein Anderes bestimmt ist.

Das Reichs-Versicherungsamt ist befugt, jederzeit eine Prüfung der Geschäftsführung der Genossenschaften vorzunehmen.

Die Vorstandsmitglieder, Vertrauensmänner und Beamten der Genossenschaften sind auf Erfordern des Reichs-Versicherungsamts zur Vorlegung ihrer Bücher, Beläge und ihrer auf den Inhalt der Bücher bezüglichen Korrespondenzen, sowie der auf die Festsetzung der Entschädigungen und Jahresbeiträge bezüglichen Schriftstücke an die Beauftragten des Reichs-Versicherungsamts oder an das letztere selbst verpflichtet. Dieselben können hierzu durch Geldstrafen bis zu eintausend Mark angehalten werden.

**§ 89.** Das Reichs-Versicherungsamt entscheidet, unbeschadet der Rechte Dritter, über Streitigkeiten, welche sich auf die Rechte und Pflichten der Inhaber der Genossenschaftsämter, auf die Auslegung der Statuten und die Gültigkeit der vollzogenen Wahlen beziehen. Dasselbe kann die Inhaber der Genossenschaftsämter zur Befolgung der gesetzlichen und statutarischen Vorschriften durch Geldstrafen bis zu eintausend Mark anhalten.

## Geschäftsgang.

**§ 90.** Die Beschlußfassung des Reichs-Versicherungsamts ist durch die Anwesenheit von mindestens fünf Mitgliedern (einschließlich des Vorsitzenden), unter denen sich je ein Vertreter der Genossenschaftsvorstände und der Arbeiter befinden müssen, bedingt, wenn es sich handelt

a) um die Vorbereitung der Beschlußfassung des Bundesraths bei der Bestimmung, welche Betriebe mit einer Unfallgefahr nicht verbunden und deshalb nicht versicherungspflichtig sind (§ 1), bei der Genehmigung von Veränderungen des Bestandes der Genossenschaften (§ 31), bei der Auflösung einer leistungsunfähigen Genossenschaft (§ 33), bei der Bildung von Schiedsgerichten (§ 46);

b) um die Entscheidung vermögensrechtlicher Streitigkeiten bei Veränderungen des Bestandes der Genossenschaften (§ 32);

c) um die Entscheidung auf Rekurse gegen die Entscheidungen der Schiedsgerichte (§ 63);

d) um die Genehmigung von Vorschriften zur Verhütung von Unfällen (§ 78);

e) um die Entscheidung auf Beschwerden gegen Strafverfügungen der Genossenschaftsvorstände (§ 106).

Solange die Wahl der Vertreter der Genossenschaftsvorstände

und der Arbeiter nicht zu Stande gekommen ist, genügt die Anwesenheit von fünf anderen Mitgliedern (einschließlich des Vorsitzenden).

In den Fällen zu b und c erfolgt die Beschlußfassung unter Zuziehung von zwei richterlichen Beamten.

Im Übrigen werden die Formen des Verfahrens und der Geschäftsgang des Reichs-Versicherungsamts durch Kaiserliche Verordnung unter Zustimmung des Bundesraths geregelt.[1]

## Kosten.

**§ 91.** Die Kosten des Reichs-Versicherungsamts und seiner Verwaltung trägt das Reich.

Die nichtständigen Mitglieder erhalten für die Theilnahme an den Arbeiten und Sitzungen des Reichs-Versicherungsamts eine nach dem Jahresbetrage festzusetzende Vergütung, und diejenigen, welche außerhalb Berlin wohnen, außerdem Ersatz der Kosten der Hin- und Rückreise nach den für die vortragenden Räthe der obersten Reichsbehörden geltenden Sätzen (Verordnung vom 21. Juni 1875, Reichs-Gesetzbl. S. 249). Die Bestimmungen im § 16 des Gesetzes, betreffend die Rechtsverhältnisse der Reichsbeamten, vom 31. März 1873 (Reichs-Gesetzbl. S. 61) finden auf sie keine Anwendung.

## Landes-Versicherungsämter.

**§ 92.** In den einzelnen Bundesstaaten können für das Gebiet und auf Kosten derselben Landes-Versicherungsämter von den Landesregierungen errichtet werden.

Der Beaufsichtigung des Landes-Versicherungsamts unterstehen diejenigen Berufsgenossenschaften, welche sich nicht über das Gebiet des betreffenden Bundesstaates hinaus erstrecken. In den Angelegenheiten dieser Berufsgenossenschaften gehen die in den §§ 16, 18, 20, 27, 28, 30, 32, 33, 37, 38, 39, 40, 62, 63, 73, 75, 78, 80, 83, 85, 86, 88, 89, 106 dem Reichs-Versicherungsamt übertragenen Zuständigkeiten auf das Landes-Versicherungsamt über.

Soweit jedoch in den Fällen der §§ 30, 32, 37 und 38 eine der Aufsicht des Reichs-Versicherungsamts unterstellte Berufsgenossenschaft mitbetheiligt ist, entscheidet das Reichs-Versicherungsamt.

Treten für eine der im Absatz 2 genannten, der Aufsicht eines Landes-Versicherungsamts unterstellten Berufsgenossenschaften die

[1] Verordnungen, betr. die Formen des Verfahrens und den Geschäftsgang des Reichsversicherungsamtes, vom 5. August 1885 (RGBl S. 255) und vom 13. Nov. 1887 (RGBl S. 523).

Voraussetzungen des § 33 ein, so gehen die Rechtsansprüche und Verpflichtungen auf den betreffenden Bundesstaat über.

**§ 93.** Das Landes-Versicherungsamt besteht aus mindestens drei ständigen Mitgliedern, einschließlich des Vorsitzenden, und aus vier nichtständigen Mitgliedern.

Die ständigen Mitglieder werden von dem Landesherrn des betreffenden Bundesstaates auf Lebenszeit ernannt; die nichtständigen Mitglieder werden von den Genossenschaftsvorständen derjenigen Genossenschaften, welche sich nicht über das Gebiet des betreffenden Bundesstaates hinaus erstrecken, und von den Vertretern der versicherten Arbeiter (§ 41) aus ihrer Mitte mittelst schriftlicher Abstimmung unter Leitung des Landes-Versicherungsamts gewählt. Das Stimmenverhältniß der einzelnen Wahlkörper bestimmt die Landesregierung unter Berücksichtigung der Zahl der in den betreffenden Genossenschaften versicherten Personen. Im Übrigen finden die Bestimmungen des § 87 über die Wahl, die Amtsdauer und die Stellvertretung dieser nichtständigen Mitglieder gleichmäßig Anwendung. Solange eine Wahl der Vertreter der Genossenschaftsvorstände und der Arbeiter nicht zu Stande kommt, werden Vertreter der Betriebsunternehmer und der Versicherten von der Landes-Zentralbehörde ernannt.

Die Beschlußfassung des Landes-Versicherungsamts in den im § 90 unter b bis e bezeichneten Angelegenheiten ist durch die Anwesenheit von drei ständigen und zwei nichtständigen Mitgliedern bedingt, zu welchen in den Fällen zu b und c außerdem zwei richterliche Beamte zuzuziehen sind.

Die Formen des Verfahrens und der Geschäftsgang bei dem Landes-Versicherungsamt, sowie die den nichtständigen Mitgliedern zu gewährende Vergütung werden durch die Landesregierung geregelt.

## IX. Schluß- und Strafbestimmungen.

### Knappschafts-Berufsgenossenschaften.

**§ 94.** Unternehmer von Betrieben, welche landesgesetzlich bestehenden Knappschaftsverbänden angehören, können auf Antrag der Vorstände der letzteren nach Maßgabe der §§ 12 ff. vom Bundesrath zu Knappschafts-Berufsgenossenschaften vereinigt werden.

Die Knappschafts-Berufsgenossenschaften können durch Statut bestimmen:

a) daß die Entschädigungsbeträge auch über fünfzig Prozent hinaus (§ 29) von denjenigen Sektionen zu tragen sind, in deren Bezirken die Unfälle eingetreten sind;

b) daß den Knappschaftsältesten die Funktionen der im § 41 bezeichneten Vertreter der Arbeiter übertragen werden;

c) daß Knappschaftsälteste stimmberechtigte Mitglieder des Genossenschaftsvorstandes oder, sofern die Knappschafts-Berufsgenossenschaft in Sektionen getheilt ist, der Sektionsvorstände sind;

d) daß die Auszahlung der Entschädigungen durch die Knappschaftskassen bewirkt wird (§ 69).

### Haftpflicht der Betriebsunternehmer und Betriebsbeamten.

**§ 95.** Die nach Maßgabe dieses Gesetzes versicherten Personen und deren Hinterbliebene können einen Anspruch auf Ersatz des in Folge eines Unfalls erlittenen Schadens nur gegen diejenigen Betriebsunternehmer, Bevollmächtigten oder Repräsentanten, Betriebs- oder Arbeiteraufseher geltend machen, gegen welche durch strafgerichtliches Urtheil festgestellt worden ist, daß sie den Unfall vorsätzlich herbeigeführt haben.

In diesem Falle beschränkt sich der Anspruch auf den Betrag, um welchen die den Berechtigten nach den bestehenden gesetzlichen Vorschriften gebührende Entschädigung diejenige übersteigt, auf welche sie nach diesem Gesetze Anspruch haben.

**§ 96.** Diejenigen Betriebsunternehmer, Bevollmächtigten oder Repräsentanten, Betriebs- oder Arbeiteraufseher, gegen welche durch strafgerichtliches Urtheil festgestellt worden ist, daß sie den Unfall vorsätzlich oder durch Fahrlässigkeit mit Außerachtlassung derjenigen Aufmerksamkeit, zu der sie vermöge ihres Amtes, Berufes oder Gewerbes besonders verpflichtet sind, herbeigeführt haben, haften für alle Aufwendungen, welche in Folge des Unfalls auf Grund dieses Gesetzes oder des Gesetzes, betreffend die Krankenversicherung der Arbeiter, vom 15. Juni 1883 (Reichs-Gesetzbl. S. 73) von den Genossenschaften oder Krankenkassen gemacht worden sind.

In gleicher Weise haftet als Betriebsunternehmer eine Aktiengesellschaft, eine Innung oder eingetragene Genossenschaft für die durch ein Mitglied ihres Vorstandes, sowie eine Handelsgesellschaft, eine Innung oder eingetragene Genossenschaft für die durch einen der Liquidatoren herbeigeführten Unfälle.

Als Ersatz für die Rente kann in diesen Fällen deren Kapitalwerth gefordert werden.

Der Anspruch verjährt in achtzehn Monaten von dem Tage, an welchem das strafrechtliche Urtheil rechtskräftig geworden ist.

**§ 97.** Die in den §§ 95, 96 bezeichneten Ansprüche können, auch ohne daß die daselbst vorgesehene Feststellung durch strafgerichtliches Urtheil stattgefunden hat, geltend gemacht werden, falls diese Feststellung wegen des Todes oder der Abwesenheit des Betreffenden oder aus einem anderen in der Person desselben liegenden Grunde nicht erfolgen kann.

### Haftung Dritter.

**§ 98.** Die Haftung Dritter, in den §§ 95 und 96 nicht bezeichneter Personen, welche den Unfall vorsätzlich herbeigeführt oder durch Verschulden verursacht haben, bestimmt sich nach den bestehenden gesetzlichen Vorschriften. Jedoch geht die Forderung der Entschädigungsberechtigten an den Dritten auf die Genossenschaft insoweit über, als die Verpflichtung der letzteren zur Entschädigung durch dieses Gesetz begründet ist.

### Verbot vertragsmäßiger Beschränkungen.

**§ 99.** Den Berufsgenossenschaften sowie den Betriebsunternehmern ist untersagt, die Anwendung dieses Gesetzes zum Nachtheil der Versicherten durch Verträge (mittelst Reglements oder besonderer Übereinkunft) auszuschließen oder zu beschränken. Vertragsbestimmungen, welche diesem Verbote zuwiderlaufen, haben keine rechtliche Wirkung.

### Ältere Versicherungsverträge.

**§ 100.** Die Rechte und Pflichten aus Versicherungsverträgen, welche von Unternehmern der unter § 1 fallenden Betriebe oder von den in denselben beschäftigten versicherten Personen gegen die Folgen der in diesem Gesetze bezeichneten Unfälle mit Versicherungsanstalten abgeschlossen sind, gehen nach dem Inkrafttreten dieses Gesetzes auf die Berufsgenossenschaft, welcher der Betrieb angehört, über, wenn die Versicherungsnehmer dieses bei dem Vorstande der Genossenschaft beantragen. Die der Genossenschaft hieraus erwachsenden Zahlungsverbindlichkeiten werden durch Umlage auf die Mitglieder derselben (§§ 10, 28) gedeckt.

### Rechtshülfe.

**§ 101.** Die öffentlichen Behörden sind verpflichtet, den im Vollzuge dieses Gesetzes an sie ergehenden Ersuchen des Reichs-Versicherungsamts, anderer öffentlicher Behörden, sowie der Genossenschafts- und Sektionsvorstände und der Schiedsgerichte zu entsprechen und den bezeichneten Vorständen auch unaufgefordert alle Mittheilungen zukommen zu lassen, welche für den Geschäftsbetrieb der Genossenschaften von Wichtigkeit sind. Die gleiche Verpflichtung liegt den Organen der Genossenschaften untereinander ob.

Die durch die Erfüllung dieser Verpflichtungen entstehenden Kosten sind von den Genossenschaften als eigene Verwaltungskosten (§ 10) insoweit zu erstatten, als sie in Tagegeldern und Reisekosten von Beamten oder Genossenschaftsorganen, sowie in Gebühren für Zeugen und Sachverständige oder in sonstigen baaren Auslagen bestehen.[1]

Gebühren- und Stempelfreiheit.

**§ 102.** Alle zur Begründung und Abwickelung der Rechtsverhältnisse zwischen den Berufsgenossenschaften einerseits und den Versicherten andererseits erforderlichen schiedsgerichtlichen und außergerichtlichen Verhandlungen und Urkunden sind gebühren- und stempelfrei. Dasselbe gilt für die behufs Vertretung von Berufsgenossenschaften ausgestellten privatschriftlichen Vollmachten.

Strafbestimmungen.

**§ 103.**[2] Die Genossenschaftsvorstände sind befugt, gegen Betriebsunternehmer Ordnungsstrafen bis zu fünfhundert Mark zu verhängen:

1. wenn die von denselben auf Grund gesetzlicher oder statutarischer Bestimmung eingereichten Arbeiter- und Lohnnachweisungen unrichtige thatsächliche Angaben enthalten;
2. wenn in der von ihnen gemäß § 35 erstatteten Anzeige als Zeitpunkt der Eröffnung oder des Beginnes der Versicherungspflicht des Betriebes ein späterer Tag angegeben ist als der, an welchem dieselbe stattgefunden hat.

**§ 104.** Betriebsunternehmer, welche den ihnen obliegenden Verpflichtungen in Betreff der Anmeldung der Betriebe und Betriebsänderungen (§§ 11, 35, 38 und 39), in Betreff der Einreichung der Arbeiter- und Lohnnachweisungen (§§ 60 und 71) oder in Betreff der Erfüllung der für Betriebseinstellungen gegebenen statutarischen Vorschriften (§ 17 Ziffer 7) nicht rechtzeitig nachkommen, können von dem Genossenschaftsvorstande mit einer Ordnungsstrafe bis zu dreihundert Mark belegt werden.

Die gleiche Strafe kann, wenn die Anzeige eines Unfalls in Gemäßheit des § 51 nicht rechtzeitig erfolgt ist, gegen denjenigen verhängt werden, welcher zu der Anzeige verpflichtet war.

**§ 105.** Die Strafvorschriften der §§ 103 und 104 finden auch

---

[1] Vgl. Rundschreiben des Reichsversicherungsamts an die Berufsgenossenschaftsvorstände. Vom 21. Sept. 1887 (AN S. 336).

[2] Vgl. AN 1890 S. 150.

gegen die gesetzlichen Vertreter handlungsunfähiger Betriebsunternehmer, desgleichen gegen die Mitglieder des Vorstandes einer Aktiengesellschaft, Innung oder eingetragenen Genossenschaft, sowie gegen die Liquidatoren einer Handelsgesellschaft, Innung oder eingetragenen Genossenschaft Anwendung.

**§ 106.** Zum Erlaß der in den §§ 103 bis 105 bezeichneten Strafverfügungen ist der Vorstand derjenigen Genossenschaft zuständig, zu welcher der Betriebsunternehmer gemäß § 34 gehört.

Gegen die Strafverfügung des Genossenschaftsvorstandes steht den Betheiligten binnen zwei Wochen, von deren Zustellung an, die Beschwerde an das Reichs-Versicherungsamt zu.

Die Strafen fließen in die Genossenschaftskasse.

**§ 107.** Die Mitglieder der Vorstände der Genossenschaften, deren Beauftragte (§§ 82 und 83) und die nach § 83 ernannten Sachverständigen werden, wenn sie unbefugt Betriebsgeheimnisse offenbaren, welche kraft ihres Amtes oder Auftrages zu ihrer Kenntniß gelangt sind, mit Geldstrafe bis zu eintausendfünfhundert Mark oder mit Gefängniß bis zu drei Monaten bestraft.

Die Verfolgung tritt nur auf Antrag des Betriebsunternehmers ein.

**§ 108.** Die Mitglieder der Vorstände der Genossenschaften, die Beauftragten derselben (§§ 82 und 83) und die nach § 83 ernannten Sachverständigen werden mit Gefängniß, neben welchem auf Verlust der bürgerlichen Ehrenrechte erkannt werden kann, bestraft, wenn sie absichtlich zum Nachtheile der Betriebsunternehmer Betriebsgeheimnisse, welche kraft ihres Amtes oder Auftrages zu ihrer Kenntniß gelangt sind, offenbaren, oder geheim gehaltene Betriebseinrichtungen oder Betriebsweisen, welche kraft ihres Amtes oder Auftrages zu ihrer Kenntniß gelangt sind, solange als diese Betriebsgeheimnisse sind, nachahmen.

Thun sie dies, um sich oder einem Anderen einen Vermögensvortheil zu verschaffen, so kann neben der Gefängnißstrafe auf Geldstrafe bis zu dreitausend Mark erkannt werden.

### Zuständige Landesbehörden. Verwaltungsexekution.

**§ 109.**[1] Die Zentralbehörden der Bundesstaaten bestimmen, von welchen Staats- oder Gemeindebehörden die in diesem Gesetze den höheren Verwaltungsbehörden, den unteren Verwaltungsbehörden

[1] Bekanntm. des Reichsversicherungsamts betr. die von den Zentralbehörden der Bundesstaaten gemäß § 109 des Unfallversicherungsgesetzes bestimmten höheren und unteren Verwaltungsbehörden. Vom 1. Dezember 1891 (AN für U S. 291 ff.).

und den Ortspolizeibehörden zugewiesenen Verrichtungen wahrzunehmen sind und zu welchen Kassen die in §§ 11 Absatz 3, 35 Absatz 2, 82 Absatz 2 und 85 Absatz 2 bezeichneten Strafen fließen. Diese, sowie die auf Grund der §§ 49 Absatz 3, 103 bis 105 erkannten Strafen, desgleichen die von den Vorständen der Betriebs- (Fabrik-) Krankenkassen verhängten Strafen (§ 80 Abs. 1) werden in derselben Weise beigetrieben, wie Gemeindeabgaben.

Die von den Zentralbehörden der Bundesstaaten in Gemäßheit vorstehender Vorschrift erlassenen Bestimmungen sind durch den Deutschen Reichsanzeiger bekannt zu machen.

Zustellungen.

**§ 110.** Zustellungen, welche den Lauf von Fristen bedingen, erfolgen durch die Post mittelst eingeschriebenen Briefes gegen Empfangsschein.

Gesetzeskraft.

**§ 111.** Die Bestimmungen der Abschnitte II, III, IV, V und VIII, die auf diese Abschnitte bezüglichen Strafbestimmungen, sowie diejenigen Vorschriften, welche zur Durchführung der in diesen Abschnitten getroffenen Anordnungen dienen, treten mit dem Tage der Verkündigung dieses Gesetzes in Kraft.

Im Übrigen wird der Zeitpunkt, mit welchem das Gesetz in Kraft tritt, mit Zustimmung des Bundesraths durch Kaiserliche Verordnung bestimmt.[1]

---

## 68) Gesetz, betr. die Abänderung der Maaß- und Gewichtsordnung vom 17. August 1868. Vom 11. Juli 1884.
(RGBl S. 115.)

Vgl. oben S. 6 Anm. zu Art. 14 des Gesetzes vom 17. August 1868.

---

## 69) Gesetz über den Feingehalt der Gold- und Silberwaaren. Vom 16. Juli 1884. (RGBl S. 120.)

**§ 1.** Gold- und Silberwaaren dürfen zu jedem Feingehalte angefertigt und feilgehalten werden. Die Angabe des Feingehaltes

---

[1] V, betr. die Inkraftsetzung des Unfallversicherungsgesetzes vom 6. Juli 1884 und die theilweise Inkraftsetzung des Gesetzes über die Ausdehnung der Unfall- und Krankenversicherung vom 28. Mai 1885. Vom 25. Sept. 1885 (RGBl S. 271). Vgl. unten Anm. zu § 17, Abs. 3 des Gesetzes vom 28. Mai 1885 (RGBl S. 159).

auf denselben ist nur nach Maßgabe der folgenden Bestimmungen gestattet.

**§ 2.** Auf goldenen Geräthen darf der Feingehalt nur in 585 oder mehr Tausendtheilen, auf silbernen Geräthen nur in 800 oder mehr Tausendtheilen angegeben werden.

Der wirkliche Feingehalt darf weder im Ganzen der Waare noch auch in deren einzelnen Bestandtheilen bei goldenen Geräthen mehr als fünf, bei silbernen Geräthen mehr als acht Tausendtheile unter dem angegebenen Feingehalte bleiben. Vorbehaltlich dieser Abweichung muß der Gegenstand im Ganzen und mit der Löthung eingeschmolzen den angegebenen Feingehalt haben.

**§ 3.**[1] Die Angabe des Feingehalts auf goldenen und silbernen Geräthen geschieht durch ein Stempelzeichen, welches die Zahl der Tausendtheile und die Firma des Geschäfts, für welches die Stempelung bewirkt ist, kenntlich macht. Die Form des Stempelzeichens wird durch den Bundesrath bestimmt.

**§ 4.** Goldene und silberne Uhrgehäuse unterliegen den Bestimmungen der §§ 2 und 3.

**§ 5.** Schmucksachen von Gold und Silber dürfen in jedem Feingehalte gestempelt werden und ist in diesem Falle der letztere in Tausendtheilen anzugeben.

Die Fehlergrenze darf zehn Tausendtheile nicht überschreiten, wenn der Gegenstand im Ganzen eingeschmolzen wird.

Das vom Bundesrath gemäß § 3 bestimmte Stempelzeichen darf auf Schmucksachen von Gold und Silber nicht angebracht werden.

**§ 6.** Aus dem Auslande eingeführte Gold- und Silberwaaren, deren Feingehalt durch eine diesem Gesetze nicht entsprechende Bezeichnung angegeben ist, dürfen nur dann feilgehalten werden, wenn sie außerdem mit einem Stempelzeichen nach Maßgabe dieses Gesetzes versehen sind.

**§ 7.** Für die Richtigkeit des angegebenen Feingehalts haftet der Verkäufer der Waare. Ist deren Stempelung im Inlande erfolgt, so haftet gleich dem Verkäufer der Inhaber des Geschäfts, für welches die Stempelung erfolgt ist.

**§ 8.** Auf Gold- und Silberwaaren, welche mit anderen metallischen Stoffen ausgefüllt sind, darf der Feingehalt nicht angegeben werden.

Dasselbe gilt von Gold- und Silberwaaren, mit welchen aus

---

[1] Vgl. Bekanntm., betr. die Bestimmung der Form des Stempelzeichens zur Angabe des Feingehalts auf goldenen und silbernen Geräthen. Vom 7. Januar 1886 (RGBl S. 1).

anderen Metallen bestehende Verstärkungsvorrichtungen metallisch verbunden sind.

Bei Ermittelung des Feingehalts bleiben alle von dem zu stempelnden Metalle verschiedenen, äußerlich als solche erkennbaren Metalle außer Betracht, welche:

1. zur Verzierung der Waare dienen;
2. zur Herstellung mechanischer Vorrichtungen erforderlich sind;
3. als Verstärkungsvorrichtungen ohne metallische Verbindung sich darstellen.

**§ 9.** Mit Geldstrafe bis zu eintausend Mark oder mit Gefängniß bis zu sechs Monaten wird bestraft:

1. wer Gold- oder Silberwaaren, welche nach diesem Gesetze mit einer Angabe des Feingehalts nicht versehen sein dürfen, mit einer solchen Angabe versieht;
2. wer Gold- oder Silberwaaren, welche nach diesem Gesetze mit einer Angabe des Feingehalts versehen sein dürfen, mit einer anderen, als der nach diesem Gesetze zulässigen Feingehaltsangabe versieht;
3. wer Gold- oder silberähnliche Waaren mit einem durch dieses Gesetz vorgesehenen Stempelzeichen oder mit einem Stempelzeichen versieht, welches nach diesem Gesetze als Feingehaltsbezeichnung für Gold- und Silberwaaren nicht zulässig ist;
4. wer Waaren feilhält, welche mit einer gegen die Bestimmungen dieses Gesetzes verstoßenden Bezeichnung versehen sind.

Mit der Verurtheilung ist zugleich auf Vernichtung der gesetzwidrigen Bezeichnung oder, wenn diese in anderer Weise nicht möglich ist, auf Zerstörung der Waaren zu erkennen.

**§ 10.** Dieses Gesetz tritt am 1. Januar 1888 in Kraft. An demselben Tage treten alle landesgesetzlichen Bestimmungen über den Feingehalt der Gold- und Silberwaaren außer Geltung.

---

## 70) Gesetz wegen Ergänzung des § 100e des Gesetzes, betr. die Abänderung der Gewerbeordnung vom 18. Juli 1881. Vom 8. Dezember 1884. (RGBl S. 255.)

Vgl. oben § 100e Nr. 3 der Gewerbeordnung in der Fassung vom 1. Juli 1883.

---

## 71) Gesetz über die Ausdehnung der Unfall- und Krankenversicherung. Vom 28. Mai 1885. (RGBl S. 159.)

### I. Unfallversicherung.

**§ 1.**[1] Das Unfallversicherungsgesetz vom 6. Juli 1884 (Reichs-Gesetzbl. S. 69) findet mit den aus nachstehenden Bestimmungen sich ergebenden Abänderungen Anwendung auf

1. den gesammten Betrieb der Post-, Telegraphen- und Eisenbahnverwaltungen, sowie sämmtliche Betriebe der Marine- und Heeresverwaltungen, und zwar einschließlich der Bauten, welche von diesen Verwaltungen für eigene Rechnung ausgeführt werden;
2. den Baggereibetrieb;
3. den gewerbsmäßigen Fuhrwerks-, Binnenschifffahrts-, Flößerei-, Prahm- und Fährbetrieb, sowie den Gewerbebetrieb des Schiffsziehens (Treidelei);
4. den gewerbsmäßigen Speditions-, Speicher- und Kellereibetrieb;
5. den Gewerbebetrieb der Güterpacker, Güterlader, Schaffer, Bracker, Wäger, Messer, Schauer und Stauer.

**§ 2.** Für die Post-, Telegraphen-, Marine- und Heeresverwaltungen, sowie für die vom Reich oder von einem Bundesstaate für Reichs- beziehungsweise Staatsrechnung verwalteten Eisenbahnbetriebe, sämmtlich einschließlich der Bauten, welche von denselben für eigene Rechnung ausgeführt werden, tritt an die Stelle der Berufsgenossenschaft das Reich beziehungsweise der Staat, für dessen Rechnung die Verwaltung geführt wird.

Dasselbe gilt hinsichtlich der vom Reich oder von einem Bundesstaate für Reichs- beziehungsweise Staatsrechnung verwalteten Baggerei-, Binnenschifffahrts-, Flößerei-, Prahm- und Fährbetriebe, sofern nicht die Reichs- beziehungsweise Landesregierung vor der Beschlußfassung des Bundesraths über die Bildung der Berufsgenossenschaft (§§ 12 ff. des Unfallversicherungsgesetzes) erklärt, daß diese Betriebe denselben angehören sollen.

Soweit hiernach das Reich oder ein Bundesstaat an die Stelle der Berufsgenossenschaft tritt, werden die Befugnisse und Obliegenheiten der Genossenschaftsversammlung und des Vorstandes der Genossenschaft durch Ausführungsbehörden wahrgenommen, welche für die Heeresverwaltungen von der obersten Militärverwaltungsbehörde

---

[1] Vgl. auch unten G vom 11. Juli 1887, § 48, Abs. 2.

des Kontingents, im Übrigen für die Reichsverwaltungen vom Reichskanzler, für die Landesverwaltungen von der Landes-Zentralbehörde zu bezeichnen sind. Dem Reichs-Versicherungsamt ist mitzutheilen, welche Behörden als Ausführungsbehörde bezeichnet worden sind.

**§ 3.** Soweit das Reich oder ein Bundesstaat an die Stelle der Berufsgenossenschaft tritt, finden die §§ 10 bis 31, 33 bis 40, 59 Absatz 4, 60, 62 Absatz 1, 71 bis 74, 75 Absatz 2 und 3, 76, 78 bis 86, 87 Absatz 1, 88, 89, 90 Absatz 1 lit. a, d, e, 94, 103 bis 108 des Unfallversicherungsgesetzes keine Anwendung.

**§ 4.** Personen des Soldatenstandes sind von der Versicherung ausgeschlossen.

Die Erstreckung der Versicherungspflicht auf Betriebsbeamte mit einem zweitausend Mark übersteigenden Jahresarbeitsverdienst (§ 2 Absatz 1 des Unfallversicherungsgesetzes) kann durch die Ausführungsvorschriften erfolgen, soweit diese Beamten nicht nach § 4 a. a. O. von der Anwendung des Gesetzes ausgeschlossen sind.

**§ 5.** Die Wahl der Vertreter der Arbeiter (§ 41 a. a. O.) erfolgt für den Geschäftsbereich jeder Ausführungsbehörde.

Das Regulativ[1] (§ 43 a. a. O.) wird durch die für den Erlaß der Ausführungsvorschriften zuständige Behörde erlassen. In demselben sind die Zahl der Vertreter und die denselben zu gewährenden Vergütungssätze (§ 44 Absatz 4, 49 Absatz 2, 55 Absatz 1 a. a. O.) festzustellen.

Über Streitigkeiten, welche sich auf Gültigkeit der vollzogenen Wahlen beziehen, entscheidet das Reichs-Versicherungsamt beziehungsweise das Landes-Versicherungsamt.

**§ 6.** Für den Geschäftsbereich jeder Ausführungsbehörde ist mindestens ein Schiedsgericht (§ 46 a. a. O.) zu errichten. Die im § 47 Absatz 3 a. a. O. bezeichneten Beisitzer werden von der Ausführungsbehörde ernannt.

**§ 7.** Die Feststellung der Entschädigungen (§ 57 a. a. O.) erfolgt durch die in den Ausführungsvorschriften zu bezeichnende Behörde.

---

[1] Das Regulativ betr. die Unfallversicherung für den Betrieb der Reichspost- und Telegraphenverwaltung, vom 30. Sept. 1885 (CBl S. 484), ist aufgehoben durch Regulativ vom 31. März 1886 (CBl S. 76). — Vgl. Regulativ des preuß. Kriegsministerium betr. die Wahlen der Vertreter, der Arbeiter und der von diesen zu wählenden Beisitzer zum Schiedsgericht auf Grund des Unfallversicherungsgesetzes vom 6. Juli 1884 und des Ausdehnungsgesetzes vom 28. Mai 1885 für den Bereich der preuß. Heeresverwaltung vom 23. Okt. 1885 (CBl S. 505).

**§ 8.** Gegen den Bescheid der zuständigen Behörde, durch welchen ein Entschädigungsanspruch aus dem Grunde abgelehnt wird, weil der Betrieb, in welchem der Unfall sich ereignet hat, für nicht unter den § 1 fallend erachtet wird, steht dem Verletzten und seinen Hinterbliebenen die Beschwerde an das Reichs-Versicherungsamt beziehungsweise Landes-Versicherungsamt zu, welche bei demselben binnen vier Wochen nach der Zustellung des ablehnenden Bescheides einzulegen ist.

**§ 9.** Vorschriften der Ausführungsbehörden über das in den Betrieben von den Versicherten zur Verhütung von Unfällen zu beobachtende Verhalten sind, sofern sie Strafbestimmungen enthalten sollen, vor dem Erlaß mindestens drei Vertretern der Arbeiter zur Berathung und gutachtlichen Äußerung vorzulegen. Die Berathung findet unter Leitung eines Beauftragten der Ausführungsbehörde statt. Der Beauftragte darf kein unmittelbarer Vorgesetzter der Vertreter der Arbeiter sein.

Die auf Grund solcher Vorschriften verhängten Geldstrafen fließen in die Krankenkasse, welcher der zu ihrer Zahlung Verpflichtete zur Zeit der Zuwiderhandlung angehört.

**§ 10.**[1] Die zur Durchführung der Bestimmungen in §§ 2 bis 9 erforderlichen Ausführungsvorschriften sind für die Heeresverwaltungen von der obersten Militärverwaltungsbehörde des Kontingents, im Übrigen für die Reichsverwaltungen vom Reichskanzler, für die Landesverwaltungen von der Landes-Zentralbehörde zu erlassen.

**§ 11.**[2] Soweit nicht die §§ 2 bis 10 Anwendung finden, erfolgt die Versicherung durch Berufsgenossenschaften nach den Bestimmungen des Unfallversicherungsgesetzes. Bei der Errichtung von Berufsgenossenschaften für Eisenbahnen oder die im § 1 Ziffer 3 bezeichneten Betriebe kann von der Bestimmung des § 9 des Unfallversicherungsgesetzes abgesehen werden, wonach die für einen bestimmten Bezirk gebildeten Berufsgenossenschaften innerhalb desselben

---

[1] Die Ausführungsbestimmungen des Reichskanzlers für den Betrieb der Reichs-Post- und Telegraphen-Verwaltung vom 25. Juli 1885 (CBl S. 389) sind aufgehoben durch die Bestimmungen vom 21. März 1886 (CBl S. 66); vgl. ferner Bestimmungen für den Betrieb der Reichseisenbahnverwaltung, vom 20. Sept. 1885 (CBl S. 469). — Ausführungsvorschriften des preuß. Kriegsministerium zur Durchführung der Unfallversicherungsgesetze im Bereiche der preuß. Heeresverwaltung. Vom 19. Sept. 1885 (CBl S. 475).

[2] Bekanntm. betr. die Anmeldung der unfallversicherungspflichtigen Betriebe. Vom 5. Juni 1885 (CBl S. 236). Bekanntm. vom 1. Dezember 1891, betr. Verzeichniß der Verwaltungsbehörden und Organisation der Unfallversicherung (AN für U 1891, S. 291 ff.).

alle Betriebe desjenigen Industriezweiges umfassen müssen, für welchen sie errichtet sind.

**§ 12.** Soweit Betriebe der Post-, Telegraphen- und Eisenbahnverwaltungen, sowie Betriebe der Marine- und Heeresverwaltungen bereits auf Grund des Unfallversicherungsgesetzes einer Berufsgenossenschaft zugetheilt sind, scheiden dieselben aus der letzteren mit den aus § 32 a. a. O. sich ergebenden Rechtswirkungen aus. Dasselbe gilt von Anlagen, welche Bestandtheile eines Binnenschifffahrtsbetriebes sind.

Auf die im § 1 Absatz 6 a. a. O. bezeichneten Eisenbahn- und Schifffahrtsbetriebe findet diese Bestimmung keine Anwendung.

**§ 13.** Ereignet sich ein Unfall auf der Fahrt, so ist die nach § 51 Absatz 1 a. a. O. zu erstattende Anzeige an diejenige Ortspolizeibehörde im Inlande zu richten, in deren Bezirk sich der Unfall ereignet hat oder der erste Aufenthalt nach demselben genommen wird. Die Untersuchung des Unfalls (§ 53 a. a. O.) erfolgt durch diejenige Ortsbehörde, an welche die Anzeige erstattet ist. Auf Antrag Betheiligter (§ 54 a. a. O.) kann jedoch die der Ortspolizeibehörde vorgesetzte Behörde die Untersuchung durch eine andere Ortspolizeibehörde herbeiführen. Die zur Führung der Untersuchung berufene Ortspolizeibehörde hat der Krankenkasse, welcher der Verletzte angehört, rechtzeitig von dem Zeitpunkte, in welchem die Untersuchung vorgenommen werden wird, Kenntniß zu geben. Der Vorstand hat das Recht, zum Zwecke der Theilnahme an den Untersuchungsverhandlungen einen Vertreter für die im § 54 des Unfallversicherungsgesetzes bezeichneten Bevollmächtigten zu bestellen und ist hierbei nicht auf den Kreis der Kassenmitglieder beschränkt.

Hinsichtlich der unter Reichs- oder Staatsverwaltung stehenden Betriebe bewendet es bei den Vorschriften in §§ 51 Absatz 5, 52, 56 a. a. O.

**§ 14.** Auf Unfallverhütungsvorschriften, welche sich auf die Sicherheit des Eisenbahnbetriebes beziehen, finden die Bestimmungen des § 9 dieses Gesetzes, sowie der §§ 79, 81 des Unfallversicherungsgesetzes keine Anwendung.

## II. Krankenversicherung. §§ 15. 16.[1]

---

[1] Die §§ 15, 16, 17 Abs. 2 traten mit dem 1. Januar 1893 außer Kraft. Vgl. G vom 10. April 1892 Art. 32. Die §§ 15, 16 lauteten:

„§ 15. Auf alle im § 1 bezeichneten Betriebe findet das Gesetz über die Krankenversicherung der Arbeiter vom 15. Juni 1883 (Reichs-Gesetzbl. S. 73) in gleicher Weise wie auf die im § 1 desselben bezeichneten Betriebe Anwendung. Soweit hierdurch die gesetzliche Verpflichtung zur Krankenversicherung auf Personen ausgedehnt wird, welche in einem Transportbetriebe beschäftigt sind, tritt § 2 Ziffer 3 des Krankenversicherungsgesetzes außer Kraft.

## III. Schlußbestimmungen.

**§ 17.** Mit den aus diesem Gesetze sich ergebenden Abänderungen treten die Bestimmungen der Abschnitte II, III, IV, V und VIII des Unfallversicherungsgesetzes, die auf diese Abschnitte bezüglichen Strafbestimmungen und diejenigen Vorschriften, welche zur Durchführung der in diesen Abschnitten getroffenen Anordnungen dienen, in Betreff der im § 1 bezeichneten Betriebe mit dem Tage der Verkündung dieses Gesetzes in Kraft.[1]

Im Übrigen wird der Zeitpunkt, mit welchem die Bestimmungen

---

Personen des Soldatenstandes, sowie solche in Reichs- oder Staatsbetrieben beschäftigte Personen, welche dem Reich oder dem Staate gegenüber in Krankheitsfällen einen Anspruch auf Fortzahlung des Gehaltes oder des Lohnes oder auf eine den Bestimmungen des § 6 a. a. O. entsprechende Unterstützung mindestens für dreizehn Wochen nach der Erkrankung haben, sind von der Krankenversicherung ausgeschlossen.

Als Beschäftigungsort gilt im Zweifel der Sitz des Gewerbebetriebes, in welchem die Beschäftigung stattfindet.

§ 16. Erkrankt ein Versicherter auf der Fahrt im Inlande außerhalb des Bezirks der Orts-, Betriebs- (Fabrik-), Bau-, Innungs-Krankenkasse, der Knappschaftskasse oder der Gemeinde-Krankenversicherung, welcher er angehört, so hat dem Erkrankten die Gemeinde des Ortes, an welchem die Fürsorge für denselben nothwendig wird, diejenigen Unterstützungen zu gewähren, welche er von der Gemeinde-Krankenversicherung oder der Krankenkasse, der er angehört, zu beanspruchen hat. Diese hat der unterstützenden Gemeinde die ihr hieraus erwachsenden Kosten zu erstatten. Bei der Erstattung gilt als Ersatz der im § 6 Absatz 1 Ziffer 1 des Krankenversicherungsgesetzes bezeichneten Leistungen die Hälfte des Krankengeldes, sofern nicht höhere Aufwendungen nachgewiesen werden.

Erkrankt ein bei einer Orts-, Betriebs-, (Fabrik-), Bau-, Innungs-Krankenkasse, bei einer Knappschaftskasse oder bei einer Gemeinde-Krankenversicherung Versicherter auf der Fahrt im Auslande, so hat dem Erkrankten der Betriebsunternehmer diejenigen Unterstützungen zu gewähren, welche er von der Gemeinde-Krankenversicherung oder der Krankenkasse, der er angehört, zu beanspruchen hat. Diese hat dem Betriebsunternehmer die ihm hieraus nachweislich erwachsenden Kosten zu erstatten. Bei der Erstattung gilt als Ersatz der im § 6 Absatz 1 Ziffer 1 des Krankenversicherungsgesetzes bezeichneten Leistungen die Hälfte des Krankengeldes.

Streitigkeiten, welche hieraus entstehen, werden, soweit es sich um Unterstützungsansprüche handelt, nach § 58 Absatz 1 a. a. O., im Übrigen nach § 58 Absatz 2 a. a. O. entschieden."

[1] Vgl. Anm. zu § 15. Abs. 2 lautete:

„Dasselbe gilt von den Vorschriften des Krankenversicherungsgesetzes, soweit sie die Beschlußfassung über die statutarische Einführung des Versicherungszwanges, sowie die Herstellung der zur Durchführung des Versicherungszwanges dienenden Einrichtungen betreffen."

dieses Gesetzes ganz oder theilweise in Kraft treten, mit Zustimmung des Bundesraths durch Kaiserliche Verordnung bestimmt.[1]

# 1886.

## 72) Gesetz, betr. die Fürsorge für Beamte und Personen des Soldatenstandes in Folge von Betriebsunfällen. Vom 15. März 1886. (RGBl S. 53.)

**§ 1.** Beamte der Reichs-Civilverwaltung, des Reichsheeres und der Kaiserlichen Marine und Personen des Soldatenstandes, welche in reichsgesetzlich der Unfallversicherung unterliegenden Betrieben beschäftigt sind, erhalten, wenn sie in Folge eines im Dienste erlittenen Betriebsunfalls dauernd dienstunfähig werden, als Pension sechsundsechzigzweidrittel Prozent ihres jährlichen Diensteinkommens, soweit ihnen nicht nach anderweiter reichsgesetzlicher Vorschrift ein höherer Betrag zusteht.

---

[1] Vgl. V, betr. die Inkraftsetzung des Unfallversicherungsgesetzes vom 6. Juli 1884 (RGBl S. 69) und die theilweise Inkraftsetzung des Gesetzes über die Ausdehnung der Unfall- und Krankenversicherung vom 28. Mai 1885 (RGBl S. 159). Vom 25. Sept. 1885 (RGBl S. 271):

„§ 1. Das Unfallversicherungsgesetz vom 6. Juli 1884 (RGBl S. 69) tritt mit dem 1. Oktober 1885 seinem vollen Umfange nach in Kraft.

§ 2. Mit demselben Zeitpunkte tritt das Gesetz über die Ausdehnung der Unfall- und Krankenversicherung vom 28. Mai 1885 (RGBl S. 159) für die in § 1 Ziffer 1 a. a. O. bezeichneten Betriebe, nämlich:
den gesammten Betrieb der Post-, Telegraphen- und Eisenbahnverwaltungen, sowie sämmtliche Betriebe der Marine- und Heeresverwaltungen, und zwar einschließlich der Bauten, welche von diesen Verwaltungen für eigene Rechnung ausgeführt werden.
in Kraft." —

V, betr. die Inkraftsetzung des Gesetzes über die Ausdehnung der Unfall- und Krankenversicherung vom 28. Mai 1885 (RGBl S. 159). Vom 24. Juni 1886 (RGBl S. 205):

„Einziger Paragraph. Das Gesetz über die Ausdehnung der Unfall- und Krankenversicherung vom 28. Mai 1885 (RGBl S. 159) tritt mit dem 1. Juli 1886 für die in § 1 Ziffer 2 bis 5 a. a. O. bezeichneten Betriebe, nämlich:
den Baggereibetrieb;
den gewerbsmäßigen Fuhrwerks-, Binnenschifffahrts-, Flößerei-, Prahm- und Fährbetrieb, sowie den Gewerbebetrieb des Schiffsziehens (Treidelei);
den gewerbsmäßigen Speditions-, Speicher- und Kellereibetrieb;
den Gewerbebetrieb der Güterpacker, Güterlader, Schaffer, Bracker, Wäger, Messer, Schauer und Stauer
seinem vollen Umfange nach in Kraft."

Personen der vorbezeichneten Art erhalten, wenn sie in Folge eines im Dienste erlittenen Betriebsunfalls nicht dauernd dienstunfähig geworden, aber in ihrer Erwerbsfähigkeit beeinträchtigt worden sind, bei ihrer Entlassung aus dem Dienste als Pension:

1. im Falle völliger Erwerbsunfähigkeit für die Dauer derselben den im ersten Absatze bezeichneten Betrag;
2. im Falle theilweiser Erwerbsunfähigkeit für die Dauer derselben einen Bruchtheil der vorstehend bezeichneten Pension, welcher nach dem Maße der verbliebenen Erwerbsfähigkeit zu bemessen ist.

Steht solchen Personen nach anderweiter reichsgesetzlicher Vorschrift ein höherer Betrag zu, so erhalten sie diesen.

Nach dem Wegfall des Diensteinkommens sind den Verletzten außerdem die noch erwachsenden Kosten des Heilverfahrens zu ersetzen.

**§ 2.** Die Hinterbliebenen solcher im § 1 bezeichneten Personen, welche in Folge eines im Dienste erlittenen Betriebsunfalls gestorben sind, erhalten:

1. als Sterbegeld, sofern ihnen nicht nach anderweiter Bestimmung Anspruch auf Gnadenquartal oder Gnadenmonat zusteht, den Betrag des einmonatigen Diensteinkommens beziehungsweise der einmonatigen Pension des Verstorbenen, jedoch mindestens 30 Mark;
2. eine Rente. Dieselbe beträgt
   a) für die Wittwe bis zu deren Tode oder Wiederverheirathung zwanzig Prozent des jährlichen Diensteinkommens des Verstorbenen, jedoch nicht unter 160 Mark und nicht mehr als 1600 Mark;
   b) für jedes Kind bis zur Vollendung des achtzehnten Lebensjahres oder bis zur etwaigen früheren Verheirathung, sofern die Mutter lebt, fünfundsiebzig Prozent der Wittwenrente, und sofern die Mutter nicht lebt, die volle Wittwenrente;
   c) für Ascendenten des Verstorbenen, wenn dieser ihr einziger Ernährer war, für die Zeit bis zu ihrem Tode oder bis zum Wegfall der Bedürftigkeit zwanzig Prozent des Diensteinkommens des Verstorbenen, jedoch nicht unter 160 Mark und nicht mehr als 1600 Mark; sind mehrere derartig Berechtigte vorhanden, so wird die Rente den Eltern vor den Großeltern gewährt.

Die Renten dürfen zusammen sechszig Prozent des Diensteinkommens nicht übersteigen. Ergiebt sich ein höherer Betrag, so haben die Ascendenten nur insoweit einen Anspruch, als durch die Renten der Wittwe und der Kinder der Höchstbetrag der Rente nicht erreicht wird. Soweit die Renten der Wittwe und Kinder den zulässigen Höchstbetrag überschreiten, werden die einzelnen Renten in gleichem Verhältnisse gekürzt.

Steht nach anderweiter reichsgesetzlicher Vorschrift den Hinterbliebenen ein höherer Betrag zu, so erhalten sie diesen.

Der Anspruch der Wittwe ist ausgeschlossen, wenn die Ehe erst nach dem Unfall geschlossen worden ist.

**§ 3.** Erreicht das Diensteinkommen nicht den von der höheren Verwaltungsbehörde nach Anhörung der Gemeindebehörde für Erwachsene festgesetzten ortsüblichen Tagelohn gewöhnlicher Tagearbeiter (§ 8 des Gesetzes, betreffend die Krankenversicherung der Arbeiter, vom 15. Juni 1883, RGBl S. 73), so ist der letztere der Berechnung zu Grunde zu legen.

Bleibt bei den nicht mit Pensionsberechtigung angestellten Beamten (§ 1) die nach vorstehenden Bestimmungen der Berechnung zu Grunde zu legende Summe unter dem niedrigsten Diensteinkommen derjenigen Stellen, in welchen solche Beamte nach den bestehenden Grundsätzen zuerst mit Pensionsberechtigung angestellt werden können, so ist der letztere Betrag der Berechnung zu Grunde zu legen.

**§ 4.** Der Bezug der Pension beginnt mit dem Wegfall des Diensteinkommens, der Bezug der Wittwen- und Waisenrente mit dem Ablauf des Gnadenquartals oder Gnadenmonats, oder, soweit solche nicht gewährt werden, mit dem auf den Todestag des Verunglückten folgenden Tage.

Gehört der Verletzte auf Grund gesetzlicher oder statutarischer Verpflichtung einer Krankenkasse oder der Gemeinde-Krankenversicherung an, so wird bis zum Ablauf der dreizehnten Woche nach dem Eintritt des Unfalls die Pension und der Ersatz der Kosten des Heilverfahrens um den Betrag der von der Krankenkasse oder der Gemeinde-Krankenversicherung geleisteten Krankenunterstützung gekürzt. Der Anspruch auf das Sterbegeld (§ 2 Abs. 1 Ziffer 1), und vom Beginne der vierzehnten Woche ab auch der Anspruch auf die Pension und auf den Ersatz der Kosten des Heilverfahrens (§ 1) geht bis zum Betrage des von der Krankenkasse gezahlten Sterbegeldes beziehungsweise bis zum Betrage der von dieser gewährten weiteren Krankenunterstützung auf die Krankenkasse über. Als Werth der freien ärztlichen Behandlung, der Arznei und der Heilmittel (§ 6 Abs. 1 Ziffer 1 des Krankenversicherungsgesetzes) gilt die Hälfte des gesetzlichen Mindestbetrages des Krankengeldes.

**§ 5.** Ein Anspruch auf die in den §§ 1 und 2 bezeichneten Bezüge besteht nicht, wenn der Verletzte den Unfall (§ 1) vorsätzlich oder durch ein Verschulden herbeigeführt hat, wegen dessen auf Dienstentlassung oder auf Verlust des Titels und Pensionsanspruchs gegen ihn erkannt oder wegen dessen ihm die Fähigkeit zur Beschäftigung in einem öffentlichen Dienstzweige aberkannt worden ist.

**§ 6.** Ansprüche auf Grund dieses Gesetzes sind, soweit deren Feststellung nicht von Amtswegen erfolgt, bei Vermeidung des Ausschlusses vor Ablauf von zwei Jahren nach dem Eintritt des Unfalls bei der dem Verletzten unmittelbar vorgesetzten Dienstbehörde anzumelden.

Nach Ablauf dieser Frist ist der Anmeldung nur dann Folge zu geben, wenn zugleich glaubhaft bescheinigt wird, daß die Folgen des Unfalls erst später bemerkbar geworden sind, oder daß der Berechtigte von der Verfolgung seines Anspruchs durch außerhalb seines Willens liegende Verhältnisse abgehalten worden ist.

Jeder Unfall, welcher von Amtswegen oder durch Anmeldung der Betheiligten einer vorgesetzten Dienstbehörde bekannt wird, ist sofort zu untersuchen. Den Betheiligten ist Gelegenheit zu geben, selbst oder durch Vertreter ihre Interessen bei der Untersuchung zu wahren.

**§ 7.** Soweit vorstehend nichts Anderes bestimmt ist, finden auf die nach § 1, und hinsichtlich der Berechnung des Diensteinkommens auch auf die nach § 2 zu gewährenden Bezüge die für die Betheiligten geltenden Bestimmungen über Pension, auf die nach § 2 zu gewährenden Renten im Übrigen die Vorschriften über die Fürsorge für die Wittwen und Waisen der Reichsbeamten der Civilverwaltung, Anwendung. Jedoch erfolgt die Bestimmung über die Zahlung der Renten an Hinterbliebene einer zum Reichsheere gehörigen Person durch die oberste Militärverwaltungsbehörde des Kontingents.

**§ 8.** Die in den §§ 1 und 2 bezeichneten Personen können einen Anspruch auf Ersatz des durch den Unfall (§ 1) erlittenen Schadens gegen die Betriebsverwaltung, in deren Dienst sie den Unfall erlitten haben, überhaupt nicht, und gegen deren Betriebsleiter, Bevollmächtigte oder Repräsentanten, Betriebs- oder Arbeiteraufseher nur dann geltend machen, wenn durch strafgerichtliches Urtheil festgestellt worden ist, daß diese den Unfall vorsätzlich herbeigeführt haben.

Der hiernach zulässige Anspruch ermäßigt sich um denjenigen Betrag, welcher dem Berechtigten nach dem gegenwärtigen Gesetze zusteht.

**§ 9.** Die in dem § 8 bezeichneten Ansprüche können, auch ohne daß die daselbst vorgesehene Feststellung durch strafgerichtliches Urtheil stattgefunden hat, geltend gemacht werden, falls diese Feststellung wegen des Todes oder der Abwesenheit des Betreffenden oder aus einem anderen in der Person desselben liegenden Grunde nicht erfolgen kann.

**§ 10.** Die dem Verletzten oder dessen Hinterbliebenen auf Grund des § 1 des Gesetzes, betreffend die Verbindlichkeit zum Schadensersatz für die bei dem Betriebe von Eisenbahnen, Bergwerken u. s. w. herbeigeführten Tödtungen und Körperverletzungen, vom 7. Juni 1871 (Reichs-Gesetzbl. S. 207) gegen Eisenbahn-Betriebsunternehmer zustehenden Ansprüche gehen auf die Betriebsverwaltung, welche dem Verletzten oder dessen Hinterbliebenen auf Grund des gegenwärtigen Gesetzes oder anderweiter reichsgesetzlicher Vorschrift (§§ 1 und 2) Pensionen, Kosten des Heilverfahrens, Renten oder Sterbegelder zu zahlen hat, in Höhe dieser Bezüge und vorbehaltlich der Bestimmungen des Artikels 8 des Gesetzes vom 20. Dezember 1875 (Reichs-Gesetzbl. S. 318) über.

Weitergehende Ansprüche als auf diese Bezüge stehen dem Verletzten und dessen Hinterbliebenen gegen das Reich und die Bundesstaaten nicht zu.

Die Haftung anderer, in dem § 8 nicht bezeichneten Personen, welche den Unfall vorsätzlich herbeigeführt oder durch Verschulden verursacht haben, bestimmt sich nach den bestehenden gesetzlichen Vorschriften. Jedoch geht die Forderung des Entschädigungsberechtigten an den Dritten auf die Betriebsverwaltung insoweit über, als sie zu den im Absatz 1 gedachten Zahlungen auf Grund dieses Gesetzes verpflichtet ist.

**§ 11.** Auf die in den §§ 1 und 2 bezeichneten Personen finden die reichsgesetzlichen Bestimmungen über Unfallversicherung keine Anwendung.

**§ 12.** Staats- und Kommunalbeamten und deren Hinterbliebenen, für welche durch die Landesgesetzgebung oder durch statutarische Festsetzung gegen die Folgen eines im Dienste erlittenen Betriebsunfalls eine den Vorschriften der §§ 1 bis 5 des gegenwärtigen Gesetzes mindestens gleichkommende Fürsorge getroffen ist, steht wegen eines solchen Unfalls ein reichsgesetzlicher Anspruch auf Ersatz des durch denselben erlittenen Schadens nur nach Maßgabe der §§ 8 bis 10 des gegenwärtigen Gesetzes zu. Auf solche Staats- und Kommunalbeamten und deren Hinterbliebene finden die reichsgesetzlichen Bestimmungen über Unfallversicherung keine Anwendung.

**§ 13.** Dies Gesetz tritt mit dem Tage der Verkündung in Kraft. Dasselbe kommt in Bayern nach näherer Bestimmung des Bündnißvertrages vom 23. November 1870 (Bundes-Gesetzbl. 1871 S. 9) unter III § 5 zur Anwendung.

---

**73) Gesetz, betr. die Ausprägung einer Nickelmünze zu zwanzig Pfennig. Vom 1. April 1886.** (RGBl S. 67.)

Vgl. oben S. 80 zu Art. 3 des Münzgesetzes vom 9. Juli 1873.

---

**74) Gesetz, betr. die Rechtsverhältnisse der deutschen Schutzgebiete. Vom 17. April 1886.** (RGBl S. 75.)

(Neue Fassung durch G vom 15. März 1888 (RGBl S. 71.) In Folge dessen Neupublikation am 19. März 1888 (RGBl S. 75), vgl. unten.

---

**75) Gesetz, betr. die Abänderung der Gewerbeordnung. Vom 23. April 1886.** (RGBl S. 125.)

Vgl. oben Anm. zu § 104 h der Gewerbeordnung in der Fassung vom 1. Juli 1883.

---

**76) Gesetz, betr. die Unzulässigkeit der Pfändung von Eisenbahnfahrbetriebsmitteln. Vom 3. Mai 1886.** (RGBl S. 131.)[1]

Die Fahrbetriebsmittel der Eisenbahnen, welche Personen oder Güter im öffentlichen Verkehr befördern, sind von der ersten Einstellung in den Betrieb bis zur endgültigen Ausscheidung aus den Beständen der Pfändung nicht unterworfen.

Durch diese Bestimmung werden dieselben im Falle des Konkursverfahrens von der Konkursmasse nicht ausgeschlossen.

Auf die Fahrbetriebsmittel ausländischer Eisenbahnen findet die Bestimmung des ersten Absatzes nur insoweit Anwendung, als die Gegenseitigkeit verbürgt ist.

Dieses Gesetz tritt mit dem 1. Juni 1886 in Kraft.

---

**77) Gesetz, betr. die Unfall- und Krankenversicherung der in land- und forstwirthschaftlichen Betrieben beschäftigten Personen. Vom 5. Mai 1886.** (RGBl S. 132.)

## A. Unfallversicherung.

### I. Allgemeine Bestimmungen.

**§ 1.** Alle in land- und forstwirthschaftlichen Betrieben beschäftigten Arbeiter und Betriebsbeamten, letztere sofern ihr Jahresarbeits-

---

[1] Vgl. Erklärung, betr. die Unzulässigkeit der Pfändung von Eisenbahnbetriebsmitteln. Vom 17. März 1887 (RGBl S. 153: Gegenseitigkeit mit Österreich).

verdienst an Lohn oder Gehalt zweitausend Mark nicht übersteigt, werden gegen die Folgen der bei dem Betriebe sich ereignenden Unfälle nach Maßgabe der Bestimmungen dieses Gesetzes versichert.

Dasselbe gilt von Arbeitern und Betriebsbeamten in land- und forstwirthschaftlichen, nicht unter § 1 des Unfallversicherungsgesetzes vom 6. Juli 1884 (Reichs-Gesetzbl. S. 69) fallenden Nebenbetrieben.

Der Landesgesetzgebung bleibt überlassen, zu bestimmen, in welchem Umfange und unter welchen Voraussetzungen Unternehmer der unter Absatz 1 fallenden Betriebe versichert, oder Familienangehörige, welche in dem Betriebe des Familienhauptes beschäftigt werden, von der Versicherung ausgeschlossen sein sollen.

Wer im Sinne dieses Gesetzes als Betriebsbeamter anzusehen ist, wird durch statutarische Bestimmung der Berufsgenossenschaft (§ 13) für ihren Bezirk festgestellt.

Als landwirthschaftlicher Betrieb im Sinne dieses Gesetzes gilt auch der Betrieb der Kunst- und Handelsgärtnerei, dagegen nicht die ausschließliche Bewirthschaftung von Haus- und Ziergärten.

Welche Betriebszweige im Sinne dieses Gesetzes als land- oder forstwirthschaftliche Betriebe anzusehen sind, entscheidet im Zweifelsfalle das Reichs-Versicherungsamt.

**§ 2.** Unternehmer der unter § 1 fallenden Betriebe sind berechtigt, andere nach § 1 nicht versicherte in ihrem Betriebe beschäftigte Personen und, sofern ihr Jahresarbeitsverdienst zweitausend Mark nicht übersteigt, sich selbst zu versichern. Diese letztere Berechtigung kann durch Statut (§ 22) auf Unternehmer mit einem zweitausend Mark übersteigenden Jahresarbeitsverdienste erstreckt werden.

Auch kann durch Statut die Versicherungspflicht auf Betriebsbeamte mit einem zweitausend Mark übersteigenden Jahresarbeitsverdienste und auf Betriebsunternehmer ausgedehnt werden, deren Jahresarbeitsverdienst zweitausend Mark nicht übersteigt.

Bei Versicherung von Betriebsbeamten ist der volle Jahresarbeitsverdienst zu Grunde zu legen.

**§ 3.** Als Jahresarbeitsverdienst der Betriebsbeamten, soweit sich derselbe nicht aus mindestens wochenweise fixirten Beträgen zusammensetzt, gilt das Dreihundertfache des durchschnittlichen täglichen Verdienstes an Gehalt oder Lohn. Als Gehalt oder Lohn gelten dabei auch feste Naturalbezüge. Der Werth der letzteren ist nach Durchschnittspreisen in Ansatz zu bringen. Dieselben werden von der unteren Verwaltungsbehörde festgesetzt.

Über die Ermittelung des Jahresarbeitsverdienstes der Betriebsunternehmer hat das Statut (§ 22) Bestimmung zu treffen.

§ 4. Auf die im § 1 des Gesetzes, betreffend die Fürsorge für Beamte und Personen des Soldatenstandes in Folge von Betriebsunfällen, vom 15. März 1886 (Reichs-Gesetzbl. S. 53) bezeichneten Personen, auf Beamte, welche in Betriebsverwaltungen eines Bundesstaates oder eines Kommunalverbandes mit festem Gehalt und Pensionsberechtigung angestellt sind, sowie auf andere Beamte eines Bundesstaates oder Kommunalverbandes, für welche die im § 12 a. a. O. vorgesehene Fürsorge in Kraft getreten ist, findet dieses Gesetz keine Anwendung.

§ 5. Gegenstand der Versicherung ist der nach Maßgabe der nachfolgenden Bestimmungen zu bemessende Ersatz des Schadens, welcher durch Körperverletzung oder Tödtung entsteht. Der Anspruch ist ausgeschlossen, wenn der Verletzte den Betriebsunfall vorsätzlich herbeigeführt hat.

§ 6. Im Falle der Verletzung soll der Schadensersatz bestehen:

1. in den Kosten des Heilverfahrens, welche vom Beginn der vierzehnten Woche nach Eintritt des Unfalls an entstehen,
2. in einer dem Verletzten vom Beginn der vierzehnten Woche nach Eintritt des Unfalls an für die Dauer der Erwerbsunfähigkeit zu gewährenden Rente.

Die Rente beträgt:

a) im Falle völliger Erwerbsunfähigkeit für die Dauer derselben sechsundsechzigzweidrittel Prozent des Arbeitsverdienstes,
b) im Falle theilweiser Erwerbsunfähigkeit für die Dauer derselben einen Bruchtheil der Rente unter a, welcher nach dem Maße der verbliebenen Erwerbsfähigkeit zu bemessen ist.

Bei Berechnung der Rente für Arbeiter sowie für andere von dem Betriebsunternehmer nach Maßgabe des § 2 versicherte Personen, soweit dieselben nicht Betriebsbeamte sind, gilt als Arbeitsverdienst derjenige Jahresarbeitsverdienst, welchen land- und forstwirthschaftliche Arbeiter am Orte der Beschäftigung durch land- und forstwirthschaftliche, sowie durch anderweite Erwerbsthätigkeit durchschnittlich erzielen. Der Betrag dieses durchschnittlichen Jahresarbeitsverdienstes wird durch die höhere Verwaltungsbehörde nach Anhörung der Gemeindebehörde je besonders für männliche und weibliche, für jugendliche und erwachsene Arbeiter festgesetzt. Die Festsetzung kann je besonders für die landwirthschaftlichen und die forstwirthschaftlichen Arbeiter erfolgen. Die für verletzte jugendliche Arbeiter festgesetzte Rente ist vom vollendeten sechzehnten Lebensjahre des Verletzten ab auf den nach dem Arbeitsverdienste Erwachsener zu berechnenden Betrag zu erhöhen.

Bei Berechnung der Rente für Betriebsbeamte ist der Jahresarbeitsverdienst (§ 3 Abs. 1) zu Grunde zu legen, welchen der Verletzte in dem Betriebe, in welchem der Unfall sich ereignete, während des letzten Jahres bezogen hat. Übersteigt dieser Jahresarbeitsverdienst für den Arbeitstag, das Jahr zu dreihundert Arbeitstagen gerechnet, vier Mark, so ist der überschießende Betrag nur mit einem Drittel anzurechnen. War der Betriebsbeamte in diesem Betriebe nicht ein volles Jahr, von dem Tage des Unfalls zurückgerechnet beschäftigt, so ist der Betrag zu Grunde zu legen, welchen während dieses Zeitraumes Betriebsbeamte derselben Art in demselben Betriebe oder in benachbarten gleichartigen Betrieben durchschnittlich bezogen haben. Erreicht der Jahresarbeitsverdienst des verletzten Betriebsbeamten das Dreihundertfache des nach Maßgabe des § 8 des Krankenversicherungsgesetzes vom 15. Juni 1883 (Reichs-Gesetzbl. S. 73) für den Beschäftigungsort festgesetzten ortsüblichen Tagelohnes gewöhnlicher Tagearbeiter nicht, so ist das Dreihundertfache dieses ortsüblichen Tagelohnes der Berechnung zu Grunde zu legen.

Bei Berechnung der Rente für versicherte Betriebsunternehmer ist der nach Absatz 3 für den Sitz des Betriebes festgestellte durchschnittliche Jahresarbeitsverdienst land- und forstwirthschaftlicher Arbeiter zu Grunde zu legen, sofern nicht durch das Statut (§ 22) hiervon abweichende Bestimmungen getroffen werden. Übersteigt der Jahresarbeitsverdienst für den Arbeitstag, das Jahr zu dreihundert Arbeitstagen gerechnet, vier Mark, so ist der überschießende Betrag nur mit einem Drittel anzurechnen.

Wenn der Verletzte zur Zeit des Unfalls bereits theilweise erwerbsunfähig war und deshalb einen geringeren als den durchschnittlichen Arbeitsverdienst bezog, so wird die Rente nur nach dem Maße der durch den Unfall eingetretenen weiteren Schmälerung der Erwerbsfähigkeit bemessen. War der Verletzte zur Zeit des Unfalls bereits völlig erwerbsunfähig, so beschränkt sich der zu leistende Schadensersatz auf die im § 6 Absatz 1 Ziffer 1 angegebenen Kosten des Heilverfahrens.

**§ 7.** Im Falle der Tödtung ist als Schadensersatz außerdem zu leisten:

1. als Ersatz der Beerdigungskosten der fünfzehnte Theil des nach § 6 Absatz 3 bis 6 ermittelten Jahresarbeitsverdienstes, jedoch mindestens dreißig Mark;
2. eine den Hinterbliebenen des Getödteten vom Todestage an zu gewährende Rente, welche nach den Vorschriften des § 6 Absatz 3 bis 6 zu berechnen ist.

   Dieselbe beträgt:

   a) für die Wittwe des Getödteten bis zu deren Tode oder

Wiederverheirathung zwanzig Prozent, für jedes hinterbliebene vaterlose Kind bis zu dessen zurückgelegtem fünfzehnten Lebensjahre fünfzehn Prozent und, wenn das Kind auch mutterlos ist oder wird, zwanzig Prozent des Jahresarbeitsverdienstes.

Die Renten der Wittwen und der Kinder dürfen zusammen sechszig Prozent des Jahresarbeitsverdienstes nicht übersteigen; ergiebt sich ein höherer Betrag, so werden die einzelnen Renten in gleichem Verhältnisse gekürzt.

Im Falle der Wiederverheirathung erhält die Wittwe den dreifachen Betrag ihrer Jahresrente als Abfindung.

Der Anspruch der Wittwe ist ausgeschlossen, wenn die Ehe erst nach dem Unfalle geschlossen worden ist;

b) für Ascendenten des Verstorbenen, wenn dieser ihr einziger Ernährer war, für die Zeit bis zu ihrem Tode oder bis zum Wegfall der Bedürftigkeit zwanzig Prozent des Jahresarbeitsverdienstes.

Wenn mehrere der unter b benannten Berechtigten vorhanden sind, so wird die Rente den Eltern vor den Großeltern gewährt.

Wenn die unter b bezeichneten mit den unter a bezeichneten Berechtigten konkurriren, so haben die ersteren einen Anspruch nur, soweit für die letzteren der Höchstbetrag der Rente nicht in Anspruch genommen wird.

Die Hinterbliebenen eines Ausländers, welche zur Zeit des Unfalls nicht im Inlande wohnten, haben keinen Anspruch auf die Rente.

**§ 8.** Bis zum beendigten Heilverfahren kann an Stelle der im § 6 vorgeschriebenen Leistung freie Kur und Verpflegung in einem Krankenhause gewährt werden, und zwar:

1. für Verunglückte, welche verheirathet sind oder bei einem Mitgliede ihrer Familie wohnen, mit ihrer Zustimmung oder unabhängig von derselben, wenn die Art der Verletzung Anforderungen an die Behandlung oder Verpflegung stellt, denen in der Familie nicht genügt werden kann;
2. für sonstige Verunglückte in allen Fällen.

Für die Zeit der Verpflegung des Verunglückten in dem Krankenhause steht den im § 7 Ziffer 2 bezeichneten Angehörigen desselben die daselbst angegebene Rente insoweit zu, als sie auf dieselbe im Falle des Todes des Verletzten einen Anspruch haben würden.

**§ 9.** Durch das Statut kann bestimmt werden, daß die Rente (§§ 6 bis 8) solchen versicherten Personen, welche ihren Lohn oder

Gehalt herkömmlich ganz oder zum Theil in Form von Naturalleistungen (z. B. Wohnung, Feuerung, Nahrungsmittel, Landnutzung, Kleidung 2c.), beziehen, sowie den Hinterbliebenen oder Angehörigen solcher Personen, nach Verhältniß ebenfalls in dieser Form gewährt wird. Der Werth dieser Naturalbezüge ist gemäß § 3 festzusetzen.

**§ 10.** Während der ersten dreizehn Wochen nach dem Unfalle eines Arbeiters hat die Gemeinde, in deren Bezirk der Verletzte beschäftigt war, demselben die Kosten des Heilverfahrens in dem im § 6 Absatz 1 Ziffer 1 des Krankenversicherungsgesetzes vom 15. Juni 1883 (Reichs-Gesetzbl. S. 73) bezeichneten Umfange zu gewähren. Diese Verpflichtung besteht nicht, insoweit die Verletzten auf Grund landesgesetzlicher Bestimmungen, oder auf Grund der Krankenversicherung Anspruch auf eine gleiche Fürsorge haben, oder nach § 136 dieses Gesetzes von der Versicherungspflicht befreit sind, oder sich im Auslande aufhalten. Soweit aber solchen Personen die im § 6 Absatz 1 Ziffer 1 des Krankenversicherungsgesetzes bezeichneten Leistungen von den zunächst Verpflichteten nicht gewährt werden, hat die Gemeinde dieselben mit Vorbehalt des Ersatzanspruchs zu übernehmen. Die zu diesem Zwecke gemachten Aufwendungen sind von den Verpflichteten zu erstatten.

Für außerhalb des Gemeindebezirks wohnhafte versicherte Personen hat die Gemeinde ihres Wohnortes die im Absatz 1 bezeichneten Leistungen unter Vorbehalt des Anspruchs auf Ersatz der aufgewendeten Kosten zu übernehmen.

Als Beschäftigungsort gilt im Zweifel diejenige Gemeinde, in deren Bezirk der Sitz des Betriebes (§ 44) belegen ist.

Die Berufsgenossenschaft ist befugt, die im Absatz 1 bezeichneten Leistungen selbst zu übernehmen. Dieselbe ist ferner befugt, der Gemeinde-Krankenversicherung oder Krankenkasse, welcher der Verletzte angehört, die Fürsorge für denselben über die dreizehnte Woche hinaus bis zur Beendigung des Heilverfahrens zu übertragen. In diesem Falle hat sie die gemachten Aufwendungen zu ersetzen.

Als Ersatz der Kosten des Heilverfahrens gilt die Hälfte des nach dem Krankenversicherungsgesetze zu gewährenden Mindestbetrages des Krankengeldes, sofern nicht höhere Aufwendungen nachgewiesen werden.

**§ 11.** Die Verpflichtung der eingeschriebenen Hülfskassen, sowie der sonstigen Kranken-, Sterbe-, Invaliden- und anderen Unterstützungskassen, den von Betriebsunfällen betroffenen Arbeitern und Betriebsbeamten, sowie deren Angehörigen und Hinterbliebenen Unterstützungen zu gewähren, sowie die Verpflichtung von Gemeinden oder Armenverbänden zur Unterstützung hülfsbedürftiger Personen wird durch dieses Gesetz nicht berührt. Soweit auf Grund solcher Verpflichtung Unterstützungen in Fällen gewährt sind, in welchen dem Unterstützten nach Maßgabe der §§ 6 bis 8 dieses Gesetzes ein Entschädigungsanspruch zusteht, geht der letztere bis zum Betrage der geleisteten Unterstützung auf die Kassen, die Gemeinden oder die Armenverbände über, von welchen die Unterstützung gewährt worden ist.

Das Gleiche gilt von den Betriebsunternehmern und Kassen, welche die den bezeichneten Gemeinden und Armenverbänden obliegende Verpflichtung zur Unterstützung auf Grund gesetzlicher Vorschrift erfüllt haben.

**§ 12.** Streitigkeiten über Unterstützungsansprüche, welche aus der Bestimmung des § 10 zwischen den Verletzten einerseits und den Gemeinden andererseits entstehen, werden von der Aufsichtsbehörde entschieden. Die Entscheidung ist vorläufig vollstreckbar. Dieselbe kann im Verwaltungsstreitverfahren, wo ein solches nicht besteht, im Wege des Rekurses nach Maßgabe der Vorschriften der §§ 20, 21 der Gewerbeordnung angefochten werden.

Streitigkeiten über Ersatzansprüche, welche aus den Bestimmungen des § 10 entstehen, werden im Verwaltungsstreitverfahren, wo ein solches nicht besteht, von der Aufsichtsbehörde der in Anspruch genommenen Gemeinde, Gemeinde-Krankenversicherung oder Krankenkasse entschieden. Gegen die Entscheidung der letzteren findet der Rekurs nach Maßgabe der Vorschriften der §§ 20, 21 der Gewerbeordnung statt.

Der Landes-Zentralbehörde bleibt überlassen, vorzuschreiben, daß anstatt des Rekursverfahrens innerhalb der Rekursfrist die Berufung auf den Rechtsweg mittelst Erhebung der Klage stattfinde.

**§ 13.** Die Versicherung erfolgt auf Gegenseitigkeit durch die Unternehmer der unter § 1 fallenden Betriebe, welche zu diesem Zweck in Berufsgenossenschaften vereinigt werden. Die Berufsgenossenschaften sind für örtliche Bezirke zu bilden und umfassen alle im § 1 genannten Betriebe, deren Sitz sich in demjenigen Bezirke befindet, für welchen die Genossenschaft errichtet ist.

Als Unternehmer gilt derjenige, für dessen Rechnung der Betrieb erfolgt.

Die Bezirke, für welche die einzelnen Berufsgenossenschaften gebildet sind, werden durch den Reichsanzeiger veröffentlicht.

Die Berufsgenossenschaften können unter ihrem Namen Rechte erwerben und Verbindlichkeiten eingehen, vor Gericht klagen und verklagt werden.

Für die Verbindlichkeiten der Berufsgenossenschaft haftet den Gläubigern derselben nur das Genossenschaftsvermögen.

**§ 14.** Berufsgenossenschaften, welche zur Erfüllung der ihnen durch dieses Gesetz auferlegten Verpflichtungen leistungsunfähig werden, können auf Antrag des Reichs-Versicherungsamts, vorbehaltlich der Bestimmungen des § 113, von dem Bundesrath aufgelöst werden. Diejenige Betriebe, welche die aufgelöste Genossenschaft gebildet haben, sind anderen Berufsgenossenschaften nach deren Anhörung zuzutheilen.

Mit der Auflösung der Genossenschaft gehen deren Rechtsansprüche und Verpflichtungen, vorbehaltlich der Bestimmungen der §§ 101, 113, 114, auf das Reich über.

**§ 15.** Die Mittel zur Deckung der von den Berufsgenossenschaften zu leistenden Entschädigungsbeträge und der Verwaltungskosten werden durch Beiträge aufgebracht, welche auf die Mitglieder jährlich umgelegt werden.

Zu anderen Zwecken als zur Deckung der von der Genossenschaft zu leistenden Entschädigungen und der Verwaltungskosten, zur Gewährung von Prämien für Rettung Verunglückter und für Abwendung von Unglücksfällen, sowie zur Ansammlung eines Reservefonds (§ 17) dürfen weder Beiträge von den Genossenschaftsmitgliedern erhoben werden, noch Verwendungen aus dem Vermögen der Genossenschaft erfolgen.

Behufs Bestreitung der Verwaltungskosten kann die Berufsgenossenschaft von den Mitgliedern für das erste Jahr einen Beitrag im Voraus erheben. Falls die Landesgesetzgebung oder das Statut hierüber nichts Anderes bestimmen, erfolgt die Aufbringung der hierzu erforderlichen Mittel vorschußweise nach der Zahl der von den Mitgliedern in ihren Betrieben dauernd beschäftigten versicherten Personen. Dabei ist das von den Gemeindebehörden aufzustellende Verzeichniß (§ 34) maßgebend.

**§ 16.** Durch die Landesgesetzgebung, das Statut oder durch Beschluß der Genossenschaftsversammlung, welcher der Genehmigung der Landes-Zentralbehörde bedarf, kann bestimmt werden, daß Unternehmer solcher Betriebe, welche mit erheblicher Unfallgefahr nicht verbunden sind und in welchen ihres geringen Umfanges wegen Lohnarbeiter nur ausnahmsweise beschäftigt werden, von Beiträgen ganz oder theilweise befreit sein sollen, und in welcher Weise bei der Ermittelung der zu befreienden Unternehmer verfahren werden soll.

Streitigkeiten, welche wegen einer solchen Befreiung zwischen der Berufsgenossenschaft oder ihren Organen einerseits und den Unternehmern andererseits entstehen, werden von der höheren Verwaltungsbehörde endgültig entschieden.

**§ 17.** Durch Landesgesetz oder durch das Statut kann die Ansammlung eines Reservefonds angeordnet werden. Geschieht dies, so ist zugleich darüber Bestimmung zu treffen, unter welchen Voraussetzungen die Zinsen des Reservefonds für die Deckung der der Genossenschaft obliegenden Lasten zu verwenden sind, und in welchen Fällen der Kapitalbestand des Reservefonds angegriffen werden darf.

## II. Bildung und Veränderung der Berufsgenossenschaften.

**§ 18.** Die Berufsgenossenschaften werden auf Grund von Vorschlägen der Landesregierungen durch den Bundesrath nach Anhörung des Reichs-Versicherungsamts gebildet.[1]

Vor Einbringung der Vorschläge sind Vertreter der unter § 1 fallenden Betriebe, welche zu einer Berufsgenossenschaft vereinigt werden sollen, zu hören.

**§ 19.**[2] Die Berufsgenossenschaft regelt ihre Angelegenheiten und ihre Geschäftsordnung durch ein Genossenschaftsstatut, welches durch eine Generalversammlung (konstituirende Genossenschaftsversammlung) zu beschließen ist.

**§ 20.**[3] Die konstituirende Genossenschaftsversammlung besteht aus Vertretern der Unternehmer der unter § 1 fallenden Betriebe.

Die Gemeindevertretung oder, wo solche nicht besteht, die Gemeindebehörde bezeichnet aus der Mitte der der Gemeinde angehörigen Unternehmer oder bevollmächtigten Betriebsleiter Wahlmänner, deren Zahl die Landes-Zentralbehörde bestimmt. Die Wahlmänner werden nach Bezirken, welche von den Landes-Zentralbehörden bestimmt werden, zu Wahlversammlungen berufen. Die letzteren wählen aus ihrer Mitte mit einfacher Stimmenmehrheit die Vertreter, aus welchen die konstituirende Genossenschaftsversammlung besteht. Im Übrigen wird das Wahlverfahren durch eine von der Landes-Zentralbehörde zu erlassende Wahlordnung geregelt, in welcher die Vertreter auf die Wahlbezirke nach der Zahl der Wahlmänner so zu vertheilen sind, daß mindestens ein Vertreter auf je zwanzig Wahlmänner entfällt. Die Landes-Zentralbehörde kann die Bestimmung der Wahlbezirke und den Erlaß der Wahlordnung auch einer anderen Behörde übertragen.

Geht der Bezirk der Genossenschaft über die Grenzen eines Bundesstaates hinaus, so werden die Obliegenheiten der Landes-Zentralbehörde vom Reichs-Versicherungsamt im Einvernehmen mit den Zentralbehörden der betheiligten Bundesstaaten wahrgenommen.

---

[1] Vgl. Bekanntm. vom 18. Dez. 1887 (CBl S. 579. AN 1888 S. 29), vom 14. Juni 1888 (CBl S. 221. AN 1888 S. 241).

[2] Vgl. Normalstatut in AN 1887 S. 248.

[3] Vgl. Bekanntm. vom 1. Januar 1888 (AN S. 29), vom 10. Januar 1890 (AN S. 107).

**§ 21.** Die Berufung der konstituirenden Genossenschaftsversammlung erfolgt, wenn der Bezirk der Genossenschaft über die Grenzen eines Bundesstaates hinausgeht, durch das Reichs-Versicherungsamt, im Übrigen durch die Zentralbehörde des Bundesstaates, zu welchem der Bezirk der Genossenschaft gehört, oder durch eine von der Zentralbehörde zu bestimmende andere Behörde.

Die Versammlung findet in Gegenwart eines Beauftragten derjenigen Behörde, welche dieselbe einberufen hat, statt. Der Beauftragte hat die Versammlung zu eröffnen, die Wahl eines aus einem Vorsitzenden, zwei Schriftführern und mindestens zwei Beisitzern bestehenden provisorischen Vorstandes herbeizuführen und, bis dieselbe erfolgt ist, die Verhandlungen zu leiten.

Nach erfolgter Wahl übernimmt der provisorische Vorstand die Leitung der Verhandlung, führt die Geschäfte bis zur Übernahme derselben durch den definitiven Vorstand und beruft erforderlichenfalls die weiteren Genossenschaftsversammlungen. In den Genossenschaftsversammlungen muß der Beauftragte der Behörde auf Verlangen jederzeit gehört werden.

Die Beschlüsse der Genossenschaftsversammlung werden nach Stimmenmehrheit gefaßt. Bei Stimmengleichheit giebt die Stimme des Vorsitzenden den Ausschlag.

**§ 22.** Das Genossenschaftsstatut muß Bestimmung treffen:

1. über Namen und Sitz der Genossenschaft;
2. über die Bildung des Genossenschaftsvorstandes und über den Umfang seiner Befugnisse;
3. über die Bildung des Genossenschaftsausschusses zur Entscheidung über Beschwerden (§§ 38, 82);
4. über die Zusammensetzung und Berufung der Genossenschaftsversammlung, sowie über die Art ihrer Beschlußfassung;
5. über das den Mitgliedern der Genossenschaftsversammlung zustehende Stimmrecht und die Prüfung ihrer Legitimation;
6. über den Maßstab für die Umlegung der Beiträge und, sofern nicht die Umlegung nach dem Maßstabe von Steuern erfolgt, über das bei der Veranlagung und Abschätzung zu beobachtende Verfahren (§§ 33, 37);
7. über das Verfahren bei Änderungen in der Person des Unternehmers, sowie bei Betriebsveränderungen (§§ 47, 48);
8. über die Folgen der Betriebseinstellungen, insbesondere über die Sicherstellung der Beiträge der Unternehmer, welche den Betrieb einstellen;
9. über die den Vertretern der versicherten Arbeiter (§ 49) zu gewährenden Vergütungssätze (§§ 53 Abs. 2, 60 Abs. 1);

10. über die Aufstellung, Prüfung und Abnahme der Jahresrechnung;
11. über die Ausübung der der Genossenschaft zustehenden Befugnisse zum Erlaß von Vorschriften behufs der Unfallverhütung und zur Überwachung der Betriebe (§§ 87 ff.);
12. über das bei der Anmeldung und dem Ausscheiden der versicherten Betriebsunternehmer und anderer nach § 1 nicht versicherter Personen (§ 2) zu beobachtende Verfahren, sowie über die Ermittelung des Jahresarbeitsverdienstes der ersteren (§ 3) und darüber, welche in land- und forstwirthschaftlichen Betrieben des betreffenden Genossenschaftsbezirks beschäftigten Personen als Betriebsbeamte (§ 1 Abs. 4) anzusehen sind;
13. über die Voraussetzungen einer Abänderung des Statuts.

**§ 23.** Die Genossenschaftsversammlung besteht aus Vertretern der versicherungspflichtigen Unternehmer.

Das Statut kann vorschreiben, daß die Berufsgenossenschaft in örtlich abgegrenzte Sektionen eingetheilt wird und daß Vertrauensmänner als örtliche Genossenschaftsorgane eingesetzt werden. Enthält dasselbe Vorschriften dieser Art, so ist darin zugleich über Sitz und Bezirk der Sektionen, über die Zusammensetzung und Berufung der Sektionsversammlungen, sowie über die Art ihrer Beschlußfassung, über die Bildung der Sektionsvorstände und über den Umfang ihrer Befugnisse, sowie über die Abgrenzung der Bezirke der Vertrauensmänner, die Wahl der letzteren und ihrer Stellvertreter und den Umfang ihrer Befugnisse Bestimmung zu treffen.

Die Abgrenzung der Bezirke der Vertrauensmänner, sowie die Wahl der letzteren und ihrer Stellvertreter, kann von der Genossenschaftsversammlung dem Genossenschafts- oder Sektionsvorstande, die Wahl der Sektionsvorstände den Sektionsversammlungen übertragen werden.

**§ 24.** Das Genossenschaftsstatut bedarf zu seiner Gültigkeit der Genehmigung des Reichs-Versicherungsamts.

Gegen die Entscheidung desselben, durch welche die Genehmigung versagt wird, findet binnen einer Frist von vier Wochen nach der Zustellung an den provisorischen Genossenschaftsvorstand (§ 21) die Beschwerde an den Bundesrath statt.

Wird innerhalb dieser Frist Beschwerde nicht eingelegt oder wird die Versagung der Genehmigung des Statuts vom Bundesrath aufrecht erhalten, so sind die Vertreter (§ 20) innerhalb vier Wochen zu einer neuen Genossenschaftsversammlung behufs anderweiter Beschlußfassung über das Statut in Gemäßheit des § 21 zu laden. Wird auch dem von dieser Versammlung beschlossenen Statut die

Genehmigung endgültig versagt, so wird ein solches von dem Reichs-Versicherungsamt erlassen.

Abänderungen des Statuts bedürfen der Genehmigung des Reichs-Versicherungsamts. Gegen deren Versagung findet binnen einer Frist von vier Wochen die Beschwerde an den Bundesrath statt.

**§ 25.** Nach endgültiger Feststellung des Statuts hat der Genossenschaftsvorstand durch den Reichsanzeiger, für die über die Grenzen eines Bundesstaates sich nicht hinaus erstreckenden Genossenschaften durch das zu den amtlichen Veröffentlichungen der Landes-Zentralbehörde bestimmte Blatt bekannt zu machen:

1. den Namen und den Sitz der Genossenschaft,
2. die Bezirke der Sektionen und der Vertrauensmänner,
3. die Zusammensetzung des Genossenschaftsvorstandes und der Sektionsvorstände sowie, falls von den Bestimmungen des § 26 Gebrauch gemacht ist, die betreffenden Organe der Selbstverwaltung.

Etwaige Änderungen sind in gleicher Weise zur öffentlichen Kenntniß zu bringen.

**§ 26.** Dem Genossenschaftsvorstande liegt die gesammte Verwaltung der Genossenschaft ob, soweit nicht einzelne Angelegenheiten durch Gesetz oder Statut der Beschlußnahme der Genossenschaftsversammlung vorbehalten oder anderen Organen der Genossenschaft übertragen sind.

Der Beschlußnahme der Genossenschaftsversammlung müssen vorbehalten werden:

1. die Wahl der Mitglieder des Genossenschaftsvorstandes,
2. Abänderung des Statuts,
3. die Prüfung und Abnahme der Jahresrechnung, falls diese nicht einem Ausschusse der Genossenschaftsversammlung von der letzteren übertragen wird.

Durch Beschluß der Genossenschaftsversammlung kann für einen bestimmten Zeitraum die Prüfung und Abnahme der Jahresrechnung, sowie die Verwaltung der Genossenschaft, soweit sie den Vorständen zustehen würde, ganz oder zum Theil an Organe der Selbstverwaltung mit deren Zustimmung übertragen werden. Eine solche Übertragung bedarf der Genehmigung der Landes-Zentralbehörde.

Soweit eine solche Übertragung stattfindet, gehen die Befugnisse und Obliegenheiten der Organe der Genossenschaft auf die betreffenden Organe der Selbstverwaltung über.

**§ 27.** Die Beschlußfassung der Vorstände kann in eiligen Fällen durch schriftliche Abstimmung erfolgen.

Mitglieder von Selbstverwaltungsbehörden, welche auf Grund

des § 26 Absatz 3 die Verwaltung der Genossenschaft führen, dürfen in Angelegenheiten, an deren Bearbeitung sie in Wahrnehmung der Interessen der Genossenschaft theilgenommen haben, bei der Entscheidung im Verwaltungsstreitverfahren oder bei der Entscheidung der Aufsichtsbehörde (vergl. § 12) nicht mitwirken.

**§ 28.** Die Genossenschaft wird durch ihren Vorstand gerichtlich und außergerichtlich vertreten. Die Vertretung erstreckt sich auch auf diejenigen Geschäfte und Rechtshandlungen, für welche nach den Gesetzen eine Spezialvollmacht erforderlich ist. Durch das Statut kann die Vertretung auch einem Mitgliede oder mehreren Mitgliedern des Vorstandes übertragen werden.

Durch die Geschäfte, welche der Vorstand der Genossenschaft und die Vorstände der Sektionen, sowie die Vertrauensmänner innerhalb der Grenzen ihrer gesetzlichen und statutarischen Vollmacht im Namen der Genossenschaft abschließen, wird die letztere berechtigt und verpflichtet.

Zur Legitimation der Vorstände bei Rechtsgeschäften genügt die Bescheinigung der höheren Verwaltungsbehörde, daß die darin bezeichneten Personen den Vorstand bilden.

**§ 29.** Wählbar zu Mitgliedern der Vorstände und zu Vertrauensmännern sind nur die Mitglieder der Genossenschaft beziehungsweise deren gesetzliche Vertreter. Nicht wählbar ist, wer durch gerichtliche Anordnung in der Verfügung über sein Vermögen beschränkt ist oder sich nicht im Besitze der bürgerlichen Ehrenrechte befindet.

Die Ablehnung der Wahl ist nur aus denselben Gründen zulässig, aus welchen das Amt eines Vormundes abgelehnt werden kann. Eine Wiederwahl kann abgelehnt werden.

Genossenschaftsmitglieder, welche eine Wahl ohne solchen Grund ablehnen, können auf Beschluß der Genossenschaftsversammlung für die Dauer der Wahlperiode zu erhöhten Beiträgen bis zum doppelten Betrage herangezogen werden.

Das Statut kann bestimmen, daß die von den Unternehmern bevollmächtigten Leiter ihrer Betriebe zu Mitgliedern der Vorstände und zu Vertrauensmännern gewählt werden können.

**§ 30.** Die Mitglieder der Vorstände und die Vertrauensmänner verwalten ihr Amt als unentgeltliches Ehrenamt, sofern nicht durch das Statut eine Entschädigung für den durch Wahrnehmung der Genossenschaftsgeschäfte ihnen erwachsenden Zeitverlust bestimmt wird. Baare Auslagen werden ihnen von der Genossenschaft ersetzt, und zwar, soweit sie in Reisekosten bestehen, nach festen, von der Genossenschaftsversammlung zu bestimmenden Sätzen.

**§ 31.** Die Mitglieder der Vorstände, sowie die Vertrauensmänner haften der Genossenschaft für getreue Geschäftsverwaltung, wie Vormünder ihren Mündeln.

Mitglieder der Vorstände, sowie die Vertrauensmänner, welche absichtlich zum Nachtheil der Genossenschaft handeln, unterliegen der Strafbestimmung des § 266 des Strafgesetzbuchs.

**§ 32.** Solange die Wahl der gesetzlichen Organe einer Genossenschaft nicht zu Stande kommt, solange ferner diese Organe die Erfüllung ihrer gesetzlichen oder statutarischen Obliegenheiten verweigern, hat das Reichs-Versicherungsamt die letzteren auf Kosten der Genossenschaft wahrzunehmen oder durch Beauftragte wahrnehmen zu lassen.

**§ 33.** Durch das Statut kann, sofern nicht durch die Landesgesetzgebung die Versicherung der Familienangehörigen des Betriebsunternehmers ausgeschlossen ist (§ 1 Abs. 3), bestimmt werden, daß die Beiträge der Berufsgenossen durch Zuschläge zu direkten Staats- oder Kommunalsteuern aufgebracht werden. Sofern das Statut eine solche Vorschrift enthält, muß dasselbe auch darüber Bestimmung treffen, wie solche Mitglieder, welche die der Erhebung zu Grunde gelegte Steuer für ihren gesammten Betrieb oder einen Theil desselben nicht zu entrichten haben, zu den Genossenschaftslasten heranzuziehen sind.

Sofern das Statut die Umlegung nach dem Maßstabe von Steuern nicht vorschreibt, erfolgt die Umlegung der Beiträge nach der Höhe der mit dem Betriebe verbundenen Unfallgefahr und dem Maß der in den Betrieben durchschnittlich erforderlichen menschlichen Arbeit.

**§ 34.** Jede Gemeindebehörde hat für ihren Bezirk nach Bildung der Berufsgenossenschaft binnen einer von dem Reichs-Versicherungsamt zu bestimmenden und öffentlich bekannt zu machenden Frist ein Verzeichniß sämmtlicher Unternehmer der unter § 1 fallenden Betriebe aufzustellen und durch Vermittelung der unteren Verwaltungsbehörde dem Genossenschaftsvorstande zu übersenden. In dem Verzeichnisse ist für jeden Unternehmer anzugeben, wieviel versicherte männliche und weibliche Betriebsbeamte und Arbeiter derselbe dauernd und wieviel versicherte Personen derselbe vorübergehend im Jahresdurchschnitt beschäftigt; bezüglich der letzteren ist auch die durchschnittliche Dauer der Beschäftigung anzugeben.

Die Gemeindebehörde ist befugt, die Unternehmer zu einer Auskunft über die vorstehend bezeichneten Verhältnisse innerhalb einer zu bestimmenden Frist durch Geldstrafen im Betrage bis zu einhundert Mark anzuhalten. Wird die Auskunft nicht vollständig oder nicht rechtzeitig ertheilt, so hat die Gemeindebehörde bei Aufstellung des Verzeichnisses nach ihrer Kenntniß der Verhältnisse zu verfahren.

**§ 35.** Durch die Genossenschaftsversammlung sind für die der Genossenschaft angehörenden Betriebe je nach dem Grade der mit denselben verbundenen Unfallgefahr entsprechende Gefahrenklassen zu bilden und über das Verhältniß der in denselben zu leistenden Beitragssätze Bestimmungen zu treffen (Gefahrentarif).[1]

Durch Beschluß der Genossenschaftsversammlung kann die Aufstellung und Änderung des Gefahrentarifs einem Ausschusse oder dem Vorstande übertragen werden.

Die Aufstellung und Abänderung des Gefahrentarifs bedarf der Genehmigung des Reichs-Versicherungsamts.

Wird ein Gefahrentarif von der Genossenschaft innerhalb einer vom Reichs-Versicherungsamt zu bestimmenden Frist nicht aufgestellt, oder dem aufgestellten die Genehmigung versagt, so hat das Reichs-Versicherungsamt nach Anhörung der mit der Aufstellung beauftragten Organe der Genossenschaft den Tarif selbst festzusetzen.

Der Gefahrentarif ist nach Ablauf von längstens zwei Rechnungsjahren und sodann mindestens von fünf zu fünf Jahren unter Berücksichtigung der in den einzelnen Betrieben vorgekommenen Unfälle einer Revision zu unterziehen. Die Ergebnisse derselben sind mit dem Verzeichnisse der in den einzelnen Betrieben vorgekommenen, auf Grund dieses Gesetzes zu entschädigenden Unfälle der Genossenschaftsversammlung zur Beschlußfassung über die Beibehaltung oder Änderung der bisherigen Gefahrenklassen oder Gefahrentarife vorzulegen. Die Genossenschaftsversammlung kann den Unternehmern nach Maßgabe der in ihren Betrieben vorgekommenen Unfälle für die nächste Periode Zuschläge auflegen oder Nachlässe bewilligen. Die über die Änderung der bisherigen Gefahrenklassen oder Gefahrentarife gefaßten Beschlüsse bedürfen zu ihrer Gültigkeit der Genehmigung des Reichs-Versicherungsamts; demselben ist das Verzeichniß der vorgekommenenen Unfälle vorzulegen.

In Genossenschaften, in welchen die einzelnen Betriebe eine erhebliche Verschiedenheit der Unfallgefahr nicht bieten, kann die Genossenschaftsversammlung beziehungsweise der Vorstand oder Ausschuß (Abs. 2) beschließen, daß von der Aufstellung eines Gefahrentarifs Abstand zu nehmen ist. Der Beschluß bedarf der Genehmigung des Reichs-Versicherungsamts. Diese Genehmigung kann zurückgezogen werden, wenn aus den Verzeichnissen der in den einzelnen Betrieben vorgekommenen Unfälle (Abs. 5) sich ergiebt, daß die Unfallgefahr in den einzelnen Betrieben eine wesentlich verschiedene ist.

**§ 36.** Für jeden Unternehmer wird unter Berücksichtigung der

---

[1] Vgl. hierzu AN 1886 S. 161. 185. 209. 234. 260. 280; 1888 S. 217.

Zahl der in seinem Betriebe beschäftigten Arbeiter und der Dauer ihrer Beschäftigung (§ 34) die Zahl derjenigen Arbeitstage abgeschätzt, welche zur Bewirthschaftung seines Betriebes im Jahresdurchschnitt erforderlich sind. Dabei sind dauernd beschäftigte Arbeiter mit dreihundert Arbeitstagen in Rechnung zu ziehen, die Arbeitstage weiblicher Personen nach Verhältniß des Jahresarbeitsverdienstes (§ 6 Abs. 3) auf Arbeitstage männlicher Arbeiter zurückzuführen, die Arbeitsleistung von Betriebsbeamten, Betriebsunternehmern und deren nicht versicherten Familienangehörigen (§ 1 Abs. 3) aber nicht zu berücksichtigen (vergl. § 80).

**§ 37.** Die Veranlagung der Betriebe zu den Gefahrenklassen (§ 35), sowie die Abschätzung der Betriebe (§ 36) liegt nach näherer Bestimmung des Statuts (§ 22) den Organen der Genossenschaft ob.

Die Mitglieder der Genossenschaft sind verpflichtet, den Organen derselben auf Erfordern binnen zwei Wochen über ihre Betriebs- und Arbeiterverhältnisse diejenige weitere Auskunft zu ertheilen, welche zur Durchführung der Veranlagung und Abschätzung erforderlich ist.

**§ 38.** Den Gemeindebehörden sind seitens der Genossenschaft Verzeichnisse mitzutheilen, aus denen sich ergiebt, welche Betriebe der Gemeinde als zur Genossenschaft gehörig erachtet werden, und sofern die Umlegung nicht nach dem Maßstabe von Steuern erfolgt, welches das Ergebniß der Veranlagung und Abschätzung der Betriebe ist, und wieviel Arbeiter als dauernd beschäftigt angenommen sind. Die Gemeindebehörde hat diese Verzeichnisse während zwei Wochen zur Einsicht der Betheiligten auszulegen und den Beginn dieser Frist auf ortsübliche Weise bekannt zu machen.

Binnen einer weiteren Frist von vier Wochen können die Betriebsunternehmer wegen der Aufnahme oder Nichtaufnahme ihrer Betriebe in die Verzeichnisse, sowie gegen die Veranlagung und Abschätzung ihrer Betriebe bei dem Genossenschaftsvorstande beziehungsweise dem Genossenschaftsorgane, durch welches die Veranlagung und Abschätzung erfolgt ist, Einspruch erheben.

Gegen den auf den Einspruch schriftlich zu ertheilenden Bescheid steht dem Betriebsunternehmer binnen zwei Wochen nach der Zustellung die Beschwerde an den Genossenschaftsausschuß (§ 22 Ziffer 3) und gegen die Entscheidung des letzteren binnen gleicher Frist die Berufung an das Reichs-Versicherungsamt zu.

Der auf den Einspruch erfolgende Bescheid ist vorläufig vollstreckbar.

Die Mitglieder des Genossenschaftsausschusses dürfen bei der ersten Veranlagung und Abschätzung der Betriebe nicht mitwirken.

**§ 39.** In denjenigen Terminen, in welchen der Gefahrentarif zu revidiren ist (§ 35 Abs. 5), ist auch die Veranlagung und die Abschätzung der Betriebe einer Revision zu unterziehen. Hierbei ist in derselben Weise wie bei der ersten Veranlagung und Abschätzung zu verfahren.

**§ 40.** Durch das Statut kann vorgeschrieben werden, daß die Entschädigungsbeträge bis zu fünfzig Prozent von den Sektionen zu tragen sind, in deren Bezirken die Unfälle eingetreten sind.

Die hiernach den Sektionen zur Last fallenden Beträge sind auf die Mitglieder derselben nach Maßgabe der für die Genossenschaft zu leistenden Beiträge umzulegen.

**§ 41.** Vereinbarungen von Genossenschaften, die von ihnen zu leistenden Entschädigungsbeträge ganz oder zum Theil gemeinsam zu tragen, sind zulässig. Derartige Vereinbarungen bedürfen zu ihrer Gültigkeit der Zustimmung der betheiligten Genossenschaftsversammlungen, sowie der Genehmigung des Reichs-Versicherungsamts. Dieselben dürfen nur mit dem Beginn eines neuen Rechnungsjahres in Wirksamkeit treten.

Die Vereinbarung hat sich darauf zu erstrecken, in welcher Weise der gemeinsam zu tragende Entschädigungsbetrag auf die betheiligten Genossenschaften zu vertheilen ist.

Über die Vertheilung des auf eine jede Genossenschaft entfallenden Antheils an der gemeinsam zu tragenden Entschädigung unter die Mitglieder der Genossenschaft entscheidet die Genossenschaftsversammlung. Mangels einer anderweiten Bestimmung erfolgt die Umlage dieses Betrages in gleicher Weise, wie die der von der Genossenschaft zu leistenden Entschädigungsbeträge.

**§ 42.** Nach erfolgtem Abschlusse der Organisation der Berufsgenossenschaften sind Änderungen in dem Bestande der letzteren mit dem Beginn eines neuen Rechnungsjahres unter nachstehenden Voraussetzungen zulässig:

1. Die Vereinigung mehrerer Genossenschaften erfolgt auf übereinstimmenden Beschluß der Genossenschaftsversammlungen mit Genehmigung des Bundesraths.
2. Das Ausscheiden einzelner örtlich abgegrenzter Theile aus einer Genossenschaft und die Zutheilung derselben zu einer anderen Genossenschaft erfolgt auf Beschluß der betheiligten Genossenschaftsversammlungen mit Genehmigung des Bundesraths. Die Genehmigung kann versagt werden, wenn durch das Ausscheiden die Leistungsfähigkeit einer der betheiligten Genossenschaften in Bezug auf die ihr obliegenden Pflichten gefährdet wird.

3. Wird die Vereinigung mehrerer Genossenschaften oder das Ausscheiden einzelner örtlich abgegrenzter Theile aus einer Genossenschaft und die Zutheilung derselben zu einer anderen Genossenschaft auf Grund eines Genossenschaftsbeschlusses beantragt, dagegen von der anderen betheiligten Genossenschaft abgelehnt, so entscheidet auf Anrufen der Bundesrath.

4. Anträge auf Ausscheidung einzelner örtlich abgegrenzter Theile aus einer Genossenschaft und Bildung einer besonderen Genossenschaft für dieselben sind zunächst der Beschlußfassung der Genossenschaftsversammlung zu unterbreiten und sodann dem Bundesrath zur Entscheidung vorzulegen.

Wird die Genehmigung ertheilt, so erfolgt die Beschlußfassung über das Statut für die neue Genossenschaft nach Maßgabe der Bestimmungen in den §§ 19 bis 25.

**§ 43.** Werden mehrere Genossenschaften zu einer Genossenschaft vereinigt, so gehen mit dem Zeitpunkte, zu welchem die Veränderung in Wirksamkeit tritt, alle Rechte und Pflichten der vereinigten Genossenschaften auf die neugebildete Genossenschaft über.

Wenn einzelne örtlich abgegrenzte Theile aus einer Genossenschaft ausscheiden und einer anderen Genossenschaft angeschlossen werden, so sind von dem Eintritt dieser Veränderung ab die Entschädigungsansprüche, welche gegen die erstere Genossenschaft aus den in Betrieben der ausscheidenden Genossenschaftstheile eingetretenen Unfällen erwachsen sind, von der Genossenschaft zu befriedigen, welcher die Genossenschaftstheile nunmehr angeschlossen sind.

Scheiden einzelne örtlich abgegrenzte Theile aus einer Genossenschaft unter Bildung einer neuen Genossenschaft aus, so sind von dem Zeitpunkte der Ausscheidung ab die Entschädigungsansprüche, welche gegen die erstere Genossenschaft aus den in Betrieben der ausscheidenden Genossenschaftstheile eingetretenen Unfällen erwachsen sind, von der neugebildeten Genossenschaft zu befriedigen.

Insoweit zufolge des Ausscheidens von örtlich abgegrenzten Theilen Enschädigungsansprüche auf andere Genossenschaften übergehen, haben die letzteren Anspruch auf einen entsprechenden Theil des Reservefonds und des sonstigen Vermögens derjenigen Genossenschaft, aus welcher die Ausscheidung stattfindet.

Die vorstehenden Bestimmungen können durch übereinstimmenden Beschluß der betheiligten Genossenschaftsversammlungen abgeändert oder ergänzt werden.

Streitigkeiten, welche in Betreff der Vermögensauseinandersetzung zwischen den betheiligten Genossenschaften entstehen, werden mangels

Verständigung derselben über eine schiedsgerichtliche Entscheidung von dem Reichs-Versicherungsamt entschieden.

## III. Mitgliedschaft. Betriebsveränderungen.

**§ 44.** Mitglied der Genossenschaft ist jeder Unternehmer eines unter § 1 fallenden Betriebes, dessen Sitz in dem Bezirke der Genossenschaft belegen ist.

Eine Gesammtheit von Grundstücken eines Unternehmers, für deren landwirthschaftlichen Gesammtbetrieb gemeinsame Wirthschaftsgebäude bestimmt sind, gilt im Sinne dieses Gesetzes als ein einziger Betrieb. Als Sitz eines landwirthschaftlichen Betriebes, welcher sich über die Bezirke mehrerer Gemeinden erstreckt, gilt diejenige Gemeinde, in deren Bezirk die gemeinsamen Wirthschaftsgebäude belegen sind. Dabei entscheiden diejenigen Wirthschaftsgebäude, welche für die wirthschaftlichen Hauptzwecke des Betriebes bestimmt sind. Die betheiligten Gemeinden und Unternehmer können sich über einen anderen Betriebssitz einigen.

Mehrere forstwirthschaftliche Grundstücke eines Unternehmers, welche derselben unmittelbaren Betriebsleitung (Revierverwaltung) unterstellt sind, gelten als einziger Betrieb. Forstwirthschaftliche Grundstücke verschiedener Unternehmer gelten als Einzelbetriebe, auch wenn sie zusammen derselben Betriebsleitung unterstellt sind. Als Sitz eines forstwirthschaftlichen Betriebes, welcher sich über mehrere Gemeindebezirke erstreckt, gilt diejenige Gemeinde, in deren Bezirk der größte Theil der Forstgrundstücke belegen ist, sofern nicht die betheiligten Gemeinden und der Unternehmer sich über einen anderen Betriebssitz einigen.

Über die Zugehörigkeit gemischter, theils land-, theils forstwirthschaftlicher Betriebe zur Genossenschaft entscheidet der Hauptbetrieb.

Wahlberechtigt und wahlfähig sind die Mitglieder der Genossenschaft nur dann, wenn sie sich im Besitze der bürgerlichen Ehrenrechte befinden.

**§ 45.** Die Mitgliedschaft beginnt für die Unternehmer der unter § 1 fallenden Betriebe, welche zur Zeit der Bildung der Genossenschaft bestehen, mit diesem Zeitpunkte, für die Unternehmer später eröffneter Betriebe mit dem Zeitpunkte der Eröffnung des Betriebes.

**§ 46.** Von der Eröffnung eines neuen Betriebes hat die Gemeindebehörde durch Vermittelung der unteren Verwaltungsbehörde dem Genossenschaftsvorstande Kenntniß zu geben. Derselbe hat die Zugehörigkeit zur Genossenschaft zu prüfen. Wird die Zugehörigkeit anerkannt, so ist nach §§ 37 und 38 zu verfahren. Wird die Zugehörigkeit abgelehnt, so hat der Genossenschaftsvorstand der unteren Verwaltungsbehörde hiervon Mittheilung zu machen. Diese hat sodann die Entscheidung des Reichs-Versicherungsamts einzuholen.

**§ 47.** Jeder Wechsel in der Person desjenigen, für dessen Rechnung der Betrieb erfolgt, ist von dem Unternehmer binnen einer durch das Statut festzusetzenden Frist dem Genossenschaftsvorstande anzuzeigen. Ist die Anzeige von dem Wechsel nicht erfolgt, so werden die auf die Genossenschaftsmitglieder umzulegenden Beiträge von dem bisherigen Unternehmer bis für dasjenige Rechnungsjahr einschließlich forterhoben, in welchem die Anzeige geschieht, ohne daß dadurch der neue Unternehmer von der auch ihm gesetzlich obliegenden Verhaftung für die Beiträge entbunden ist.

**§ 48.** In Betreff der Anmeldung von Änderungen in dem Betriebe, welche für die Zugehörigkeit desselben zur Genossenschaft oder für die Umlegung der Beiträge (§§ 16, 33, 35, 36) von Bedeutung sind, sowie in Betreff des weiteren Verfahrens hat das Genossenschaftsstatut (§ 22) Bestimmung zu treffen.

Gegen die auf die Anmeldung der Änderung oder von Amtswegen ergehenden Bescheide der zuständigen Genossenschaftsorgane steht dem Betriebsunternehmer binnen einer Frist von zwei Wochen die Beschwerde an das Reichs-Versicherungsamt zu.

## IV. Vertretung der Arbeiter.

**§ 49.** Zum Zweck der Theilnahme an den Entscheidungen der Schiedsgerichte, an den Unfalluntersuchungen und an den Verhandlungen des Reichs-Versicherungsamts werden Vertreter der Arbeiter berufen. Die Berufung erfolgt nach Maßgabe der §§ 51, 59, 95.

Zur Vertretung der Arbeiter sind nur zu berufen männliche, großjährige, auf Grund dieses Gesetzes versicherte Personen, welche in Betrieben der Genossenschaftsmitglieder beschäftigt sind, sich im Besitze der bürgerlichen Ehrenrechte befinden und nicht durch richterliche Anordnung in der Verfügung über ihr Vermögen beschränkt sind.

## V. Schiedsgerichte.

**§ 50.** Für jeden Bezirk einer Berufsgenossenschaft oder, sofern dieselbe in Sektionen getheilt ist, einer Sektion wird ein Schiedsgericht errichtet.

Der Bundesrath kann anordnen, daß statt eines Schiedsgerichts deren mehrere nach Bezirken gebildet werden.[1]

Der Sitz des Schiedsgerichts wird von der Zentralbehörde des

[1] Vgl. Bekanntm. vom 23. November 1891 (CBl S. 315).

Bundesstaates, zu welchem der Bezirk desselben gehört, oder, sofern der Bezirk über die Grenzen eines Bundesstaates hinausgeht, im Einvernehmen mit den betheiligten Zentralbehörden von dem Reichs-Versicherungsamt bestimmt.

**§ 51.** Jedes Schiedsgericht besteht aus einem ständigen Vorsitzenden und aus vier Beisitzern.

Der Vorsitzende wird aus der Zahl der öffentlichen Beamten, mit Ausschluß der Beamten derjenigen Betriebe, welche unter dieses Gesetz fallen, von der Zentralbehörde des Landes, in welchem der Sitz des Schiedsgerichts belegen ist, ernannt. Für den Vorsitzenden ist in gleicher Weise ein Stellvertreter zu ernennen, welcher ihn in Behinderungsfällen vertritt.

Zwei Beisitzer werden von der Genossenschaft oder, sofern die Genossenschaft in Sektionen getheilt ist, von der betheiligten Sektion gewählt. Wählbar sind die Genossenschaftsmitglieder und die von denselben bevollmächtigten Leiter ihrer Betriebe, sofern sie sich im Besitze der bürgerlichen Ehrenrechte befinden, weder dem Vorstande der Genossenschaft, noch dem Vorstande der Sektion, noch den Vertrauensmännern angehören und nicht durch richterliche Anordnung in der Verfügung über ihr Vermögen beschränkt sind.

Die beiden anderen Beisitzer werden, wenn in dem Bezirke einer Genossenschaft oder einer Sektion die Krankenversicherungspflicht für land- und forstwirthschaftliche Arbeiter eingeführt ist, aus der Zahl der den Bestimmungen des § 49 Absatz 2 genügenden, dem Arbeiterstande angehörenden Personen seitens der Vorstände derjenigen Orts- und Betriebskrankenkassen, welche in dem Bezirke der Genossenschaft beziehungsweise Sektion ihren Sitz haben und welchen mindestens zehn in den Betrieben der Genossenschaftsmitglieder beschäftigte, nach § 1 versicherte Personen angehören, unter Ausschluß der Arbeitgeber, gewählt. Das Wahlverfahren wird durch ein Regulativ geregelt, welches das Reichs-Versicherungsamt oder, sofern der Bezirk der Genossenschaft oder Sektion nur solche Betriebe umfaßt, deren Sitz innerhalb desselben Bundesstaates belegen ist, die Landes-Zentralbehörde oder die von dieser zu bestimmende andere Behörde erläßt. Das Wahlverfahren leitet ein Beauftragter derjenigen Behörde, von welcher das Regulativ erlassen ist.

Befinden sich in dem Bezirke der Genossenschaft beziehungsweise Sektion keine Orts- oder Betriebskrankenkassen, bei denen die Voraussetzungen des Absatzes 4 zutreffen, so werden die daselbst bezeichneten beiden Beisitzer von Seiten der Vertretungen der betheiligten Gemeinden oder weiteren Kommunalverbänden nach näherer Bestimmung der Landes-Zentralbehörde berufen. Das hierbei zu beobachtende

Verfahren wird durch ein in Gemäßheit der Bestimmungen des Absatzes 4 zu erlassendes Regulativ geregelt.

Für jeden Beisitzer ist ein erster und ein zweiter Stellvertreter zu bestellen, welche ihn in Behinderungsfällen zu vertreten haben.

Die Amtsdauer der Beisitzer und Stellvertreter währt vier Jahre. Alle zwei Jahre scheidet die Hälfte der Beisitzer und ihrer Stellvertreter aus. Die erstmalig Ausscheidenden werden durch das Loos bestimmt, demnächst entscheidet das Dienstalter. Scheidet ein Beisitzer während seiner Amtsdauer aus, so treten für den Rest derselben die Stellvertreter nach ihrer Reihenfolge für ihn ein. Ausscheidende Beisitzer und Stellvertreter können wieder bestellt werden.

**§ 52.** Der Name und Wohnort des Vorsitzenden, sowie der Mitglieder des Schiedsgerichts und der Stellvertreter derselben ist von der Landes-Zentralbehörde (§ 51 Abs. 2) in dem zu deren amtlichen Veröffentlichungen bestimmten Blatte öffentlich bekannt zu machen.

**§ 53.** Der Vorsitzende und dessen Stellvertreter, die Beisitzer und deren Stellvertreter sind mit Beziehung auf ihr Amt zu beeidigen.

Auf das Amt der Beisitzer des Schiedsgerichts finden die Bestimmungen der §§ 29 Absatz 2 und 30 Anwendung. Die aus der Zahl der Versicherten berufenen Beisitzer erhalten nach den durch das Genossenschaftsstatut zu bestimmenden Sätzen Ersatz für den ihnen in Folge ihrer Theilnahme an den Verhandlungen entgangenen Arbeitsverdienst. Die Festsetzung des Ersatzes, sowie der baaren Auslagen erfolgt durch den Vorsitzenden.

Die Behörde, welche das im § 51 Absatz 4 und 5 vorgesehene Regulativ erlassen hat, ist berechtigt, die Übernahme und die Wahrnehmung der Obliegenheiten des Amtes eines Beisitzers oder Stellvertreters durch Geldstrafen bis zu fünfhundert Mark gegen die ohne gesetzlichen Grund sich Weigernden zu erzwingen. Die Geldstrafen fließen zur Genossenschaftskasse.

Verweigern die Gewählten gleichwohl ihre Dienstleistung, oder kommt eine Wahl nicht zu Stande, so hat, solange und soweit dies der Fall ist, die untere Verwaltungsbehörde, in deren Bezirk der Sitz des Schiedsgerichts belegen ist, die Beisitzer aus der Zahl der Arbeitgeber und Arbeitnehmer zu ernennen.

**§ 54.** Der Vorsitzende beruft das Schiedsgericht und leitet die Verhandlungen desselben. Das Schiedsgericht ist befugt, denjenigen Theil des Betriebes, in welchem der Unfall vorgekommen ist, in Augenschein zu nehmen, sowie Zeugen und Sachverständige — auch eidlich — zu vernehmen.

Das Schiedsgericht ist nur beschlußfähig, wenn außer dem Vorsitzenden eine gleiche Anzahl von Arbeitgebern und Arbeitnehmern, und zwar mindestens je einer als Beisitzer mitwirken.

Die Entscheidungen des Schiedsgerichts erfolgen nach Stimmenmehrheit.

Im Übrigen wird das Verfahren vor dem Schiedsgericht durch Kaiserliche Verordnung mit Zustimmung des Bundesraths geregelt.[1]

Die Kosten des Schiedsgerichts, sowie die Kosten des Verfahrens vor demselben trägt die Genossenschaft.

Dem Vorsitzenden des Schiedsgerichts und dessen Stellvertreter darf eine Vergütung von der Genossenschaft nicht gewährt werden.

## VI. Feststellung und Auszahlung der Entschädigungen.

**§ 55.** Von jedem in einem versicherten Betriebe vorkommenden Unfalle, durch welchen eine in demselben beschäftigte Person getödtet wird oder eine Körperverletzung erleidet, welche eine Arbeitsunfähigkeit von mehr als drei Tagen oder den Tod zur Folge hat, ist von dem Betriebsunternehmer bei der Ortspolizeibehörde schriftlich oder mündlich Anzeige zu erstatten.

Dieselbe muß binnen zwei Tagen nach dem Tage erfolgen, an welchem der Betriebsunternehmer von dem Unfall Kenntniß erlangt hat.

Für den Betriebsunternehmer kann derjenige, welcher zur Zeit des Unfalls den Betrieb oder den Betriebstheil, in welchem sich der Unfall ereignete, zu leiten hatte, die Anzeige erstatten; im Falle der Abwesenheit oder Behinderung des Betriebsunternehmers ist er dazu verpflichtet.

Das Formular für die Anzeige wird vom Reichs-Versicherungsamt festgestellt.[2]

Die Vorstände der unter Reichs- oder Staatsverwaltung stehenden Betriebe haben die im Absatz 1 vorgeschriebene Anzeige der vorgesetzten Dienstbehörde nach näherer Anweisung derselben zu erstatten.

**§ 56.** Die Ortspolizeibehörden, im Falle des § 55 Absatz 5 die Betriebsvorstände, haben über die zur Anzeige gelangenden Unfälle ein Unfallverzeichniß zu führen.

**§ 57.** Jeder zur Anzeige gelangende Unfall, durch welchen eine

---

[1] Vgl. V betr. die Formen des Verfahrens und den Geschäftsgang des Reichsversicherungsamts, sowie das Verfahren vor den auf Grund der Gesetze vom 5. Mai 1886 und vom 13. Juli 1887 errichteten Schiedsgerichten, vom 13. Nov. 1887 (RGBl S. 523).

[2] Vgl. Bekanntm. vom 23. März 1888 (CBl S. 123 ff. AN S. 191).

versicherte Person getödtet ist oder eine Körperverletzung erlitten hat, die voraussichtlich den Tod oder eine Erwerbsunfähigkeit von mehr als dreizehn Wochen zur Folge haben wird, ist von der Ortspolizeibehörde sobald wie möglich einer Untersuchung zu unterziehen, durch welche festzustellen sind:

1. die Veranlassung und Art des Unfalls,
2. die getödteten oder verletzten Personen,
3. die Art der vorgekommenen Verletzungen,
4. der Verbleib der verletzten Personen,
5. die Hinterbliebenen der durch den Unfall getödteten Personen, welche nach § 7 einen Entschädigungsanspruch erheben können.

**§ 58.** An den Untersuchungsverhandlungen können theilnehmen: Vertreter der Genossenschaft, der Bevollmächtigte der Krankenkasse oder der von der Gemeindebehörde bezeichnete Arbeiter (§ 59), sowie der Betriebsunternehmer, letzterer entweder in Person oder durch einen Vertreter. Zu diesem Zweck ist dem Genossenschaftsvorstande, dem Bevollmächtigten der Krankenkasse oder dem von der Gemeindebehörde bezeichneten Arbeiter (§ 59) und dem Betriebsunternehmer von[1] der Einleitung der Untersuchung rechtzeitig Kenntniß zu geben. Ist die Genossenschaft in Sektionen getheilt, oder sind von der Genossenschaft Vertrauensmänner bestellt, so ist die Mittheilung von der Einleitung der Untersuchung an den Sektionsvorstand beziehungsweise an den Vertrauensmann zu richten.

Außerdem sind, soweit thunlich, die sonstigen Betheiligten und auf Antrag und Kosten der Genossenschaft Sachverständige zuzuziehen.

**§ 59.** Die Vorstände der Krankenkassen, welchen mindestens zehn in den Betrieben der Genossenschaftsmitglieder beschäftigte versicherte Personen angehören, wählen alle zwei Jahre aus der Zahl der Kassenmitglieder zum Zweck der Theilnahme an den Unfalluntersuchungen (§ 58) für den Bezirk einer oder mehrerer Ortspolizeibehörden je einen Bevollmächtigten und zwei Ersatzmänner, deren Name und Wohnort den betheiligten Ortspolizeibehörden mitzutheilen ist.

Die dem Vorstande der Kasse angehörenden Vertreter der Arbeitgeber nehmen an der Wahl nicht theil.

Wenn ein in Gemäßheit dieser Bestimmungen gewählter Bevollmächtigter oder Ersatzmann nicht vorhanden ist, so bezeichnet die

[1] Das Reichsgesetzblatt liest anstatt „von": vor. Dieser offenbare Druckfehler ist nicht verzeichnet in der Zusammenstellung der in dem Bundes- bezw. Reichsgesetzblatt von 1867—1886 enthaltenen Schreib- und Druckfehler. (Anhang zu dem 1887 erschienenen Hauptsachregister zum Bundes- bezw. Reichsgesetzblatt, S. 522—524.)

Gemeindebehörde des Ortes, an welchem der Unfall sich ereignete, auf Ersuchen der für die Untersuchung zuständigen Behörde einen Arbeiter, welcher an den Untersuchungsverhandlungen theilnehmen kann.

Hierbei sind die Bestimmungen des § 49 zu beachten.

**§ 60.** Dem Bevollmächtigten der Krankenkasse oder dem von der Gemeindebehörde bezeichneten Arbeiter (§ 59), welcher an der Untersuchung des Unfalls theilgenommen hat, wird nach den durch das Genossenschaftsstatut zu bestimmenden Sätzen für den entgangenen Arbeitsverdienst Ersatz geleistet. Die Festsetzung erfolgt durch die Ortspolizeibehörde.

Von dem über die Untersuchung aufgenommenen Protokoll, sowie von den sonstigen Untersuchungsverhandlungen ist den Betheiligten auf ihren Antrag Einsicht und gegen Erstattung der Schreibgebühren Abschrift zu ertheilen.

**§ 61.** Bei den im § 55 Absatz 5 bezeichneten Betrieben bestimmt die vorgesetzte Dienstbehörde diejenige Behörde, welche die Untersuchung nach den Bestimmungen der §§ 57 und 58 vorzunehmen und die Vergütung für den Bevollmächtigten der Krankenkasse oder den von der Gemeindebehörde bezeichneten Arbeiter (§ 59) festzusetzen hat.

**§ 62.** Die Feststellung der Entschädigungen für die durch Unfall verletzten Versicherten und für die Hinterbliebenen der durch Unfall getödteten Versicherten erfolgt:

1. sofern die Genossenschaft in Sektionen eingetheilt ist, durch den Vorstand der Sektion, wenn es sich handelt
   a) um den Ersatz der Kosten des Heilverfahrens,
   b) um die für die Dauer einer voraussichtlich vorübergehenden Erwerbsunfähigkeit zu gewährende Rente,
   c) um den Ersatz der Beerdigungskosten;
2. in allen übrigen Fällen durch den Vorstand der Genossenschaft.

Das Genossenschaftsstatut kann bestimmen, daß die Feststellung der Entschädigungen in den Fällen der Ziffern 1 und 2 durch einen Ausschuß des Sektionsvorstandes oder durch eine besondere Kommission oder durch örtliche Beauftragte (Vertrauensmänner) und in den Fällen der Ziffer 2 auch durch den Sektionsvorstand oder durch einen Ausschuß des Genossenschaftsvorstandes zu bewirken ist.

Vor der Feststellung der Entschädigung ist dem Entschädigungsberechtigten durch Mittheilung der Unterlagen, auf Grund deren dieselbe zu bemessen ist, Gelegenheit zu geben, sich binnen einer Frist von einer Woche zu äußern.

**§ 63.** Sind versicherte Personen in Folge des Unfalls getödtet, so haben die im § 62 bezeichneten Genossenschaftsorgane sofort nach

Abschluß der Untersuchung (§§ 57 bis 61) oder, falls der Tod erst später eintritt, sobald sie von demselben Kenntniß erlangt haben, die Feststellung der Entschädigung vorzunehmen.

Sind versicherte Personen in Folge des Unfalls körperlich verletzt, so ist sobald als möglich die ihnen zu gewährende Entschädigung festzustellen.

Für diejenigen verletzten Personen, für welche noch nach Ablauf von dreizehn Wochen eine weitere ärztliche Behandlung behufs Heilung der erlittenen Verletzungen nothwendig ist, hat sich die Feststellung zunächst mindestens auf die bis zur Beendigung des Heilverfahrens zu leistenden Entschädigungen zu erstrecken. Die weitere Entschädigung ist, sofern deren Feststellung früher nicht möglich ist, nach Beendigung des Heilverfahrens unverzüglich zu bewirken.

In den Fällen der Absätze 2 und 3 ist bis zur definitiven Feststellung der Entschädigung noch vor Beendigung des Heilverfahrens vorläufig eine Entschädigung zuzubilligen.

**§ 64.** Entschädigungsberechtigte, für welche die Entschädigung nicht von Amtswegen festgestellt ist, haben ihren Entschädigungsanspruch bei Vermeidung des Ausschlusses vor Ablauf von zwei Jahren nach dem Eintritt des Unfalls bei dem zuständigen Vorstande anzumelden.

Nach Ablauf dieser Frist ist der Anmeldung nur dann Folge zu geben, wenn zugleich glaubhaft bescheinigt wird, daß die Folgen des Unfalls erst später bemerkbar geworden sind oder daß der Entschädigungsberechtigte von der Verfolgung seines Anspruchs durch außerhalb seines Willens liegende Verhältnisse abgehalten worden ist.

Wird der angemeldete Entschädigungsanspruch anerkannt, so ist die Höhe der Entschädigung sofort festzustellen; anderenfalls ist der Entschädigungsanspruch durch schriftlichen Bescheid abzulehnen.

Ereignete sich der Unfall, in Folge dessen der Entschädigungsanspruch erhoben wird, in einem Betriebe, dessen Zugehörigkeit zu einer Genossenschaft nicht feststeht, so hat die Anmeldung des Entschädigungsanspruchs bei der unteren Verwaltungsbehörde zu erfolgen, in deren Bezirk der Betrieb belegen ist. Dieselbe hat den Entschädigungsanspruch mittelst Bescheides zurückzuweisen, wenn sie den Betrieb, in welchem der Unfall sich ereignet hat, für nicht unter § 1 fallend erachtet; anderenfalls hat sie die Genossenschaft, welcher der Betrieb angehört, nach Maßgabe der §§ 44 und 45 festzustellen und, nachdem diese Feststellung erfolgt ist, den angemeldeten Entschädigungsanspruch dem zuständigen Vorstande zur weiteren Veranlassung zu überweisen, auch dem Entschädigungsberechtigten hiervon schriftlich Nachricht zu geben. Der Genossenschaftsvorstand ist befugt, gegen die von der unteren Verwaltungsbehörde getroffene Feststellung binnen einer Woche nach der Überweisung Widerspruch zu erheben. Sofern dies geschieht, hat die untere Verwaltungsbehörde die Entscheidung des Reichs-Versicherungsamts einzuholen.

**§ 65.** Die Mitglieder der Genossenschaften sind verpflichtet, auf Erfordern der Behörden und Vorstände (Ausschüsse derselben, besondere Kommissionen, Vertrauensmänner) (§ 62) binnen einer Woche diejenigen Lohn- und Gehaltsnachweisungen zu liefern, welche zur Feststellung der Entschädigung erforderlich sind.

**§ 66.** Über die Feststellung der Entschädigung hat der Vorstand (Ausschuß, Vertrauensmann), welcher dieselbe vorgenommen hat, dem Entschädigungsberechtigten einen schriftlichen Bescheid zu ertheilen, aus welchem die Höhe der Entschädigung und die Art ihrer Berechnung zu ersehen ist. Bei Entschädigungen für erwerbsunfähig gewordene Verletzte ist namentlich anzugeben, in welchem Maße die Erwerbsunfähigkeit angenommen worden ist.

**§ 67.** Gegen den Bescheid der unteren Verwaltungsbehörde, durch welchen der Entschädigungsanspruch aus dem Grunde abgelehnt wird, weil der Betrieb, in welchem der Unfall sich ereignet hat, für nicht unter § 1 fallend erachtet wird (§ 64 Abs. 4), steht dem Verletzten und seinen Hinterbliebenen die Beschwerde an das Reichs-Versicherungsamt zu. Dieselbe ist binnen vier Wochen nach der Zustellung des ablehnenden Bescheides bei der unteren Verwaltungsbehörde einzulegen.

Gegen den Bescheid, durch welchen der Entschädigungsanspruch aus einem anderen als dem vorbezeichneten Grunde abgelehnt wird (§ 64 Abs. 3), sowie gegen den Bescheid, durch welchen die Entschädigung festgestellt wird (§ 66), findet die Berufung auf schiedsrichterliche Entscheidung statt.

Die Berufung ist bei Vermeidung des Ausschlusses binnen vier Wochen nach der Zustellung des Bescheides bei dem Vorsitzenden desjenigen Schiedsgerichts (§ 51) zu erheben, in dessen Bezirk der Betrieb, in welchem der Unfall sich ereignet hat, belegen ist.

Der Bescheid muß die Bezeichnung der für die Berufung zuständigen Stelle beziehungsweise des Vorsitzenden des Schiedsgerichts, sowie die Belehrung über die einzuhaltenden Fristen enthalten.

Die Berufung hat keine aufschiebende Wirkung.

**§ 68.** Die Entscheidung des Schiedsgerichts ist demjenigen Berufenden und demjenigen Genossenschaftsorgane, welches den angefochtenen Bescheid erlassen hat, zuzustellen. Gegen die Entscheidung steht in den Fällen des § 62 Ziffer 2 dem Verletzten oder dessen Hinterbliebenen, sowie dem Genossenschaftsvorstande binnen einer Frist von vier Wochen nach der Zustellung der Entscheidung der Rekurs an das Reichs-Versicherungsamt zu. Derselbe hat keine aufschiebende Wirkung.

Bildet in dem Falle des § 7 Ziffer 2 die Anerkennung oder Nichtanerkennung des Rechtsverhältnisses zwischen dem Getödteten und dem die Entschädigung Beanspruchenden die Voraussetzung des Entschädigungsanspruchs, so kann das Schiedsgericht den Betheiligten aufgeben, zuvörderst die Feststellung des betreffenden Rechtsverhältnisses im ordentlichen Rechtswege herbeizuführen. In diesem Falle ist die Klage bei Vermeidung des Ausschlusses des Entschädigungsanspruchs binnen einer vom Schiedsgericht zu bestimmenden, mindestens auf vier Wochen zu bemessenden Frist nach der Zustellung des hierüber ertheilten Bescheides des Schiedsgerichts zu erheben.

Nach erfolgter rechtskräftiger Entscheidung des Gerichts hat das Schiedsgericht auf erneuten Antrag über den Entschädigungsanspruch zu entscheiden.

**§ 69.** Nach erfolgter Feststellung der Entschädigung (§ 62) ist dem Berechtigten von Seiten des Genossenschaftsvorstandes eine Bescheinigung über die ihm zustehenden Bezüge unter Angabe der mit der Zahlung beauftragten Postanstalt (§ 74) und der Zahlungstermine auszufertigen.

Wird in Folge des schiedsgerichtlichen Verfahrens der Betrag der Entschädigung geändert, so ist dem Entschädigungsberechtigten ein anderweiter Berechtigungsausweis zu ertheilen.

**§ 70.** Tritt in den Verhältnissen, welche für die Feststellung der Entschädigung maßgebend gewesen sind, eine wesentliche Veränderung ein, so kann eine anderweitige Feststellung derselben auf Antrag oder von Amtswegen erfolgen.

Ist der Verletzte, für welchen eine Entschädigung auf Grund des § 6 festgestellt war, in Folge der Verletzung gestorben, so muß der Antrag auf Gewährung einer Entschädigung für die Hinterbliebenen, falls deren Feststellung nicht von Amtswegen erfolgt ist, bei Vermeidung des Ausschlusses, vor Ablauf von zwei Jahren nach dem Tode des Verletzten bei dem zuständigen Vorstande angemeldet werden. Nach Ablauf dieser Frist ist der Anmeldung nur dann Folge zu geben, wenn zugleich glaubhaft bescheinigt wird, daß der Entschädigungsberechtigte von der Verfolgung seines Anspruchs durch außerhalb seines Willens liegende Verhältnisse abgehalten worden ist. Im Übrigen finden auf das Verfahren die Vorschriften der §§ 62 bis 69 entsprechende Anwendung.

Eine Erhöhung der im § 6 bestimmten Rente kann nur für die Zeit nach Anmeldung des höheren Anspruchs gefordert werden.

Eine Minderung oder Aufhebung der Rente tritt von dem Tage ab in Wirksamkeit, an welchem der dieselbe aussprechende Bescheid (§ 66) den Entschädigungsberechtigten zugestellt ist.

**§ 71.** Die Kosten des Heilverfahrens (§ 6 Ziffer 1) und die Kosten der Beerdigung (§ 7 Ziffer 1) sind binnen acht Tagen nach ihrer Feststellung (§ 62) zu zahlen.

Die Entschädigungsrenten der Verletzten und der Hinterbliebenen der Getödteten sind in monatlichen Raten im Voraus zu zahlen. Dieselben werden auf volle fünf Pfennig für den Monat nach oben abgerundet.

**§ 72.** Die Genossenschaft kann Ausländer, welche dauernd das Reichsgebiet verlassen, durch eine Kapitalzahlung für ihren Entschädigungsanspruch abfinden.

**§ 73.** Die den Entschädigungsberechtigten auf Grund dieses Gesetzes zustehenden Forderungen können mit rechtlicher Wirkung weder verpfändet, noch auf Dritte übertragen, noch für andere als die im § 749 Absatz 4 der Civilprozeßordnung bezeichneten Forderungen der Ehefrau und ehelichen Kinder und die des ersatzberechtigten Armenverbandes gepfändet werden.

**§ 74.** Die Auszahlung der auf Grund dieses Gesetzes zu leistenden Entschädigungen wird auf Anweisung des Genossenschaftsvorstandes vorschußweise durch die Postverwaltungen, und zwar in der Regel durch diejenige Postanstalt, in deren Bezirk der Entschädigungsberechtigte zur Zeit des Unfalls seinen Wohnsitz hatte, bewirkt.

Verlegt der Entschädigungsberechtigte seinen Wohnsitz, so hat er die Überweisung der Auszahlung der ihm zustehenden Entschädigung an die Postanstalt seines neuen Wohnortes bei dem Vorstande, von welchem die Zahlungsanweisung erlassen worden ist, zu beantragen.

**§ 75.** Binnen acht Wochen nach Ablauf jedes Rechnungsjahres haben die Zentral-Postbehörden den einzelnen Genossenschaftsvorständen Nachweisungen der auf Anweisung der Vorstände geleisteten Zahlungen zuzustellen und gleichzeitig die Postkassen zu bezeichnen, an welche die zu erstattenden Beträge einzuzahlen sind.

**§ 76.** Die von den Zentral-Postverwaltungen zur Erstattung liquidirten Beträge sind von dem Genossenschaftsvorstande gleichzeitig mit den Verwaltungskosten und den etwaigen Rücklagen zum Reservefonds unter Berücksichtigung der auf Grund der §§ 40 und 41 etwa vorliegenden Verpflichtungen oder Berechtigungen nach dem festgestellten Vertheilungsmaßstabe auf die Genossenschaftsmitglieder umzulegen und von denselben einzuziehen.

**§ 77.** Erfolgt die Umlegung nach dem Maßstabe von Steuern

(§ 33 Abs. 1), so ist der Berechnung die betreffende Steuer für denjenigen Zeitabschnitt zu Grunde zu legen, für welchen die Umlegung erfolgt.

**§ 78.** Werden die Beiträge nach dem Maßstabe der mit den Betrieben verbundenen Unfallgefahr und der in den Betrieben verwendeten Arbeit umgelegt (§ 33 Abs. 2), so ist die Veranlagung in die Gefahrenklasse (§ 35), im Übrigen für Arbeiter und versicherte Familienangehörige die Abschätzung der Betriebe (§ 36), für Betriebsbeamte eine besondere jährlich aufzustellende Nachweisung der von denselben thatsächlich bezogenen Löhne und Gehälter (§ 79), für versicherte Betriebsunternehmer deren Jahresarbeitsverdienst (§ 6 Abs. 4) zu Grunde zu legen.

**§ 79.** Zu diesem Zweck hat jedes Mitglied der Genossenschaft, welches im Laufe des verflossenen Rechnungsjahres versicherte Betriebsbeamte beschäftigt hat, binnen sechs Wochen nach Ablauf des Rechnungsjahres dem Genossenschaftsvorstande eine Nachweisung desjenigen Betrages einzureichen, welchen jeder Betriebsbeamte im abgelaufenen Rechnungsjahre an Gehalt oder Lohn (§ 3) thatsächlich bezogen hat.

Für Genossenschaftsmitglieder, welche mit der rechtzeitigen Einsendung der Nachweisung im Rückstande sind, erfolgt die Feststellung der letzteren durch den Genossenschafts- beziehungsweise Sektionsvorstand auf Vorschlag des etwa bestellten Vertrauensmannes.

**§ 80.** Bei Berechnung der Beiträge wird in der Art verfahren, daß für jeden Arbeitstag eines Arbeiters oder einer anderen, nach § 2 versicherten Person, welche nicht Betriebsbeamter ist, der dreihundertste Theil des nach § 6 für den Sitz des Betriebes ermittelten durchschnittlichen Jahresarbeitsverdienstes für erwachsene männliche Arbeiter, für jeden versicherten Betriebsunternehmer derselbe Jahresarbeitsverdienst, sofern nicht durch das Statut hiervon abweichende Bestimmungen getroffen sind, sowie für jeden Betriebsbeamten der in dem Betriebe von ihm thatsächlich bezogene Verdienst in Ansatz gebracht wird. Dabei ist der die Höhe von täglich vier Mark, das Jahr zu dreihundert Arbeitstagen gerechnet, übersteigende Betrag des Jahresarbeitsverdienstes nur mit einem Dritttheil zur Anrechnung zu bringen.

**§ 81.** Auf dieser Grundlage wird von dem Genossenschaftsvorstande der Betrag berechnet, welcher auf jeden Unternehmer zur Deckung des Gesammtbedarfs entfällt, und die Heberolle aufgestellt.

Den Gemeindebehörden sind bezüglich der dem Gemeindebezirke angehörenden Genossenschaftsmitglieder Auszüge aus der Heberolle mit der Aufforderung zuzustellen, die Beiträge einzuziehen und in ganzer Summe binnen vier Wochen an den Genossenschaftsvorstand einzusenden. Die Gemeindebehörden haben hierfür von der Berufsgenossenschaft eine Vergütung zu beanspruchen, deren Höhe von den Landes-Zentralbehörden festzusetzen ist.

Die Gemeinde haftet für diejenigen Beiträge, bei denen sie den wirklichen Ausfall oder die fruchtlos erfolgte Zwangsvollstreckung nicht nachweisen kann, und muß sie vorschußweise mit einsenden.

**§ 82.** Der Auszug aus der Heberolle (§ 81) muß diejenigen Angaben enthalten, welche die Zahlungspflichtigen in den Stand setzen, die Richtigkeit der angestellten Beitragsberechnung zu prüfen. Die Gemeindebehörde hat den Auszug während zwei Wochen zur Einsicht der Betheiligten auszulegen und den Beginn dieser Frist auf ortsübliche Weise bekannt zu machen.

Binnen einer weiteren Frist von zwei Wochen kann der Betriebsunternehmer, unbeschadet der Verpflichtung zur vorläufigen Zahlung, gegen die Beitragsberechnung bei dem Genossenschaftsvorstande Einspruch erheben. Durch diesen Einspruch kann die nach §§ 35 und 36 erfolgte Veranlagung und Abschätzung nicht angefochten werden. Auf das weitere Verfahren finden die Vorschriften des § 38 Absatz 3 und 4 entsprechende Anwendung.

Tritt in Folge des erhobenen Widerspruchs oder der erhobenen Beschwerde eine Herabminderung des Beitrags ein, so ist der Ausfall bei dem Umlageverfahren des nächsten Rechnungsjahres zu decken.

**§ 83.** Rückständige Beiträge, sowie die im Falle einer Betriebseinstellung etwa zu leistenden Kautionsbeträge (§ 22 Ziffer 8) werden in derselben Weise beigetrieben, wie Gemeindeabgaben. Dasselbe gilt von den Strafzuschlägen in dem Falle der Ablehnung von Wahlen (§ 29 Abs. 3).

Uneinziehbare Beiträge fallen der Gesammtheit der Berufsgenossen zur Last. Sie sind der Gemeinde, welche sie vorgeschossen hat (§ 81 Abs. 3), zu erstatten, vorschußweise aus dem Betriebsfonds oder erforderlichenfalls aus dem Reservefonds der Berufsgenossenschaft zu decken und bei dem Umlageverfahren des nächsten Rechnungsjahres zu berücksichtigen.

**§ 84.** Die Genossenschaftsvorstände haben die von den Zentral-Postbehörden liquidirten Beträge innerhalb drei Monaten nach Empfang der Liquidationen an die ihnen bezeichneten Postkassen abzuführen.

Gegen Genossenschaften, welche mit der Erstattung der Beträge im Rückstande bleiben, ist auf Antrag der Zentral-Postbehörden von dem Reichs-Versicherungsamt, vorbehaltlich der Bestimmungen der §§ 14, 113, 114, das Zwangsbeitreibungsverfahren einzuleiten.

Das Reichs-Versicherungsamt ist befugt, zur Deckung der Ansprüche der Postverwaltungen zunächst über bereite Bestände der Genossenschaftskasse zu verfügen. Soweit diese nicht ausreichen, hat dasselbe das Beitreibungsverfahren gegen die Mitglieder der Genossenschaft einzuleiten und bis zur Deckung der Rückstände durchzuführen.

**§ 85.** Die Einnahmen und Ausgaben der Genossenschaften sind von allen den Zwecken der letzteren fremden Vereinnahmungen und Verausgabungen gesondert festzustellen und zu verrechnen; ebenso sind die Bestände gesondert zu verwahren. Verfügbare Gelder dürfen nur in öffentlichen Sparkassen oder wie Gelder bevormundeter Personen angelegt werden.

Sofern besondere gesetzliche Vorschriften über die Anlegung der Gelder Bevormundeter nicht bestehen, kann die Anlegung der verfügbaren Gelder in Schuldverschreibungen, welche von dem Deutschen Reich, von einem deutschen Bundesstaate oder dem Reichslande Elsaß-Lothringen mit gesetzlicher Ermächtigung ausgestellt sind, oder in Schuldverschreibungen, deren Verzinsung von dem Deutschen Reich, von einem deutschen Bundesstaate oder dem Reichslande Elsaß-Lothringen gesetzlich garantirt ist, oder in Schuldverschreibungen, welche von deutschen kommunalen Korporationen (Provinzen, Kreisen, Gemeinden 2c.) oder von deren Kreditanstalten ausgestellt und entweder seitens der Inhaber kündbar sind, oder einer regelmäßigen Amortisation unterliegen, erfolgen. Auch können die Gelder bei der Reichsbank verzinslich angelegt werden.

**§ 86.** Über die gesammten Rechnungsergebnisse eines Rechnungsjahres ist nach Abschluß desselben alljährlich dem Reichstag eine vom Reichs-Versicherungsamt aufzustellende Nachweisung vorzulegen.

Beginn und Ende des Rechnungsjahres wird für alle Genossenschaften übereinstimmend durch Beschluß des Bundesraths festgestellt.

## VII. Unfallverhütung. Überwachung der Betriebe durch die Genossenschaften.

**§ 87.** Die Genossenschaften sind befugt, für den Umfang des Genossenschaftsbezirks oder für bestimmt abzugrenzende Theile desselben oder für bestimmte Industriezweige oder Betriebsarten über die von Mitgliedern zur Verhütung von Unfällen in ihren Betrieben zu treffenden Einrichtungen Vorschriften zu erlassen und darin die Zuwiderhandelnden mit Zuschlägen bis zum doppelten Betrage ihrer Beiträge oder, sofern eine Einschätzung in Gefahrenklassen stattgefunden hat und der Betrieb des Zuwiderhandelnden nicht in der höchsten Gefahrenklasse sich befindet, mit Einschätzung des Betriebes in eine höhere Gefahrenklasse zu bedrohen.

Für die Herstellung der vorgeschriebenen Einrichtungen ist den Mitgliedern eine angemessene Frist zu bewilligen.

Diese Vorschriften bedürfen der Genehmigung des Reichs-Versicherungsamts.

Die genehmigten Vorschriften sind den höheren Verwaltungsbehörden, auf deren Bezirke sie sich erstrecken, durch den Genossenschaftsvorstand mitzutheilen.

Dem Antrage auf Ertheilung der Genehmigung ist die gutachtliche Äußerung der Vorstände derjenigen Sektionen, für welche die Vorschriften Gültigkeit haben sollen, oder, sofern die Genossenschaft in Sektionen nicht eingetheilt ist, des Genossenschaftsvorstandes beizufügen.

**§ 88.** Die Festsetzung von Zuschlägen sowie die höhere Einschätzung (§ 87) erfolgt durch den Vorstand der Genossenschaft. Hiergegen findet binnen zwei Wochen nach der Zustellung die Beschwerde an das Reichs-Versicherungsamt statt.

**§ 89.** Die von den Landesbehörden für bestimmte Betriebsarten zur Verhütung von Unfällen zu erlassenden Anordnungen sollen, sofern nicht Gefahr im Verzuge ist, den betheiligten Genossenschaftsvorständen oder Sektionsvorständen zur Begutachtung nach Maßgabe des § 87 vorher mitgetheilt werden.

**§ 90.** Die Genossenschaften sind befugt, durch Beauftragte die Befolgung der zur Verhütung von Unfällen erlassenen Vorschriften zu überwachen, von den Einrichtungen der Betriebe, soweit sie für die Zugehörigkeit zur Genossenschaft oder für die Einschätzung in den Gefahrentarif von Bedeutung sind, Kenntniß zu nehmen und behufs Prüfung der von den Betriebsunternehmern auf Grund gesetzlicher oder statutarischer Bestimmungen eingereichten Arbeiter- und Lohnnachweisungen diejenigen Geschäftsbücher und Listen einzusehen, aus welchen die Zahl der beschäftigten Arbeiter und Beamten und die Beträge der verdienten Löhne und Gehälter ersichtlich werden.

Die Betriebsunternehmer sind verpflichtet, den als solchen legitimirten Beauftragten der betheiligten Genossenschaft auf Erfordern den Zutritt zu ihren Betriebsstätten während der Betriebszeit zu gestatten und die bezeichneten Bücher und Listen an Ort und Stelle zur Einsicht vorzulegen. Sie können hierzu, vorbehaltlich der Bestimmungen des § 91, auf Antrag der Beauftragten von der unteren Verwaltungsbehörde durch Geldstrafen im Betrage bis zu dreihundert Mark angehalten werden.

**§ 91.** Befürchtet der Betriebsunternehmer die Verletzung eines Betriebsgeheimnisses oder die Schädigung seiner Geschäftsinteressen in Folge der Besichtigung des Betriebes durch den Beauftragten der Genossenschaft, so kann derselbe die Besichtigung durch andere Sachverständige beanspruchen. In diesem Falle hat er dem Genossenschaftsvorstande, sobald er den Namen des Beauftragten erfährt, eine entsprechende Mittheilung zu machen und einige geeignete Personen zu bezeichnen, welche auf seine Kosten die erforderliche Einsicht in den Betrieb zu nehmen und dem Vorstande die für die Zwecke der Genossenschaft nothwendige Auskunft über die Betriebseinrichtungen zu geben bereit sind. In Ermangelung einer Verständigung zwischen dem Betriebsunternehmer und dem Vorstande entscheidet auf Anrufen des letzteren das Reichs-Versicherungsamt.

**§ 92.** Die Mitglieder der Vorstände der Genossenschaften, sowie deren Beauftragte (§§ 90 und 91) und die nach § 91 ernannten Sachverständigen haben über die Thatsachen, welche durch die Überwachung und Kontrole der Betriebe zu ihrer Kenntniß kommen, Verschwiegenheit zu beobachten und sich der Nachahmung der von den Betriebsunternehmern geheim gehaltenen, zu ihrer Kenntniß gelangten Betriebseinrichtungen und Betriebsweisen, solange als diese Betriebsgeheimnisse sind, zu enthalten. Die Beauftragten der Genossenschaften und Sachverständigen sind hierauf von der unteren Verwaltungsbehörde ihres Wohnortes zu beeidigen.

**§ 93.** Namen und Wohnsitz der Beauftragten sind von dem Genossenschaftsvorstande den höheren Verwaltungsbehörden, auf deren Bezirke sich ihre Thätigkeit erstreckt, anzuzeigen.

Die Beauftragten sind verpflichtet, den nach Maßgabe des § 139 b der Gewerbeordnung bestellten staatlichen Aufsichtsbeamten auf Erfordern über ihre Überwachungsthätigkeit und deren Ergebnisse Mittheilung zu machen, und können dazu von dem Reichs-Versicherungsamt durch Geldstrafen bis zu einhundert Mark angehalten werden.

**§ 94.** Die durch die Überwachung und Kontrole der Betriebe entstehenden Kosten gehören zu den Verwaltungskosten der Genossenschaft. Soweit dieselben in baaren Auslagen bestehen, können sie durch den Vorstand der Genossenschaft dem Betriebsunternehmer auferlegt werden, wenn derselbe durch Nichterfüllung der ihm obliegenden Verpflichtungen zu ihrer Aufwendung Anlaß gegeben hat. Gegen die Auferlegung der Kosten findet binnen zwei Wochen nach Zustellung des Beschlusses die Beschwerde an das Reichs-Versicherungsamt statt. Die Beitreibung derselben erfolgt in derselben Weise, wie die der Gemeindeabgaben.

## VIII. Aufsichtsführung.

**§ 95.** Die Genossenschaften unterliegen in Bezug auf die Befolgung dieses Gesetzes der Beaufsichtigung des Reichs-Versicherungsamts (§ 87 des Unfallversicherungsgesetzes).

Dem Reichs-Versicherungsamt treten vier nichtständige Mitglieder hinzu, von welchen zwei von den Genossenschaftsvorständen aus ihrer Mitte gewählt und zwei als Vertreter der Arbeiter durch den Bundesrath aus den im § 49 Absatz 2 bezeichneten Personen berufen werden.

Diese nichtständigen Mitglieder sind zu denjenigen Verhandlungen des Reichs-Versicherungsamts, bei denen es sich um Angelegenheiten der dem gegenwärtigen Gesetze unterliegenden Genossenschaften handelt, statt der nach § 87 des Unfallversicherungsgesetzes von den Genossenschaftsvorständen und den Vertretern der Arbeiter gewählten nichtständigen Mitglieder, und wenn es sich um allgemeine Angelegenheiten handelt, neben diesen Mitgliedern zuzuziehen.

Die Wahl durch die Genossenschaftsvorstände erfolgt mittelst schriftlicher Abstimmung unter Leitung des Reichs-Versicherungsamts nach relativer Stimmenmehrheit; bei Stimmengleichheit entscheidet das Loos. Das Stimmenverhältniß der einzelnen Wahlkörper bestimmt der Bundesrath unter Berücksichtigung der Zahl der versicherten Personen.

Die Amtsdauer der nichtständigen Mitglieder währt vier Jahre. Für die nichtständigen Mitglieder des Reichs-Versicherungsamts sind in der gleichen Weise nach Bedürfniss Stellvertreter zu bestellen, welche die Mitglieder in Behinderungsfällen zu vertreten haben.[1] Scheidet ein solches Mitglied während seiner Amtsdauer aus, so haben für den Rest derselben die Stellvertreter nach ihrer Reihenfolge als Mitglieder einzutreten.

**§ 96.** Die Aufsicht des Reichs-Versicherungsamts über den Geschäftsbetrieb der Genossenschaften hat sich auf die Beobachtung der gesetzlichen und statutarischen Vorschriften zu erstrecken. Alle Entscheidungen desselben sind endgültig, soweit in diesem Gesetze nicht ein Anderes bestimmt ist.

Das Reichs-Versicherungsamt ist befugt, jederzeit eine Prüfung der Geschäftsführung der Genossenschaften vorzunehmen.

Die Vorstandsmitglieder, Vertrauensmänner und Beamten der Genossenschaften sind auf Erfordern des Reichs-Versicherungsamts

---

[1] Änderung durch G vom 16. Mai 1892 (RGBl S. 665).

zur Vorlegung ihrer Bücher, Beläge und ihrer auf den Inhalt der Bücher bezüglichen Korrespondenzen, sowie der auf die Festsetzungen der Entschädigungen und Jahresbeiträge bezüglichen Schriftstücke an die Beauftragten des Reichs-Versicherungsamts oder an das letztere selbst verpflichtet. Dieselben können hierzu durch Geldstrafen bis zu eintausend Mark angehalten werden.

**§ 97.** Das Reichs-Versicherungsamt entscheidet, unbeschadet der Rechte Dritter, über Streitigkeiten, welche sich auf die Rechte und Pflichten der Inhaber der Genossenschaftsämter, auf die Auslegung der Statuten und die Gültigkeit der vollzogenen Wahlen beziehen. Dasselbe kann die Inhaber der Genossenschaftsämter zur Befolgung der gesetzlichen und statutarischen Vorschriften durch Geldstrafen bis zu eintausend Mark anhalten.

**§ 98.** Die Beschlußfassung des Reichs-Versicherungsamts ist durch die Anwesenheit von mindestens fünf Mitgliedern (einschließlich des Vorsitzenden), unter denen sich je ein Vertreter der Genossenschaftsvorstände und der Arbeiter befinden müssen, bedingt, wenn es sich handelt

a) um die Vorbereitung der Beschlußfassung des Bundesraths bei der Genehmigung von Veränderungen des Bestandes der Genossenschaften (§ 42), bei der Auflösung einer leistungsunfähigen Genossenschaft (§ 14), bei der Bildung von Schiedsgerichten (§ 50);

b) um die Entscheidung vermögensrechtlicher Streitigkeiten bei Veränderungen des Bestandes der Genossenschaften (§ 43);

c) um die Entscheidung auf Rekurse gegen die Entscheidungen der Schiedsgerichte (§ 68);

d) um die Genehmigung von Vorschriften zur Verhütung von Unfällen (§ 87);

e) um die Entscheidung auf Beschwerden gegen Strafverfügungen der Genossenschaftsvorstände (§ 126).

Solange die Vertreter der Genossenschaftsvorstände nicht gewählt und Vertreter der Arbeiter nicht berufen sind, genügt die Anwesenheit von fünf anderen Mitgliedern (einschließlich des Vorsitzenden).

In den Fällen zu b und c erfolgt die Beschlußfassung unter Zuziehung von zwei richterlichen Beamten.

Im Übrigen werden die Formen des Verfahrens und der Geschäftsgang des Reichs-Versicherungsamts durch Kaiserliche Verordnung unter Zustimmung des Bundesraths geregelt.[1]

---

[1] Vgl. Anm. zu § 54 dieses Gesetzes.

**§ 99.** Die Kosten des Reichs-Versicherungsamts und seiner Verwaltung trägt das Reich.

Die nichtständigen Mitglieder erhalten für die Theilnahme an den Arbeiten und Sitzungen des Reichs-Versicherungsamts eine nach dem Jahresbetrage festzusetzende Vergütung, und diejenigen, welche außerhalb Berlin wohnen, außerdem Ersatz der Kosten der Hin- und Rückreise nach den für die vortragenden Räthe der obersten Reichsbehörden geltenden Sätzen (Verordnung vom 21. Juni 1875, Reichs-Gesetzbl. S. 249). Die Bestimmungen im § 16 des Gesetzes, betreffend die Rechtsverhältnisse der Reichsbeamten, vom 31. März 1873 (Reichs-Gesetzbl. S. 61) finden auf sie keine Anwendung.

**§ 100.** Werden in den einzelnen Bundesstaaten für das Gebiet und auf Kosten derselben von den Landesregierungen Landes-Versicherungsämter errichtet (§§ 92, 93 des Unfallversicherungsgesetzes), so finden hinsichtlich der Zusammensetzung derselben die Bestimmungen des § 95 mit folgenden Maßgaben Anwendung:

1. An der Wahl der aus der Mitte der Genossenschaftsvorstände zu wählenden nichtständigen Mitglieder nehmen nur die Vorstände derjenigen Genossenschaften theil, welche Betriebe, deren Sitz im Gebiete eines anderen Bundesstaates belegen ist, nicht umfassen. Die Wahl erfolgt unter Leitung des Landes-Versicherungsamts. Das Stimmenverhältniß der einzelnen Wahlkörper wird unter Berücksichtigung der Zahl der in den betreffenden Genossenschaften versicherten Personen von der Landesregierung bestimmt. Solange eine Wahl nicht zu Stande gekommen ist, werden Vertreter der Betriebsunternehmer von der Landes-Zentralbehörde ernannt.
2. Die Berufung der Vertreter der Arbeiter erfolgt durch die Landes-Zentralbehörde.

Die den nichtständigen Mitgliedern zu gewährende Vergütung wird durch die Landesregierung geregelt.

**§ 101.** Der Beaufsichtigung des Landes-Versicherungsamts unterstehen diejenigen Berufsgenossenschaften, welche nur solche Betriebe umfassen, deren Sitz im Gebiete des betreffenden Bundesstaates belegen ist. In den Angelegenheiten dieser Berufsgenossenschaften gehen die in den §§ 14, 24, 32, 34, 35, 38, 39, 41, 43, 46, 48, 64, 67, 68, 82, 84, 87, 88, 91, 93, 94, 96, 97, 107, 126 dem Reichs-Versicherungsamt übertragenen Zuständigkeiten auf das Landes-Versicherungsamt über.

Soweit jedoch in den Fällen der §§ 38, 41, 43, 46, 48, 64, 67, 68 eine der Aufsicht eines anderen Landes-Versicherungsamts oder des Reichs-Versicherungsamts unterstellte Berufsgenossenschaft mitbetheiligt ist, entscheidet das Reichs-Versicherungsamt.

Unter den gleichen Voraussetzungen ist das Reichs-Versicherungsamt zuständig für Entscheidungen auf Grund der §§ 30, 32, 37, 38, 62, 63 des Unfallversicherungsgesetzes.

Das Landes-Versicherungsamt hat in derartigen Fällen (Abs. 2 und 3) die Akten an das Reichs-Versicherungsamt zur Entscheidung abzugeben.

Treten für eine der im Absatz 1 genannten, der Aufsicht eines Landes-Versicherungsamts unterstellten Berufsgenossenschaften die Voraussetzungen des § 14 ein, so gehen die Rechtsansprüche und Verpflichtungen auf den betreffenden Bundesstaat über.

Die Beschlußfassung des Landes-Versicherungsamts in den im § 98 unter b bis e bezeichneten Angelegenheiten ist durch die Anwesenheit von drei ständigen und zwei nichtständigen Mitgliedern bedingt, zu welchen in den Fällen zu b und c außerdem zwei richterliche Beamte zuzuziehen sind.

## IX. Reichs- und Staatsbetriebe.

**§ 102.** Für Betriebe, welche für Rechnung des Reichs oder eines Bundesstaates verwaltet werden, tritt bei Anwendung dieses Gesetzes an die Stelle der Berufsgenossenschaft das Reich beziehungsweise der Staat. Die Befugnisse und Obliegenheiten der Genossenschaftsversammlung und des Genossenschaftsvorstandes werden durch Ausführungsbehörden wahrgenommen, welche für die Heeresverwaltungen von der obersten Militärverwaltungsbehörde des Kontingents, im Übrigen für die Reichsverwaltungen vom Reichskanzler, für die Landesverwaltungen von der Landes-Zentralbehörde zu bezeichnen sind. Dem Reichs-Versicherungsamt ist mitzutheilen, welche Behörden als Ausführungsbehörden bezeichnet worden sind.

**§ 103.** Soweit das Reich beziehungsweise der Staat in Gemäßheit des § 102 an die Stelle der Berufsgenossenschaft tritt, finden die §§ 13 bis 42, 44 bis 48, 64 Absatz 4, 65, 67 Absatz 1, 76 bis 83, 84 Absatz 2 und 3, 85, 87, 88 bis 94, 95 Absatz 1, 96, 97, 98 Absatz 1 lit. a, d, e, 123 bis 128 keine Anwendung.

**§ 104.** Die Erstreckung der Versicherungspflicht auf Betriebsbeamte mit einem zweitausend Mark übersteigenden Jahresarbeitsverdienste (§ 2 Abs. 2) kann durch die Ausführungsvorschriften erfolgen, soweit diese Beamten nicht nach § 4 von der Anwendung dieses Gesetzes ausgeschlossen sind.

Den Ausführungsvorschriften bleibt auch die Bestimmung überlassen, ob und inwieweit die Renten nach Maßgabe des § 9 in Naturalleistungen gewährt werden sollen.

**§ 105.** Für den Bezirk jeder Ausführungsbehörde ist mindestens ein Schiedsgericht (§ 50) zu errichten. Die im § 51 Absatz 3 bezeichneten Beisitzer werden von der Ausführungsbehörde ernannt.

Das Regulativ (§ 51 Abs. 4 und 5) wird durch die für den Erlaß der Ausführungsvorschriften zuständige Behörde erlassen. In demselben sind die Sätze für die den Vertretern der Arbeiter zu gewährende Vergütung (§§ 53 Abs. 2 und 60) festzustellen.

**§ 106.** Die Feststellung der Entschädigungen (§ 62) erfolgt durch die in den Ausführungsvorschriften zu bezeichnende Behörde.

**§ 107.** Gegen den Bescheid der zuständigen Behörde, durch welchen ein Entschädigungsanspruch aus dem Grunde abgelehnt wird, weil der Betrieb, in welchem der Unfall sich ereignet hat, für nicht unter § 1 fallend erachtet wird, steht dem Verletzten und seinen Hinterbliebenen die Beschwerde an das Reichs-Versicherungsamt zu. Die Beschwerde ist bei demselben binnen vier Wochen nach der Zustellung des ablehnenden Bescheides einzulegen.

**§ 108.** Die zur Durchführung der Bestimmungen der §§ 102 bis 107 erforderlichen Ausführungsvorschriften werden für die Heeresverwaltungen von der obersten Militärverwaltungsbehörde des Kontingents, im Übrigen für die Reichsverwaltungen vom Reichskanzler, für die Landesverwaltungen von der Landes-Zentralbehörde erlassen.

**§ 109.** Die Bestimmungen der §§ 102 bis 108 finden auf Betriebe der im § 102 bezeichneten Art keine Anwendung, insoweit die Reichs- beziehungsweise Landesregierung vor der Bildung der Berufsgenossenschaften für den betreffenden Bezirk erklärt, daß solche Betriebe den Berufsgenossenschaften angehören sollen.

## X. Landesgesetzliche Regelung.

**§ 110.** Die Landesgesetzgebung ist befugt, die Abgrenzung der Berufsgenossenschaften, deren Organisation und Verwaltung, das Verfahren bei Betriebsveränderungen, den Maßstab für die Umlegung der Beiträge und das Verfahren bei deren Umlegung und Erhebung, abweichend von den Bestimmungen der §§ 18, 20 bis 25, 26 Absatz 1, 2 Ziffer 3, Absatz 3 und 4, 27 bis 41, 46, 47, 48 Absatz 1, 76 bis 83 zu regeln, sowie abweichend von den Bestimmungen dieses Gesetzes die Organe zu bezeichnen, durch welche die Verwaltung der Berufsgenossenschaften geführt wird und die in diesem Gesetze den Vorständen der letzteren übertragenen Befugnisse und Obliegenheiten wahrgenommen werden.

**§ 111.** Macht die Landesgesetzgebung von der Befugniß des § 110 Gebrauch, so hat dieselbe

1. über die Befugniß zur Ablehnung des Amts eines Beisitzers des Schiedsgerichts und über die diesen Beisitzern zu gewährenden Vergütungen (§ 53 Abs. 2),
2. über die Vertretung der Berufsgenossenschaften bei den Untersuchungsverhandlungen (§ 58),
3. über den dem Bevollmächtigten der Krankenkasse oder dem von der Gemeindebehörde bezeichneten Arbeiter zu gewährenden Ersatz für entgangenen Arbeitsverdienst (§ 60),
4. über das Organ, bei welchem der Entschädigungsanspruch anzumelden ist (§ 64) und welches die Entschädigung festzustellen und hierüber den Bescheid zu ertheilen hat (§§ 62, 66),
5. über die Rechnungsführung der Berufsgenossenschaften (§ 85),

sowie darüber Bestimmung zu treffen,

6. welche Personen außer den in Gemäßheit der §§ 90 und 91 ernannten Beauftragten und Sachverständigen den Bestimmungen der §§ 127 und 128 unterliegen.

**§ 112.** Bei Abänderung des Bestandes von Berufsgenossenschaften (§ 42) tritt, falls nur solche Betriebe betheiligt sind, deren Sitz im Gebiete desselben Bundesstaates belegen ist, an die Stelle des Bundesraths die Zentralbehörde dieses Bundesstaates, sofern derselbe von der Befugniß des § 110 Gebrauch gemacht hat.

**§ 113.** Die Auflösung einer Berufsgenossenschaft wegen Leistungsunfähigkeit (§ 14) und die Zutheilung der zu derselben gehörigen Betriebe zu anderen Berufsgenossenschaften erfolgt durch die Landes-Zentralbehörde, wenn die aufzulösende Berufsgenossenschaft auf Grund landesgesetzlicher Bestimmungen (§ 110) gebildet ist und diejenigen Berufsgenossenschaften, welchen Betriebe der aufgelösten Berufsgenossenschaft zugetheilt werden sollen, nur solche Betriebe umfassen, deren Sitz im Gebiete des betreffenden Bundesstaates belegen ist.

In diesem Falle gehen die Rechtsansprüche und Verpflichtungen der aufgelösten Genossenschaft auf diesen Bundesstaat über.

**§ 114.** Die Bundesstaaten sind berechtigt, ihr Gebiet oder Theile desselben der Berufsgenossenschaft eines anderen Bundesstaates, welcher von der im § 110 eingeräumten Befugniß Gebrauch gemacht hat, mit dessen Zustimmung anzuschließen. In diesem Falle gelten für die Berufsgenossenschaft die landesgesetzlichen Bestimmungen desjenigen Bundesstaates, an welchen der Anschluß erfolgt ist, falls aber auch der anschließende Bundesstaat von der Befugniß des § 110 Gebrauch gemacht hat, die Bestimmungen desjenigen Bundesstaates, in welchem sich der Sitz der Berufsgenossenschaft befindet. Der Sitz der Berufsgenossenschaft ist im letzteren Falle durch Vereinbarung der Landesregierungen zu bestimmen. Wird eine derartige Berufsgenossenschaft durch den Bundesrath wegen Leistungsunfähigkeit aufgelöst (§ 14), so gehen deren Rechtsansprüche und Verpflichtungen nach dem Maßstabe der im letzten Rechnungsjahre gezahlten Beiträge auf die betheiligten Bundesstaaten über.

Kommt eine Einigung nicht zu Stande, so entscheidet auf Anrufen der Bundesrath.

**§ 115.** Die im § 110 eingeräumte Befugniß erlischt, soweit in einem Bundesstaate innerhalb zwei Jahren nach dem Tage der Verkündigung dieses Gesetzes landesgesetzliche Bestimmungen nicht erlassen sind oder innerhalb eines weiteren Jahres die Organisation nicht durchgeführt ist.

Der Bundesrath kann diese Fristen auf Ansuchen um je ein Jahr verlängern.

Die im § 114 eingeräumte Berechtigung dauert solange, als nicht der Bundesrath das betreffende Gebiet gemäß § 18 einer Berufsgenossenschaft angeschlossen hat.

## XI. Schluß- und Strafbestimmungen.

**§ 116.** Die nach Maßgabe dieses Gesetzes versicherten Personen und deren Hinterbliebene können einen Anspruch auf Ersatz des in Folge eines Unfalls erlittenen Schadens nur gegen diejenigen Betriebsunternehmer, Bevollmächtigten oder Repräsentanten, Betriebs- oder Arbeiteraufseher geltend machen, gegen welche durch strafgerichtliches Urtheil festgestellt worden ist, daß sie den Unfall vorsätzlich herbeigeführt haben.

In diesem Falle beschränkt sich der Anspruch auf den Betrag, um welchen die den Berechtigten nach den bestehenden gesetzlichen Vorschriften gebührende Entschädigung diejenige übersteigt, auf welche sie nach diesem Gesetze Anspruch haben.

Die auf landesgesetzlichen Bestimmungen beruhenden Ansprüche eines Verletzten auf Ersatz des in Folge des Unfalls erlittenen Schadens für die Dauer der ersten dreizehn Wochen nach dem Unfalle bleiben vorbehalten, wenn nicht durch die Landesgesetzgebung oder durch statutarische Bestimmung eine den Vorschriften der §§ 6 und 7 des Krankenversicherungsgesetzes vom 15. Juni 1883 (Reichs-Gesetzbl. S. 73) beziehungsweise der §§ 137 ff. dieses Gesetzes mindestens gleichkommende Fürsorge für den Verletzten und seine Angehörigen getroffen ist oder der Verletzte auf Grund des § 136 dieses Gesetzes von der Krankenversicherungspflicht befreit ist.

**§ 117.** Diejenigen Betriebsunternehmer, Bevollmächtigten oder Repräsentanten, Betriebs- oder Arbeiteraufseher, gegen welche durch strafgerichtliches Urtheil festgestellt worden ist, daß sie den Unfall vorsätzlich oder durch Fahrlässigkeit mit Außerachtlassung derjenigen Aufmerksamkeit, zu der sie vermöge ihres Amtes, Berufes oder Gewerbes besonders verpflichtet sind, herbeigeführt haben, haften für alle Aufwendungen, welche in Folge des Unfalls auf Grund dieses Gesetzes oder des Gesetzes, betreffend die Krankenversicherung der Arbeiter, vom 15. Juni 1883 (Reichs-Gesetzbl. S. 73) von den Genossenschaften, Gemeinden (§ 10 Abs. 1) oder Krankenkassen gemacht worden sind.

In gleicher Weise haftet als Betriebsunternehmer eine Aktiengesellschaft, eine Innung oder eingetragene Genossenschaft für die durch ein Mitglied ihres Vorstandes, sowie eine Handelsgesellschaft, eine Innung oder eingetragene Genossenschaft für die durch einen der Liquidatoren herbeigeführten Unfälle.

Als Ersatz für die Rente kann in diesen Fällen deren Kapitalwerth gefordert werden.

Der Anspruch verjährt in achtzehn Monaten von dem Tage, an welchem das strafrechtliche Urtheil rechtskräftig geworden ist.

**§ 118.** Die in den §§ 116 und 117 bezeichneten Ansprüche können, auch ohne daß die daselbst vorgesehene Feststellung durch strafgerichtliches Urtheil stattgefunden hat, geltend gemacht werden, falls diese Feststellung wegen des Todes oder der Abwesenheit des Betreffenden oder aus einem anderen in der Person desselben liegenden Grunde nicht erfolgen kann.

**§ 119.** Die Haftung dritter, in den §§ 116 und 117 nicht bezeichneter Personen, welche den Unfall vorsätzlich herbeigeführt oder durch Verschulden verursacht haben, bestimmt sich nach den bestehenden gesetzlichen Vorschriften. Jedoch geht die Forderung der Entschädigungsberechtigten an den Dritten auf die Genossenschaft insoweit über, als die Verpflichtung der letzteren zur Entschädigung durch dieses Gesetz begründet ist.

**§ 120.** Den Berufsgenossenschaften sowie den Betriebsunternehmern ist untersagt, die Anwendung der Bestimmungen dieses Gesetzes zum Nachtheil der Versicherten durch Verträge (mittelst Reglements oder besonderer Übereinkunft) auszuschließen oder zu beschränken. Vertragsbestimmungen, welche diesem Verbote zuwiderlaufen, haben keine rechtliche Wirkung.

**§ 121.** Die öffentlichen Behörden sind verpflichtet, den im Vollzuge dieses Gesetzes an sie ergehenden Ersuchen des Reichs-Versicherungsamts, anderer öffentlicher Behörden, sowie der Genossenschafts-

und Sektionsvorstände und der Schiedsgerichte zu entsprechen und den bezeichneten Vorständen auch unaufgefordert alle Mittheilungen zukommen zu lassen, welche für den Geschäftsbetrieb der Genossenschaften von Wichtigkeit sind. Die gleiche Verpflichtung liegt den Organen der Genossenschaften untereinander ob.

Die durch die Erfüllung dieser Verpflichtungen entstehenden Kosten sind von den Genossenschaften als eigene Verwaltungskosten (§ 15) insoweit zu erstatten, als sie in Tagegeldern und Reisekosten von Beamten oder Genossenschaftsorganen, sowie in Gebühren für Zeugen und Sachverständige oder in sonstigen baaren Auslagen bestehen.

**§ 122.** Alle zur Begründung und Abwickelung der Rechtsverhältnisse zwischen den Berufsgenossenschaften einerseits und den Versicherten andererseits erforderlichen schiedsgerichtlichen Verhandlungen und Urkunden sind gebühren- und stempelfrei. Dasselbe gilt für die behufs Vertretung von Berufsgenossenschaften ausgestellten privatschriftlichen Vollmachten und für die im § 12 bezeichneten Streitigkeiten.

**§ 123.** Betriebsunternehmer können von dem Genossenschaftsvorstande mit Ordnungsstrafe bis zu fünfhundert Mark belegt werden, wenn die von ihnen in Gemäßheit der §§ 34 Absatz 2, 37 Absatz 2, 39 ertheilte Auskunft oder die in Gemäßheit der §§ 47, 48 erstattete Anzeige oder Anmeldung, imgleichen wenn die von ihnen in Gemäßheit der §§ 65, 79 eingereichten Lohn- oder Gehaltsnachweisungen thatsächliche Angaben enthalten, deren Unrichtigkeit ihnen bekannt war oder bei Anwendung angemessener Sorgfalt nicht entgehen konnte.

**§ 124.** Betriebsunternehmer, welche der ihnen obliegenden Verpflichtung zur Ertheilung von Auskunft in den Fällen der §§ 37 Absatz 2, 39, zur Anzeige oder Anmeldung in den Fällen der §§ 47, 48, zur Einreichung der Lohn- oder Gehaltsnachweisungen in den Fällen der §§ 65, 79, oder zur Erfüllung der für Betriebseinstellungen gegebenen statutarischen Vorschriften (§ 22 Ziffer 8) nicht rechtzeitig nachkommen, können von dem Genossenschaftsvorstande mit Ordnungsstrafe bis zu dreihundert Mark belegt werden.

Die gleiche Strafe kann, wenn die Anzeige eines Unfalls nicht rechtzeitig in Gemäßheit des § 56 erfolgt ist, gegen denjenigen verhängt werden, welcher zu der Anzeige verpflichtet war.

**§ 125.** Die Strafvorschriften der §§ 123 und 124 finden auch gegen die gesetzlichen Vertreter handlungsunfähiger Betriebsunternehmer, desgleichen gegen die Mitglieder des Vorstandes einer Aktiengesellschaft, Innung oder eingetragenen Genossenschaft, sowie gegen die Liquidatoren einer Handelsgesellschaft, Innung oder eingetragenen Genossenschaft Anwendung.

**§ 126.** Zur Verhängung der in den §§ 123 bis 125 angedrohten Strafen ist der Vorstand derjenigen Genossenschaft zuständig, zu welcher der Betriebsunternehmer gehört.

Gegen die Strafverfügung des Genossenschaftsvorstandes steht den Betheiligten binnen zwei Wochen von deren Zustellung an die Beschwerde an das Reichs-Versicherungsamt zu.

Die Strafen fließen in die Genossenschaftskasse.

**§ 127.** Die Mitglieder der Vorstände der Genossenschaften und die Mitglieder der Genossenschaftsausschüsse zur Entscheidung über Beschwerden (§ 22 Ziffer 3), imgleichen die in Gemäßheit der §§ 90 und 91 ernannten Beauftragten und Sachverständigen werden, wenn sie unbefugt Betriebsgeheimnisse offenbaren, welche kraft ihres Amtes oder Auftrages zu ihrer Kenntniß gelangt sind, mit Geldstrafe bis zu eintausendfünfhundert Mark oder mit Gefängniß bis zu drei Monaten bestraft.

Die Verfolgung tritt nur auf Antrag des Betriebsunternehmers ein.

**§ 128.** Die im § 127 bezeichneten Personen werden mit Gefängniß, neben welchem auf Verlust der bürgerlichen Ehrenrechte erkannt werden kann, bestraft, wenn sie absichtlich zum Nachtheile der Betriebsunternehmer Betriebsgeheimnisse, welche kraft ihres Amtes oder Auftrages zu ihrer Kenntniß gelangt sind, offenbaren, oder geheim gehaltene Betriebseinrichtungen oder Betriebsweisen, welche kraft ihres Amtes oder Auftrages zu ihrer Kenntniß gelangt sind, solange als diese Betriebsgeheimnisse sind, nachahmen.

Thun sie dies, um sich oder einem Anderen einen Vermögensvortheil zu verschaffen, so kann neben der Gefängnißstrafe auf Geldstrafe bis zu dreitausend Mark erkannt werden.

**§ 129.** Die Zentralbehörden der Bundesstaaten bestimmen, von welchen Staatsbehörden, Gemeindevertretungen oder, wo solche nicht bestehen, Gemeindebehörden die in diesem Gesetze den höheren Verwaltungsbehörden, den unteren Verwaltungsbehörden, den Ortspolizeibehörden, den Gemeindebehörden und den Vertretungen der Gemeinden und weiteren Kommunalverbände zugewiesenen Verrichtungen wahrzunehmen sind, imgleichen zu welchen Kassen die in den §§ 34 Absatz 2, 90 Absatz 2, 93 Absatz 2 vorgesehenen Strafen fließen.

Die von den Zentralbehörden der Bundesstaaten in Gemäßheit vorstehender Vorschrift erlassenen Bestimmungen sind durch den Deutschen Reichs-Anzeiger bekannt zu machen.

**§ 130.** Geldstrafen, welche auf Grund dieses Gesetzes verhängt werden, mit Ausnahme derjenigen, auf welche von den Gerichten erkannt ist, werden in derselben Weise beigetrieben, wie Gemeindeabgaben.

**§ 131.** Die in diesem Gesetze für Gemeinden getroffenen Bestimmungen gelten auch für die einem Gemeindeverbande nicht einverleibten selbständigen Gutsbezirke und Gemarkungen. Soweit aus denselben der Gemeinde oder Gemeindebehörde Rechte und Pflichten erwachsen, tritt an ihre Stelle der Gutsherr oder der Gemarkungsberechtigte.

**§ 132.** Zustellungen, welche den Lauf von Fristen bedingen, erfolgen durch die Post mittelst eingeschriebenen Briefes. Der Beweis der Zustellung kann auch durch behördliche Beglaubigung geführt werden.

## B. Krankenversicherung.

**§ 133.** Werden durch die Landesgesetzgebung in der Land- oder Forstwirthschaft gegen Gehalt oder Lohn beschäftigte Personen der Krankenversicherungspflicht nach Maßgabe des Krankenversicherungsgesetzes vom 15. Juni 1883 (Reichs-Gesetzbl. S. 73) unterworfen, so findet letzteres Gesetz mit den aus den §§ 134 bis 142 dieses Gesetzes sich ergebenden Änderungen Anwendung. Dasselbe gilt, wenn durch statutarische Bestimmungen auf Grund des § 2 des Krankenversicherungsgesetzes die Anwendung der Vorschriften des § 1 des letzteren auf solche Personen erstreckt wird.

**§ 134.**[1] Gemeinden oder weitere Kommunalverbände können bei dem Erlasse statutarischer Bestimmungen über die Krankenversicherung land- und forstwirthschaftlicher Arbeiter beschließen, daß diese Bestimmungen auch auf außerhalb des Kommunalbezirks liegende Theile solcher Betriebe sich erstrecken sollen, deren Sitz innerhalb des Bezirks der Gemeinde oder des weiteren Kommunalverbandes belegen ist.

**§ 135.**[2]

---

[1] Die §§ 134 Abs. 1, 135, 139, 140 traten mit dem 1. Januar 1893 außer Kraft. Vgl. G vom 10. April 1892 (RGBl S. 416) Art. 32. § 134 Abs. 1 lautete:

Der Beschäftigungsort land- und forstwirthschaftlicher Arbeiter und der Sitz des Betriebes bestimmt sich nach den Vorschriften der §§ 10 und 44 dieses Gesetzes.

[2] § 135 lautete (s. vorstehende Anm.):

Die Bestimmung des § 20 Absatz 1 Ziffer 2 des Krankenversicherungsgesetzes findet nur auf verheirathete Wöchnerinnen oder solche Wittwen Anwendung, deren Entbindung nach dem Tode des Ehemannes innerhalb des nach den Landesgesetzen für die Vermuthung der ehelichen Geburt maßgebenden Zeitraumes erfolgt.

**§ 136.** Personen, welche erweislich mindestens für dreizehn Wochen nach der Erkrankung dem Arbeitgeber gegenüber einen Rechtsanspruch auf eine den Bestimmungen des § 6 des Krankenversicherungsgesetzes entsprechende oder gleichwerthige Unterstützung haben, sind auf den Antrag des Arbeitgebers von der Versicherungspflicht zu befreien, sofern die Leistungsfähigkeit desselben genügend gesichert ist.

Über den Antrag entscheidet die Verwaltung der Gemeindekrankenversicherung oder der Vorstand der Krankenkasse, welcher die zu befreiende Person angehören würde. Wird die Leistungsfähigkeit des Arbeitgebers beanstandet, so ist der Antrag an die Aufsichtsbehörde zur Entscheidung abzugeben.

Die Entscheidung über den Befreiungsantrag ist den Betheiligten zu eröffnen und vorläufig vollstreckbar. Gegen dieselbe steht jedem Betheiligten binnen zwei Wochen die Beschwerde an die vorgesetzte Aufsichtsbehörde zu.

Die Befreiung gilt für die Dauer des Arbeitsvertrages. Sie hört vor Beendigung desselben auf:

1. wenn dies von der im Absatz 2 bezeichneten Aufsichtsbehörde wegen nicht genügender Leistungsfähigkeit des Arbeitgebers — sei es von Amtswegen, sei es auf Vorschlag der Verwaltung der Gemeindekrankenversicherung oder des Vorstandes der Krankenkasse — angeordnet wird,
2. wenn der Arbeitgeber die befreite Person zur Krankenversicherung anmeldet. Die Anmeldung ist im Falle einer zur Zeit derselben bereits eingetretenen Erkrankung ohne rechtliche Wirkung.

Insoweit einer nach Absatz 1 befreiten Person im Falle der Erkrankung von dem Arbeitgeber eine den Bestimmungen des § 6 des Krankenversicherungsgesetzes entsprechende oder gleichwerthige Unterstützung nicht gewährt wird, ist dieselbe auf Antrag von der betreffenden Gemeindekrankenversicherung oder Krankenkasse zu gewähren. Die hiernach gemachten Aufwendungen sind von dem Arbeitgeber zu ersetzen.

Streitigkeiten über Unterstützungsansprüche, welche gegen die Gemeindekrankenversicherung oder Krankenkasse auf Grund des vorstehenden Absatzes entstehen, werden nach Maßgabe des § 12 Absatz 1, Streitigkeiten über Ersatzansprüche zwischen der Gemeindekrankenversicherung oder Krankenkasse einerseits und dem Arbeitgeber andererseits nach Maßgabe des § 12 Absatz 2 dieses Gesetzes entschieden.

**§ 137.** Für versicherungspflichtige Personen, welche erweislich auf Grund eines mindestens für die Dauer eines Jahres abgeschlossenen Arbeitsvertrages

1. jährliche Naturalleistungen mindestens im dreihundertfachen Werthe des von der Gemeindekrankenversicherung beziehungsweise Krankenkasse für einen Krankentag zu zahlenden Krankengeldes beziehen, oder für den Krankentag einen Arbeitslohn an Geld oder Naturalleistungen erhalten, welcher dem von der Gemeindekrankenversicherung beziehungsweise Krankenkasse zu zahlenden täglichen Krankengelde mindestens gleichkommt, und
2. auf Fortgewährung dieser Leistungen, innerhalb der Geltungsdauer des Arbeitsvertrages, für mindestens dreizehn Wochen nach der Erkrankung einen Rechtsanspruch haben,

tritt auf Antrag des Arbeitgebers während der Geltuugsdauer des Arbeitsvertrages eine Ermäßigung der Versicherungsbeiträge ein, wogegen das Krankengeld in Wegfall kommt.

Die Ermäßigung der Beiträge erfolgt in demselben Verhältnisse, in welchem die Höhe des Krankengeldes zu dem Werthe der sonstigen Kassenleistungen steht. Dies Verhältniß ist durch statutarische Bestimmungen festzustellen, welche für die Gemeindekrankenversicherung von der Gemeinde, für die gemeinsame Gemeindekrankenversicherung (§ 12 des Krankenversicherungsgesetzes) durch den weiteren Kommunalverband, für Orts- und Betriebskrankenkassen durch das Kassenstatut zu treffen ist. Die statutarischen Bestimmungen der Gemeinden und weiteren Kommunalverbände bedürfen der Genehmigung der höheren Verwaltungsbehörde; auf die Festsetzung durch das Kassenstatut findet § 24 des Krankenversicherungsgesetzes Anwendung. Wo weitere Kommunalverbände nicht bestehen, erfolgt die Festsetzung für die gemeinsame Gemeindekrankenversicherung durch die höhere Verwaltungsbehörde. Solange eine endgültige Festsetzung dieses Beitragsverhältnisses nicht erfolgt ist, wird für die nach Absatz 1 versicherten Personen der dritte Theil der für andere Kassenmitglieder geltenden Beiträge entrichtet.

Soweit die im Absatz 1 Ziffer 1 bezeichneten Leistungen im Falle der Erkrankungen von dem Arbeitgeber nicht in Gemäßheit des Arbeitsvertrages, auf Grund dessen die Ermäßigung der Beiträge erfolgt ist, gewährt werden, ist dem Erkrankten auf Antrag das Krankengeld von der Gemeindekrankenversicherung oder Krankenkasse zu zahlen und derselben von dem Arbeitgeber zu ersetzen. Streitigkeiten über solche Ersatzansprüche werden nach Maßgabe des § 12 Absatz 2 dieses Gesetzes entschieden.

**§ 138.** Durch statutarische Bestimmung (§ 137 Abs. 2) kann eine entsprechende Kürzung des Krankengeldes und der Beiträge auch für solche Versicherten angeordnet werden, welche in Krankheitsfällen auf Grund ihres Arbeitsvertrages weniger als die im § 137 Absatz 1 festgesetzten Geld- oder Naturalleistungen beziehen. Die Kürzung muß dem Verhältnisse entsprechen, in welchem der Werth dieser Leistungen zu der Höhe des Krankengeldes steht. Im Übrigen finden die Bestimmungen des § 137 auch auf Fälle dieser Art Anwendung.

**§ 139. § 140.**[1]

**§ 141.** Die auf Grund der §§ 2, 49 bis 52 Absatz 1, 53, 54 des Krankenversicherungsgesetzes erlassenen statutarischen Bestimmungen sind, soweit sie den vorstehenden Vorschriften zuwiderlaufen, bis zum 1. Januar 1887 mit denselben in Übereinstimmung zu bringen. Soweit dies nicht geschieht, kann die Landes-Zentralbehörde nach Ablauf dieser Frist solche statutarischen Bestimmungen ganz oder theilweise außer Kraft setzen.

Der § 3 Absatz 2 des Krankenversicherungsgesetzes findet auf die unter § 1 des gegenwärtigen Gesetzes fallenden Personen keine Anwendung.

**§ 142.** Durch statutarische Bestimmung einer Gemeinde für ihren Bezirk oder eines weiteren Kommunalverbandes für seinen Bezirk oder Theile desselben können Personen, welche innerhalb des betreffenden Bezirks wohnen und, ohne zu einem bestimmten Arbeitgeber in einem dauernden Arbeitsverhältnisse zu stehen, vorwiegend in land- oder forstwirthschaftlichen Betrieben dieses Bezirks gegen Lohn beschäftigt sind, auch für diejenige Zeit, in welcher eine Beschäftigung gegen Lohn nicht stattfindet, der Krankenversicherungspflicht unterworfen und, solange sie nicht zu einer die Versicherungspflicht begründenden Beschäftigung in einem anderen Erwerbszweige übergehen oder Mitglieder einer Betriebskrankenkasse werden, in diesem Bezirke zur Versicherung herangezogen werden.

Die nach solcher statutarischen Bestimmung versicherungspflichtigen Personen sind der Gemeindekrankenversicherung oder Ortskrankenkasse, welcher die sonstigen versicherungspflichtigen land- und forstwirthschaftlichen Arbeiter angehören, durch die Gemeindebehörde zu überweisen. Ihre Versicherung beginnt mit dem Tage ihrer Überweisung.

---

[1] Vgl. Anm. zu § 134. Die §§ 139, 140 lauteten:

§ 139. Soweit es sich nicht um die unter § 2 Absatz 1 Ziffer 1 des Krankenversicherungsgesetzes fallenden Arbeiter handelt, finden die Bestimmungen des § 54 des gedachten Gesetzes keine Anwendung.

Die Zahlung der Beiträge erfolgt auch für die nach §§ 137 und 138 versicherten Personen nach den Bestimmungen des §§ 51 bis 53 des Krankenversicherungsgesetzes.

§ 140. Der Werth der Naturalbezüge wird nach Durchschnittspreisen von der unteren Verwaltungsbehörde festgesetzt.

Die Überweisung ist zurückzunehmen, wenn die Voraussetzungen ihrer Zulässigkeit aufhören.

Die Überweisung sowie der die Zurücknahme derselben ablehnende Bescheid kann nach Maßgabe des § 12 Absatz 2 dieses Gesetzes angefochten werden.

Ob und inwieweit die Vorschriften der §§ 49 bis 53 des Krankenversicherungsgesetzes auf die Arbeitgeber dieser Personen Anwendung finden, ist durch statutarische Bestimmung zu regeln.

Solange solche Personen nach Maßgabe des Absatzes 1 in dem Bezirke ihres Wohnortes gegen Krankheit versichert sind, fällt ihre Verpflichtung zum Beitritt zu einer anderen Kasseneinrichtung für land- und forstwirthschaftliche Arbeiter fort.

Die nach Absatz 1 und 5 zulässigen statutarischen Vorschriften bedürfen der Genehmigung der höheren Verwaltungsbehörde.

### C. Gesetzeskraft.

**§ 143.** Die Bestimmungen der Abschnitte A II, III, IV, V, VIII und X, die auf diese Abschnitte bezüglichen Strafbestimmungen, sowie diejenigen Vorschriften, welche zur Durchführung der in diesen Abschnitten getroffenen Anordnungen dienen, treten mit dem Tage der Verkündung dieses Gesetzes in Kraft. Dasselbe gilt von den Bestimmungen des Abschnittes B.

Im Übrigen wird der Zeitpunkt, mit welchem das Gesetz ganz oder theilweise für den Umfang des Reichs oder Theile desselben in Kraft tritt, mit Zustimmung des Bundesraths durch Kaiserliche Verordnung bestimmt.[1]

---

## 78) Übereinkunft, betreffend die Bildung eines internationalen Verbandes zum Schutze von Werken der Literatur und Kunst.

(Berner Vertrag vom 9. September 1886, RGBl 1887 S. 493ff.).

**Artikel 1.**[2] Die vertragschließenden Länder bilden einen Verband zum Schutze des Urheberrechts an Werken der Literatur und Kunst.

---

[1] Vgl. V vom 28. März 1888 (RGBl S. 125), 23. Mai 1888 (RGBl S. 175), 26. Juni 1888 (RGBl S. 207), 21. Juli 1888 (RGBl S. 217), 27. Okt. 1888 (RGBl S. 237), 19. Nov. 1888 (RGBl S. 289), 17. Dez. 1888 (RGBl S. 297), 16. April 1889 (RGBl S. 51), 30. Sept. 1889 (RGBl S. 195). Vgl. Zusammenstellung in AN 1889 S. 393.

[2] Diesem Vertrage sind beigetreten Deutschland, Belgien, Spanien, Frankreich, England (letztere drei mit allen auswärtigen Besitzungen), Haiti, Italien, Schweiz, Tunis, Luxemburg und Monaco, und 1893 Montenegro (RGBl S. 136). Der Beitritt von Monaco ist im RGBl nicht publizirt. Liberia hat den Vertrag unterzeichnet, aber nicht ratifizirt. — Über das Verhältniß dieses Vertrages zu den Sonderverträgen s. Anm. zu § 61 des Gesetzes vom 11. Juni 1870.

**Artikel 2.** Die einem der Verbandsländer angehörigen Urheber oder ihre Rechtsnachfolger genießen in den übrigen Ländern für ihre Werke, und zwar sowohl für die in einem der Verbandsländer veröffentlichten, als für die überhaupt nicht veröffentlichten, diejenigen Rechte, welche die betreffenden Gesetze den inländischen Urhebern gegenwärtig einräumen oder in Zukunft einräumen werden.

Der Genuß dieser Rechte ist von der Erfüllung der Bedingungen und Förmlichkeiten abhängig, welche durch die Gesetzgebung des Ursprungslandes des Werkes vorgeschrieben sind; derselbe kann in den übrigen Ländern die Dauer des in dem Ursprungslande gewährten Schutzes nicht übersteigen.

Als Ursprungsland des Werkes wird dasjenige angesehen, in welchem die erste Veröffentlichung erfolgt ist, oder wenn diese Veröffentlichung gleichzeitig in mehreren Verbandsländern stattgefunden hat, dasjenige unter ihnen, dessen Gesetzgebung die kürzeste Schutzfrist gewährt.

In Ansehung der nicht veröffenlichten Werke gilt das Heimathland des Urhebers als Ursprungsland des Werkes.

**Artikel 3.** Die Bestimmungen der gegenwärtigen Übereinkunft finden in gleicher Weise auf die Verleger von solchen Werken der Literatur und Kunst Anwendung, welche in einem Verbandslande veröffentlicht sind, und deren Urheber einem Nichtverbandslande angehört.

**Artikel 4.** Der Ausdruck „Werke der Literatur und Kunst" umfaßt Bücher, Broschüren und alle anderen Schriftwerke; dramatische und dramatisch-musikalische Werke, musikalische Kompositionen mit oder ohne Text; Werke der zeichnenden Kunst, der Malerei, der Bildhauerei; Stiche, Lithographien, Illustrationen, geographische Karten; geographische, topographische, architektonische oder sonstige wissenschaftliche Pläne, Skizzen und Darstellungen plastischer Art; überhaupt jedes Erzeugniß aus dem Bereiche der Literatur, Wissenschaft oder Kunst, welches im Wege des Drucks oder sonstiger Vervielfältigung veröffentlicht werden kann.

**Artikel 5.** Den einem Verbandslande angehörigen Urhebern oder ihren Rechtsnachfolgern steht in den übrigen Ländern, bis zum Ablauf von zehn Jahren, von der Veröffentlichung des Originalwerkes in einem der Verbandsländer an gerechnet, das ausschließliche Recht zu, ihre Werke zu übersetzen oder die Übersetzung derselben zu gestatten.

Bei den in Lieferungen veröffentlichten Werken beginnt die Frist von zehn Jahren erst mit dem Erscheinen der letzten Lieferung des Originalwerkes.

Bei Werken, welche aus mehreren, in Zwischenräumen erscheinenden Bänden bestehen, sowie bei fortlaufenden Berichten oder Heften, welche von literarischen oder wissenschaftlichen Gesellschaften oder von Privatpersonen veröffentlicht werden, wird jeder Band, jeder Bericht oder jedes Heft bezüglich der zehnjährigen Schutzfrist als ein besonderes Werk angesehen.

In den in diesem Artikel vorgesehenen Fällen gilt für die Berechnung der Schutzfristen als Tag der Veröffentlichung der 31. Dezember des Jahres, in welchem das Werk erschienen ist.

**Artikel 6.** Rechtmäßige Übersetzungen werden wie Originalwerke geschützt. Sie genießen demzufolge rücksichtlich ihrer unbefugten Vervielfältigung in den Verbandsländern den in den Artikeln 2 und 3 festgesetzten Schutz.

Wenn es sich indessen um ein Werk handelt, betreffs dessen das Recht zur Übersetzung allgemein freisteht, so steht dem Übersetzer kein Einspruch gegen die Übersetzung des Werkes durch andere Schriftsteller zu.

**Artikel 7.** Artikel, welche in einem Verbandslande in Zeitungen oder periodischen Zeitschriften veröffentlicht sind, können im Original oder in Übersetzung in den übrigen Verbandsländern abgedruckt werden, falls nicht die Urheber oder Herausgeber den Abdruck ausdrücklich untersagt haben. Bei Zeitschriften genügt es, wenn das Verbot allgemein an der Spitze einer jeden Nummer der Zeitschrift ausgesprochen ist.

Dies Verbot soll jedoch bei Artikeln politischen Inhalts oder bei dem Abdruck von Tagesneuigkeiten und „vermischten Nachrichten" keine Anwendung finden.

**Artikel 8.** Bezüglich der Befugniß, Auszüge oder Stücke aus Werken der Literatur und Kunst in Veröffentlichungen, welche für den Unterricht bestimmt oder wissenschaftlicher Natur sind, oder in Chrestomathien aufzunehmen, sollen die Gesetzgebungen der einzelnen Verbandsländer und die zwischen ihnen bestehenden oder in Zukunft abzuschließenden besonderen Abkommen maßgebend sein.

**Artikel 9.** Die Bestimmungen des Artikels 2 finden auf die öffentliche Aufführung dramatischer oder dramatisch-musikalischer Werke Anwendung, gleichviel, ob diese Werke veröffentlicht sind oder nicht.

Die Urheber von dramatischen oder dramatisch-musikalischen Werken, sowie ihre Rechtsnachfolger werden gegenseitig, während der Dauer ihres ausschließlichen Übersetzungsrechts, gegen die öffentliche, von ihnen nicht gestattete Aufführung einer Übersetzung ihrer Werke geschützt.

Die Bestimmungen des Artikels 2 finden gleichfalls Anwendung auf die öffentliche Aufführung von nicht veröffentlichten und solchen veröffentlichten musikalischen Werken, bei denen der Urheber auf dem Titelblatt oder an der Spitze des Werkes ausdrücklich die öffentliche Aufführung untersagt hat.

**Artikel 10.** Zu der unerlaubten Wiedergabe, auf welche die gegenwärtige Übereinkunft Anwendung findet, gehört insbesondere auch diejenige nicht genehmigte indirekte Aneignung eines Werkes der Literatur oder Kunst, welche mit verschiedenen Namen, wie „Adaptationen, musikalische Arrangements" u. s. w. bezeichnet zu werden pflegt, sofern dieselbe lediglich die Wiedergabe eines solchen Werkes in derselben oder einer anderen Form, mit unwesentlichen Änderungen, Zusätzen oder Abkürzungen darstellt, ohne im Übrigen die Eigenschaft eines neuen Originalwerkes zu besitzen.

Es besteht darüber Einverständniß, daß die Gerichte der verschiedenen Verbandsländer gegebenenfalls diesen Artikel nach Maßgabe der besonderen Bestimmungen ihrer Landesgesetze anzuwenden haben.

**Artikel 11.** Damit die Urheber der durch die gegenwärtige Übereinkunft geschützten Werke bis zum Beweise des Gegentheils als solche angesehen und demgemäß vor den Gerichten der einzelnen Verbandsländer zur Verfolgung von unerlaubter Wiedergabe zugelassen werden, genügt es, wenn ihr Name in der üblichen Weise auf dem Werke angegeben ist.

Bei anonymen oder pseudonymen Werken ist der Verleger, dessen Name auf dem Werke steht, zur Wahrnehmung der dem Urheber zustehenden Rechte befugt. Derselbe gilt ohne weiteren Beweis als Rechtsnachfolger des anonymen oder pseudonymen Urhebers.

Im Übrigen können die Gerichte eintretendenfalls die Beibringung einer von der zuständigen Behörde ausgestellten Bescheinigung fordern, durch welche die Erfüllung der im Sinne des Artikels 2 von der Gesetzgebung des Ursprungslandes vorgeschriebenen Förmlichkeiten dargethan wird.

**Artikel 12.** Jedes nachgedruckte oder nachgebildete Werk kann bei der Einfuhr in diejenigen Verbandsländer, in welchen das Originalwerk auf gesetzlichen Schutz Anspruch hat, beschlagnahmt werden.

Die Beschlagnahme findet statt nach den Vorschriften der inneren Gesetzgebung des betreffenden Landes.

**Artikel 13.** Die Bestimmungen der gegenwärtigen Übereinkunft beeinträchtigen in keiner Beziehung das der Regierung eines jeden Verbandslandes zustehende Recht, durch Maßregeln der Gesetzgebung oder inneren Verwaltung die Verbreitung, die Darstellung oder das

Feilbieten eines jeden Werkes oder Erzeugnisses zu gestatten, zu überwachen und zu untersagen, in Betreff dessen die zuständige Behörde dieses Recht auszuüben haben würde.

**Artikel 14.** Die gegenwärtige Übereinkunft findet, vorbehaltlich der gemeinsam zu vereinbarenden Einschränkungen und Bedingungen, auf alle Werke Anwendung, welche in ihrem Ursprungslande zur Zeit des Inkrafttretens der Übereinkunft noch nicht Gemeingut geworden sind.

**Artikel 15.** Die Regierungen der Verbandsländer behalten sich das Recht vor, einzeln mit einander besondere Abkommen zu treffen, insoweit als diese Abkommen den Urhebern oder ihren Rechtsnachfolgern weitergehende Rechte, als ihnen solche durch den Verband gewährt werden, einräumen oder sonst Bestimmungen enthalten, welche der gegenwärtigen Übereinkunft nicht zuwiderlaufen.

**Artikel 16.** Es wird ein internationales Amt unter dem Namen „Büreau des internationalen Verbandes zum Schutze von Werken der Literatur und Kunst" errichtet.

Dieses Büreau, dessen Kosten von den Regierungen aller Verbandsländer getragen werden, wird unter den hohen Schutz der oberen Verwaltungsbehörde der Schweizerischen Eidgenossenschaft gestellt und versieht seinen Dienst unter deren Aufsicht. Seine Befugnisse werden gemeinsam von den Verbandsländern festgestellt.

**Artikel 17.** Die gegenwärtige Übereinkunft kann Revisionen unterzogen werden, behufs Einführung von Verbesserungen, welche geeignet sind, das System des Verbandes zu vervollkommnen.

Derartige, sowie solche Fragen, welche in anderen Beziehungen die Entwickelung des Verbandes berühren, sollen auf Konferenzen erörtert werden, welche der Reihe nach in den einzelnen Verbandsländern durch Delegirte derselben abzuhalten sind.

Indessen bedarf eine jede Änderung der gegenwärtigen Übereinkunft zu ihrer Gültigkeit für den Verband der einhelligen Zustimmung der Verbandsländer.

**Artikel 18.** Denjenigen Ländern, welche sich an der gegenwärtigen Übereinkunft nicht betheiligt haben und welche für ihr Gebiet den gesetzlichen Schutz der den Gegenstand dieser Übereinkunft bildenden Rechte gewährleisten, soll auf ihren Wunsch der Beitritt gestattet sein.

Dieser Beitritt soll schriftlich der Regierung der Schweizerischen Eidgenossenschaft und von dieser allen übrigen Regierungen bekannt gegeben werden.

Derselbe bewirkt von Rechtswegen die Unterwerfung unter alle verpflichtenden Bestimmungen und die Theilnahme an allen Vortheilen der gegenwärtigen Übereinkunft.

**Artikel 19.** Die der gegenwärtigen Übereinkunft beitretenden Länder haben jederzeit auch das Recht, derselben für ihre Kolonien oder auswärtigen Besitzungen beizutreten.

Zu diesem Behufe können sie entweder eine allgemeine Erklärung abgeben, nach welcher alle ihre Kolonien oder Besitzungen in den Beitritt einbegriffen sind, oder diejenigen besonders benennen, welche darin einbegriffen, oder sich darauf beschränken, diejenigen zu bezeichnen, welche davon ausgeschlossen sein sollen.

**Artikel 20.** Die gegenwärtige Übereinkunft soll drei Monate nach Auswechselung der Ratifikations-Urkunden in Kraft treten und ohne zeitliche Beschränkung in Kraft bleiben bis zum Ablaufe eines Jahres von dem Tage an gerechnet, an welchem die Kündigung derselben erfolgt sein wird.

Diese Kündigung soll an die mit der Entgegennahme der Beitrittserklärungen beauftragte Regierung gerichtet werden. Sie übt ihre Wirkung nur in Ansehung des aufkündigenden Landes aus, während die Übereinkunft für die übrigen Verbandsländer verbindlich bleibt.

**Artikel 21.** Die gegenwärtige Übereinkunft soll ratifizirt und die Ratifikations-Urkunden sollen spätestens innerhalb eines Jahres zu Bern ausgetauscht werden.

Zu Urkund dessen haben die betreffenden Bevollmächtigten dieselbe vollzogen und ihre Insiegel beigedrückt.

So geschehen zu Bern, am neunten September des Jahres Eintausend achthundertundsechsundachtzig.

## Zusatzartikel.

Die zur Vollziehung der Übereinkunft, betreffend Bildung eines internationalen Verbandes zum Schutze von Werken der Literatur und Kunst, versammelten Bevollmächtigten sind über den nachstehenden Zusatzartikel übereingekommen, welcher gleichzeitig mit der Übereinkunft, auf welche er sich bezieht, ratifizirt werden soll:

Die unter dem heutigen Datum abgeschlossene Übereinkunft berührt in keiner Weise die weitere Geltung der zwischen den vertragschließenden Ländern gegenwärtig bestehenden Abkommen, insoweit als diese Abkommen den Urhebern oder ihren Rechtsnachfolgern weitergehende Rechte, als ihnen solche durch den Verband gewährt werden, einräumen oder sonst Bestimmungen enthalten, welche dieser Übereinkunft nicht zuwiderlaufen.

Zu Urkund dessen haben die betreffenden Bevollmächtigten den gegenwärtigen Zusatzartikel vollzogen.

So geschehen zu Bern, am neunten September des Jahres Eintausend achthundertundsechsundachtzig.

## Schlußprotokoll.

Im Begriff, zur Vollziehung der unter dem heutigen Datum abgeschlossenen Übereinkunft zu schreiten, haben die unterzeichneten Bevollmächtigten das Nachstehende verlautbart und verabredet:

1. In Bezug auf Artikel 4 ist man übereingekommen, daß diejenigen Verbandsländer, welche den photographischen Erzeugnissen den Charakter von Werken der Kunst nicht versagen, die Verpflichtung übernehmen, denselben die Vortheile der in der Übereinkunft vom heutigen Tage enthaltenen Bestimmungen von deren Inkrafttreten an zu Theil werden zu lassen. Übrigens sind diese Länder, abgesehen von bestehenden oder noch abzuschließenden internationalen Abkommen, nur gehalten, die Urheber der bezeichneten Erzeugnisse in dem Maße zu schützen, in welchem dies nach ihrer Gesetzgebung angängig ist.

Die mit Genehmigung des Berechtigten angefertigte Photographie eines geschützten Kunstwerkes genießt in allen Verbandsländern den gesetzlichen Schutz im Sinne der gedachten Übereinkunft so lange, als das Recht zur Nachbildung des Originalwerkes dauert, und in den Grenzen der zwischen den Berechtigten abgeschlossenen Privatverträge.

2. In Bezug auf Artikel 9 ist man übereingekommen, daß diejenigen Verbandsländer, deren Gesetzgebung unter den dramatisch-musikalischen Werken auch die choreographischen Werke begreift, den letzteren ausdrücklich die Vortheile der in der Übereinkunft vom heutigen Tage enthaltenen Bestimmungen zu Theil werden lassen.

Übrigens sollen die bei Anwendung der vorstehenden Bestimmung sich etwa ergebenden Zweifel der Entscheidung der betreffenden Gerichte vorbehalten bleiben.

3. Es besteht Einverständniß darüber, daß die Fabrikation und der Verkauf von Instrumenten, welche zur mechanischen Wiedergabe von Musikstücken dienen, die aus geschützten Werken entnommen sind, nicht als den Thatbestand der musikalischen Nachbildung darstellend angesehen werden sollen.

4. Die im Artikel 14 der Übereinkunft vorgesehene gemeinsame Vereinbarung wird, wie folgt, getroffen:

Die Anwendung der Übereinkunft auf die zur Zeit ihres Inkrafttretens noch nicht Gemeingut gewordenen Werke soll in Gemäßheit der Abmachungen erfolgen, welche über diesen Punkt in den bestehenden oder zu dem Zweck abzuschließenden besonderen Abkommen enthalten sind.

In Ermangelung derartiger Abmachungen zwischen Verbandsländern werden die betreffenden Länder, ein jedes für sich, durch ihre innere Gesetzgebung über die Art und Weise der Anwendung des im Artikel 14 enthaltenen Grundsatzes Bestimmung treffen.[1]

5. Die Organisation des im Artikel 16 der Übereinkunft vorgesehenen internationalen Büreaus soll durch ein Reglement festgestellt werden, dessen Ausarbeitung der Regierung der Schweizerischen Eidgenossenschaft übertragen wird.

Die Geschäftssprache des internationalen Büreaus ist die französische.

Das internationale Büreau sammelt Nachrichten aller Art, welche sich auf den Schutz des Urheberrechts an Werken der Literatur und Kunst beziehen; es ordnet dieselben und veröffentlicht sie. Es stellt Untersuchungen an, welche von gemeinsamem Nutzen und von Interesse für den Verband sind, und giebt auf Grund der Dokumente, welche ihm die verschiedenen Regierungen zur Verfügung stellen werden, eine periodische Zeitschrift in französischer Sprache über die den Gegenstand des Verbandes betreffenden Fragen heraus. Die Regierungen der Verbandsländer behalten sich vor, nach erfolgter allseitiger Zustimmung das Büreau zur Veröffentlichung einer Ausgabe in einer oder mehreren anderen Sprachen zu ermächtigen, für den Fall, daß sich hierfür ein Bedürfniß durch die Erfahrung herausstellen sollte.

Das internationale Büreau hat sich jederzeit zur Verfügung der Verbandsmitglieder bereit zu halten, um denselben über Fragen, betreffend den Schutz von Werken der Literatur und Kunst, die besonderen Auskünfte zu ertheilen, deren sie etwa bedürfen.

Die Regierung des Landes, in welchem eine Konferenz tagen soll, bereitet unter Mitwirkung des internationalen Büreaus die Arbeiten dieser Konferenz vor.

Der Direktor des internationalen Büreaus wohnt den Konferenzsitzungen bei und nimmt an den Verhandlungen ohne beschließende Stimme theil. Er erstattet über seine Geschäftsführung einen Jahresbericht, welcher allen Verbandsmitgliedern mitgetheilt wird.

Die Kosten des Büreaus des internationalen Verbandes werden gemeinschaftlich von den vertragschließenden Ländern getragen. Bis zu neuer Beschlußfassung dürfen sie die Summe von 60000 Franken jährlich nicht übersteigen. Diese Summe kann nöthigenfalls erhöht

---

[1] Vgl. hierzu G vom 4. April 1888 (unten) und V vom 11. Juli 1888 (unten).

werden durch einfachen Beschluß einer der im Artikel 17 vorgesehenen Konferenzen.

Behufs Festsetzung des Beitrages eines jeden Landes zu dieser Gesammtkostensumme werden die vertragschließenden und die etwa später dem Verbande beitretenden Länder in sechs Klassen getheilt, von denen eine jede in dem Verhältniß einer gewissen Anzahl von Einheiten beiträgt, nämlich:

| | |
|---|---|
| die 1. Klasse | 25 Einheiten, |
| die 2. " | 20 " |
| die 3. " | 15 " |
| die 4. " | 10 " |
| die 5. " | 5 " |
| die 6. " | 3 " |

Diese Koeffizienten werden mit der Zahl der Länder einer jeden Klasse multiplizirt und die Summe der so gewonnenen Ziffern giebt die Zahl der Einheiten, durch welche der Gesammtkostenbetrag zu dividiren ist. Der Quotient ergiebt den Betrag der Kosteneinheit.

Jedes Land erklärt bei seinem Beitritt, in welche der oben genannten Klassen es einzutreten wünscht.

Die schweizerische Regierung stellt das Budget des Büreaus auf, überwacht dessen Ausgaben, leistet die nöthigen Vorschüsse und stellt die Jahresrechnung auf, welche allen übrigen Regierungen mitgetheilt wird.

6. Die nächste Konferenz soll in Paris stattfinden nach Ablauf von vier bis sechs Jahren seit Inkrafttreten der Übereinkunft.

Die französische Regierung wird innerhalb dieser Grenze nach vorgängigem Benehmen mit dem internationalen Büreau den Zeitpunkt bestimmen.

7. Behufs der im Artikel 21 vorgesehenen Auswechselung der Ratifikations-Urkunden soll ein jeder vertragschließende Theil nur ein Instrument übergeben, welches zusammen mit denjenigen der anderen Länder in den Archiven der Regierung der Schweizerischen Eidgenossenschaft niedergelegt werden soll. Jeder Theil wird dagegen ein Exemplar des von den betheiligten Bevollmächtigten unterzeichneten Protokolls über die Auswechselung der Ratifikationen erhalten.

Das gegenwärtige Schlußprotokoll, welches gleichzeitig mit der am heutigen Tage abgeschlossenen Übereinkunft ratifizirt werden wird, soll als ein integrirender Bestandtheil dieser Übereinkunft gelten und dieselbe Kraft, Gültigkeit und Dauer haben.

Zu Urkund dessen haben die betreffenden Bevollmächtigten dasselbe mit ihrer Unterschrift versehen.

So geschehen zu Bern, am neunten September des Jahres Eintausend achthundertundsechsundachtzig.

## Vollziehungsprotokoll.

Die unterzeichneten Bevollmächtigten, welche sich heute zu dem Zweck versammelt haben, um zur Vollziehung der Übereinkunft, betreffend Bildung eines internationalen Verbandes zum Schutze von Werken der Literatur und Kunst, zu schreiten, haben folgende Erklärungen ausgetauscht:

1. Bezüglich des im Artikel 19 der Übereinkunft vorgesehenen Beitritts der Kolonien oder auswärtigen Besitzungen:

Die Bevollmächtigten Seiner Katholischen Majestät des Königs von Spanien behalten ihrer Regierung das Recht vor, ihren Entschluß bei der Auswechselung der Ratifikations-Urkunden bekannt zu geben.

Der Bevollmächtigte der französischen Republik erklärt, daß der Beitritt seines Landes den aller Kolonien Frankreichs in sich schließt.

Die Bevollmächtigten Ihrer Britischen Majestät erklären, daß der Beitritt Großbritanniens zu der Übereinkunft zum Schutze von Werken der Literatur und Kunst das Vereinigte Königreich von Großbritannien und Irland sowie alle Kolonien und auswärtigen Besitzungen Ihrer Britischen Majestät umfaßt.

Indessen behalten sie der Regierung Ihrer Britischen Majestät das Recht vor, in der durch Artikel 20 der Übereinkunft vorgesehenen Weise jederzeit die Kündigung getrennt für eine oder mehrere der folgenden Kolonien oder Besitzungen, nämlich: Indien, das Dominium Kanada, Neufundland, Kapland, Natal, Neu-Süd-Wales, Viktoria, Queensland, Tasmanien, Süd-Australien, West-Australien und Neu-Seeland, erklären zu dürfen.

2. Bezüglich der Klassifikation der Verbandsländer in Betreff ihrer Beitragspflicht zu den Kosten des internationalen Büreaus (Ziffer 5 des Schlußprotokolls):

Die Bevollmächtigten erklären, daß ihre betreffenden Länder in folgende Klassen eingereiht werden sollen, nämlich:

| | | | | |
|---|---|---|---|---|
| Deutschland | in | die | 1. | Klasse, |
| Belgien | " | " | 3. | " |
| Spanien . | " | " | 2. | " |
| Frankreich . | " | " | 1. | " |
| Großbritannien | " | " | 1. | " |
| Haïti . | " | " | 5. | " |
| Italien | " | " | 1. | " |
| Schweiz | " | " | 3. | " |
| Tunis | " | " | 6. | " |

Der Bevollmächtigte der Republik Liberia erklärt, daß die Vollmachten, welche er von seiner Regierung empfangen habe, ihn zur Unterzeichnung der Übereinkunft ermächtigen, daß er aber keine Instruktionen über die Klasse, in welche sein Staat betreffs der Beitragspflicht zu den Kosten des internationalen Büreaus einzutreten wünscht, erhalten habe. Demzufolge behält er über diese Frage die Entscheidung seiner Regierung vor, welche dieselbe bei der Auswechselung der Ratifikations-Urkunden bekannt geben wird.

Zu Urkund dessen haben die betreffenden Bevollmächtigten das gegenwärtige Protokoll unterzeichnet.

So geschehen zu Bern, am neunten September des Jahres Eintausend achthundertundsechsundachtzig.

Bei Gelegenheit der Niederlegung der Ratifikations-Urkunden hat der Königlich spanische Bevollmächtigte bezüglich des im Artikel 19 der Übereinkunft vorgesehenen Beitritts der Kolonien oder auswärtigen Besitzungen der Vertragsstaaten auf Grund des Absatzes 2 Ziffer 1 des vorstehenden Vollziehungsprotokolls Namens seiner Regierung die Erklärung abgegeben, daß Spanien der Übereinkunft für sämmtliche Besitzungen der Spanischen Krone beitrete.

---

## 1887.

**79) Gesetz, betr. die Abänderungen des Reichsbeamtengesetzes vom 31. März 1873. Vom 25. Mai 1887.** (RGBl S. 194.)

Vgl. oben Anm. S. 76 zu § 150 des Gesetzes vom 31. März 1873.

---

**80) Gesetz, betr. die Fürsorge für die Wittwen und Waisen von Angehörigen des Reichsheeres und der Kaiserlichen Marine. Vom 17. Juni 1887.** (RGBl S. 237.)

**§ 19.** Das Wittwen- und Waisengeld kann mit rechtlicher Wirkung weder abgetreten, noch verpfändet oder sonst übertragen werden.

**§ 34.** Über die auf Grund dieses Gesetzes erhobenen Rechtsansprüche auf Wittwen- und Waisengeld findet der Rechtsweg, und zwar, soweit nicht die Bestimmungen der §§ 149 ff. des Reichsbeamtengesetzes vom 31. März 1873 Platz greifen, mit denselben Maßgaben statt, welche für die gerichtliche Geltendmachung von Pensionsansprüchen des beitragspflichtigen Ehemannes oder Vaters vorgeschrieben sind.

**§ 35.** Vorstehende Bestimmungen kommen in Bayern nach Maßgabe des Bündnißvertrages vom 23. November 1870 (Bundes-Gesetzbl. 1871 S. 9) zur Anwendung.

Insoweit in Bayern für einzelne Beamtenkategorien besondere von den reichsgesetzlichen Bestimmungen abweichende Pensionsnormen bestehen, bleibt landesrechtlicher Bestimmung vorbehalten, auch für diese Kategorien eine Bemessung des Wittwen- und Waisengeldes nach Maßgabe des den Grundsätzen des Reichsbeamtengesetzes entsprechenden Pensionsbetrages anzuordnen.

**§ 36.** Dieses Gesetz tritt mit dem 1. Juli 1887 in Kraft.

---

**81) Gesetz, betr. Abänderung bezw. Ergänzung des Gesetzes betr. die Quartierleistung für die bewaffnete Macht während des Friedenszustandes, vom 25. Juni 1868 (BGBl S. 523), sowie des Gesetzes über die Naturalleistungen für die bewaffnete Macht im Frieden, vom 13. Februar 1875 (RGBl S. 52). Vom 21. Juni 1887.** (RGBl S. 245.)

Vgl. oben S. 122 zu § 14 und 16 des Gesetzes vom 13. Februar 1875.

---

**82) Gesetz, betr. Abänderung der Gewerbeordnung. Vom 6. Juli 1887.** (RGBl S. 281.)

Vgl. oben S. 225 und 265 Anm. zu § 100f und § 148 der GO in der Fassung vom 1. Juli 1883.

---

**83) Gesetz, betr. die Unfallversicherung der bei Bauten beschäftigten Personen. Vom 11. Juli 1887.** (RGBl S. 287.)[1]

I. Allgemeine Bestimmungen.

**§ 1.** Arbeiter, welche bei der Ausführung von Bauarbeiten beschäftigt und nicht schon auf Grund des Unfallversicherungsgesetzes vom 6. Juli 1884 (Reichs-Gesetzbl. S. 69), des Gesetzes, betreffend die Ausdehnung der Unfall- und Krankenversicherung, vom 28. Mai 1885 (Reichs-Gesetzbl. S. 159), des Gesetzes, betreffend die Unfall- und Krankenversicherung der in land- und forstwirthschaftlichen Betrieben beschäftigten Personen, vom 5. Mai 1886 (Reichs-Gesetzbl. S. 132), oder der auf Grund des § 1 Abs. 8 des Unfallversicherungs-

---

[1] Vgl. Rundschreiben des Reichsversicherungsamts an die Vorstände der Baugewerks-Berufsgenossenschaften, betr. die Ausführung des Bauunfallversicherungsgesetzes vom 11. Juli 1887. Vom 15. Juli 1887 (AN S. 179).

gesetzes von dem Bundesrath erlassenen Bestimmungen gegen Unfall versichert sind, werden gegen die Folgen der bei diesen Bauarbeiten sich ereignenden Unfälle nach Maßgabe der Bestimmungen dieses Gesetzes versichert.

Dasselbe gilt von den bei derartigen Bauarbeiten beschäftigten Betriebsbeamten, sofern ihr Jahresarbeitsverdienst an Lohn oder Gehalt zweitausend Mark nicht übersteigt.

Auf die im § 1 des Gesetzes, betreffend die Fürsorge für Beamte und Personen des Soldatenstandes in Folge von Betriebsunfällen, vom 15. März 1886 (Reichs-Gesetzbl. S. 53) bezeichneten Personen, auf Beamte, welche in Betriebsverwaltungen eines Bundesstaates oder eines Kommunalverbandes mit festem Gestalt und Pensionsberechtigung angestellt sind, sowie auf andere Beamte eines Bundesstaates oder eines Kommunalverbandes, für welche die im § 12 a. a. O. vorgesehene Fürsorge in Kraft getreten ist, findet dieses Gesetz keine Anwendung. Die Ausführung von Bauarbeiten gilt als Betrieb im Sinne des Gesetzes vom 15. März 1886.

Die laufenden Reparaturen an den zum Betriebe der Land- und Forstwirthschaft dienenden Gebäuden und die zum Wirthschaftsbetriebe gehörenden Bodenkultur- und sonstigen Bauarbeiten, insbesondere die diesem Zweck dienende Herstellung oder Unterhaltung von Wegen, Dämmen, Kanälen und Wasserläufen, gelten als Theile des land- und forstwirthschaftlichen Betriebes, wenn sie von Unternehmern land- und forstwirthschaftlicher Betriebe ohne Übertragung an andere Unternehmer auf ihren Grundstücken ausgeführt werden.

**§ 2.** Unternehmer von Bauarbeiten (§ 1 Absatz 1) sind berechtigt, andere nach § 1 nicht versicherte, bei der Bauausführung beschäftigte Personen und, sofern ihr Jahresarbeitsverdienst zweitausend Mark nicht übersteigt, sich selbst zu versichern. Diese letztere Berechtigung kann durch Statut auf Unternehmer mit einem zweitausend Mark übersteigenden Jahresarbeitsverdienste erstreckt werden.

Auch kann durch Statut[1] die Versicherungspflicht auf Betriebsbeamte mit einem zweitausend Mark übersteigenden Jahresarbeitsverdienste und auf Gewerbetreibende ausgedehnt werden, welche nicht regelmäßig wenigstens einen Lohnarbeiter beschäftigen.

Die Höhe des der Versicherung der Unternehmer zu Grunde zu legenden Jahresarbeitsverdienstes bestimmt das Statut. Bei der Versicherung von Betriebsbeamten ist der volle Jahresarbeitsverdienst zu Grunde zu legen.

---

[1] Vgl. Nachtrag zum Normalstatut nach Maßgabe des Bauunfallversicherungsgesetzes vom 11. Juli 1887 (AN S. 332).

§ 3. Als Unternehmer im Sinne dieses Gesetzes gilt

1. bei Bauarbeiten, welche in einem gewerbsmäßigen Baubetriebe ausgeführt werden, der Baugewerbetreibende, für dessen Rechnung dieser Betrieb erfolgt;
2. bei anderen Bauarbeiten derjenige, für dessen Rechnung dieselben ausgeführt werden.

§ 4. Die Versicherung erfolgt:

1. bei der gewerbsmäßigen Ausführung von Eisenbahn-, Kanal-, Wege-, Strom-, Deich- und anderen Bauarbeiten, welche nicht unter die Bestimmungen des Unfallversicherungsgesetzes oder unter die nach § 1 Absatz 8 a. a. O. vom Bundesrath erlassenen Anordnungen fallen, unbeschadet der Bestimmungen in den Ziffern 2 und 3, auf Gegenseitigkeit durch die Unternehmer. Die Letzteren werden zu diesem Zweck in eine Berufsgenossenschaft vereinigt (§§ 9 bis 15);
2. bei Bauarbeiten, welche von dem Reich oder von einem Bundesstaate als Unternehmer (§ 3) ausgeführt werden und nicht zu den Bauten der im § 2 Absatz 1 des Gesetzes über die Ausdehnung der Unfall- und Krankenversicherung vom 28. Mai 1885 aufgeführten Reichs- und Staatsverwaltungen gehören, vorbehaltlich der Bestimmung des § 5 Absatz 1 durch das Reich beziehungsweise den Staat, für dessen Rechnung die Bauarbeit erfolgt (§§ 46, 47);
3. bei Bauarbeiten, welche in anderen als Eisenbahnbetrieben von einem Kommunalverbande oder einer anderen öffentlichen Korporation als Unternehmer (§ 3) ausgeführt werden, vorbehaltlich der Bestimmung des § 5 Absatz 3 durch den Kommunalverband beziehungsweise die Korporation, sofern die Landes-Zentralbehörde auf deren Antrag erklärt, daß dieser Kommunalverband beziehungsweise diese Korporation zur Übernahme der durch die Versicherung entstehenden Lasten für leistungsfähig zu erachten ist (§§ 46, 47);
4. bei Bauarbeiten, deren Ausführung entweder von anderen als den in Ziffer 2 und 3 bezeichneten Verbänden und Korporationen, oder deren Ausführung nicht gewerbsmäßig erfolgt, auf Kosten der Unternehmer (§ 3) beziehungsweise Gemeindeverbände nach näherer Bestimmung der §§ 16 ff. durch die Berufsgenossenschaften der Baugewerbetreibenden (§ 1, § 4 Ziffer 1, § 9 ff. dieses Gesetzes, §§ 1, 9 ff. des Unfallversicherungsgesetzes).

Bezüglich der Bauten, welche von Eisenbahnverwaltungen für eigene Rechnung ausgeführt werden, sowie bezüglich solcher

Bauarbeiten, welche als Nebenbetriebe oder Theile eines anderen Betriebes anderweit versicherungspflichtig sind, behält es bei den bisherigen Bestimmungen sein Bewenden.

**§ 5.** Das Reich und die Bundesstaaten sind berechtigt, bezüglich aller oder einzelner Arten der unter § 4 Ziffer 2 fallenden, von ihnen als Unternehmer ausgeführten Bauarbeiten derjenigen Berufsgenossenschaft, welche in dem betreffenden Bezirke für die Gewerbetreibenden der betreffenden Art errichtet ist, durch eine von dem Reichskanzler beziehungsweise der Landes-Zentralbehörde abzugebende entsprechende Erklärung als Mitglied beizutreten.

Diese Erklärung ist, auch soweit es sich um die Ausführung von Maurer-, Zimmer- und ähnlichen Bauarbeiten (§ 1 Absatz 2 des Unfallversicherungsgesetzes) handelt, vor der Genehmigung des Genossenschaftsstatuts für die nach § 4 Ziffer 1 Absatz 1 zu errichtende Berufsgenossenschaft abzugeben.

Dieselbe Berechtigung steht den Kommunalverbänden und anderen öffentlichen Korporationen zu. Die Erklärung ist von dem Vorstande derselben abzugeben und darf auch nach dem in dem vorstehenden Absatze bestimmten Termine erfolgen.

**§ 6.** Die Ermittelung des Jahresarbeitsverdienstes, der Gegenstand der Versicherung, der Umfang der Entschädigung und das Verhältniß der Unfallversicherung zu den eingeschriebenen Hülfskassen, zu den sonstigen Kranken-, Sterbe-, Invaliden- und anderen Unterstützungskassen, zu den Leistungen der zur Unterstützung hülfsbedürftiger Personen verpflichteten Gemeinden oder Armenverbände, sowie der Unternehmer und Kassen, welche die den Gemeinden und Armenverbänden obliegende Verpflichtung zur Unterstützung auf Grund gesetzlicher Vorschrift erfüllt haben, bestimmt sich, vorbehaltlich der Vorschriften der §§ 7 und 8 dieses Gesetzes, nach den §§ 3, 5 bis 8 des Unfallversicherungsgesetzes.

Über die Ermittelung des Jahresarbeitsverdienstes der Unternehmer hat das Statut Bestimmung zu treffen.

**§ 7.** Bei Unfällen eines Arbeiters, welche sich bei Bauarbeiten der im § 4 Ziffer 4 Absatz 1 bezeichneten Art ereignen, finden die Bestimmungen des § 5 Absatz 9 bis 11 des Unfallversicherungsgesetzes keine Anwendung.

Bei derartigen Unfällen hat die Gemeinde, in deren Bezirk der verletzte Arbeiter beschäftigt war, demselben während der ersten dreizehn Wochen nach dem Unfalle die Kosten des Heilverfahrens in dem im § 6 Absatz 1 Ziffer 1 des Krankenversicherungsgesetzes vom 15. Juni 1883 (Reichs-Gesetzbl. S. 73) bezeichneten Umfange zu gewähren, sofern nicht der verletzte Arbeiter sich im Auslande aufhält oder auf

Grund der Krankenversicherung oder anderer Rechtsverhältnisse Anspruch auf eine mindestens gleiche Fürsorge hat. Soweit aber solchen Personen die im § 6 Absatz 1 Ziffer 1 des Krankenversicherungsgesetzes bezeichneten Leistungen von den zunächst Verpflichteten nicht gewährt werden, hat die Gemeinde dieselben mit Vorbehalt des Ersatzanspruchs zu übernehmen. Die zu diesem Zweck gemachten Aufwendungen sind von den Verpflichteten zu erstatten.

Für außerhalb des Gemeindebezirks wohnhafte versicherte Personen hat auf Verlangen der verpflichteten Gemeinde die Gemeinde ihres Wohnortes die im Absatz 2 bezeichneten Leistungen unter Vorbehalt des Anspruchs auf Ersatz der Kosten zu übernehmen.

Die Versicherungsanstalt (§ 16) ist befugt, die im Absatz 2 bezeichneten Leistungen selbst zu übernehmen.

Als Ersatz der Kosten des Heilverfahrens gilt die Hälfte des nach dem Krankenversicherungsgesetze zu gewährenden Mindestbetrages des Krankengeldes, sofern nicht höhere Aufwendungen nachgewiesen werden.

**§ 8.** Streitigkeiten über Unterstützungsansprüche, welche aus der Bestimmung des § 7 zwischen den Verletzten einerseits und den Gemeinden andererseits entstehen, werden von der Aufsichtsbehörde entschieden. Die Entscheidung ist vorläufig vollstreckbar. Dieselbe kann im Verwaltungsstreitverfahren, wo ein solches nicht besteht, im Wege des Rekurses nach Maßgabe der Vorschriften der §§ 20, 21 der Gewerbeordnung angefochten werden.

Streitigkeiten über Ersatzansprüche, welche aus den Bestimmungen des § 7 entstehen, werden im Verwaltungsstreitverfahren, wo ein solches nicht besteht, von der Aufsichtsbehörde der in Anspruch genommenen Gemeinde, Gemeindekrankenversicherung oder Krankenkasse entschieden. Gegen die Entscheidung der letzteren findet der Rekurs nach Maßgabe der Vorschriften der §§ 20, 21 der Gewerbeordnung statt.

Der Landes-Zentralbehörde bleibt überlassen, vorzuschreiben, daß anstatt des Rekursverfahrens die Berufung auf den Rechtsweg mittelst Erhebung der Klage stattfindet.

## II. Berufsgenossenschaft.

**§ 9.** Die Berufsgenossenschaft (§ 4 Ziffer 1) umfaßt, unbeschadet der Bestimmungen des § 5, alle Baubetriebe der im § 4 Ziffer 1 bezeichneten Art.

Bei Baubetrieben, welche sich auf verschiedene Arten von Bauarbeiten erstrecken, entscheidet für die Zugehörigkeit zur Berufsgenossenschaft der Hauptbetrieb. Auch im Übrigen folgen Nebenbetriebe den Hauptbetrieben.

Unternehmer, deren Hauptbetrieb unter das vorliegende Gesetz fällt, welche aber mit Rücksicht auf Nebenbetriebe bereits einer anderen Berufsgenossenschaft angehören, scheiden aus der letzteren mit den aus § 32 des Unfallversicherungsgesetzes sich ergebenden Rechtswirkungen zu dem Zeitpunkte aus, mit welchem dieses Gesetz für die im § 4 Ziffer 1 bezeichneten Betriebe seinem ganzen Umfange nach in Kraft tritt.

**§ 10.** Die Mittel zur Deckung der von der Berufsgenossenschaft zu leistenden Entschädigungsbeträge und der Verwaltungskosten werden, vorbehaltlich der Bestimmungen der §§ 21 ff., von den Mitgliedern durch Beiträge aufgebracht. Die Beiträge sind so zu berechnen, daß durch dieselben außer den sonstigen Leistungen der Berufsgenossenschaft der Kapitalwerth der ihr im abgelaufenen Rechnungsjahre zur Last gefallenen Renten gedeckt wird. Die Grundsätze für die Berechnung des Kapitalwerthes werden durch das Reichs-Versicherungsamt festgestellt.[1] Die Ausschreibung der Beiträge erfolgt nach Maßgabe der in den Betrieben der Mitglieder von den Versicherten verdienten Löhne und Gehälter, beziehungsweise des Jahresarbeitsverdienstes jugendlicher und nicht ausgebildeter Arbeiter (§ 3 Absatz 3 des Unfallversicherungsgesetzes), sowie des statutenmäßigen Gefahrentarifs (§ 28 a. a. O.).

Auf die Beiträge sind von den Genossenschaftsmitgliedern vierteljährliche Vorschüsse zu leisten.[2] Dieselben bemessen sich für die einzelnen Mitglieder nach der Höhe der für das letztvergangene Rechnungsjahr auf sie vertheilten Beiträge und betragen jedesmal den vierten Theil der letzteren, solange nicht die Genossenschaftsversammlung einen niedrigeren Betrag festgesetzt hat. Für neu eintretende Mitglieder sind die Vorschüsse nach demjenigen Betrage zu bemessen, welchen diese Mitglieder nach Maßgabe der Anmeldung ihrer Betriebe (§ 11) zu den Jahreslasten des letztvergangenen Rechnungsjahres hätten beitragen müssen, wenn sie in demselben schon Mitglied der Berufsgenossenschaft gewesen wären. Diesen letzteren Mitgliedern hat der Vorstand die Höhe des von ihnen zu entrichtenden Vorschusses mitzutheilen.

Für die Zeit bis zum Abschluß der ersten Jahresrechnung wird der Betrag der Vorschüsse der einzelnen Mitglieder durch den Vorstand mit Genehmigung des Reichs-Versicherungsamts festgesetzt

---

[1] Bekanntm. vom 26. Januar 1889 (AN S. 78).
[2] Vgl. Anm. zu § 2 Abs. 1.

und durch das zu den Bekanntmachungen der Genossenschaft bestimmte Blatt veröffentlicht. In gleicher Weise sind Beschlüsse der Genossenschaftsversammlung wegen Ermäßigung der Vorschüsse zur Kenntniß der Betheiligten zu bringen.

Die Vorschüsse sind binnen zwei Wochen nach den durch das Statut oder die Genossenschaftsversammlung bestimmten Fälligkeitsterminen von den Mitgliedern an den Genossenschaftsvorstand einzuzahlen. Auf die Beitreibung der Vorschüsse findet § 74 Absatz 1 des Unfallversicherungsgesetzes Anwendung.

**§ 11.**[1] Die Betriebe der im § 4 Ziffer 1 bezeichneten Art sind nach den Bestimmungen des § 11 des Unfallversicherungsgesetzes innerhalb einer von dem Reichs-Versicherungsamt zu bestimmenden und öffentlich bekannt zu machenden Frist anzumelden.

Bei Unternehmern von Betrieben dieser Art, welche schon gegenwärtig einer Berufsgenossenschaft angehören, ist in der Anmeldung anzugeben, ob der angemeldete Betrieb den Hauptbetrieb oder den Nebenbetrieb bildet und welcher Berufsgenossenschaft der Betrieb bereits angehört.

**§ 12.** Auf die Berufsgenossenschaften finden die Bestimmungen des § 9 Absatz 4 und 5, des § 10 Absatz 3 und der §§ 16, 17, 19 bis 33 des Unfallversicherungsgesetzes Anwendung, und zwar die des § 31 Ziffer 2 und 4 mit der Maßgabe, daß der Bundesrath auch ohne Beschluß der Genossenschaftsversammlungen die im § 1 Absatz 8 a. a. O. bezeichneten Betriebe aus der nach § 4 Ziffer 1 des gegenwärtigen Gesetzes gebildeten Berufsgenossenschaften ausscheiden und einer anderen Berufsgenossenschaft zutheilen kann.[2]

Das Genossenschaftsstatut muß auch über die Anmeldung und das Ausscheiden der nach § 2 versicherten Unternehmer Vorschriften enthalten, sofern nicht von der Bestimmung des § 16 Absatz 3 Gebrauch gemacht wird.

**§ 13.** Die Berufsgenossenschaft hat einen Reservefonds anzusammeln. Zur Bildung desselben sind den nach § 10 Absatz 1 aufzubringenden Beträgen fünf Prozent derselben solange zuzuschlagen, bis der Reservefonds unter Hinzurechnung der Zinsen seines Bestandes die Höhe der erforderlichen Jahresbeiträge erreicht. Ist das letztere der Fall, so können die Zinsen, soweit der Bestand des Reservefonds nicht niedriger ist als der Gesammtbetrag der aufzubringenden Jahresbeiträge, zur Deckung der Genossenschaftslasten verwendet werden.

---

[1] Bekanntm. betr. die Anmeldung unfallversicherungspflichtiger Tiefbau- und anderer Baubetriebe. Vom 14. Juli 1887 (AN S. 175).

[2] Vgl. Bekanntm. vom 14. Jan. 1888 (RGBl S. 1). AN 1888 S. 37. 71 ff.

Auf Antrag des Genossenschaftsvorstandes kann die Genossenschaftsversammlung jederzeit weitere Zuschläge zum Reservefonds beschließen, sowie bestimmen, daß derselbe über den Gesammtbetrag der Jahresbeiträge hinaus erhöht werde. Derartige Beschlüsse bedürfen der Genehmigung des Reichs-Versicherungsamts.

In dringenden Bedarfsfällen kann die Genossenschaft mit Genehmigung des Reichs-Versicherungsamts schon vorher die Zinsen und erforderlichenfalls auch den Kapitalbestand des Reservefonds angreifen. Die Wiederergänzung erfolgt alsdann nach näherer Anordnung des Reichs-Versicherungsamts.

**§ 14.** Mitglied der Genossenschaft ist jeder Unternehmer eines Betriebes der im § 9 bezeichneten Art, sowie das Reich, die Bundesstaaten, Kommunalverbände und andere öffentliche Korporationen, soweit diese auf Grund der Bestimmungen des § 5 der Berufsgenossenschaft beigetreten sind.

Die Mitgliedschaft beginnt für das Reich und die Bundesstaaten, für Kommunalverbände und andere öffentliche Korporationen (§ 4 Ziffer 2 und 3), sowie für die Unternehmer der zur Zeit der Genehmigung des Genossenschaftsstatuts versicherungspflichtigen Betriebe der im § 4 Ziffer 1 bezeichneten Art mit diesem Zeitpunkte beziehungsweise im Falle des § 5 Absatz 3 mit der späteren Beitrittserklärung, für die Unternehmer später entstehender Betriebe der im § 4 Ziffer 1 gedachten Art mit der Eröffnung des Betriebes.

**§ 15.** Jedes Mitglied der Genossenschaft, welches seinen Betrieb nicht bereits nach § 11 angemeldet hat, ist verpflichtet, binnen einer Woche nach dem Beginn der Mitgliedschaft (§ 14) der unteren Verwaltungsbehörde, in deren Bezirk der Betrieb belegen ist, über denselben Anzeige zu erstatten. Auf die Anzeige und die Überweisung des Betriebes finden die Bestimmungen der §§ 35, 36 des Unfallversicherungsgesetzes entsprechende Anwendung. Dasselbe gilt von den Bestimmungen der §§ 37 bis 40 a. a. O. über die Genossenschaftskataster, die Betriebsveränderungen und das Mitgliederverzeichniß.

## III. Unfallversicherungsanstalt.

**§ 16.**[1] In jeder Berufsgenossenschaft von Baugewerbetreibenden wird für die Versicherung derjenigen Personen, welche von den im § 4 Ziffer 4 Absatz 1 bezeichneten Unternehmern bei Bauarbeiten derjenigen Art, für welche die Berufsgenossenschaft errichtet ist, in deren

---

[1] Vgl. Normalnebenstatut, nach Maßgabe des Bauunfallversicherungsgesetzes vom 11. Juli 1887 (AN S. 333).

Bezirken beschäftigt werden, einschließlich der selbstversicherten Unternehmer dieser Art, unbeschadet der Bestimmungen des § 1 Absatz 4 eine Versicherungsanstalt errichtet.

Den Versicherungsanstalten der auf Grund des Unfallversicherungsgesetzes errichteten Berufsgenossenschaften von Baugewerbetreibenden werden außer denjenigen Kategorien von Bauarbeiten, für welche sie errichtet sind, die Eisenbahn-, Kanal-, Strom-, Deich- und andere Bauarbeiten (vergl. § 4 Ziffer 1), zu deren Ausführung, einzeln genommen, nicht mehr als sechs Arbeitstage thatsächlich verwendet worden sind (vergl. § 21 lit. b), sofern diese Bauarbeiten von den im § 4 Ziffer 4 Absatz 1 bezeichneten Unternehmern ausgeführt werden, innerhalb ihrer Bezirke zugewiesen.

Durch das Genossenschaftsstatut kann bestimmt werden, daß auch die Versicherung von Unternehmern (§ 2), welche als Baugewerbetreibende Mitglieder der Genossenschaft sind, sowie anderer von diesen Baugewerbetreibenden bei der Bauausführung beschäftigten, nach § 1 nicht versicherten Personen (§ 2) bei der Versicherungsanstalt zu erfolgen hat.

Träger der Versicherungsanstalt ist die Berufsgenossenschaft. Der Genossenschaftsvorstand und die Genossenschaftsversammlung, sowie die sonstigen Organe der Berufsgenossenschaft führen die Verwaltung der Versicherungsanstalt, unbeschadet der Bestimmungen des § 19 dieses Gesetzes, nach Maßgabe der §§ 22, 23, 26, 27 des Unfallversicherungsgesetzes.

**§ 17.** Die Einnahmen und Ausgaben der Versicherungsanstalt sind besonders zu verrechnen und ihre Bestände gesondert zu verwahren.

Für die Versicherungsanstalt ist ein besonderer Reservefonds anzusammeln. Die Verwendung desselben zu Zwecken der Berufsgenossenschaft ist unstatthaft.

Das für die Zwecke der Versicherungsanstalt bestimmte sonstige Vermögen darf für die übrigen Zwecke der Genossenschaft nicht verwendet werden, sofern nicht das Reichs-Versicherungsamt auf den Antrag des Genossenschaftsvorstandes eine solche Verwendung genehmigt. Die Genehmigung darf nur ertheilt werden, wenn der Nachweis erbracht ist, daß der für die Zwecke der Versicherungsanstalt verbleibende Theil dieses Vermögens zur dauernden Befriedigung der bisher festgestellten, von der letzteren zu zahlenden Renten und der sonstigen Verbindlichkeiten der Versicherungsanstalt voraussichtlich ausreichen wird.

Die für den Geschäftsbetrieb der Versicherungsanstalt etwa erforderlichen Mittel hat die Berufsgenossenschaft, soweit nöthig aus ihrem Reservefonds, vorzuschießen.

Die Versicherungsanstalt darf andere als die im § 16 bezeichneten Versicherungen nicht übernehmen.

Die von der Versicherungsanstalt aufzubringenden Verwaltungskosten bestimmen sich nach den durch die besondere Verwaltung derselben thatsächlich erforderlich gewesenen Aufwendungen; neben denselben kann nach näherer Bestimmung des Reichs-Versicherungsamts als Ersatz des auf die Versicherungsanstalt entfallenden Antheils an den gemeinsamen Verwaltungskosten ein Pauschbetrag erhoben werden.

**§ 18.** Für die Versicherungsanstalt hat die Genossenschaftsversammlung ein Nebenstatut zu errichten. Dasselbe muß Bestimmungen treffen:

1. über die Erfordernisse der An- und Abmeldung der im § 4 Ziffer 4 Absatz 1 bezeichneten Unternehmer, welche von der Befugniß des § 2 Absatz 1 Gebrauch machen wollen;
2. über die Abgrenzung der Befugnisse des Vorstandes und der Genossenschaftsversammlung bei der Verwaltung der Versicherungsanstalt;
3. über die Ansammlung des vorgeschriebenen Reservefonds;
4. über die Aufstellung, Prüfung und Abnahme der Jahresrechnung;
5. über die Veröffentlichung der Rechnungsabschlüsse;[1]
6. über die Voraussetzungen einer Abänderung des Nebenstatuts.

Sofern von der Bestimmung des § 16 Absatz 3 Gebrauch gemacht ist, muß das Nebenstatut über die An- und Abmeldung der demnach versicherten Personen sowie über die Einzahlung der für dieselben zu entrichtenden Prämien Vorschriften enthalten.

**§ 19.** Durch das Nebenstatut können für die Verwaltung der Versicherungsanstalt besondere Organe bestimmt werden. Enthält dasselbe Vorschriften dieser Art, so ist zugleich über den Sitz dieser Organe, über ihre Zusammensetzung, über die Abgrenzung ihrer Bezirke, sowie über den Umfang ihrer Befugnisse Bestimmung zu treffen.

Die Abgrenzung der Bezirke dieser Organe und die Wahl ihrer Mitglieder kann von der Genossenschaftsversammlung dem Genossenschaftsvorstande übertragen werden.

Die Bezirke und die Zusammensetzung dieser besonderen Organe hat der Genossenschaftsvorstand durch den Reichsanzeiger bekannt zu machen.

**§ 20.** Das Nebenstatut, sowie die Abänderungen desselben bedürfen der Genehmigung des Reichs-Versicherungsamts.

---

[1] Vgl. AN 1889 S. 313.

Gegen die Entscheidung desselben, durch welche die Genehmigung versagt wird, findet binnen einer Frist von vier Wochen vom Tage der Zustellung der Entscheidung an den Genossenschaftsvorstand ab die Beschwerde an den Bundesrath statt.

Wird innerhalb dieser Frist Beschwerde nicht erhoben, oder wird die Versagung der Genehmigung des Nebenstatuts vom Bundesrath aufrecht erhalten, so hat das Reichs-Versicherungsamt binnen einer von ihm zu bestimmenden Frist eine anderweite Beschlußfassung der Genossenschaftsversammlung über das Nebenstatut herbeizuführen. Kommt binnen einer von dem Reichs-Versicherungsamt zu bestimmenden Frist eine Beschlußfassung über das Nebenstatut nicht zu Stande, oder wird den über dasselbe gefaßten Beschlüssen die Genehmigung wiederum endgültig versagt, so wird das Nebenstatut von dem Reichs-Versicherungsamt erlassen.

Die Berathungen der Genossenschaftsversammlungen über das Nebenstatut finden in Gegenwart eines Vertreters des Reichs-Versicherungsamts statt, welcher auf sein Verlangen jederzeit gehört werden muß.

**§ 21.** In der Versicherungsanstalt erfolgt die Unfallversicherung:

a) bei Bauarbeiten, zu deren Ausführung, einzeln genommen, mehr als sechs Arbeitstage thatsächlich verwendet worden sind, auf Kosten des Unternehmers (§ 3 Ziffer 2) gegen feste, im Voraus bemessene Prämien nach Maßgabe eines Prämientarifs (§§ 22 ff.);

b) bei Bauarbeiten von geringerer Dauer auf Kosten der Verbände (§ 30), über deren Bezirke die Berufsgenossenschaft sich erstreckt, gegen Beiträge, welche auf diese Verbände nach Maßgabe der in den einzelnen Jahren für Unfälle bei derartigen Bauarbeiten thatsächlich erforderlich gewordenen Zahlungen jährlich umgelegt werden.

**§ 22.** Die im § 4 Ziffer 4 Absatz 1 aufgeführten Unternehmer, welche Bauarbeiten der im § 21 lit. a bezeichneten Art ausführen, haben von einem von dem Reichs-Versicherungsamt zu bestimmenden und öffentlich bekannt zu machenden Zeitpunkte ab der von der Landes-Zentralbehörde bestimmten Behörde nach einem von dem Reichs-Versicherungsamt vorzuschreibenden Formular längstens binnen drei Tagen nach Ablauf eines jeden Monats eine Nachweisung der in diesem Monate bei Ausführung der Bauarbeiten verwendeten Arbeitstage und der von den Versicherten dabei verdienten Löhne und Gehälter vorzulegen.[1]

Soweit die Verpflichteten die Nachweisung nicht rechtzeitig oder nicht vollständig einreichen, hat die in Gemäßheit des ersten Absatzes

---

[1] Vgl. Bekanntm. vom 12. Dezember 1887 (AN 1888 S. 14).

von der Landes-Zentralbehörde bestimmte Behörde diese Nachweisungen nach ihrer Kenntniß der Verhältnisse selbst aufzustellen oder zu ergänzen. Sie kann zu diesem Zweck die Verpflichteten zu einer Auskunft innerhalb einer zu bestimmenden Frist durch Geldstrafen bis zu einhundert Mark anhalten.

Die Nachweisungen sind binnen zwei Wochen nach Ablauf des Kalendervierteljahres an den Genossenschaftsvorstand oder das von diesem bezeichnete Organ der Genossenschaft einzureichen. Dabei hat die in Gemäßheit des ersten Absatzes von der Landes-Zentralbehörde bestimmte Behörde zu bescheinigen, daß ihr über die Ausführung weiterer Bauarbeiten, für welche nach den vorstehenden Vorschriften in ihrem Bezirke Nachweisungen vorzulegen wären, nichts bekannt geworden sei.

**§ 23.** Der Prämientarif (§ 21 lit. a) muß die der Berechnung der Prämien zu Grunde zu legenden Einheitssätze nach Verhältniß der bei der Bauausführung von den Versicherten verdienten Löhne oder Gehälter (vergl. § 25 Absatz 2) beziehungsweise des in Betracht kommenden Jahresarbeitsverdienstes (§ 2) dergestalt ersichtlich machen, daß sich ergiebt, wieviel für jede angefangene halbe Mark des in Betracht kommenden Lohnes an Prämie zu entrichten ist.

Sofern nach dem für die Berufsgenossenschaft bestehenden Gefahrentarif die einzelnen Arten von Bauarbeiten zu verschieden bemessenen Beiträgen herangezogen werden, sind auch die Einheitssätze der an die Versicherungsanstalt zu entrichtenden Prämien nach dem durch den Gefahrentarif der Genossenschaft festgestellten Verhältnisse verschieden zu berechnen.

**§ 24.** Der Prämientarif wird alle drei Jahre von dem Reichs-Versicherungsamt für jede Berufsgenossenschaft nach Anhörung des Vorstandes derselben im Voraus festgesetzt.[1] Als Grundlagen dienen der Kapitalwerth derjenigen Leistungen, welche der Versicherungsanstalt aus den bei Bauarbeiten der im § 21 lit. a bezeichneten Art im Jahre durchschnittlich zu erwartenden Unfällen voraussichtlich erwachsen werden, ferner die zur Bildung des vorgeschriebenen Reservefonds (§ 17) erforderlichen Zuschläge, sowie ein Pauschbetrag für Verwaltungskosten, welcher nach der Höhe der in der vorangegangenen Periode im Jahresdurchschnitt für die Versicherungsanstalt entstandenen Verwaltungskosten (§ 17 Absatz 6) unter Berücksichtigung des auf die Gemeinden nach § 31 entfallenden Betrages derselben

[1] Vgl. Bekanntm. vom 10. Dezember 1887 (AN 1888 S. 21), 18. April 1889 (AN S. 309), 11. September 1889 (AN S. 376), 24. November 1890 (AN S. 592). Vgl. AN f. U 1891 S. 187 ff.

zu berechnen ist. In Abzug zu bringen sind die Zinsen des Reservefonds, soweit dieselben nicht nach den Bestimmungen des Nebenstatuts (§ 18 Ziffer 3) dem Reservefonds selbst zufließen.

Die näheren Bestimmungen über die Berechnung des Zuschlages für Verwaltungskosten hat das Reichs-Versicherungsamt zu erlassen. Für die erstmalige Berechnung wird der Zuschlag für Verwaltungskosten von dem Reichs-Versicherungsamt nach Anhörung des Genossenschaftsvorstandes bestimmt.

Der Prämientarif ist durch den Reichsanzeiger und diejenigen Blätter zu veröffentlichen, welche zu den amtlichen Bekanntmachungen der Landes-Zentralbehörden, oder der höheren Verwaltungsbehörden, in deren Bezirken er Geltung haben soll, bestimmt sind. Die Veröffentlichung erfolgt durch das Reichs-Versicherungsamt

Die Veröffentlichung muß mindestens zwei Wochen vor demjenigen Zeitpunkte erfolgt sein, mit welchem der Tarif in Kraft treten soll. Bis zu diesem Zeitpunkte sind die Prämien nach dem bisherigen Tarif zu erheben.

**§ 25.** Nach Ablauf des Kalendervierteljahres wird auf der Grundlage des Prämientarifs und der nach § 22 Absatz 3 eingereichten Nachweisungen vom Genossenschaftsvorstande die Prämie berechnet, welche auf jeden Unternehmer entfällt, und die Heberolle aufgestellt.

Für diejenigen Personen, deren bei der Ausführung der Bauarbeit verdiente Löhne und Gehälter für den Arbeitstag den Betrag des von der höheren Verwaltungsbehörde für den Ort der Beschäftigung festgesetzten ortsüblichen Tagelohnes gewöhnlicher erwachsener Tagearbeiter nicht erreichen, ist dieser letztere Betrag der Berechnung der Prämie zu Grunde zu legen.

Den Gemeindebehörden sind bezüglich der dem Gemeindebezirke angehörenden Unternehmer Auszüge aus der Heberolle mit der Aufforderung zuzustellen, die Beiträge einzuziehen und in ganzer Summe binnen vier Wochen an den Genossenschaftsvorstand oder das nach § 19 zuständige andere Organ der Genossenschaft nach Abzug der Portoauslagen einzusenden.

Den Gemeindebehörden ist hierfür von der Berufsgenossenschaft eine Vergütung zu gewähren, deren Höhe von der Landes-Zentralbehörde im Einvernehmen mit dem Reichs-Versicherungsamt festzusetzen ist.[1] Für Bauarbeiten, welche von der Gemeinde selbst für eigene Rechnung ausgeführt werden, wird diese Vergütung nicht gezahlt.

Die Gemeinde haftet für diejenigen Prämien, bei denen sie den

---

[1] Vgl. Bekanntm. vom 10. Januar 1888 (AN S. 40).

wirklichen Ausfall oder die fruchtlos erfolgte Zwangsvollstreckung nicht nachweisen kann, und muß sie vorschußweise mit einsenden.

**§ 26.** Der Auszug aus der Heberolle (§ 25) muß diejenigen Angaben enthalten, welche die Zahlungspflichtigen in den Stand setzen, die Richtigkeit der angestellten Prämienberechnung zu prüfen. Die Gemeindebehörde hat den Auszug während zweier Wochen zur Einsicht der Betheiligten auszulegen und den Beginn dieser Frist auf ortsübliche Weise bekannt zu machen. Binnen einer weiteren Frist von zwei Wochen kann der Zahlungspflichtige, unbeschadet der Verpflichtung zur vorläufigen Zahlung, gegen die Prämienberechnung bei dem Genossenschaftsvorstande oder dem nach § 19 zuständigen anderen Organe der Genossenschaft Einspruch erheben.

Der Einspruch ist nur zulässig, wenn sich derselbe auf unrichtigen Ansatz der Löhne, auf unrichtige Anwendung des Prämientarifs, auf Rechenfehler oder auf die Behauptung stützt, daß der in Anspruch Genommene zur Entrichtung von Prämien für die von ihm beschäftigten Personen nicht verpflichtet sei. Auf unrichtigen Ansatz der Löhne kann der Einspruch in den Fällen nicht gestützt werden, in welchen die Nachweisung wegen Säumniß des Verpflichteten von der Gemeindebehörde aufgestellt worden war.

Wird dem Einspruch überhaupt nicht oder nicht in dem beantragten Umfange Folge gegeben, so steht dem Zahlungspflichtigen binnen zwei Wochen nach der Zustellung der Entscheidung des zuständigen Genossenschaftsorgans die Beschwerde an die untere Verwaltungsbehörde zu. Gegen die Entscheidung derselben ist binnen zwei Wochen nach der Zustellung Rekurs an das Reichs-Versicherungsamt zulässig. Derselbe darf aber nur auf die Behauptung gestützt werden, daß eine Verpflichtung zur Entrichtung von Prämien nicht vorliege.

**§ 27.** Für die Prämien und die sonstigen den unter § 4 Ziffer 4 Absatz 1 fallenden Unternehmern in diesem Gesetze auferlegten Leistungen haftet im Falle der Zahlungsunfähigkeit des Bauunternehmers der Bauherr während eines Jahres nach der endgültigen Feststellung der betreffenden Verbindlichkeit.

Sind Zwischenunternehmer vorhanden, so haften diese vor dem Bauherrn.

**§ 28.** Weitere Zahlungen als die nach diesem Gesetze zu entrichtenden Prämien und die wegen Verletzung bestehender Verpflichtungen einzuziehenden Strafen und Kosten können seitens der Berufsgenossenschaft von den Unternehmern nicht gefordert werden.

**§ 29.** Für Kommunalverbände, öffentliche Korporationen und andere Bauherren, welche regelmäßig ohne Übertragung an andere Unternehmer Bauarbeiten ausführen, kann auf ihren Antrag der

Betrag der der Berechnung der Prämien zu Grunde zu legenden Arbeitslöhne und Gehälter nach Maßgabe der Zahl der im Jahresdurchschnitt verwendeten Arbeitstage in Pausch und Bogen festgesetzt werden. Derartige Festsetzungen müssen Bestimmungen über die Termine, zu welchen die Prämien einzuzahlen sind, enthalten. Soweit solche Festsetzungen getroffen sind, finden die Bestimmungen der §§ 22 und 25 keine Anwendung.

**§ 30.** Die Mittel zur Deckung der Entschädigungsbeträge und Verwaltungskosten, welche der Versicherungsanstalt aus Unfällen bei den im § 21 lit. b bezeichneten Bauarbeiten erwachsen sind, werden durch Beiträge der Gemeinden, über deren Bezirke die Berufsgenossenschaft sich erstreckt, aufgebracht und auf dieselben nach dem Verhältnisse der Bevölkerungsziffer jährlich umgelegt. Als Bevölkerungsziffer gilt diejenige Zahl von Einwohnern, welche aus Anlaß der nächstvorhergegangenen Volkszählung von der zuständigen Behörde amtlich festgestellt ist, und zwar von dem auf die Feststellung folgenden Rechnungsjahre ab.

Durch die Landes-Zentralbehörde kann bestimmt werden, daß an Stelle der Gemeinden weitere Kommunalverbände treten, oder daß innerhalb bestimmter Bezirke einzelne Gemeinden zur gemeinschaftlichen Übernahme der aus der Unfallversicherung bei der Versicherungsanstalt ihnen erwachsenden Last vereinigt werden. Bestimmungen der letzteren Art müssen Festsetzungen über die Vertretung und Verwaltung dieser Vereinigung, sowie darüber enthalten, nach welchen Grundsätzen die diesen Vereinigungen zur Last fallenden Beträge auf die einzelnen Gemeinden zu vertheilen sind.

Die Landes-Zentralbehörde kann ferner bestimmen, daß die Umlegung statt auf Gemeinden oder weitere Kommunalverbände auf Verwaltungsbezirke erfolge, und wie von den letzteren die auf sie umgelegten Beträge auf die einzelnen Gemeinden zu vertheilen sind.

Soweit derartige Bestimmungen der Landes-Zentralbehörde nicht erlassen sind, können Gemeinden durch übereinstimmende Beschlüsse zur gemeinsamen Übernahme der gemäß § 21 lit. b ihnen zufallenden Lasten sich vereinigen. Solche Vereinbarungen müssen Bestimmungen über die Vertretung und Verwaltung dieser Vereinigungen enthalten und bedürfen der Genehmigung der Landes-Zentralbehörde.

Diese Bestimmungen und Vereinbarungen sind den betreffenden Berufsgenossenschaften, sowie dem Reichs-Versicherungsamt mitzutheilen.

**§ 31.** Der Betrag der auf die Verbände umzulegenden Verwaltungskosten wird nach Maßgabe der Vorschriften des § 24 festgesetzt.[1]

[1] Vgl. Bekanntm. vom 23. März 1889 (CBl S. 246; AN S. 159).

**§ 32.** Innerhalb der einzelnen Gemeinden oder weiteren Kommunalverbände werden die aus den Bestimmungen des § 21 lit. b auf dieselben entfallenden Lasten wie Gemeindeabgaben aufgebracht.

Durch die Landesgesetzgebung oder durch statutarische Bestimmung der einzelnen Gemeinden beziehungsweise weiteren Kommunalverbände, welche der Genehmigung der höheren Verwaltungsbehörde bedarf, kann ein anderer Verteilungsmaßstab festgestellt, insbesondere bestimmt werden, daß die Lasten von den Grund- oder Gebäudebesitzern zu tragen sind.

**§ 33.** Auf den besonderen Reservefonds der Versicherungsanstalt haben die Verbände rücksichtlich der aus der Bestimmung des § 21 lit. b ihnen erwachsenden Lasten keinen Anspruch.

**§ 34.** Den Gemeinden im Sinne dieses Gesetzes stehen die selbständigen Gutsbezirke und Gemarkungen gleich. Soweit den Gemeinden aus diesem Gesetze Rechte oder Verbindlichkeiten erwachsen, tritt an die Stelle der Gemeinden der Gutsherr oder der Gemarkungsberechtigte.

## IV. Vertretung der Arbeiter.

**§ 35.** Für den Bezirk der auf Grund dieses Gesetzes errichteten Genossenschaft oder, sofern dieselbe in Sektionen getheilt ist, jeder Sektion werden zum Zweck der Wahl von Beisitzern zum Schiedsgericht, der Begutachtung der zur Verhütung von Unfällen zu erlassenden Vorschriften und der Theilnahme an der Wahl der beiden aus der Zahl der Versicherten zu wählenden Mitglieder des Reichs-Versicherungsamts Vertreter der Arbeiter gewählt.

Wahlberechtigt sind unter den im § 42 des Unfallversicherungsgesetzes angegebenen Voraussetzungen auch die Vorstände der Baukrankenkassen (§§ 69 ff. des Krankenversicherungsgesetzes vom 15. Juni 1883, Reichs-Gesetzbl. S. 73).

Wählbar sind nur männliche, großjährige, gegen Unfall versicherte, einer wahlberechtigten Krankenkasse angehörende Deutsche, welche bei Bauarbeiten der Genossenschaftsmitglieder und im Bezirke der Sektion beziehungsweise der Genossenschaft dauernd beschäftigt sind, sich im Besitze der bürgerlichen Ehrenrechte befinden und nicht durch richterliche Anordnung in der Verfügung über ihr Vermögen beschränkt sind.

Im Übrigen finden auf die Vertreter der Arbeiter und die Bevollmächtigten der Krankenkassen zu den Unfalluntersuchungen die §§ 41 bis 45 a. a. O. Anwendung.[1]

[1] Vgl. Bekanntm. vom 20. Januar (AN S. 72).

## V. Schiedsgerichte.

**§ 36.** Für den Bezirk der auf Grund dieses Gesetzes errichteten Berufsgenossenschaft oder, falls dieselbe in Sektionen getheilt ist, jeder Sektion wird ein Schiedsgericht errichtet. Die Zuständigkeit desselben erstreckt sich auf alle Betriebsunfälle, welche sich in dem Bezirke des Schiedsgerichts bei Bauarbeiten derjenigen Art, für welche die Genossenschaft errichtet ist, ereignen, einschließlich der Unfälle solcher Personen, welche in der Versicherungsanstalt versichert sind.

Die von den Vertretern der Arbeiter (§ 35) zu wählenden Beisitzer des Schiedsgerichts und deren Stellvertreter müssen den im § 35 Absatz 3 vorgesehenen Voraussetzungen genügen und dem Arbeiterstande angehören.

Im Übrigen finden auf die Schiedsgerichte die Bestimmungen der §§ 46 bis 50 des Unfallversicherungsgesetzes Anwendung.[1]

## VI. Feststellung und Auszahlung der Entschädigungen.

**§ 37.** Auf die Anzeige und Untersuchung der Unfälle, sowie auf die Feststellung der Entschädigungen finden die Bestimmungen der §§ 51 bis 58, 59 Absatz 1 bis 3, 60, 61 des Unfallversicherungsgesetzes entsprechende Anwendung.

Die Bestimmung des § 59 Absatz 4 a. a. O. tritt außer Kraft für Betriebsunfälle, welche sich bei Bauarbeiten ereignen, nachdem dieses Gesetz seinem ganzen Umfange nach in Kraft getreten ist.

Die Verpflichtung zur Einreichung von Lohn- und Gehaltsnachweisungen (§ 60 a. a. O.) erstreckt sich auch auf Unternehmer, welche nicht Mitglieder der Berufsgenossenschaft sind.

**§ 38.** Gegen den Bescheid, durch welchen der Entschädigungsanspruch abgelehnt wird, sowie gegen den Bescheid, durch welchen die Entschädigung festgestellt wird, findet die Berufung auf schiedsrichterliche Entscheidung statt. Der Bescheid muß Namen und Wohnort des Vorsitzenden des für die Berufung zuständigen Schiedsgerichts, sowie die Belehrung über die einzuhaltende Frist enthalten.

Auf die Berufung, auf die Entscheidung des Schiedsgerichts, sowie auf den Rekurs an das Reichs-Versicherungsamt finden die Bestimmungen der §§ 62 Absatz 3 und 5, 63 a. a. O. entsprechende Anwendung. Dasselbe gilt von den Bestimmungen der §§ 64 bis 66, 68, 69 a. a. O. über den Berechtigungsausweis, die Veränderung der Verhältnisse, die Fälligkeitstermine, die Unpfändbarkeit der Entschädigungen und die Auszahlungen durch die Post.

**§ 39.** Solange der Berechtigte nicht im Inlande wohnt, ist

[1] Vgl. Bekanntm. vom 22. und 28. Dezember 1887 (AN 1888 S. 20).

die Genossenschaft befugt, die Zahlung der Entschädigungsrenten einzustellen.

Ist der Berechtigte ein Ausländer, so kann ihn die Genossenschaft für seinen Entschädigungsanspruch mit dem dreifachen Betrage der Jahresrente abfinden.

**§ 40.** Binnen acht Wochen nach Ablauf jedes Rechnungsjahres haben die Zentral-Postbehörden dem Genossenschaftsvorstande Nachweisungen der auf Anweisung desselben geleisteten Zahlungen zuzustellen und gleichzeitig die Postkassen zu bezeichnen, an welche die zu erstattenden Beträge einzuzahlen sind.

**§ 41.** Der Genossenschaftsvorstand stellt fest, welcher Theil der von den Zentral-Postbehörden liquidirten Beträge den Mitgliedern der Berufsgenossenschaft, und welcher Theil der Versicherungsanstalt zur Last fällt.

Der erstere Theil ist aus den verfügbaren Mitteln der Berufsgenossenschaft zu entnehmen. Gleichzeitig ist nach den Bestimmungen des § 10 der Kapitalwerth der im vergangenen Rechnungsjahre neu entstandenen, der Berufsgenossenschaft erwachsenen Lasten zu berechnen und unter Berücksichtigung der auf Grund des § 13 dieses Gesetzes, beziehungsweise der §§ 29 und 30 des Unfallversicherungsgesetzes etwa vorliegenden besonderen Verpflichtungen oder Berechtigungen nach dem festgestellten Vertheilungsmaßstabe und unter Verrechnung der erhobenen Vorschüsse (§ 10) von den Mitgliedern einzuziehen. Im Übrigen finden die Bestimmungen der §§ 71 Absatz 2 und 3, 72, 73 a. a. O. Anwendung.

Der der Versicherungsanstalt zur Last fallende Theil ist, soweit er durch Unfälle verursacht ist, die sich bei Bauarbeiten der im § 21 lit. a bezeichneten Art ereignet haben, aus den verfügbaren Beständen an Prämien zu entnehmen. Soweit der Betrag aber durch Unfälle verursacht ist, die sich bei Bauarbeiten der im § 21 lit. b bezeichneten Art ereignet haben, ist derselbe nach dem im § 30 festgesetzten Maßstabe auf die im Bezirke der Berufsgenossenschaft belegenen Gemeinden, beziehungsweise weiteren Kommunalverbände oder Vereinigungen von Gemeinden, welche an die Stelle der Gemeinden gesetzt sind, umzulegen und von ihnen einzuziehen. Denselben ist zu diesem Zweck ein Auszug aus der aufzustellenden Heberolle mit der Aufforderung zuzustellen, den festgesetzten Betrag bei Vermeidung der zwangsweisen Beitreibung binnen zwei Wochen einzuzahlen. Der Auszug muß diejenigen Angaben enthalten, welche die Gemeinden ꝛc. in den Stand setzen, die Richtigkeit der angestellten Beitragsberechnung zu prüfen. Den Gemeinden ꝛc. stehen gegen die Feststellung ihrer Beiträge, unbeschadet der Verpflichtung zur sofortigen

Zahlung, die im § 73 a. a. O. angegebenen Rechtsmittel zu; die Beschwerde ist jedoch nur zulässig, wenn sich dieselbe entweder auf Rechenfehler oder auf Irrthümer bei Ansatz der Bevölkerungsziffer gründet.

**§ 42.** Rückständige Beiträge und Prämien, sowie die im Falle einer Betriebseinstellung von Gewerbetreibenden etwa zu leistenden Kautionsbeträge (§ 12 dieses Gesetzes beziehungsweise § 17 Ziffer 7 des Unfallversicherungsgesetzes) werden in derselben Weise beigetrieben, wie Gemeindeabgaben. Dasselbe gilt von den Strafzuschlägen in dem Falle der Ablehnung von Wahlen (§ 12 dieses Gesetzes beziehungsweise § 24 Absatz 3 des Unfallversicherungsgesetzes).

Uneinziehbare Beiträge und Prämien fallen der Gesammtheit der Berufsgenossen beziehungsweise der in der Versicherungsanstalt versicherten Unternehmer zur Last. Sie sind vorschußweise aus dem Betriebsfonds oder erforderlichenfalls aus dem Reservefonds der Berufsgenossenschaft beziehungsweise der Versicherungsanstalt zu decken und bei den Beiträgen des nächsten Jahres, beziehungsweise bei Feststellung des neuen Prämientarifs zu berücksichtigen.

Die Bestimmungen des § 75 des Unfallversicherungsgesetzes finden Anwendung.

**§ 43.** Verfügbare Gelder und Werthpapiere sind bei einer zur Aufbewahrung von Geldern oder Werthpapieren befugten öffentlichen Behörde oder Kasse niederzulegen.

Das Rechnungsjahr beginnt mit dem 1. Januar und endet mit dem 31. Dezember.

Im Übrigen finden die Bestimmungen der §§ 76 und 77 des Unfallversicherungsgesetzes Anwendung.

## VII. Unfallverhütung. Beaufsichtigung.

**§ 44.** Die Bestimmungen der §§ 78 bis 86 des Unfallversicherungsgesetzes finden mit folgenden Maßgaben Anwendung:

1. Unfallverhütungsvorschriften können auch für die Bauarbeiten derjenigen Unternehmer erlassen werden, welche nicht Mitglieder der Genossenschaft sind, aber in dem Bezirke derselben Bauarbeiten ausführen.

   In den Unfallverhütungsvorschriften, welche auf derartige Bauarbeiten Anwendung finden sollen, sind für die Zuwiderhandelnden Zuschläge bis zum doppelten Betrage der Prämie oder, sofern es sich um Bauarbeiten der im § 21 lit. b bezeichneten Art handelt, Exekutivstrafen bis zu einhundert Mark anzudrohen. Die Vorschriften sind von der höheren Verwaltungsbehörde in geeigneter Weise zu veröffentlichen.

2. Zur Festsetzung der im § 78 Ziffer 2 a. a. O. vorgesehenen Geldstrafen sind neben den Vorständen der Betriebs- (Fabrik-) Krankenkassen auch die Vorstände der Baukrankenkassen (§§ 69 ff. des Krankenversicherungsgesetzes) befugt, sofern eine solche für die Bauarbeit oder den Betrieb, bei dem der Zuwiderhandelnde beschäftigt war, errichtet ist.
3. Die Berechtigung der Genossenschaft zur Überwachung der Betriebe und die Verpflichtungen der Unternehmer wegen Gestattung des Zutritts zu den Betriebsstätten und wegen Vorlegung ihrer Bücher und Nachweisungen erstrecken sich auch auf Unternehmer, welche, ohne Mitglied der Genossenschaft zu sein, in dem Bezirke derselben Bauarbeiten ausführen.

**§ 45.** Wegen der Organisation und Zuständigkeit des Reichs-Versicherungsamts und der Landes-Versicherungsämter bewendet es bei den Bestimmungen der §§ 87 bis 93 des Unfallversicherungsgesetzes, sowie des § 101 Absatz 2 bis 5 des Gesetzes, betreffend die Unfall- und Krankenversicherung der in land- und forstwirthschaftlichen Betrieben beschäftigten Personen, vom 5. Mai 1886 (Reichs-Gesetzbl. S. 132).

Soweit hiernach ein Landes-Versicherungsamt zur Beaufsichtigung der Genossenschaft und zur Entscheidung der im Bezirke derselben vorkommenden Streitigkeiten befugt ist, gehen die in den §§ 10, 17, 20, 24, 25, 26, 30, 31, 38, 41 dem Reichs-Versicherungsamt übertragenen Zuständigkeiten auf das Landes-Versicherungsamt über.

## VIII. Bauarbeiten für Rechnung des Reichs, der Bundesstaaten, von Kommunalverbänden und Korporationen.

**§ 46.** Für Bauarbeiten des Reichs, eines Bundesstaates, eines nach den Bestimmungen des § 4 Ziffer 3 für leistungsfähig erklärten Kommunalverbandes oder einer anderen öffentlichen Korporation, bei welchen nach § 4 Ziffer 2 und 3 bei Anwendung dieses Gesetzes an die Stelle der Berufsgenossenschaft das Reich, der betreffende Bundesstaat, der betreffende Kommunalverband oder die Korporation tritt, werden die Befugnisse und Obliegenheiten der Genossenschaftsversammlung und des Genossenschaftsvorstandes durch Ausführungsbehörden wahrgenommen, welche für die Reichsverwaltungen von dem Reichskanzler, im Übrigen von der Landes-Zentralbehörde zu bezeichnen sind. Dem Reichs-Versicherungsamt ist mitzutheilen, welche Behörden als Ausführungsbehörden bezeichnet sind.

**§ 47.** Soweit das Reich oder ein Bundesstaat, ein Kommunalverband oder eine andere öffentliche Korporation an die Stelle der

Berufsgenossenschaft tritt (§ 4 Ziffer 2 und 3), finden die §§ 9 bis 34, 41, 42 Absatz 1 und 2, 43 Absatz 1, 44 dieses Gesetzes, sowie die §§ 60, 71 bis 74, 75 Absatz 2 und 3, 76, 87 Absatz 1, 88, 89, 90 Absatz 1 lit. a, d, e, 103 bis 108 des Unfallversicherungsgesetzes keine Anwendung. Dagegen sind die Bestimmungen der §§ 3 bis 10 des Gesetzes, betreffend die Ausdehnung der Unfall- und Krankenversicherung, vom 28. Mai 1885 (Reichs-Gesetzbl. S. 159) entsprechend anzuwenden.

## IX. Schluß- und Strafbestimmungen.

**§ 48.** Die Bestimmungen der §§ 2, 5, 9 Absatz 2, 12 Absatz 2, 35 bis 40, 41 Absatz 1 und 3, 42 bis 45, 49, 50 finden ebenso wie die Vorschriften der §§ 16 bis 34 bei den im Geltungsbereiche des Unfallversicherungsgesetzes errichteten Berufsgenossenschaften für Baugewerbetreibende gleichfalls Anwendung. Die Bestimmungen des § 10 Absatz 2 und 4 können für diese Berufsgenossenschaften durch das Genossenschaftsstatut eingeführt werden.

Die Vorschriften des § 39 gelten auch für die nach dem Gesetze, betreffend die Ausdehnung der Unfall- und Krankenversicherung, vom 28. Mai 1885 (Reichs-Gesetzbl. S. 159) versicherten, bei Bauarbeiten beschäftigten Personen.

**§ 49.** Für Arbeiter, welche bei Bauarbeiten der im § 4 Ziffer 4 Absatz 1 bezeichneten Art beschäftigt, aber nicht nach den Bestimmungen des Krankenversicherungsgesetzes gegen Krankheit versichert sind, bleiben die auf landesgesetzlichen Bestimmungen beruhenden Ansprüche auf Ersatz des in Folge eines Unfalls erlittenen Schadens für die Dauer der ersten dreizehn Wochen nach dem Unfalle vorbehalten.

Im Übrigen finden die Vorschriften der §§ 95 bis 109 des Unfallversicherungsgesetzes entsprechende Anwendung, die Strafbestimmungen der §§ 103 bis 108 a. a. O. insbesondere auch bezüglich der Einreichung und Richtigkeit der für die Berechnung der Prämien maßgebenden Nachweisungen (§ 22).

**§ 50.** Zustellungen, welche den Lauf von Fristen bedingen, erfolgen durch die Post mittelst eingeschriebenen Briefes. Der Beweis der Zustellung kann auch durch behördliche Beglaubigung geführt werden.

**§ 51.** Die Bestimmungen der §§ 9 bis 24, 30, 32 Absatz 2, 34, 35, 36, 39, 45 bis 48, 50 und die auf diese Paragraphen bezüglichen Strafbestimmungen, sowie diejenigen Vorschriften, welche zur Durchführung der in diesen Paragraphen getroffenen Anordnungen dienen, treten mit dem Tage der Verkündung dieses Gesetzes in Kraft.

Im Übrigen wird der Zeitpunkt, mit welchem dieses Gesetz ganz oder theilweise für den Umfang des Reichs oder einzelner Theile desselben in Kraft tritt, mit Zustimmung des Bundesraths durch Kaiserliche Verordnung bestimmt.[1]

## 84) Gesetz, betr. den Verkehr mit Ersatzmitteln für Butter. Vom 12. Juli 1887. (RGBl S. 375.)

**§ 1.** Die Geschäftsräume und sonstigen Verkaufsstellen einschließlich der Marktstände, in welchen Margarine gewerbsmäßig verkauft oder feilgehalten wird, müssen an in die Augen fallender Stelle die deutliche nicht verwischbare Inschrift: „Verkauf von Margarine" tragen.

Margarine im Sinne dieses Gesetzes sind diejenigen, der Milchbutter ähnlichen Zubereitungen, deren Fettgehalt nicht ausschließlich der Milch entstammt.

**§ 2.** Die Vermischung von Butter mit Margarine oder anderen Speisefetten zum Zweck des Handels mit diesen Mischungen, sowie das gewerbsmäßige Verkaufen und Feilhalten derselben ist verboten.

Unter diese Bestimmung fällt nicht der Zusatz von Butterfett, welcher aus der Verwendung von Milch oder Rahm bei der Herstellung von Margarine herrührt, sofern nicht mehr als 100 Gewichtstheile Milch oder 10 Gewichtstheile Rahm auf 100 Gewichtstheile der nicht der Milch entstammenden Fette in Anwendung kommen.

**§ 3.** Die Gefäße und äußeren Umhüllungen, in welchen Margarine gewerbsmäßig verkauft oder feilgehalten wird, müssen an in die Augen fallenden Stellen eine deutliche nicht verwischbare Inschrift tragen, welche die Bezeichnung „Margarine" enthält.

Wird Margarine in ganzen Gebinden oder Kisten gewerbsmäßig verkauft oder feilgehalten, so hat die Inschrift außerdem den Namen oder die Firma des Fabrikanten zu enthalten.

Im gewerbsmäßigen Einzelverkauf muß Margarine an den Käufer in einer Umhüllung abgegeben werden, welche eine die Bezeichnung „Margarine" und den Namen oder die Firma des Verkäufers enthaltende Inschrift trägt. Wird Margarine in regelmäßig geformten Stücken gewerbsmäßig verkauft oder feilgehalten, so müssen dieselben von Würfelform sein, auch muß denselben die vorbezeichnete Inschrift eingedrückt sein, sofern sie nicht mit einer diese Inschrift tragenden Umhüllung versehen sind.

Der Bundesrath ist ermächtigt, zur Ausführung der im Absatz 1

[1] V vom 26. Dezember 1887 (RGBl S. 537): 1. Januar 1888.

bis 3 enthaltenen Vorschriften nähere, im RGBl zu veröffentlichende Bestimmungen zu erlassen.[1]

**§ 4.** Die Vorschriften dieses Gesetzes finden auf solche Erzeugnisse der im § 1 bezeichneten Art, welche zum Genusse für Menschen nicht bestimmt sind, keine Anwendung.

**§ 5.** Zuwiderhandlungen gegen die Vorschriften dieses Gesetzes, sowie gegen die in Gemäßheit des § 3 zu erlassenden Bestimmungen des Bundesraths werden mit Geldstrafe bis zu einhundertundfünfzig Mark oder mit Haft bestraft.

Im Wiederholungsfalle ist auf Geldstrafe bis zu sechshundert Mark, oder auf Haft, oder auf Gefängniß bis zu drei Monaten zu erkennen. Diese Bestimmung findet keine Anwendung, wenn seit dem

---

[1] Bekanntmachung, betr. Bestimmungen zur Ausführung des Gesetzes über den Verkehr mit Ersatzmitteln für Butter. Vom 26. Juli 1887 (RGBl S. 383).

Zur Ausführung der im § 3 Absatz 1 bis 3 des Gesetzes, betreffend den Verkehr mit Ersatzmitteln für Butter, vom 12. Juli 1887 (RGBl S. 375) enthaltenen Vorschriften hat der Bundesrath in Gemäßheit des § 3 Absatz 4 dieses Gesetzes die nachstehenden Bestimmungen beschlossen:

1. Für die im § 3 Absatz 1 des Gesetzes, betreffend den Verkehr mit Ersatzmitteln für Butter, vom 12. Juli 1887 vorgeschriebene Bezeichnung der Gefäße und äußeren Umhüllungen, in welchen Margarine gewerbsmäßig verkauft oder feilgehalten wird, ist das anliegende Muster mit der Maßgabe zum Vorbild zu nehmen, daß die Länge der die Inschrift umgebenden Einrahmung nicht mehr als das Fünffache der Höhe, sowie nicht weniger als 30 Centimeter und nicht mehr als 50 Centimeter betragen darf.
2. Der Name oder die Firma des Fabrikanten (§ 3 Absatz 2 des Gesetzes) ist unmittelbar über, unter oder neben der vorbezeichneten Inschrift anzubringen.
3. Die Anbringung der Inschrift (Nr. 1 und 2) erfolgt durch Einbrennen oder durch Aufmalen. In letzterem Falle ist die Inschrift auf weißem oder hellgelbem Untergrunde mit schwarzer Farbe herzustellen. Bis zum 1. April 1888 ist es gestattet, die Inschrift auch mittelst Aufklebens von Zetteln anzubringen.
4. Die Inschrift (Nr. 1 und 2) ist auf den Seitenwänden des Gefäßes an mindestens zwei sich gegenüberliegenden Stellen, falls das Gefäß einen Deckel hat, auch auf der oberen Seite des letzteren, bei Fässern auch auf beiden Böden anzubringen.
5. Die Vorschriften unter Nr. 1 und 2 finden sinngemäße Anwendung
   a) auf die beim Einzelverkauf von Margarine verwendeten Umhüllungen (§ 3 Absatz 3) mit der Maßgabe, daß die Länge der Einrahmung nicht weniger als 15 Centimeter betragen darf;
   b) auf die Bezeichnung der würfelförmigen Stücke (§ 3 Absatz 3) mit der Maßgabe, daß eine Beschränkung hinsichtlich der Größe (Länge und Höhe) der Einrahmung nicht stattfindet, und die Trennung des Wortes Margarine in zwei untereinander zu setzende, durch Bindestriche zu verbindende Hälften gestattet ist.

Zeitpunkte, in welchem die für die frühere Zuwiderhandlung erkannte Strafe verbüßt oder erlassen ist, drei Jahre verflossen sind.

Neben der Strafe kann auf Einziehung der diesen Vorschriften zuwider verkauften oder feilgehaltenen Gegenstände erkannt werden, ohne Unterschied, ob sie dem Verurtheilten gehören oder nicht.

Ist die Verfolgung oder Verurtheilung einer bestimmten Person nicht ausführbar, so kann auf die Einziehung selbständig erkannt werden.

**§ 6.** Die Vorschriften des Gesetzes, betreffend den Verkehr mit Nahrungsmitteln, Genußmitteln und Gebrauchsgegenständen, vom 14. Mai 1879 (RGBl S. 145) bleiben unberührt. Die Vorschriften in den §§ 16, 17 desselben finden auch bei Zuwiderhandlungen gegen die Vorschriften des gegenwärtigen Gesetzes Anwendung.

**§ 7.** Das gegenwärtige Gesetz tritt am 1. Oktober 1887 in Kraft.

---

## 85) Gesetz, betreffend die Unfallversicherung der Seeleute und anderer bei der Seeschiffahrt betheiligter Personen. Vom 13. Juli 1887. (RGBl S. 329.)

### I. Allgemeine Bestimmungen.

#### Umfang der Versicherung.

**§ 1.** Personen, welche

1. auf deutschen Seefahrzeugen als Schiffer, Personen der Schiffsmannschaft, Maschinisten, Aufwärter oder in anderer Eigenschaft zur Schiffsbesatzung gehören (Seeleute), Schiffer jedoch nur, sofern sie Lohn oder Gehalt beziehen,
2. in inländischen Betrieben schwimmender Docks und ähnlicher Einrichtungen, sowie in inländischen Betrieben für die Ausübung des Lootsendienstes, für die Rettung oder Bergung von Personen oder Sachen bei Schiffbrüchen, für die Bewachung, Beleuchtung oder Instandhaltung der dem Seeverkehr dienenden Gewässer beschäftigt sind,

werden gegen die Folgen der bei dem Betriebe sich ereignenden Unfälle einschließlich derjenigen Unfälle, welche während des Betriebes in Folge von Elementarereignissen eintreten, nach Maßgabe der Bestimmungen dieses Gesetzes versichert.

Seeleute (Absatz 1 Ziffer 1) unterliegen den Bestimmungen dieses Gesetzes nicht, wenn sie zur Besatzung von Fischerfahrzeugen, oder wenn sie zur Besatzung solcher Seefahrzeuge gehören, die nicht mehr als fünfzig Kubikmeter Brutto-Raumgehalt haben und dabei weder Zubehör eines größeren Fahrzeuges, noch auf Fortbewegung durch Dampf oder andere Maschinenkräfte eingerichtet sind.

Auf Personen in Seeschiffahrts- und anderen unter Absatz 1 fallenden Betrieben, welche wesentliche Bestandtheile eines der Unfallversicherung unterliegenden sonstigen Betriebes sind (vergleiche § 1 Absatz 6 des Unfallversicherungsgesetzes vom 6. Juli 1884, Reichs-Gesetzbl. S. 69, sowie §§ 1 ff. des Gesetzes vom 28. Mai 1885, Reichs-Gesetzbl. S. 159), findet dieses Gesetz keine Anwendung. Von den Bestimmungen der §§ 2 ff. des gegenwärtigen Gesetzes sind ferner ausgeschlossen die im § 1 des Gesetzes, betreffend die Fürsorge für Beamte und Personen des Soldatenstandes in Folge von Betriebsunfällen, vom 15. März 1886 (Reichs-Gesetzbl. S. 53) bezeichneten Personen, Beamte, welche in Betriebsverwaltungen eines Bundesstaates oder eines Kommunalverbandes mit festem Gehalt und Pensionsberechtigung angestellt sind, sowie andere Beamte eines Bundesstaates oder Kommunalverbandes, für welche die im § 12 a. a. O. vorgesehene Fürsorge in Kraft getreten ist.

Ob ein Betrieb im Sinne dieses Gesetzes versicherungspflichtig ist, entscheidet im Zweifel nach Anhörung des Genossenschaftsvorstandes (§ 28) das Reichs-Versicherungsamt.

Durch Beschluß des Bundesraths können Personen, welche nach den Bestimmungen des Absatzes 2 von den Vorschriften dieses Gesetzes ausgeschlossen sind, für versicherungspflichtig erklärt werden.

**§ 2.** Als ein deutsches Seefahrzeug im Sinne dieses Gesetzes gilt jedes ausschließlich oder vorzugsweise zur Seefahrt benutzte Fahrzeug, welches unter deutscher Flagge fährt.

Als Seefahrt (Absatz 1) gilt nicht nur der Verkehr auf See außerhalb der durch § 1 der Vorschriften über die Registrirung und die Bezeichnung der Kauffahrteischiffe vom 13. November 1873 (Reichs-Gesetzbl. S. 367) festgesetzten Grenzen, sondern auch die Fahrt auf Buchten, Haffen und Watten der See, nicht aber auf anderen mit der See in Verbindung stehenden Gewässern, auch wenn sie von Seeschiffen befahren werden.

Betriebe, welche nach den vorstehenden Bestimmungen als Seeschiffahrtbetriebe sich darstellen, scheiden, sofern sie auf Grund anderer Gesetze einer Berufsgenossenschaft bereits zugetheilt sind, aus der letzteren mit den aus § 32 des Unfallversicherungsgesetzes sich ergebenden Rechtswirkungen aus.

Rheder im Sinne dieses Gesetzes sind die Eigenthümer der unter dasselbe fallenden Fahrzeuge; sofern eine Rhederei besteht (Artikel 456 des Handelsgesetzbuchs), die Rhederei.

**§ 3.** Die Versicherung gilt für die Zeit vom Beginn bis zur Beendigung des Dienstverhältnisses, einschließlich der Beförderung vom Lande zum Fahrzeuge und vom Fahrzeuge zum Lande. Die

Versicherung erstreckt sich auch auf Unfälle, welche die nach § 1 versicherten Personen auf einem deutschen Seefahrzeuge, auf welchem sie beschäftigt sind, ohne zur Besatzung desselben zu gehören, bei dem Betriebe erleiden, sowie auf Unfälle, welche deutsche Seeleute bei der auf Grund des Handelsgesetzbuchs, oder der Seemannsordnung vom 27. Dezember 1872 (Reichs-Gesetzbl. S. 409), oder des Gesetzes, betreffend die Verpflichtung deutscher Kauffahrteischiffe zur Mitnahme hilfsbedürftiger Seeleute, vom 27. Dezember 1872 (Reichs-Gesetzbl. S. 432) ihnen gewährten freien Zurückbeförderung oder Mitnahme auf deutschen Seefahrzeugen erleiden. Im Falle des Flaggenwechsels gilt als Beendigung des Dienstverhältnisses der Zeitpunkt, in welchem der Versicherte seine Entlassung beanspruchen durfte.

Ausgeschlossen von der Versicherung sind Unfälle, welche der Versicherte während des Urlaubs oder während einer Zeit erleidet, in welcher er sich pflichtwidrig von Bord entfernt hatte.

**§ 4.** Rheder, welche nicht schon nach den Bestimmungen des § 1 versichert sind, Lootsen, welche ihr Gewerbe für eigene Rechnung betreiben, sowie die Unternehmer der übrigen nach § 1 versicherten Betriebe sind berechtigt, sich selbst oder andere in dem Betriebe beschäftigte, nach § 1 nicht versicherte Personen gegen die Folgen der bei dem Betriebe sich ereignenden Unfälle nach Maßgabe der Vorschriften dieses Gesetzes zu versichern.

**§ 5.** Die Versicherung erstreckt sich auf einen Jahresarbeitsverdienst bis einschließlich zweitausend Mark. Durch das Statut (§ 20) kann die Versicherung auf einen höheren Jahresarbeitsverdienst erstreckt werden.

## Ermittelung des Jahresarbeitsverdienstes.

**§ 6.**[1] Als Jahresarbeitsverdienst der zur Schiffsbesatzung gehörigen Personen gilt im Sinne dieses Gesetzes das Neunfache desjenigen vom Reichskanzler festzusetzenden Durchschnittsbetrages, welcher bei der Anmusterung oder Anwerbung durchschnittlich für den Monat an Lohn (Heuer) oder Gehalt gewährt wird, unter Hinzurechnung von zwei Fünfteln des für Vollmatrosen geltenden Durchschnittssatzes als Geldwerth der auf Seefahrzeugen gewährten Beköstigung. Für diejenigen Klassen der Schiffsbesatzung, welche neben dem Lohn oder Gehalt regelmäßige Nebeneinnahmen zu beziehen pflegen, wird bei Berechnung des Jahresarbeitsverdienstes auch der durchschnittliche Geldwerth dieser Nebeneinnahmen in Ansatz gebracht.

---

[1] Vgl. Bekanntm. vom 22. Dezember 1887 (AN 1888 S. 12), vom 13. Februar 1893 (AN für U S. 161 ff.).

Der Durchschnittsbetrag wird von dem Reichskanzler nach Anhörung der Landes-Zentralbehörden einheitlich für die ganze deutsche Küste festgesetzt. Der Festsetzung sind die an Vollmatrosen auf deutschen Fahrzeugen während der letztvorangegangenen drei Kalenderjahre, in welchen eine Mobilmachung deutscher Streitkräfte nicht stattgefunden hat, gewährten Lohnsätze zu Grunde zu legen. Mindestens alle fünf Jahre erfolgt eine Revision der Festsetzung.

Die Festsetzung findet für Vollmatrosen, Steuerleute, Maschinisten, sonstige Schiffsoffiziere, sowie für Schiffer besonders statt, auch können weitere Abstufungen, sei es nach der Gattung der Schiffe, sei es nach Klassen der zur Schiffsbesatzung gehörigen Personen, gemacht werden.

Bei zur Schiffsbesatzung gehörigen Personen, für welche ein besonderer Durchschnittsbetrag nicht festgesetzt ist, kommen drei Viertel des für Vollmatrosen festgesetzten Durchschnittsbetrages zur Anrechnung.

**§ 7.** Als Jahresarbeitsverdienst der übrigen auf Grund des § 1 versicherten Personen gilt der Verdienst, welcher von derartigen Personen im Jahre durchschnittlich erzielt wird. Dieser Durchschnittsverdienst wird von der höheren Verwaltungsbehörde des Beschäftigungsortes festgesetzt. Erreicht derselbe nicht den dreihundertfachen Betrag desjenigen Lohnes, welcher von der höheren Verwaltungsbehörde nach § 8 des Krankenversicherungsgesetzes vom 15. Juni 1883 (Reichs-Gesetzbl. S. 73) für den Ort der Beschäftigung als ortsüblicher Tagelohn gewöhnlicher Tagearbeiter festgesetzt ist, so gilt als Jahresarbeitsverdienst der letztere.

Über die Ermittelung des Jahresarbeitsverdienstes der nach § 4 versicherten Personen hat das Statut (§ 24) Bestimmung zu treffen.

## Gegenstand der Versicherung und Umfang der Entschädigung.

**§ 8.** Gegenstand der Versicherung ist der nach Maßgabe der nachfolgenden Bestimmungen zu bemessende Ersatz des Schadens, welcher durch Körperverletzung oder Tödtung entsteht. Der Anspruch ist ausgeschlossen, wenn der Verletzte den Betriebsunfall vorsätzlich herbeigeführt hat.

**§ 9.** Im Falle der Verletzung soll der Schadensersatz bestehen:

1. in den Kosten des Heilverfahrens, welche nach Beendigung der gesetzlichen Fürsorgepflicht des Rheders, oder, soweit eine solche nicht besteht, vom Beginn der vierzehnten Woche nach Eintritt des Unfalls an entstehen;
2. in einer dem Verletzten von demselben Zeitpunkte ab für die Dauer der Erwerbsunfähigkeit zu gewährenden Rente.

Die Rente beträgt:

a) im Falle völliger Erwerbsunfähigkeit für die Dauer derselben sechsundsechzigzweidrittel Prozent des nach den Bestimmungen der §§ 6 und 7 festgesetzten Jahresarbeitsverdienstes, wobei der zwölfhundert Mark jährlich übersteigende Betrag nur mit einem Drittel zur Anrechnung zu bringen ist;

b) im Falle theilweiser Erwerbsunfähigkeit für die Dauer derselben einen Bruchtheil der Rente unter a, welcher nach dem Maaße der verbliebenen Erwerbsfähigkeit zu bemessen ist.

Wenn der Verletzte zur Zeit des Unfalls bereits theilweise erwerbsunfähig war, und deshalb einen geringeren als den durchschnittlichen Arbeitsverdienst bezog, so wird die Rente nur nach dem Maaße der durch den Unfall eingetretenen weiteren Schmälerung der Erwerbsfähigkeit bemessen. War der Verletzte zur Zeit des Unfalls bereits völlig erwerbsunfähig, so beschränkt sich der zu leistende Schadensersatz auf die im Absatz 1 Ziffer 1 angegebenen Kosten des Heilverfahrens.

An Stelle der vorstehend bezeichneten Leistungen kann bis zur Beendigung des Heilverfahrens freie Kur und Verpflegung in einem Krankenhause gewährt werden, und zwar:

I. für Verunglückte, welche bei einem Mitgliede ihrer Familie wohnen, mit ihrer Zustimmung oder unabhängig von derselben, wenn die Art der Verletzung Anforderungen an die Behandlung und Verpflegung stellt, denen in der Familie nicht genügt werden kann;

II. für sonstige Verunglückte in allen Fällen.

Mit Zustimmung des Verunglückten kann an Stelle der freien Kur und Verpflegung in einem Krankenhause freie Kur und Verpflegung an Bord eines Fahrzeuges gewährt werden.

Für die Zeit der Unterbringung des Verunglückten in einem Krankenhause oder an Bord eines Fahrzeuges steht seinen Angehörigen ein Anspruch auf Rente insoweit zu, als sie dieselbe im Falle des Todes des Verletzten würden beanspruchen können (§ 13).

**§ 10.** Den unter § 1 fallenden Personen, welche nach den Bestimmungen des Krankenversicherungsgesetzes gegen Krankheit versichert sind, ist im Falle eines Betriebsunfalls vom Beginn der fünften bis zum Ablauf der dreizehnten Woche nach dem Eintritt des Unfalls ein Krankengeld von mindestens zwei Dritteln des bei der Berechnung desselben zu Grunde gelegten Arbeitslohnes zu gewähren. Die Differenz zwischen diesen zwei Dritteln und dem gesetzlich oder statutengemäß zu gewährenden niedrigeren Krankengeld ist der betheiligten Krankenkasse (Gemeindekrankenversicherung) von dem Unternehmer desjenigen Betriebes zu erstatten, in welchem der Unfall sich ereignet hat. Die zur Ausführung dieser Bestimmung erforderlichen Vorschriften erläßt das Reichs-Versicherungsamt.[1]

Den nach § 1 versicherten Personen, welchen in Krankheitsfällen ein gesetzlicher Anspruch auf Krankenfürsorge weder gegen Rheder noch gegen Krankenkassen zusteht, hat in Fällen ihrer durch einen Betriebsunfall herbeigeführten Verletzung der Betriebsunternehmer während der ersten dreizehn Wochen nach Eintritt des Unfalls aus eigenen Mitteln Fürsorge zu gewähren. Das Maaß dieser Fürsorge richtet sich bei Seeleuten nach den Bestimmungen der Artikel 523ff. des Handelsgesetzbuchs und der §§ 48ff. der Seemannsordnung, bei den sonstigen nach § 1 versicherten Personen nach den Bestimmungen der §§ 6 und 7 des Krankenversicherungsgesetzes und den Bestimmungen des vorstehenden Absatzes über den bei Unfällen zu gewährenden Mehrbetrag des Krankengeldes.

**§ 11.** Die Berufsgenossenschaft (§ 16) ist befugt, in einzelnen Fällen die den Krankenkassen und Betriebsunternehmern während der ersten Wochen nach dem Unfalle obliegenden Leistungen ganz oder zum Theil selbst zu übernehmen.

Die Berufsgenossenschaft ist ferner befugt, gegen Erstattung der Kosten demjenigen Betriebsunternehmer, welchem die Fürsorge für die ersten Wochen nach dem Unfalle obliegt, oder derjenigen Krankenkasse, welcher der Verletzte angehört, die Fürsorge für den Verletzten bis zur Beendigung des Heilverfahrens zu übertragen.

In diesen Fällen gilt als Ersatz der freien ärztlichen Behandlung und Arznei für die Dauer eines Jahres der vierte Theil des Jahresarbeitsverdienstes (§§ 6 und 7) mit der im § 9 Absatz 2 lit. a vorgesehenen Kürzung, falls nicht höhere Aufwendungen nachgewiesen werden.

**§ 12.** Streitigkeiten, welche wegen Gewährung freier Kur und Verpflegung in einem Krankenhause oder an Bord eines Fahrzeuges (§ 9 Absatz 4) im Auslande entstehen, werden bis zu weiterer Entschließung der zuständigen Genossenschaftsorgane durch dasjenige Seemannsamt, welches zuerst angegangen wird, entschieden. Diese Entscheidung ist vorläufig vollstreckbar.

Streitigkeiten, welche aus Anlaß der in den §§ 10 und 11 enthaltenen Bestimmungen entstehen, werden, soweit es sich um Ansprüche von Seeleuten handelt, durch das Seemannsamt, im Übrigen nach § 58 des Krankenversicherungsgesetzes entschieden. Zuständig ist bezüglich der Seeleute, soweit es sich um die Gewährung von

[1] Bekanntm. vom 21. Dezember 1887 (AN 1888 S. 14).

Fürsorge handelt, dasjenige Seemannsamt, welches zuerst angegangen wird, und, soweit es sich um Erstattungen handelt, das Seemannsamt des Heimathshafens. In den nach § 58 a. a. O. zu behandelnden Fällen entscheidet in erster Instanz die für die Ortskrankenkasse des Beschäftigungsortes zuständige Aufsichtsbehörde.

Gegen die Entscheidung eines Seemannsamts findet in den Fällen des Absatzes 2 die Berufung an das Reichs-Versicherungsamt statt. Das Rechtsmittel ist bei demselben binnen vier Wochen nach Zustellung der Entscheidung einzulegen. Die Entscheidung ist vorläufig vollstreckbar, soweit es sich um Streitigkeiten über Fürsorge handelt.

**§ 13.** Im Falle der Tödtung ist als Schadensersatz außerdem zu leisten:

1. sofern nicht nach Artikel 524 des Handelsgesetzbuchs oder § 51 der Seemannsordnung der Rheder die Bestattungskosten zu tragen hat, und sofern die Bestattung auf dem Lande erfolgt, als Ersatz der Beerdigungskosten für Seeleute zwei Drittel des nach § 6 für den Monat ermittelten Durchschnittsverdienstes, für die übrigen nach § 1 versicherten Personen der fünfzehnte Theil des nach § 7 für das Jahr ermittelten Durchschnittsverdienstes, jedoch mindestens dreißig Mark;
2. eine den Hinterbliebenen des Getödteten vom Todestage ab zu gewährende Rente, bei deren Berechnung der nach den Vorschriften der §§ 6 und 7 zu bemessende Jahresarbeitsverdienst mit der im § 9 Absatz 2 lit. a vorgesehenen Kürzung und mit der Maßgabe zu Grunde zu legen ist, daß in den Fällen des § 6 die dort vorgesehenen zwei Fünftel für Beköstigung außer Ansatz bleiben.

Die Rente beträgt:

a) für die Wittwe des Getödteten bis zu deren Tode oder Wiederverheirathung zwanzig Prozent, für jedes hinterbliebene vaterlose Kind bis zu dessen zurückgelegtem fünfzehnten Lebensjahre fünfzehn Prozent und, wenn das Kind auch mutterlos ist oder wird, zwanzig Prozent des Jahresarbeitsverdienstes.

   Die Renten der Wittwen und der Kinder dürfen zusammen sechzig Prozent des Jahresarbeitsverdienstes nicht übersteigen; ergiebt sich ein höherer Betrag, so werden die einzelnen Renten in gleichem Verhältnisse gekürzt.

   Im Falle der Wiederverheirathung erhält die Wittwe den dreifachen Betrag ihrer Jahresrente als Abfindung.

   Der Anspruch der Wittwe ist ausgeschlossen, wenn die Ehe erst nach dem Unfalle geschlossen worden ist;

b) für Aszendenten des Verstorbenen, wenn dieser ihr einziger Ernährer war, für die Zeit bis zu ihrem Tode oder bis zum Wegfalle der Bedürftigkeit zwanzig Prozent des Jahresarbeitsverdienstes.

Wenn mehrere der unter b benannten Berechtigten vorhanden sind, so wird die Rente den Eltern vor den Großeltern gewährt.

Wenn die unter b bezeichneten mit den unter a bezeichneten Berechtigten konkurriren, so haben die ersteren einen Anspruch nur, soweit für die letzteren der Höchstbetrag der Rente nicht in Anspruch genommen wird.

Die Hinterbliebenen eines Ausländers haben einen Anspruch auf Rente nur, wenn sie zur Zeit des Unfalls im Inlande wohnen.

Der Anspruch auf Beerdigungskosten steht demjenigen zu, welcher die Beerdigung besorgt hat.

**§ 14.** Den im § 13 aufgeführten Angehörigen eines Versicherten, welcher sich auf einem in See gegangenen Fahrzeuge befunden hat, steht der Anspruch auf Rente (§ 13) auch dann zu, wenn dieses Fahrzeug untergegangen oder nach den Bestimmungen der Artikel 866, 867 des Handelsgesetzbuchs als verschollen anzusehen ist, und seit dem Untergange beziehungsweise seit den letzten Nachrichten von dem Fahrzeuge ein Jahr verflossen ist, ohne daß von dem Leben des Vermißten glaubhafte Nachrichten eingegangen sind. Die Genossenschaft kann von den zum Bezuge von Renten berechtigten Hinterbliebenen verlangen, daß sie vor einer zur Abnahme von Eiden zuständigen Behörde die eidesstattliche Versicherung abgeben, von dem Leben des Vermißten keine anderen als die angezeigten Nachrichten erhalten zu haben.

Die Zahlung der Rente beginnt in den Fällen dieser Art mit dem Tage, an welchem das Fahrzeug untergegangen ist, oder, wenn das Fahrzeug verschollen war, nach Ablauf eines halben Monats von dem Tage ab, bis zu welchem die letzte Nachricht über das Fahrzeug reicht (§ 42 der Seemannsordnung). Der Anspruch auf fernere Rentenbezüge erlischt, wenn das Leben des als verstorben geltenden Ernährers nachgewiesen ist.

**§ 15.** Die Verpflichtung von Unterstützungskassen, verletzten Seeleuten sowie deren Angehörigen und Hinterbliebenen Unterstützungen zu gewähren, sowie die Verpflichtung von Gemeinden und Armenverbänden zur Unterstützung hülfsbedürftiger Personen wird durch dieses Gesetz nicht berührt. Soweit auf Grund solcher Verpflichtung Unterstützungen in Fällen gewährt worden sind, in welchen dem Unterstützten nach Maßgabe dieses Gesetzes ein Entschädigungsanspruch zusteht, geht der letztere bis zum Betrage der geleisteten Unterstützung auf die Kassen, die Gemeinden oder Armenverbände über, von welchen die Unterstützung gewährt worden ist.

Träger der Versicherung (Berufsgenossenschaft).

**§ 16.** Die Versicherung erfolgt auf Gegenseitigkeit durch die Unternehmer der unter § 1 fallenden Betriebe, welche zu diesem Zweck in eine Berufsgenossenschaft vereinigt werden.

Als Unternehmer gilt derjenige, für dessen Rechnung der Betrieb erfolgt, bei Schiffahrtsbetrieben der Rheder (§ 2 Absatz 4).

Die Berufsgenossenschaft kann unter ihrem Namen Rechte erwerben und Verbindlichkeiten eingehen, vor Gericht klagen und verklagt werden.

Für die Verbindlichkeiten der Berufsgenossenschaft haftet den Gläubigern derselben nur das Genossenschaftsvermögen.

Bestellung von Bevollmächtigten.

**§ 17.** Für jedes Fahrzeug hat der Rheder in dem Heimathshafen einen Bevollmächtigten zu bestellen, falls er nicht selbst an diesem Orte seinen Wohnsitz hat. Mitrheder sind zur Bestellung eines gemeinschaftlichen Bevollmächtigten auch dann verpflichtet, wenn sie sämmtlich in dem Heimathshafen des Fahrzeuges ihren Wohnsitz haben. Der Name des Bevollmächtigten sowie etwaige Veränderungen in der Person desselben sind der Berufsgenossenschaft mitzutheilen.

Der Bevollmächtigte ist befugt und verpflichtet, den Rheder in dessen Eigenschaft als Mitglied der Genossenschaft dieser letzteren gegenüber gerichtlich und außergerichtlich zu vertreten. Diese Befugniß und Verpflichtung erstreckt sich auch auf die Geschäfte und Rechtshandlungen, für welche nach den Gesetzen eine Spezialvollmacht erforderlich ist. Zustellungen in Angelegenheiten der Genossenschaft erfolgen an den Bevollmächtigten mit gleicher Wirkung, wie an den Rheder selbst. Eine Beschränkung der Befugnisse des Bevollmächtigten hat der Genossenschaft gegenüber keine rechtliche Wirkung.

Bis zur Mittheilung des Namens des Bevollmächtigten oder, im Falle eines Wegfalls des letzteren, bis zur Mittheilung des Namens des anderweit bestellten Bevollmächtigten ruhen das Stimmrecht und die Wählbarkeit des Rheders. Bis dahin wird derselbe zu der Generalversammlung und den Genossenschaftsversammlungen nicht geladen; auch können Zustellungen an ihn in Angelegenheiten der Genossenschaft durch öffentlichen Aushang während einer Woche in den Geschäftsräumen der zustellenden Genossenschaftsorgane oder Behörden bewirkt werden. In dem Aushang kann der Name des

Rheders, sofern derselbe nicht bekannt sein sollte, durch Bezeichnung des Fahrzeuges ersetzt werden. Durch das Statut können weitere Beschränkungen des Rheders in der Ausübung derjenigen Rechte vorgeschrieben werden, welche ihm als Mitglied der Genossenschaft im Verhältnisse zu dieser zustehen.

Ein von den Mitrhedern bestellter Korrespondentrheder (Artikel 459 ff. des Handelsgesetzbuchs) gilt, solange kein besonderer Bevollmächtigter bestellt ist, der Genossenschaft gegenüber als Bevollmächtigter im Sinne der vorstehenden Bestimmungen. Insbesondere hat derselbe alle dem Bevollmächtigten im Verhältnisse zu der Genossenschaft vorstehend beigelegten Rechte und Pflichten.

### Aufbringung der Mittel.

**§ 18.** Die Mittel zur Deckung der von der Berufsgenossenschaft zu leistenden Entschädigungsbeträge und der Verwaltungskosten werden durch Beiträge aufgebracht, welche auf die Mitglieder der Berufsgenossenschaft jährlich umgelegt werden (§ 79).

Zu anderen Zwecken, als zur Deckung der Kosten für die der Genossenschaft obliegende Fürsorge, zur Bestreitung der Verwaltungskosten, zur Gewährung von Prämien für Rettung Verunglückter und für Abwendung von Unglücksfällen, sowie zur Ansammlung des Reservefonds dürfen weder Beiträge von den Genossenschaftsmitgliedern erhoben werden, noch Verwendungen aus dem Vermögen der Genossenschaft erfolgen.

Behufs Bestreitung der Verwaltungskosten kann die Berufsgenossenschaft von den Mitgliedern einen Beitrag auf ein Jahr im Voraus erheben. Die Aufbringung der hierzu erforderlichen Mittel erfolgt vorschußweise, und zwar, falls das Statut hierüber nichts Anderes bestimmt, von den Seeschiffahrtsbetrieben nach dem Brutto-Raumgehalt der Fahrzeuge, von den übrigen auf Grund des § 1 versicherten Betrieben nach der Zahl der in denselben regelmäßig beschäftigten versicherten Personen (§ 22) dergestalt, daß für je zwei Personen derjenige Betrag zu entrichten ist, welcher auf Seefahrzeuge des geringsten, fünfzig Kubikmeter übersteigenden Brutto-Raumgehalts entfällt.

**§ 19.** Die Berufsgenossenschaft hat einen Reservefonds anzusammeln. An Zuschlägen zur Bildung desselben sind bei der erstmaligen Umlegung der Entschädigungsbeträge dreihundert Prozent, bei der zweiten zweihundert, bei der dritten einhundertundfünfzig, bei der vierten einhundert, bei der fünften achtzig, bei der sechsten sechzig und von da an bis zur elften Umlegung jedesmal zehn Prozent weniger als Zuschlag zu den Entschädigungsbeträgen zu erheben.

Nach Ablauf der ersten elf Jahre sind die Zinsen des Reservefonds dem letzteren solange weiter zuzuschlagen, bis dieser den doppelten Jahresbedarf erreicht hat. Ist das letztere der Fall, so können die Zinsen insoweit, als der Bestand des Reservefonds den laufenden doppelten Jahresbedarf übersteigt, zur Deckung der Genossenschaftslasten verwendet werden.

Auf Antrag des Genossenschaftsvorstandes kann die Genossenschaftsversammlung jederzeit weitere Zuschläge zum Reservefonds beschließen, sowie bestimmen, daß derselbe über den doppelten Jahresbedarf erhöht werde. Derartige Beschlüsse bedürfen der Genehmigung des Reichs-Versicherungsamts.

In dringenden Bedarfsfällen kann die Genossenschaft mit Genehmigung des Reichs-Versicherungsamts schon vorher die Zinsen und erforderlichenfalls auch den Kapitalbestand des Reservefonds angreifen. Die Wiederergänzung erfolgt alsdann nach näherer Anordnung des Reichs-Versicherungsamts.

## II. Statut der Berufsgenossenschaft. Genossenschaftsvorstand.

### Bildung der Berufsgenossenschaft.

**§ 20.** Die Berufsgenossenschaft (§ 16) regelt ihre innere Verwaltung sowie ihre Geschäftsordnung durch ein von der Generalversammlung ihrer Mitglieder zu beschließendes Statut.

**§ 21.** Die Eigenthümer der unter § 1 fallenden, in das Schiffsregister nicht eingetragenen Fahrzeuge sind verpflichtet, binnen einer von dem Reichs-Versicherungsamt zu bestimmenden und öffentlich bekannt zu machenden Frist den Meßbrief der Ortspolizeibehörde des Heimathshafens einzureichen. Letztere hat der zur Führung der Schiffsregister zuständigen Behörde ein Verzeichniß der in ihrem Bezirke vorhandenen, in das Schiffsregister nicht eingetragenen Fahrzeuge einzusenden, aus welchem der Name und Wohnort des Rheders und Korrespondentrheders (§ 17), die Gattung, der Heimathshafen, der Brutto-Raumgehalt und die durchschnittliche Bemannung eines jeden Fahrzeuges ersichtlich wird.

Die in das Verzeichniß einzutragenden Angaben hat die Ortspolizeibehörde, wenn der Meßbrief nicht eingereicht ist, und soweit sich dieselben aus dem Meßbrief nicht ergeben, nach ihrer Kenntniß der Verhältnisse zu ergänzen. Sie ist befugt, die Rheder der nicht registrirten Fahrzeuge zu einer Auskunft darüber innerhalb einer zu bestimmenden Frist durch Geldstrafen im Betrage bis zu einhundert Mark anzuhalten.

Die Registerbehörde prüft das Verzeichniß und berichtigt dasselbe, sofern es Fahrzeuge enthält, welche in dem von ihr geführten Register eingetragen sind. Sie sendet das Verzeichniß mit einer Nachweisung derjenigen Seefahrzeuge, welche seit dem 1. Januar des betreffenden Jahres in das Schiffsregister neu eingetragen sind, an das Reichs-Versicherungsamt ein.

**§ 22.**[1] Die Unternehmer der unter § 1 fallenden Betriebe, welche nicht Seeschiffahrtsbetriebe sind, haben binnen der im § 21 Absatz 1 bezeichneten Frist die Zahl der in ihrem Betriebe durchschnittlich beschäftigten versicherten Personen bei der unteren Verwaltungsbehörde anzumelden.

Für diejenigen Betriebe, für welche diese Anmeldung nicht rechtzeitig erfolgt, hat die untere Verwaltungsbehörde die Angaben nach ihrer Kenntniß der Verhältnisse zu ergänzen. Sie ist befugt, säumige Unternehmer zu einer Auskunft darüber innerhalb einer zu bestimmenden Frist durch Geldstrafen im Betrage bis zu einhundert Mark anzuhalten.

Die untere Verwaltungsbehörde hat ein Verzeichniß dieser Betriebe, aus welchem die Zahl der darin beschäftigten Personen ersichtlich sein muß, aufzustellen und durch Vermittelung der höheren Verwaltungsbehörde dem Reichs-Versicherungsamt einzureichen.

**§ 23.**[1] Zur Wahl eines provisorischen Genossenschaftsvorstandes und zur Beschlußfassung über das Statut werden die Betriebsunternehmer von dem Reichs-Versicherungsamt unter Angabe der ihnen zustehenden Stimmenzahl zu einer Generalversammlung (konstituirenden Genossenschaftsversammlung) schriftlich geladen. Für die Ladungen sind die Angaben des neuesten Handbuchs für die deutsche Handelsmarine sowie die Verzeichnisse (§§ 21 und 22) maßgebend.

Die Schiffseigenthümer führen für je zwei Mann der aus dem neuesten Handbuch für die deutsche Handelsmarine sich ergebenden Besatzung eine Stimme. Für jedes Fahrzeug, welches nicht in dem Handbuch für die deutsche Handelsmarine verzeichnet ist, führt der Eigenthümer je eine Stimme. Andere Betriebsunternehmer führen für je zwei versicherte Personen eine Stimme.

Abwesende können sich durch Berufsgenossen, durch ihren Bevollmächtigten oder Korrespondentrheder (§ 17) vertreten lassen. Mehr als ein Drittel sämmtlicher vertretenen Stimmen und mehr als 500 Stimmen dürfen in einer Person nicht vereinigt werden.

Die Generalversammlung findet in Gegenwart eines Vertreters des Reichs-Versicherungsamts statt, welcher dieselbe zu eröffnen, die Wahl des aus einem Vorsitzenden, zwei Schriftführern und min-

[1] Vgl. Bekanntm. vom 16. Januar 1888 (AN S. 37).

destens zwei Beisitzern bestehenden provisorischen Genossenschaftsvorstandes herbeizuführen und, bis dieselbe erfolgt ist, die Verhandlungen zu leiten hat. Der Vertreter des Reichs-Versicherungsamts muß auf sein Verlangen jederzeit gehört werden. Bis zur Übernahme der Geschäfte durch den auf Grund des Statuts gewählten Vorstand hat demnächst der provisorische Genossenschaftsvorstand die Genossenschaftsversammlungen zu leiten und die Geschäfte der Genossenschaft zu führen.

Über die Verhandlungen ist ein Protokoll aufzunehmen, welches die gestellten Anträge und die gestellten Beschlüsse enthalten muß. Das Protokoll ist innerhalb einer Woche nach der Generalversammlung durch den provisorischen Genossenschaftsvorstand dem Reichs-Versicherungsamt einzureichen.

Die Beschlüsse der Generalversammlung werden nach Stimmenmehrheit gefaßt. Bei Stimmengleichheit giebt die Stimme des Vorsitzenden den Ausschlag.

## Statut der Berufsgenossenschaft.

**§ 24.** Das Genossenschaftsstatut muß Bestimmungen treffen:

1. über Namen und Sitz der Genossenschaft;
2. über die Bildung des Genossenschaftsvorstandes und über den Umfang seiner Befugnisse;
3. über die Berufung der Genossenschaftsversammlung, sowie über die Art ihrer Beschlußfassung;
4. über das Stimmrecht der Mitglieder der Genossenschaft (§ 43 Absatz 3) und die Prüfung ihrer Vollmachten;
5. über das bei der Abschätzung der Seefahrzeuge (§ 34) zu beobachtende Verfahren (§ 37);
6. über das Verfahren bei Änderungen in den Betrieben oder in der Person der Rheder (§§ 45 bis 47);
7. über die Folgen der Betriebseinstellungen, insbesondere über die Sicherstellung der Beiträge derjenigen Personen, welche den Betrieb einstellen;
8. über die den Vertretern der Versicherten zu gewährenden Vergütungssätze (§§ 54, 91);
9. über die Aufstellung, Prüfung und Abnahme der Jahresrechnung;
10. über die Ausübung der der Genossenschaft zustehenden Befugnisse zum Erlaß von Vorschriften behufs der Unfallverhütung und zur Überwachung der Betriebe (§§ 90 ff.);
11. über das bei der Anmeldung und dem Ausscheiden der auf Grund des § 4 versicherten Personen zu beobachtende Ver-

fahren, sowie über die Ermittelung des Jahresarbeitsverdienstes dieser Personen (§ 7);

12. über die Voraussetzungen einer Abänderung des Statuts.

**§ 25.** Das Statut kann vorschreiben, daß die Genossenschaftsversammlung aus Vertretern zusammengesetzt, daß die Berufsgenossenschaft in örtlich abgegrenzte Sektionen eingetheilt wird und daß Vertrauensmänner als örtliche Genossenschaftsorgane eingesetzt werden. Enthält dasselbe Vorschriften dieser Art, so ist darin zugleich über die Wahl der Vertreter, über Sitz und Bezirk der Sektionen, über die Zusammensetzung und Berufung der Sektionsversammlungen, sowie über die Art ihrer Beschlußfassung, über die Bildung der Sektionsvorstände und über den Umfang ihrer Befugnisse, sowie über die Abgrenzung der Bezirke der Vertrauensmänner, die Wahl der letzteren und ihrer Stellvertreter und den Umfang ihrer Befugnisse Bestimmung zu treffen.

Die Abgrenzung der Bezirke der Vertrauensmänner, sowie die Wahl der letzteren und ihrer Stellvertreter kann von der Genossenschaftsversammlung dem Genossenschafts- oder Sektionsvorstande, die Wahl der Sektionsvorstände den Sektionsversammlungen übertragen werden.

**§ 26.** Das Genossenschaftsstatut bedarf zu seiner Gültigkeit der Genehmigung des Reichs-Versicherungsamts.

Gegen die Entscheidung desselben, durch welche die Genehmigung versagt wird, findet binnen einer Frist von vier Wochen nach der Zustellung an den provisorischen Genossenschaftsvorstand (§ 23) die Beschwerde an den Bundesrath statt.

Wird innerhalb dieser Frist Beschwerde nicht eingelegt oder wird die Versagung der Genehmigung des Statuts vom Bundesrath aufrecht erhalten, so hat das Reichs-Versicherungsamt innerhalb vier Wochen die Mitglieder der Genossenschaft zu einer neuen Genossenschaftsversammlung behufs anderweiter Beschlußfassung über das Statut in Gemäßheit des § 23 zu laden. Wird auch dem von dieser Versammlung beschlossenen Statut die Genehmigung endgültig versagt, so wird ein solches von dem Reichs-Versicherungsamt erlassen.

Abänderungen des Statuts bedürfen der Genehmigung des Reichs-Versicherungsamts. Gegen deren Versagung findet binnen einer Frist von vier Wochen die Beschwerde an den Bundesrath statt.

### Veröffentlichung des Namens und Sitzes der Genossenschaft xc.

**§ 27.** Nach endgültiger Feststellung des Statuts hat der Genossenschaftsvorstand durch den Reichsanzeiger bekannt zu machen:

1. den Namen und den Sitz der Genossenschaft,
2. die Bezirke der Sektionen und der Vertrauensmänner,
3. die Zusammensetzung des Genossenschaftsvorstandes und der Sektionsvorstände, sowie die Namen der Vertrauensmänner und ihrer Stellvertreter.

Etwaige Änderungen sind in gleicher Weise zur öffentlichen Kenntniß zu bringen.

## Vorstände.

**§ 28.** Dem Genossenschaftsvorstande liegt die gesammte Verwaltung der Genossenschaft ob, soweit nicht einzelne Angelegenheiten durch Gesetz oder Statut der Beschlußnahme der Genossenschaftsversammlung vorbehalten oder anderen Organen der Genossenschaft übertragen sind.

Die Beschlußfassung der Vorstände kann in eiligen Fällen durch schriftliche Abstimmung erfolgen.

Der Beschlußnahme der Genossenschaftsversammlung müssen vorbehalten werden:

1. die Wahl der Mitglieder des Genossenschaftsvorstandes,
2. Abänderungen des Statuts,
3. die Prüfung und Abnahme der Jahresrechnung, falls diese nicht einem Ausschusse der Genossenschaftsversammlung übertragen wird.

**§ 29.** Die Genossenschaft wird durch ihren Vorstand gerichtlich und außergerichtlich vertreten. Die Vertretung erstreckt sich auch auf diejenigen Geschäfte und Rechtshandlungen, für welche nach den Gesetzen eine Spezialvollmacht erforderlich ist. Durch das Statut kann einem Mitgliede oder mehreren Mitgliedern des Vorstandes die Vertretung nach außen übertragen werden.

Durch die Geschäfte, welche der Vorstand der Genossenschaft und die Vorstände der Sektionen, sowie die Vertrauensmänner innerhalb der Grenzen ihrer gesetzlichen und statutarischen Vollmacht im Namen der Genossenschaft abschließen, wird die letztere berechtigt und verpflichtet.

Zur Legitimation der Vorstände bei Rechtsgeschäften genügt die Bescheinigung der höheren Verwaltungsbehörde, daß die darin bezeichneten Personen den Vorstand bilden.

**§ 30.** Wählbar zu Mitgliedern der Vorstände und zu Vertrauensmännern sind nur die stimmberechtigten Mitglieder der Genossenschaft beziehungsweise deren gesetzliche Vertreter. Nicht wählbar ist, wer durch gerichtliche Anordnung in der Verfügung über sein Vermögen beschränkt ist.

Die Ablehnung der Wahl ist nur aus denselben Gründen zulässig, aus welchen das Amt eines Vormundes abgelehnt werden kann. Eine Wiederwahl kann abgelehnt werden.

Genossenschaftsmitglieder, welche eine Wahl ohne solchen Grund ablehnen, können auf Beschluß der Genossenschaftsversammlung für die Dauer der Wahlperiode zu erhöhten Beiträgen bis zum doppelten Betrage herangezogen werden.

Das Statut kann bestimmen, daß die Bevollmächtigten der Rheder, sowie die Korrespondentrheder (§ 17) zu Mitgliedern der Vorstände und zu Vertrauensmännern gewählt werden können.

**§ 31.** Die Mitglieder der Vorstände und die Vertrauensmänner verwalten ihr Amt als unentgeltliches Ehrenamt, sofern nicht durch das Statut eine Entschädigung für den durch Wahrnehmung der Genossenschaftsgeschäfte ihnen erwachsenden Zeitverlust bestimmt wird. Baare Auslagen werden ihnen von der Genossenschaft ersetzt, und zwar, soweit sie in Reisekosten bestehen, nach festen, von der Genossenschaftsversammlung zu bestimmenden Sätzen.

**§ 32.** Die Mitglieder der Vorstände, sowie die Vertrauensmänner haften der Genossenschaft für getreue Geschäftsverwaltung, wie Vormünder ihren Mündeln.

Mitglieder der Vorstände, sowie Vertrauensmänner, welche absichtlich zum Nachtheil der Genossenschaft handeln, unterliegen der Strafbestimmung des § 266 des Strafgesetzbuchs.

**§ 33.** Solange die Wahl der gesetzlichen Organe der Genossenschaft nicht zu Stande kommt, solange ferner diese Organe die Erfüllung ihrer gesetzlichen oder statutarischen Obliegenheiten verweigern, hat das Reichs-Versicherungsamt die letzteren auf Kosten der Genossenschaft wahrzunehmen oder durch Beauftragte wahrnehmen zu lassen.

## Abschätzung. Gefahrenklassen.

**§ 34.** Für jedes Fahrzeug wird die durchschnittliche Zahl derjenigen Seeleute abgeschätzt, welche als Besatzung desselben erforderlich sind. Die Abschätzung erfolgt auf Grund des Handbuchs für die deutsche Handelsmarine und der Verzeichnisse (§§ 21 und 22) nach Klassen (§ 6).

**§ 35.** Durch das Statut kann bestimmt werden, daß für die zur Genossenschaft gehörigen Betriebe je nach der Größe der mit denselben verbundenen Unfallgefahr entsprechende Gefahrenklassen zu bilden und über die Höhe der in denselben zu leistenden Beiträge Bestimmungen zu treffen sind (Gefahrentarif). Wenn das Statut solche Bestimmungen enthält, so muß dasselbe auch über das bei der

Veranlagung zu den Klassen des Gefahrentarifs einzuschlagende Verfahren Vorschriften treffen. Die Aufstellung und Abänderung des Gefahrentarifs liegt der Genossenschaftsversammlung ob. Dieselbe kann jedoch diese Befugnisse einem Ausschusse oder dem Vorstande übertragen.

**§ 36.** Der Gefahrentarif bedarf der Genehmigung des Reichs-Versicherungsamts.

Derselbe ist nach Ablauf von längstens zwei Rechnungsjahren und sodann mindestens von fünf zu fünf Rechnungsjahren unter Berücksichtigung der vorgekommenen Unfälle durch den Genossenschaftsvorstand einer Revision zu unterziehen. Ist die Abänderung des Tarifs dem Vorstande nicht übertragen, so hat dieser die Ergebnisse der Revision mit dem Verzeichnisse der vorgekommenen, auf Grund dieses Gesetzes zu entschädigenden Unfälle der Genossenschaftsversammlung oder, sofern ein Ausschuß zuständig ist, dem letzteren zur Beschlußfassung über die Beibehaltung oder Änderung der bisherigen Tarife und Bestimmungen vorzulegen (§ 35). Die über die Abänderung gefaßten Beschlüsse bedürfen zu ihrer Gültigkeit der Genehmigung des Reichs-Versicherungsamts; demselben ist das Verzeichniß der vorgekommenen Unfälle vorzulegen.

**§ 37.** Die Abschätzung der Fahrzeuge (§ 34) sowie die Veranlagung der Betriebe zu den Gefahrenklassen (§ 35) liegt nach näherer Bestimmung des Statuts den Organen der Genossenschaft ob.

Die Organe der Berufsgenossenschaft sind jederzeit berechtigt, die Abschätzung und Veranlagung einer Revision zu unterziehen.

Regelmäßige Revisionen derselben finden in denjenigen Terminen statt, in welchen der Gefahrentarif zu revidiren ist (§ 36). Hierbei ist in derselben Weise, wie bei der ersten Abschätzung und Veranlagung zu verfahren.

Die Mitglieder der Genossenschaft sind verpflichtet, den Organen derselben auf Erfordern binnen zwei Wochen diejenige Auskunft zu ertheilen, welche für die Durchführung der Abschätzung oder Veranlagung erforderlich ist. Dasselbe gilt von den Korrespondentrhedern und Bevollmächtigten (§ 17) sowie von dem Führer des betreffenden Fahrzeuges.

**§ 38.** Jedem Mitgliede der Genossenschaft ist, sofern eine Veranlagung zu Gefahrenklassen stattgefunden hat, diese Veranlagung (§ 37), jedem Rheder aber das Ergebniß der Abschätzung seiner Schiffahrtsbetriebe (§ 34) mitzutheilen. Gegen die Veranlagung beziehungsweise Abschätzung steht den Betheiligten binnen einer Frist von zwei Wochen nach der Mittheilung des Ergebnisses die Beschwerde an das Reichs-Versicherungsamt zu.

## Zuschläge und Nachlässe.

**§ 39.** Die Genossenschaftsversammlung kann auf Antrag des Vorstandes einzelnen Unternehmern nach Maßgabe der auf ihren Fahrzeugen vorgekommenen Unfälle für die nächste Periode (§ 36) oder einen Theil derselben Zuschläge auferlegen oder Nachlässe bewilligen. Gegen die Auferlegung von Zuschlägen steht dem Unternehmer binnen zwei Wochen nach der Zustellung des dieselben festsetzenden Beschlusses die Beschwerde an das Reichs-Versicherungsamt zu.

## Besondere Belastung einzelner Reisen.

**§ 40.** Durch das Statut kann bestimmt werden, daß bei besonders gefährlicher Ladung, oder bei Reisen in besonders gefährlichen Gewässern oder Jahreszeiten für die Dauer dieser Reisen höhere Beiträge zu zahlen sind. Wenn das Statut eine solche Bestimmung enthält, so hat die Genossenschaftsversammlung über die Grundsätze, nach welchen die Beitragserhöhungen erfolgen sollen, sowie über die Anmeldung und Feststellung derjenigen Thatsachen, welche für die Auferlegung der Beitragserhöhung von Erheblichkeit sind, Vorschriften zu erlassen.

Durch Beschluß der Genossenschaftsversammlung kann der Erlaß dieser Vorschriften einem Ausschusse oder dem Vorstande übertragen werden.

Die Vorschriften bedürfen der Genehmigung des Reichs-Versicherungsamts und sind von Zeit zu Zeit zu revidiren. Auf die Revision finden die Bestimmungen des § 36 entsprechende Anwendung.

**§ 41.** Die Erhöhung der Beiträge für einzelne Reisen erfolgt nach näherer Bestimmung des Statuts durch die Organe der Genossenschaft nach Verhältniß der in jedem Rechnungsjahre zurückgelegten Reisen. Die Mitglieder der Genossenschaft, Korrespondentrheder und Bevollmächtigten, sowie die Schiffsführer sind nach Maßgabe des § 37 Absatz 4 verpflichtet, den Organen der Genossenschaft die für die Erhöhung der Beiträge erforderliche Auskunft zu ertheilen.

Die Auferlegung höherer Beiträge für einzelne Reisen kann im Wege des Widerspruchs gegen die Festsetzung der Beiträge angefochten werden (§ 83); die vorläufige Zahlung wird aber dadurch nicht aufgehalten.

## Auflösung der Berufsgenossenschaft.

**§ 42.** Wenn die Berufsgenossenschaft zur Erfüllung der ihr durch dieses Gesetz auferlegten Verpflichtungen leistungsunfähig wird, so ist sie auf Antrag des Reichs-Versicherungsamts von dem Bundesrath aufzulösen. Mit der Auflösung der Genossenschaft gehen deren bisher erwachsene Rechtsansprüche und Verpflichtungen auf das Reich über; die Abwickelung der Geschäfte erfolgt durch die Organe der aufgelösten Genossenschaft unter Kontrole des Reichs-Versicherungsamts.

## III. Mitgliedschaft des einzelnen Betriebes. Veränderungen.

### Mitgliedschaft.

**§ 43.** Mitglied der Genossenschaft ist vorbehaltlich der Bestimmungen des § 102 jeder Unternehmer eines unter § 1 fallenden Betriebes. Die Mitgliedschaft beginnt für die Eigenthümer derjenigen Fahrzeuge, mit welchen zur Zeit der Genehmigung des Genossenschaftsstatuts die Seeschiffahrt betrieben wird, sowie für die Unternehmer der übrigen unter § 1 fallenden Betriebe, welche zur Zeit der Genehmigung des Genossenschaftsstatuts bestehen, mit diesem Zeitpunkte, im Übrigen mit der Eröffnung des Betriebes.

Von Vermessungen und Eintragungen neuer Fahrzeuge haben die Schiffsregister- und Schiffsvermessungsbehörden dem Genossenschaftsvorstande, von der Eröffnung anderer unter § 1 fallender Betriebe haben deren Unternehmer den unteren Verwaltungsbehörden und diese dem Genossenschaftsvorstande Mittheilung zu machen.

Stimmberechtigt sind alle Mitglieder der Genossenschaft beziehungsweise deren gesetzliche Vertreter, sofern sie sich im Besitze der bürgerlichen Ehrenrechte befinden. Über den Umfang und die Ausübung des Stimmrechts hat das Statut Bestimmungen zu treffen; jedoch ist bei Bemessung der Stimmen der Rheder die durch Abschätzung (§ 34) festgestellte Personenzahl zu Grunde zu legen.

### Kataster.

**§ 44.** Der Genossenschaftsvorstand hat auf Grund des Verzeichnisses deutscher Kauffahrteischiffe in der neuesten Ausgabe des Handbuchs für die deutsche Handelsmarine, auf Grund der von dem Reichs-Versicherungsamt ihm mitzutheilenden weiteren Verzeichnisse (§§ 21 und 22) und auf Grund der nach § 43 ihm zugehenden Mittheilungen über die Eröffnung neuer Betriebe ein Genossenschaftskataster zu führen.

Die Aufnahme der einzelnen Genossen in das Kataster erfolgt nach vorgängiger Prüfung ihrer Zugehörigkeit zur Genossenschaft.

Den in das Kataster aufgenommenen Genossen werden vom Genossenschaftsvorstande durch Vermittelung der unteren Verwaltungsbehörde Mitgliedscheine zugestellt. Ist die Genossenschaft in Sektionen eingetheilt, so muß der Mitgliedschein die Sektion, welcher der Betrieb angehört, bezeichnen. Wird die Aufnahme in das Kataster verweigert, so ist hierüber ein mit Gründen versehener Bescheid durch Vermittelung der unteren Verwaltungsbehörde dem Betriebsunternehmer zuzustellen.

Gegen die Aufnahme in das Kataster, sowie gegen die Ablehnung derselben steht dem Unternehmer binnen einer Frist von zwei Wochen nach erfolgter Zustellung des Mitgliedscheins beziehungsweise des ablehnenden Bescheides die Beschwerde an das Reichs-Versicherungsamt zu. Dieselbe ist bei der unteren Verwaltungsbehörde einzulegen.

Wird gegen einen ablehnenden Bescheid innerhalb der angegebenen Frist Beschwerde nicht erhoben, so hat die untere Verwaltungsbehörde die Entscheidung des Reichs-Versicherungsamts einzuholen.

Den Sektionsvorständen sind Auszüge aus dem Kataster, soweit dasselbe die zu ihren Sektionen gehörenden Genossen betrifft, mitzutheilen.

### Veränderungen.

**§ 45.** Die Schiffsregisterbehörden sind verpflichtet, alle Veränderungen und Löschungen im Schiffsregister dem Genossenschaftsvorstande mitzutheilen.

Bezüglich solcher unter § 1 fallender Fahrzeuge, welche im Schiffsregister nicht eingetragen sind, haben die Rheder, Korrespondentrheder und Bevollmächtigten (§ 17) binnen einer durch das Statut festzusetzenden Frist den Verlust des Fahrzeuges (§ 81 Absatz 2), Änderungen in der Person und der Nationalität der Rheder oder Mitrheder, ferner Veränderungen des Heimathshafens, des Namens, der Gattung und der Größe des Fahrzeuges dem Genossenschaftsvorstande anzuzeigen. Ist diese Anzeige oder die nach § 12 des Gesetzes vom 25. Oktober 1867 (Bundes-Gesetzbl. S. 35) vorgeschriebene Anzeige an die Registerbehörde nicht erfolgt, so haftet für die auf die Genossenschaftsmitglieder umzulegenden Beiträge der in das Kataster eingetragene Rheder oder Mitrheder, und zwar bis zu demjenigen Rechnungsjahre einschließlich, in welchem die Anzeige erfolgt. Der neue Rheder wird hierdurch von der auch ihm gesetzlich obliegenden Verhaftung für die Beiträge nicht entbunden.

Binnen der gleichen Frist und zur Vermeidung derselben Rechtsnachtheile haben die Unternehmer der übrigen unter § 1 fallenden Betriebe einen Wechsel in der Person desjenigen, für dessen Rechnung der Betrieb erfolgt, sowie Änderungen des Betriebes, welche für die Zugehörigkeit zur Genossenschaft von Bedeutung sind, dem Genossenschaftsvorstande anzuzeigen.

**§ 46.** Erachtet der Vorstand der Genossenschaft in Folge dieser Mittheilung oder Anzeige (§ 45), oder ohne den Empfang einer solchen von Amtswegen die Zugehörigkeit des Betriebes zur Genossenschaft für erloschen oder die Überweisung des Betriebes an eine andere Genossenschaft für geboten, so theilt er dies unter Angabe der Gründe dem Betriebsunternehmer durch Vermittelung der unteren Verwaltungsbehörde, sowie dem Vorstande der betheiligten anderen Genossenschaft mit. Sowohl der letztere als auch der Betriebsunternehmer können innerhalb vier Wochen gegen die Löschung beziehungsweise die Überweisung bei dem Genossenschaftsvorstande (§ 28) Widerspruch erheben.

Wird innerhalb dieser Frist kein Widerspruch erhoben, so erfolgt die Löschung beziehungsweise Überweisung an die andere Berufsgenossenschaft.

Wird gegen die Löschung oder Überweisung Widerspruch erhoben, oder beansprucht der Vorstand einer anderen Genossenschaft unter dem Widerspruch des Unternehmers oder des Vorstandes der Genossenschaft, welcher der Betrieb bisher angehörte, die Überweisung des letzteren, so hat der Vorstand der Genossenschaft (§ 28) die Entscheidung des Reichs-Versicherungsamts zu beantragen.

Dasselbe entscheidet nach Anhörung des betheiligten Betriebsunternehmers sowie der Vorstände der betheiligten Genossenschaften.

Wird dem Antrage auf Überweisung stattgegeben, so tritt die Änderung in der Zugehörigkeit zur Genossenschaft von dem Tage ab in Wirksamkeit, an welchem der Antrag dem betheiligten Genossenschaftsvorstande zugestellt ist.

**§ 47.** Änderungen, welche für die Abschätzung des Betriebes (§ 34) von Bedeutung sind, sind nach näherer Bestimmung des Statuts anzumelden (§ 24 Ziffer 6).

Über die Anmeldung von Änderungen, welche für die Veranlagung des Betriebes zu den Gefahrenklassen (§ 35) von Erheblichkeit sind, hat die Genossenschaftsversammlung Bestimmung zu treffen, sofern ein Gefahrentarif aufgestellt wird. Durch Beschluß der Genossenschaftsversammlung kann der Erlaß dieser Bestimmungen dem Vorstande oder dem Ausschusse übertragen werden, welchem die Aufstellung und Änderung des Gefahrentarifs obliegt.

Gegen den auf die Anmeldung der Änderung zu ertheilenden Bescheid des zuständigen Genossenschaftsorgans steht dem betheiligten Mitgliede der Genossenschaft binnen einer Frist von zwei Wochen die Beschwerde an das Reichs-Versicherungsamt zu.

## IV. Vertretung der Versicherten.

**§ 48.**[1] Zur Theilnahme an den Verhandlungen der Schiedsgerichte, zur Begutachtung der zur Verhütung von Unfällen zu erlassenden Vorschriften und zur Wahl von zwei nichtständigen Mitgliedern des Reichs-Versicherungsamts werden Vertreter der Versicherten gewählt.

## V. Schiedsgerichte.

**§ 49.** Für den Bezirk der Berufsgenossenschaft oder, sofern dieselbe in Sektionen eingetheilt ist, jeder Sektion wird ein Schiedsgericht errichtet.

Der Bundesrath kann anordnen, daß statt eines Schiedsgerichts deren mehrere nach Bezirken gebildet werden.

Der Sitz des Schiedsgerichts wird von der Zentralbehörde des Bundesstaates, zu welchem der Bezirk des Schiedsgerichts gehört, oder sofern der Bezirk über die Grenzen eines Bundesstaates hinausgeht, im Einvernehmen mit den betheiligten Zentralbehörden von dem Reichs-Versicherungsamt bestimmt.[2]

**§ 50.** Das Schiedsgericht besteht aus einem ständigen Vorsitzenden und aus vier Beisitzern.

Der Vorsitzende wird aus der Zahl der öffentlichen Beamten, mit Ausschluß der Beamten derjenigen Betriebe, welche unter dieses Gesetz fallen, von der Zentralbehörde des Bundesstaates, in welchem der Sitz des Schiedsgerichts belegen ist, ernannt. Für den Vorsitzenden ist in gleicher Weise ein Stellvertreter zu ernennen, welcher ihn in Behinderungsfällen vertritt.

Zwei Beisitzer und je zwei Stellvertreter derselben werden von der Genossenschaft oder, sofern die Genossenschaft in Sektionen eingetheilt ist, von der betheiligten Sektion aus der Zahl der stimmberechtigten Genossenschaftsmitglieder, der Korrespondentrheder oder der Bevollmächtigten (§ 17) gewählt. Sie dürfen weder den Vorständen der Genossenschaft, noch den Vertrauensmännern angehören.

Die beiden anderen Beisitzer und für jeden derselben drei Stellvertreter werden aus der Zahl der im Bezirke des Schiedsgerichts wohnenden Versicherten oder befahrenen Schiffahrtskundigen gewählt. Sie dürfen nicht Rheder, Mitrheder, Korrespondentrheder oder Bevollmächtigte sein.

Wählbar sind im Übrigen nur männliche, großjährige Personen, welche sich im Besitze der bürgerlichen Ehrenrechte befinden und nicht

---

[1] Vgl. Regulativ vom 4. Januar 1888 (AN S. 41).
[2] Vgl. Bekanntm. vom 8. Dezember 1887 (AN 1888 S. 7).

durch richterliche Anordnung in der Verfügung über ihr Vermögen beschränkt sind.

**§ 51.** Die Wahl der aus den Versicherten oder befahrenen Schiffahrtskundigen zu berufenden Beisitzer und ihrer Stellvertreter (§ 50 Absatz 4) erfolgt durch die Vorstände der Orts- oder Betriebskrankenkassen, der obrigkeitlich genehmigten Seemannskassen und anderer zur Wahrung von Interessen der Seeleute bestimmten obrigkeitlich genehmigten Vereinigungen von Seeleuten, welche im Bezirke der Sektion beziehungsweise der Genossenschaft ihren Sitz haben, und welchen mindestens zehn in dem Bezirke des Schiedsgerichts wohnende Versicherte als Mitglieder angehören. Die Zentralbehörde des Bundesstaates, zu welchem der Bezirk des Schiedsgerichts gehört, oder, sofern der Bezirk über die Grenzen eines Bundesstaates hinausgeht, das Reichs-Versicherungsamt bestimmt diejenigen Kassen und Vereinigungen, deren Vorstände hiernach wahlberechtigt sind, sowie die Zahl der bei der Wahl auf die einzelnen Kassen und Vereinigungen entfallenden Stimmen, und leitet die Wahl nach näherer Bestimmung eines von derselben Behörde zu erlassenden Regulativs durch einen Beauftragten.

**§ 52.** Die Wahl erfolgt auf vier Jahre. Alle zwei Jahre scheidet die Hälfte der Beisitzer und Stellvertreter aus.

Die erstmalig Ausscheidenden werden durch das Loos bestimmt, demnächst entscheidet das Dienstalter. Scheidet ein Beisitzer während des Zeitraums, für welchen er gewählt ist, aus, so treten für den Rest desselben die Stellvertreter in der Reihenfolge ihrer Wahl für ihn ein. Ausscheidende können wieder gewählt werden.

Die Ablehnung der Berufung ist nur aus denselben Gründen zulässig, aus denen das Amt eines Vormundes abgelehnt werden kann. Eine Wiederwahl kann abgelehnt werden.

Die höhere Verwaltungsbehörde, zu deren Bezirk der Sitz des Schiedsgerichts gehört, ist berechtigt, die Übernahme und die Wahrnehmung der Obliegenheiten des Amts eines Beisitzers oder Stellvertreters durch Geldstrafen bis zu fünfhundert Mark gegen die ohne gesetzlichen Grund sich Weigernden zu erzwingen. Die Geldstrafen fließen zur Genossenschaftskasse.

Verweigern die Gewählten gleichwohl ihre Dienstleistung, oder kommt die Wahl nicht zu Stande, oder sind für den Bezirk eines Schiedsgerichts wahlberechtigte Kassen oder Vereinigungen von Seeleuten nicht vorhanden, so hat, solange und soweit dies der Fall ist, die untere Verwaltungsbehörde, in deren Bezirk der Sitz des Schiedsgerichts belegen ist, die Beisitzer aus der Zahl der wählbaren Personen zu ernennen.

**§ 53.** Der Name und Wohnort des Vorsitzenden, sowie der

Mitglieder des Schiedsgerichts und der Stellvertreter ist von der Landes-Zentralbehörde (§ 50 Absatz 2) in dem zu deren amtlichen Veröffentlichungen bestimmten Blatte öffentlich bekannt zu machen.

**§ 54.** Dem Vorsitzenden und dessen Stellvertreter darf eine Vergütung von der Genossenschaft nicht gewährt werden.

Die von der Genossenschaft berufenen Beisitzer des Schiedsgerichts verwalten ihr Amt als unentgeltliches Ehrenamt, sofern nicht durch das Statut eine Entschädigung für den durch Wahrnehmung der Obliegenheiten als Beisitzer des Schiedsgerichts ihnen erwachsenden Zeitverlust bestimmt wird. Baare Auslagen werden ihnen von der Genossenschaft ersetzt, und zwar, soweit sie in Reisekosten bestehen, nach festen, von der Genossenschaftsversammlung zu bestimmenden Sätzen.

Die aus den Versicherten oder befahrenen Schiffahrtskundigen berufenen Beisitzer erhalten nach den durch das Genossenschaftsstatut zu bestimmenden Sätzen Tagegelder, und sofern sie von ihrem Wohnorte bis zum Verhandlungsorte mehr als zwei Kilometer zurückzulegen haben, auch Reisekosten.

Die Festsetzung des Ersatzes, sowie die Tagegelder und Reisekosten erfolgt durch den Vorsitzenden.

**§ 55.** Der Vorsitzende, die Beisitzer und die Stellvertreter sind mit Beziehung auf ihr Amt zu beeidigen.

## Verfahren vor dem Schiedsgericht.

**§ 56.** Der Vorsitzende beruft das Schiedsgericht und leitet die Verhandlungen desselben. Das Schiedsgericht ist befugt, das Fahrzeug oder denjenigen Theil des Betriebes, in welchem der Unfall vorgekommen ist, in Augenschein zu nehmen, sowie Zeugen und Sachverständige — auch eidlich — zu vernehmen.

Das Schiedsgericht ist nur beschlußfähig, wenn außer dem Vorsitzenden eine gleiche Anzahl von Mitgliedern der Genossenschaft einerseits und Vertretern der Versicherten andererseits, und zwar mindestens je einer, als Beisitzer mitwirken.

Die Entscheidungen des Schiedsgerichts erfolgen nach Stimmenmehrheit.

Im Übrigen wird das Verfahren vor dem Schiedsgericht durch Kaiserliche Verordnung mit Zustimmung des Bundesraths geregelt.

Die Kosten des Schiedsgerichts, sowie die Kosten des Verfahrens vor demselben trägt die Genossenschaft.

## VI. Feststellung und Auszahlung der Entschädigung.

### Anzeige und Untersuchung der Unfälle.

**§ 57.** Jeder Unfall, durch welchen eine auf dem Fahrzeuge beschäftigte Person auf der Reise getödtet wird oder eine Körperverletzung erleidet, die eine Arbeitsunfähigkeit von mehr als drei Tagen oder den Tod zur Folge hat, ist in das Schiffsjournal (Tagebuch, Loggbuch) einzutragen und in dem letzteren oder einem besonderen Anhange zu demselben kurz zu beschreiben.

Ist ein Journal nicht zu führen, so hat der Schiffsführer eine besondere Nachweisung über die an Bord sich ereignenden Unfälle, welche die im Absatz 1 bezeichneten Folgen haben, zu führen.

Von jeder Eintragung eines Unfalls, welchen eine auf dem Fahrzeuge beschäftigte Person auf der Reise erleidet, hat der Schiffsführer dem Seemannsamt, bei welchem es zuerst geschehen kann, eine von ihm beglaubigte Abschrift zu übergeben. Statt dessen kann das Journal oder die Nachweisung dem Seemannsamt zur Entnahme einer Abschrift der Eintragung vorgelegt werden. Das Seemannsamt hat das Journal oder die Nachweisung binnen vierundzwanzig Stunden zurückzugeben.[1]

Ereignete sich der Unfall im Inlande vor Antritt oder nach Beendigung der Reise, so hat der Schiffsführer binnen zwei Tagen nach dem Tage, an welchem er von dem Unfalle Kenntniß erlangt hat, dem Seemannsamt oder, falls ein solches am Orte des Unfalls nicht vorhanden ist, der Ortspolizeibehörde von dem Unfalle Anzeige zu machen.

Das Seemannsamt beziehungsweise die Ortspolizeibehörde hat diese Abschriften und Anzeigen dem Seemannsamt des Heimathshafens zu übersenden.

**§ 58.**[2] Die Unternehmer der übrigen unter § 1 fallenden Betriebe haben binnen der im § 57 Absatz 4 bezeichneten Frist von den in ihren Betrieben sich ereignenden Unfällen, welche die im § 57 Absatz 1 bezeichneten Folgen haben, bei der Ortspolizeibehörde, in deren Bezirk sich der Unfall ereignet hat, Anzeige zu machen. Für den Betriebsunternehmer kann derjenige, welcher zur Zeit des Unfalls den Betrieb oder den Betriebstheil, in welchem sich der Unfall ereignete, zu leiten hatte, die Anzeige erstatten; im Falle der Abwesenheit oder Behinderung des Betriebsunternehmers ist er dazu verpflichtet.

Die Vorstände der unter Reichs- oder Staatsverwaltung stehen-

[1] Vgl. Berichtigung RGBl 1888 S. 182.
[2] Bekanntm. vom 16. Juni 1888 (AN S. 242).

den Betriebe haben die Anzeige der vorgesetzten Dienstbehörde nach näherer Anweisung derselben zu erstatten.

**§ 59.** Das Formular für die Beschreibung der Unfälle (§ 57 Absatz 1), für die Nachweisung der Unfälle (§ 57 Absatz 2) und für die Unfallanzeige (§ 57 Absatz 4, § 58 Absatz 1 und 2) wird vom Reichs-Versicherungsamt festgestellt.[1]

**§ 60.** Über die Unfälle (§§ 57 und 58) werden Unfallverzeichnisse geführt. Die Führung derselben erfolgt für die unter Reichs- oder Staatsverwaltung stehenden Betriebe durch die von der vorgesetzten Dienstbehörde zu bestimmende Behörde nach näherer Anweisung der ersteren, im Übrigen für Schiffahrtsbetriebe durch das Seemannsamt des Heimathshafens, für andere unter § 1 fallende Betriebe durch die Ortspolizeibehörde, in deren Bezirk sich der Unfall ereignet hat, nach näherer Anweisung der Landes-Zentralbehörde.

**§ 61.** Jeder Unfall, durch welchen eine versicherte Person getödtet ist oder eine Körperverletzung erlitten hat, die voraussichtlich den Tod oder eine Erwerbsunfähigkeit von einer über die gesetzliche Fürsorgepflicht des Rheders oder Arbeitgebers oder einer Krankenkasse hinausgehenden Dauer zur Folge haben wird, ist sobald als möglich von einem Seemannsamt oder von einer Ortspolizeibehörde des Inlandes nach näherer Bestimmung der §§ 62 bis 66 einer Untersuchung zu unterziehen, durch welche soweit als möglich festzustellen sind:

1. die Veranlassung und die Art des Unfalls;
2. die getödteten oder verletzten Personen;
3. die Art der vorgekommenen Verletzungen;
4. der Verbleib der verletzten Personen;
5. die Hinterbliebenen der durch den Unfall getödteten oder nach dem Unfalle verschollenen Personen, welche nach § 13 einen Entschädigungsanspruch erheben können.

**§ 62.** Ist die Untersuchung im Auslande zu führen, so hat der Schiffsführer vor demjenigen deutschen Seemannsamt (Konsulat), vor welchem es zuerst geschehen kann, unter Zuziehung von zwei Schiffsoffizieren oder anderen glaubhaften Personen über die nach § 61 festzustellenden Thatsachen eine eidesstattliche Erklärung abzugeben. Das Seemannsamt ist befugt, zur Feststellung des Sachverhalts auch andere als die von dem Schiffsführer zugezogenen Personen eidesstattlich zu vernehmen, sowie sonstige Untersuchungsverhandlungen herbeizuführen.

Ist die Untersuchung im Inlande zu führen, so ist dieselbe von dem Schiffsführer bei einem Seemannsamt oder, wo ein solches nicht

---

[1] Bekanntm. vom 23. Dezember 1887 (AN 1888 S. 8).

vorhanden ist, bei einer Ortspolizeibehörde des Inlandes zu beantragen. Die angerufene Behörde hat die Untersuchung zu führen.

Bei Unfällen in anderen unter § 1 fallenden Betrieben, welche nicht Seeschiffahrtsbetriebe sind, erfolgt die Untersuchung durch diejenige Ortspolizeibehörde, an welche die Unfallanzeige (§ 58 Absatz 1) erstattet war.

Auf Antrag Betheiligter (§ 63) kann die höhere Verwaltungsbehörde die Untersuchung einem anderen Seemannsamt oder einer anderen Ortspolizeibehörde übertragen.

Bei den unter Reichs- oder Staatsverwaltung stehenden Betrieben hat die vorgesetzte Dienstbehörde die Untersuchung zu führen oder einer anderen Behörde zu übertragen.

Auf die Verpflichtung der Schiffsmannschaft zur Mitwirkung bei diesen Erklärungen und Verhandlungen finden die Bestimmungen des § 33 der Seemannsordnung entsprechende Anwendung.

**§ 63.** Zu den Untersuchungsverhandlungen (§ 62) sind, soweit dies ausführbar, der Verletzte beziehungsweise dessen Hinterbliebene oder ein von ihnen zu bestellender Vertreter, ein Vertreter der Genossenschaft und sonstige Betheiligte zu laden und auf Antrag des Betriebsunternehmers, des Schiffsführers oder des Vertreters der Genossenschaft Sachverständige zuzuziehen. Ist die Genossenschaft in Sektionen getheilt, oder sind von der Genossenschaft Vertrauensmänner bestellt, so kann die Mittheilung von der Einleitung der Untersuchung an den Sektionsvorstand beziehungsweise an den Vertrauensmann gerichtet werden. Die Kosten für die Zuziehung von Sachverständigen fallen der Genossenschaft zur Last.

**§ 64.** Durch eine Verklarung (Artikel 490 ff. des Handelsgesetzbuchs) wird die eidesstattliche Erklärung, sowie die Unfalluntersuchung ersetzt, wenn bei der Verklarung den Bestimmungen der §§ 61 und 63 genügt ist.

**§ 65.** Beglaubigte Abschrift der Unfalluntersuchungsverhandlung (§ 62) beziehungsweise Verklarung (§ 64) ist von der Behörde sobald als möglich dem Vorstande der Berufsgenossenschaft zu übersenden. Der Vorstand hat den Betheiligten auf ihren Antrag die Einsicht der Verhandlungen zu gestatten und gegen Erstattung der Schreibgebühren Abschrift zu ertheilen.

**§ 66.** Die Bestimmungen des Gesetzes, betreffend die Untersuchung von Seeunfällen, vom 27. Juli 1877 (Reichs-Gesetzbl. S. 549) über die Verpflichtung der Gerichte, Hafenbehörden, Strandbehörden, Seemannsämter und Schiffsregisterbehörden, von den zu ihrer Kenntniß gelangenden Seeunfällen ungesäumt Anzeige zu machen (§ 14 a. a. O.) und über die Verpflichtung der deutschen

Seemannsämter im Auslande, bei den zur ihrer Kenntniß gelangenden Seeunfällen diejenigen Ermittelungen und Beweiserhebungen vorzunehmen, welche keinen Aufschub dulden (§ 15 a. a. O.), werden auf alle Unfälle erstreckt, welche die im § 61 erwähnten Folgen haben.

Die Anzeigen (§ 14 des Gesetzes vom 27. Juli 1877) sind bei Unfällen der letzteren Art, unbeschadet der bei Seeunfällen bestehenden Verpflichtung, einem zuständigen Seeamt Anzeige zu machen, an den Genossenschaftsvorstand zu richten.

Wenn nach Ablauf von sechs Monaten seit der Kenntniß von dem Unfalle eine Benachrichtigung über die Einleitung einer Unfalluntersuchung nicht eingetroffen ist, so sind die Untersuchungsverhandlungen von dem Seemannsamt des Heimathshafens einzuleiten.

### Feststellung der Entschädigungen.

**§ 67.** Die Feststellung der Entschädigungen für die durch Unfall verletzten Versicherten und für die Hinterbliebenen der aus Anlaß des Unfalls ums Leben gekommenen Versicherten erfolgt sobald als möglich von Amtswegen, und zwar:

1. sofern die Genossenschaft in Sektionen eingetheilt ist, durch den Vorstand der Sektion, wenn es sich handelt
   a) um den Ersatz der Kosten des Heilverfahrens,
   b) um die für die Dauer einer voraussichtlich vorübergehenden Erwerbsunfähigkeit zu gewährende Rente,
   c) um den Ersatz der Beerdigungskosten;
2. in allen übrigen Fällen durch den Vorstand der Genossenschaft.

Zuständig ist die Sektion, in deren Bezirk der Heimathshafen desjenigen Fahrzeuges belegen ist, oder derjenige Betrieb seinen Sitz hat, bei welchem der Unfall sich ereignet hat. Das Genossenschaftsstatut kann bestimmen, daß die Feststellung der Entschädigungen in den Fällen der Ziffer 1 und 2 durch einen Ausschuß des Sektionsvorstandes oder durch eine besondere Kommission oder durch örtliche Beauftragte (Vertrauensmänner) und in Fällen der Ziffer 2 auch durch den Sektionsvorstand oder durch einen Ausschuß des Genossenschaftsvorstandes zu bewirken ist.

Vor der Feststellung der Entschädigung ist dem Entschädigungsberechtigten, sofern derselbe im Inlande anwesend ist, durch Mittheilung der Unterlagen, auf Grund deren dieselbe zu bemessen ist, Gelegenheit zu geben, sich binnen einer Frist von einer Woche zu äußern.

Für diejenigen Verletzten, für welche beim Eintritt der genossenschaftlichen Fürsorge noch eine weitere ärztliche Behandlung behufs Heilung der erlittenen Verletzungen nothwendig ist (§ 9 Absatz 1

Ziffer 1), hat sich die Feststellung zunächst mindestens auf die bis zur Beendigung des Heilverfahrens zu leistenden Entschädigungen zu erstrecken. Die Feststellung der weiteren Entschädigung hat, sofern sie nicht früher möglich war, sofort nach Beendigung des Heilverfahrens zu erfolgen.

In diesem Falle ist noch vor Beendigung des Heilverfahrens, in allen sonstigen Fällen aber, in welchen die endgültige Feststellung der Entschädigung nicht alsbald erfolgen kann, sobald als möglich eine vorläufige Entschädigung zuzubilligen.

**§ 68.** Entschädigungsberechtigte, für welche die Entschädigung nicht von Amtswegen festgestellt ist, haben ihren Entschädigungsanspruch bei Vermeidung des Ausschlusses vor Ablauf von zwei Jahren nach dem Eintritt des Unfalls, oder falls der Anspruch von Hinterbliebenen solcher Versicherten erhoben wird, welche auf einem für verschollen zu erachtenden Schiffe gefahren sind, vor Ablauf von zwei Jahren nach Ablauf der Verschollenheitsfristen (Artikel 866, 867 des Handelsgesetzbuchs) bei dem Genossenschaftsvorstande anzumelden.

Nach Ablauf dieser Frist ist der Anmeldung nur dann Folge zu geben, wenn zugleich glaubhaft bescheinigt wird, daß die Folgen des Unfalls erst später bemerkbar geworden sind, oder daß der Entschädigungsberechtigte von der Verfolgung seines Anspruchs durch außerhalb seines Willens liegende Verhältnisse abgehalten worden ist.

Wird der angemeldete Entschädigungsanspruch anerkannt, so ist die Höhe der Entschädigung sofort festzustellen; anderenfalls ist der Entschädigungsanspruch durch schriftlichen Bescheid abzulehnen.

Ereignete sich der Unfall, in Folge dessen der Entschädigungsanspruch erhoben wird, bei einem Betriebe, für welchen ein Mitgliedschein von der Genossenschaft nicht ertheilt war, so hat die Anmeldung des Entschädigungsanspruchs bei der unteren Verwaltungsbehörde im Inlande zu erfolgen, in deren Bezirk der Anmeldende wohnt, oder, wenn hiernach die Zuständigkeit nicht bestimmt werden kann, bei der unteren Verwaltungsbehörde, in deren Bezirk der Heimathshafen des betreffenden Fahrzeuges belegen ist. Die Behörde hat den Entschädigungsanspruch mittelst Bescheides zurückzuweisen, wenn sie den Betrieb, bei welchem der Unfall sich ereignet hat, für nicht unter den § 1 fallend erachtet; anderenfalls hat sie den angemeldeten Entschädigungsanspruch dem zuständigen Vorstande zur weiteren Veranlassung zu überweisen, auch dem Entschädigungsberechtigten hiervon schriftlich Nachricht zu geben.

**§ 69.** Über die Feststellung der Entschädigung hat der Vorstand Ausschuß, Kommission, Vertrauensmann), welcher dieselbe vorgenommen hat, dem Entschädigungsberechtigten einen schriftlichen Bescheid zu ertheilen, aus welchem die Höhe der Entschädigung und die Art ihrer Berechnung zu ersehen ist. Bei Entschädigungen für erwerbsunfähig gewordene Verletzte ist namentlich anzugeben, in welchem Maaße die Erwerbsunfähigkeit angenommen worden ist.

### Berufung gegen die Entscheidung der Behörden und Genossenschaftsorgane.

**§ 70.** Gegen den Bescheid der unteren Verwaltungsbehörde, durch welchen der Entschädigungsanspruch aus dem Grunde abgelehnt wird, weil der Betrieb, in welchem der Unfall sich ereignet hat, für nicht unter den § 1 fallend erachtet wird (§ 68 Absatz 4), steht dem Verletzten und seinen Hinterbliebenen die Beschwerde an das Reichs-Versicherungsamt zu. Dieselbe ist bei der unteren Verwaltungsbehörde einzulegen.

Gegen den Bescheid, durch welchen der Entschädigungsanspruch aus einem anderen als dem vorbezeichneten Grunde abgelehnt wird (§ 68 Absatz 3), sowie gegen den Bescheid, durch welchen die Entschädigung festgestellt wird (§ 69), findet die Berufung auf schiedsrichterliche Entscheidung statt. Die Berufung ist bei dem Vorsitzenden des Schiedsgerichts (§ 49) zu erheben, in dessen Bezirk der Heimathshafen desjenigen Fahrzeuges belegen ist, oder derjenige Betrieb seinen Sitz hat, in welchem der Unfall sich ereignet hat. Die Berufung hat keine aufschiebende Wirkung.

Die Beschwerde und die Berufung ist bei Vermeidung des Ausschlusses binnen vier Wochen, von solchen Personen aber, welche sich außerhalb Europas aufhalten, binnen einer von der unteren Verwaltungsbehörde beziehungsweise von demjenigen Genossenschaftsorgane, welches den angefochtenen Bescheid erlassen hat, zu bestimmenden, auf mindestens sechs Wochen zu bemessenden Frist nach der Zustellung des angefochtenen Bescheides einzulegen.

Der Bescheid muß die Bezeichnung der für die Berufung zuständigen Stelle beziehungsweise des Vorsitzenden des Schiedsgerichts, sowie die Belehrung über die einzuhaltenden Fristen enthalten.

Haben die Hinterbliebenen des Getödteten ihren Wohnsitz in verschiedenen Schiedsgerichtsbezirken, so ist auf ihren Antrag die Verhandlung der Sache an dasjenige Schiedsgericht abzugeben, in dessen Bezirk die Mehrzahl der Hinterbliebenen wohnt.

### Entscheidung des Schiedsgerichts. Rekurs an das Reichs-Versicherungsamt.

**§ 71.** Die Entscheidung des Schiedsgerichts ist dem Berufenden und demjenigen Genossenschaftsorgane, welches den angefochtenen

Bescheid erlassen hat, zuzustellen. Gegen die Entscheidung steht in den Fällen des § 67 Absatz 1 Ziffer 2 dem Verletzten oder dessen Hinterbliebenen, sowie dem Genossenschaftsvorstande der Rekurs an das Reichs-Versicherungsamt zu. Derselbe hat keine aufschiebende Wirkung. Er ist bei Vermeidung des Ausschlusses binnen vier Wochen, von denjenigen Personen aber, welche sich außerhalb Europas aufhalten, binnen zwölf Wochen nach der Zustellung der angefochtenen Entscheidung einzulegen.

Bildet in dem Falle des § 13 Absatz 1 Ziffer 2 die Anerkennung oder Nichtanerkennung des Rechtsverhältnisses zwischen dem Getödteten und dem die Entschädigung Beanspruchenden die Voraussetzung des Entschädigungsanspruchs, so kann das Schiedsgericht den Betheiligten aufgeben, zuvörderst die Feststellung des betreffenden Rechtsverhältnisses im ordentlichen Rechtswege herbeizuführen. In diesem Falle ist die Klage bei Vermeidung des Ausschlusses des Entschädigungsanspruchs binnen einer vom Schiedsgericht zu bestimmenden, mindestens auf vier Wochen zu bemessenden Frist nach der Zustellung des hierüber ertheilten Bescheides des Schiedsgerichts zu erheben.

Nach erfolgter rechtskräftiger Entscheidung des Gerichts hat das Schiedsgericht auf erneuten Antrag über den Entschädigungsanspruch zu entscheiden.

### Berechtigungsausweis.

**§ 72.** Nach erfolgter Feststellung der Entschädigung (§ 67) ist dem Berechtigten von Seiten des Genossenschaftsvorstandes eine Bescheinigung über die ihm zustehenden Bezüge unter Angabe der mit der Zahlung beauftragten Postanstalt (§ 77) und der Zahlungstermine auszufertigen.

Wird in Folge des schiedsgerichtlichen Verfahrens der Betrag der Entschädigung geändert, so ist dem Entschädigungsberechtigten ein anderweiter Berechtigungsausweis zu ertheilen.

### Veränderung der Verhältnisse.

**§ 73.** Tritt in den Verhältnissen, welche für die Feststellung der Entschädigung maßgebend gewesen sind, eine wesentliche Veränderung ein, so kann eine anderweitige Feststellung derselben auf Antrag oder von Amtswegen erfolgen.

Ist der Verletzte, für welchen eine Entschädigung auf Grund des § 9 festgestellt war, in Folge der Verletzung gestorben, so muß der Antrag auf Gewährung einer Entschädigung für die Hinterbliebenen, falls deren Feststellung nicht von Amtswegen erfolgt ist, bei Vermeidung des Ausschlusses vor Ablauf von zwei Jahren nach dem Tode des Verletzten bei dem zuständigen Vorstande angemeldet werden. Nach Ablauf dieser Frist ist der Anmeldung nur dann Folge zu geben, wenn zugleich glaubhaft bescheinigt wird, daß der Entschädigungsberechtigte von der Verfolgung seines Anspruchs durch außerhalb seines Willens liegende Verhältnisse abgehalten worden ist. Im Übrigen finden auf das Verfahren die Vorschriften der §§ 67 bis 72 entsprechende Anwendung.

Eine Erhöhung der im § 9 bestimmten Rente kann nur für die Zeit nach Anmeldung des höheren Anspruchs gefordert werden.

Eine Minderung oder Aufhebung der Rente tritt von dem Tage ab in Wirksamkeit, an welchem der dieselbe aussprechende Bescheid (§ 69) den Entschädigungsberechtigten zugestellt ist.

### Fälligkeitstermine.

**§ 74.** Die Kosten des Heilverfahrens (§ 9 Absatz 1 Ziffer 1) und die Kosten der Beerdigung (§ 13 Absatz 1 Ziffer 1) sind binnen acht Tagen nach ihrer Feststellung (§ 67) zu zahlen.

Die Entschädigungsrenten der Verletzten und der Hinterbliebenen der Getödteten sind in monatlichen Raten im Voraus zu zahlen. Dieselben werden auf volle fünf Pfennig für den Monat nach oben abgerundet.

### Ins Ausland verzogene und ausländische Entschädigungsberechtigte.

**§ 75.** Solange der Berechtigte nicht im Inlande wohnt, ist die Berufsgenossenschaft befugt, die Zahlung der Entschädigungsrenten einzustellen.

Ist der Berechtigte ein Ausländer, so kann ihn die Genossenschaft für seinen Entschädigungsanspruch mit dem dreifachen Betrage der Jahresrente abfinden.

### Unpfändbarkeit der Entschädigungsforderungen.

**§ 76.** Die den Entschädigungsberechtigten auf Grund dieses Gesetzes zustehenden Forderungen können mit rechtlicher Wirkung weder verpfändet, noch auf Dritte übertragen, noch für andere als die im § 749 Absatz 4 der Civilprozeßordnung bezeichneten Forderungen der Ehefrau und ehelichen Kinder und die des ersatzberechtigten Armenverbandes gepfändet werden.

### Auszahlung der Entschädigungen.

**§ 77.**[1] Die Auszahlung der auf Grund dieses Gesetzes zu leistenden Entschädigungen wird auf Anweisung des Genossenschaftsvor-

[1] Vgl. Bekanntm. vom 26. Jan. 1888 (AN S. 165). Vgl. auch AN 1889 S. 399.

standes vorschußweise durch deutsche Postverwaltungen, und zwar in der Regel durch diejenige Postanstalt bewirkt, in deren Bezirk der Heimathshafen des Schiffes, auf welchem der Unfall sich zugetragen hatte, belegen ist.

Der Entschädigungsberechtigte kann jedoch Überweisung der Auszahlung an die Postanstalt seines Wohnortes verlangen.

### Umlage- und Erhebungsverfahren.

**§ 78.** Binnen acht Wochen nach Ablauf jedes Rechnungsjahres haben die Zentral-Postbehörden dem Genossenschaftsvorstande Nachweisungen der auf seine Anweisung geleisteten Zahlungen zuzustellen und gleichzeitig die Postkassen zu bezeichnen, an welche die zu erstattenden Beträge einzuzahlen sind.

**§ 79.** Die von den Zentral-Postverwaltungen zur Erstattung liquidirten Beträge sind von dem Genossenschaftsvorstande gleichzeitig mit den Verwaltungskosten und den Rücklagen zum Reservefonds auf die Genossenschaftsmitglieder umzulegen und von denselben einzuziehen.

Zu diesem Zweck haben die der Genossenschaft angehörenden Unternehmer anderer als Seeschiffahrtsbetriebe binnen sechs Wochen nach Ablauf des Rechnungsjahres dem Genossenschaftsvorstande eine Nachweisung einzureichen, aus welcher sich ergiebt, an wieviel Tagen des verflossenen Rechnungsjahres und in welcher Anzahl sie Versicherte beschäftigt haben.

Für Genossenschaftsmitglieder, welche mit der rechtzeitigen Einsendung der Nachweisung im Rückstande sind, werden diese Grundlagen der Umlageberechnung durch den Genossenschaftsvorstand nach Anhörung des etwa bestellten Vertrauensmannes festgestellt.

Die Umlegung erfolgt, sofern ein Gefahrentarif aufgestellt ist, nach Maßgabe der Veranlagung, im Übrigen

a) für Seefahrzeuge — unter Berücksichtigung der nach §§ 39 und 40 etwa festgesetzten Zuschläge, Nachlässe oder Beitragserhöhungen — nach Maßgabe desjenigen Betrages, welcher sich für jedes Fahrzeug aus der Summe der nach § 6 berechneten Durchschnitts-Löhne und -Gehälter für die durch Abschätzung (§ 34) festgestellte Zahl der Besatzung ergiebt;

b) für andere nach Maßgabe dieses Gesetzes versicherte Betriebe nach der Zahl der Arbeitstage (Absatz 2), indem für je dreihundert Arbeitstage der nach § 7 festgesetzte durchschnittliche Jahresarbeitsverdienst zur Anrechnung gebracht wird.

Der zwölfhundert Mark für Person und Jahr übersteigende Betrag kommt nur mit einem Drittel (§ 9 Absatz 2), der zweitausend Mark übersteigende Betrag nur insoweit in Rechnung, als durch das Statut die Versicherung auf einen höheren Jahresarbeitsverdienst erstreckt ist (§ 5).

**§ 80.** Für Fahrzeuge, welche erweislich ununterbrochen länger als vierzehn Tage hindurch außer Betrieb gewesen sind, ist der Beitrag in demjenigen Verhältnisse zu kürzen, welches der diesen Zeitraum übersteigenden Dauer der Unthätigkeit entspricht. Die Kürzung erfolgt für dasjenige Rechnungsjahr, in welches die angegebene Zeit der Unthätigkeit gefallen ist. Vertheilt sich die ununterbrochene Dauer der Unthätigkeit auf zwei aufeinanderfolgende Rechnungsjahre, so wird die Kürzung insoweit, als sie wegen noch nicht vollendeten Zeitablaufs für das erste Rechnungsjahr noch nicht hat erfolgen können, für das zweite Rechnungsjahr vorgenommen.

Diese Kürzung tritt nicht ein, wenn der Rheder, Korrespondentrheder oder Bevollmächtigte es unterläßt, binnen sechs Wochen nach Ablauf des Rechnungsjahres die Dauer der Unthätigkeit des Fahrzeuges in glaubhaft bescheinigter Form dem Genossenschaftsvorstande nachzuweisen. Bei Fahrzeugen, welche beim Ende des Rechnungsjahres in den Heimathshafen nicht zurückgekehrt waren, kann der Nachweis noch während der ersten sechs Wochen nach der Rückkehr in den Heimathshafen erfolgen. In diesem Falle ist jedoch der Beitrag vorbehaltlich demnächstiger Rückerstattung einstweilen voll zu entrichten.

**§ 81.** Eine Kürzung des Beitrags erfolgt auch bei Fahrzeugen, welche im Laufe des Rechnungsjahres verloren oder verschollen (Artikel 866, 867 des Handelsgesetzbuchs) sind. Die Zeit, für welche diese Kürzung erfolgt, beginnt mit dem Tage des Verlustes, bei verschollenen Fahrzeugen mit dem Ablauf eines halben Monats von dem Tage ab, bis zu welchem die letzte Nachricht über das Fahrzeug reicht. Diese Kürzung des Beitrags ist von Amtswegen vorzunehmen, sobald die Thatsachen, durch welche die Kürzung bedingt wird, zur Kenntniß des Genossenschaftsvorstandes gelangen. Bereits bezahlte Beiträge sind nach Verhältniß des deren Kürzung begründenden Anspruchs zurückzuerstatten.

Als verloren gilt im Sinne dieses Gesetzes ein Fahrzeug auch dann, wenn dasselbe untergegangen, als reparaturunfähig oder reparaturunwürdig kondemnirt und in dem letzteren Falle unverzüglich öffentlich verkauft wird, wenn es geraubt, aufgebracht oder angehalten und für gute Prise erklärt worden ist.

**§ 82.** Auf Grund der vorstehenden Vertheilungsgrundsätze wird von dem Genossenschaftsvorstande der Beitrag berechnet, welcher auf jedes Mitglied der Genossenschaft zur Deckung des Jahresbedarfs entfällt.

Jedem Korrespondentrheder oder Bevollmächtigten (§ 17), und, soweit ein solcher nicht bestellt ist, jedem Mitgliede der Genossenschaft ist ein Auszug aus der zu diesem Zweck aufzustellenden Heberolle mit der Aufforderung zuzustellen, den festgesetzten Beitrag bei Vermeidung der zwangsweisen Beitreibung binnen zwei Wochen einzuzahlen. Der Auszug muß diejenigen Angaben enthalten, welche den Zahlungspflichtigen in den Stand setzen, die Richtigkeit der angestellten Beitragsberechnung zu prüfen.

**§ 83.** Die Korrespondentrheder oder Bevollmächtigten (§ 17) und, soweit solche nicht bestellt sind, die Mitglieder der Genossenschaft können gegen die Festsetzung der auf den betreffenden Betrieb entfallenen Beiträge binnen zwei Wochen nach Zustellung des Auszuges aus der Heberolle, unbeschadet der Verpflichtung zur vorläufigen Zahlung, Widerspruch bei dem Genossenschaftsvorstande erheben. Wird demselben entweder überhaupt nicht, oder nicht in dem beantragten Umfange Folge gegeben, so steht ihnen innerhalb zweier Wochen nach der Zustellung der Entscheidung des Genossenschaftsvorstandes die Beschwerde an das Reichs-Versicherungsamt zu. Mit derselben kann die nach § 37 erfolgte Veranlagung und Abschätzung nicht angefochten werden.

Die Beschwerde ist nur zulässig, wenn dieselbe sich auf Rechenfehler, auf den irrthümlichen Ansatz des abgeschätzten Bedarfs an Besatzung (§ 34), auf den irrthümlichen Ansatz einer anderen Klasse des Gefahrentarifs, als zu welcher der Betrieb veranlagt ist (§ 35), auf ungenügende Berücksichtigung der auf Grund des § 39 beschlossenen Nachlässe, auf unrichtige Feststellung der Beschäftigungsdauer und des Jahresarbeitsverdienstes der in anderen als Seeschiffahrtsbetrieben beschäftigten Personen (§ 79 Absatz 4) oder auf ungenügende Abzüge wegen Unthätigkeit des Fahrzeuges (§§ 80, 81) gründet.

Aus den letzteren beiden Gründen ist die Beschwerde jedoch nicht zulässig, wenn die Feststellung durch den Vorstand wegen Verspätung der Anzeige bewirkt worden war (§ 79 Absatz 3), oder wenn die Abzüge wegen nicht rechtzeitiger Erbringung des bescheinigten Nachweises über die Unthätigkeit des Fahrzeuges unterblieben sind (§ 80).

**§ 84.** Sofern nach § 40 Beitragserhöhungen auferlegt worden sind, kann die Beschwerde (§ 83) auch darauf gegründet werden, daß die thatsächlichen Voraussetzungen für die Anwendung der betreffenden Bestimmungen nicht vorliegen.

Aus diesen Gründen aber ist die Beschwerde nicht zulässig, wenn die für die Berechnung der Beitragserhöhungen angeordneten Nachweise nicht rechtzeitig erbracht worden sind.

**§ 85.** Tritt in Folge des Widerspruchs oder der Beschwerde eine Herabminderung des Beitrags ein, so ist der Ausfall bei dem Umlageverfahren des nächsten Rechnungsjahres zu decken. Etwaige Überzahlungen sind zu erstatten oder auf den Beitrag für das nächste Rechnungsjahr zu verrechnen.

Diese Vorschriften finden auf den Fall, daß der Verlust eines Fahrzeuges erst nachträglich festgestellt wird, entsprechende Anwendung.

**§ 86.** Für die Beiträge zur Genossenschaft, für die im Falle einer Betriebseinstellung etwa zu leistenden Kautionsbeträge (§ 24 Ziffer 7) und für die Strafzuschläge im Falle der Ablehnung von Wahlen (§ 30 Absatz 3) haftet der Rheder nicht nur mit Schiff und Fracht, sondern auch persönlich. Mitrheder haften nach dem Verhältnisse ihrer Antheile am Schiffe.

Sämmtliche Forderungen der Genossenschaft gewähren die Rechte eines Schiffsgläubigers (Artikel 757 des Handelsgesetzbuchs) mit dem Vorzugsrecht hinter den im Artikel 772 Ziffer 5 a. a. O. bezeichneten Forderungen. Dasselbe gilt für Vorschüsse, welche ein Mitrheder für den anderen, oder der Korrespondentrheder oder Bevollmächtigte für einen Rheder oder Mitrheder behufs Befriedigung der Forderungen der Genossenschaft gemacht hat.

Rückständige Beiträge, Kautionsbeträge und Strafzuschläge (Absatz 1) werden in derselben Weise beigetrieben wie Gemeindeabgaben. Die Genossenschaft ist befugt, die Beitreibung der einer Rhederei oder einem Mitrheder zur Last fallenden Beträge dem Korrespondentrheder oder Bevollmächtigten zu übertragen.

Uneinziehbare Beiträge fallen der Gesammtheit der Berufsgenossen zur Last. Sie sind vorschußweise aus den Betriebsfonds oder erforderlichenfalls aus dem Reservefonds der Berufsgenossenschaft zu decken und bei dem Umlageverfahren des nächsten Rechnungsjahres zu berücksichtigen.

### Abführung der Beträge an die Postkassen.

**§ 87.** Der Genossenschaftsvorstand hat die von den Zentral-Postbehörden liquidirten Beträge innerhalb dreier Monate nach Empfang der Liquidationen an die ihm bezeichneten Postkassen abzuführen.

Wenn die Genossenschaft mit der Erstattung der Beträge im Rückstande bleibt, so ist auf Antrag der Zentral-Postbehörden von dem Reichs-Versicherungsamt das Zwangsbeitreibungsverfahren einzuleiten.

Das Reichs-Versicherungsamt ist befugt, zur Deckung der Ansprüche der Postverwaltungen zunächst über bereite Bestände der Genossenschaftskasse zu verfügen. Soweit diese nicht ausreichen, hat dasselbe das Beitreibungsverfahren gegen die Mitglieder der Genossenschaft einzuleiten und bis zur Deckung der Rückstände durchzuführen.

Rechnungsführung.

**§ 88.** Die Einnahmen und Ausgaben der Genossenschaft sind von allen den Zwecken der letzteren fremden Vereinnahmungen und Verausgabungen gesondert festzustellen und zu verrechnen; ebenso sind die Bestände gesondert zu verwahren. Verfügbare Gelder dürfen nur in öffentlichen Sparkassen oder wie Gelder bevormundeter Personen angelegt werden.

Sofern besondere gesetzliche Vorschriften über die Anlegung der Gelder Bevormundeter nicht bestehen, kann die Anlegung der verfügbaren Gelder in Schuldverschreibungen, welche von dem Deutschen Reich, von einem deutschen Bundesstaate oder dem Reichslande Elsaß-Lothringen mit gesetzlicher Ermächtigung ausgestellt sind, oder in Schuldverschreibungen, deren Verzinsung von dem Deutschen Reich, von einem deutschen Bundesstaate oder dem Reichslande Elsaß-Lothringen gesetzlich garantirt ist, oder in Schuldverschreibungen, welche von deutschen kommunalen Korporationen (Provinzen, Kreisen, Gemeinden ꝛc.) oder von deren Kreditanstalten ausgestellt und entweder seitens der Inhaber kündbar sind, oder einer regelmäßigen Amortisation unterliegen, erfolgen. Auch können die Gelder bei der Reichsbank verzinslich angelegt werden.

**§ 89.** Über die gesammten Rechnungsergebnisse eines Rechnungsjahres ist nach Abschluß desselben alljährlich dem Bundesrath und dem Reichstag eine vom Reichs-Versicherungsamt aufzustellende Nachweisung vorzulegen.

Als Rechnungsjahr gilt das Kalenderjahr.

## VII. Unfallverhütung. Überwachung durch die Genossenschaft.

Unfallverhütung.

**§ 90.** Die Genossenschaft ist befugt, für den Umfang des Genossenschaftsbezirks oder bestimmt abzugrenzender Bezirke oder für bestimmte Kategorien von Fahrzeugen oder Betrieben Vorschriften über Einrichtungen zur Verhütung von Unfällen, oder über zu beschaffende Ausrüstungsgegenstände der Fahrzeuge zu erlassen, und die Zuwiderhandelnden mit der Einschätzung in eine höhere Klasse des Gefahrentarifs oder, falls sich das Fahrzeug beziehungsweise der Betrieb bereits in der höchsten Klasse befindet oder ein Gefahrentarif nicht aufgestellt ist, mit Zuschlägen bis zum doppelten Betrage ihrer Beiträge zu bedrohen. Für die Herstellung der vorgeschriebenen Einrichtungen ist den Betriebsunternehmern eine angemessene Frist zu bewilligen.

Die Genossenschaft ist ferner befugt, für die Anbringung und Erhaltung der Einrichtungen sowie für das Vorhandensein der etwa vorgeschriebenen Ausrüstungsgegenstände den Schiffsführer für verantwortlich zu erklären und ihm für jede Nachlässigkeit hierin Ordnungsstrafen bis zu einhundert Mark anzudrohen.

Vorschriften dieser Art bedürfen der Genehmigung des Reichs-Versicherungsamts. Dem Antrage auf Ertheilung der Genehmigung ist die gutachtliche Äußerung der Vorstände derjenigen Sektionen, für welche die Vorschriften Gültigkeit haben sollen, oder, sofern die Genossenschaft in Sektionen nicht eingetheilt ist, des Genossenschaftsvorstandes beizufügen.

**§ 91.** Die für die Versicherten berufenen Beisitzer der Schiedsgerichte beziehungsweise deren Stellvertreter sind zu der Berathung und Beschlußfassung des Genossenschafts- beziehungsweise Sektionsvorstandes über den Erlaß derartiger Vorschriften zuzuziehen. Dieselben dürfen mehr Stimmen, als die Zahl der stimmenden Mitglieder der Vorstände beträgt, bei der Abstimmung nicht abgeben. Nehmen an der Berathung mehr Beisitzer der Schiedsgerichte als Vorstandsmitglieder Theil, so führt bei der Abstimmung die entsprechende Anzahl der dem Lebensalter nach jüngsten Beisitzer der Schiedsgerichte keine Stimme.

Im Übrigen haben die Beisitzer der Schiedsgerichte bei der Abstimmung über derartige Vorschriften volles Stimmrecht. Auf die ihnen zu gewährende Vergütung findet § 54 Anwendung. Das über die Verhandlungen aufzunehmende Protokoll, aus welchem die Abstimmung der Vertreter der Versicherten ersichtlich sein muß, ist dem Reichs-Versicherungsamt vorzulegen.

Die genehmigten Vorschriften sind durch den Genossenschaftsvorstand den höheren Verwaltungsbehörden, auf deren Bezirk sich die Vorschriften erstrecken, sowie sämmtlichen Seemannsämtern mitzutheilen und in den Geschäftsräumen der letzteren öffentlich auszuhängen.

**§ 92.** Die im § 90 Absatz 1 vorgesehene höhere Einschätzung, sowie die Festsetzung von Zuschlägen erfolgt durch den Vorstand der Genossenschaft, die Festsetzung der im § 90 Absatz 2 vorgesehenen Strafen durch dasjenige Seemannsamt, welches von der Nachlässigkeit zuerst Kenntniß erhält. Die Seemannsämter sind befugt, bezüglich der Befolgung der nach § 90 erlassenen Vorschriften Untersuchungen der Fahrzeuge zu veranlassen.

Eine abermalige Straffestsetzung durch dasselbe oder durch ein anderes Seemannsamt ist zulässig, sofern der Schiffsführer nicht nachweist, daß inzwischen die Anordnung nicht hat befolgt werden können. Die Straffestsetzung ist von dem Seemannsamt in das Schiffsjournal einzutragen und sofort vollstreckbar.

Gegen die höhere Einschätzung sowie die Festsetzung von Zuschlägen oder Strafen findet, unbeschadet der sofortigen Vollstreckbarkeit der Strafen, die Beschwerde statt. Die Beschwerde gegen die höhere Einschätzung oder die Festsetzung von Zuschlägen (§ 90 Absatz 1) steht dem Betriebsunternehmer zu und ist binnen zwei Wochen nach der Zustellung der betreffenden Verfügung einzulegen; die Beschwerde gegen die Festsetzung von Strafen (§ 90 Absatz 2) aber steht sowohl dem Schiffsführer wie dem Rheder, Korrespondentrheder oder Bevollmächtigten zu und ist spätestens binnen zwei Wochen nach Beendigung der Reise zu erheben. Die Einlegung der Beschwerde erfolgt in allen Fällen bei dem Reichs-Versicherungsamt, welchem auch die Entscheidung über dieselbe zusteht.

### Überwachung.

**§ 93.** Die Genossenschaft ist befugt, durch Beauftragte die Befolgung der zur Verhütung von Unfällen erlassenen Vorschriften zu überwachen und behufs Prüfung der auf Grund gesetzlicher oder statutarischer Bestimmungen eingereichten Nachweisungen die Schiffsjournale, Musterrollen, Certifikate, Meßbriefe und sonstigen Schiffspapiere, sowie die Listen einzusehen, aus welchen die Zahl der Versicherten sowie der Umfang und die Dauer der zurückgelegten Reisen ersichtlich werden.

Die Behörden sind verpflichtet, den als solchen legitimirten Beauftragten der Genossenschaft die auf die Verhältnisse des Fahrzeuges und der Besatzung sich beziehenden Verhandlungen und Urkunden im Geschäftslokal zur Einsicht vorzulegen. Die Rheder, Korrespondentrheder und Bevollmächtigten, sowie die Schiffsführer haben den Beauftragten auf Erfordern den Zutritt zu den Fahrzeugen, sowie die Besichtigung derselben zu gestatten und die Schiffspapiere und Listen an Ort und Stelle zur Einsicht vorzulegen. Diese Verpflichtung besteht auch gegenüber dem Seemannsamt (§ 92); demselben ist die Eintragung der von ihm verhängten Strafen in das Schiffsjournal zu gestatten. In gleicher Weise haben die anderen Mitglieder der Berufsgenossenschaft die Besichtigung ihres Betriebes zu gestatten und die im Absatz 1 bezeichneten Listen zur Einsicht vorzulegen.

Die Verpflichteten können hierzu auf Antrag der Beauftragten von dem Seemannsamt oder der unteren Verwaltungsbehörde durch Geldstrafen bis zu dreihundert Mark angehalten werden.

**§ 94.** Die Mitglieder des Genossenschaftsvorstandes und der Sektionsvorstände, sowie deren Beauftragte (§ 93) haben über die Thatsachen, welche durch die Überwachung und Kontrole der Betriebe zu ihrer Kenntniß kommen, Verschwiegenheit zu beobachten. Die Beauftragten sind hierauf von der unteren Verwaltungsbehörde des Wohnortes zu beeidigen.

**§ 95.** Namen und Wohnsitz der Beauftragten sind von dem Genossenschaftsvorstande den höheren Verwaltungsbehörden, auf deren Bezirk sich die Thätigkeit derselben erstreckt, anzuzeigen.

Die Beauftragten sind verpflichtet, den höheren Verwaltungsbehörden oder den von diesen bezeichneten öffentlichen Behörden und Beamten auf Erfordern über ihre Überwachungsthätigkeit und deren Ergebnisse Mittheilung zu machen. Sie können dazu von dem Reichs-Versicherungsamt durch Geldstrafen bis zu einhundert Mark angehalten werden.

**§ 96.** Die durch die Überwachung und Kontrole der Betriebe entstehenden Kosten gehören zu den Verwaltungskosten der Genossenschaft. Soweit dieselben in baaren Auslagen bestehen, können sie durch den Vorstand der Genossenschaft dem Betriebsunternehmer auferlegt werden wenn dieser oder wenn der Korrespondentrheder, Bevollmächtigte oder Schiffsführer durch Nichterfüllung der ihnen obliegenden Verpflichtungen zu ihrer Aufwendung Anlaß gegeben haben. Gegen die Auferlegung der Kosten findet binnen zwei Wochen nach Zustellung des Beschlusses die Beschwerde an das Reichs-Versicherungsamt statt. Die Beitreibung der Kosten erfolgt in derselben Weise, wie die der Gemeindeabgaben.

## VIII. Aufsichtsführung.

### Reichs-Versicherungsamt.

**§ 97.** Die Genossenschaft unterliegt in Bezug auf die Befolgung dieses Gesetzes der Beaufsichtigung des Reichs-Versicherungsamts (§ 87 des Unfallversicherungsgesetzes).

Dem Reichs-Versicherungsamt treten vier nichtständige Mitglieder hinzu, von welchen zwei von dem Genossenschaftsvorstande aus seiner Mitte, die beiden anderen von den aus den Versicherten berufenen Beisitzern der Schiedsgerichte aus der Zahl schiffahrtskundiger befahrener Männer, welche nicht Rheder, Mitrheder, Korrespondentrheder oder Bevollmächtigte sind, gewählt werden. Hinsichtlich der Wählbarkeit findet im Übrigen die Bestimmung im § 1 Absatz 5 Anwendung.

Diese nichtständigen Mitglieder sind zu denjenigen Verhandlungen des Reichs-Versicherungsamts, bei denen es sich um Angelegenheiten der dem gegenwärtigen Gesetze unterliegenden Genossenschaft handelt, statt der nach § 87 des Unfallversicherungsgesetzes von den Genossenschaftsvorständen und den Vertretern der Arbeiter gewählten nichtständigen Mitglieder, und wenn es sich um allgemeine Angelegenheiten handelt, neben diesen Mitgliedern zuzuziehen.

Die Wahl der für die Versicherten zu wählenden Mitglieder erfolgt mittelst schriftlicher Abstimmung unter Leitung des Reichs-Versicherungsamts nach relativer Stimmenmehrheit; bei Stimmengleichheit entscheidet das Loos.

Die Amtsdauer der nichtständigen Mitglieder währt vier Jahre. Für jedes nichtständige Mitglied sind ein erster und ein zweiter Stellvertreter zu wählen, welche dasselbe in Behinderungsfällen zu vertreten haben. Scheidet ein solches Mitglied während seiner Amtsdauer aus, so haben für den Rest derselben die Stellvertreter nach ihrer Reihenfolge als Mitglieder einzutreten.

## Zuständigkeit.

**§ 98.** Die Aufsicht des Reichs-Versicherungsamts über den Geschäftsbetrieb der Genossenschaft hat sich auf die Beobachtung der gesetzlichen und statutarischen Vorschriften zu erstrecken. Alle Entscheidungen desselben sind endgültig, soweit in diesem Gesetze nicht ein Anderes bestimmt ist.

Das Reichs-Versicherungsamt ist befugt, jederzeit eine Prüfung der Geschäftsführung der Genossenschaft vorzunehmen.

Die Vorstandsmitglieder, Vertrauensmänner und Beamten der Genossenschaft sind auf Erfordern des Reichs-Versicherungsamts zur Vorlegung ihrer Bücher, Beläge und ihrer auf den Inhalt der Bücher bezüglichen Korrespondenzen, sowie der auf die Festsetzungen der Entschädigungen und Jahresbeiträge bezüglichen Schriftstücke an die Beauftragten des Reichs-Versicherungsamts oder an das letztere selbst verpflichtet. Dieselben können hierzu durch Geldstrafen bis zu eintausend Mark angehalten werden.

**§ 99.** Das Reichs-Versicherungsamt entscheidet, unbeschadet der Rechte Dritter, über Streitigkeiten, welche sich auf die Rechte und Pflichten der Inhaber der Genossenschaftsämter, auf die Auslegung der Statuten und die Gültigkeit der vollzogenen Wahlen beziehen. Dasselbe kann die Inhaber der Genossenschaftsämter zur Befolgung der gesetzlichen und statutarischen Vorschriften durch Geldstrafen bis zu eintausend Mark anhalten.

**§ 100.** Die Beschlußfassung des Reichs-Versicherungsamts ist durch die Anwesenheit von mindestens fünf Mitgliedern (einschließlich des Vorsitzenden), unter denen sich je ein Vertreter des Genossenschaftsvorstandes und der Versicherten befinden müssen, bedingt, wenn es sich handelt

a) um die Vorbereitung der Beschlußfassung des Bundesraths bei der Auflösung der Genossenschaft wegen Leistungsunfähigkeit (§ 42), sowie bei der Bildung von Schiedsgerichten (§ 49);

b) um die Entscheidung auf Rekurse gegen die Entscheidungen der Schiedsgerichte (§ 71);

c) um die Genehmigung von Vorschriften zur Verhütung von Unfällen (§ 90);

d) um die Entscheidung auf Beschwerden gegen Strafverfügungen des Genossenschaftsvorstandes (§ 120).

Solange die Wahl der Vertreter des Genossenschaftsvorstandes und der Versicherten nicht zu Stande gekommen ist, genügt die Anwesenheit von fünf anderen Mitgliedern (einschließlich des Vorsitzenden).

In den Fällen zu b erfolgt die Beschlußfassung unter Zuziehung von zwei richterlichen Beamten.

Im Übrigen werden die Formen des Verfahrens und der Geschäftsgang des Reichs-Versicherungsamts durch Kaiserliche Verordnung unter Zustimmung des Bundesraths geregelt.

**§ 101.** Die Kosten des Reichs-Versicherungsamts und seiner Verwaltung trägt das Reich.

Die nichtständigen Mitglieder erhalten für die Theilnahme an den Arbeiten und Sitzungen des Reichs-Versicherungsamts eine nach dem Jahresbetrage festzusetzende Vergütung, und diejenigen, welche außerhalb Berlin wohnen, außerdem Ersatz der Kosten der Hin- und Rückreise nach den für die vortragenden Räthe der obersten Reichsbehörden geltenden Sätzen (Verordnung vom 21. Juni 1875, Reichs-Gesetzbl. S. 249). Die Bestimmungen im § 16 des Gesetzes, betreffend die Rechtsverhältnisse der Reichsbeamten, vom 31. März 1873 (Reichs-Gesetzbl. S. 61) finden auf sie keine Anwendung.

## IX. Reichs- und Staatsbetriebe.

**§ 102.** Für Betriebe des Reichs oder eines Bundesstaates tritt bei Anwendung dieses Gesetzes an die Stelle der Berufsgenossenschaft das Reich beziehungsweise der Bundesstaat. Die Befugnisse und Obliegenheiten der Genossenschaftsversammlung und des Genossenschaftsvorstandes werden durch Ausführungsbehörden wahrgenommen, welche für das Reich vom Reichskanzler, für den Bundesstaat von der Landes-Zentralbehörde zu bezeichnen sind. Dem Reichs-Versicherungsamt ist mitzutheilen, welche Behörden als Ausführungsbehörden bezeichnet worden sind.

Die Bestimmungen des vorhergehenden Absatzes finden keine Anwendung, soweit der Reichskanzler beziehungsweise die Landesregierung erklärt, daß Betriebe dieser Art der Berufsgenossenschaft angehören sollen.

**§ 103.** Soweit das Reich oder ein Bundesstaat an die Stelle der Berufsgenossenschaft tritt, finden die §§ 16 bis 47, 68 Absatz 4, 70 Absatz 1, 78 bis 86, 87 Absatz 2 und 3, 88, 90 bis 96, 97 Absatz 1, 98 Absatz 1 Satz 1, Absatz 2 und 3, 99, 100 Absatz 1 lit. a, c, d, 117 bis 120 keine Anwendung.

**§ 104.** Die Wahl der Vertreter der Versicherten (§ 48) erfolgt für den Geschäftsbereich jeder Ausführungsbehörde.

Die für den Erlaß der Ausführungsvorschriften zuständige Behörde (§ 108) bestimmt die wahlberechtigten Kassen und Vereinigungen, sowie die Zahl der auf dieselben entfallenden Stimmen, und erläßt das Wahlregulativ (§ 51). In demselben sind die den Vertretern der Versicherten zu gewährenden Vergütungssätze (§ 54) festzustellen.

Über Streitigkeiten, welche sich auf die Gültigkeit der vollzogenen Wahlen beziehen, entscheidet das Reichs-Versicherungsamt.

**§ 105.** Für den Geschäftsbereich jeder Ausführungsbehörde ist mindestens ein Schiedsgericht (§ 49) zu errichten. Die im § 50 Absatz 3 bezeichneten Beisitzer werden von der Ausführungsbehörde ernannt.

**§ 106.** Die Feststellung der Entschädigungen (§ 67) erfolgt durch die in den Ausführungsvorschriften zu bezeichnende Behörde.

**§ 107.** Gegen den Bescheid der zuständigen Behörde, durch welchen ein Entschädigungsanspruch aus dem Grunde abgelehnt wird, weil der Betrieb, in welchem der Unfall sich ereignet hat, für nicht unter den § 1 fallend erachtet wird (§ 70), steht dem Verletzten oder seinen Hinterbliebenen die Beschwerde an das Reichs-Versicherungsamt zu. Dieselbe ist bei dem Reichs-Versicherungsamt einzulegen; auf die Beschwerdefrist finden die Bestimmungen des § 70 Absatz 3 und 4 entsprechende Anwendung.

**§ 108.** Die zur Durchführung der Bestimmungen in §§ 102 bis 107 erforderlichen Ausführungsvorschriften sind für die Reichsverwaltungen vom Reichskanzler, für die Landesverwaltungen von der Landes-Zentralbehörde zu erlassen.

## X. Schluß- und Strafbestimmungen.

### Haftpflicht der Betriebsunternehmer und Betriebsbeamten.

**§ 109.** Die nach Maßgabe dieses Gesetzes versicherten Personen und deren Hinterbliebene können einen Anspruch auf Ersatz des in Folge eines Unfalls erlittenen Schadens gegen den Betriebsunternehmer, gegen einen Mitrheder, Lootsen, Bevollmächtigten oder Repräsentanten, Betriebs- oder Arbeiteraufseher, oder eine Person der Schiffsbesatzung desjenigen Fahrzeuges, zu dessen Besatzung der Verletzte gehört hat, sowie desjenigen Fahrzeuges beziehungsweise Betriebes, in welchem der Unfall sich ereignet hat, nur dann geltend machen, wenn durch strafgerichtliches Urtheil festgestellt worden ist, daß der in Anspruch Genommene den Unfall vorsätzlich herbeigeführt hat.

In diesem Falle beschränkt sich der Anspruch auf den Betrag, um welchen die den Berechtigten nach den bestehenden gesetzlichen Vorschriften gebührende Entschädigung diejenige übersteigt, auf welche sie nach diesem Gesetze Anspruch haben.

Auf die durch Artikel 523 ff. des Handelsgesetzbuchs, §§ 48 ff. der Seemannsordnung und § 10 dieses Gesetzes begründete Fürsorgepflicht findet diese Bestimmung keine Anwendung.

**§ 110.** Diejenigen Betriebsunternehmer, Mitrheder, Lootsen, Bevollmächtigten oder Repräsentanten, Betriebs- oder Arbeiteraufseher, oder Personen der Schiffsbesatzung, gegen welche durch strafgerichtliches Urtheil festgestellt worden ist, daß sie den Unfall vorsätzlich oder durch Fahrlässigkeit mit Außerachtlassung derjenigen Aufmerksamkeit, zu der sie vermöge ihres Amts, Berufes oder Gewerbes besonders verpflichtet sind, herbeigeführt haben, haften der Genossenschaft und den Krankenkassen für alle Aufwendungen, welche in Folge des Unfalls auf Grund dieses Gesetzes oder des Gesetzes, betreffend die Krankenversicherung der Arbeiter, vom 15. Juni 1883 (Reichs-Gesetzbl. S. 73) von denselben gemacht worden sind.

In gleicher Weise haftet als Betriebsunternehmer eine Aktiengesellschaft, eine Innung oder eingetragene Genossenschaft für die durch ein Mitglied ihres Vorstandes, sowie eine Handelsgesellschaft, eine Innung oder eingetragene Genossenschaft für die durch einen der Liquidatoren herbeigeführten Unfälle.

Als Ersatz für die Rente kann in diesen Fällen deren Kapitalwerth gefordert werden.

Der Anspruch verjährt in achtzehn Monaten von dem Tage, an welchem das strafrechtliche Urtheil rechtskräftig geworden ist.

**§ 111.** Die in den §§ 109 und 110 bezeichneten Ansprüche

können, auch ohne daß die daselbst vorgesehene Feststellung durch strafgerichtliches Urtheil stattgefunden hat, geltend gemacht werden, falls diese Feststellung wegen des Todes oder der Abwesenheit des Betreffenden oder aus einem anderen in der Person desselben liegenden Grunde nicht erfolgen kann.

### Haftung Dritter.

**§ 112.** Bei Zusammenstößen mehrerer unter dieses Gesetz fallender Fahrzeuge finden die Bestimmungen der §§ 109 bis 111 auf die Rheder oder Mitrheder, Lootsen, Bevollmächtigten und Repräsentanten, Betriebsaufseher oder Personen der Schiffsbesatzungen sämmtlicher bei dem Zusammenstoße betheiligten Fahrzeuge Anwendung.

Im Übrigen bestimmt sich die Haftung dritter, in den §§ 109 und 110 nicht bezeichneter Personen, welche den Unfall vorsätzlich herbeigeführt oder durch Verschulden verursacht haben, nach den bestehenden gesetzlichen Vorschriften. Jedoch geht die Forderung der Entschädigungsberechtigten an den Dritten auf die Genossenschaft insoweit über, als die Verpflichtung der letzteren zur Entschädigung durch dieses Gesetz begründet ist.

### Verbot vertragsmäßiger Beschränkungen.

**§ 113.** Der Berufsgenossenschaft sowie den Betriebsunternehmern, Mitrhedern und Schiffsführern ist untersagt, die Anwendung der Bestimmungen dieses Gesetzes zum Nachtheil der Versicherten durch Verträge (mittelst Reglements oder besonderer Übereinkunft) auszuschließen oder zu beschränken. Vertragsbestimmungen, welche diesem Verbote zuwiderlaufen, haben keine rechtliche Wirkung.

### Ältere Versicherungsverträge.

**§ 114.** Versicherungsverträge, welche von Unternehmern der unter § 1 fallenden Betriebe oder von den in solchen beschäftigten Personen gegen die Folgen der in diesem Gesetze bezeichneten Unfälle mit Versicherungsanstalten abgeschlossen sind, können sowohl von den Versicherten als von den Versicherungsanstalten mit der Wirkung gekündigt werden, daß sie nach Ablauf eines Monats von dem Tage der Zustellung der Kündigung ab erlöschen.

Die aus solchen Versicherungsverträgen über den Zeitpunkt des Erlöschens hinaus vorausbezahlten Prämien hat die Versicherungsanstalt antheilig zurückzuerstatten. Dieselbe ist jedoch berechtigt, für bereits aufgewendete Verwaltungskosten den zu erstattenden Betrag um zwanzig Prozent zu kürzen, sofern nicht die Kündigung von ihr ausgegangen war.

Soweit derartige Versicherungsverträge nicht gekündigt werden, geht der Anspruch auf die fortan fälligen Versicherungsbeträge sowie die Verbindlichkeit zur Entrichtung der fortan fälligen Prämien und Verwaltungskosten auf die Berufsgenossenschaft über, wenn der Versicherungsnehmer dies bei dem Vorstande der Genossenschaft beantragt. Die der Genossenschaft hieraus erwachsenden Zahlungsverbindlichkeiten werden durch Umlage auf die Mitglieder der Genossenschaft (§§ 18, 79) gedeckt. Das in den Absätzen 1 und 2 vorgesehene Kündigungsrecht steht mit den daselbst bezeichneten Wirkungen auch der Berufsgenossenschaft zu, sofern die vorstehend bezeichneten Rechte und Pflichten auf sie übergegangen sind.

### Rechtshülfe.

**§ 115.** Die öffentlichen Behörden sind verpflichtet, den im Vollzuge dieses Gesetzes an sie ergehenden Ersuchen des Reichs-Versicherungsamts, anderer öffentlicher Behörden, sowie des Genossenschaftsvorstandes, der Sektionsvorstände und der Schiedsgerichte zu entsprechen und den bezeichneten Vorständen auch unaufgefordert alle Mittheilungen zukommen zu lassen, welche für den Geschäftsbetrieb der Genossenschaft von Wichtigkeit sind. Die gleiche Verpflichtung liegt den Organen der Genossenschaft unter einander ob.

Die durch die Erfüllung dieser Verpflichtungen entstehenden Kosten sind von der Genossenschaft als eigene Verwaltungskosten (§ 18) insoweit zu erstatten, als sie in Tagegeldern und Reisekosten von Beamten oder Genossenschaftsorganen, sowie in Gebühren für Zeugen und Sachverständige oder in sonstigen baaren Auslagen bestehen.

### Gebühren- und Stempelfreiheit.

**§ 116.** Alle zur Begründung und Abwickelung der Rechtsverhältnisse zwischen der Berufsgenossenschaft einerseits und den Versicherten andererseits erforderlichen schiedsgerichtlichen und außergerichtlichen Verhandlungen und Urkunden einschließlich der Unfalluntersuchungsverhandlungen (§ 62) und der vor inländischen Behörden abgelegten Verklarungen, soweit dieselben an die Stelle der Unfalluntersuchungsverhandlungen treten (§ 64), sind gebühren- und stempelfrei. Dasselbe gilt für die behufs Vertretung von Berufsgenossen ausgestellten privatschriftlichen Vollmachten und für die im § 12 bezeichneten Streitigkeiten.

### Strafbestimmungen.

**§ 117.** Die Betriebsunternehmer, Mitrheder, Korrespondentrheder und Bevollmächtigten, sowie Schiffsführer können von dem Genossenschaftsvorstande mit Ordnungsstrafe bis zu fünfhundert Mark belegt werden, wenn in den von ihnen auf Grund statutarischer oder gesetzlicher Bestimmungen eingereichten Nachweisungen oder in der auf Grund solcher Bestimmungen von ihnen erforderten Auskunft thatsächliche Angaben enthalten sind, deren Unrichtigkeit ihnen bekannt war oder bei Anwendung angemessener Sorgfalt nicht entgehen konnte.

**§ 118.** Betriebsunternehmer, Mitrheder, Korrespondentrheder und Bevollmächtigte, sowie die Schiffsführer, welche der auf Grund gesetzlicher oder statutarischer Bestimmungen ihnen obliegenden Verpflichtung zur Ernennung von Bevollmächtigten und zur Mittheilung des Namens derselben, sowie etwaiger Veränderungen in der Person derselben an den Genossenschaftsvorstand, zur Anmeldung von Betriebsveränderungen, zur Einreichung von Nachweisungen, zur Ertheilung von Auskunft oder zur Erfüllung der für Betriebseinstellungen gegebenen statutarischen Vorschriften nicht rechtzeitig nachkommen, können von dem Genossenschaftsvorstande mit Ordnungsstrafe bis zu dreihundert Mark belegt werden.

Dasselbe gilt bei Zuwiderhandlungen gegen die Verpflichtungen bezüglich

a) der Eintragungen in das Schiffsjournal (§ 57 Absatz 1),
b) der Führung der Unfallnachweisung (§ 57 Absatz 2),
c) der Mittheilung der Eintragungen (§ 57 Absatz 3),
d) der Unfallanzeigen (§§ 57 Absatz 4, 58 Absatz 1),
e) der Herbeiführung der Unfalluntersuchungen (§ 62 Absatz 1 und 2),
f) der Abgabe eidesstattlicher Erklärungen (§ 62 Absatz 1).

**§ 119.** Die in den §§ 117 und 118 für Betriebsunternehmer getroffenen Strafbestimmungen finden Anwendung:

a) wenn eine Aktiengesellschaft, eingetragene Genossenschaft, Innung oder andere juristische Person Rheder oder Mitrheder ist, auf alle Mitglieder des Vorstandes,
b) wenn eine andere Handelsgesellschaft oder eine Kommanditgesellschaft auf Aktien Rheder oder Mitrheder ist, auf alle persönlich haftenden Gesellschafter.

Im Übrigen finden die Strafvorschriften der §§ 117 und 118 auch gegen die gesetzlichen Vertreter handlungsunfähiger Berufsgenossen, sowie gegen die Liquidatoren einer Handelsgesellschaft, Innung oder eingetragenen Genossenschaft Anwendung.

**§ 120.** Gegen die Strafverfügung des Genossenschaftsvorstandes steht den Betheiligten binnen zwei Wochen, von deren Zustellung an, die Beschwerde an das Reichs-Versicherungsamt zu.

Die Rheder haften für die ihnen oder dem Schiffsführer auf

Grund der §§ 117 bis 119 auferlegten Strafen nach Maßgabe der Bestimmungen des § 86 Absatz 1.

### Zuständige Landesbehörden. Zwangsbeitreibung.

**§ 121.** Die Zentralbehörden der Bundesstaaten bestimmen, von welchen Staats- oder Gemeindebehörden die in diesem Gesetze den höheren Verwaltungsbehörden, den unteren Verwaltungsbehörden und den Ortspolizeibehörden zugewiesenen Verrichtungen wahrzunehmen sind.

Die von den Zentralbehörden der Bundesstaaten in Gemäßheit vorstehender Vorschrift erlassenen Bestimmungen sind durch den Deutschen Reichsanzeiger bekannt zu machen.

**§ 122.** Geldstrafen, welche auf Grund dieses Gesetzes verhängt sind, mit Ausnahme derjenigen, auf welche von den Gerichten erkannt ist, werden in derselben Weise beigetrieben, wie Gemeindeabgaben.

Geldstrafen, über deren Abführung das Gesetz keine Bestimmungen enthält, fließen in die Genossenschaftskasse.

### Zustellungen.

**§ 123.** Zustellungen, welche den Lauf von Fristen bedingen, erfolgen durch die Post mittelst eingeschriebenen Briefes. Der Beweis der Zustellung kann auch durch behördliche Beglaubigung geführt werden.

Ausländer, welche nicht im Inlande wohnen, haben einen Zustellungsbevollmächtigten (§ 160 der Civilprozeßordnung) zu bestellen. Wird ein solcher nicht bestellt, so kann die Zustellung durch öffentlichen Aushang während einer Woche in den Geschäftsräumen der zustellenden Genossenschaftsorgane oder Behörden ersetzt werden.

### Gesetzeskraft.

**§ 124.** Die Bestimmungen der Abschnitte II, III, IV, V und VIII, die auf diese Abschnitte bezüglichen Strafbestimmungen, sowie diejenigen Vorschriften, welche zur Durchführung der in diesen Abschnitten getroffenen Anordnungen dienen, treten mit dem Tage der Verkündung dieses Gesetzes in Kraft.

Im Übrigen wird der Zeitpunkt, mit welchem das Gesetz in Kraft tritt, mit Zustimmung des Bundesraths durch Kaiserliche Verordnung bestimmt.[1]

---

[1] V vom 26. Dezember 1887 (RGBl S. 537): 1. Januar 1888.

## 1888.

**86) Gesetz, betr. die Einführung der Gewerbeordnung in Elsaß-Lothringen. Vom 27. Februar 1888.** (RGBl S. 57. 58.)

Vgl. Anm. zu S. 181.

---

**87) Gesetz, betr. die Unterstützung von Familien in den Dienst eingetretener Mannschaften. Vom 28. Februar 1888.** (RGBl S. 59.)

[Betrifft den Mobilmachungsfall.]

---

**88) Gesetz wegen Abänderung des Gesetzes, betr. die Rechtsverhältnisse der deutschen Schutzgebiete, vom 17. April 1886 (RGBl S. 75). Vom 15. März 1888.** (RGBl S. 71.)

(Art. I und II enthalten die Abänderungen des Gesetzes vom 17. April 1886.)

**Artikel III.** Das gegenwärtige Gesetz tritt mit dem Tage der Verkündigung in Kraft.

Der Reichskanzler wird ermächtigt, den Text des Gesetzes vom 17. April 1886 (Reichs-Gesetzbl. S. 75), wie er sich aus den in den Artikeln I und II des vorliegenden Gesetzes festgestellten Änderungen ergiebt, durch das Reichs-Gesetzblatt bekannt zu machen und dabei die im § 4 enthaltenen Worte „an Stelle des Bundeskonsuls" durch die Worte „an Stelle des Konsuls" zu ersetzen.

---

**89) Bekanntmachung wegen Redaktion des Gesetzes, betr. die Rechtsverhältnisse der deutschen Schutzgebiete. Vom 19. März 1888.** (RGBl S. 75.)[1]

**§ 1.** Die Schutzgewalt in den deutschen Schutzgebieten übt der Kaiser im Namen des Reichs aus.

---

[1] Es sind hierzu eine Reihe von Verordnungen und Bekanntmachungen ergangen. Vgl. RGBl 1886 S. 128, 187 ff., 291 ff.; 1887 S. 4, 379, 527, 535; 1888 S. 63, 115, 211, 221; 1889 S. 145, 157, 179; 1890 S. 55, 67, 171; 1891 S. 1 ff.; 1892 S. 673 ff., 789 ff., 1037, 1045; 1893 S. 143. — CBl 1886 S. 87, 208, 371, 397; 1887 S. 28, 83, 206; 1888 S. 404, 414, 753; 1889 S. 251, 252; 1890 S. 55, 144, 304; 1891 S. 7, 14, 299; 1892 S. 133, 162. — Vgl. auch G über die Einnahmen und Ausgaben der Schutzgebiete vom 30. März 1892 (RGBl S. 369 ff.); G, betr. die Kaiserliche Schutztruppe, vom 22. März 1891 (RGBl S. 53); dazu V vom 3. Juni 1891 (RGBl S. 341).

**§ 2.** Das bürgerliche Recht, das Strafrecht, das gerichtliche Verfahren einschließlich der Gerichtsverfassung bestimmen sich für die Schutzgebiete nach den Vorschriften des Gesetzes über die Konsulargerichtsbarkeit vom 10. Juli 1879 — Reichs-Gesetzbl. S. 197 —, welches, soweit nicht nachstehend ein Anderes vorgeschrieben ist, mit der Maßgabe Anwendung findet, daß an Stelle des Konsuls der vom Reichskanzler zur Ausübung der Gerichtsbarkeit ermächtigte Beamte und an Stelle des Konsulargerichts das nach Maßgabe der Bestimmungen über das letztere zusammengesetzte Gericht des Schutzgebietes tritt.

Der Zeitpunkt des Inkrafttretens wird durch Kaiserliche Verordnung festgesetzt.

**§ 3.** Durch Kaiserliche Verordnung kann:

1. bestimmt werden, daß in den Schutzgebieten auch andere als die im § 1 Absatz 2 des Gesetzes über die Konsulargerichtsbarkeit bezeichneten Personen der Gerichtsbarkeit unterliegen;
2. eine von den nach § 2 dieses Gesetzes maßgebenden Vorschriften abweichende Regelung der Rechtsverhältnisse an unbeweglichen Sachen einschließlich des Bergwerkseigenthums erfolgen;
3. in Vorschriften über Materien, welche nicht Gegenstand des Strafgesetzbuchs für das Deutsche Reich sind, Gefängniß bis zu einem Jahre, Haft, Geldstrafe und Einziehung einzelner Gegenstände angedroht werden;
4. vorgeschrieben werden, daß in Strafsachen
   a) die Mitwirkung einer Staatsanwaltschaft eintritt,
   b) eine Voruntersuchung stattfindet, deren Regelung der Verordnung vorbehalten bleibt,
   c) der § 9 Absatz 1 des Gesetzes über die Konsulargerichtsbarkeit keine Anwendung findet;
5. die Bestimmung des § 232 der Strafprozeßordnung mit der Maßgabe erweitert werden, daß dem Gericht die Ermächtigung, den Angeklagten von der Verpflichtung zum Erscheinen in der Hauptverhandlung zu entbinden, nur für solche Fälle ertheilt werden darf, in welchen nach dem Ermessen des Gerichts voraussichtlich keine andere Strafe als Freiheitsstrafe bis zu sechs Monaten oder Geldstrafe oder Einziehung, allein oder in Verbindung mit einander, zu erwarten steht;
6. angeordnet werden, daß in Strafsachen, wenn der Beschluß über die Eröffnung des Hauptverfahrens eine Handlung zum Gegenstande hat, welche zur Zuständigkeit der Schöffengerichte oder zu den in den §§ 74, 75 des Gerichtsverfassungsgesetzes

bezeichneten Vergehen gehört, in der Hauptverhandlung eine Zuziehung von Beisitzern nicht erforderlich ist;

7. die Gerichtsbarkeit in den zur Zuständigkeit der Schwurgerichte gehörenden Sachen den Gerichten der Schutzgebiete in der Weise übertragen werden, daß für diese Sachen, soweit nicht auf Grund der Nr. 3 etwas Anderes bestimmt wird, die Vorschriften Anwendung finden, welche für die im § 28 des Gesetzes über die Konsulargerichtsbarkeit bezeichneten Strafsachen gelten;
8. an Stelle der Enthauptung eine andere, eine Schärfung nicht enthaltende Art der Vollstreckung der Todesstrafe angeordnet werden;
9. als Berufungs- und Beschwerdegericht ein Konsulargericht oder ein Gerichtshof im Schutzgebiet bestimmt und über die Zusammensetzung des letzteren Gerichtshofes, sowie über das Verfahren in Berufungs- und Beschwerdesachen, welche vor einem dieser Gerichte zu verhandeln sind, mit der Maßgabe Anordnung getroffen werden, daß das Gericht mindestens aus einem Vorsitzenden und vier Beisitzern bestehen muß;
10. für die Zustellungen, die Zwangsvollstreckung und das Kostenwesen die Anwendung einfacherer Bestimmungen vorgeschrieben werden;
11. insoweit die Kosten der Rechtspflege von einer mit einem Kaiserlichen Schutzbriefe versehenen Kolonialgesellschaft zu bestreiten sind, bestimmt werden, daß die Vorschrift im § 46 des Gesetzes über die Konsulargerichtsbarkeit außer Anwendung bleibt;
12. die Verlängerung aller zur Geltendmachung von Rechten und zur Erfüllung von Pflichten gesetzlich festgestellten Fristen angeordnet werden.

**§ 4.** Das Gesetz, betreffend die Eheschließung und die Beurkundung des Personenstandes von Reichsangehörigen im Auslande, vom 4. Mai 1870 (Bundes-Gesetzbl. S. 599) findet für die Schutzgebiete mit der Maßgabe Anwendung, daß dasselbe durch Kaiserliche Verordnung auch auf andere Personen als auf Reichsangehörige ausgedehnt werden kann und an Stelle des Konsuls der von dem Reichskanzler zur Eheschließung und zur Beurkundung des Personenstandes ermächtigte Beamte tritt.

Der Zeitpunkt des Inkrafttretens wird durch Kaiserliche Verordnung bestimmt.

**§ 5.** Die Befugnisse, welche den deutschen Konsuln im Auslande nach anderen als den beiden im § 2 und § 4 bezeichneten Gesetzen zustehen, können durch den Reichskanzler Beamten in den Schutzgebieten übertragen werden.

**§ 6.** Ausländern, welche in den Schutzgebieten sich niederlassen, sowie Eingeborenen kann durch Naturalisation die Reichsangehörigkeit von dem Reichskanzler verliehen werden. Der Reichskanzler ist ermächtigt, diese Befugniß einem anderen Kaiserlichen Beamten zu übertragen.

Auf die Naturalisation und das durch dieselbe begründete Verhältniß der Reichsangehörigkeit finden die Bestimmungen des Gesetzes über die Erwerbung und den Verlust der Bundes- und Staatsangehörigkeit vom 1. Juni 1870 (Bundes-Gesetzbl. S. 355), sowie Artikel 3 der Reichsverfassung und § 4 des Wahlgesetzes für den deutschen Reichstag, vom 31. Mai 1869 (Bundes-Gesetzbl. S. 145) entsprechende Anwendung.

Im Sinne des § 21 des bezeichneten Gesetzes sowie bei Anwendung des Gesetzes wegen Beseitigung der Doppelbesteuerung vom 13. Mai 1870 (Bundes-Gesetzbl. S. 119) gelten die Schutzgebiete als Inland.

**§ 7.** Durch Kaiserliche Verordnung können Eingeborene der Schutzgebiete in Beziehung auf das Recht zur Führung der Reichsflagge (Gesetz, betreffend die Nationalität der Kauffahrteischiffe und ihre Befugniß zur Führung der Bundesflagge, vom 25. Oktober 1867, Bundes-Gesetzbl. S. 35) den Reichsangehörigen gleichgestellt werden.

Die Führung der Reichsflagge in Folge der Verleihung dieses Rechts hat nicht die Wirkung, daß das betreffende Schiff als deutsches Seefahrzeug im Sinne des § 1 Absatz 1 Nr. 1 und § 2 Absatz 1 des Gesetzes, betreffend die Unfallversicherung der Seeleute und anderer bei der Seeschiffahrt betheiligter Personen, vom 13. Juli 1887 (Reichs-Gesetzbl. S. 329) gilt.

**§ 8.** Deutschen Kolonialgesellschaften, welche die Kolonisation der deutschen Schutzgebiete, insbesondere den Erwerb und die Verwerthung von Grundbesitz, den Betrieb von Land- oder Plantagenwirthschaft, den Betrieb von Bergbau, gewerblichen Unternehmungen und Handelsgeschäften in denselben zum ausschließlichen Gegenstand ihres Unternehmens und ihren Sitz entweder im Reichsgebiet oder in den deutschen Schutzgebieten haben, oder denen durch Kaiserliche Schutzbriefe die Ausübung von Hoheitsrechten in den deutschen Schutzgebieten übertragen ist, kann auf Grund eines vom Reichskanzler genehmigten Gesellschaftsvertrages (Statuts) durch Beschluß des Bundesraths die Fähigkeit beigelegt werden, unter ihrem Namen Rechte, insbesondere Eigenthum und andere dingliche Rechte an Grundstücken zu erwerben, Verbindlichkeiten einzugehen, vor Gericht zu klagen und verklagt zu werden. In solchem Falle haftet den Gläudigern für alle Verbindlichkeiten der Kolonialgesellschaft nur das Vermögen derselben.

Der Beschluß des Bundesraths und im Auszuge der Gesellschaftsvertrag sind durch den Reichsanzeiger zu veröffentlichen.

**§ 9.** Der Gesellschaftsvertrag hat insbesondere Bestimmungen zu enthalten:

1. über den Erwerb und den Verlust der Mitgliedschaft;
2. über die Vertretung der Gesellschaft Dritten gegenüber;
3. über die Befugnisse der die Gesellschaft leitenden und der die Leitung beaufsichtigenden Organe derselben;
4. über die Rechte und Pflichten der einzelnen Mitglieder;
5. über die Jahresrechnung und Vertheilung des Gewinns;
6. über die Auflösung der Gesellschaft und die nach derselben eintretende Vermögensvertheilung.

**§ 10.** Deutsche Kolonialgesellschaften, welche die im § 8 erwähnte Fähigkeit durch Beschluß des Bundesraths erhalten haben, unterstehen der Aufsicht des Reichskanzlers. Die einzelnen Befugnisse desselben sind in den Gesellschaftsvertrag aufzunehmen.

**§ 11.** Der Reichskanzler hat die zur Ausführung des Gesetzes erforderlichen Anordnungen zu erlassen.

Der Reichskanzler ist befugt, für die Schutzgebiete oder für einzelne Theile derselben polizeiliche und sonstige die Verwaltung betreffende Vorschriften zu erlassen und gegen die Nichtbefolgung derselben Gefängniß bis zu drei Monaten, Haft, Geldstrafe und Einziehung einzelner Gegenstände anzudrohen.

Die Ausübung der Befugniß zum Erlasse von Ausführungsbestimmungen (Absatz 1) und von Verordnungen der im Absatz 2 bezeichneten Art kann vom Reichskanzler der mit einem Kaiserlichen Schutzbriefe für das betreffende Schutzgebiet versehenen Kolonialgesellschaft, sowie den Beamten des Schutzgebietes übertragen werden.

---

## 90) Gesetz, betr. den Schutz von Vögeln. Vom 22. März 1888. (RGBl S. 111.)

**§ 1.** Das Zerstören und das Ausheben von Nestern oder Brutstätten der Vögel, das Zerstören und Ausnehmen von Eiern, das Ausnehmen und Tödten von Jungen, das Feilbieten und der Verkauf der gegen dieses Verbot erlangten Nester, Eier und Jungen ist untersagt.

Dem Eigenthümer und dem Nutzungsberechtigten und deren Beauftragten steht jedoch frei, Nester, welche sich an oder in Gebäuden oder in Hofräumen befinden, zu beseitigen.

Auch findet das Verbot keine Anwendung auf das Einsammeln, Feilbieten und den Verkauf der Eier von Strandvögeln, Seeschwalben, Möven und Kiebitzen, jedoch kann durch Landesgesetz oder durch landespolizeiliche Anordnung das Einsammeln der Eier dieser Vögel für bestimmte Orte oder für bestimmte Zeiten untersagt werden.

---

## 91) Gesetz, betr. die Ausführung der am 9. September 1886 zu Bern abgeschlossenen Übereinkunft wegen Bildung eines internationalen Verbandes zum Schutze von Werken der Literatur und Kunst. Vom 4. April 1888. (RGBl S. 139.)

Die in Nr. 4 Absatz 3 des Schlußprotokolls zu der Übereinkunft vom 9. September 1886, betreffend die Bildung eines internationalen Verbandes zum Schutze von Werken der Literatur und Kunst (Reichs-Gesetzbl. 1887 S. 493)[1], vorbehaltenen Bestimmungen über die Art und Weise der Anwendung des im Artikel 14 der Übereinkunft enthaltenen Grundsatzes werden durch Kaiserliche Verordnung mit Zustimmung des Bundesraths getroffen.

---

## 92) Verordnung, betr. die Ausführung der am 9. Sept. 1886 zu Bern abgeschlossenen Übereinkunft wegen Bildung eines internationalen Verbandes zum Schutze von Werken der Literatur und Kunst. Vom 11. Juli 1888. (RGBl S. 225.)

**§ 1.** Die zufolge des Artikels 14 der vorbezeichneten Übereinkunft in Deutschland eintretende Anwendung derselben auf alle aus den übrigen Verbandsländern herrührenden, beim Inkrafttreten der Übereinkunft in ihrem Ursprungslande noch nicht Gemeingut gewordenen Werke unterliegt, soweit nicht nach Nummer 4 Absatz 2 des Schlußprotokolls bestehende Verträge Platz greifen, den nachstehenden Einschränkungen:

1. Der Druck der Exemplare, deren Herstellung bei dem Inkrafttreten der Übereinkunft erlaubterweise im Gange war, darf vollendet werden; diese Exemplare sowie diejenigen, welche zu dem gedachten Zeitpunkt erlaubterweise hergestellt waren, dürfen verbreitet und verkauft werden. Ebenso dürfen die zu dem gedachten Zeitpunkt vorhandenen Vorrichtungen, wie Stereotypen,

---

[1] Vgl. oben S. 378.

Holzstöcke und gestochene Platten aller Art, sowie lithographische Steine bis zum 31. Dezember 1891 benutzt werden.

2. Werke, welche vor dem Inkrafttreten der Übereinkunft in einem der übrigen Verbandsländer veröffentlicht sind, genießen den im Artikel 5 der Übereinkunft vorgesehenen Schutz des ausschließlichen Übersetzungsrechts nicht gegenüber solchen Übersetzungen, welche zu dem gedachten Zeitpunkt in Deutschland erlaubterweise bereits ganz oder theilweise veröffentlicht waren.

3. Dramatische oder dramatisch-musikalische Werke, welche in einem der übrigen Verbandsländer veröffentlicht oder aufgeführt und vor dem Inkrafttreten der Übereinkunft im Original oder in Übersetzung in Deutschland erlaubterweise öffentlich aufgeführt sind, genießen den Schutz gegen unerlaubte Aufführung im Original oder in einer Übersetzung nicht.

**§ 2.** Diese Verordnung tritt mit dem Tage ihrer Verkündung in Kraft. Die Bestimmungen derselben gelten auch für die seit dem Inkrafttreten der Übereinkunft verflossene Zeit. Nach der Verkündung dieser Verordnung unterliegt indessen die im § 1 Nummer 1 gewährte Befugniß zur Verbreitung und zum Verkauf von Exemplaren sowie zur Benutzung von Vorrichtungen der Bedingung, daß die Exemplare und Vorrichtungen mit einem besonderen Stempel versehen sind. Die Abstempelung muß spätestens am 1. November 1888 erfolgen. Die näheren Anordnungen in Betreff der Abstempelung sowie in Betreff der Inventarisirung der abgestempelten Exemplare und Vorrichtungen werden vom Reichskanzler erlassen.[1]

**§ 3.** Im Falle des Beitritts anderer Länder auf Grund des Artikels 18 der Übereinkunft finden die Bestimmungen im § 1 und § 2 sinngemäße Anwendung. Insoweit nach denselben das Inkrafttreten der Übereinkunft als Zeitpunkt entscheidet, ist statt dessen das des Beitritts maßgebend. Von letzterem Zeitpunkt an gerechnet ist die Benutzung der Vorrichtungen (§ 1 Nr. 1) vier Jahre lang gestattet und die Abstempelung (§ 2) binnen drei Monaten zu bewirken.

---

**93) Gesetz, betr. Abänderungen des Gesetzes über die Nationalität der Kauffahrteischiffe und ihre Befugniß zur Führung der Bundesflagge vom 25. Oct. 1867. Vom 23. Dez. 1888.** (RGBl S. 300.)

Siehe oben S. 1.

---

[1] Vgl. Bekanntm. betr. Bestimmungen zur Ausführung der am 9. September 1886 zu Bern abgeschlossenen Übereinkunft wegen Bildung eines internationalen Verbandes zum Schutze von Werken der Literatur und Kunst. Vom 7. August 1888 (CBl S. 673).

# 1889.

## 94) Gesetz, betr. die Erwerbs- und Wirthschaftsgenossenschaften. Vom 1. Mai 1889. (RGBl S. 55.)

### Erster Abschnitt.

Errichtung der Genossenschaft.

**§ 1.** Gesellschaften von nicht geschlossener Mitgliederzahl, welche die Förderung des Erwerbes oder der Wirthschaft ihrer Mitglieder mittelst gemeinschaftlichen Geschäftsbetriebes bezwecken (Genossenschaften), namentlich:

1. Vorschuß- und Kreditvereine,
2. Rohstoffvereine,
3. Vereine zum gemeinschaftlichen Verkaufe landwirthschaftlicher oder gewerblicher Erzeugnisse (Absatzgenossenschaften, Magazinvereine),
4. Vereine zur Herstellung von Gegenständen und zum Verkaufe derselben auf gemeinschaftliche Rechnung (Produktivgenossenschaften),
5. Vereine zum gemeinschaftlichen Einkaufe von Lebens- oder Wirthschaftsbedürfnissen im Großen und Ablaß im Kleinen (Konsumvereine),
6. Vereine zur Beschaffung von Gegenständen des landwirthschaftlichen oder gewerblichen Betriebes und zur Benutzung derselben auf gemeinschaftliche Rechnung,
7. Vereine zur Herstellung von Wohnungen,

erwerben die Rechte einer „eingetragenen Genossenschaft“ nach Maßgabe dieses Gesetzes.

**§ 2.** Die Genossenschaften können errichtet werden:

1. dergestalt, daß die einzelnen Mitglieder (Genossen) für die Verbindlichkeiten der Genossenschaften dieser sowie unmittelbar den Gläubigern derselben mit ihrem ganzen Vermögen haften (eingetragene Genossenschaft mit unbeschränkter Haftpflicht);
2. dergestalt, daß die Genossen zwar mit ihrem ganzen Vermögen, aber nicht unmittelbar den Gläubigern der Genossenschaft verhaftet, vielmehr nur verpflichtet sind, der letzteren die zur Befriedigung der Gläubiger erforderlichen Nachschüsse zu leisten (eingetragene Genossenschaft mit unbeschränkter Nachschußpflicht);
3. dergestalt, daß die Haftpflicht der Genossen für die Verbindlichkeiten der Genossenschaft sowohl dieser wie unmittelbar den Gläubigern gegenüber im Voraus auf eine bestimmte Summe

beschränkt ist (eingetragene Genossenschaft mit beschränkter Haftpflicht).

§ 3. Die Firma der Genossenschaft muß vom Gegenstande des Unternehmens entlehnt sein und entsprechend der im § 2 vorgesehenen Art der Genossenschaft die daselbst bestimmte zusätzliche Bezeichnung enthalten.

Der Name von Genossen oder anderen Personen darf in die Firma nicht aufgenommen werden. Jede neue Firma muß sich von allen an demselben Orte oder in derselben Gemeinde bereits bestehenden Firmen eingetragener Genossenschaften deutlich unterscheiden.

§ 4. Die Zahl der Genossen muß mindestens sieben betragen.

§ 5. Das Statut der Genossenschaft bedarf der schriftlichen Form.

§ 6. Das Statut muß enthalten:

1. die Firma und den Sitz der Genossenschaft;
2. den Gegenstand des Unternehmens;
3. Bestimmungen über die Form für die Berufung der Generalversammlung der Genossen, sowie für die Beurkundung ihrer Beschlüsse und über den Vorsitz in der Versammlung;
4. Bestimmungen über die Form, in welcher die von der Genossenschaft ausgehenden Bekanntmachungen erfolgen, sowie über die öffentlichen Blätter, in welche dieselben aufzunehmen sind.

§ 7. Das Statut muß ferner bestimmen:

1. ob die Genossen der unbeschränkten Haftpflicht oder nur der unbeschränkten Nachschußpflicht oder der beschränkten Haftpflicht unterliegen sollen;
2. den Betrag, bis zu welchem sich die einzelnen Genossen mit Einlagen betheiligen können (Geschäftsantheil),

   sowie die Einzahlungen auf den Geschäftsantheil, zu welchen jeder Genosse verpflichtet ist; dieselben müssen bis zu einem Gesammtbetrage von mindestens einem Zehntheile des Geschäftsantheils nach Betrag und Zeit bestimmt sein;
3. die Grundsätze für die Aufstellung und die Prüfung der Bilanz;
4. die Bildung eines Reservefonds, welcher zur Deckung eines aus der Bilanz sich ergebenden Verlustes zu dienen hat, sowie die Art dieser Bildung, insbesondere den Theil des jährlichen Reingewinns, welcher in den Reservefonds einzustellen ist, und den Mindestbetrag des letzteren, bis zu dessen Erreichung die Einstellung zu erfolgen hat.

§ 8. Der Aufnahme in das Statut bedürfen Bestimmungen, nach welchen:

1. die Genossenschaft auf eine bestimmte Zeit beschränkt wird;

2. Erwerb und Fortdauer der Mitgliedschaft an den Wohnsitz innerhalb eines bestimmten Bezirks geknüpft wird;
3. das Geschäftsjahr, insbesondere das erste, auf ein mit dem Kalenderjahre nicht zusammenfallendes Jahr oder auf eine kürzere Dauer, als auf ein Jahr, bemessen wird;
4. über gewisse Gegenstände die Generalversammlung nicht schon durch einfache Stimmenmehrheit, sondern nur durch eine größere Stimmenmehrheit oder nach anderen Erfordernissen Beschluß fassen kann;
5. die Ausdehnung des Geschäftsbetriebes auf Personen, welche nicht Mitglieder der Genossenschaft sind, zugelassen wird.

Genossenschaften, bei welchen die Gewährung von Darlehen Zweck des Unternehmens ist, dürfen ihren Geschäftsbetrieb, soweit er in einer diesen Zweck verfolgenden Darlehnsgewährung besteht, nicht auf andere Personen außer den Mitgliedern ausdehnen. Darlehnsgewährungen, welche nur die Anlegung von Geldbeständen bezwecken, fallen nicht unter dieses Verbot.

Als Ausdehnung des Geschäftsbetriebes gilt nicht der Abschluß von Geschäften mit Personen, welche bereits die Erklärung des Beitritts zur Genossenschaft unterzeichnet haben und von derselben zugelassen sind.

Konsumvereine (§ 1 Ziffer 5) dürfen im regelmäßigen Geschäftsverkehr Waaren nur an Personen verkaufen, welche als Mitglieder oder deren Vertreter bekannt sind oder sich als solche in der durch das Statut vorgeschriebenen Weise legitimiren.

**§ 9.** Die Genossenschaft muß einen Vorstand und einen Aufsichtsrath haben.

Die Mitglieder des Vorstandes und des Aufsichtsrathes müssen Genossen sein. Gehören der Genossenschaft einzelne eingetragene Genossenschaften als Mitglieder an, oder besteht die Genossenschaft ausschließlich aus solchen, so können Mitglieder der letzteren in den Vorstand und den Aufsichtsrath berufen werden.

**§ 10.** Das Statut sowie die Mitglieder des Vorstandes sind in das Genossenschaftsregister bei dem Gerichte einzutragen, in dessen Bezirke die Genossenschaft ihren Sitz hat.

Das Genossenschaftsregister wird bei dem zur Führung des Handelsregisters zuständigen Gerichte geführt.

**§ 11.** Die Anmeldung behufs der Eintragung liegt dem Vorstande ob.

Der Anmeldung sind beizufügen:

1. Das Statut, welches von den Genossen unterzeichnet sein muß, und eine Abschrift desselben;

2. eine Liste der Genossen;
3. eine Abschrift der Urkunden über die Bestellung des Vorstandes und des Aufsichtsraths.

Die Mitglieder des Vorstandes haben zugleich ihre Unterschrift vor dem Gerichte zu zeichnen oder die Zeichnung in beglaubigter Form einzureichen.

Die Abschrift des Statuts wird von dem Gerichte beglaubigt und, mit der Bescheinigung der erfolgten Eintragung versehen, zurückgegeben. Die übrigen Schriftstücke werden bei dem Gerichte aufbewahrt.

**§ 12.** Das eingetragene Statut ist von dem Gerichte im Auszuge zu veröffentlichen.

Die Veröffentlichung muß enthalten:

1. das Datum des Statuts;
2. die Firma und den Sitz der Genossenschaft;
3. den Gegenstand des Unternehmens;
4. die Form, in welcher die von der Genossenschaft ausgehenden Bekanntmachungen erfolgen, sowie die öffentlichen Blätter, in welche dieselben aufzunehmen sind;
5. die Zeitdauer der Genossenschaft, falls dieselbe auf eine bestimmte Zeit beschränkt ist;
6. das Geschäftsjahr, falls es, abgesehen von dem ersten, auf ein mit dem Kalenderjahre nicht zusammenfallendes Jahr oder auf eine kürzere Dauer, als auf ein Jahr, bemessen ist;
7. die Namen und den Wohnort der Mitglieder des Vorstandes.

Zugleich ist bekannt zu machen, daß die Einsicht der Liste der Genossen während der Dienststunden des Gerichts jedem gestattet ist.

Ist in dem Statut bestimmt, in welcher Form der Vorstand seine Willenserklärungen kundgiebt und für die Genossenschaft zeichnet, so ist auch diese Bestimmung zu veröffentlichen.

**§ 13.** Vor erfolgter Eintragung in das Genossenschaftsregister hat die Genossenschaft die Rechte einer eingetragenen Genossenschaft nicht.

**§ 14.** Jede Zweigniederlassung muß bei dem Gerichte, in dessen Bezirke sie sich befindet, behufs Eintragung in das Genossenschaftsregister angemeldet werden.

Die Anmeldung hat die im § 12 vorgeschriebenen Angaben zu enthalten. Derselben sind zwei beglaubigte Abschriften des Statuts und eine durch das Gericht der Hauptniederlassung beglaubigte Abschrift der Liste der Genossen beizufügen. Die Bestimmung in § 11 Absatz 3 findet Anwendung.

Das Gericht hat die eine Abschrift des Statuts, mit der Bescheinigung der erfolgten Eintragung versehen, zurückzugeben und von der Eintragung zu dem Genossenschaftsregister bei dem Gerichte der Hauptniederlassung Mittheilung zu machen.

**§ 15.** Nach der Anmeldung des Statuts zum Genossenschaftsregister bedarf es zum Erwerbe der Mitgliedschaft einer von dem Beitretenden zu unterzeichnenden, unbedingten Erklärung des Beitritts.

Der Vorstand hat die Erklärung im Falle der Zulassung des Beitretenden behufs Eintragung desselben in die Liste der Genossen dem Gerichte (§ 10) einzureichen. Die Eintragung ist unverzüglich vorzunehmen.

Durch die Eintragung, welche auf Grund der Erklärung und deren Einreichung stattfindet, entsteht die Mitgliedschaft des Beitretenden.

Von der Eintragung hat das Gericht den Genossen und den Vorstand zu benachrichtigen. Die Beitrittserklärung wird in Urschrift bei dem Gerichte aufbewahrt. Wird die Eintragung versagt, so hat das Gericht hiervon den Antragsteller unter Rückgabe der Beitrittserklärung und den Vorstand in Kenntniß zu setzen.

**§ 16.** Eine Abänderung des Statuts oder die Fortsetzung einer auf bestimmte Zeit beschränkten Genossenschaft kann nur durch die Generalversammlung beschlossen werden.

Zu einer Abänderung des Gegenstandes des Unternehmens sowie zur Erhöhung des Geschäftsantheils bedarf es einer Mehrheit von drei Viertheilen der erschienenen Genossen. Das Statut kann noch andere Erfordernisse aufstellen. Zu sonstigen Änderungen des Statuts bedarf es einer Mehrheit von drei Viertheilen der erschienenen Genossen, sofern nicht das Statut andere Erfordernisse aufstellt.

Auf die Anmeldung und Eintragung des Beschlusses finden die Vorschriften des § 11 mit der Maßgabe entsprechende Anwendung, daß der Anmeldung zwei Abschriften des Beschlusses beizufügen sind. Die Veröffentlichung des Beschlusses findet nur insoweit statt, als derselbe eine der im § 12 Absatz 2 und 4 bezeichneten Bestimmungen zum Gegenstande hat.

Der Beschluß hat keine rechtliche Wirkung, bevor er in das Genossenschaftsregister eingetragen worden ist.

## Zweiter Abschnitt.

### Rechtsverhältnisse der Genossenschaft und der Genossen.

**§ 17.** Die eingetragene Genossenschaft als solche hat selbständig ihre Rechte und Pflichten; sie kann Eigenthum und andere dingliche

Rechte an Grundstücken erwerben, vor Gericht klagen und verklagt werden.

Genossenschaften gelten als Kaufleute im Sinne des Handelsgesetzbuchs, soweit dieses Gesetz keine abweichenden Vorschriften enthält.

**§ 18.** Das Rechtsverhältniß der Genossenschaft und der Genossen richtet sich zunächst nach dem Statut. Letzteres darf von den Bestimmungen dieses Gesetzes nur insoweit abweichen, als dies ausdrücklich für zulässig erklärt ist.

**§ 19.** Der bei Genehmigung der Bilanz für die Genossen sich ergebende Gewinn oder Verlust des Geschäftsjahres ist auf diese zu vertheilen. Die Vertheilung geschieht für das erste Geschäftsjahr nach dem Verhältniß ihrer auf den Geschäftsantheil geleisteten Einzahlungen, für jedes folgende nach dem Verhältniß ihrer durch die Zuschreibung von Gewinn oder die Abschreibung von Verlust zum Schlusse des vorhergegangenen Geschäftsjahres ermittelten Geschäftsguthaben. Die Zuschreibung des Gewinns erfolgt solange, als nicht der Geschäftsantheil erreicht ist.

Das Statut kann einen anderen Maßstab für die Vertheilung von Gewinn und Verlust aufstellen, sowie Bestimmung darüber treffen, inwieweit der Gewinn vor Erreichung des Geschäftsantheils an die Genossen auszuzahlen ist. Bis zur Wiederergänzung eines durch Verlust verminderten Guthabens findet eine Auszahlung des Gewinns nicht statt.

**§ 20.** Durch das Statut kann für einen bestimmten Zeitraum, welcher zehn Jahre nicht überschreiten darf, festgesetzt werden, daß der Gewinn nicht vertheilt, sondern dem Reservefonds zugeschrieben wird. Bei Ablauf des Zeitraums kann die Festsetzung wiederholt werden; für den Beschluß genügt, sofern das Statut nicht andere Erfordernisse aufstellt, einfache Stimmenmehrheit.

**§ 21.** Für das Geschäftsguthaben werden Zinsen von bestimmter Höhe nicht vergütet, auch wenn der Genosse Einzahlungen in höheren als den geschuldeten Beträgen geleistet hat.

Auch können Genossen, welche mehr als die geschuldeten Einzahlungen geleistet haben, im Falle eines Verlustes andere Genossen nicht aus dem Grunde in Anspruch nehmen, daß von letzteren nur diese Einzahlungen geleistet sind.

**§ 22.** Eine Herabsetzung des Geschäftsantheils oder der auf denselben zu leistenden Einzahlungen oder eine Verlängerung der für die letzteren festgesetzten Fristen kann nur unter Beobachtung der Bestimmungen erfolgen, welche für die Vertheilung des Genossenschaftsvermögens im Falle der Auflösung maßgebend sind.

Das Geschäftsguthaben eines Genossen darf, solange er nicht

ausgeschieden ist, von der Genossenschaft nicht ausgezahlt oder im geschäftlichen Betriebe zum Pfande genommen, eine geschuldete Einzahlung darf nicht erlassen werden.

Gegen die letztere kann der Genosse eine Aufrechnung nicht geltend machen.

**§ 23.** Für die Verbindlichkeiten der Genossenschaft haften die Genossen nach Maßgabe dieses Gesetzes.

Wer in die Genossenschaft eintritt, haftet auch für die vor seinem Eintritt eingegangenen Verbindlichkeiten.

Ein den vorstehenden Bestimmungen zuwiderlaufender Vertrag ist ohne rechtliche Wirkung.

Frauen können in Betreff der durch ihre Mitgliedschaft übernommenen Verpflichtungen sich auf die nach Landesgesetzen für sie geltenden Rechtswohlthaten nicht berufen.

## Dritter Abschnitt.

### Vertretung und Geschäftsführung.

**§ 24.** Die Genossenschaft wird durch den Vorstand gerichtlich und außergerichtlich vertreten.

Der Vorstand besteht aus zwei Mitgliedern und wird von der Generalversammlung gewählt. Durch das Statut kann eine höhere Mitgliederzahl sowie eine andere Art der Bestellung festgesetzt werden.

Die Mitglieder des Vorstandes können besoldet oder unbesoldet sein. Ihre Bestellung ist zu jeder Zeit widerruflich, unbeschadet der Entschädigungsansprüche aus bestehenden Verträgen.

**§ 25.** Der Vorstand hat in der durch das Statut bestimmten Form seine Willenserklärungen kundzugeben und für die Genossenschaft zu zeichnen. Ist nichts darüber bestimmt, so muß die Erklärung und Zeichnung durch sämmtliche Mitglieder des Vorstandes erfolgen. Weniger als zwei Mitglieder dürfen hierfür nicht bestimmt werden.

Die Zeichnung geschieht in der Weise, daß die Zeichnenden zu der Firma der Genossenschaft oder zu der Benennung des Vorstandes ihre Namensunterschrift beifügen.

**§ 26.** Die Genossenschaft wird durch die von dem Vorstande in ihrem Namen geschlossenen Rechtsgeschäfte berechtigt und verpflichtet; es ist gleichgültig, ob das Geschäft ausdrücklich im Namen der Genossenschaft geschlossen worden ist, oder ob die Umstände ergeben, daß es nach dem Willen der Vertragschließenden für die Genossenschaft geschlossen werden sollte.

Zur Legitimation des Vorstandes Behörden gegenüber genügt eine Bescheinigung des Gerichts (§ 10), daß die darin zu bezeichnenden Personen als Mitglieder des Vorstandes in das Genossenschaftsregister eingetragen sind.

**§ 27.** Der Vorstand ist der Genossenschaft gegenüber verpflichtet, die Beschränkungen einzuhalten, welche für den Umfang seiner Befugniß, die Genossenschaft zu vertreten, durch das Statut oder durch Beschlüsse der Generalversammlung festgesetzt sind.

Gegen dritte Personen hat eine Beschränkung der Befugniß des Vorstandes, die Genossenschaft zu vertreten, keine rechtliche Wirkung. Dies gilt insbesondere für den Fall, daß die Vertretung sich nur auf gewisse Geschäfte oder Arten von Geschäften erstrecken oder nur unter gewissen Umständen oder für eine gewisse Zeit oder an einzelnen Orten stattfinden soll oder daß die Zustimmung der Generalversammlung, des Aufsichtsraths oder eines anderen Organs der Genossenschaft für einzelne Geschäfte erfordert ist.

**§ 28.** Jede Änderung in der Zusammensetzung des Vorstandes sowie eine Wiederwahl oder eine Beendigung der Vollmacht von Mitgliedern desselben muß ohne Verzug zur Eintragung in das Genossenschaftsregister angemeldet werden. Zugleich haben neue Mitglieder ihre Unterschrift vor dem Gerichte zu zeichnen oder die Zeichnung in beglaubigter Form einzureichen. Eine Abschrift der Urkunden über ihre Bestellung oder über die Beendigung ihrer Vollmacht ist der Anmeldung beizufügen und bleibt in der Verwahrung des Gerichts. Soweit eine Wiederwahl von Vorstandsmitgliedern erfolgt ist, unterbleibt die Veröffentlichung der Eintragung.

**§ 29.** Die Änderung in dem Vorstande oder Beendigung der Vollmacht eines Mitgliedes und eine Änderung des Statuts rücksichtlich der Form für Willenserklärungen des Vorstandes kann, solange sie nicht in das Genossenschaftsregister eingetragen und öffentlich bekannt gemacht ist, einem Dritten von der Genossenschaft nur entgegengesetzt werden, wenn letztere beweist, daß derselbe beim Abschlusse des Geschäfts von der Änderung oder Beendigung Kenntniß hatte.

Nach geschehener Eintragung und Bekanntmachung muß der Dritte, sofern nicht durch die Umstände die Annahme begründet wird, daß er beim Abschlusse des Geschäfts die Änderung oder Beendigung weder gekannt habe noch habe kennen müssen, dieselbe gegen sich gelten lassen.

**§ 30.** Der Vorstand hat ein Verzeichniß der Genossen zu führen und dasselbe mit der Liste in Übereinstimmung zu halten.

§ 31. Der Vorstand ist verpflichtet, Sorge zu tragen, daß die erforderlichen Bücher der Genossenschaft geführt werden.

Er muß binnen sechs Monaten nach Ablauf jedes Geschäftsjahres die Bilanz desselben, die Zahl der im Laufe des Jahres eingetretenen oder ausgeschiedenen, sowie die Zahl der am Jahresschlusse der Genossenschaft angehörigen Genossen veröffentlichen. Die Bekanntmachung ist zu dem Genossenschaftsregister einzureichen.

§ 32. Die Mitglieder des Vorstandes haben die Sorgfalt eines ordentlichen Geschäftsmannes anzuwenden.

Mitglieder, welche ihre Obliegenheiten verletzen, haften der Genossenschaft persönlich und solidarisch für den dadurch entstandenen Schaden.

Insbesondere sind sie zum Ersatze der Zahlung verpflichtet, wenn entgegen den Vorschriften in §§ 19, 22 der Gewinn oder das Geschäftsguthaben ausgezahlt wird.

Die Ansprüche auf Grund der vorstehenden Bestimmungen verjähren in fünf Jahren.

§ 33. Die für Mitglieder des Vorstandes gegebenen Vorschriften gelten auch für Stellvertreter von Mitgliedern.

§ 34. Der Aufsichtsrath besteht, sofern nicht das Statut eine höhere Zahl festsetzt, aus drei von der Generalversammlung zu wählenden Mitgliedern. Die zu einer Beschlußfassung erforderliche Zahl ist durch das Statut zu bestimmen.

Die Mitglieder dürfen keine nach dem Geschäftsergebniß bemessene Vergütung (Tantieme) beziehen.

Die Bestellung zum Mitgliede des Aufsichtsraths kann auch vor Ablauf des Zeitraums, für welchen dasselbe gewählt ist, durch die Generalversammlung widerrufen werden. Der Beschluß bedarf einer Mehrheit von drei Viertheilen der erschienenen Genossen.

§ 35. Die Mitglieder des Aufsichtsraths dürfen nicht zugleich Mitglieder des Vorstandes oder dauernd Stellvertreter derselben sein, auch nicht als Beamte die Geschäfte der Genossenschaft führen. Nur für einen im Voraus begrenzten Zeitraum kann der Aufsichtsrath einzelne seiner Mitglieder zu Stellvertretern von behinderten Mitgliedern des Vorstandes bestellen; während dieses Zeitraums und bis zur ertheilten Entlastung des Vertreters darf der letztere eine Thätigkeit als Mitglied des Aufsichtsraths nicht ausüben.

Scheiden aus dem Vorstande Mitglieder aus, so dürfen dieselben nicht vor ertheilter Entlastung in den Aufsichtsrath gewählt werden.

§ 36. Der Aufsichtsrath hat den Vorstand bei seiner Geschäftsführung in allen Zweigen der Verwaltung zu überwachen und zu dem Zweck sich von dem Gange der Angelegenheiten der Genossenschaft zu unterrichten. Er kann jederzeit über dieselben Berichterstattung von dem Vorstande verlangen und selbst oder durch einzelne von ihm zu bestimmende Mitglieder die Bücher und Schriften der Genossenschaft einsehen, sowie den Bestand der Genossenschaftskasse und die Bestände an Effekten, Handelspapieren und Waaren untersuchen. Er hat die Jahresrechnung, die Bilanzen und die Vorschläge zur Vertheilung von Gewinn und Verlust zu prüfen und darüber der Generalversammlung vor Genehmigung der Bilanz Bericht zu erstatten.

Er hat eine Generalversammlung zu berufen, wenn dies im Interesse der Genossenschaft erforderlich ist.

Weitere Obliegenheiten des Aufsichtsraths werden durch das Statut bestimmt.

Die Mitglieder des Aufsichtsraths können die Ausübung ihrer Obliegenheiten nicht anderen Personen übertragen.

**§ 37.** Der Aufsichtsrath ist ermächtigt, die Genossenschaft bei Abschließung von Verträgen mit dem Vorstande zu vertreten und gegen die Mitglieder desselben die Prozesse zu führen, welche die Generalversammlung beschließt.

Der Genehmigung des Aufsichtsraths bedarf jede Gewährung von Kredit an ein Mitglied des Vorstandes, soweit letztere nicht durch das Statut an noch andere Erfordernisse geknüpft oder ausgeschlossen ist. Das Gleiche gilt von der Annahme eines Vorstandsmitgliedes als Bürgen für eine Kreditgewährung.

In Prozessen gegen die Mitglieder des Aufsichtsraths wird die Genossenschaft durch Bevollmächtigte vertreten, welche in der Generalversammlung gewählt werden.

**§ 38.** Der Aufsichtsrath ist befugt, nach seinem Ermessen Mitglieder des Vorstandes vorläufig, bis zur Entscheidung der ohne Verzug zu berufenden Generalversammlung, von ihren Geschäften zu entheben und wegen einstweiliger Fortführung derselben das Erforderliche zu veranlassen.

**§ 39.** Die Mitglieder des Aufsichtsraths haben die Sorgfalt eines ordentlichen Geschäftsmannes anzuwenden.

Mitglieder, welche ihre Obliegenheiten verletzen, haften der Genossenschaft persönlich und solidarisch für den dadurch entstandenen Schaden.

Insbesondere sind sie in den Fällen des § 32 Absatz 3 zum Ersatze der Zahlung verpflichtet, wenn diese mit ihrem Wissen und ohne ihr Einschreiten erfolgt ist.

Die Ansprüche auf Grund der vorstehenden Bestimmungen verjähren in fünf Jahren.

**§ 40.** Der Betrieb von Geschäften der Genossenschaft sowie die Vertretung der letzteren in Bezug auf diese Geschäftsführung kann auch sonstigen Bevollmächtigten oder Beamten der Genossenschaft zugewiesen werden. In diesem Falle bestimmt sich die Befugniß derselben nach der ihnen ertheilten Vollmacht; sie erstreckt sich im Zweifel auf alle Rechtshandlungen, welche die Ausführung derartiger Geschäfte gewöhnlich mit sich bringt.

Die Bestellung von Prokuristen oder von Handlungsbevollmächtigten zum gesammten Geschäftsbetriebe findet nicht statt.

**§ 41.** Die Rechte, welche den Genossen in den Angelegenheiten der Genossenschaft, insbesondere in Bezug auf die Führung der Geschäfte, die Prüfung der Bilanz und die Vertheilung von Gewinn und Verlust zustehen, werden in der Generalversammlung durch Beschlußfassung der erschienenen Genossen ausgeübt.

Jeder Genosse hat eine Stimme.

Ein Genosse, welcher durch die Beschlußfassung entlastet oder von einer Verpflichtung befreit werden soll, hat hierbei kein Stimmrecht. Dasselbe gilt von einer Beschlußfassung, welche den Abschluß eines Rechtsgeschäfts mit einem Genossen betrifft.

Die Genossen können das Stimmrecht nicht durch Bevollmächtigte ausüben. Diese Bestimmung findet auf handlungsunfähige Personen, Korporationen, Handelsgesellschaften, Genossenschaften oder andere Personenvereine und, wenn das Statut die Theilnahme von Frauen an der Generalversammlung ausschließt, auf Frauen keine Anwendung. Ein Bevollmächtigter kann nicht mehr als einen Genossen vertreten.

**§ 42.** Die Generalversammlung wird durch den Vorstand berufen, soweit nicht nach dem Statut oder diesem Gesetze auch andere Personen dazu befugt sind.

Eine Generalversammlung ist außer den im Statut oder in diesem Gesetze ausdrücklich bestimmten Fällen zu berufen, wenn dies im Interesse der Genossenschaft erforderlich erscheint.

**§ 43.** Die Generalversammlung muß ohne Verzug berufen werden, wenn der zehnte Theil oder der im Statut hierfür bezeichnete geringere Theil der Genossen in einer von ihnen unterschriebenen Eingabe unter Anführung des Zwecks und der Gründe die Berufung verlangt.

In gleicher Weise sind die Genossen berechtigt, zu verlangen, daß Gegenstände zur Beschlußfassung einer Generalversammlung angekündigt werden.

Wird dem Verlangen nicht entsprochen, so kann das Gericht (§ 10) die Genossen, welche das Verlangen gestellt haben, zur

Berufung der Generalversammlung oder zur Ankündigung des Gegenstandes ermächtigen. Mit der Berufung oder Ankündigung ist die gerichtliche Ermächtigung bekannt zu machen.

**§ 44.** Die Berufung der Generalversammlung muß in der durch das Statut bestimmten Weise mit einer Frist von mindestens einer Woche erfolgen.

Der Zweck der Generalversammlung soll jederzeit bei der Berufung bekannt gemacht werden. Über Gegenstände, deren Verhandlung nicht in der durch das Statut oder durch § 43 Absatz 3 vorgesehenen Weise mindestens drei Tage vor der Generalversammlung angekündigt ist, können Beschlüsse nicht gefaßt werden; hiervon sind jedoch Beschlüsse über die Leitung der Versammlung, sowie über Anträge auf Berufung einer außerordentlichen Generalversammlung ausgenommen.

Zur Stellung von Anträgen und zu Verhandlungen ohne Beschlußfassung bedarf es der Ankündigung nicht.

**§ 45.** Die Beschlüsse der Generalversammlung sind in ein Protokollbuch einzutragen, dessen Einsicht jedem Genossen und der Staatsbehörde gestattet werden muß.

**§ 46.** Die Generalversammlung hat über die Genehmigung der Bilanz zu beschließen und von dem Gewinn oder Verlust den auf die Genossen fallenden Betrag festzusetzen.

Die Bilanz, sowie eine den Gewinn und Verlust des Jahres zusammenstellende Berechnung (Jahresrechnung) sollen mindestens eine Woche vor der Versammlung in dem Geschäftslokale der Genossenschaft oder an einer anderen, durch den Vorstand bekannt zu machenden, geeigneten Stelle zur Einsicht der Genossen ausgelegt oder sonst denselben zur Kenntniß gebracht werden. Jeder Genosse ist berechtigt, auf seine Kosten eine Abschrift der Bilanz, sowie der Jahresrechnung zu verlangen.

**§ 47.** Die Generalversammlung hat festzusetzen:

1. den Gesammtbetrag, welchen Anleihen der Genossenschaft und Spareinlagen bei derselben nicht überschreiten sollen;
2. die Grenzen, welche bei Kreditgewährungen an Genossen eingehalten werden sollen.

**§ 48.** Soweit das Statut die Genossen zu Einzahlungen auf den Geschäftsantheil verpflichtet, ohne dieselben nach Betrag und Zeit festzusetzen, unterliegt ihre Festsetzung der Beschlußfassung durch die Generalversammlung.

**§ 49.** Ein Beschluß der Generalversammlung kann wegen Verletzung des Gesetzes oder des Statuts als ungültig im Wege der Klage angefochten werden. Dieselbe findet nur binnen der Frist von einem Monate statt. Zur Anfechtung befugt ist außer dem Vorstande jeder in der Generalversammlung erschienene Genosse, sofern er gegen den Beschluß Widerspruch zu Protokoll erklärt hat, und jeder nicht erschienene Genosse, sofern er die Anfechtung darauf gründet, daß die Berufung der Generalversammlung oder die Ankündigung des Gegenstandes der Beschlußfassung nicht gehörig erfolgt war.

Die Klage ist gegen die Genossenschaft zu richten. Die Genossenschaft wird durch den Vorstand, sofern dieser nicht selbst klagt, und durch den Aufsichtsrath vertreten. Zuständig für die Klage ist ausschließlich das Landgericht, in dessen Bezirke die Genossenschaft ihren Sitz hat. Die mündliche Verhandlung erfolgt nicht vor Ablauf der im ersten Absatz bezeichneten Frist. Mehrere Anfechtungsprozesse sind zur gleichzeitigen Verhandlung und Entscheidung zu verbinden.

Die Erhebung der Klage sowie der Termin zur mündlichen Verhandlung sind ohne Verzug von dem Vorstande in den für die Bekanntmachungen der Genossenschaft bestimmten Blättern zu veröffentlichen.

Soweit durch ein Urtheil rechtskräftig der Beschluß für ungültig erklärt ist, wirkt es auch gegenüber den Genossen, welche nicht Partei sind. War der Beschluß in das Genossenschaftsregister eingetragen, so hat der Vorstand dem Gerichte (§ 10), das Urtheil behufs der Eintragung einzureichen. Die öffentliche Bekanntmachung der letzteren erfolgt, soweit der eingetragene Beschluß veröffentlicht war.

**§ 50.** Für einen durch unbegründete Anfechtung des Beschlusses der Genossenschaft entstandenen Schaden haften ihr solidarisch die Kläger, welchen bei Erhebung der Klage eine bösliche Handlungsweise zur Last fällt.

## Vierter Abschnitt.

### Revision.

**§ 51.** Die Einrichtungen der Genossenschaft und die Geschäftsführung derselben in allen Zweigen der Verwaltung sind mindestens in jedem zweiten Jahre der Prüfung durch einen der Genossenschaft nicht angehörigen, sachverständigen Revisor zu unterwerfen.

**§ 52.** Für Genossenschaften, welche einem den nachfolgenden Anforderungen genügenden Verbande angehören, ist diesem das Recht zu verleihen, den Revisor zu bestellen.

**§ 53.** Der Verband muß die Revision der ihm angehörigen Genossenschaften und kann auch sonst die gemeinsame Wahrnehmung ihrer im § 1 bezeichneten Interessen, insbesondere die Unterhaltung gegenseitiger Geschäftsbeziehungen zum Zweck haben. Andere Zwecke darf er nicht verfolgen.

**§ 54.** Die Zwecke des Verbandes müssen in dem Statut desselben angegeben sein. Der Inhalt des Statuts muß erkennen lassen, daß der Verband im Stande ist, der Revisionspflicht zu genügen. Das Statut hat insbesondere den Verbandsbezirk sowie die höchste und die geringste Zahl von Genossenschaften, welche der Verband umfassen kann, festzusetzen und die Bestimmungen über Auswahl und Bestellung der Revisoren, Art und Umfang der Revisionen, sowie über Bildung, Sitz und Befugnisse des Vorstandes und über die sonstigen Organe des Verbandes zu enthalten.

**§ 55.** Die Verleihung des Rechts zur Bestellung des Revisors erfolgt, wenn der Bezirk des Verbandes sich über mehrere Bundesstaaten erstreckt, durch den Bundesrath, anderenfalls durch die Zentralbehörde des Bundesstaates.

Änderungen des Verbandsstatuts sind der nach Absatz 1 zuständigen Stelle einzureichen.

**§ 56.** Der Verbandsvorstand hat das Statut mit einer beglaubigten Abschrift der Verleihungsurkunde, sowie alljährlich im Monat Januar ein Verzeichniß der dem Verbande angehörigen Genossenschaften den Gerichten (§ 10), in deren Bezirke diese ihren Sitz haben, sowie der höheren Verwaltungsbehörde, in deren Bezirke der Vorstand seinen Sitz hat, einzureichen.

**§ 57.** Generalversammlungen des Verbandes dürfen nur innerhalb des Verbandsbezirks abgehalten werden.

Sie sind der höheren Verwaltungsbehörde, in deren Bezirke der Vorstand seinen Sitz hat, sowie der höheren Verwaltungsbehörde, in deren Bezirke die Versammlung abgehalten werden soll, unter Einreichung der Tagesordnung mindestens eine Woche vorher anzuzeigen.

Der letzteren Behörde steht das Recht zu, in die Versammlung einen Vertreter zu entsenden.

**§ 58.** Das Recht zur Bestellung des Revisors kann dem Verbande entzogen werden,

1. wenn er sich gesetzwidriger Handlungen schuldig macht, durch welche das Gemeinwohl gefährdet wird, oder wenn er andere als die im § 53 bezeichneten Zwecke verfolgt;
2. wenn der Verband der ihm obliegenden Pflicht der Revision nicht genügt.

Die Entziehung wird nach Anhörung des Verbandsvorstandes durch die für die Verleihung zuständige Stelle ausgesprochen.

Von der Entziehung ist den im § 56 bezeichneten Gerichten Mittheilung zu machen.

**§ 59.** Für Genossenschaften, welche einem Revisionsverbande (§§ 53 bis 55) nicht angehören, wird der Revisor durch das Gericht (§ 10) bestellt.

Der Vorstand der Genossenschaft hat die Bestellung zu beantragen.

Die Bestellung erfolgt, nachdem die höhere Verwaltungsbehörde über die Person des Revisors gehört ist. Erklärt die Behörde sich mit einer von der Genossenschaft vorgeschlagenen Person einverstanden, so ist diese zum Revisor zu bestellen.

**§ 60.** Der Revisor hat gegen die Genossenschaft Anspruch auf Erstattung angemessener baarer Auslagen und auf Vergütung für seine Leistung nach Maßgabe der erforderlichen Zeitversäumniß.

Dem vom Gerichte bestellten Revisor werden in Ermangelung einer Einigung die Auslagen und die Vergütung durch das Gericht festgesetzt. Die Vorschriften im § 98 Absatz 2, § 99, § 702 Nr. 3 der Civilprozeßordnung finden Anwendung.

**§ 61.** Der Vorstand der Genossenschaft hat dem Revisor die Einsicht der Bücher und Schriften der Genossenschaft und die Untersuchung des Bestandes der Genossenschaftskasse, sowie der Bestände an Effekten, Handelspapieren und Waaren zu gestatten. Zu der Revision ist der Aufsichtsrath zuzuziehen.

Der Vorstand hat eine Bescheinigung des Revisors, daß die Revision stattgefunden hat, zum Genossenschaftsregister einzureichen und den Bericht über die Revision bei der Berufung der nächsten Generalversammlung als Gegenstand der Beschlußfassung anzukündigen. In der Generalversammlung hat der Aufsichtsrath sich über das Ergebniß der Revision zu erkären.

Der von einem Verbande bestellte Revisor hat eine Abschrift des Revisionsberichts dem Verbandsvorstande einzureichen.

**§ 62.** Der Reichskanzler ist ermächtigt, allgemeine Anweisungen zu erlassen, nach welchen die Revisionsberichte anzufertigen sind.

## Fünfter Abschnitt.

### Ausscheiden einzelner Genossen.

**§ 63.** Jeder Genosse hat das Recht, mittelst Aufkündigung seinen Austritt aus der Genossenschaft zu erklären.

Die Aufkündigung findet nur zum Schlusse eines Geschäftsjahres statt. Sie muß mindestens drei Monate vorher schriftlich erfolgen.

Durch das Statut kann eine längere, jedoch höchstens zweijährige Kündigungsfrist festgesetzt werden.

Ein den vorstehenden Bestimmungen zuwiderlaufendes Abkommen ist ohne rechtliche Wirkung.

**§ 64.** Der Gläubiger eines Genossen, welcher, nachdem innerhalb der letzten sechs Monate eine Zwangsvollstreckung in das Vermögen des Genossen fruchtlos versucht ist, die Pfändung und Überweisung des demselben bei der Auseinandersetzung mit der Genossenschaft zukommenden Guthabens erwirkt hat, kann behufs seiner Befriedigung das Kündigungsrecht des Genossen an dessen Stelle ausüben, sofern der Schuldtitel nicht blos vorläufig vollstreckbar ist.

Der Aufkündigung muß eine beglaubigte Abschrift des Schuldtitels und der Urkunden über die fruchtlose Zwangsvollstreckung beigefügt sein.

**§ 65.** Ist durch das Statut die Mitgliedschaft an den Wohnsitz innerhalb eines bestimmten Bezirks geknüpft (§ 8 Nr. 2), so kann ein Genosse, welcher den Wohnsitz in dem Bezirke aufgiebt, zum Schlusse des Geschäftsjahres seinen Austritt schriftlich erklären.

Imgleichen kann die Genossenschaft dem Genossen schriftlich erklären, daß er zum Schlusse des Geschäftsjahres auszuscheiden habe.

Über die Aufgabe des Wohnsitzes ist die Bescheinigung einer öffentlichen Behörde beizubringen.

**§ 66.** Ein Genosse kann wegen des Verlustes der bürgerlichen Ehrenrechte, sowie wegen der Mitgliedschaft in einer anderen Genossenschaft, welche an demselben Orte ein gleichartiges Geschäft betreibt, zum Schlusse des Geschäftsjahres aus der Genossenschaft ausgeschlossen werden. Aus Vorschuß- und Kreditvereinen kann die Ausschließung wegen der Mitgliedschaft in einer anderen solchen Genossenschaft auch dann erfolgen, wenn die letztere ihr Geschäft nicht an demselben Orte betreibt.

Durch das Statut können sonstige Gründe der Ausschließung festgesetzt werden.

Der Beschluß, durch welchen der Genosse ausgeschlossen wird, ist diesem von dem Vorstande ohne Verzug mittelst eingeschriebenen Briefes mitzutheilen.

Von dem Zeitpunkte der Absendung desselben kann der Genosse nicht mehr an der Generalversammlung theilnehmen, auch nicht Mitglied des Vorstandes oder des Aufsichtsraths sein.

**§ 67.** Der Vorstand ist verpflichtet, die Aufkündigung des Genossen oder des Gläubigers mindestens sechs Wochen vor dem Ende des Geschäftsjahres, zu dessen Schlusse sie stattgefunden hat, dem Gerichte (§ 10) zur Liste der Genossen einzureichen. Er hat zugleich die schriftliche Versicherung abzugeben, daß die Aufkündigung rechtzeitig erfolgt ist. Der Aufkündigung des Gläubigers sind die im § 64 Absatz 2 bezeichneten Urkunden, sowie eine beglaubigte Abschrift des Pfändungs- und Überweisungsbeschlusses beizufügen.

Imgleichen hat der Vorstand im Falle des § 65 mit der Bescheinigung die Erklärung des Genossen oder Abschrift der Erklärung der Genossenschaft, sowie im Falle der Ausschließung Abschrift des Beschlusses dem Gerichte einzureichen. Die Einreichung ist bis zu dem im ersten Absatz bezeichneten Zeitpunkte und, wenn die Erklärung oder der Beschluß später erfolgt, ohne Verzug zu bewirken.

**§ 68.** In die Liste ist die das Ausscheiden des Genossen begründende Thatsache und der aus den Urkunden hervorgehende Jahresschluß unverzüglich einzutragen.

In Folge der Eintragung scheidet der Genosse mit dem in der Liste vermerkten Jahresschlusse, wenn jedoch die Eintragung erst im Laufe eines späteren Geschäftsjahres bewirkt wird, mit dem Schlusse des letzteren aus der Genossenschaft aus.

**§ 69.** Auf Antrag des Genossen, im Falle des § 64 auf Antrag des Gläubigers, hat das Gericht die Thatsache, auf Grund deren das Ausscheiden, und den Jahresschluß, zu welchem dasselbe beansprucht wird, ohne Verzug in der Liste vorzumerken.

Erkennt der Vorstand den Anspruch in beglaubigter Form an oder wird er zur Anerkennung rechtskräftig verurtheilt, so ist dies bei Einreichung des Anerkenntnisses oder Urtheils der Vormerkung hinzuzufügen. In Folge dessen gilt der Austritt oder die Ausschließung als am Tage der Vormerkung eingetragen.

**§ 70.** Von der Eintragung sowie der Vormerkung oder von deren Versagung hat das Gericht den Vorstand und den Genossen, im Falle des § 64 auch den Gläubiger, zu benachrichtigen.

Die behufs der Eintragung oder der Vormerkung eingereichten Urkunden bleiben in der Verwahrung des Gerichts.

**§ 71.** Die Auseinandersetzung des Ausgeschiedenen mit der Genossenschaft bestimmt sich nach der Vermögenslage derselben und dem Bestande der Mitglieder zur Zeit seines Ausscheidens.

Die Auseinandersetzung erfolgt auf Grund der Bilanz. Das Geschäftsguthaben des Genossen ist binnen sechs Monaten nach dem Ausscheiden auszuzahlen; an den Reservefonds und das sonstige Vermögen der Genossenschaft hat er keinen Anspruch. Reicht das Vermögen einschließlich des Reservefonds und aller Geschäftsguthaben zur Deckung der Schulden nicht aus, so hat der Ausgeschiedene von dem Fehlbetrage den ihn treffenden Antheil an die Genossenschaft zu zahlen; der Antheil wird in Ermangelung einer anderen Bestimmung des Statuts nach der Kopfzahl der Mitglieder berechnet.

**§ 72.** Die Klage des ausgeschiedenen Genossen auf Auszahlung des Geschäftsguthabens verjährt in zwei Jahren.

**§ 73.** Wird die Genossenschaft binnen sechs Monaten nach dem Ausscheiden des Genossen aufgelöst, so gilt dasselbe als nicht erfolgt.

**§ 74.** Ein Genosse kann zu jeder Zeit, auch im Laufe des Geschäftsjahres, sein Geschäftsguthaben mittelst schriftlicher Übereinkunft einem Anderen übertragen und hierdurch aus der Genossenschaft ohne Auseinandersetzung mit ihr austreten, sofern der Erwerber an seiner Stelle Genosse wird oder sofern derselbe schon Genosse ist und dessen bisheriges Guthaben mit dem ihm zuzuschreibenden Betrage den Geschäftsantheil nicht übersteigt. Das Statut kann eine solche Übertragung ausschließen oder an weitere Voraussetzungen knüpfen.

Der Vorstand hat die Übereinkunft dem Gerichte (§ 10) ohne Verzug einzureichen und, falls der Erwerber schon Genosse ist, zugleich die schriftliche Versicherung abzugeben, daß dessen bisheriges Guthaben mit dem zuzuschreibenden Betrage den Geschäftsantheil nicht übersteigt.

Die Übertragung ist in die Liste bei dem veräußernden Genossen unverzüglich einzutragen. Als Zeitpunkt des Ausscheidens gilt der Tag der Eintragung. Dieselbe darf, falls der Erwerber noch nicht Genosse ist, nur zugleich mit der Eintragung des letzteren erfolgen. Die Vorschriften der §§ 15, 69 und 70 finden entsprechende Anwendung.

Wird die Genossenschaft binnen sechs Monaten nach dem Ausscheiden des Genossen aufgelöst, so hat dieser im Falle der Eröffnung des Konkursverfahrens die Nachschüsse, zu deren Zahlung er verpflichtet gewesen sein würde, insoweit zu leisten, als zu derselben der Erwerber unvermögend ist.

**§ 75.** Im Falle des Todes eines Genossen gilt dieser mit dem Schlusse des Geschäftsjahres, in welchem der Tod erfolgt ist, als ausgeschieden. Bis zu diesem Zeitpunkte wird die Mitgliedschaft des Verstorbenen durch den Erben desselben fortgesetzt. Für mehrere Erben kann das Stimmrecht durch einen Bevollmächtigten ausgeübt werden.

Der Vorstand hat eine Anzeige von dem Tode des Genossen ohne Verzug dem Gerichte (§ 10) zur Liste der Genossen einzureichen.

Die Vorschriften in § 68 Absatz 1, §§ 69 bis 73 finden entsprechende Anwendung.

## Sechster Abschnitt.

### Auflösung und Liquidation.

**§ 76.** Die Genossenschaft kann durch Beschluß der Generalversammlung jederzeit aufgelöst werden; der Beschluß bedarf einer Mehrheit von drei Viertheilen der erschienenen Genossen. Das Statut kann außer dieser Mehrheit noch andere Erfordernisse aufstellen.

Die Auflösung ist durch den Vorstand ohne Verzug zur Eintragung in das Genossenschaftsregister anzumelden.

**§ 77.** In dem Falle, daß durch das Statut die Zeitdauer der Genossenschaft beschränkt ist, tritt die Auflösung derselben durch Ablauf der bestimmten Zeit ein.

Die Vorschrift im § 76 Absatz 2 findet Anwendung.

**§ 78.** Beträgt die Zahl der Genossen weniger als sieben, so hat das Gericht (§ 10) auf Antrag des Vorstandes und, wenn der Antrag nicht binnen sechs Monaten erfolgt, von Amtswegen nach Anhörung des Vorstandes die Auflösung der Genossenschaft auszusprechen.

Der Beschluß ist der Genossenschaft zuzustellen. Gegen denselben steht ihr die sofortige Beschwerde nach Maßgabe der Civilprozeßordnung zu. Die Auflösung tritt mit der Rechtskraft des Beschlusses in Wirksamkeit.

**§ 79.** Wenn eine Genossenschaft sich gesetzwidriger Handlungen oder Unterlassungen schuldig macht, durch welche das Gemeinwohl gefährdet wird, oder wenn sie andere als die in diesem Gesetze (§ 1) bezeichneten geschäftlichen Zwecke verfolgt, so kann sie aufgelöst werden, ohne daß deshalb ein Anspruch auf Entschädigung stattfindet.

Das Verfahren und die Zuständigkeit der Behörden richtet sich nach den für streitige Verwaltungssachen landesgesetzlich geltenden Vorschriften. Wo ein Verwaltungsstreitverfahren nicht besteht, finden die Vorschriften in §§ 20, 21 der Gewerbeordnung mit der Maßgabe Anwendung, daß die Entscheidung in erster Instanz durch die höhere Verwaltungsbehörde erfolgt, in deren Bezirke die Genossenschaft ihren Sitz hat.

Von der Auflösung hat die in erster Instanz entscheidende Behörde dem Gerichte (§ 10) Mittheilung zu machen.

**§ 80.** Die Auflösung der Genossenschaft ist von dem Gerichte ohne Verzug in das Genossenschaftsregister einzutragen.

Sie muß vom Vorstande zu drei verschiedenen Malen durch die für die Bekanntmachungen der Genossenschaft bestimmten Blätter bekannt gemacht werden. Durch die Bekanntmachung sind zugleich die Gläubiger aufzufordern, sich bei der Genossenschaft zu melden.

**§ 81.** Die Liquidation erfolgt durch den Vorstand, wenn nicht dieselbe durch das Statut oder durch Beschluß der Generalversammlung anderen Personen übertragen wird.

Es sind wenigstens zwei Liquidatoren zu bestellen.

Auf Antrag des Aufsichtsraths oder mindestens des zehnten Theils der Genossen kann die Ernennung von Liquidatoren durch das Gericht (§ 10) erfolgen.

Die Abberufung der Liquidatoren kann durch das Gericht unter denselben Voraussetzungen wie die Bestellung erfolgen. Liquidatoren, welche nicht vom Gerichte ernannt sind, können auch durch die Generalversammlung vor Ablauf des Zeitraums, für welchen sie bestellt sind, abberufen werden.

**§ 82.** Die Bestellung der ersten Liquidatoren ist durch den Vorstand, jede Änderung der Liquidatoren oder Beendigung ihrer Vollmacht ist durch diese zur Eintragung in das Genossenschaftsregister ohne Verzug anzumelden.

Zugleich haben die Liquidatoren ihre Unterschrift persönlich vor dem Gerichte zu zeichnen oder die Zeichnung in beglaubigter Form einzureichen.

Eine Abschrift der Urkunden über ihre Bestellung ist der Anmeldung beizufügen und wird bei dem Gerichte aufbewahrt.

**§ 83.** Die Liquidatoren haben in der bei ihrer Bestellung bestimmten Form ihre Willenserklärungen kundzugeben und für die Genossenschaft zu zeichnen. Ist nichts darüber bestimmt, so muß die Erklärung und Zeichnung durch sämmtliche Liquidatoren erfolgen. Weniger als zwei dürfen hierfür nicht bestimmt werden.

Die Bestimmung ist mit der Bestellung der Liquidatoren zur Eintragung in das Genossenschaftsregister anzumelden.

Die Zeichnungen geschehen derartig, daß die Liquidatoren der bisherigen, nunmehr als Liquidationsfirma zu bezeichnenden Firma ihre Namensunterschrift beifügen.

**§ 84.** Die Vorschriften im § 29 über das Verhältniß zu dritten Personen finden bezüglich der Liquidatoren Anwendung.

**§ 85.** Bis zur Beendigung der Liquidation kommen ungeachtet der Auflösung der Genossenschaft in Bezug auf die Rechtsverhältnisse derselben und der Genossen die Vorschriften des zweiten und dritten Abschnitts dieses Gesetzes zur Anwendung, soweit sich aus den Bestimmungen des gegenwärtigen Abschnitts und aus dem Wesen der Liquidation nicht ein Anderes ergiebt.

Der Gerichtsstand, welchen die Genossenschaft zur Zeit ihrer Auflösung hatte, bleibt bis zur vollzogenen Vertheilung des Vermögens bestehen.

**§ 86.** Die Liquidatoren haben die laufenden Geschäfte zu beendigen, die Verpflichtungen der aufgelösten Genossenschaft zu erfüllen, die Forderungen derselben einzuziehen und das Vermögen der Genossenschaft in Geld umzusetzen; sie haben die Genossenschaft gerichtlich und außergerichtlich zu vertreten. Zur Beendigung schwebender Geschäfte können die Liquidatoren auch neue Geschäfte eingehen.

**§ 87.** Die Liquidatoren haben die aus den §§ 26, 27, § 31 Absatz 1, § 32, §§ 42 bis 45, § 46 Absatz 2 sich ergebenden Rechte und Pflichten des Vorstandes und unterliegen gleich diesem der Überwachung des Aufsichtsraths. Sie haben sofort bei Beginn der Liquidation und demnächst in jedem Jahre eine Bilanz aufzustellen. Die erste Bilanz ist zu veröffentlichen; die Bekanntmachung ist zu dem Genossenschaftsregister einzureichen.

Die Veräußerung unbeweglicher Sachen kann von den Liquidatoren, sofern nicht das Statut oder ein Beschluß der Generalversammlung anders bestimmt, nur durch öffentliche Versteigerung bewirkt werden.

**§ 88.** Eine Vertheilung des Vermögens unter die Genossen darf nicht vor Tilgung oder Deckung der Schulden und nicht vor Ablauf eines Jahres seit dem Tage vollzogen werden, an welchem die Aufforderung der Gläubiger in den hierzu bestimmten Blättern (§ 80 Absatz 2) zum dritten Male erfolgt ist.

Nicht erhobene Schuldbeträge, sowie die Beträge für betagte oder streitige Forderungen sind zurückzubehalten. Dasselbe gilt von schwebenden Verbindlichkeiten.

Liquidatoren, welche diesen Vorschriften zuwiderhandeln, sind außer der Genossenschaft den Gläubigern zum Ersatze des ihnen daraus erwachsenen Schadens persönlich und solidarisch verpflichtet. Die gleiche Verpflichtung trifft die Mitglieder des Aufsichtsraths, wenn die Zuwiderhandlung mit ihrem Wissen und ohne ihr Einschreiten geschieht. Die Verpflichtung wird den Gläubigern gegenüber dadurch nicht aufgehoben, daß die Zuwiderhandlung auf einem Beschlusse der Generalversammlung beruht.

**§ 89.** Die Vertheilung des Vermögens unter die einzelnen Genossen erfolgt bis zum Gesammtbetrage ihrer auf Grund der ersten Liquidationsbilanz (§ 87) ermittelten Geschäftsguthaben nach dem Verhältniß der letzteren. Bei Ermittelung der einzelnen Geschäftsguthaben bleiben für die Vertheilung des Gewinnes oder Verlustes, welcher sich für den Zeitraum zwischen der letzten Jahresbilanz (§ 31) und der ersten Liquidationsbilanz ergeben hat, die seit der letzten Jahresbilanz geleisteten Einzahlungen außer Betracht. Der Gewinn aus diesem Zeitraum ist dem Guthaben auch insoweit zuzuschreiben, als dadurch der Geschäftsantheil überschritten wird.

Überschüsse, welche sich über den Gesammtbetrag dieser Guthaben hinaus ergeben, sind nach Köpfen zu vertheilen.

Durch das Statut kann ein anderes Verhältniß für die Vertheilung bestimmt werden.

**§ 90.** Nach Beendigung der Liquidation sind die Bücher und Schriften der aufgelösten Genossenschaft für die Dauer von zehn Jahren einem der gewesenen Genossen oder einem Dritten in Verwahrung zu geben. Der Genosse oder der Dritte wird in Ermangelung einer Bestimmung des Statuts oder eines Beschlusses der Generalversammlung durch das Gericht (§ 10) bestimmt. Dasselbe kann die Genossen und deren Rechtsnachfolger, sowie die Gläubiger der Genossenschaft zur Einsicht der Bücher und Schriften ermächtigen.

## Siebenter Abschnitt.

### Konkursverfahren und Haftpflicht der Genossen.

**§ 91.** Das Konkursverfahren findet im Falle der Zahlungsunfähigkeit, nach Auflösung der Genossenschaft auch im Falle der Überschuldung statt.

Nach Auflösung der Genossenschaft ist die Eröffnung des Verfahrens so lange zulässig, als die Vertheilung des Vermögens nicht vollzogen ist.

**§ 92.** Sobald die Zahlungsunfähigkeit der Genossenschaft eintritt, hat der Vorstand die Eröffnung des Konkursverfahrens zu beantragen; dasselbe gilt, wenn bei oder nach Auflösung der Genossenschaft aus der Jahresbilanz oder aus einer im Laufe des Jahres aufgestellten Bilanz Überschuldung sich ergiebt.

Die Mitglieder des Vorstandes sind der Genossenschaft zum Ersatz einer nach diesem Zeitpunkte geleisteten Zahlung nach Maßgabe des § 32 verpflichtet.

Die Ansprüche auf Grund der vorstehenden Bestimmungen verjähren in fünf Jahren.

**§ 93.** Zu dem Antrage auf Eröffnung des Verfahrens ist außer den Konkursgläubigern jedes Mitglied des Vorstandes berechtigt.

Wird der Antrag nicht von allen Mitgliedern gestellt, so ist derselbe zuzulassen, wenn die ihn begründenden Thatsachen (§ 91) glaubhaft gemacht werden. Das Gericht hat die übrigen Mitglieder nach Maßgabe der Konkursordnung § 97 Absatz 2, 3 zu hören.

Der Eröffnungsantrag kann nicht aus dem Grunde abgewiesen werden, daß eine den Kosten des Verfahrens entsprechende Konkursmasse nicht vorhanden sei.

**§ 94.** Durch die Eröffnung des Konkursverfahrens wird die Genossenschaft aufgelöst.

**§ 95.** Die Eröffnung des Konkursverfahrens ist unverzüglich in das Genossenschaftsregister einzutragen. Die Eintragung wird nicht bekannt gemacht.

**§ 96.** Bei der Eröffnung des Verfahrens ist von dem Gerichte ein Gläubigerausschuß zu bestellen. Die Gläubigerversammlung hat über die Beibehaltung der bestellten oder die Wahl anderer Mitglieder zu beschließen. Im Übrigen kommen die Vorschriften im § 79 der Konkursordnung zur Anwendung.

**§ 97.** Die Generalversammlung ist ohne Verzug zur Beschlußfassung darüber zu berufen (§§ 42 bis 44), ob die bisherigen Mitglieder des Vorstandes und des Aufsichtsraths beizubehalten oder andere zu bestellen sind.

**§ 98.** Soweit die Konkursgläubiger wegen ihrer bei der Schlußvertheilung (Konkursordnung § 149) berücksichtigten Forderungen aus dem zur Zeit der Eröffnung des Konkursverfahrens vorhandenen Vermögen der Genossenschaft nicht befriedigt werden, sind die Genossen verpflichtet, Nachschüsse zur Konkursmasse zu leisten.

Die Nachschüsse sind von den Genossen, wenn nicht das Statut ein anderes Beitragsverhältniß festsetzt, nach Köpfen zu leisten.

Beiträge, zu deren Leistung einzelne Genossen unvermögend sind, werden auf die übrigen vertheilt.

Zahlungen, welche Genossen über die von ihnen nach den vorstehenden Bestimmungen geschuldeten Beiträge hinaus leisten, sind ihnen, nachdem die Befriedigung der Gläubiger erfolgt ist, aus den Nachschüssen zu erstatten.

Gegen die Nachschüsse kann der Genosse eine Forderung an die Genossenschaft aufrechnen, sofern die Voraussetzungen vorliegen, unter welchen er als Konkursgläubiger Befriedigung wegen der Forderung aus den Nachschüssen zu beanspruchen hat.

**§ 99.** Der Konkursverwalter hat sofort, nachdem die Bilanz auf der Gerichtsschreiberei niedergelegt ist (Konkursordnung § 114), zu berechnen, wieviel zur Deckung des in der Bilanz bezeichneten Fehlbetrages die Genossen vorschußweise beizutragen haben.

In der Berechnung (Vorschußberechnung) sind die sämmtlichen Genossen namentlich zu bezeichnen und auf sie die Beiträge zu vertheilen. Die Höhe der Beiträge ist jedoch derart zu bemessen, daß durch ein vorauszusehendes Unvermögen einzelner Genossen zur

Leistung von Beiträgen ein Ausfall an dem zu deckenden Gesammtbetrage nicht entsteht.

Die Berechnung ist dem Konkursgerichte mit dem Antrage einzureichen, dieselbe für vollstreckbar zu erklären. Wird das Genossenschaftsregister nicht bei dem Konkursgerichte geführt, so ist dem Antrage eine beglaubigte Abschrift des Statuts und der Liste der Genossen beizufügen.

**§ 100.** Zur Erklärung über die Berechnung bestimmt das Gericht einen Termin, welcher nicht über zwei Wochen hinaus anberaumt werden darf. Derselbe ist öffentlich bekannt zu machen; die in der Berechnung aufgeführten Genossen sind besonders zu laden.

Die Berechnung ist spätestens drei Tage vor dem Termine auf der Gerichtsschreiberei zur Einsicht der Betheiligten niederzulegen. Hierauf ist in der Bekanntmachung und den Ladungen hinzuweisen.

**§ 101.** In dem Termine sind Vorstand und Aufsichtsrath der Genossenschaft, sowie der Konkursverwalter und der Gläubigerausschuß und, soweit Einwendungen erhoben werden, die sonst Betheiligten zu hören.

Das Gericht entscheidet über die erhobenen Einwendungen, berichtigt, soweit erforderlich, die Berechnung oder ordnet die Berichtigung an und erklärt die Berechnung für vollstreckbar. Die Entscheidung ist in dem Termine oder in einem sofort anzuberaumenden Termine, welcher nicht über eine Woche hinaus angesetzt werden soll, zu verkünden. Die Berechnung mit der sie für vollstreckbar erklärenden Entscheidung ist zur Einsicht der Betheiligten auf der Gerichtsschreiberei niederzulegen.

Gegen die Entscheidung findet ein Rechtsmittel nicht statt.

**§ 102.** Nachdem die Berechnung für vollstreckbar erklärt ist, hat der Konkursverwalter ohne Verzug die Beiträge von den Genossen einzuziehen.

Die Zwangsvollstreckung gegen einen Genossen findet in Gemäßheit der Civilprozeßordnung auf Grund einer vollstreckbaren Ausfertigung der Entscheidung und eines Auszuges aus der Berechnung statt.

Für die in den Fällen der §§ 667, 686, 687 der Civilprozeßordnung zu erhebenden Klagen ist das Amtsgericht, bei welchem das Konkursverfahren anhängig ist, und, wenn der Streitgegenstand zur Zuständigkeit der Amtsgerichte nicht gehört, das Landgericht ausschließlich zuständig, zu dessen Bezirke der Bezirk des Konkursgerichts gehört.

**§ 103.** Die eingezogenen Beträge sind bei der von der Gläubigerversammlung bestimmten Stelle (Konkursordnung § 120) zu hinterlegen oder anzulegen.

**§ 104.** Jeder Genosse ist befugt, die für vollstreckbar erklärte Berechnung im Wege der Klage anzufechten. Die Klage ist gegen den Konkursverwalter zu richten. Sie findet nur binnen der Nothfrist eines Monats seit Verkündung der Entscheidung und nur insoweit statt, als der Kläger den Anfechtungsgrund in dem Termine (§ 100) geltend gemacht hat oder ohne sein Verschulden geltend zu machen außer Stande war.

Das rechtskräftige Urtheil wirkt für und gegen alle beitragspflichtigen Genossen.

**§ 105.** Die Klage ist ausschließlich bei dem Amtsgerichte zu erheben, welches die Berechnung für vollstreckbar erklärt hat. Die mündliche Verhandlung erfolgt nicht vor Ablauf der bezeichneten Nothfrist. Mehrere Anfechtungsprozesse sind zur gleichzeitigen Verhandlung und Entscheidung zu verbinden.

Übersteigt der Streitgegenstand eines Prozesses die sonst für die sachliche Zuständigkeit der Amtsgerichte geltende Summe, so hat das Gericht, sofern eine Partei in einem solchen Prozesse vor der Verhandlung zur Hauptsache darauf anträgt, durch Beschluß die sämmtlichen Streitsachen an das Landgericht, in dessen Bezirke es seinen Sitz hat, zu verweisen. Gegen diesen Beschluß findet die sofortige Beschwerde statt. Die Nothfrist beginnt mit der Verkündung des Beschlusses.

Ist der Beschluß rechtskräftig, so gelten die Streitsachen als bei dem Landgerichte anhängig. Die im Verfahren vor dem Amtsgerichte erwachsenen Kosten werden als Theil der bei dem Landgerichte erwachsenen Kosten behandelt und gelten als Kosten einer Instanz.

Die Vorschriften der Civilprozeßordnung §§ 688, 689 über die Einstellung der Zwangsvollstreckung und die Aufhebung der Vollstreckungsmaßregeln finden entsprechende Anwendung.

**§ 106.** Soweit in Folge des Unvermögens einzelner Genossen zur Leistung von Beiträgen der zu deckende Gesammtbetrag nicht erreicht wird, oder in Gemäßheit des auf eine Anfechtungsklage ergehenden Urtheils oder aus anderen Gründen die Berechnung abzuändern ist, hat der Konkursverwalter eine Zusatzberechnung aufzustellen. Rücksichtlich derselben kommen die Vorschriften in §§ 99 bis 105 zur Anwendung.

Die Aufstellung einer Zusatzberechnung ist erforderlichenfalls zu wiederholen.

**§ 107.** Sobald mit dem Vollzuge der Schlußvertheilung (Konkursordnung § 149) begonnen wird, hat der Konkursverwalter in Ergänzung oder Berichtigung der Vorschußberechnung und der zu derselben etwa ergangenen Zusätze zu berechnen, wieviel die Genossen in Gemäßheit des § 98 an Nachschüssen zu leisten haben.

Die Berechnung (Nachschußberechnung) unterliegt den Vorschriften in §§ 99 bis 102, 104 bis 106, der Vorschrift im § 99 Absatz 2 mit der Maßgabe, daß auf Genossen, deren Unvermögen zur Leistung von Beiträgen sich herausgestellt hat, Beiträge nicht vertheilt werden.

**§ 108.** Der Verwalter hat, nachdem die Nachschußberechnung für vollstreckbar erklärt ist, unverzüglich den gemäß § 103 vorhandenen Bestand und, so oft von den noch einzuziehenden Beiträgen hinreichender Bestand eingegangen ist, diesen im Wege der Nachtragsvertheilung (Konkursordnung § 153) unter die Gläubiger zu vertheilen.

Außer den Antheilen auf die im § 155 der Konkursordnung bezeichneten Forderungen sind zurückzubehalten die Antheile auf Forderungen, welche im Prüfungstermine von dem Vorstande ausdrücklich bestritten worden sind. Dem Gläubiger bleibt überlassen, den Widerspruch des Vorstandes durch Klage zu beseitigen. Soweit der Widerspruch rechtskräftig für begründet erklärt wird, werden die Antheile zur Vertheilung unter die übrigen Gläubiger frei.

Die zur Befriedigung der Gläubiger nicht erforderlichen Überschüsse hat der Konkursverwalter an die Genossen zurückzuzahlen.

**§ 109.** Eine Aufhebung des Konkursverfahrens durch Zwangsvergleich findet nicht statt.

Eine Einstellung des Verfahrens ist erst zulässig, nachdem mit dem Vollzuge der Schlußvertheilung begonnen ist. Die Zustimmung aller bei der letzteren berücksichtigten Konkursgläubiger ist beizubringen. Inwieweit es der Zustimmung oder der Sicherstellung von Gläubigern bedarf, deren Forderungen nicht festgestellt sind, entscheidet das Konkursgericht nach freiem Ermessen.

**§ 110.** Der Vorstand ist verpflichtet, den Konkursverwalter bei den diesem in § 99 Absatz 1, § 102 Absatz 1, §§ 106, 107 zugewiesenen Obliegenheiten zu unterstützen.

**§ 111.** Die in diesem Abschnitte hinsichtlich des Vorstandes getroffenen Bestimmungen gelten auch hinsichtlich der Liquidatoren.

## Achter Abschnitt.

## Besondere Bestimmungen.

### I. Für Genossenschaften mit unbeschränkter Haftpflicht.

**§ 112.** Bei Genossenschaften mit unbeschränkter Haftpflicht darf ein Genosse nicht auf mehr als einen Geschäftsantheil betheiligt sein.

**§ 113.** Die Beitrittserklärungen (§ 15) müssen die ausdrückliche Bemerkung enthalten, daß die einzelnen Genossen für die Verbindlichkeiten der Genossenschaft dieser sowie unmittelbar den Gläubigern derselben nach Maßgabe des Gesetzes mit ihrem ganzen Vermögen haften.

**§ 114.** Ist durch das Statut die Gewinnvertheilung ausgeschlossen (§ 20), so finden während des hierfür bestimmten Zeitraums auf das Ausscheiden der Genossen die Bestimmungen in den §§ 63 bis 75 mit der Maßgabe Anwendung, daß an Stelle des Geschäftsjahres das Quartal tritt und daß die Aufkündigung (§ 63 Absatz 2) mindestens sechs Wochen, sowie die Einreichung der Urkunden durch den Vorstand (§ 67) mindestens drei Wochen vor dem Quartalsschluß erfolgen muß.

Im Falle des Ausscheidens ist eine Bilanz aufzustellen; die Zahl der mit dem Quartalsschluß ausgeschiedenen Genossen ist zu veröffentlichen.

**§ 115.** Sobald sich bei der Geschäftsführung ergiebt, daß das Vermögen der Genossenschaft einschließlich des Reservefonds und der Geschäftsguthaben zur Deckung der Schulden nicht ausreicht, hat der Vorstand die Generalversammlung zur Beschlußfassung, ob die Genossenschaft aufgelöst werden soll, zu berufen.

Für den Fall, daß die Auflösung beschlossen wird, ist zugleich die im § 97 vorgesehene Beschlußfassung herbeizuführen.

**§ 116.** Im Falle des Konkursverfahrens sind neben der Genossenschaft die einzelnen Genossen solidarisch und mit ihrem ganzen Vermögen den Konkursgläubigern für den Ausfall verhaftet, welchen diese an ihren bei der Schlußvertheilung (Konkursordnung § 149) berücksichtigten Forderungen bei derselben erleiden.

Nach Ablauf von drei Monaten seit dem Termine, in welchem die Nachschußberechnung für vollstreckbar erklärt ist, können die Gläubiger, soweit sie bisher nicht befriedigt sind, die einzelnen Genossen in Anspruch nehmen, ohne daß den letzteren die Einrede der Theilung zusteht.

Festgestellte Forderungen, welche im Prüfungstermine von dem Vorstande oder den Liquidatoren nicht ausdrücklich bestritten sind, können auch von den in Anspruch genommenen Genossen nicht bestritten werden.

Das rechtskräftige Urtheil, welches in dem Prozeß über eine im Prüfungstermine von dem Vorstande oder den Liquidatoren bestrittene Forderung für oder gegen dieselben ergeht, wirkt gegenüber allen Genossen.

In Ansehung einer im Konkursverfahren streitig gebliebenen

Forderung kann, solange dieselbe nicht festgestellt ist, eine Verurtheilung der Genossen nicht erfolgen.

**§ 117.** Die Klage der Gläubiger gegen die einzelnen Genossen verjährt, sofern nicht nach Beschaffenheit der Forderung eine kürzere Verjährungsfrist gesetzlich eintritt, in zwei Jahren seit Ablauf der im § 116 Absatz 2 bestimmten Frist.

Die Verjährung zu Gunsten eines Genossen wird durch Rechtshandlungen unterbrochen, welche gegen die Genossenschaft oder von derselben vorgenommen werden; sie wird nicht unterbrochen durch Rechtshandlungen, welche gegen einen anderen Genossen oder von demselben vorgenommen werden.

Die Verjährung läuft auch gegen Minderjährige und bevormundete Personen, sowie gegen juristische Personen, denen gesetzlich die Rechte der Minderjährigen zustehen, ohne Zulassung der Wiedereinsetzung in den vorigen Stand, jedoch mit Vorbehalt des Rückgriffs gegen die Vormünder und Verwalter.

**§ 118.** Soweit Genossen in Gemäßheit des § 116 Konkursgläubiger befriedigen, treten sie in die Rechte der letzteren gegen die Genossenschaft ein.

**§ 119.** Die Bestimmungen der §§ 116 bis 118 finden auf die in den letzten zwei Jahren vor der Eröffnung des Konkursverfahrens aus der Genossenschaft ausgeschiedenen Genossen (§§ 68, 74), welche nicht schon in Gemäßheit des § 73 der Haftpflicht unterliegen, wegen der bis zu dem Zeitpunkte ihres Ausscheidens von der Genossenschaft eingegangenen Verbindlichkeiten mit der Maßgabe Anwendung, daß der Anspruch der Gläubiger erst nach Ablauf von sechs Monaten seit dem Termine, in welchem die Nachschußberechnung (§ 107) für vollstreckbar erklärt ist, erhoben werden kann.

Dieser Anspruch erstreckt sich, wenn im Falle des Todes eines Genossen dessen Ausscheiden nach dem im § 75 Absatz 1 bezeichneten Zeitpunkte eingetragen ist, auf die bis zum Tage der Eintragung von der Genossenschaft eingegangenen Verbindlichkeiten, sofern nicht der Erbe beweist, daß bei ihrer Eingehung dem Gläubiger der Tod des Genossen bekannt war.

### II. Für Genossenschaften mit unbeschränkter Nachschußpflicht.

**§ 120.** Die Bestimmungen des § 112 über die Beschränkung der Betheiligung auf einen Geschäftsantheil und des § 115 über die Berufung der Generalversammlung im Falle der Überschuldung finden auf die Genossenschaften mit unbeschränkter Nachschußpflicht Anwendung.

**§ 121.** Die Beitrittserklärungen (§ 15) müssen die ausdrückliche Bemerkung enthalten, daß die einzelnen Genossen mit ihrem ganzen Vermögen verpflichtet sind, der Genossenschaft die zur Befriedigung der Gläubiger derselben erforderlichen Nachschüsse nach Maßgabe des Gesetzes zu leisten.

**§ 122.** Ist im Falle der Eröffnung des Konkursverfahrens nach Ablauf von drei Monaten seit dem Termine, in welchem die Nachschußberechnung (§ 107) für vollstreckbar erklärt ist, die Befriedigung oder Sicherstellung der im § 98 Absatz 1 bezeichneten Konkursgläubiger noch nicht bewirkt, so sind die hierzu erforderlichen Beiträge von den innerhalb der letzten achtzehn Monate vor der Eröffnung des Konkursverfahrens ausgeschiedenen Genossen, welche nicht schon in Gemäßheit des § 73 oder des § 74 Absatz 4 der Nachschußpflicht unterliegen, nach Maßgabe des § 98 zur Konkursmasse zu leisten.

**§ 123.** Der Konkursverwalter hat ohne Verzug eine Berechnung über die Beitragspflicht der Ausgeschiedenen aufzustellen.

In der Berechnung sind dieselben namentlich zu bezeichnen und auf sie die Beiträge zu vertheilen, soweit nicht das Unvermögen Einzelner zur Leistung von Beiträgen vorauszusehen ist.

Im Übrigen finden die Vorschriften in § 99 Absatz 3, §§ 100 bis 102, 104 bis 106 und 108 entsprechende Anwendung.

**§ 124.** Durch die Bestimmungen der §§ 122, 123 wird die Einziehung der Nachschüsse von den in der Genossenschaft verbliebenen Genossen nicht berührt.

Aus den Nachschüssen der letzteren sind den Ausgeschiedenen die von diesen geleisteten Beiträge zu erstatten, sobald die Befriedigung oder Sicherstellung der sämmtlichen im § 98 Absatz 1 bezeichneten Konkursgläubiger bewirkt ist.

### III. Für Genossenschaften mit beschränkter Haftpflicht.

**§ 125.** Bei Genossenschaften mit beschränkter Haftpflicht darf die Haftsumme der einzelnen Genossen (§ 2) nicht niedriger als der Geschäftsantheil sein.

Die Haftsumme muß bei Errichtung der Genossenschaft durch das Statut bestimmt werden. Die Bestimmung oder eine Abänderung derselben ist zu veröffentlichen (§§ 12, 16).

**§ 126.** Zu einer Erhöhung der Haftsumme bedarf es einer Mehrheit von drei Viertheilen der in der Generalversammlung erschienenen Genossen. Das Statut kann noch andere Erfordernisse aufstellen.

**§ 127.** Eine Herabsetzung der Haftsumme kann nur unter Beobachtung der Bestimmungen erfolgen, welche für die Vertheilung des Genossenschaftsvermögens im Falle der Auflösung maßgebend sind (§ 80 Absatz 2, § 88 Absatz 1 bis 3).

Die Anmeldung des Herabsetzungsbeschlusses zum Genossenschaftsregister erfolgt nicht vor Ablauf des im § 88 Absatz 1 bezeichneten Jahres. Mit der Anmeldung sind die Bekanntmachungen des Beschlusses einzureichen. Zugleich hat der Vorstand die schriftliche Versicherung abzugeben, daß die Gläubiger, welche sich bei der Genossenschaft gemeldet und der Herabsetzung nicht zugestimmt haben, befriedigt oder sichergestellt sind.

**§ 128.** Durch das Statut kann die Betheiligung des Genossen auf mehrere Geschäftsantheile, unter Festsetzung der höchsten Zahl derselben, gestattet werden.

Die Bestimmung oder eine Abänderung derselben ist zu veröffentlichen (§§ 12, 16).

**§ 129.** Die Haftung eines Genossen, welcher auf mehr als einen Geschäftsantheil betheiligt ist, erhöht sich auf das der Zahl der Geschäftsantheile entsprechende Vielfache der Haftsumme.

**§ 130.** Bevor der erste Geschäftsantheil erreicht ist, darf die Betheiligung des Genossen auf einen zweiten Geschäftsantheil seitens der Genossenschaft nicht zugelassen werden. Das Gleiche gilt von der Zulassung zu jedem weiteren Geschäftsantheile.

**§ 131.** Ein Genosse, welcher auf einen weiteren Geschäftsantheil betheiligt sein will, hat darüber eine von ihm zu unterzeichnende, unbedingte Erklärung abzugeben.

Die Erklärung ist von dem Vorstande nach der Zulassung des Genossen zu dem weiteren Geschäftsantheile behufs Eintragung des letzteren in die Liste der Genossen dem Gerichte (§ 10) einzureichen. Zugleich hat der Vorstand schriftlich zu versichern, daß die übrigen Geschäftsantheile des Genossen erreicht seien.

Die Betheiligung auf den weiteren Geschäftsantheil tritt mit der in Gemäßheit der vorstehenden Absätze erfolgten Eintragung in Kraft.

Im Übrigen kommen die Vorschriften des § 15 zur entsprechenden Anwendung.

**§ 132.** Eine Übertragung des Geschäftsguthabens findet in dem Falle des § 128 an einen anderen Genossen nur statt, sofern dessen bisheriges Guthaben mit dem ihm zuzuschreibenden Betrage die der höchsten Zahl der Geschäftsantheile entsprechende Gesammtsumme nicht übersteigt. Hierauf ist die im § 74 vorgesehene Versicherung des Vorstandes zu richten. Im Übrigen verbleibt es bei den Bestimmungen im § 131.

**§ 133.** Mit der Bilanz eines jeden Geschäftsjahres ist außer den im § 31 vorgesehenen Angaben über die Zahl der Genossen der

Gesammtbetrag, um welchen in diesem Jahre die Geschäftsguthaben, sowie die Haftsummen der Genossen sich vermehrt oder vermindert haben, und der Betrag der Haftsummen zu veröffentlichen, für welche am Jahresschluß alle Genossen zusammen aufzukommen haben.

**§ 134.** Das Konkursverfahren findet bei bestehender Genossenschaft außer dem Falle der Zahlungsunfähigkeit in dem Falle der Überschuldung statt, sofern diese ein Viertheil des Betrages der Haftsummen aller Genossen übersteigt. Der Vorstand hat, wenn eine solche Überschuldung sich aus der Jahresbilanz oder aus einer im Laufe des Jahres aufgestellten Bilanz ergiebt, die Eröffnung des Konkursverfahrens zu beantragen. Die Vorschriften des § 92 Absatz 2, 3, § 93 finden entsprechende Anwendung.

**§ 135.** Die einzelnen Genossen können über ihre Haftsumme hinaus weder auf Leistung von Nachschüssen, noch von den Konkursgläubigern in Anspruch genommen werden. Im Übrigen finden auf den Anspruch der Gläubiger die Bestimmungen in §§ 116 bis 119 Anwendung.

**§ 136.** Außer dem Falle des § 88 kann in dem Falle, daß entgegen den Vorschriften in §§ 19, 22 der Gewinn oder das Geschäftsguthaben ausgezahlt wird, der Ersatzanspruch gegen die Mitglieder des Vorstandes oder des Aufsichtsraths oder gegen die Liquidatoren von den Gläubigern der Genossenschaft, soweit sie von dieser ihre Befriedigung nicht erlangen können, selbständig geltend gemacht werden. Dasselbe findet gegen die Mitglieder des Vorstandes oder die Liquidatoren statt, wenn nach dem Zeitpunkte, mit welchem die Verpflichtung zum Antrage auf Eröffnung des Konkursverfahrens eingetreten ist, eine Zahlung geleistet wird, rücksichtlich des Ersatzes derselben.

Die Ersatzpflicht wird den Gläubigern gegenüber dadurch nicht aufgehoben, daß die Handlung auf einem Beschlusse der Generalversammlung beruht.

### VI. Für die Umwandlung von Genossenschaften.

**§ 137.** Eine Genossenschaft mit unbeschränkter Haftpflicht kann sich in eine solche mit unbeschränkter Nachschußpflicht nur unter Beobachtung der Bestimmungen umwandeln, welche für die Vertheilung des Genossenschaftsvermögens im Falle der Auflösung maßgebend sind (§ 80 Absatz 2, § 88 Absatz 1 bis 3).

Dasselbe gilt von der Umwandlung einer Genossenschaft mit unbeschränkter Haftpflicht oder mit unbeschränkter Nachschußpflicht in eine solche mit beschränkter Haftpflicht.

Die Vorschriften im § 127 Absatz 2 finden entsprechende Anwendung.

**§ 138.** Zu dem Beschluß auf Umwandlung einer Genossenschaft mit unbeschränkter Nachschußpflicht in eine solche mit unbeschränkter Haftpflicht oder einer Genossenschaft mit beschränkter Haftpflicht in eine solche mit unbeschränkter Haftpflicht oder mit unbeschränkter Nachschußpflicht bedarf es einer Mehrheit von drei Viertheilen der in der Generalversammlung erschienenen Genossen. Das Statut kann noch andere Erfordernisse aufstellen.

**§ 139.** Die Umwandlung (§§ 137, 138) ist auch gegenüber den vor der Eintragung des Beschlusses in das Genossenschaftsregister aus der Genossenschaft Ausgeschiedenen wirksam.

Im Falle der Umwandlung einer Genossenschaft mit unbeschränkter Nachschußpflicht können dieselben für die Verbindlichkeiten der Genossenschaft nicht in Anspruch genommen werden, sofern ihr Ausscheiden früher als achtzehn Monate vor der Eintragung erfolgt ist. Im Falle der Umwandlung einer Genossenschaft mit beschränkter Haftpflicht bleibt der Anspruch gegen sie auf ihre bisherige Haftsumme beschränkt.

## Neunter Abschnitt.

### Strafbestimmungen.

**§ 140.** Mitglieder des Vorstandes und des Aufsichtsraths und Liquidatoren werden, wenn sie absichtlich zum Nachtheile der Genossenschaft handeln, mit Gefängniß und zugleich mit Geldstrafe bis zu dreitausend Mark bestraft.

Zugleich kann auf Verlust der bürgerlichen Ehrenrechte erkannt werden.

**§ 141.** Mitglieder des Vorstandes und des Aufsichtsraths und Liquidatoren werden mit Gefängniß bis zu einem Jahre und zugleich mit Geldstrafe bis zu dreitausend Mark bestraft, wenn sie in den von ihnen dem Gerichte (§ 10) zu machenden Anmeldungen, Anzeigen und Versicherungen wissentlich falsche Angaben machen, oder in ihren Darstellungen, ihren Übersichten über den Vermögensstand der Genossenschaft, über die Mitglieder und die Haftsummen, oder den in der Generalversammlung gehaltenen Vorträgen den Stand der Verhältnisse der Genossenschaft wissentlich unwahr darstellen.

Zugleich kann auf Verlust der bürgerlichen Ehrenrechte erkannt werden.

Sind mildernde Umstände vorhanden, so tritt ausschließlich die Geldstrafe ein.

**§ 142.** Mit Geldstrafe bis zu sechshundert Mark oder mit Gefängniß bis zu drei Monaten oder mit beiden Strafen zugleich werden bestraft:

1. die Mitglieder des Vorstandes und des Aufsichtsraths und die Liquidatoren, wenn länger als drei Monate die Genossenschaft ohne Aufsichtsrath geblieben ist, oder in dem letzteren die zur Beschlußfähigkeit erforderliche Zahl von Mitgliedern gefehlt hat;
2. die Mitglieder des Vorstandes oder die Liquidatoren, wenn entgegen den Vorschriften in §§ 92, 111, 134 der Antrag auf Eröffnung des Konkursverfahrens unterlassen ist.

Die Strafe tritt nicht gegen denjenigen ein, welcher nachweist, daß die Unterlassung ohne sein Verschulden geschehen ist.

**§ 143.** Mitglieder des Vorstandes werden mit Geldstrafe bis zu sechshundert Mark bestraft, wenn ihre Handlungen auf andere als die im § 1 erwähnten geschäftlichen Zwecke gerichtet sind, oder wenn sie in der Generalversammlung die Erörterung von Anträgen gestatten oder nicht hindern, welche auf öffentliche Angelegenheiten gerichtet sind, deren Erörterung unter die Gesetze über das Versammlungs- und Vereinsrecht fällt.

**§ 144.** Die Mitglieder des Vorstandes eines Revisionsverbandes werden, wenn unterlassen ist, die Versammlung in Gemäßheit des § 57 Absatz 2 anzuzeigen, mit Geldstrafe bis zu sechshundert Mark bestraft.

Die Strafe tritt nicht gegen denjenigen ein, welcher nachweist, daß die Unterlassung ohne sein Verschulden geschehen ist.

**§ 145.** Wer sich besondere Vortheile dafür hat gewähren oder versprechen lassen, daß er bei einer Abstimmung in der Generalversammlung in einem gewissen Sinne stimme, wird mit Geldstrafe bis zu dreitausend Mark, oder mit Gefängniß bis zu einem Jahre bestraft.

## Zehnter Abschnitt.

### Schluß- und Übergangsbestimmungen.

**§ 146.** In bürgerlichen Rechtsstreitigkeiten, in welchen durch Klage oder Widerklage ein Anspruch auf Grund der Bestimmungen dieses Gesetzes geltend gemacht ist, wird die Verhandlung und Entscheidung letzter Instanz im Sinne des § 8 des Einführungsgesetzes zum Gerichtsverfassungsgesetze dem Reichsgerichte zugewiesen.

**§ 147.** Die Vorschriften in Artikel 12 bis 14 des Handelsgesetzbuchs finden auf das Genossenschaftsregister Anwendung. Die Eintragungen sind durch den Deutschen Reichsanzeiger bekannt zu machen. Die anderen Blätter hat das Gericht zu bestimmen, für kleinere Genossenschaften nur ein anderes Blatt.

**§ 148.** Die Anmeldungen zum Genossenschaftsregister sind durch sämmtliche Mitglieder des Vorstandes oder sämmtliche Liquidatoren persönlich zu bewirken oder in beglaubigter Form einzureichen.

Die in §§ 16, 28, § 31 Absatz 2, § 49 Absatz 4, § 61 Absatz 2, § 82, § 83 Absatz 2 vorgeschriebenen Anmeldungen und Einreichungen müssen auch zu dem Genossenschaftsregister einer Zweigniederlassung erfolgen.

Für den Eintritt der in § 13, § 16 Absatz 4, §§ 29, 84, 139 vorgesehenen Wirkungen entscheidet die Eintragung in das Genossenschaftsregister der Hauptniederlassung.

**§ 149.** Von der Eintragung eines beitretenden Genossen, der Eintragung oder Vormerkung des Austritts, der Ausschließung oder des Todes von Genossen, sowie von der Eintragung weiterer Geschäftsantheile in die Liste der Genossen hat das Gericht (§ 10) dem Gerichte einer jeden Zweigniederlassung zur Berichtigung der dort geführten Liste Mittheilung zu machen.

Imgleichen ist die Eintragung der Auflösung einer Genossenschaft, sowie der Eröffnung des Konkursverfahrens zu dem Genossenschaftsregister einer jeden Zweigniederlassung mitzutheilen.

**§ 150.** Gegen die Entscheidung über Anträge auf Eintragung in das Genossenschaftsregister oder die Liste der Genossen oder auf Vormerkung in der letzteren finden die Rechtsmittel statt, welche gegen die Entscheidung über Eintragungen in das Handelsregister zulässig sind.

**§ 151.** Gebühren für die Verhandlung und Entscheidung erster Instanz über die in vorstehendem Paragraphen bezeichneten Anträge, sowie für die Eintragungen und Vormerkungen werden nicht erhoben. Die Erhebung von Auslagen findet nach §§ 79, 80 und 80b des Gerichtskostengesetzes statt.

**§ 152.** Die Mitglieder des Vorstandes sind von dem Gerichte (§ 10) zur Befolgung der in § 8 Absatz 2, § 14, § 16 Absatz 3, §§ 28, 30, § 59 Absatz 2, § 61, § 76 Absatz 2, § 77 Absatz 2, § 127 Absatz 2, § 137 Absatz 3 enthaltenen Vorschriften durch Ordnungsstrafen im Betrage von zwanzig bis sechshundert Mark anzuhalten. In gleicher Weise sind die Mitglieder des Vorstandes und die Liquidatoren zur Befolgung der im § 31 Absatz 2, § 45, § 46 Absatz 2, § 49 Absatz 3 und 4, § 82, § 83 Absatz 2, § 87 Absatz 1, § 148 Absatz 2 enthaltenen Vorschriften anzuhalten.

Rücksichtlich des Verfahrens sind die Vorschriften maßgebend, welche zur Erzwingung der im Handelsgesetzbuch angeordneten Anmeldungen zum Handelsregister gelten.

**§ 153.** Das Gesetz, betreffend die privatrechtliche Stellung der Erwerbs- und Wirthschaftsgenossenschaften, vom 4. Juli 1868 (Bundes-Gesetzbl. S. 415) mit der Deklaration vom 19. Mai 1871 (Reichs-Gesetzbl. S. 101), sowie die Vorschriften in §§ 195 bis 197 der Konkursordnung und im § 3 Absatz 4 des Einführungsgesetzes zu derselben werden aufgehoben. Unberührt bleibt die Vorschrift im § 6 des letzteren Gesetzes.

Wo in anderen Gesetzen auf die Bestimmungen des Gesetzes vom 4. Juli 1868 Bezug genommen ist, treten an deren Stelle die entsprechenden Bestimmungen des gegenwärtigen Gesetzes.

**§ 154.** Auf die in Gemäßheit des Gesetzes vom 4. Juli 1868 eingetragenen Genossenschaften findet das gegenwärtige Gesetz mit den in den nachfolgenden Paragraphen enthaltenen Maßgaben Anwendung.

**§ 155.** Die Genossenschaften haben in die Firma die zusätzliche Bezeichnung: „eingetragene Genossenschaft mit unbeschränkter Haftpflicht" aufzunehmen. Zur Anmeldung dieses Zusatzes ist der Vorstand von dem Gerichte (§§ 10, 14) durch Ordnungsstrafen in Gemäßheit des § 152 anzuhalten.

**§ 156.** Solange in dem Statut einer Genossenschaft die im § 7 Nr. 4 vorgesehene Bestimmung über die Bildung eines Reservefonds nicht getroffen ist, hat die Genossenschaft von dem nach Inkrafttreten des Gesetzes beginnenden Geschäftsjahre an zur Bildung des Reservefonds mindestens den zehnten Theil des jährlichen Reingewinns zu verwenden.

**§ 157.** Die Vorschrift der Nr. 3 im § 8 Absatz 1 über das Geschäftsjahr findet nach Ablauf von drei Monaten seit dem Inkrafttreten des Gesetzes Anwendung.

Eine Genossenschaft, deren Statut die Ausdehnung des Geschäftsbetriebes durch Gewährung von Darlehen an Personen gestattet, welche nicht Mitglieder der Genossenschaft sind, unterliegt dem Verbote des § 8 Absatz 2 nach Ablauf von zwei Jahren seit dem Inkrafttreten des Gesetzes.

**§ 158.** Auf den Vorstand findet die Bestimmung im § 24 Absatz 2 über die Mindestzahl der Mitglieder, auf den Aufsichtsrath finden die Bestimmungen im § 9, § 34 Absatz 1 nach Ablauf von sechs Monaten seit dem Inkrafttreten des Gesetzes Anwendung. Das Gleiche gilt von der Bestimmung im § 81 Absatz 2 über die Zahl der Liquidatoren.

**§ 159.** Die Bestimmung des § 66 über die Ausschließung von Genossen wegen der Mitgliedschaft in einer gleichartigen Genossenschaft findet, soweit der Beitritt zu dieser vor dem Inkrafttreten des Gesetzes erfolgt ist, keine Anwendung.

**§ 160.** Auf eine Genossenschaft, welche bei dem Inkrafttreten des Gesetzes weniger als sieben Mitglieder hat, findet der § 78 so lange keine Anwendung, als nicht diese Mitgliederzahl erreicht wird.

**§ 161.** Die Haftpflicht der Genossen bestimmt sich nach den Vorschriften in §§ 52 bis 65 des Gesetzes vom 4. Juli 1868 und im § 197 der Konkursordnung, sofern vor dem Inkrafttreten des gegenwärtigen Gesetzes der Vertheilungsplan zur Erklärung der Vollstreckbarkeit eingereicht oder ohne Einreichung eines solchen das Konkursverfahren aufgehoben war.

**§ 162.** Außer den Fällen des vorhergehenden Paragraphen kommen rücksichtlich der Haftpflicht der Genossen, welche vor dem Tage des Inkrafttretens des Gesetzes aus der Genossenschaft ausgeschieden und noch nicht durch Verjährung der Klage befreit sind, die Vorschriften des gegenwärtigen Gesetzes mit der Maßgabe zur Anwendung, daß mit dem bezeichneten Tage die zweijährige Frist des § 119 Absatz 1 beginnt, und daß die im zweiten Absatz desselben Paragraphen bestimmte Ausdehnung der Haftpflicht nicht eintritt.

**§ 163.** Die Bestimmung im § 112 findet nicht Anwendung, insoweit beim Inkrafttreten des Gesetzes ein Genosse auf mehr als einen Geschäftsantheil betheiligt ist.

**§ 164.** Der Vorstand hat dem Gerichte (§ 10) binnen einem Monate nach dem Tage des Inkrafttretens des Gesetzes anzuzeigen, welche Personen außer den in der gerichtlichen Mitgliederliste (§§ 4, 25 Absatz 2 des Gesetzes vom 4. Juli 1868) aufgeführten bis zu dem bezeichneten Tage Mitglieder der Genossenschaft geworden sind, und welche von den in der Liste aufgeführten Personen an diesem Tage der Genossenschaft nicht angehört haben.

Zugleich sind die Mitglieder, welche nach dem Inkrafttreten des Gesetzes in Folge vorher geschehener Aufkündigung oder Ausschließung ausscheiden, und der Tag ihres Ausscheidens zu bezeichnen.

Zur Befolgung dieser Vorschriften ist der Vorstand durch Ordnungsstrafen in Gemäßheit des § 152 anzuhalten.

**§ 165.** Das Gericht hat die Liste nach den in vorstehendem Paragraphen bezeichneten Angaben zu berichtigen.

Es hat mittelst öffentlicher Bekanntmachung eine allgemeine Aufforderung zu erlassen, inhalts deren die in der Liste aufgeführten Personen, welche behaupten, daß sie am Tage des Inkrafttretens des Gesetzes nicht Mitglieder der Genossenschaft gewesen sind oder daß ihr Ausscheiden nicht richtig in die Liste eingetragen ist, sowie die in derselben nicht aufgeführten Personen, welche behaupten, daß sie an dem bezeichneten Tage Mitglieder der Genossenschaft gewesen sind, ihren Widerspruch gegen die Liste bis zum Ablauf einer Ausschlußfrist von einem Monate schriftlich oder zum Protokoll des Gerichtsschreibers zu erklären haben.

**§ 166.** Die Bekanntmachung erfolgt durch einmalige Einrückung in die für die Bekanntmachungen der Genossenschaft bestimmten Blätter.

Die Kosten der Bekanntmachungen werden von der Genossenschaft getragen.

**§ 167.** Die Ausschlußfrist beginnt mit dem Tage, an welchem das letzte der die Bekanntmachung enthaltenden Blätter erschienen ist.

**§ 168.** Nach Ablauf der Ausschlußfrist ist für die Mitgliedschaft am Tage des Inkrafttretens des Gesetzes und für das Ausscheiden in Folge vorher geschehener Aufkündigung oder Ausschließung (§ 164 Absatz 2) der Inhalt der Liste maßgebend.

Einwendungen gegen die Liste bleiben den im § 165 Absatz 2 bezeichneten Personen vorbehalten, sofern sie in Gemäßheit desselben den Widerspruch erklärt haben oder hieran ohne ihr Verschulden verhindert waren und binnen einem Monate nach Beseitigung des Hindernisses den Widerspruch schriftlich oder zum Protokoll des Gerichtsschreibers erklärt haben.

Auf diese Rechtsfolgen ist in der im § 165 vorgeschriebenen Bekanntmachung hinzuweisen.

**§ 169.** Das Gericht hat die in Gemäßheit des § 165 Absatz 2 und § 168 Absatz 2 erklärten Widersprüche in der Liste zu vermerken und dem Vorstande der Genossenschaft zur Erklärung mitzutheilen.

Soweit der Vorstand die Widersprüche in beglaubigter Form als begründet anerkennt oder zur Anerkennung rechtskräftig verurtheilt wird, ist die Liste zu berichtigen. Wird das Anerkenntniß oder Urtheil oder eine die vorläufige Aufrechterhaltung des Widerspruchs anordnende einstweilige Verfügung des Prozeßgerichts nicht binnen zwei Jahren seit Eintragung des Widerspruchs dem Gerichte (§ 10) eingereicht, so ist derselbe als nicht erfolgt anzusehen und von Amtswegen zu löschen.

**§ 170.** Das Gericht hat von den zufolge § 165 Absatz 1, § 169 vorgenommenen Eintragungen dem Gerichte einer jeden Zweigniederlassung zur Berichtigung der dort geführten Liste Mittheilung zu machen.

Auf die Eintragungen finden die Vorschriften in §§ 150, 151 entsprechende Anwendung.

**§ 171.** Die zur Ausführung der Vorschriften über das Genossenschaftsregister und die Anmeldungen zu demselben erforderlichen Bestimmungen werden von dem Bundesrath erlassen.[1]

Welche Behörden in jedem Bundesstaate unter der Bezeichnung Staatsbehörde (§ 45) und höhere Verwaltungsbehörde (§§ 56, 57, 59, 79) zu verstehen sind, wird von der Zentralbehörde des Bundesstaates bekannt gemacht.

**§ 172.** Dieses Gesetz tritt am 1. Oktober 1889 in Kraft.

---

## 95) Gesetz, betr. die Invaliditäts- und Altersversicherung. Vom 22. Juni 1889. (RGBl S. 97.)

### I. Umfang und Gegenstand der Versicherung.

Versicherungspflicht.

**§ 1.** Nach Maßgabe der Bestimmungen dieses Gesetzes werden vom vollendeten sechszehnten Lebensjahre ab versichert:

1. Personen, welche als Arbeiter, Gehülfen, Gesellen, Lehrlinge oder Dienstboten gegen Lohn oder Gehalt beschäftigt werden;
2. Betriebsbeamte sowie Handlungsgehülfen und -Lehrlinge (ausschließlich der in Apotheken beschäftigten Gehülfen und Lehrlinge), welche Lohn oder Gehalt beziehen, deren regelmäßiger Jahresarbeitsverdienst an Lohn oder Gehalt aber zweitausend Mark nicht übersteigt, sowie
3. die gegen Lohn oder Gehalt beschäftigten Personen der Schiffsbesatzung deutscher Seefahrzeuge (§ 2 des Gesetzes vom 13. Juli 1887, Reichs-Gesetzbl. S. 329) und von Fahrzeugen der Binnenschiffahrt. Die Führung der Reichsflagge auf Grund der gemäß Artikel II § 7 Absatz 1 des Gesetzes vom 15. März 1888 (Reichs-Gesetzbl. S. 71) ertheilten Ermächtigung macht das Schiff nicht zu einem deutschen Seefahrzeuge im Sinne dieses Gesetzes.

**§ 2.** Durch Beschluß des Bundesraths kann die Vorschrift des § 1 für bestimmte Berufszweige auch

1. auf Betriebsunternehmer, welche nicht regelmäßig wenigstens einen Lohnarbeiter beschäftigen, sowie
2. ohne Rücksicht auf die Zahl der von ihnen beschäftigten Lohnarbeiter auf solche selbständige Gewerbetreibende, welche in eigenen Betriebsstätten im Auftrage und für Rechnung anderer Gewerbetreibenden mit der Herstellung oder Bearbeitung gewerblicher Erzeugnisse beschäftigt werden (Hausgewerbetreibende).

erstreckt werden, und zwar auf letztere auch dann, wenn sie die Roh-

---

[1] Vgl. Bekanntm., betr. die Führung des Genossenschaftsregisters und die Anmeldungen zu demselben. Vom 11. Juli 1889 (RGBl S. 150ff.).

und Hülfsstoffe selbst beschaffen, und auch für die Zeit, während welcher sie vorübergehend für eigene Rechnung arbeiten.

Durch Beschluß des Bundesraths kann ferner bestimmt werden, daß und inwieweit Gewerbetreibende, in deren Auftrag und für deren Rechnung von Hausgewerbetreibenden (Absatz 1) gearbeitet wird, gehalten sein sollen, rücksichtlich der Hausgewerbetreibenden und ihrer Gehülfen, Gesellen und Lehrlinge die in diesem Gesetze den Arbeitgebern auferlegten Verpflichtungen zu erfüllen.[1]

---

[1] Vgl. hierzu Bekanntm., betr. die Erstreckung der Versicherungspflicht nach dem Invaliditäts- und Altersversicherungsgesetze auf die Hausgewerbetreibenden der Tabakfabrikation. Vom 16. Dezember 1891 (RGBl S. 395):

Auf Grund der §§ 2, 109 und 110 des Gesetzes, betr. die Invaliditäts- nnd Altersversicherung vom 22. Juni 1889 (Reichs-Gesetzbl. S. 97) hat der Bundesrath beschlossen, wie folgt:

1. Die Versicherungspflicht nach § 1 des Gesetzes, betreffend die Invaliditäts- und Altersversicherung, vom 22. Juni 1889 (Reichs-Gesetzbl. S. 97) wird auf solche selbständige Gewerbetreibende (Hausgewerbetreibende) erstreckt, welche in eigenen Betriebsstätten im Auftrage und für Rechnung anderer Gewerbetreibenden (Fabrikanten, Fabrikkaufleute, Handelsleute) mit der Herstellung oder Bearbeitung von Cigarren oder anderen Tabakfabrikaten beschäftigt werden, und zwar auch dann, wenn diese Hausgewerbetreibenden die Roh- oder Hülfsstoffe selbst beschaffen, und auch für die Zeit, während welcher sie vorübergehend für eigene Rechnung arbeiten.

Vorstehende Bestimmung findet keine Anwendung auf solche Hausgewerbetreibende, welche das Geschäft regelmäßig für eigene Rechnung betreiben und nur gelegentlich von anderen Gewerbetreibenden für deren Rechnung beschäftigt werden.

2. Die Versicherung erfolgt bei derjenigen Versicherungsanstalt, in deren Bezirk sich der Betriebssitz des Hausgewerbetreibenden befindet. Die Lohnklasse, in welcher die Versicherung erfolgt, bestimmt sich nach den Vorschriften des § 22 des Gesetzes. Dies gilt auch für diejenige Zeit, während welcher die Hausgewerbetreibenden für eigene Rechnung arbeiten.

3. Die Hausgewerbetreibenden haben die Beiträge für ihre eigene Versicherung selbst dadurch zu entrichten, daß sie die den schuldigen Beiträgen entsprechenden Marken in ihre Quittungskarten einkleben.

Für jede volle oder angefangene Kalenderwoche sind die Beiträge spätestens an demjenigen Tage zu entrichten, an welchem die Abrechnung mit dem Fabrikanten oder, wenn die Beschäftigung für mehrere Fabrikanten stattfindet, mit einem derselben erfolgt.

Die Hausgewerbetreibenden, welche es unterlassen, die Beiträge für ihre Versicherung gemäß vorstehender Vorschrift zu entrichten, unterliegen der Strafbestimmung des § 143 des Gesetzes.

Die versicherungspflichtigen Hausgewerbetreibenden haben auch für diejenige Zeit, während welcher sie das Geschäft auf eigene Rechnung betreiben, für ihre eigene Versicherung Zusatzmarken nicht beizubringen.

Bezüglich der Beiträge der Hausgewerbetreibenden für ihr Hülfspersonal (Gesellen, Gehülfen, Lehrlinge) hat es bei den bestehenden allgemeinen Vorschriften sein Bewenden.

4. Die von den Hausgewerbetreibenden für sich und ihr Hülfspersonal

§ 3. Als Lohn oder Gehalt gelten auch Tantiemen und Naturalbezüge. Für dieselben wird der Durchschnittswerth in Ansatz gebracht; dieser Werth wird von der unteren Verwaltungsbehörde festgesetzt.

---

verwendeten Marken sind sofort nach erfolgter Einklebung nach den hierfür geltenden allgemeinen Bestimmungen zu entwerthen.

5. Auf dem im § 112 des Gesetzes vorgesehenen Wege kann angeordnet werden, daß die Beiträge für die Hausgewerbetreibenden von diesen zum Einzug gebracht werden. In diesem Falle finden die Bestimmungen der Ziffer 3 Absatz 1 bis 3 keine Anwendung.

6. Die Hausgewerbetreibenden sind verpflichtet, über die von ihnen im Gewerbebetriebe beschäftigten versicherungspflichtigen Hülfspersonen Verzeichnisse zu führen, aus welchen sich insbesondere die Dauer der Beschäftigung der letzteren ergiebt. Sie haben diese Verzeichnisse den sie beschäftigenden Fabrikanten ꝛc. auf Verlangen zur Prüfung vorzulegen. Die für den Betriebssitz des Hausgewerbetreibenden zuständige untere Verwaltungsbehörde ist befugt, Vorschriften über die Führung dieser Verzeichnisse zu erlassen und die ordnungsmäßige Führung sowie die Vorlegung der Verzeichnisse durch Geldstrafen bis zu fünfzig Mark zu erzwingen.

7. Die Fabrikanten ꝛc. sind verpflichtet, den für ihre Rechnung arbeitenden Hausgewerbetreibenden bei der Abrechnung die Hälfte derjenigen Beiträge zu erstatten, welche die letzteren für sich und für die von ihnen beschäftigten versicherungspflichtigen Hülfspersonen entrichtet haben.

Sind die Beiträge ohne Zustimmung des Fabrikanten in einer höheren als der gesetzlich vorgeschriebenen Lohnklasse entrichtet, so bemißt sich der Erstattungsanspruch nur nach letzterer Lohnklasse. Der Anspruch erstreckt sich höchstens auf die für die beiden letzten Abrechnungsperioden entrichteten beziehungsweise fällig gewordenen Beiträge.

Für die Dauer vorübergehender Beschäftigung für eigene Rechnung hat der Hausgewerbetreibende den vollen Beitrag für seine Person, beziehungsweise den halben Beitrag für seine Hülfspersonen selbst zu tragen.

Die Vorschriften der §§ 147 und 148 des Gesetzes finden auf die Fabrikanten ꝛc. in ihrem Verhältniß zu den Hausgewerbetreibenden entsprechende Anwendung.

8. Waren die Hausgewerbetreibenden während der Beitragsperiode für mehrere Fabrikanten ꝛc. oder für eigene Rechnung und einen oder mehrere Fabrikanten beschäftigt, so ist die dem Arbeitgeber zur Last fallende Hälfte der Beiträge vorbehaltlich anderweiter Vereinbarung auf die sämmtlichen betheiligten Fabrikanten oder zutreffendenfalls auf diese und den Hausgewerbetreibenden nach Verhältniß der für die Herstellung oder Bearbeitung der Fabrikate erforderlich gewesenen oder für erforderlich zu erachtenden Zeit zu vertheilen.

9. Die Fabrikanten ꝛc. sind berechtigt, die Verpflichtungen des Arbeitgebers für ihre Hausgewerbetreibenden und deren Hülfspersonen ganz oder zum Theil selbst zu übernehmen.

Von der erfolgten Übernahme hat der Fabrikant der unteren Verwaltungsbehörde Kenntniß zu geben, welche dem zuständigen Organe der Versicherungsanstalt und in den Fällen des § 112 des Gesetzes den mit der Einziehung der Beiträge und der Entgegennahme der Meldungen betrauten Stellen Nachricht giebt.

Soweit es sich um die Entrichtung der Beiträge für die Hausgewerbetreibenden selbst handelt, können den Fabrikanten die Verpflichtungen der Arbeitgeber von der für ihren Betriebssitz zuständigen unteren Verwaltungs-

Eine Beschäftigung, für welche als Entgelt nur freier Unterhalt gewährt wird, gilt im Sinne dieses Gesetzes nicht als eine die Versicherungspflicht begründende Beschäftigung.

Durch Beschluß des Bundesraths wird bestimmt, inwieweit vorübergehende Dienstleistungen als Beschäftigung im Sinne dieses Gesetzes nicht anzusehen sind.[1]

---

behörde auferlegt werden. Sofern letzteres geschieht, findet binnen zwei Wochen nach der Zustellung der die Verpflichtung aussprechenden Verfügung die Beschwerde an die höhere Verwaltungsbehörde statt; dieselbe entscheidet endgültig.

10. Streitigkeiten, welche aus Anlaß vorstehender Bestimmungen zwischen den Organen der Versicherungsanstalten einerseits und den Fabrikanten, Hausgewerbetreibenden oder deren Hülfspersonen andererseits oder zwischen den Fabrikanten und den Hausgewerbetreibenden darüber, ob und welche Beiträge zu entrichten sind, entstehen, werden nach § 122, Steitigkeiten über Berechnung und Anrechnung der für Hausgewerbetreibende oder deren Hülfspersonen zu entrichtenden Beiträge nach § 124 des Gesetzes entschieden.

11. Soweit im Vorstehenden keine besonderen Bestimmungen getroffen sind, erfolgt die Erhebung der Beiträge für die Hausgewerbetreibenden nach den für die Durchführung der Invaliditäts- und Altersversicherung erlassenen allgemeinen Vorschriften.

12. Die vorstehenden Bestimmungen treten am 4. Januar 1892 in Kraft.

[1] Bekanntm., betr. die Durchführung der Invaliditäts- und Altersversicherung. Vom 24. Dezember 1891 (RGBl S. 399).

Zur Ausführung des Gesetzes, betreffend die Invaliditäts- und Altersversicherung vom 22. Juni 1889 (Reichs-Gesetzbl. S. 97) hat der Bundesrath auf Grund der §§ 3 Absatz 3, 109, 112, 114, 117, 120, 125 a. a. O. beschlossen, was folgt:

I. Befreiung vorübergehender Beschäftigungen von der Versicherungspflicht (§ 3 Absatz 3).

A. Vorübergehende Dienstleistungen sind in folgenden Fällen als eine die Versicherungspflicht begründende Beschäftigung nicht anzusehen:

1. wenn sie von solchen Personen, welche berufsmäßig Lohnarbeit überhaupt nicht verrichten,
   a) nur gelegentlich, insbesondere zu gelegentlicher Aushülfe,
   b) zwar in regelmäßiger Wiederkehr, aber nur nebenher und gegen ein geringfügiges Entgelt, welches zum Lebensunterhalt nicht ausreicht und zu den Versicherungsbeiträgen nicht in entsprechendem Verhältniß steht,
   c) zur Hülfsleistung bei Unglücksfällen oder Verheerungen durch Naturereignisse

   verrichtet werden;
2. wenn sie von solchen Berufsarbeitern, die in einem regelmäßigen, die Versicherungspflicht begründenden Arbeits- oder Dienstverhältniß zu einem bestimmten Arbeitgeber stehen, ohne Unterbrechung dieses Verhältnisses bei anderen Arbeitgebern nebenher, sei es nur gelegentlich zur Aushülfe, sei es regelmäßig verrichtet werden;
3. wenn sie auf Seeschiffen im Auslande von solchen Personen verrichtet werden, die nicht zur Schiffsbesatzung gehören;
4. wenn sie von Aufwärtern oder Aufwärterinnen und ähnlichen zu niederen häuslichen Diensten von kurzer Dauer an wechselnden Arbeitsstellen thätigen Personen verrichtet werden;

§ 4. Beamte des Reichs und der Bundesstaaten, die mit Pensionsberechtigung angestellten Beamten von Kommunalverbänden, sowie

---

5. wenn sie in Verpflegungsstationen oder in ähnlichen Einrichtungen gegen eine Geldentschädigung verrichtet werden, welche nicht als Entgelt für die gelieferte Arbeit, sondern als eine Unterstützung zum Zweck des besseren Fortkommens gewährt wird.

B. Die Regierungen der einzelnen Bundesstaaten sind ermächtigt, mit Zustimmung des Reichskanzlers widerruflich anzuordnen, daß und inwieweit vorübergehende Dienstleistungen solcher Ausländer, denen der Aufenthalt in Grenzbezirken des Inlandes auf fest bestimmte kurze Zeit behufs Ausführung vorübergehender Arbeiten behördlich gestattet ist, sowie vorübergehend im Inlande stattfindende Dienstleistungen solcher Ausländer, welche übungsgemäß in Flößereibetrieben beschäftigt werden, als eine die Versicherungspflicht begründende Beschäftigung nicht anzusehen sind. — [Fortsetzung und Schluß der Bekanntm. vgl. Anm. zu § 109].

Bekanntmachung, betr. die Befreiung vorübergehender Dienstleistungen von der Invaliditäts- und Altersversicherung. Vom 24. Januar 1893 (RGBl S. 5).

Auf Grund des § 3 Absatz 3 des Gesetzes, betreffend die Invaliditäts- und Altersversicherung, vom 22. Juni 1889 (Reichs-Gesetzbl. S. 97) hat der Bundesrath unter Aufhebung der Bestimmung in I A 1 c der Bekanntmachung vom $\frac{\text{27. November 1890}}{\text{24. Dezember 1891}}$ (Reichs-Gesetzbl. 1891 S. 399) beschlossen, daß folgende Dienstleistungen nicht als eine Beschäftigung im Sinne des Gesetzes vom 22. Juni 1889 anzusehen sind:

a) Dienstleistungen von Bediensteten ausländischer Eisenbahnverwaltungen in Eisenbahnbetrieben des Inlandes, soweit diese Bediensteten in letzteren vorübergehend beschäftigt werden.
b) Dienstleistungen im Inlande von Bediensteten ausländischer Betriebe, soweit diese mit einzelnen Betriebshandlungen vorübergehend in das Inland hinübergreifen.
c) Dienstleistungen des Personals ausländischer Schiffe, die im Binnenschiffahrtsverkehr deutsche Wasserstraßen befahren, soweit nicht diese Schiffe nach Entscheidung der Landes-Centralbehörde oder, wenn mehrere Bundesstaaten betheiligt sind, des Reichskanzlers im Inlande einen regelmäßigen Verkehr von erheblichem Umfange unterhalten.
d) Dienstleistungen von Indiern, Japanern, Chinesen, Malayen, Zanzibariten, Negern und anderen farbigen Seeleuten auf deutschen Seeschiffen bei der Küstenschiffahrt in asiatischen, australischen, ost- oder westafrikanischen Gewässern, sowie in dem Verkehr zwischen asiatischen, australischen und ostafrikanischen Häfen oder zwischen diesen und europäischen Häfen, in letzterem Verkehr jedoch nur, wenn es sich um den Dienst in den Kohlen- und Kesselräumen der Dampfschiffe handelt und wenn bei der Anmusterung im Auslande zugleich die Rückfahrt ausbedungen ist.
e) Dienstleistungen zur schleunigen Hülfe bei Unglücksfällen oder Verheerungen durch Naturereignisse oder zur schleunigen Beseitigung von Verkehrs- oder Betriebsstörungen, sofern diese Dienstleistungen nach ihrer Art die Dauer von zwei Arbeitstagen voraussichtlich nicht übersteigen werden.

Personen des Soldatenstandes, welche dienstlich als Arbeiter beschäftigt werden, unterliegen der Versicherungspflicht nicht.[1]

Die Versicherungspflicht tritt für diejenigen Personen nicht ein, welche in Folge ihres körperlichen oder geistigen Zustandes dauernd nicht mehr im Stande sind, durch eine ihren Kräften und Fähigkeiten entsprechende Lohnarbeit mindestens ein Drittel des für ihren Beschäftigungsort nach § 8 des Krankenversicherungsgesetzes vom 15. Juni 1883 (Reichs-Gesetzbl. S. 73) festgesetzten Tagelohnes gewöhnlicher Tagearbeiter zu verdienen. Dasselbe gilt von denjenigen Personen, welche auf Grund dieses Gesetzes eine Invalidenrente beziehen.

Solche Personen, welche vom Reich, von einem Bundesstaate oder einem Kommunalverbande Pensionen oder Wartegelder wenigstens im Mindestbetrage der Invalidenrente beziehen, oder welchen auf Grund der reichsgesetzlichen Bestimmungen über Unfallversicherung der Bezug einer jährlichen Rente von mindestens demselben Betrage zusteht, sind auf ihren Antrag von der Versicherungspflicht zu befreien. Über den Antrag entscheidet die untere Verwaltungsbehörde des Beschäftigungsortes. Gegen den Bescheid derselben ist die Beschwerde an die zunächst vorgesetzte Behörde zulässig, welche endgültig entscheidet.

### Besondere Kasseneinrichtungen.

**§ 5.** Andere als die unter § 4 erwähnten Personen, welche in Betrieben des Reichs, eines Bundesstaates oder eines Kommunalverbandes beschäftigt werden, genügen der gesetzlichen Versicherungspflicht durch Betheiligung an einer für den betreffenden Betrieb bestehenden oder zu errichtenden besonderen Kasseneinrichtung, durch welche ihnen eine den reichsgesetzlich vorgesehenen Leistungen gleichwerthige Fürsorge gesichert ist, sofern bei der betreffenden Kasseneinrichtung folgende Voraussetzungen zutreffen:

1. Die Beiträge der Versicherten dürfen, soweit sie für die Invaliditäts- und Altersversicherung in Höhe des reichsgesetzlichen Anspruchs entrichtet werden, die Hälfte des für den letzteren nach § 20 zu erhebenden Beitrags nicht übersteigen. Diese Bestimmung findet keine Anwendung, sofern in der betreffenden Kasseneinrichtung die Beiträge nach einem von der Berechnungsweise des § 20 abweichenden Verfahren aufgebracht und in Folge dessen höhere Beiträge erforderlich werden, um die der Kasseneinrichtung aus Invaliden- und Altersrenten in Höhe des reichsgesetzlichen Anspruchs obliegenden Leistungen zu decken. Sofern hiernach höhere Beiträge zu erheben sind,

[1] Vgl. Bekanntm. vom 12. Okt. 1891 (AN für J S. 165), vom 30. Juli 1892 (AN für J S. 105), vom 31. Dez. 1892 (AN für J 1893 S. 1).

dürfen die Beiträge der Versicherten diejenigen der Arbeitgeber nicht übersteigen.

2. Bei Berechnung der Wartezeit und der Rente ist den bei solchen Kasseneinrichtungen betheiligten Personen, soweit es sich um das Maß des reichsgesetzlichen Anspruchs handelt, unbeschadet der Bestimmung des § 32 die bei Versicherungsanstalten (§ 41) zurückgelegte Beitragszeit in Anrechnung zu bringen.

3. Über den Anspruch der einzelnen Betheiligten auf Gewährung von Invaliden- und Altersrente muß ein schiedsgerichtliches Verfahren unter Mitwirkung von Vertretern der Versicherten zugelassen sein.

Der Bundesrath bestimmt auf Antrag der zuständigen Reichs-, Staats- oder Kommunalbehörde, welche Kasseneinrichtungen (Pensions-, Alters-, Invalidenkassen) den vorstehenden Anforderungen entsprechen. Den vom Bundesrath anerkannten Kasseneinrichtungen dieser Art wird zu den von ihnen zu leistenden Invaliden- und Altersrenten der Reichszuschuß (§ 26 Absatz 3) gewährt, sofern ein Anspruch auf solche Renten auch nach den Vorschriften dieses Gesetzes bestehen würde.

**§ 6.** Von dem Inkrafttreten dieses Gesetzes ab wird die Betheiligung bei solchen vom Bundesrath zugelassenen Kasseneinrichtungen der Versicherung in einer Versicherungsanstalt gleichgeachtet. Die nach Maßgabe dieses Gesetzes zu gewährenden Renten werden auf die dabei in Betracht kommenden Versicherungsanstalten und Kasseneinrichtungen nach näherer Bestimmung der §§ 27, 89, 94 vertheilt.

Wenn bei einer solchen Kasseneinrichtung die Beiträge nicht in der nach §§ 99 ff. vorgeschriebenen Form erhoben werden, hat der Vorstand der Kasseneinrichtung den aus der letzteren ausscheidenden Personen die Dauer ihrer Betheiligung und für diesen Zeitraum die Höhe des bezogenen Lohnes, die Zugehörigkeit zu einer Krankenkasse, sowie die Dauer etwaiger Krankheiten (§ 17) zu bescheinigen. Der Bundesrath ist befugt, über Form und Inhalt der Bescheinigung Vorschriften zu erlassen.

**§ 7.** Durch Beschluß des Bundesraths kann auf Antrag bestimmt werden, daß und inwieweit die Bestimmungen des § 4 Absatz 1 auf Beamte, welche von anderen öffentlichen Verbänden oder Körperschaften mit Pensionsberechtigung angestellt sind, sowie die Bestimmungen der §§ 5 und 6 auf Mitglieder anderer Kasseneinrichtungen, welche die Fürsorge für den Fall der Invalidität oder des Alters zum Gegenstande haben, Anwendung finden sollen.[1]

---

[1] Vgl. Bekanntm. vom 12. Oktober 1891 in AN für J 1891 S. 165.

## Selbstversicherung.

**§ 8.** Soweit nicht die Vorschrift des § 1 durch Beschluß des Bundesraths in Gemäßheit der Bestimmung des § 2 Absatz 1 auf die dort bezeichneten Personen erstreckt ist, sind dieselben, falls sie das vierzigste Lebensjahr noch nicht vollendet haben und nicht im Sinne des § 4 Absatz 2 bereits dauernd erwerbsunfähig sind, berechtigt, nach Maßgabe dieses Gesetzes in Lohnklasse II sich selbst zu versichern (§ 120).

## Gegenstand der Versicherung.

**§ 9.** Gegenstand der Versicherung ist der Anspruch auf Gewährung einer Invaliden- beziehungsweise Altersrente.

Invalidenrente erhält ohne Rücksicht auf das Lebensalter derjenige Versicherte, welcher dauernd erwerbsunfähig ist. Eine durch einen Unfall herbeigeführte Erwerbsunfähigkeit begründet unbeschadet der Vorschriften des § 76 den Anspruch auf Invalidenrente nur insoweit, als nicht nach den Bestimmungen der Reichsgesetze über Unfallversicherung eine Rente zu leisten ist.

Erwerbsunfähigkeit ist dann anzunehmen, wenn der Versicherte in Folge seines körperlichen oder geistigen Zustandes nicht mehr im Stande ist, durch eine seinen Kräften und Fähigkeiten entsprechende Lohnarbeit mindestens einen Betrag zu verdienen, welcher gleichkommt der Summe eines Sechstels des Durchschnitts der Lohnsätze (§ 23), nach welchen für ihn während der letzten fünf Beitragsjahre Beiträge entrichtet worden sind, und eines Sechstels des dreihundertfachen Betrages des nach § 8 des Krankenversicherungsgesetzes vom 15. Juni 1883 (Reichs-Gesetzbl. S. 73) festgesetzten ortsüblichen Tagelohnes gewöhnlicher Tagearbeiter des letzten Beschäftigungsortes, in welchem er nicht lediglich vorübergehend beschäftigt gewesen ist.

Altersrente erhält, ohne daß es des Nachweises der Erwerbsunfähigkeit bedarf, derjenige Versicherte, welcher das siebenzigste Lebensjahr vollendet hat.

**§ 10.** Invalidenrente erhält auch derjenige nicht dauernd erwerbsunfähige Versicherte, welcher während eines Jahres ununterbrochen erwerbsunfähig gewesen ist, für die weitere Dauer seiner Erwerbsunfähigkeit.

**§ 11.** Ein Anspruch auf Invalidenrente steht denjenigen Versicherten nicht zu, welche erweislich die Erwerbsunfähigkeit sich vorsätzlich oder bei Begehung eines durch strafgerichtliches Urtheil festgestellten Verbrechens zugezogen haben.

**§ 12.** Die Versicherungsanstalt ist befugt, für einen Erkrankten, der reichsgesetzlichen Krankenfürsorge nicht unterliegenden Versicherten das Heilverfahren in dem im § 6 Absatz 1 Ziffer 1 des Krankenversicherungsgesetzes bezeichneten Umfange zu übernehmen, sofern als Folge der Krankheit Erwerbsunfähigkeit zu besorgen ist, welche einen Anspruch auf reichsgesetzliche Invalidenrente begründet.

Die Versicherungsanstalt ist ferner befugt, zu verlangen, daß die Krankenkasse, welcher der Versicherte angehört oder zuletzt angehört hat, die Fürsorge für denselben in demjenigen Umfange übernimmt, welchen die Versicherungsanstalt für geboten erachtet. Die Kosten dieser von ihr beanspruchten Fürsorge hat die Versicherungsanstalt zu ersetzen. Als Ersatz dieser Kosten ist die Hälfte des nach dem Krankenversicherungsgesetze zu gewährenden Mindestbetrages des Krankengeldes zu leisten, sofern nicht höhere Aufwendungen nachgewiesen werden.

Streitigkeiten zwischen den Versicherungsanstalten und den betheiligten Krankenkassen werden, sofern es sich um die Geltendmachung dieser Befugnisse handelt, von der Aufsichtsbehörde der betheiligten Krankenkassen endgültig, sofern es sich um Ersatzansprüche handelt, im Verwaltungsstreitverfahren, oder, wo ein solches nicht besteht, durch die ordentlichen Gerichte entschieden.

Wird in Folge der Krankheit der Versicherte erwerbsunfähig, so verliert er, falls er sich den im Absatz 1 und 2 bezeichneten Maßnahmen entzogen hat, den Anspruch auf Invalidenrente, sofern anzunehmen ist, daß die Erwerbsunfähigkeit durch dieses Verhaltenveranlaßt ist.

**§ 13.** Durch statutarische Bestimmung einer Gemeinde für ihren Bezirk oder eines weiteren Kommunalverbandes für seinen Bezirk oder Theile desselben kann, sofern daselbst nach Herkommen der Lohn der in land- oder forstwirthschaftlichen Betrieben beschäftigten Arbeiter ganz oder zum Theil in Form von Naturalleistungen gewährt wird, bestimmt werden, daß denjenigen in diesem Bezirke wohnenden Rentenempfängern, welche innerhalb desselben als Arbeiter in land- und forstwirthschaftlichen Betrieben ihren Lohn oder Gehalt ganz oder zum Theil in Form von Naturalleistungen bezogen haben, auch die Rente bis zu zwei Dritteln ihres Betrages in dieser Form gewährt wird. Der Werth der Naturalleistungen wird nach Durchschnittspreisen in Ansatz gebracht. Dieselben werden von der höheren Verwaltungsbehörde festgesetzt. Die statutarische Bestimmung bedarf der Genehmigung der höheren Verwaltungsbehörde.

Solchen Personen, welchen wegen gewohnheitsmäßiger Trunksucht nach Anordnung der zuständigen Behörde geistige Getränke in öffentlichen Schankstätten nicht verabfolgt werden dürfen, ist die Rente in derjenigen Gemeinde, für deren Bezirk eine solche Anordnung getroffen worden ist, auch ohne daß die Voraussetzungen des

Absatzes 1 vorliegen, ihrem vollen Betrage nach in Naturalleistungen zu gewähren.

Der Anspruch auf die Rente geht zu demjenigen Betrage, in welchem Naturalleistungen gewährt werden, auf den Kommunalverband, für dessen Bezirk eine solche Bestimmung getroffen ist, über, wogegen diesem die Leistung der Naturalien obliegt.

Dem Bezugsberechtigten, auf welchen vorstehende Bestimmungen Anwendung finden sollen, ist dies von dem Kommunalverbande mitzutheilen.

Der Bezugsberechtigte ist befugt, binnen zwei Wochen nach der Zustellung dieser Mittheilung die Entscheidung der Kommunalaufsichtsbehörde anzurufen. Auf demselben Wege werden alle übrigen Streitigkeiten entschieden, welche aus der Anwendung dieser Bestimmungen zwischen dem Bezugsberechtigten und dem Kommunalverbande entstehen.

Sobald der Übergang des Anspruchs auf Rente endgültig feststeht, hat auf Antrag des Kommunalverbandes der Vorstand der Versicherungsanstalt die Postverwaltung hiervon rechtzeitig in Kenntniß zu setzen.

**§ 14.** Ist der Berechtigte ein Ausländer, so kann er, falls er seinen Wohnsitz im Deutschen Reich aufgiebt, mit dem dreifachen Betrage der Jahresrente abgefunden werden.

### Voraussetzungen des Anspruchs.

**§ 15.** Zur Erlangung eines Anspruchs auf Invaliden- oder Altersrente ist, außer dem Nachweise der Erwerbsunfähigkeit beziehungsweise des gesetzlich vorgesehenen Alters, erforderlich:

1. die Zurücklegung der vorgeschriebenen Wartezeit;
2. die Leistung von Beiträgen.

### Wartezeit.

**§ 16.** Die Wartezeit (§ 15) beträgt:

1. bei der Invalidenrente fünf Beitragsjahre;
2. bei der Altersrente dreißig Beitragsjahre.

### Beitragsjahr.

**§ 17.** Als Beitragsjahr gelten siebenundvierzig Beitragswochen (§ 19). Hierbei werden die Beitragswochen, auch wenn sie in verschiedene Kalenderjahre fallen, unbeschadet der Vorschriften des § 32, bis zur Erfüllung des Beitragsjahres zusammengerechnet.

Solchen Personen, welche, nachdem sie nicht lediglich vorübergehend in ein die Versicherungspflicht begründendes Arbeits- oder

Dienstverhältniß eingetreten waren, wegen bescheinigter, mit Erwerbsunfähigkeit verbundener Krankheit für die Dauer von sieben oder mehr aufeinander folgenden Tagen verhindert gewesen sind, dieses Verhältniß fortzusetzen, oder behufs Erfüllung der Wehrpflicht in Friedens-, Mobilmachungs- oder Kriegszeiten zum Heere oder zur Marine eingezogen gewesen sind, oder in Mobilmachungs- oder Kriegszeiten freiwillig militärische Dienstleistungen verrichtet haben, werden diese Zeiten als Beitragszeiten in Anrechnung gebracht.

Die Dauer einer Krankheit ist nicht als Beitragszeit in Anrechnung zu bringen, wenn der Betheiligte sich die Krankheit vorsätzlich oder bei Begehung eines durch strafgerichtliches Urtheil festgestellten Verbrechens, durch schuldhafte Betheiligung bei Schlägereien oder Raufhändeln, durch Trunkfälligkeit oder durch geschlechtliche Ausschweifungen zugezogen hat.

Bei Krankheiten, welche ununterbrochen länger als ein Jahr währen, kommt die über diesen Zeitraum hinausreichende Dauer der Krankheit als Beitragszeit nicht in Anrechnung.

**§ 18.** Zum Nachweise einer Krankheit (§ 17) genügt die Bescheinigung des Vorstandes derjenigen Krankenkasse (§ 135), beziehungsweise derjenigen eingeschriebenen oder auf Grund landesrechtlicher Vorschriften errichteten Hülfskasse, welcher der Versicherte angehört hat, für diejenige Zeit aber, welche über die Dauer der von den betreffenden Kassen zu gewährenden Krankenunterstützung hinausreicht, sowie für diejenigen Personen, welche einer derartigen Kasse nicht angehört haben, die Bescheinigung der Gemeindebehörde. Die Kassenvorstände sind verpflichtet, diese Bescheinigungen auszustellen und können hierzu von der Aufsichtsbehörde durch Geldstrafe bis zu einhundert Mark angehalten werden.

Für die in Reichs- und Staatsbetrieben beschäftigten Personen können die vorstehend bezeichneten Bescheinigungen durch die vorgesetzte Dienstbehörde ausgestellt werden.

Der Nachweis geleisteter Militärdienste erfolgt durch Vorlegung der Militärpapiere.

## Aufbringung der Mittel.

**§ 19.** Die Mittel zur Gewährung der Invaliden- und Altersrenten werden vom Reich, von den Arbeitgebern und von den Versicherten aufgebracht.

Die Aufbringung der Mittel erfolgt seitens des Reichs durch Zuschüsse zu den in jedem Jahre thatsächlich zu zahlenden Renten, seitens der Arbeitgeber und der Versicherten durch laufende Beiträge. Die Beiträge entfallen auf den Arbeitgeber und den Versicherten zu gleichen Theilen (§ 116) und sind für jede Kalenderwoche zu entrichten, in welcher der Versicherte in einem die Versicherungspflicht begründenden Arbeits- oder Dienstverhältniß gestanden hat (Beitragswoche).

**§ 20.** Die Festsetzung der für die Beitragswoche zu entrichtenden Beiträge erfolgt für die einzelnen Versicherungsanstalten (§ 41) im Voraus auf bestimmte Zeiträume, und zwar erstmalig für die Zeit bis zum Ablauf von zehn Jahren nach dem Inkrafttreten dieses Gesetzes (§ 162 Absatz 2), demnächst für je fünf weitere Jahre.

Die Höhe der Beiträge ist unter Berücksichtigung der in Folge von Krankheiten (§ 17 Absatz 2) entstehenden Ausfälle so zu bemessen, daß durch dieselben gedeckt werden die Verwaltungskosten, die Rücklagen zur Bildung eines Reservefonds (§ 21), die durch Erstattung von Beiträgen (§§ 30 und 31) voraussichtlich entstehenden Aufwendungen, sowie der Kapitalwerth der von der Versicherungsanstalt aufzubringenden Antheile an denjenigen Renten, welche in dem betreffenden Zeitraum voraussichtlich zu bewilligen sein werden.

**§ 21.** Die Rücklagen zum Reservefonds sind für die erste Beitragsperiode so zu bemessen, daß am Schlusse derselben der Reservefonds ein Fünftel des Kapitalwerths der in dieser Periode der Versicherungsanstalt voraussichtlich zur Last fallenden Renten beträgt. Sofern der Reservefonds am Schlusse der ersten Beitragsperiode diesen Betrag nicht erreicht hat, ist das Fehlende in den nächsten Beitragsperioden aufzubringen. Die Vertheilung auf diese Perioden unterliegt der Genehmigung des Reichs-Versicherungsamts.

Durch das Statut der Versicherungsanstalt kann bestimmt werden, daß der Reservefonds bis zur doppelten Höhe des vorgeschriebenen Betrages zu erhöhen ist.

Der Reservefonds sowie dessen Zinsen dürfen, solange der erstere die vorgeschriebene Höhe noch nicht erreicht hat, nur in dringenden Bedarfsfällen mit Genehmigung des Reichs-Versicherungsamts angegriffen werden.

## Lohnklassen.

**§ 22.** Zum Zweck der Bemessung der Beiträge und Renten werden nach der Höhe des Jahresarbeitsverdienstes folgende Klassen der Versicherten gebildet:

Klasse I bis zu 350 Mark einschließlich,
" II von mehr als 350 bis 550 Mark,
" III von mehr als 550 bis 850 Mark,
" IV von mehr als 850 Mark.

Als Jahresarbeitsverdienst gilt, sofern nicht Arbeitgeber und

Versicherter darüber einverstanden sind, daß ein höherer Betrag zu Grunde gelegt wird:

1. für die in der Land- und Forstwirthschaft beschäftigten Personen, soweit nicht Ziffer 4 Platz greift, der für sie von der höheren Verwaltungsbehörde unter Berücksichtigung des § 3 festzusetzende durchschnittliche Jahresarbeitsverdienst, beziehungsweise der für Betriebsbeamte nach § 3 des Gesetzes vom 5. Mai 1886 (Reichs-Gesetzbl. S. 132) zu ermittelnde Jahresarbeitsverdienst;
2. für die auf Grund des Gesetzes vom 13. Juli 1887 (Reichs-Gesetzbl. S. 329) versicherten Seeleute und anderen bei der Seeschiffahrt betheiligten Personen der Durchschnittsbetrag des Jahresarbeitsverdienstes, welcher gemäß §§ 6 und 7 a. a. O. vom Reichskanzler, beziehungsweise von der höheren Verwaltungsbehörde festgesetzt worden ist;
3. für Mitglieder einer Knappschaftskasse der dreihundertfache Betrag des von dem Kassenvorstande festzusetzenden durchschnittlichen täglichen Arbeitsverdienstes derjenigen Klasse von Arbeitern, welcher der Versicherte angehört, jedoch nicht weniger als der dreihundertfache Betrag des ortsüblichen Tagelohnes gewöhnlicher Tagearbeiter des Beschäftigungsortes (§ 8 des Krankenversicherungsgesetzes);
4. für Mitglieder einer Orts-, Betriebs- (Fabrik-), Bau- oder Innungskrankenkasse der dreihundertfache Betrag des für ihre Krankenkassenbeiträge maßgebenden durchschnittlichen Tagelohnes (§ 20 des Krankenversicherungsgesetzes) beziehungsweise wirklichen Arbeitsverdienstes (§ 64 Ziffer 1 a. a. O.);
5. im Übrigen der dreihundertfache Betrag des ortsüblichen Tagelohnes gewöhnlicher Tagearbeiter des Beschäftigungsortes (§ 8 des Krankenversicherungsgesetzes).

**§ 23.** Als Lohnsatz (§ 9 Absatz 3) gilt:

| | | | | |
|---|---|---|---|---|
| für die Lohnklasse | I | der Satz von | 300 | Mark, |
| " " " | II | " " " | 500 | " |
| " " " | III | " " " | 720 | " |
| " " " | IV | " " " | 960 | " . |

**§ 24.** Die Beiträge müssen nach den Lohnklassen in der Weise bemessen werden, daß durch die in jeder Lohnklasse aufkommenden Beiträge die Belastung gedeckt wird, welche der Versicherungsanstalt durch die auf Grund dieser Beiträge entstehenden Ansprüche voraussichtlich erwächst. Dabei ist jedoch eine aus der Selbstversicherung und der freiwilligen Versicherung voraussichtlich entstehende Mehrbelastung auf alle Lohnklassen zu vertheilen.

Für die bei derselben Versicherungsanstalt in derselben Lohnklasse versicherten Personen können die Beiträge nach Berufszweigen verschieden bemessen werden. Im Übrigen sind die Beiträge für die in derselben Lohnklasse bei einer Versicherungsanstalt versicherten Personen gleich zu bemessen.

### Berechnung der Renten.

**§ 25.** Die Renten werden für Kalenderjahre berechnet. Sie bestehen aus einem, vorbehaltlich der Vorschrift des § 28 Absatz 2, von der Versicherungsanstalt aufzubringenden Betrage und aus einem festen Zuschusse des Reichs.

**§ 26.** Bei Berechnung des von der Versicherungsanstalt aufzubringenden Theiles der Invalidenrente wird ein Betrag von sechszig Mark zu Grunde gelegt. Derselbe steigt mit jeder vollendeten Beitragswoche

in der Lohnklasse I um 2 Pfennig,
" " " II " 6 "
" " " III " 9 "
" " " IV " 13 " .

Der von der Versicherungsanstalt aufzubringende Theil der Altersrente beträgt für jede Beitragswoche

in Lohnklasse I 4 Pfennig,
" " II 6 "
" " III 8 "
" " IV 10 " .

Dabei werden 1 410 Beitragswochen in Anrechnung gebracht. Sind für einen Versicherten Beiträge für mehr als 1 410 Beitragswochen in verschiedenen Lohnklassen entrichtet, so werden für die Berechnung diejenigen 1 410 Beitragswochen in Ansatz gebracht, in denen die höchsten Beiträge entrichtet worden sind.

Der Zuschuß des Reichs beträgt für jede Rente jährlich fünfzig Mark.

Die Renten sind in monatlichen Theilbeträgen im Voraus zu zahlen. Dieselben sind auf volle fünf Pfennig für den Monat nach oben abzurunden.

**§ 27.** Für einen Versicherten, welcher bei einer der nach §§ 5 und 7 zugelassenen Kasseneinrichtungen betheiligt gewesen ist, wird bei der Steigerung der Invalidenrente sowie bei Berechnung der Altersrente für jede Woche der Betheiligung nach dem Inkrafttreten dieses Gesetzes diejenige Lohnklasse in Rechnung gebracht, welcher derselbe nach dem von ihm wirklich bezogenen Lohne angehört haben würde, wenn er bei einer Versicherungsanstalt versichert gewesen wäre. Hat der Versicherte gleichzeitig einer Knappschaftskasse oder einer Orts-, Betriebs- (Fabrik-), Bau- oder Innungskrankenkasse angehört, so bestimmt sich die in Rechnung zu bringende Lohnklasse nach den Bestimmungen der Ziffer 3 beziehungsweise 4 des § 22 Absatz 2.

§ 28. Für die nach § 17 als Beitragszeit geltende Dauer bescheinigter Krankheiten und militärischer Dienstleistungen wird bei Berechnung der Rente die Lohnklasse II zu Grunde gelegt.

Den auf die Dauer militärischer Dienstleistungen entfallenden Antheil der Rente übernimmt das Reich (§ 89).

§ 29. Die Invalidenrente beginnt mit dem Tage, an welchem der Verlust der Erwerbsfähigkeit eingetreten ist. Als dieser Zeitpunkt gilt, sofern nicht ein anderer in der Entscheidung festgestellt wird, der Tag, an welchem der Antrag auf Bewilligung der Rente bei der unteren Verwaltungsbehörde gestellt worden ist (§ 75).

Die Altersrente beginnt frühestens mit dem ersten Tage des einundsiebenzigsten Lebensjahre. Dieselbe kommt in Fortfall, sobald dem Empfänger Invalidenrente gewährt wird.

## Erstattung von Beiträgen.

§ 30. Weiblichen Personen, welche eine Ehe eingehen, bevor sie in den Genuß einer Rente gelangt sind, steht ein Anspruch auf Erstattung der Hälfte der für sie geleisteten Beiträge zu, wenn die letzteren für mindestens fünf Beitragsjahre entrichtet worden sind. Dieser Anspruch muß binnen drei Monaten nach der Verheirathung geltend gemacht werden. Mit der Erstattung erlischt die durch das frühere Versicherungsverhältniß begründete Anwartschaft.

§ 31. Wenn eine männliche Person, für welche mindestens für fünf Beitragsjahre Beiträge entrichtet worden sind, verstirbt, bevor sie in den Genuß einer Rente gelangt ist, so steht der hinterlassenen Wittwe oder, falls eine solche nicht vorhanden ist, den hinterlassenen ehelichen Kindern unter fünfzehn Jahren ein Anspruch auf Erstattung der Hälfte der für den Verstorbenen entrichteten Beiträge zu.

Wenn eine weibliche Person, für welche mindestens für fünf Beitragsjahre Beiträge entrichtet worden sind, verstirbt, bevor sie in den Genuß einer Rente gelangt ist, so steht den hinterlassenen vaterlosen Kindern unter fünfzehn Jahren ein Anspruch auf Erstattung der Hälfte der für die Verstorbene entrichteten Beiträge zu.

Vorstehende Bestimmungen finden keine Anwendung, sofern den Hinterbliebenen aus Anlaß des Todes des Versicherten auf Grund des Unfallversicherungsgesetzes eine Rente gewährt wird.

### Erlöschen der Anwartschaft.

**§ 32.** Die aus einem Versicherungsverhältniß sich ergebende Anwartschaft erlischt, wenn während vier aufeinander folgender Kalenderjahre für weniger als insgesammt siebenundvierzig Beitragswochen Beiträge auf Grund des Versicherungsverhältnisses oder freiwillig (§ 117) entrichtet worden sind.

Die Anwartschaft lebt wieder auf, sobald durch Wiedereintreten in eine das Versicherungsverhältniß begründende Beschäftigung oder durch freiwillige Beitragsleistung das Versicherungsverhältniß erneuert und danach eine Wartezeit von fünf Beitragsjahren zurückgelegt ist.

### Veränderung der Verhältnisse.

**§ 33.** Tritt in den Verhältnissen des Empfängers einer Invalidenrente eine Veränderung ein, welche ihn nicht mehr als dauernd erwerbsunfähig (§ 9) erscheinen läßt, so kann demselben die Rente entzogen werden.

Die Entziehung der Rente tritt von dem Tage ab in Wirksamkeit, an welchem der die Entziehung aussprechende Bescheid zugestellt worden ist.

Wird die Rente von Neuem bewilligt, so ist die Zeit des früheren Rentenbezuges dem Versicherten ebenso wie eine bescheinigte Krankheitszeit (§ 17 Absatz 2) anzurechnen.

**§ 34.** Der nach Maßgabe dieses Gesetzes erworbene Anspruch auf Rente ruht:

1. für diejenigen Personen, welche auf Grund der reichsgesetzlichen Bestimmungen über Unfallversicherung eine Rente beziehen, solange und soweit die Unfallrente unter Hinzurechnung der diesen Personen nach dem gegenwärtigen Gesetze zugesprochenen Rente den Betrag von 415 Mark übersteigt;
2. für die in den §§ 4 und 7 bezeichneten Beamten und Personen des Soldatenstandes, solange und soweit die denselben gewährten Pensionen oder Wartegelder unter Hinzurechnung der ihnen nach dem gegenwärtigen Gesetze zugesprochenen Rente den Betrag von 415 Mark übersteigen;
3. solange der Berechtigte eine die Dauer von einem Monat übersteigende Freiheitsstrafe verbüßt, oder solange er in einem Arbeitshause oder in einer Besserungsanstalt untergebracht ist;
4. solange der Berechtigte nicht im Inlande wohnt. Durch Beschluß des Bundesraths kann diese Bestimmung für bestimmte Grenzgebiete außer Kraft gesetzt werden.[1]

---

[1] Vgl. Bekanntm. vom 16. Mai 1891 (CBl S. 97, AN für J S. 147), 5. Mai 1892 (CBl S. 317, AN für J S. 39).

## Verhältniß zu anderen Ansprüchen.

**§ 35.** Die auf gesetzlicher Vorschrift beruhende Verpflichtung von Gemeinden und Armenverbänden zur Unterstützung hülfsbedürftiger Personen sowie sonstige gesetzliche, statutarische oder auf Vertrag beruhende Verpflichtungen zur Fürsorge für alte, kranke, erwerbsunfähige oder hülfsbedürftige Personen werden durch dieses Gesetz nicht berührt.

Soweit von einer Gemeinde oder einem Armenverbande an hülfsbedürftige Personen Unterstützungen für einen Zeitraum geleistet sind, für welchen diesen Personen ein Anspruch auf Invaliden- oder Altersrente zustand, geht der Anspruch auf Rente im Betrage der geleisteten Unterstützung auf die Gemeinde oder den Armenverband über. Das Gleiche gilt für Betriebsunternehmer und Kassen, welche die den Gemeinden oder Armenverbänden obliegende Verpflichtung zur Unterstützung Hülfsbedürftiger auf Grund gesetzlicher Vorschrift erfüllt haben.

**§ 36.** Fabrikkassen, Knappschaftskassen, Seemannskassen und andere für gewerbliche, landwirthschaftliche oder ähnliche Unternehmungen bestehende Kasseneinrichtungen, welche ihren nach den Bestimmungen dieses Gesetzes versicherten Mitgliedern für den Fall des Alters oder der Erwerbsunfähigkeit Renten oder Kapitalien gewähren, sind berechtigt, diese Unterstützungen für solche Personen, welche auf Grund dieses Gesetzes einen Anspruch auf Invaliden- oder Altersrenten haben, um den Werth der letzteren oder zu einem geringeren Betrage zu ermäßigen, sofern gleichzeitig die Beiträge der Betriebsunternehmer und Kassenmitglieder oder im Falle der Zustimmung der Betriebsunternehmer wenigstens diejenigen der Kassenmitglieder in entsprechendem Verhältniß herabgemindert werden. Auf statutenmäßige Kassenleistungen, welche vor dem betreffenden Beschlusse der zuständigen Organe, oder vor dem Inkrafttreten dieses Gesetzes aus der Kasse bewilligt worden sind, erstreckt sich die Ermäßigung nicht.

Die hierzu erforderliche Abänderung der Statuten bedarf der Genehmigung der zuständigen Landesbehörde. Die letztere ist befugt, eine entsprechende Abänderung der Statuten ihrerseits mit rechtsgültiger Wirkung vorzunehmen, sofern die zu den erwähnten Kasseneinrichtungen beitragenden Betriebsunternehmer oder die Mehrheit der Kassenmitglieder die Abänderung beantragt haben, die letztere aber von den zuständigen Organen der Kasse abgelehnt worden ist.

Der Ermäßigung der Beiträge bedarf es nicht, sofern die durch die Herabminderung der Unterstützungen ersparten Beträge zu anderen Wohlfahrtseinrichtungen für Betriebsbeamte, Arbeiter oder deren

Hinterbliebene verwendet werden sollen und diese anderweite Verwendung durch das Statut geregelt und von der Aufsichtsbehörde genehmigt wird, oder soweit die Beiträge in der bisherigen Höhe erforderlich sind, um die der Kasse verbleibenden Leistungen zu decken.

**§ 37.** Für Personen, welche aus Kassen der im § 36 bezeichneten Art Invaliden- oder Altersrenten beziehen, tritt das im § 32 vorgesehene Erlöschen des Versicherungsverhältnisses nicht ein.

**§ 38.** Die Bestimmungen der §§ 36 und 37 finden auch auf die zur Fürsorge für Invalidität und Alter bestehenden Kassen Anwendung, hinsichtlich deren auf Grund ortsstatutarischer Bestimmungen eine Verpflichtung zum Beitritt besteht.

**§ 39.** Insoweit den nach Maßgabe dieses Gesetzes zum Bezuge von Invalidenrenten berechtigten Personen ein gesetzlicher Anspruch auf Ersatz des ihnen durch die Invalidität entstandenen Schadens gegen Dritte zusteht, geht derselbe auf die Versicherungsanstalt bis zum Betrage der von dieser zu gewährenden Rente über.

### Vorrechte der Renten.

**§ 40.** Die Rente kann mit rechtlicher Wirkung weder verpfändet, noch übertragen, noch für andere als die im § 749 Absatz 4 der Civilprozeßordnung bezeichneten Forderungen der Ehefrau und ehelichen Kinder und die der ersatzberechtigten Gemeinden oder Armenverbände gepfändet werden.

## II. Organisation.

### Versicherungsanstalten.

**§ 41.** Die Invaliditäts- und Altersversicherung erfolgt durch Versicherungsanstalten, welche nach Bestimmung der Landesregierungen für weitere Kommunalverbände ihres Gebiets oder für das Gebiet des Bundesstaates errichtet werden.

Auch kann für mehrere Bundesstaaten oder Gebietstheile derselben, sowie für mehrere weitere Kommunalverbände eines Bundesstaates eine gemeinsame Versicherungsanstalt errichtet werden.[1]

In der Versicherungsanstalt sind alle diejenigen Personen versichert, deren Beschäftigungsort im Bezirke der Versicherungsanstalt liegt. Soweit die Beschäftigung in einem Betriebe stattfindet, dessen Sitz im Inlande belegen ist, gilt als Beschäftigungsort der Sitz des Betriebes.

[1] Vgl. Zusammenstellung der auf Grund der §§ 41, 42 errichteten Versicherungsanstalten, vom 15. März 1890 (CBl S. 53); ferner AN für J 1891 S. 36 ff., 139 ff.; AN für J 1892 S. 59 ff.

§ 42. Die Errichtung der Versicherungsanstalten bedarf der Genehmigung des Bundesraths. Soweit die Genehmigung nicht ertheilt wird, kann der Bundesrath nach Anhörung der betheiligten Landesregierungen die Errichtung von Versicherungsanstalten anordnen.

§ 43. Der Sitz der Versicherungsanstalt wird durch die Landesregierung bestimmt.

Ist die Versicherungsanstalt für mehrere Bundesstaaten oder Gebietstheile derselben errichtet, so bestimmt den Sitz, falls eine Vereinbarung der betheiligten Landesregierungen nicht zu Stande kommt, der Bundesrath.

§ 44. Die Versicherungsanstalt kann unter ihrem Namen Rechte erwerben und Verbindlichkeiten eingehen, vor Gericht klagen und verklagt werden. Für ihre Verbindlichkeiten haftet den Gläubigern das Anstaltsvermögen, soweit dasselbe zur Deckung der Verpflichtungen der Versicherungsanstalt nicht ausreicht, der Kommunalverband, für welchen die Versicherungsanstalt errichtet ist, im Unvermögensfalle desselben oder wenn die Versicherungsanstalt für den Bundesstaat errichtet ist, der Bundesstaat.

Ist die Versicherungsanstalt für mehrere Kommunalverbände oder Bundesstaaten oder Theile solcher errichtet, so bemißt sich deren im Falle der Unzulänglichkeit des Anstaltsvermögens eintretende Haftung nach dem Verhältniß der auf Grund der letzten Volkszählung festgestellten Bevölkerungsziffer derjenigen Bezirke, mit welchen sie an der Versicherungsanstalt betheiligt sind.

Das Vermögen der Versicherungsanstalt darf für andere als die in diesem Gesetze vorgesehenen Zwecke nicht verwendet werden. Ihre Einnahmen und Ausgaben sind gesondert zu verrechnen, ihre Bestände gesondert zu verwahren.

Die Versicherungsanstalt darf andere als die in diesem Gesetze ihr übertragenen Geschäfte nicht übernehmen.

§ 45. Die durch die erste Einrichtung der Versicherungsanstalt entstehenden Kosten sind von dem Kommunalverbande oder dem Bundesstaate, für welchen sie errichtet wird, vorzuschießen. Für gemeinsame Versicherungsanstalten sind die Vorschüsse beim Mangel einer Vereinbarung nach dem im § 44 Absatz 2 vorgesehenen Verhältniß zu leisten.

Die geleisteten Vorschüsse sind von der Versicherungsanstalt aus den zunächst eingehenden Versicherungsbeiträgen zu erstatten.

## Vorstand.

§ 46. Die Versicherungsanstalt wird durch einen Vorstand verwaltet, soweit nicht einzelne Angelegenheiten durch Gesetz oder Statut dem Ausschusse oder anderen Organen übertragen sind.

Der Vorstand hat die Versicherungsanstalt gerichtlich und außergerichtlich zu vertreten. Die Vertretung erstreckt sich auch auf diejenigen Geschäfte und Rechtshandlungen, für welche nach den Gesetzen eine Spezialvollmacht erforderlich ist.

Die Vertretung der Versicherungsanstalt gegenüber dem Vorstande wird durch das Statut geregelt.

**§ 47.** Der Vorstand der Versicherungsanstalt hat die Eigenschaft einer öffentlichen Behörde. Seine Geschäfte werden von einem oder mehreren Beamten des weiteren Kommunalverbandes oder Bundesstaates, für welchen die Versicherungsanstalt errichtet ist, wahrgenommen. Diese Beamten werden nach Maßgabe der landesgesetzlichen Vorschriften von dem Kommunalverbande beziehungsweise von der Landesregierung bestellt. Die Bezüge dieser Beamten und ihrer Hinterbliebenen sind von der Versicherungsanstalt zu vergüten.

Durch das Statut kann bestimmt werden, daß dem Vorstande neben den vorgenannten Beamten noch andere Personen angehören sollen. Dieselben können nach Bestimmung des Statuts besoldet oder unbesoldet sein. Sofern an die nach Bestimmung des Statuts bestellten Mitglieder Besoldungen zu gewähren sind, hat der Ausschuß (§ 48) oder nach Bestimmung des Statuts der Aufsichtsrath (§ 51) die Anstellungsbedingungen festzusetzen.

Die Form, in welcher der Vorstand seine Willenserklärungen kundzugeben und für die Versicherungsanstalt zu zeichnen hat, wird durch das Statut bestimmt.

## Ausschuß.

**§ 48.** Für jede Versicherungsanstalt wird ein Ausschuß gebildet, welcher aus mindestens je fünf Vertretern der Arbeitgeber und der Versicherten besteht. Die Zahl der Vertreter wird bis zur Genehmigung des Statuts durch die Landes-Zentralbehörde, später durch das Statut bestimmt. Die Anzahl der Vertreter der Arbeitgeber und der Versicherten muß gleich sein.

Diese Vertreter werden von den Vorständen der im Bezirke der Versicherungsanstalt vorhandenen Orts-, Betriebs- (Fabrik-), Bau- und Innungskrankenkassen, Knappschaftskassen, Seemannskassen und anderer zur Wahrung von Interessen der Seeleute bestimmter, obrigkeitlich genehmigter Vereinigungen von Seeleuten gewählt. Soweit die im § 1 bezeichneten Personen solchen Kassen nicht angehören, ist nach Bestimmung der Landesregierung den Vertretungen der weiteren Kommunalverbände oder den Verwaltungen der Gemeindekrankenversicherung beziehungsweise landesrechtlichen Einrichtungen ähnlicher Art eine der Zahl dieser Personen entsprechende Betheiligung an der Wahl einzuräumen. Soweit die Vorstände der bezeichneten Kassen und Vereinigungen aus Vertretern der Arbeitgeber und Vertretern der Arbeitnehmer zusammengesetzt sind, nehmen bei der Wahl die den Arbeitgebern angehörenden Mitglieder des Vorstandes nur an der Wahl der Vertreter der Arbeitgeber, die den Versicherten angehörenden Mitglieder des Vorstandes nur an der Wahl der Vertreter der Versicherten Theil.

**§ 49.** Die Wahl der Vertreter erfolgt nach näherer Bestimmung einer Wahlordnung, welche von der Landes-Zentralbehörde oder der von dieser bestimmten Behörde zu erlassen ist, unter Leitung eines Beauftragten dieser Behörde.

Für jeden Vertreter sind ein erster und zweiter Ersatzmann zu wählen, welche denselben in Behinderungsfällen zu ersetzen und im Falle des Ausscheidens für den Rest der Wahlperiode in der Reihenfolge ihrer Wahl einzutreten haben.

Die Wahl erfolgt auf fünf Jahre. Die Ausscheidenden können wiedergewählt werden.

Streitigkeiten über die Wahlen werden von derjenigen Behörde entschieden, welche die Wahlordnung erlassen hat.

**§ 50.** Wählbar zu Vertretern sind nur deutsche, männliche, großjährige, im Bezirke der Versicherungsanstalt wohnende Personen, welche sich im Besitz der bürgerlichen Ehrenrechte befinden und nicht durch richterliche Anordnung in der Verfügung über ihr Vermögen beschränkt sind.

Wählbar zu Vertretern der Arbeitgeber sind nur die Arbeitgeber der nach Maßgabe dieses Gesetzes versicherten Personen und die bevollmächtigten Leiter ihrer Betriebe, zu Vertretern der Versicherten die auf Grund dieses Gesetzes versicherten Personen.

## Weitere Organe.

**§ 51.** Durch das Statut kann die Bildung eines Aufsichtsraths angeordnet werden. Ein Aufsichtsrath muß gebildet werden, wenn nach dem Statut dem Vorstande Vertreter der Arbeitgeber und Versicherten nicht angehören. Der Aufsichtsrath hat die Geschäftsführung des Vorstandes zu überwachen und die ihm durch das Statut außerdem übertragenen Obliegenheiten zu erfüllen.

Wird ein Aufsichtsrath gebildet, so müssen die Mitglieder desselben den Anforderungen des § 50 genügen. Die Anzahl der Vertreter der Arbeitgeber und der Versicherten muß gleich sein. Der Aufsichtsrath ist befugt, die Berufung des Ausschusses zu verlangen, sobald ihm dies im Interesse der Versicherungsanstalt erforderlich erscheint.

Als örtliche Organe der Versicherungsanstalt werden Vertrauensmänner aus dem Kreise der Arbeitgeber und der Versicherten bestellt.

Die Mitglieder des Aufsichtsraths und die Vertrauensmänner dürfen nicht Mitglieder des Vorstandes sein.

**§ 52.** Diejenigen Versicherten (§§ 1, 2, 8, 117), welche als Arbeitgeber versicherungspflichtige Personen nicht blos vorübergehend beschäftigen, werden hinsichtlich der Bildung des Ausschusses, des Aufsichtsraths und des Schiedsgerichts, sowie hinsichtlich der Bestellung als Vertrauensmänner der Klasse der Arbeitgeber zugerechnet.

### Abstimmung.

**§ 53.** Bei Abstimmungen des Ausschusses und des Aufsichtsraths giebt im Falle der Stimmengleichheit die Stimme des Vorsitzenden den Ausschlag.

### Statut.

**§ 54.** Für jede Versicherungsanstalt ist ein Statut zu errichten, welches von dem Ausschusse beschlossen wird. Dasselbe muß Bestimmung treffen:

1. über die Zahl der Mitglieder, die Obliegenheiten und Befugnisse sowie die Berufung des Ausschusses, über die Bestellung des Vorsitzenden desselben und über die Art der Beschlußfassung;
2. für den Fall der Bestellung eines Aufsichtsraths (§ 51) über die Art seiner Bestellung, die Zahl seiner Mitglieder, seine Obliegenheiten und Befugnisse;
3. über die Art der Bestellung der Vertrauensmänner (§ 51 Absatz 3) sowie über ihre Obliegenheiten und Befugnisse;
4. über die Form, in welcher der Vorstand seine Willenserklärungen kundzugeben und für die Versicherungsanstalt zu zeichnen hat, sowie für den Fall, daß dem Vorstande neben dem im § 47 Absatz 1 bezeichneten Beamten noch andere Personen angehören sollen (§ 47 Absatz 2), über die Art, in welcher die Beschlußfassung des Vorstandes und seine Vertretung nach außen erfolgen soll;
5. über die Vertretung der Versicherungsanstalt gegenüber dem Vorstande (§ 46 Absatz 3);
6. über die Zahl der Schiedsgerichtsbeisitzer;
7. über die Höhe der nach §§ 47 Absatz 2 und 58 zu gewährenden Vergütungen;
8. über die Aufstellung und Abnahme der Jahresrechnung, soweit

hierüber nicht von der Landes-Zentralbehörde Bestimmungen getroffen werden;

9. über die Veröffentlichung der Rechnungsabschlüsse;
10. über die öffentlichen Blätter, durch welche Bekanntmachungen zu erfolgen haben;
11. über die Voraussetzungen einer Abänderung des Statuts.

**§ 55.** Dem Ausschusse müssen vorbehalten werden:

1. die Wahl der Beisitzer der Schiedsgerichte;
2. die Prüfung der Jahresrechnung und die Aufstellung von Erinnerungen gegen dieselbe;
3. die Beschlußfassung über die Bildung von Rückversicherungsverbänden (§ 65);
4. die Abänderung des Statuts;
5. falls ein Aufsichtsrath nicht gebildet worden ist, die Überwachung der Geschäftsführung des Vorstandes.

**§ 56.** Das Statut bedarf zu seiner Gültigkeit der Genehmigung des Reichs-Versicherungsamts. Dem letzteren sind die von dem Ausschusse über das Statut gefaßten Beschlüsse mit den Protokollen durch den Vorstand binnen einer Woche einzureichen.

Gegen die Entscheidung des Reichs-Versicherungsamts, durch welche die Genehmigung versagt wird, findet binnen einer Frist von vier Wochen, vom Tage der Zustellung an den Vorstand ab, die Beschwerde an den Bundesrath statt.

Wird innerhalb dieser Frist Beschwerde nicht eingelegt, oder wird die Versagung der Genehmigung des Statuts vom Bundesrath aufrecht erhalten, so hat das Reichs-Versicherungsamt innerhalb vier Wochen eine abermalige Beschlußfassung anzuordnen. Wird auch dem anderweit beschlossenen Statut die Genehmigung endgültig versagt, oder kommt ein Beschluß des Ausschusses über das Statut nicht zu Stande, so wird ein solches vom Reichs-Versicherungsamt erlassen. In letzterem Falle hat das Reichs-Versicherungsamt auf Kosten der Versicherungsanstalt die zur Ausführung des Statuts erforderlichen Anordnungen zu treffen.

Abänderungen des Statuts bedürfen der Genehmigung des Reichs-Versicherungsamts. Gegen die Versagung der Genehmigung findet binnen vier Wochen, vom Tage der Zustellung ab, die Beschwerde an den Bundesrath statt.

Nach Feststellung des Statuts sind durch den Vorstand im Reichs-Anzeiger und in dem für die Veröffentlichungen der Landes-Zentralbehörde bestimmten Blatte der Name, Sitz und Bezirk der Versicherungsanstalt sowie der Name des Vorsitzenden des Vorstandes bekannt zu machen. Veränderungen sind in gleicher Weise zur öffentlichen Kenntniß zu bringen.

**§ 57.** Den Vorsitz im Ausschusse führt bis zur Genehmigung des Statuts der Vorsitzende des Vorstandes der Versicherungsanstalt. Derselbe beruft die Mitglieder des Ausschusses. Für diejenigen Mitglieder, welche am Erscheinen behindert sind und dies dem Vorsitzenden des Vorstandes rechtzeitig mittheilen, sind die Ersatzmänner zu laden.

Die Mitglieder des über das Statut berathenden Ausschusses erhalten für ihre Theilnahme an diesen Berathungen Vergütungen, welche von der Landes-Zentralbehörde zu bestimmen sind.

### Ehrenämter.

**§ 58.** Die unbesoldeten Mitglieder des Vorstandes, die Mitglieder des Ausschusses und des Aufsichtsraths, die Vertrauensmänner und die Schiedsgerichtsbeisitzer verwalten ihr Amt als Ehrenamt und erhalten nach den durch das Statut zu bestimmenden Sätzen nur Ersatz für baare Auslagen, die Vertreter der Versicherten außerdem Ersatz für entgangenen Arbeitsverdienst.

### Haftung der Mitglieder der Organe.

**§ 59.** Die Mitglieder des Vorstandes, des Ausschusses und des Aufsichtsraths, sowie die Vertrauensmänner haften der Versicherungsanstalt für getreue Geschäftsverwaltung wie Vormünder ihren Mündeln.

Die Mitglieder des Vorstandes, des Ausschusses, des Aufsichtsraths, sowie die Vertrauensmänner, welche absichtlich zum Nachtheil der Versicherungsanstalt handeln, unterliegen der Strafbestimmung des § 266 des Strafgesetzbuchs.

### Ablehnung von Wahlen.

**§ 60.** Wahlen zu solchen Stellen, welche als Ehrenamt wahrzunehmen sind, können von den Arbeitgebern der nach Maßgabe dieses Gesetzes versicherten Personen und von bevollmächtigten Betriebsleitern solcher Arbeitgeber nur aus denselben Gründen abgelehnt werden, aus welchen die Ablehnung des Amts eines Vormundes zulässig ist. Die Wahrnehmung eines auf Grund der Unfallversicherungsgesetze übertragenen Ehrenamts steht der Führung einer Vormundschaft gleich. Durch das Statut (§ 54) können die Ablehnungsgründe anders geregelt werden. Die bezeichneten Personen, welche eine Wahl ohne zulässigen Grund ablehnen, oder sich der Ausübung ihres Amts ohne hinreichende Entschuldigung entziehen, werden, soweit besondere Bestimmungen nicht getroffen sind (§ 73), vom Vorstande mit Geldstrafen bis zu eintausend Mark belegt.

Die Wiederwahl kann für eine Wahlperiode abgelehnt werden.

**§ 61.** Solange die Wahl der gesetzlichen Organe der Versicherungsanstalt nicht zu Stande kommt, oder solange diese Organe die Erfüllung ihrer gesetzlichen oder statutarischen Obliegenheiten verweigern, hat der Vorsitzende des Vorstandes die letzteren auf Kosten der Versicherungsanstalt wahrzunehmen oder durch Beauftragte wahrnehmen zu lassen.

### Unbehinderte Ausübung der Funktionen.

**§ 62.** Die Vertreter der Versicherten haben in jedem Falle, in welchem sie zur Wahrnehmung ihrer Obliegenheiten berufen werden, die Arbeitgeber hiervon in Kenntniß zu setzen, widrigenfalls ihnen die im § 58 vorgesehenen Entschädigungen versagt werden können. Die Nichtleistung der Arbeit während der Zeit, in welcher die bezeichneten Personen durch die Wahrnehmung jener Obliegenheiten an der Arbeit verhindert sind, berechtigt den Arbeitgeber nicht, das Arbeitsverhältniß vor dem Ablauf der vertragsmäßigen Dauer desselben aufzuheben.

### Staatskommissar.

**§ 63.** Für den Bezirk einer jeden Versicherungsanstalt wird zur Wahrung der Interessen der übrigen Versicherungsanstalten und des Reichs von der Landesregierung im Einvernehmen mit dem Reichskanzler ein Kommissar bestellt. Derselbe ist insbesondere befugt, allen Verhandlungen der Organe der Versicherungsanstalt mit berathender Stimme und den Verhandlungen vor den Schiedsgerichten beizuwohnen, Anträge zu stellen, gegen solche Entscheidungen, durch welche die Erwerbsunfähigkeit anerkannt oder eine Rente festgesetzt wird (§§ 75 und 77), die zulässigen Rechtsmittel einzulegen und Einsicht in die Akten zu nehmen. Zu diesem Zweck ist ihm von den Verhandlungsgegenständen rechtzeitig Kenntniß zu geben.

Die Thätigkeit des Kommissars erstreckt sich auch auf diejenigen nach §§ 5 und 7 zugelassenen Kasseneinrichtungen, welche im Bezirke des Kommissars ihren Sitz haben.

Der Bundesrath ist befugt, für die Kommissare Geschäftsanweisungen zu erlassen.

### Gemeinsame Versicherungsanstalten.

**§ 64.** Auf gemeinsame Versicherungsanstalten finden die vorstehenden Bestimmungen mit folgenden Maßgaben Anwendung:

1. für die Bestellung der dem Vorstande angehörenden Beamten (§ 47) und für deren dienstliche Verhältnisse sind die am Sitze der Versicherungsanstalt geltenden Vorschriften maßgebend. Erstreckt sich der Bezirk der Versicherungsanstalt über Gebiete mehrerer Bundesstaaten, so entscheidet über die Bestellung der Beamten, falls ein Einverständniß unter den betheiligten Landesregierungen nicht erzielt wird, der Bundesrath;
2. die im § 48 Absatz 1 vorgesehene Bestimmung der Zahl der Vertreter wird, wenn sich der Bezirk der Versicherungsanstalt über die Gebiete mehrerer Bundesstaaten erstreckt und ein Einverständniß unter den betheiligten Landesregierungen nicht erzielt wird, vom Bundesrath getroffen;
3. die im § 49 Absatz 1 bezeichnete Wahlordnung wird, sofern sich der Bezirk der Versicherungsanstalt über die Gebiete mehrerer Bundesstaaten erstreckt, vom Reichs-Versicherungsamt erlassen;[1]
4. der Erlaß der nach § 54 Ziffer 8 zulässigen Bestimmungen über die Aufstellung und Abnahme der Jahresrechnung, die Regelung der Vergütung an die Mitglieder des das Statut berathenden Ausschusses (§ 57 Absatz 2) sowie die Ernennung des Staatskommissars (§ 63 Absatz 1) erfolgt durch die Regierung desjenigen Bundesstaates, in welchem sich der Sitz der Versicherungsanstalt befindet.

### Rückversicherungsverbände.

**§ 65.** Mehrere Versicherungsanstalten können vereinbaren, die Lasten der Invaliditäts- und Altersversicherung ganz oder zum Theil gemeinsam zu tragen.

### Veränderungen.

**§ 66.** Veränderungen der Bezirke der Versicherungsanstalten sind zulässig, sofern sie von dem Ausschusse einer betheiligten Versicherungsanstalt oder von der Regierung eines Bundesstaates, über dessen Gebiet sich die Versicherungsanstalt erstreckt, beantragt und von dem Bundesrath genehmigt werden. Vor der Beschlußfassung über die Genehmigung sind die Ausschüsse der betheiligten Versicherungsanstalten, sowie die Regierungen derjenigen Bundesstaaten, deren Gebiete bei der Veränderung betheiligt sind, zu hören. Bei Versicherungsanstalten für die Bezirke weiterer Kommunalverbände sind auch die Vertretungen der letzteren befugt, Anträge auf Veränderungen zu

[1] Wahlordnung. Vom 29. Mai 1890 (AN S. 457).

stellen; vor der Genehmigung von Veränderungen der Bezirke solcher Versicherungsanstalten müssen die Vertretungen der betheiligten Kommunalverbände gehört werden.

**§ 67.** Scheiden örtliche Bezirke aus dem Bezirke einer Versicherungsanstalt aus, so verbleibt der letzteren in vollem Umfange das bis zum Zeitpunkte des Ausscheidens angesammelte Vermögen, sowie die Verpflichtung zur Befriedigung aller Ansprüche, welche auf Verwendung von Beitragsmarken dieser Versicherungsanstalt beruhen.

Führt die Veränderung zur Auflösung der Versicherungsanstalt, so geht deren Vermögen mit allen Rechten und Pflichten, sofern nicht eine andere Versicherungsanstalt mit Genehmigung der betheiligten Landesregierungen dieses Vermögen übernimmt, auf den weiteren Kommunalverband beziehungsweise Bundesstaat über, für welchen die Versicherungsanstalt errichtet war.

Für gemeinsame Versicherungsanstalten erfolgt die antheilige Übernahme des Vermögens mit allen Rechten und Pflichten durch die betheiligten Kommunalverbände oder Bundesstaaten, und zwar, sofern darüber eine Einigung nicht zu Stande kommt, nach Bestimmung des Bundesraths, oder, wenn nur Kommunalverbände eines Bundesstaates betheiligt sind, der Landes-Zentralbehörde.

**§ 68.** Streitigkeiten, welche in Betreff der Vermögensauseinandersetzung zwischen den betheiligten Versicherungsanstalten entstehen, werden mangels Verständigung über eine schiedsrichterliche Entscheidung von dem Reichs-Versicherungsamt entschieden.

**§ 69.** Auf den Anschluß oder das Ausscheiden der nach §§ 5 und 7 zugelassenen Kasseneinrichtungen finden die Bestimmungen der §§ 66 bis 68 entsprechende Anwendung.

## III. Schiedsgerichte.

### Schiedsgerichte.

**§ 70.** Für den Bezirk jeder Versicherungsanstalt wird mindestens ein Schiedsgericht errichtet.

Die Zahl und der Sitz der Schiedsgerichte werden von der Zentralbehörde des Bundesstaates, zu welchem der Bezirk der Versicherungsanstalt gehört, oder, sofern der Bezirk über die Grenzen eines Bundesstaates hinausgeht, im Einvernehmen mit den betheiligten Zentralbehörden von dem Reichs-Versicherungsamt bestimmt.[1]

**§ 71.** Jedes Schiedsgericht besteht aus einem ständigen Vorsitzenden und aus Beisitzern. Die Zahl der Beisitzer muß aus der

---

[1] AN 1890 S. 483; AN für J 1891 S. 122. Vgl. auch zu § 41.

Klasse der Arbeitgeber und der Versicherten mindestens je zwei betragen.

Der Vorsitzende wird aus der Zahl der öffentlichen Beamten von der Zentralbehörde des Bundesstaates, in welchem der Sitz des Schiedsgerichts belegen ist, ernannt. Für den Vorsitzenden ist in gleicher Weise ein Stellvertreter zu ernennen, welcher ihn in Behinderungsfällen vertritt.

Die Beisitzer werden in der durch das Statut bestimmten Zahl von dem Ausschusse der Versicherungsanstalt, und zwar zu gleichen Theilen in getrennter Wahlhandlung von den Arbeitgebern und den Versicherten, nach einfacher Stimmenmehrheit gewählt. Bezüglich der Wählbarkeit gelten die Bestimmungen des § 50, bezüglich der Ablehnungsgründe die Bestimmungen des § 60.

Die Wahl erfolgt auf fünf Jahre. Die Gewählten bleiben nach Ablauf dieser Zeit solange im Amt, bis ihre Nachfolger ihr Amt angetreten haben. Die Ausscheidenden sind wieder wählbar.

**§ 72.** Name und Wohnort des Schiedsgerichtsvorsitzenden und seines Stellvertreters, sowie der Beisitzer sind von der Landes-Zentralbehörde in dem zu deren amtlichen Veröffentlichungen bestimmten Blatte bekannt zu machen.

**§ 73.** Der Vorsitzende und dessen Stellvertreter, sowie die Beisitzer sind auf die gewissenhafte Erfüllung der Obliegenheiten ihres Amts eidlich zu verpflichten.

Die Festsetzung der den Beisitzern zu gewährenden Vergütungen (§ 58), sowie der baaren Auslagen erfolgt durch den Vorsitzenden.

Personen, welche die Wahl ohne zulässigen Grund ablehnen, oder sich der Ausübung ihres Amts ohne hinreichende Entschuldigung entziehen, werden vom Vorsitzenden mit Geldstrafe bis zu fünfhundert Mark belegt.

Kommt eine Wahl nicht zu Stande oder verweigern die Gewählten ihre Dienstleistung, so hat, solange und soweit dies der Fall ist, die untere Verwaltungsbehörde, in deren Bezirk der Sitz des Schiedsgerichts belegen ist, die Beisitzer aus der Zahl der Arbeitgeber beziehungsweise Versicherten zu ernennen.

**§ 74.** Der Vorsitzende beruft das Schiedsgericht und leitet die Verhandlungen desselben. Durch das Statut können über die Reihenfolge, in welcher die Beisitzer zu den Verhandlungen zuzuziehen sind, Bestimmungen getroffen werden.

Das Schiedsgericht ist befugt, Zeugen und Sachverständige, auch eidlich, zu vernehmen.

Das Schiedsgericht entscheidet in der Besetzung von drei Mitgliedern, unter denen sich ein Arbeitgeber und ein Versicherter befinden muß.

Die Entscheidungen des Schiedsgerichts erfolgen nach Stimmenmehrheit.

Im Übrigen wird das Verfahren vor dem Schiedsgerichte durch Kaiserliche Verordnung mit Zustimmung des Bundesraths geregelt.[1]

Die Kosten des Schiedsgerichts, sowie die Kosten des Verfahrens vor demselben trägt die Versicherungsanstalt. Das Schiedsgericht ist jedoch befugt, den Betheiligten solche Kosten des Verfahrens zur Last zu legen, welche durch unbegründete Beweisanträge derselben veranlaßt worden sind.

Dem Vorsitzenden des Schiedsgerichts und dessen Stellvertreter darf eine Vergütung von der Versicherungsanstalt nicht gewährt werden.

## IV. Verfahren.

### Feststellung der Rente.

**§ 75.** Personen, welche den Anspruch auf Bewilligung einer Invaliden oder Altersrente erheben, haben diesen Anspruch bei der für ihren Wohnort zuständigen unteren Verwaltungsbehörde anzumelden. Der Anmeldung sind die Quittungskarte sowie die sonstigen zur Begründung des Anspruchs dienenden Beweisstücke beizufügen. Handelt es sich um Bewilligung einer Invalidenrente, so hat die untere Verwaltungsbehörde die für den Wohnort des Antragstellers zuständigen Vertrauensmänner zu hören und dem Vorstande derjenigen im § 48 Absatz 2 bezeichneten Krankenkasse u. s. w., welcher der Antragsteller angehört, Gelegenheit zu geben, sich binnen einer angemessenen Frist über den Antrag zu äußern. Die untere Verwaltungsbehörde hat den Antrag unter Anschluß der beigebrachten Urkunden und entstandenen Verhandlungen mit ihrer gutachtlichen Äußerung dem Vorstande derjenigen Versicherungsanstalt zu übersenden, an welche ausweislich der Quittungskarte zuletzt Beiträge entrichtet worden waren.

Der Vorstand der Versicherungsanstalt hat den Antrag zu prüfen und, sofern der Antrag nicht ohne Weiteres abzuweisen ist, die früheren Quittungskarten einzufordern (§ 107). Erscheinen die beigebrachten Beweisstücke zur Abgabe einer Entscheidung nicht ausreichend, so sind weitere Erhebungen zu veranlassen. Die Kosten derselben fallen der Versicherungsanstalt zur Last.

Wird der angemeldete Anspruch anerkannt, so ist die Höhe der

---

[1] Vgl. V vom 1. Dezember 1890 (RGBl S. 193). Vgl. dazu AN für J 1891 S. 142.

Rente sofort festzustellen. Dem Empfangsberechtigten ist sodann ein schriftlicher Bescheid zu ertheilen, aus welchem die Art der Berechnung der Rente zu ersehen ist. Abschrift des Bescheides ist dem Staatskommissar (§ 63) zuzustellen.

Wird der angemeldete Anspruch nicht anerkannt, so ist derselbe durch schriftlichen, mit Gründen versehenen Bescheid abzulehnen.

**§ 76.** Die Annahme, daß die Erwerbsunfähigkeit durch einen nach den Unfallversicherungsgesetzen zu entschädigenden Unfall verursacht ist, begründet nicht die Ablehnung des Anspruchs auf Invalidenrente. Es ist vielmehr, sofern im Übrigen der Anspruch gerechtfertigt erscheint, die Invalidenrente festzustellen.

Die Versicherungsanstalten sind berechtigt, die verpflichtete Berufsgenossenschaft wegen Ersatzes der dem Invaliden gezahlten Rente in Anspruch zu nehmen.

Wird die Verpflichtung zur Gewährung einer Unfallentschädigung bestritten, so ist darüber in dem durch §§ 62 und 63 des Unfallversicherungsgesetzes vom 6. Juli 1884 vorgeschriebenen Verfahren zu entscheiden. Im Übrigen werden Streitigkeiten über den Ersatzanspruch von dem ordentlichen Richter entschieden.

**§ 77.** Gegen den Bescheid, durch welchen der Anspruch abgelehnt wird, sowie gegen den Bescheid, durch welchen die Höhe der Rente festgestellt wird, findet die Berufung auf schiedsgerichtliche Entscheidung statt.

Der Bescheid muß die Bezeichnung der Berufungsfrist und des für die Berufung zuständigen Schiedsgerichts, sowie Namen und Wohnort des Vorsitzenden des letzteren enthalten. Die Berufung ist bei Vermeidung des Ausschlusses binnen vier Wochen nach der Zustellung des Bescheides bei dem Vorsitzenden des Schiedsgerichts einzulegen.

Die Berufung hat keine aufschiebende Wirkung.

**§ 78.** Eine Ausfertigung der Entscheidung des Schiedsgerichts ist dem Berufenden und dem Vorstande der Versicherungsanstalt, eine Abschrift dem Staatskommissar (§ 63) zuzustellen.

**§ 79.** Gegen die Entscheidung des Schiedsgerichts steht beiden Theilen das Rechtsmittel der Revision zu. Die Revision hat keine aufschiebende Wirkung. Ist von dem Schiedsgericht der Anspruch auf Rente im Widerspruch mit dem Vorstande der Versicherungsanstalt anerkannt und nicht gleichzeitig über die Höhe der Rente entschieden, so hat der Vorstand der Versicherungsanstalt unverzüglich die Höhe der Rente festzustellen und auch in denjenigen Fällen, in welchen das Rechtsmittel der Revision eingelegt wird, sofort wenigstens vorläufig die Rente zuzubilligen. Gegen die vorläufige Zubilligung einer Rente findet ein Rechtsmittel nicht statt.

**§ 80.** Über die Revision entscheidet das Reichs-Versicherungsamt. Das Rechtsmittel ist bei demselben binnen vier Wochen nach der Zustellung der Entscheidung des Schiedsgerichts einzulegen.

Die Revision kann nur darauf gestützt werden:

1. daß die angefochtene Entscheidung auf der Nichtanwendung oder auf der unrichtigen Anwendung des bestehenden Rechts oder auf einem Verstoß wider den klaren Inhalt der Akten beruhe;
2. daß das Verfahren an wesentlichen Mängeln leide.

**§ 81.** Bei Einlegung der Revision ist anzugeben, worin die Nichtanwendung oder die unrichtige Anwendung des bestehenden Rechts oder der Verstoß wider den klaren Inhalt der Akten oder worin die behaupteten Mängel des Verfahrens gefunden werden. Das Reichs-Versicherungsamt ist bei seiner Entscheidung an diejenigen Gründe nicht gebunden, welche zur Rechtfertigung der gestellten Anträge geltend gemacht worden sind.

Fehlt die Angabe solcher Gründe oder ergiebt sich aus der Prüfung der Anträge, daß die angegriffene Entscheidung nicht auf der Nichtanwendung oder unrichtigen Anwendung des bestehenden Rechts beruht, sowie daß das Verfahren nicht an wesentlichen Mängeln leidet, und daß ein Verstoß wider den klaren Inhalt der Akten nicht vorliegt, oder ist die Revision verspätet eingelegt, so kann das Reichs-Versicherungsamt das Rechtsmittel ohne mündliche Verhandlung zurückweisen. Anderenfalls hat das Reichs-Versicherungsamt nach mündlicher Verhandlung zu entscheiden. Wird das angefochtene Urtheil aufgehoben, so kann das Reichs-Versicherungsamt zugleich in der Sache selbst entscheiden oder dieselbe an das Schiedsgericht oder an den Vorstand der Versicherungsanstalt zurückverweisen. Im Falle der Zurückverweisung ist die rechtliche Beurtheilung, auf welche das Reichs-Versicherungsamt die Aufhebung gestützt hat, der Entscheidung zu Grunde zu legen.

**§ 82.** Auf die Anfechtung der rechtskräftigen Entscheidung über einen Anspruch auf Rente finden die Vorschriften der Civilprozeßordnung über die Wiederaufnahme des Verfahrens entsprechende Anwendung, soweit nicht durch Kaiserliche Verordnung mit Zustimmung des Bundesraths ein Anderes bestimmt wird.

**§ 83.** Bescheide, durch welche der Anspruch auf Rente abgelehnt wird, sind, sobald dieselben die Rechtskraft beschritten haben, von dem Vorstande der Versicherungsanstalt der unteren Verwaltungsbehörde, in deren Bezirk der Antragsteller wohnt, abschriftlich mitzutheilen.

**§ 84.** Die Wiederholung eines endgültig abgelehnten Antrags auf Bewilligung einer Invalidenrente ist vor Ablauf eines Jahres seit der Zustellung der endgültigen Entscheidung nur dann zulässig, wenn glaubhaft bescheinigt wird, daß inzwischen Umstände eingetreten sind, aus denen sich das Vorhandensein der dauernden Erwerbsunfähigkeit des Antragstellers ergiebt. Sofern eine solche Bescheinigung nicht beigebracht wird, hat die untere Verwaltungsbehörde den vorzeitig wiederholten Antrag endgültig zurückzuweisen.

**§ 85.** Auf die Entziehung der Rente finden die Vorschriften der §§ 75 bis 84 entsprechende Anwendung.

### Berechtigungsausweis.

**§ 86.** Nach erfolgter Feststellung der Rente hat der Vorstand der Versicherungsanstalt dem Berechtigten eine Bescheinigung (Berechtigungsausweis) über die ihm zustehenden Bezüge unter Angabe der mit der Zahlung beauftragten Postanstalt (§ 91) sowie der Zahlungstermine auszufertigen und der unteren Verwaltungsbehörde, in deren Bezirk der Berechtigte wohnt, über die dem letzteren zustehenden Bezüge Mittheilung zu machen.

Wird in Folge des weiteren Verfahrens der Betrag der Rente geändert, so ist dem Entschädigungsberechtigten ein anderer Berechtigungsausweis zu ertheilen und der unteren Verwaltungsbehörde seines Wohnortes von der Änderung Kenntniß zu geben.

### Rechnungsbüreau.

**§ 87.** Sobald die Höhe der Rente endgültig feststeht, ist von dem Vorstande der Versicherungsanstalt eine mit der Bescheinigung der Rechtskraft zu versehende Ausfertigung des Bescheides unter Anschluß der Quittungskarten dem Rechnungsbüreau des Reichs-Versicherungsamts einzusenden.

**§ 88.** Das Rechnungsbüreau hat alle bei dem Reichs-Versicherungsamt nach Maßgabe dieses Gesetzes vorkommenden rechnerischen Arbeiten auszuführen. Insbesondere liegt demselben ob:

1. die Vertheilung der Renten;
2. die Mitwirkung bei den im Vollzuge des Gesetzes herzustellenden statistischen Arbeiten.

**§ 89.** Das Rechnungsbüreau vertheilt die Renten auf das Reich und die betheiligten Versicherungsanstalten. Die Vertheilung erfolgt, nachdem zunächst der gemäß § 26 dem Reich in Rechnung zu stellende Zuschuß ausgeschieden worden ist, in dem Verhältniß der Beiträge, welche den einzelnen Versicherungsanstalten für den Versicherten zugeflossen, beziehungsweise gemäß § 28 zu Lasten des Reichs in Anrechnung zu bringen sind.

**§ 90.** Die Vertheilung ist den Vorständen der betheiligten Versicherungsanstalten unter Angabe der der Vertheilung zu Grunde gelegten Zahlen mitzutheilen. Jeder betheiligte Vorstand ist befugt, binnen vierzehn Tagen nach der Zustellung gegen die Vertheilung Einspruch zu erheben. Erfolgt binnen dieser Frist kein Einspruch, so gilt die Vertheilung als endgültig; wird rechtzeitig Einspruch erhoben, so entscheidet über denselben nach Anhörung der Vorstände der anderen betheiligten Versicherungsanstalten das Reichs-Versicherungsamt. Von der Entscheidung werden die Vorstände in Kenntniß gesetzt.

Sobald die auf die betheiligten Versicherungsanstalten entfallenden Antheile an der Rente endgültig feststehen, hat das Rechnungsbüreau eine Ausfertigung der Vertheilung dem Vorstande der für die Festsetzung der Rente zuständigen Versicherungsanstalt zu übersenden.

### Auszahlung durch die Post.

**§ 91.**[1] Die Auszahlung der Renten wird auf Anweisung des Vorstandes der im § 90 Absatz 2 bezeichneten Versicherungsanstalt vorschußweise durch die Postverwaltungen, und zwar in der Regel durch diejenige Postanstalt bewirkt, in deren Bezirk der Empfangsberechtigte zur Zeit des Antrags auf Bewilligung der Rente seinen Wohnsitz hatte. Die Postanstalt ist berechtigt, an den Inhaber des Berechtigungsausweises Zahlung zu leisten.

Verlegt der Empfangsberechtigte seinen Wohnsitz, so hat auf seinen Antrag der Vorstand der Versicherungsanstalt, welcher die Rente angewiesen hatte, die letztere an die Postanstalt des neuen Wohnortes zur Auszahlung zu überweisen.

### Erstattung der Vorschüsse der Postverwaltungen.

**§ 92.** Die Zentral-Postbehörden haben dem Rechnungsbüreau Nachweisungen über diejenigen Zahlungen, welche auf Grund der Anweisungen der Versicherungsanstalten geleistet worden sind, zuzustellen. Das Rechnungsbüreau hat die vorgeschossenen Beträge nach dem gemäß § 89 festgestellten Maßstabe auf die betheiligten Versicherungsanstalten zu vertheilen und den letzteren Nachweisungen über die ihnen zur Last fallenden Einzelbeträge zu übersenden. Eine Nachweisung über die dem Reich zur Last fallenden Beträge ist dem Reichskanzler (Reichsamt des Innern) zuzustellen.

[1] AN 1890 S. 515.

Den Zentral-Postbehörden hat das Rechnungsbüreau nach Ablauf eines jeden Rechnungsjahres mitzutheilen, welche Beträge von dem Reich und von den einzelnen Versicherungsanstalten zu erstatten sind.

Nach Ablauf eines Jahres von dem Inkrafttreten dieses Gesetzes an sind die Zentral-Postbehörden berechtigt, von jeder Versicherungsanstalt einen Betriebsfonds einzuziehen. Derselbe ist in vierteljährlichen Theilzahlungen an die den Versicherungsanstalten von der Zentral-Postbehörde zu bezeichnenden Kassen abzuführen und darf die für die Versicherungsanstalt im abgelaufenen Rechnungsjahre vorgeschossenen Beträge nicht übersteigen.

**§ 93.** Die Versicherungsanstalten haben die von den Postverwaltungen vorgeschossenen Beträge binnen zwei Wochen nach Empfang der Schlußnachweisung für das abgelaufene Rechnungsjahr zu erstatten. Die Erstattung erfolgt aus den bereiten Mitteln der Anstalt. Sind solche nicht vorhanden und bietet auch der Reservefonds solche nicht dar, so hat der weitere Kommunalverband beziehungsweise der Bundesstaat die erforderlichen Beträge vorzuschießen. Bei gemeinsamen Versicherungsanstalten erfolgt die Aufbringung dieses Vorschusses nach dem im § 44 Absatz 2 festgesetzten Verhältniß.

Gegen Versicherungsanstalten, welche mit der Erstattung der Beträge im Rückstande bleiben, ist auf Antrag der Zentral-Postbehörde von dem Reichs-Versicherungsamt das Zwangsbeitreibungsverfahren einzuleiten.

**§ 94.**[1] Die Bestimmungen der §§ 79 bis 82, 86 bis 93 finden auf die nach §§ 5 und 7 zugelassenen Kasseneinrichtungen entsprechende Anwendung. Den letzteren ist bei der Vertheilung der Renten, welche von Versicherungsanstalten festgestellt sind, die gleiche Summe von Beiträgen in Anrechnung zu bringen, welche bei Bemessung der Rente für die Dauer der Versicherung des Rentenempfängers bei einer Kasseneinrichtung nach § 27 in Anrechnung gebracht ist. Die Vertheilung von Renten, welche von einer Kasseneinrichtung festgestellt sind, erfolgt, soweit ein Anspruch auf dieselben auch nach den Vorschriften dieses Gesetzes bestehen würde und soweit dieselben das Maß des reichsgesetzlichen Anspruchs nicht übersteigen, nach dem Verhältniß der den Versicherungsanstalten und der den Kasseneinrichtungen zugeflossenen Beiträge, letzterer, soweit sie für die Gewährung von Renten in der durch dieses Gesetz festgesetzten Höhe für erforderlich zu erachten sind.

Soweit diese Kasseneinrichtungen die von ihnen festgesetzten

---

[1] AN 1890 S. 515.

Renten ohne Vermittelung der Postanstalten selbst auszahlen, wird ihnen der Reichszuschuß am Schlusse eines jeden Rechnungsjahres auf jedesmalige Liquidation direkt überwiesen. Die Versicherungsanstalten, auf welche Theile der von solchen Kasseneinrichtungen gezahlten Renten entfallen, haben diese Antheile nach deren Feststellung durch das Rechnungsbüreau den Vorständen der betheiligten Kasseneinrichtungen jährlich zu erstatten.

### Erstattung von Beiträgen.

**§ 95.** Der Anspruch auf Erstattung von Beiträgen (§§ 30 und 31) ist unter Beibringung der zur Begründung desselben dienenden Beweisstücke bei dem Vorstande derjenigen Versicherungsanstalt, an welche zuletzt Beiträge entrichtet worden sind, geltend zu machen.

Auf das Verfahren finden die Vorschriften der §§ 75 Absatz 2 bis 4, 77 bis 82, 87, 89 bis 93 mit der Maßgabe entsprechende Anwendung, daß eine Mitwirkung des Staatskommissars nicht stattfindet und daß die Berufung sowie die Revision aufschiebende Wirkung haben.

### Höhe der Beiträge.

**§ 96.** Für die erste Beitragsperiode (§ 20) sind in jeder Versicherungsanstalt, vorbehaltlich anderweiter Festsetzung gemäß § 98, an wöchentlichen Beiträgen zu erheben:

| | | | | |
|---|---|---|---|---|
| in | Lohnklasse | I | 14 | Pfennig, |
| " | " | II | 20 | " |
| " | " | III | 24 | " |
| " | " | IV | 30 | " . |

**§ 97.** Für die ferneren Beitragsperioden hat der Ausschuß einer jeden Versicherungsanstalt nach Anhörung des Vorstandes über die Höhe der Beiträge nach Maßgabe der §§ 20, 21, 24 zu beschließen. Dabei sind Ausfälle oder Überschüsse, welche sich aus der Erhebung der bisherigen Beiträge rechnungsmäßig herausgestellt haben, in der Weise zu berücksichtigen, daß durch die neuen Beiträge eine Ausgleichung eintritt.

Der Beschluß bedarf der Genehmigung des Reichs-Versicherungsamts. Ist die Beitragsperiode bis auf einen Monat abgelaufen, ohne daß ein von dem Reichs-Versicherungsamt genehmigter Beschluß vorliegt, so hat das Reichs-Versicherungsamt die Höhe der für die nächste Beitragsperiode zu erhebenden Beiträge für alle in der Versicherungsanstalt versicherten Personen nach Maßgabe des § 24 selbst festzusetzen.

Die Höhe der Beiträge, sowie der Zeitpunkt, von welchem ab dieselben erhoben werden sollen, ist durch diejenigen Blätter, durch welche die Bekanntmachungen der Versicherungsanstalt zu erfolgen haben, zu veröffentlichen. Die Bekanntmachung muß mindestens zwei Wochen vor demjenigen Zeitpunkte erfolgt sein, von welchem ab der Beitrag in der festgestellten Höhe erhoben werden soll.

**§ 98.** Die Versicherungsanstalt ist berechtigt, schon für die erste Beitragsperiode oder innerhalb derselben an Stelle der im § 96 festgesetzten Beträge für ihren Bezirk andere Beitragssätze unter Beachtung der Bestimmungen der §§ 20, 21, 24 zu beschließen. Der Beschluß bedarf der Genehmigung des Reichs-Versicherungsamts. Im Übrigen finden auf derartige Beschlüsse die Vorschriften des § 97 Absatz 1 und 3 entsprechende Anwendung.

## Marken.

**§ 99.**[1] Zum Zweck der Erhebung der Beiträge werden von jeder Versicherungsanstalt für die einzelnen in ihrem Bezirke vorhandenen Lohnklassen Marken mit der Bezeichnung ihres Geldwerths ausgegeben. Das Reichs-Versicherungsamt bestimmt die Unterscheidungsmerkmale und die Gültigkeitsdauer der Marken. Innerhalb zweier Jahre nach Ablauf der Gültigkeitsdauer können ungültig gewordene Marken bei den zum Markenverkauf bestimmten Stellen gegen gültige Marken umgetauscht werden.

Die Marken einer Versicherungsanstalt können bei allen in ihrem Bezirke belegenen Postanstalten und anderen von der Versicherungsanstalt einzurichtenden Verkaufsstellen gegen Erlegung des Nennwerths käuflich erworben werden.

## Entrichtung der Beiträge.

**§ 100.** Die Beiträge des Arbeitgebers und der Versicherten sind von demjenigen Arbeitgeber zu entrichten, welcher den Versicherten während der Kalenderwoche beschäftigt hat.

Findet die Beschäftigung nicht während der ganzen Kalenderwoche bei demselben Arbeitgeber statt, so ist von demjenigen Arbeitgeber, welcher den Versicherten zuerst beschäftigt, der volle Wochenbeitrag zu entrichten.

Sofern die Zahl der thatsächlich verwendeten Arbeitstage nicht festgestellt werden kann, ist der Beitrag für diejenige Arbeitszeit zu entrichten, welche zur Herstellung der Arbeit annähernd für erforderlich zu erachten ist. Im Streitfalle entscheidet auf Antrag eines

---

[1] Bekanntm. vom 9. Sept. 1890 (CBl S. 320, AN 1890 S. 501 und AN für I 1891 S. 2).

Theiles die untere Verwaltungsbehörde endgültig. Die Versicherungsanstalt ist berechtigt, für die Berechnung derartiger Beiträge besondere Bestimmungen zu erlassen. Dieselben bedürfen der Genehmigung des Reichs-Versicherungsamts.

### Quittungskarte.

**§ 101.** Die Entrichtung der Beiträge erfolgt durch Einkleben eines entsprechenden Betrages von Marken in die Quittungskarte des Versicherten. Ist der Versicherte mit einer Quittungskarte nicht versehen, so ist der Arbeitgeber berechtigt, für Rechnung des Versicherten eine solche anzuschaffen und den verauslagten Betrag bei der nächsten Lohnzahlung einzubehalten.

Die Quittungskarte enthält das Jahr und den Tag ihrer Ausgabe, die über den Gebrauch der Quittungskarte erlassenen Bestimmungen (§ 108) und die Strafvorschrift des § 151. Im Übrigen bestimmt der Bundesrath ihre Einrichtung.[1]

Die Kosten der Quittungskarte trägt, soweit sie nicht für Rechnung des Versicherten zu beschaffen ist (Absatz 1), die Versicherungsanstalt des Ausgabebezirks.

**§ 102.** Jede Quittungskarte bietet Raum zur Aufnahme der Marken für siebenundvierzig Beitragswochen. Die Karten sind für jeden Versicherten mit fortlaufenden Nummern zu versehen; die erste für ihn ausgestellte Karte ist am Kopfe mit dem Namen derjenigen Versicherungsanstalt, in deren Bezirk der Versicherte zu dieser Zeit beschäftigt ist, jede folgende mit dem Namen derjenigen Versicherungsanstalt, welche sich auf der nächstvorhergehenden Karte vermerkt findet, zu bezeichnen; stimmt der auf einer späteren Karte enthaltene Name mit dem auf der ersten Karte enthaltenen Namen nicht überein, so ist der auf der ersten Karte enthaltene Name maßgebend.

Der Versicherte ist berechtigt, auf seine Kosten zu jeder Zeit die Ausstellung einer neuen Quittungskarte gegen Rückgabe der älteren Karte zu beanspruchen.

**§ 103.** Die Ausstellung und der Umtausch der Quittungskarten erfolgt durch die von der Landes-Zentralbehörde bezeichnete Stelle.

Die hiernach zuständige Stelle hat die in der zurückgegebenen Karte eingeklebten Marken derart aufzurechnen, daß ersichtlich wird, wieviel Beitragswochen für die einzelnen Lohnklassen dem Inhaber der Quittungskarte anzurechnen sind. Gleichzeitig ist die Dauer der bescheinigten Krankheiten sowie der militärischen Dienstleistungen

[1] Vgl. Bekanntm. vom 14. Juni 1890 (CBl S. 175), vom 13. Juli 1893 (CBl S. 213).

anzugeben. Über die aus dieser Aufrechnung sich ergebenden Endzahlen ist dem Inhaber der Karte eine Bescheinigung zu ertheilen.

**§ 104.** Eine Quittungskarte verliert ihre Gültigkeit, wenn sie nicht bis zum Schlusse des dritten Jahres, welches dem am Kopfe der Karte verzeichneten Jahre (§ 101 Absatz 2) folgt, zum Umtausche eingereicht worden ist. Ist die Annahme begründet, daß der Versicherte ohne sein Verschulden den rechtzeitigen Umtausch versäumt hat, so kann der Vorstand der Versicherungsanstalt des Beschäftigungsortes auf Antrag des Versicherten die fortdauernde Gültigkeit der Quittungskarte anerkennen.

**§ 105.** Verlorene, unbrauchbar gewordene oder zerstörte Quittungskarten sind durch neue zu ersetzen. In die neue Quittungskarte sind die bis zum Verlust der Karte entrichteten Beiträge, soweit dieselben nachweisbar geleistet worden sind, in beglaubigter Form zu übertragen.

**§ 106.** Der Versicherte ist befugt, binnen zwei Wochen nach Aushändigung der Bescheinigung (§ 103) oder der neuen Quittungskarte (§ 105) gegen den Inhalt der Bescheinigung beziehungsweise der Übertragung Einspruch zu erheben. Gegen die Zurückweisung des Einspruchs findet binnen gleicher Frist Rekurs an die unmittelbar vorgesetzte Dienstbehörde statt. Die letztere entscheidet hierüber, sowie über andere das Verfahren betreffende Beschwerden endgültig.

**§ 107.** Die abgegebenen Quittungskarten sind an die Versicherungsanstalt des Bezirks zu übersenden und von dieser an diejenige Versicherungsanstalt, deren Namen sie tragen, zu überweisen.

Der Bundesrath hat die Voraussetzungen zu bestimmen, unter denen die Vernichtung von Quittungskarten zu erfolgen hat.

**§ 108.** Die Eintragung eines Urtheils über die Führung oder die Leistungen des Inhabers, sowie sonstige durch dieses Gesetz nicht vorgesehene Eintragungen oder Vermerke in oder an der Quittungskarte sind unzulässig. Quittungskarten, in welchen derartige Eintragungen oder Vermerke sich vorfinden, sind von jeder Behörde, welcher sie zugehen, einzubehalten. Die Behörde hat die Ersetzung derselben durch neue Karten, in welche der zulässige Inhalt der ersteren nach Maßgabe der Bestimmung des § 105 zu übernehmen ist, zu veranlassen.

Dem Arbeitgeber sowie Dritten ist untersagt, die Quittungskarte nach Einklebung der Marken wider den Willen des Inhabers zurückzubehalten. Auf die Zurückbehaltung der Karten seitens der zuständigen Behörden und Organe zu Zwecken des Umtausches, der Kontrole, Berichtigung, Aufrechnung oder Übertragung findet diese Bestimmung keine Anwendung.

Quittungskarten, welche im Widerspruch mit dieser Vorschrift zurückbehalten werden, sind durch die Ortspolizeibehörde dem Zuwiderhandelnden abzunehmen und dem Berechtigten auszuhändigen. Der erstere bleibt dem letzteren für alle Nachtheile, welche diesem aus der Zuwiderhandlung erwachsen, verantwortlich.

**§ 109.**[1] In die Quittungskarte hat der Arbeitgeber bei der Lohnzahlung zu dem nach § 100 zu berechnenden Betrage Marken

[1] Vgl. Bekanntm. betr. die Durchführung der Invaliditäts- und Altersversicherung. Vom 24. Dezember 1891 (RGBl S. 399, CBl 1892 S. 1). [Vgl. oben Anm. zu § 3 Abs. 3.]

II. Entwerthung und Vernichtung von Marken (§§ 109, 112, 114, 117, 120, 125).

Entwerthung.

1. Sofern auf Grund der §§ 112 oder 114 a. a. O. die Einziehung der Beiträge durch Organe von Krankenkassen, durch Gemeindebehörden oder durch andere von der Landes-Zentralbehörde bezeichnete oder von der Versicherungsanstalt eingerichtete Stellen (Hebestellen) erfolgt, kann die Landes-Zentralbehörde anordnen, daß von der die Beiträge einziehenden Stelle die den eingezogenen Beiträgen entsprechenden Marken alsbald nach deren Einklebung zu entwerthen sind (§ 109 a. a. O.). Bei derartigen Anordnungen ist die Art der Entwerthung von der Landes-Zentralbehörde zu regeln; dabei darf die Angabe des Entwerthungstages vorgeschrieben werden.

2. (Fortgefallen).

3. Sofern auf Grund des § 111 a. a. O. für den Bezirk einer Versicherungsanstalt durch das Statut derselben für Versicherte, welche nicht in einem regelmäßigen Arbeitsverhältniß zu einem bestimmten Arbeitgeber stehen, oder für einzelne Klassen solcher Versicherten bestimmt worden ist, daß sie befugt sind, die Versicherungsbeiträge statt der Arbeitgeber im Voraus zu entrichten, kann die Landes-Zentralbehörde anordnen, daß die betreffenden Marken entwerthet werden, sobald die Einziehung der Hälfte des Werthes der betreffenden Marke von dem zur Entrichtung der Beiträge verpflichteten Arbeitgeber erfolgt. Bei derartigen Anordnungen ist die Art der Entwerthung von der Landes-Zentralbehörde zu regeln; dabei darf die Angabe des Entwerthungstages vorgeschrieben werden.

3a. Unbeschadet der nach Ziffern 1 und 3 etwa erlassenen weiteren Anordnungen sind Arbeitgeber und Versicherte, sowie die die Beiträge einziehenden Organe von Krankenkassen, Gemeindebehörden und besonderen Stellen (Hebestellen) befugt, die in die Quittungskarten eingeklebten Marken handschriftlich oder unter Anwendung eines Stempels zu entwerthen.

Diese Entwerthung darf aber nur in der Weise erfolgen, daß auf den einzelnen Marken der Entwerthungstag in Ziffern angegeben wird, zum Beispiel 15. 3. 92. Andere Entwerthungszeichen sind unzulässig.

3b. Soweit auf Grund der vorstehenden Bestimmungen oder anderer vom Bundesrath erlassener Anordnungen eine Verpflichtung zur Entwerthung von Marken besteht, ist diese Verpflichtung nach Maßgabe der Vorschrift der Ziffer 3a Absatz 2 von demjenigen zu erfüllen, welcher die Marken einzukleben hat.

In den Fällen der Ziffern 1 und 3 kann durch die Landes-Zentralbehörde die Verpflichtung anderweit geregelt werden.

derjenigen Art einzukleben, welche für die Lohnklasse, die für den Versicherten in Anwendung kommt (§ 22), und, falls die Beiträge für einzelne Berufszweige verschieden bemessen sind (§ 24), für den betreffenden Berufszweig von der für den Beschäftigungsort zuständigen Versicherungsanstalt ausgegeben ist. Die Marken hat der Arbeitgeber aus eigenen Mitteln zu erwerben.

Die Marken müssen auf die Quittungskarte in fortlaufender Reihe eingeklebt werden. Der Bundesrath ist befugt, über Entwerthung von Marken Vorschriften zu erlassen und deren Nichtbefolgung mit Strafe zu bedrohen.

Die Arbeitgeber sind berechtigt, bei der Lohnzahlung den von

---

Ist die Entwerthung unterblieben, so ist sie bei der ferneren Einklebung von Beitragsmarken nachzuholen.

4. Über die Form der Entwerthung der Marken in den Fällen des § 117 Absatz 4 und des § 120 kann die Landes-Zentralbehörde besondere Anordnung treffen.

5. Marken, welche nicht bereits anderweit entwerthet worden sind, müssen entwerthet werden, nachdem die die Marken enthaltende Quittungskarte zum Umtausch eingereicht worden ist. Diese Entwerthung liegt den Vorständen der Versicherungsanstalten oder anderen von der Landes-Zentralbehörde bezeichneten Stellen ob; sie ist, sofern sie bisher etwa versäumt sein sollte, von jeder Behörde, an welche die Karte nach dem Umtausch gelangt, nachzuholen. Die Form der Entwerthung bleibt der entwerthenden Stelle freigestellt. Auf die Außenseite der Quittungskarte ist handschriftlich oder unter Verwendung eines Stempels der Vermerk „entwerthet“ zu setzen und die entwerthende Stelle zu bezeichnen.

6. Bei der Entwerthung dürfen die Marken nicht unkenntlich gemacht werden. Insbesondere müssen der Geldwerth der Marke, die Lohnklasse und die Versicherungsanstalt, für welche die Marke ausgegeben ist, bei Doppelmarken auch die Kennzeichen der Zusatzmarke, erkennbar bleiben.

7. Wer den vorstehenden oder den von der Landes-Zentralbehörde auf Grund der Bestimmungen in Ziffer 1, 3 oder 4 getroffenen Anordnungen zuwiderhandelt, kann für jeden Fall, sofern nicht nach anderen Vorschriften eine höhere Strafe verwirkt ist, von der unteren Verwaltungsbehörde mit einer Ordnungsstrafe bis zu einhundert Mark belegt werden. Die Haftung für den durch die Zuwiderhandlung verursachten Schaden bleibt hierdurch unberührt.

Vernichtung.

8. Die Vernichtung von Marken (§ 125 a. a. O.) erfolgt durch Abreißen oder völlige Unkenntlichmachung. Dabei ist auf die Quittungskarte handschriftlich oder unter Verwendung von Stempeln der Vermerk: „. . .*) Marken vernichtet“, sowie die Bezeichnung der die Vernichtung vornehmenden Stelle zu setzen. Die Vernichtung von Marken kann auch dadurch erfolgen, daß dieselben durch einen darauf gesetzten amtlichen Vermerk als ungültig erklärt werden.

---

*) Hier ist die Zahl der vernichteten Marken einzurücken.

ihnen beschäftigten Personen die Hälfte der Beiträge in Abzug zu bringen. Die Abzüge dürfen sich höchstens auf die für die beiden letzten Lohnzahlungsperioden entrichteten Beiträge erstrecken.

**§ 110.** Die Erhebung der Beiträge für diejenigen Personen, auf welche die Versicherungspflicht nach § 2 erstreckt worden ist, wird durch Beschluß des Bundesraths geregelt.

**§ 111.** Durch Beschluß des Bundesraths oder für den Bezirk einer Versicherungsanstalt durch das Statut derselben kann für Versicherte, welche nicht in einem regelmäßigen Arbeitsverhältniß zu einem bestimmten Arbeitgeber stehen, oder für einzelne Klassen solcher Versicherter bestimmt werden, daß sie befugt sind, die Versicherungsbeiträge statt der Arbeitgeber im Voraus zu entrichten. Dem Versicherten, welcher auf Grund solcher Bestimmung die vollen Wochenbeiträge entrichtet hat, steht gegen den nach § 100 zur Entrichtung der Beiträge verpflichteten Arbeitgeber der Anspruch auf Erstattung der Hälfte der entrichteten Beiträge zu.

### Einziehung der Beiträge.

**§ 112.** Durch die Landes-Zentralbehörde, oder mit Genehmigung derselben durch das Statut einer Versicherungsanstalt, oder mit Genehmigung der höheren Verwaltungsbehörde durch statutarische Bestimmung eines weiteren Kommunalverbandes oder einer Gemeinde kann abweichend von den Vorschriften des § 109 Absatz 1 angeordnet werden:

1. daß die Beiträge für diejenigen Versicherten, welche einer Krankenkasse (§ 135) angehören, durch deren Organe für Rechnung der Versicherungsanstalt von den Arbeitgebern eingezogen und die den eingezogenen Beiträgen entsprechenden Marken in die Quittungskarten der Versicherten eingeklebt und entwerthet werden;
2. daß die Beiträge für diejenigen Personen, welche keiner Krankenkasse (§ 135) angehören, in der gleichen Weise durch Gemeindebehörden oder andere von der Landes-Zentralbehörde bezeichnete Stellen oder durch örtliche, von der Versicherungsanstalt eingerichtete Hebestellen eingezogen werden. In diesen Fällen können Bestimmungen über die Verpflichtung zur Anmeldung und Abmeldung der Versicherten getroffen und Zuwiderhandlungen mit Geldstrafe bis zu einhundert Mark bedroht werden.

Soweit die Einziehung der Beiträge in dieser Weise geregelt wird, sind die Arbeitgeber berechtigt, bei der Lohnzahlung den von ihnen beschäftigten Personen die Hälfte der in den beiden letzten Lohnzahlungsperioden fällig gewordenen Beiträge in Abzug zu bringen.

Die Versicherungsanstalten sind verpflichtet, den Krankenkassen oder den anderen mit der Einziehung der Beiträge beauftragten Stellen die erforderlichen Marken gegen Abrechnung zur Verfügung zu stellen und eine von der Landes-Zentralbehörde zu bestimmende Vergütung zu gewähren.

**§ 113.**[1] Sofern eine im § 112 Absatz 1 vorgesehene Anordnung getroffen ist, können auf demselben Wege Bestimmungen dahin getroffen werden, daß

1. die Ausstellung und der Umtausch der Quittungskarten (§§ 103 und 105) durch die nach § 112 Absatz 1 mit der Einziehung der Beiträge beauftragten Stellen stattzufinden hat;
2. für diejenigen Versicherten, deren Beschäftigung durch ihren Zweck oder im Voraus durch den Arbeitsvertrag auf einen Zeitraum von weniger als einer Woche beschränkt ist, die auf die Versicherten entfallende Hälfte der Beiträge unmittelbar von den Versicherten, die auf die Arbeitgeber entfallende Hälfte aber von dem weiteren Kommunalverbande beziehungsweise der Gemeinde entrichtet und durch sie von den Arbeitgebern wieder eingezogen wird.

**§ 114.** Die im § 112 Absatz 1 Ziffer 1 und § 113 vorgesehene Maßregel kann für die Mitglieder einer Krankenkasse (§ 135) auch durch das Kassenstatut, und für diejenigen Versicherten, welche einer für Reichs- oder Staatsbetriebe errichteten Krankenkasse angehören, auch durch die den Verwaltungen dieser Betriebe vorgesetzte Dienstbehörde getroffen werden.

**§ 115.** Der Versicherte ist berechtigt, die Quittungskarte bei der die Beiträge einziehenden Stelle, solange er in dem Bezirke dieser Stelle versichert ist, zu hinterlegen.

### Abrundung.

**§ 116.** Ergeben sich bei den zwischen Arbeitgebern und Versicherten stattfindenden Abrechnungen Bruchpfennige, so ist die auf den Arbeitgeber entfallende Hälfte nach oben, die auf den Versicherten entfallende Hälfte nach unten auf volle Pfennige abzurunden.

### Freiwillige Fortsetzung des Versicherungsverhältnisses.

**§ 117.** Personen, welche aus dem Versicherungsverhältniß ausscheiden, sind berechtigt, dasselbe freiwillig dadurch fortzusetzen beziehungsweise zu erneuern (§ 32 Absatz 2), daß sie die für die Lohnklasse II festgesetzten Beiträge in Marken derjenigen Versicherungs-

[1] Vgl. Bekanntm. vom 9. Dezember 1890 (CBl S. 378).

anstalt, in deren Bezirk sie sich aufhalten, entrichten und gleichzeitig für jede Woche freiwilliger Beitragsleistung eine Zusatzmarke beibringen (§ 121).

Während eines Kalenderjahres können jedoch insgesammt mehr als zweiundfünfzig Beitragswochen niemals in Anrechnung gebracht werden.

Auf die Wartezeit für die Invalidenrente kommen die zum Zweck der Fortsetzung oder Erneuerung des Versicherungsverhältnisses freiwillig geleisteten Beiträge nur dann zur Anrechnung, wenn für den Versicherten auf Grund der Versicherungspflicht oder der Bestimmung des § 8 für mindestens einhundertsiebenzehn Beitragswochen Beiträge geleistet worden sind.

Die gemäß Absatz 1 verwendeten Marken sind zu entwerthen. Die Entwerthung erfolgt durch die von der Landes-Zentralbehörde zu bestimmenden Stellen und darf nur dann vorgenommen werden, wenn der entsprechende Betrag an Zusatzmarken beigebracht worden ist.

**§ 118.** Selbständige Betriebsunternehmer, welche regelmäßig nicht mehr als einen Lohnarbeiter beschäftigen, sind, nachdem für dieselben auf Grund der Versicherungspflicht während mindestens fünf Beitragsjahren Beiträge entrichtet worden sind, im Falle der Fortsetzung oder Erneuerung des Versicherungsverhältnisses von der Beibringung der Zusatzmarken befreit.

**§ 119.** Wird ein zwischen einem Versicherten und einem bestimmten Arbeitgeber bestehendes Arbeits- oder Dienstverhältniß (§ 1) derart unterbrochen, daß ersterer aus der Versicherungspflicht vorübergehend ausscheidet, so kann für einen vier Monate nicht übersteigenden Zeitraum das Versicherungsverhältniß auch ohne Beibringung von Zusatzmarken dadurch freiwillig aufrecht erhalten werden, daß der Arbeitgeber oder der Versicherte die bisherigen Beiträge fortentrichtet.

## Selbstversicherungsverhältniß.

**§ 120.** Personen, welche in Gemäßheit der Bestimmung des § 8 sich selbst versichern, sind verpflichtet, außer den vollen Beiträgen in Marken derjenigen Versicherungsanstalt, zu deren Bezirk ihr Beschäftigungsort gehört, für jede Woche der Selbstversicherung eine Zusatzmarke beizubringen. Die Beitragsmarken und Zusatzmarken sind in der im § 117 Absatz 4 bezeichneten Weise zu entwerthen.

## Zusatzmarken.

**§ 121.**[1] Die Zusatzmarken (§ 117) werden für Rechnung des Reichs hergestellt. Sie müssen die Bezeichnung ihres Geldwerths

[1] Bekanntm. vom 9. September 1890 (CBl S. 320).

enthalten und in Farbe und Bezeichnung von den Marken der Versicherungsanstalten verschieden sein. Die Unterscheidungsmerkmale derselben werden vom Reichs-Versicherungsamt festgesetzt.

Die Zusatzmarken können bei allen Postanstalten, sowie bei denjenigen Stellen, welche von den Versicherungsanstalten zum Vertriebe ihrer Marken errichtet worden sind, gegen Erlegung des Nennwerths käuflich erworben werden.

Bis zur anderweiten Festsetzung durch den Bundesrath beträgt der Nennwerth der Zusatzmarken acht Pfennig für die Beitragswoche.

## Streitigkeiten.

**§ 122.** Streitigkeiten zwischen den Organen der Versicherungsanstalten einerseits und Arbeitgebern oder Arbeitnehmern oder den im § 8 bezeichneten Personen andererseits, oder zwischen Arbeitgebern und Arbeitnehmern über die Frage, ob oder zu welcher Versicherungsanstalt, in welcher Lohnklasse, oder, sofern die Beiträge für einzelne Berufszweige verschieden bemessen sind (§ 24), für welchen Berufszweig Beiträge zu entrichten sind, werden von der für den Beschäftigungsort (§ 41) zuständigen unteren Verwaltungsbehörde entschieden. Gegen deren Entscheidung steht den Betheiligten binnen vier Wochen nach der Zustellung die Beschwerde an die höhere Verwaltungsbehörde zu, welche endgültig entscheidet.

**§ 123.** Die Vorschriften des § 122 finden auch auf Streitigkeiten zwischen den Organen verschiedener Versicherungsanstalten über die Frage, zu welcher derselben für bestimmte Personen Beiträge zu entrichten sind, Anwendung.

**§ 124.** Im Übrigen werden Streitigkeiten zwischen dem Arbeitgeber und den von ihm beschäftigten Personen über die Berechnung und Anrechnung der für diese zu entrichtenden oder im Falle des § 111 denselben zu erstattenden Beiträge von der unteren Verwaltungsbehörde (§ 122) endgültig entschieden.

**§ 125.** Nach endgültiger Erledigung dieser Streitigkeiten hat die untere Verwaltungsbehörde von Amtswegen dafür zu sorgen, daß zu wenig erhobene Beträge durch nachträgliche Verwendung von Marken beigebracht werden. Zu viel erhobene Beträge sind auf Antrag von der Versicherungsanstalt wieder einzuziehen und nach Vernichtung der in die Quittungskarten eingeklebten betreffenden Marken und Berichtigung der Aufrechnungen an die betheiligten Arbeitgeber und Versicherten zurückzuzahlen.

Handelt es sich um die Verwendung von Marken einer nicht zuständigen Versicherungsanstalt, so ist nach Vernichtung derjenigen Marken, welche irrthümlich beigebracht sind, ein der Zahl der

Beitragswochen entsprechender Betrag von Marken der zuständigen Versicherungsanstalt beizubringen. Der Betrag der vernichteten Marken ist von der Versicherungsanstalt, welche sie ausgestellt hatte, wieder einzuziehen und zwischen den betheiligten Arbeitgebern und Versicherten entsprechend zu theilen.

An die Stelle der Vernichtung von Marken kann in den nach Ansicht der unteren Verwaltungsbehörde dazu geeigneten Fällen die Einziehung der Quittungskarten und nach Übertragung der gültigen Eintragungen derselben die Ausstellung neuer Quittungskarten treten.

## Kontrole.

**§ 126.** Die Versicherungsanstalten sind befugt, mit Genehmigung des Reichs-Versicherungsamts zum Zweck der Kontrole Vorschriften zu erlassen. Sie sind ferner befugt, die Arbeitgeber zur rechtzeitigen Erfüllung dieser Vorschriften durch Geldstrafen bis zum Betrage von je einhundert Mark anzuhalten. Das Reichs-Versicherungsamt kann den Erlaß derartiger Vorschriften anordnen und dieselben, sofern solche Anordnung nicht befolgt wird, selbst erlassen.

Die Arbeitgeber sind verpflichtet, über die Zahl der von ihnen beschäftigten Personen und über die Dauer der Beschäftigung den Organen der Versicherungsanstalt, sowie den mit der Kontrole beauftragten Behörden oder Beamten auf Verlangen Auskunft zu ertheilen und denselben diejenigen Geschäftsbücher oder Listen, aus welchen jene Thatsachen hervorgehen, zur Einsicht während der Betriebszeit an Ort und Stelle vorzulegen. Ebenso sind die Versicherten zur Ertheilung von Auskunft über Ort und Dauer ihrer Beschäftigung verpflichtet. Die Arbeitgeber und die Versicherten sind ferner verbunden, den bezeichneten Organen, Behörden und Beamten auf Erfordern die Quittungskarten behufs Ausübung der Kontrole und Herbeiführung der etwa erforderlichen Berichtigungen gegen Bescheinigung auszuhändigen. Sie können hierzu von der unteren Verwaltungsbehörde durch Geldstrafen bis zum Betrage von je dreihundert Mark angehalten werden.

**§ 127.** Berichtigungen der Quittungskarten erfolgen, sofern die Betheiligten über dieselben einverstanden sind, auf dem im § 125 angegebenen Wege durch die die Kontrole ausübenden Organe, Behörden oder Beamten, oder durch die die Beiträge einziehenden Organe, anderenfalls nach Erledigung des Streitverfahrens gemäß der Vorschriften der §§ 122 bis 124.

**§ 128.** Die durch die Kontrole den Versicherungsanstalten erwachsenden Kosten gehören zu den Verwaltungskosten. Soweit dieselben in baaren Auslagen bestehen, können sie durch den Vorstand der Versicherungsanstalt dem Arbeitgeber auferlegt werden, wenn derselbe durch Nichterfüllung der ihm obliegenden Verpflichtungen zu ihrer Aufwendung Anlaß gegeben hat. Gegen die Auferlegung der Kosten findet binnen zwei Wochen nach Zustellung des Beschlusses die Beschwerde an die untere Verwaltungsbehörde (§ 122) statt. Diese entscheidet endgültig. Die Beitreibung der auferlegten Kosten erfolgt in derselben Weise, wie die der Gemeindeabgaben.

### Vermögensverwaltung.

**§ 129.** Verfügbare Gelder der Versicherungsanstalten sind nach Maßgabe der Bestimmungen des § 76 des Unfallversicherungsgesetzes verzinslich anzulegen.

Auf Antrag einer Versicherungsanstalt kann der Kommunalverband beziehungsweise die Zentralbehörde des Bundesstaates, für welchen die Versicherungsanstalt errichtet ist, widerruflich gestatten, einen Theil des Anstaltsvermögens in anderen zinstragenden Papieren oder in Grundstücken anzulegen. Bei gemeinsamen Versicherungsanstalten entscheidet über derartige Anträge, falls eine Verständigung nicht erzielt wird, die Landes-Zentralbehörde oder, sofern mehrere Landes-Zentralbehörden betheiligt sind, der Bundesrath. Mehr als der vierte Theil des Vermögens der einzelnen Versicherungsanstalten darf jedoch in der bezeichneten Weise nicht angelegt werden.

Werthpapiere sind nach näherer Bestimmung der Zentralbehörde desjenigen Bundesstaates, in dessen Gebiet die Versicherungsanstalt ihren Sitz hat, bei einer zur Aufbewahrung von Geldern oder Werthpapieren befugten öffentlichen Behörde oder Kasse niederzulegen.

**§ 130.** Die Versicherungsanstalten sind verpflichtet, dem Reichs-Versicherungsamt nach näherer Anweisung desselben und in den von ihm vorzuschreibenden Fristen Übersichten über ihre Geschäfts- und Rechnungsergebnisse einzureichen.

Die Art und Form der Rechnungsführung bei den Versicherungsanstalten wird durch das Reichs-Versicherungsamt geregelt.[1]

Das Rechnungsjahr ist das Kalenderjahr.

## V. Aufsicht.

### Reichs-Versicherungsamt.

**§ 131.** Die Versicherungsanstalten unterliegen in Bezug auf die Befolgung dieses Gesetzes der Beaufsichtigung durch das Reichs-Versicherungsamt. Das Aufsichtsrecht des letzteren erstreckt sich auf die Beobachtung der gesetzlichen und statutarischen Vorschriften.

---

[1] AN 1890 S. 543, 585. AN für J 1891 S. 73ff.

Alle Entscheidungen des Reichs-Versicherungsamts sind endgültig, soweit in diesem Gesetze nicht ein Anderes bestimmt ist.

Das Reichs-Versicherungsamt ist befugt, jederzeit eine Prüfung der Geschäftsführung der Versicherungsanstalten vorzunehmen. Die Mitglieder der Vorstände und sonstigen Organe der Versicherungsanstalten sind auf Erfordern des Reichs-Versicherungsamts zur Vorlegung ihrer Bücher, Beläge, Werthpapiere und Geldbestände, sowie ihrer auf den Inhalt der Bücher und die Festsetzung der Renten ꝛc. bezüglichen Schriftstücke verpflichtet. Das Reichs-Versicherungsamt kann dieselben hierzu sowie zur Befolgung der gesetzlichen und statutarischen Vorschriften durch Geldstrafen bis zu eintausend Mark anhalten.

**§ 132.** Das Reichs-Versicherungsamt entscheidet, unbeschadet der Rechte Dritter, über Streitigkeiten, welche sich auf die Rechte und Pflichten der Organe der Versicherungsanstalten sowie der Mitglieder dieser Organe, auf die Auslegung der Statuten und auf die Gültigkeit der vollzogenen Wahlen, soweit über letztere nicht nach § 49 Absatz 4 zu befinden ist, beziehen.

Auf die dienstlichen Verhältnisse der auf Grund des § 47 Absatz 1 bestellten Beamten findet diese Vorschrift keine Anwendung.

**§ 133.** Die Entscheidungen des Reichs-Versicherungsamts erfolgen in der Besetzung von mindestens zwei ständigen und zwei nichtständigen Mitgliedern, unter welchen sich je ein Vertreter der Arbeitgeber und der Versicherten befinden muß, und unter Zuziehung von mindestens einem richterlichen Beamten, wenn es sich handelt:

1. um die Entscheidung auf Revisionen gegen die Entscheidungen der Schiedsgerichte,
2. um die Entscheidung vermögensrechtlicher Streitigkeiten bei Veränderungen des Bestandes der Versicherungsanstalten.

Als Vertreter der Arbeitgeber und der Versicherten gelten auch für den Bereich dieses Gesetzes die auf Grund der Unfallversicherungsgesetze zu nichtständigen Mitgliedern des Reichs-Versicherungsamts gewählten Vertreter der Betriebsunternehmer und der Arbeiter, ohne Beschränkung auf die Angelegenheiten ihres besonderen Berufszweiges.

Im Übrigen werden die Formen des Verfahrens und der Geschäftsgang des Reichs-Versicherungsamts durch Kaiserliche Verordnung unter Zustimmung des Bundesraths geregelt.[1]

### Landes-Versicherungsämter.

**§ 134.** Sofern für das Gebiet eines Bundesstaates ein Landes-Versicherungsamt errichtet ist (§ 92 des Unfallversicherungsgesetzes,

[1] Vgl. V vom 20. Dezember 1890 (RGBl S. 209).

§ 100 des Gesetzes vom 5. Mai 1886, Reichs-Gesetzbl. S. 132), unterliegen diejenigen Versicherungsanstalten, welche sich über das Gebiet dieses Bundesstaates nicht hinaus erstrecken, der Beaufsichtigung des Landes-Versicherungsamts. Auf die Landes-Versicherungsämter finden die Vorschriften der §§ 131 bis 133 entsprechende Anwendung.

In den Angelegenheiten der den Landes-Versicherungsämtern unterstellten Versicherungsanstalten gehen die in den §§ 21, 56, 68, 93, 97, 98, 100, 126, 145 dem Reichs-Versicherungsamt übertragenen Zuständigkeiten auf das Landes-Versicherungsamt über.

Die Formen des Verfahrens und der Geschäftsgang bei dem Landes-Versicherungsamt werden durch die Landesregierung geregelt.

## VI. Schluß-, Straf- und Übergangsbestimmungen.

### Krankenkassen.

**§ 135.** Als Krankenkassen im Sinne dieses Gesetzes gelten die Orts-, Betriebs- (Fabrik-), Bau- und Innungskrankenkassen, die Knappschaftskassen sowie die Gemeindekrankenversicherung und landesrechtliche Einrichtungen ähnlicher Art.

### Besondere Bestimmungen für Seeleute.

**§ 136.** Seeleute (§ 1 Absatz 1 Ziffer 1 des Gesetzes vom 13. Juli 1887, Reichs-Gesetzbl. S. 329) sind bei derjenigen Versicherungsanstalt zu versichern, in deren Bezirk sich der Heimathshafen des Schiffes befindet.

Durch den Bundesrath können über die Einziehung der von den Rhedern für Seeleute zu entrichtenden Beiträge von den Vorschriften dieses Gesetzes abweichende Bestimmungen getroffen werden.[1]

Für Seeleute, welche sich außerhalb Europas aufhalten, beträgt die Frist zur Einlegung von Rechtsmitteln drei Monate. Die Frist kann von derjenigen Behörde, gegen deren Bescheid das Rechtsmittel stattfindet, weiter erstreckt werden.

An die Stelle der unteren Verwaltungsbehörde tritt bei Seeleuten das Seemannsamt, und zwar im Inlande das Seemannsamt des Heimathshafens, im Auslande dasjenige Seemannsamt, welches zuerst angegangen werden kann.

### Beitreibung.

**§ 137.** Rückstände sowie die in die Kasse der Versicherungsanstalt fließenden Strafen werden in derselben Weise beigetrieben

[1] Vgl. Bekanntm. vom 24. November 1890 (CBl S. 361). AN für J 1891 S. 129.

wie Gemeindeabgaben. Rückstände haben das Vorzugsrecht des § 54 Nr. 1 der Konkursordnung vom 10. Februar 1877 (Reichs-Gesetzbl. S. 351) und verjähren binnen vier Jahren nach der Fälligkeit.

## Zuständige Landesbehörden.

**§ 138.** Die Zentralbehörden der Bundesstaaten bestimmen, welche Verbände als weitere Kommunalverbände anzusehen, und von welchen Staats- oder Gemeindebehörden beziehungsweise Vertretungen die in diesem Gesetze den Staats- und Gemeindeorganen sowie den Vertretungen der weiteren Kommunalverbände zugewiesenen Verrichtungen wahrzunehmen sind.[1]

Die von den Zentralbehörden der Bundesstaaten in Gemäßheit vorstehender Vorschrift erlassenen Bestimmungen sind durch den Reichs-Anzeiger bekannt zu machen.

## Zustellungen.

**§ 139.** Zustellungen, welche den Lauf von Fristen bedingen, können durch die Post mittelst eingeschriebenen Briefes erfolgen.

Personen, welche nicht im Inlande wohnen, können von der zustellenden Behörde aufgefordert werden, einen Zustellungsbevollmächtigten zu bestellen. Wird ein solcher innerhalb der gesetzten Frist nicht bestellt oder ist der Aufenthalt jener Personen unbekannt, so kann die Zustellung durch öffentlichen Aushang während einer Woche in den Geschäftsräumen der zustellenden Behörde oder der Organe der Versicherungsanstalten ersetzt werden.

## Gebühren- und Stempelfreiheit.

**§ 140.** Alle zur Begründung und Abwickelung der Rechtsverhältnisse zwischen den Versicherungsanstalten einerseits und den Arbeitgebern oder Versicherten andererseits erforderlichen schiedsgerichtlichen und außergerichtlichen Verhandlungen und Urkunden sind gebühren- und stempelfrei. Dasselbe gilt für privatschriftliche Vollmachten und amtliche Bescheinigungen, welche auf Grund dieses Gesetzes zur Legitimation oder zur Führung von Nachweisen erforderlich werden.

## Rechtshülfe.

**§ 141.** Die öffentlichen Behörden sind verpflichtet, den im Vollzuge dieses Gesetzes an sie ergehenden Ersuchen des Reichs-Versicherungsamts, der Landes-Versicherungsämter, anderer öffentlicher Behörden, der Schiedsgerichte sowie der Vorstände und Organe der

[1] Vgl. AN für J 1891 S. 21 ff.

Versicherungsanstalten zu entsprechen und den bezeichneten Vorständen auch unaufgefordert alle Mittheilungen zukommen zu lassen, welche für den Geschäftsbetrieb der Versicherungsanstalten von Wichtigkeit sind. Die gleiche Verpflichtung liegt den Organen der Versicherungsanstalten unter einander sowie den Organen der Berufsgenossenschaften und der Krankenkassen ob.

Die durch die Erfüllung dieser Verpflichtungen entstehenden Kosten sind von den Versicherungsanstalten als eigene Verwaltungskosten insoweit zu erstatten, als sie in Tagegeldern und Reisekosten von Beamten oder von Organen der Versicherungsanstalten, Berufsgenossenschaften und Krankenkassen, sowie in Gebühren für Zeugen und Sachverständige oder in sonstigen baaren Auslagen bestehen.[1]

Auf die nach §§ 5 und 7 zugelassenen Kasseneinrichtungen finden diese Bestimmungen, soweit es sich um die auf Grund ihrer Zulassung ihnen obliegenden Aufgaben handelt, entsprechende Anwendung.

## Strafbestimmungen.

**§ 142.** Arbeitgeber, welche in die von ihnen auf Grund gesetzlicher oder von der Versicherungsanstalt erlassener Bestimmung aufzustellenden Nachweisungen oder Anzeigen Eintragungen aufnehmen, deren Unrichtigkeit ihnen bekannt war oder bei gehöriger Aufmerksamkeit nicht entgehen konnte, können von dem Vorstande der Versicherungsanstalt mit Ordnungsstrafe bis zu fünfhundert Mark belegt werden.

**§ 143.** Arbeitgeber, welche es unterlassen, für die von ihnen beschäftigten, dem Versicherungszwange unterliegenden Personen Marken in zureichender Höhe und in vorschriftsmäßiger Beschaffenheit rechtzeitig (§ 109) zu verwenden, können von dem Vorstande der Versicherungsanstalt mit Ordnungsstrafe bis zu dreihundert Mark belegt werden. Eine Bestrafung findet nicht statt, wenn die rechtzeitige Verwendung der Marken von einem anderen Arbeitgeber oder Betriebsleiter (§ 144) oder im Falle des § 111 von dem Versicherten bewirkt worden ist.

**§ 144.** Der Arbeitgeber ist befugt, die Aufstellung der nach gesetzlicher oder statutarischer Vorschrift erforderlichen Nachweisungen oder Anzeigen, sowie die Verwendung von Marken auf bevollmächtigte Leiter seines Betriebes zu übertragen.

Name und Wohnort von solchen bevollmächtigten Betriebsleitern sind dem Vorstande der Versicherungsanstalt mitzutheilen. Begeht

[1] Vgl. AN für J 1892 S. 13ff.

ein derartiger Bevollmächtigter eine in den §§ 142 beziehungsweise 143 mit Strafe bedrohte Handlung, so finden auf ihn die in diesen Paragraphen vorgesehenen Strafen Anwendung.

**§ 145.** Gegen die auf Grund dieses Gesetzes oder der Statuten von den Organen der Versicherungsanstalten oder den Schiedsgerichtsvorsitzenden erlassenen Strafverfügungen findet binnen zwei Wochen nach deren Zustellung die Beschwerde an das Reichs-Versicherungsamt statt.

Die von den vorbezeichneten Organen sowie von den Verwaltungsbehörden auf Grund dieses Gesetzes festgesetzten Strafen fließen, soweit nicht in diesem Gesetze abweichende Bestimmungen getroffen sind, in die Kasse der Versicherungsanstalt.

**§ 146.** Personen, welche es unterlassen, im Falle der Selbstversicherung oder der freiwilligen Versicherung (§§ 8 und 117) die vorgeschriebenen Zusatzmarken zu verwenden, können, sofern nicht nach anderen Gesetzen eine höhere Strafe verwirkt ist, durch die untere Verwaltungsbehörde ihres Beschäftigungsortes mit Ordnungsstrafe bis zu einhundertfünfzig Mark bestraft werden.

**§ 147.** Den Arbeitgebern und ihren Angestellten ist untersagt, durch Übereinkunft oder mittelst Arbeitsordnungen die Anwendung der Bestimmungen dieses Gesetzes zum Nachtheil der Versicherten ganz oder theilweise auszuschließen oder dieselben in der Übernahme oder Ausübung eines in Gemäßheit dieses Gesetzes ihnen übertragenen Ehrenamts zu beschränken. Vertragsbestimmungen, welche diesem Verbote zuwiderlaufen, haben keine rechtliche Wirkung.

Arbeitgeber oder deren Angestellte, welche derartige Verträge geschlossen haben, werden, sofern nicht nach anderen gesetzlichen Vorschriften eine härtere Strafe eintritt, mit Geldstrafe bis zu dreihundert Mark oder mit Haft bestraft.

**§ 148.** Die gleiche Strafe (§ 147) trifft

1. Arbeitgeber, welche den von ihnen beschäftigten, dem Versicherungszwange unterliegenden Personen wissentlich mehr als die Hälfte des für die beiden letzten Lohnzahlungsperioden verwendeten beziehungsweise in denselben fällig gewordenen Betrages an Marken bei der Lohnzahlung in Anrechnung bringen (§§ 109 Absatz 3, 112 Absatz 2);
2. Angestellte, welche einen solchen größeren Abzug wissentlich bewirken;
3. diejenigen Personen, welche dem Berechtigten eine Quittungskarte widerrechtlich vorenthalten.

Die unter Ziffer 1 und 2 vorgesehenen Strafbestimmungen finden auf den Fall des § 119 keine Anwendung.

**§ 149.** Arbeitgeber, welche wissentlich andere als die vorgeschriebenen Marken verwenden, sowie Angestellte und Versicherte, welche wissentlich eine solche unrichtige Verwendung bewirken, werden, sofern nicht nach anderen gesetzlichen Vorschriften eine härtere Strafe eintritt, mit Geldstrafe von zwanzig bis zu eintausend Mark oder mit Gefängniß bestraft. Sind mildernde Umstände vorhanden, so kann die Strafe bis auf drei Mark oder einen Tag Haft ermäßigt werden.

**§ 150.** Die Strafbestimmungen der §§ 142, 143, 147 bis 149 finden auch auf die gesetzlichen Vertreter handlungsunfähiger Arbeitgeber, desgleichen auf die Mitglieder des Vorstandes einer Aktiengesellschaft, Innung oder eingetragenen Genossenschaft, sowie auf die Liquidatoren einer Handelsgesellschaft, Innung oder eingetragenen Genossenschaft Anwendung.

**§ 151.** Wer in Quittungskarten Eintragungen oder Vermerke macht, welche nach § 108 unzulässig sind, wird mit Geldstrafe bis zu zweitausend Mark oder mit Gefängniß bis zu sechs Monaten bestraft. Sind mildernde Umstände vorhanden, so kann statt der Gefängnißstrafe auf Haft erkannt werden.

**§ 152.** Die Mitglieder der Vorstände und sonstiger Organe der Versicherungsanstalten sowie die das Aufsichtsrecht über dieselben ausübenden Beamten werden, wenn sie unbefugt Betriebsgeheimnisse offenbaren, welche kraft ihres Amts zu ihrer Kenntniß gelangt sind, mit Geldstrafe bis zu eintausendfünfhundert Mark oder mit Gefängniß bis zu drei Monaten bestraft.

Die Verfolgung tritt nur auf Antrag des Betriebsunternehmers ein.

**§ 153.** Die im § 152 bezeichneten Personen werden mit Gefängniß, neben welchem auf Verlust der bürgerlichen Ehrenrechte erkannt werden kann, bestraft, wenn sie absichtlich zum Nachtheile der Betriebsunternehmer Betriebsgeheimnisse, welche kraft ihres Amts zu ihrer Kenntniß gelangt waren, offenbaren, oder wenn sie geheim gehaltene Betriebseinrichtungen oder Betriebsweisen, welche kraft ihres Amts zu ihrer Kenntniß gelangt sind, solange als diese Betriebsgeheimnisse sind, nachahmen.

Thun sie dies, um sich oder einem Anderen einen Vermögensvortheil zu verschaffen, so kann neben der Gefängnißstrafe auf Geldstrafe bis zu dreitausend Mark erkannt werden.

**§ 154.** Mit Gefängniß nicht unter drei Monaten, neben welchem auf Verlust der bürgerlichen Ehrenrechte erkannt werden kann, wird bestraft, wer unechte Marken in der Absicht anfertigt, sie als echt zu verwenden, oder echte Marken in der Absicht verfälscht, sie zu einem höheren Werthe zu verwenden, oder wissentlich von falschen oder verfälschten Marken Gebrauch macht.

Dieselbe Strafe trifft denjenigen, welcher wissentlich schon einmal verwendete Marken in Quittungskarten abermals verwendet oder solche Marken nach gänzlicher oder theilweiser Entfernung der darauf gesetzten Entwerthungszeichen veräußert oder feilhält. Sind mildernde Umstände vorhanden, so kann auf Geldstrafe bis zu dreihundert Mark oder Haft erkannt werden.

Zugleich ist auf Einziehung der Marken zu erkennen, ohne Unterschied, ob sie dem Verurtheilten gehören oder nicht. Auf diese Einziehung ist auch dann zu erkennen, wenn die Verfolgung oder Verurtheilung einer bestimmten Person nicht stattfindet.

**§ 155.** Mit Geldstrafe bis zu einhundertfünfzig Mark oder mit Haft wird bestraft, wer ohne schriftlichen Auftrag einer Versicherungsanstalt oder einer Behörde

1. Stempel, Siegel, Stiche, Platten oder andere Formen, welche zur Anfertigung von Marken dienen können, anfertigt oder an einen Anderen als die Versicherungsanstalt, beziehungsweise die Behörde verabfolgt,
2. den Abdruck der in Ziffer 1 genannten Stempel, Siegel, Stiche, Platten oder Formen unternimmt oder Abdrücke an einen Anderen als die Versicherungsanstalt, beziehungsweise die Behörde verabfolgt.

Neben der Geldstrafe oder Haft kann auf Einziehung der Stempel, Siegel, Stiche, Platten oder Formen erkannt werden, ohne Unterschied, ob sie dem Verurtheilten gehören oder nicht.

## Übergangsbestimmungen.

**§ 156.** Für Versicherte, welche während der ersten fünf Kalenderjahre nach dem Inkrafttreten dieses Gesetzes erwerbsunfähig werden und für welche während der Dauer eines Beitragsjahres auf Grund der Versicherungspflicht die gesetzlichen Beiträge entrichtet worden sind, vermindert sich die Wartezeit für die Invalidenrente (§ 16 Ziffer 1) um diejenige Zahl von Wochen, während deren sie nachweislich vor dem Inkrafttreten des Gesetzes, jedoch innerhalb der letzten fünf Jahre vor Eintritt der Erwerbsunfähigkeit, in einem Arbeits- oder Dienstverhältniß gestanden haben, welches nach diesem Gesetze die Versicherungspflicht begründen würde.

Diese Bestimmung findet auf die im § 8 bezeichneten Personen keine Anwendung.

Bei Ermittelung des durchschnittlichen Lohnsatzes (§ 9 Absatz 3) wird für diejenige Zeit, um welche sich die Wartezeit vermindert, die erste Lohnklasse zu Grunde gelegt.

Die Vorschrift des § 117 Absatz 3 findet auf die während der ersten vier Jahre nach dem Inkrafttreten des Gesetzes freiwillig geleisteten Beiträge keine Anwendung.

**§ 157.** Für Versicherte, welche zur Zeit des Inkrafttretens dieses Gesetzes das vierzigste Lebensjahr vollendet haben und den Nachweis liefern, daß sie während der, dem Inkrafttreten dieses Gesetzes unmittelbar vorangegangenen drei Kalenderjahre insgesammt mindestens einhunderteinundvierzig Wochen hindurch thatsächlich in einem nach diesem Gesetze die Versicherungspflicht begründenden Arbeits- oder Dienstverhältniß gestanden haben, vermindert sich die Wartezeit für die Altersrente (§ 16 Ziffer 2), unbeschadet der Vorschriften des § 32, um so viele Beitragsjahre und überschießende Beitragswochen, als ihr Lebensalter am 1. Januar 1891 an Jahren und vollen Wochen das vollendete vierzigste Lebensjahr überstiegen hat. Dabei werden für jedes vollendete Lebensjahr siebenundvierzig Beitragswochen in Ansatz gebracht. Ist die Zahl der überschießenden Wochen höher als siebenundvierzig, so sind neben der Vollzahl der Jahre nur siebenundvierzig Wochen in Anrechnung zu bringen.[1]

**§ 158.** Eine unter § 17 Absatz 2 fallende Krankheit oder militärische Dienstleistung wird auch in den Fällen der §§ 156 und 157 einem Arbeits- oder Dienstverhältniß gleich geachtet. Dasselbe gilt von der Unterbrechung des Arbeits- oder Dienstverhältnisses in dem Falle des § 119, insoweit diese Unterbrechung während eines Kalenderjahres den Zeitraum von vier Monaten nicht übersteigt.

**§ 159.** Bei Bemessung der auf Grund des § 157 zu gewährenden Altersrenten kommen, soweit es sich um Renten handelt, welche innerhalb der ersten zehn Jahre nach dem Inkrafttreten des Gesetzes zur Entstehung gelangen, für die vor dem Inkrafttreten des Gesetzes liegende Zeit die Steigerungssätze derjenigen Lohnklasse in Anrechnung, welche dem durchschnittlichen Jahresarbeitsverdienste des Versicherten während der im § 157 bezeichneten einhunderteinundvierzig Wochen entsprechen, mindestens aber die der ersten Lohnklasse, für die nach dem Inkrafttreten des Gesetzes liegende Zeit dagegen die

[1] Neue Fassung durch G, betr. die Abänderung des § 157 des Invaliditäts- und Altersversicherungsgesetzes, vom 8. Juni 1891 (RGBl S. 337). Art. I enthält obige Änderungen. Art. II bestimmt: Dieses Gesetz tritt mit der Wirkung vom 1. Januar 1891 in Kraft. Über Anträge auf Gewährung von Altersrente, welche im Widerspruche mit Art. I endgültig abgelehnt worden sind, haben die Versicherungsanstalten von Amtswegen unter Anwendung des Art. I erneute Entscheidung zu treffen. — Vgl. AN für J 1892 S. 40ff.

den wirklich entrichteten Beiträgen entsprechenden Steigerungssätze (§ 26 Absatz 2). Bei den nach Ablauf jener zehn Jahre zur Entstehung gelangenden Renten werden sowohl für die vor, als auch für die nach dem Inkrafttreten des Gesetzes liegende Zeit die Steigerungssätze zu Grunde gelegt, welche den nach dem Inkrafttreten des Gesetzes entrichteten Beiträgen entsprechen, und zwar, wenn die Beiträge in verschiedenen Lohnklassen entrichtet sind, nach dem Verhältniß der Zahl der in den einzelnen Lohnklassen entrichteten Beiträge.

**§ 160.** Bei der Vertheilung der während der ersten fünfzehn Jahre nach dem Inkrafttreten dieses Gesetzes bewilligten Invaliden- und Altersrenten hat das Rechnungsbüreau die Versicherungsanstalten, in deren Bezirken der Versicherte während der dem Inkrafttreten dieses Gesetzes unmittelbar vorangegangenen fünfzehn Jahre nachweislich in einem die Versicherungspflicht nach diesem Gesetze begründenden Arbeits- oder Dienstverhältniß gestanden hat, so zu belasten, als ob während dieser Zeit fortlaufend Beiträge in der Lohnklasse I entrichtet worden wären.

Jede Versicherungsanstalt, welcher ein Theil solcher Renten auferlegt werden soll, ist berechtigt, nach Empfang der im § 90 Absatz 1 angeordneten Mittheilung binnen der daselbst vorgeschriebenen Frist von zwei Wochen sich die Führung des Nachweises vorzubehalten, daß ein nach Absatz 1 zu berücksichtigendes Arbeits- oder Dienstverhältniß auch im Bereiche einer anderen Versicherungsanstalt bestanden habe. Dieser Nachweis muß bei Vermeidung des Ausschlusses binnen drei Monaten nach Ablauf dieser Frist erbracht werden.

Vor der Vertheilung sind die nach Maßgabe der früher bestandenen Arbeits- oder Dienstverhältnisse zu belastenden Versicherungsanstalten zu hören. Erheben die letzteren Widerspruch, so hat das Reichs-Versicherungsamt über die Berücksichtigung zu beschließen.

**§ 161.** Die in §§ 157 und 160 bezeichneten Nachweise sind durch Bescheinigung der für die in Betracht kommenden Beschäftigungsorte zuständigen unteren Verwaltungsbehörden oder durch eine von einer öffentlichen Behörde beglaubigte Bescheinigung der Arbeitgeber zu führen.

## Gesetzeskraft.

**§ 162.** Diejenigen Vorschriften dieses Gesetzes, welche sich auf die Herstellung der zur Durchführung der Invaliditäts- und Altersversicherung erforderlichen Einrichtungen beziehen, treten mit dem Tage der Verkündung dieses Gesetzes in Kraft.

Im Übrigen wird der Zeitpunkt, mit welchem das Gesetz ganz

oder theilweise in Kraft tritt, durch Kaiserliche Verordnung mit Zustimmung des Bundesraths bestimmt.[1]

Die Bestimmungen der §§ 99 Absatz 2 und 121 Absatz 2 treten in den Königreichen Bayern und Württemberg mit Zustimmung dieser Bundesstaaten in Kraft.

---

### 96) Gesetz, betr. die Abänderung des Bankgesetzes vom 14. März 1875. Vom 18. Dezember 1889. (RGBl S. 201.)

Vgl. oben zu § 24 des Bankgesetzes vom 14. März 1875.

---

## 1890.

### 97) Gesetz, betr. die Gewerbegerichte. Vom 29. Juli 1890. (RGBl S. 141.)

Vgl. oben S. 182 Anm. 2.

---

## 1891.

### 98) Patentgesetz. Vom 7. April 1891. (RGBl S. 79.)

**Artikel I.** An Stelle der §§ 1 bis 40 des Patentgesetzes vom 25. Mai 1877[2] (Reichs-Gesetzbl. S. 501) treten folgende Bestimmungen.

#### Erster Abschnitt.

Patentrecht.

**§ 1.** Patente werden ertheilt für neue Erfindungen, welche eine gewerbliche Verwerthung gestatten.

Ausgenommen sind:

1. Erfindungen, deren Verwerthung den Gesetzen oder guten Sitten zuwiderlaufen würde;
2. Erfindungen von Nahrungs-, Genuß- und Arzneimitteln, sowie von Stoffen, welche auf chemischem Wege hergestellt werden, soweit die Erfindungen nicht ein bestimmtes Verfahren zur Herstellung der Gegenstände betreffen.

**§ 2.** Eine Erfindung gilt nicht als neu, wenn sie zur Zeit der auf Grund dieses Gesetzes erfolgten Anmeldung in öffentlichen Druck-

---

[1] Vgl. V vom 30. Dezember 1889 (RGBl 1890 S. 1) [bezügl. der §§ 18 und 140]. V vom 25. November 1890 (RGBl S. 191): Das Gesetz rc. tritt mit dem 1. Januar 1891 seinem vollen Umfange nach in Kraft.

[2] Die weiteren Paragraphen s. oben S. 62.

schriften aus den letzten hundert Jahren bereits derart beschrieben oder im Inlande bereits so offenkundig benutzt ist, daß danach die Benutzung durch andere Sachverständige möglich erscheint.

Die im Auslande amtlich herausgegebenen Patentbeschreibungen stehen den öffentlichen Druckschriften erst nach Ablauf von drei Monaten seit dem Tage der Herausgabe gleich, sofern das Patent von demjenigen, welcher die Erfindung im Auslande angemeldet hat, oder von seinem Rechtsnachfolger nachgesucht wird. Diese Begünstigung erstreckt sich jedoch nur auf die amtlichen Patentbeschreibungen derjenigen Staaten, in welchen nach einer im Reichs-Gesetzblatt enthaltenen Bekanntmachung die Gegenseitigkeit verbürgt ist.

**§ 3.** Auf die Ertheilung des Patents hat derjenige Anspruch, welcher die Erfindung zuerst nach Maßgabe dieses Gesetzes angemeldet hat. Eine spätere Anmeldung kann den Anspruch auf ein Patent nicht begründen, wenn die Erfindung Gegenstand des Patents des früheren Anmelders ist. Trifft diese Voraussetzung theilweise zu, so hat der spätere Anmelder nur Anspruch auf Ertheilung eines Patents in entsprechender Beschränkung.

Ein Anspruch des Patentsuchers auf Ertheilung des Patents findet nicht statt, wenn der wesentliche Inhalt seiner Anmeldung den Beschreibungen, Zeichnungen, Modellen, Geräthschaften oder Einrichtungen eines Anderen oder einem von diesem angewendeten Verfahren ohne Einwilligung desselben entnommen und von dem letzteren aus diesem Grunde Einspruch erhoben ist. Hat der Einspruch die Zurücknahme oder Zurückweisung der Anmeldung zur Folge, so kann der Einsprechende, falls er innerhalb eines Monats seit Mittheilung des hierauf bezüglichen Bescheides des Patentamts die Erfindung seinerseits anmeldet, verlangen, daß als Tag seiner Anmeldung der Tag vor Bekanntmachung der früheren Anmeldung festgesetzt werde.

**§ 4.** Das Patent hat die Wirkung, daß der Patentinhaber ausschließlich befugt ist, gewerbsmäßig den Gegenstand der Erfindung herzustellen, in Verkehr zu bringen, feilzuhalten oder zu gebrauchen. Ist das Patent für ein Verfahren ertheilt, so erstreckt sich die Wirkung auch auf die durch das Verfahren unmittelbar hergestellten Erzeugnisse.

**§ 5.** Die Wirkung des Patents tritt gegen denjenigen nicht ein, welcher zur Zeit der Anmeldung bereits im Inlande die Erfindung in Benutzung genommen oder die zur Benutzung erforderlichen Veranstaltungen getroffen hatte. Derselbe ist befugt, die Erfindung für die Bedürfnisse seines eigenen Betriebes in eigenen oder fremden Werkstätten auszunutzen. Diese Befugniß kann nur zusammen mit dem Betriebe vererbt oder veräußert werden.

Die Wirkung des Patents tritt ferner insoweit nicht ein, als die Erfindung nach Bestimmung des Reichskanzlers für das Heer oder für die Flotte oder sonst im Interesse der öffentlichen Wohlfahrt benutzt werden soll. Doch hat der Patentinhaber in diesem Falle gegenüber dem Reich oder dem Staate, welcher in seinem besonderen Interesse die Beschränkung des Patents beantragt hat, Anspruch auf angemessene Vergütung, welche in Ermangelung einer Verständigung im Rechtswege festgesetzt wird.

Auf Einrichtungen an Fahrzeugen, welche nur vorübergehend in das Inland gelangen, erstreckt sich die Wirkung des Patents nicht.

**§ 6.** Der Anspruch auf Ertheilung des Patents und das Recht aus dem Patent gehen auf die Erben über. Der Anspruch und das Recht können beschränkt oder unbeschränkt durch Vertrag oder durch Verfügung von Todeswegen auf andere übertragen werden.

**§ 7.** Die Dauer des Patents ist fünfzehn Jahre; der Lauf dieser Zeit beginnt mit dem auf die Anmeldung der Erfindung folgenden Tage. Bezweckt eine Erfindung die Verbesserung oder sonstige weitere Ausbildung einer anderen, zu Gunsten des Patentsuchers durch ein Patent geschützten Erfindung, so kann dieser die Ertheilung eines Zusatzpatents nachsuchen, welches mit dem Patent für die ältere Erfindung sein Ende erreicht.

Wird durch die Erklärung der Nichtigkeit des Hauptpatents ein Zusatzpatent zu einem selbständigen Patent, so bestimmt sich dessen Dauer und der Fälligkeitstag der Gebühren nach dem Anfangstage des Hauptpatents. Für den Jahresbetrag der Gebühren ist der Anfangstag des Zusatzpatents maßgebend. Dabei gilt als erstes Patentjahr der Zeitabschnitt zwischen dem Tage der Anmeldung des Zusatzpatents und dem nächstfolgenden Jahrestage des Anfangs des Hauptpatents.

**§ 8.** Für jedes Patent ist vor der Ertheilung eine Gebühr von dreißig Mark zu entrichten (§ 24 Absatz 1).

Mit Ausnahme der Zusatzpatente (§ 7) ist außerdem für das Patent mit Beginn des zweiten und jedes folgenden Jahres der Dauer eine Gebühr zu entrichten, welche das erste Mal fünfzig Mark beträgt und weiterhin jedes Jahr um fünfzig Mark steigt.

Diese Gebühr (Absatz 2) ist innerhalb sechs Wochen nach der Fälligkeit zu entrichten. Nach Ablauf der Frist kann die Zahlung nur unter Zuschlag einer Gebühr von zehn Mark innerhalb weiterer sechs Wochen erfolgen.

Einem Patentinhaber, welcher seine Bedürftigkeit nachweist, können die Gebühren für das erste und zweite Jahr der Dauer des Patents bis zum dritten Jahre gestundet und, wenn das Patent im dritten Jahre erlischt, erlassen werden.

Die Zahlung der Gebühren kann vor Eintritt der Fälligkeit erfolgen. Wird auf das Patent verzichtet oder dasselbe für nichtig erklärt oder zurückgenommen, so erfolgt die Rückzahlung der nicht fällig gewordenen Gebühren.

Durch Beschluß des Bundesraths kann eine Herabsetzung der Gebühren angeordnet werden.

**§ 9.** Das Patent erlischt, wenn der Patentinhaber auf dasselbe verzichtet, oder wenn die Gebühren nicht rechtzeitig bei der Kasse des Patentamts oder zur Überweisung an dieselbe bei einer Postanstalt im Gebiete des Deutschen Reichs eingezahlt sind.

**§ 10.** Das Patent wird für nichtig erklärt, wenn sich ergiebt:

1. daß der Gegenstand nach §§ 1 und 2 nicht patentfähig war,
2. daß die Erfindung Gegenstand des Patents eines früheren Anmelders ist,
3. daß der wesentliche Inhalt der Anmeldung den Beschreibungen, Zeichnungen, Modellen, Geräthschaften oder Einrichtungen eines Anderen oder einem von diesem angewendeten Verfahren ohne Einwilligung desselben entnommen war.

Trifft eine dieser Voraussetzungen (1 bis 3) nur theilweise zu, so erfolgt die Erklärung der Nichtigkeit durch entsprechende Beschränkung des Patents.

**§ 11.** Das Patent kann nach Ablauf von drei Jahren, von dem Tage der über die Ertheilung des Patents erfolgten Bekanntmachung (§ 27 Absatz 1) gerechnet, zurückgenommen werden:

1. wenn der Patentinhaber es unterläßt, im Inlande die Erfindung in angemessenem Umfange zur Ausführung zu bringen, oder doch alles zu thun, was erforderlich ist, um diese Ausführung zu sichern;
2. wenn im öffentlichen Interesse die Ertheilung der Erlaubniß zur Benutzung der Erfindung an andere geboten erscheint, der Patentinhaber aber gleichwohl sich weigert, diese Erlaubniß gegen angemessene Vergütung und genügende Sicherstellung zu ertheilen.

**§ 12.** Wer nicht im Inlande wohnt, kann den Anspruch auf die Ertheilung eines Patents und die Rechte aus dem Patent nur geltend machen, wenn er im Inlande einen Vertreter bestellt hat. Der Letztere ist zur Vertretung in dem nach Maßgabe dieses Gesetzes stattfindenden Verfahren, sowie in den das Patent betreffenden bürgerlichen Rechtsstreitigkeiten und zur Stellung von Strafanträgen befugt. Der Ort, wo der Vertreter seinen Wohnsitz hat, und in

Ermangelung eines solchen der Ort, wo das Patentamt seinen Sitz hat, gilt im Sinne des § 24 der Civilprozeßordnung als der Ort, wo sich der Vermögensgegenstand befindet.

Unter Zustimmung des Bundesraths kann durch Anordnung des Reichskanzlers bestimmt werden, daß gegen die Angehörigen eines ausländischen Staates ein Vergeltungsrecht zur Anwendung gebracht werde.

## Zweiter Abschnitt.

### Patentamt.

**§ 13.** Die Ertheilung, die Erklärung der Nichtigkeit und die Zurücknahme der Patente erfolgt durch das Patentamt.

Das Patentamt hat seinen Sitz in Berlin. Es besteht aus einem Präsidenten, aus Mitgliedern, welche die Befähigung zum Richteramt oder zum höheren Verwaltungsdienst besitzen (rechtskundige Mitglieder), und aus Mitgliedern, welche in einem Zweige der Technik sachverständig sind (technische Mitglieder). Die Mitglieder werden, und zwar der Präsident auf Vorschlag des Bundesraths, vom Kaiser ernannt. Die Berufung der rechtskundigen Mitglieder erfolgt, wenn sie im Reichs- oder Staatsdienst ein Amt bekleiden, auf die Dauer dieses Amts, anderenfalls auf Lebenszeit. Die Berufung der technischen Mitglieder erfolgt entweder auf Lebenszeit oder auf fünf Jahre. In letzterem Falle finden auf sie die Bestimmungen im § 16 des Gesetzes, betreffend die Rechtsverhältnisse der Reichsbeamten, vom 31. März 1873 keine Anwendung.

**§ 14.** In dem Patentamt werden

1. Abtheilungen für die Patentanmeldungen (Anmeldeabtheilungen),
2. eine Abtheilung für die Anträge auf Erklärung der Nichtigkeit oder auf Zurücknahme von Patenten (Nichtigkeitsabtheilung),
3. Abtheilungen für die Beschwerden (Beschwerdeabtheilungen)

gebildet.

In den Anmeldeabtheilungen dürfen nur solche technische Mitglieder mitwirken, welche auf Lebenszeit berufen sind. Die technischen Mitglieder der Anmeldeabtheilungen dürfen nicht in den übrigen Abtheilungen, die technischen Mitglieder der letzteren nicht in den Anmeldeabtheilungen mitwirken.

Die Beschlußfähigkeit der Anmeldeabtheilungen ist durch die Anwesenheit von mindestens drei Mitgliedern bedingt, unter welchen sich zwei technische Mitglieder befinden müssen.

Die Entscheidungen der Nichtigkeitsabtheilung und der Beschwerdeabtheilungen erfolgen in der Besetzung von zwei rechtskundigen und drei technischen Mitgliedern. Zu anderen Beschlußfassungen genügt die Anwesenheit von drei Mitgliedern.

Die Bestimmungen der Civilprozeßordnung über Ausschließung und Ablehnung der Gerichtspersonen finden entsprechende Anwendung.

Zu den Berathungen können Sachverständige, welche nicht Mitglieder sind, zugezogen werden; dieselben dürfen an den Abstimmungen nicht theilnehmen.

**§ 15.** Die Beschlüsse und die Entscheidungen der Abtheilungen erfolgen im Namen des Patentamts; sie sind mit Gründen zu versehen, schriftlich auszufertigen und allen Betheiligten von Amtswegen zuzustellen.

**§ 16.** Gegen die Beschlüsse der Anmeldeabtheilungen und der Nichtigkeitsabtheilung findet die Beschwerde statt. An der Beschlußfassung über die Beschwerde darf kein Mitglied theilnehmen, welches bei dem angefochtenen Beschlusse mitgewirkt hat.

**§ 17.** Die Bildung der Abtheilungen, die Bestimmung ihres Geschäftskreises, die Formen des Verfahrens, einschließlich des Zustellungswesens, und der Geschäftsgang des Patentamts werden, insoweit dieses Gesetz nicht Bestimmungen darüber trifft, durch Kaiserliche Verordnung unter Zustimmung des Bundesraths geregelt.[1]

---

[1] Vgl. V zur Ausführung des Patentgesetzes vom 7. April 1891, und des Gesetzes, betr. den Schutz von Gebrauchsmustern, vom 1. Juni 1891. Vom 11. Juli 1891 (RGBl S. 349):

I. Patentangelegenheiten.

§ 1. Im Patentamt werden für die Patentanmeldungen vier Abtheilungen gebildet, welche die Bezeichnung

Anmeldeabtheilung

führen und durch den Zusatz I, II, III, IV unterschieden werden.

Der Reichskanzler bestimmt, für welche Gebiete der Technik eine jede der Abtheilungen zuständig ist.

Zu dem Geschäftskreis der Anmeldeabtheilungen gehören auch die Beschlüsse über Eintragungen und Löschungen in der Patentrolle (§ 19 des Patentgesetzes) für das einer jeden Abtheilung zugewiesene Gebiet der Technik.

§ 2. Für Beschwerden gegen die Beschlüsse der Anmeldeabtheilungen und der Nichtigkeitsabtheilung (§§ 16, 26 des Patentgesetzes) werden zwei Abtheilungen gebildet, welche die Bezeichnung

Beschwerdeabtheilung

führen und durch den Zusatz I und II unterschieden werden.

Die Beschwerdeabtheilung I ist zuständig für Beschwerden gegen Beschlüsse der Anmeldeabtheilungen I und II, sowie für Beschwerden gegen Beschlüsse der Nichtigkeitsabtheilung. Die Beschwerdeabtheilung II ist zuständig für Beschwerden gegen Beschlüsse der Anmeldeabtheilungen III und IV.

Die Beschwerdeabtheilungen sind außerdem, und zwar jede innerhalb des durch Absatz 2 festgesetzten Geschäftskreises, zuständig für die vom Patentamt abzugebenden Gutachten.

**§ 18.** Das Patentamt ist verpflichtet, auf Ersuchen der Gerichte über Fragen, welche Patente betreffen, Gutachten abzugeben, sofern

---

§ 3. Meinungsverschiedenheiten zwischen mehreren Abtheilungen über die Zuständigkeit werden von dem Präsidenten entschieden.

Für Anträge oder Gesuche, welche andere, als die in den §§ 1 und 2 bezeichneten Angelegenheiten betreffen, wird die Zuständigkeit von dem Präsidenten bestimmt.

§ 4. Die Geschäftsleitung in den Anmeldeabtheilungen steht dem zum Vorsitz berufenen rechtskundigen Mitgliede, die Geschäftsleitung in den Beschwerdeabtheilungen und in der Nichtigkeitsabtheilung dem Präsidenten zu. Über die Vertretung des Präsidenten im Vorsitz trifft der Reichskanzler Bestimmung.

§ 5. Die Zuweisung der Mitglieder an die Abtheilungen erfolgt durch den Reichskanzler.

Im Falle des Todes, der Erkrankung oder der längeren Abwesenheit eines Mitgliedes können in die davon betroffene Abtheilung, solange das Bedürfniß dieses erfordert, durch den Präsidenten Mitglieder anderer Abtheilungen zur Aushülfe berufen werden.

§ 6. In den Abtheilungen trifft der Vorsitzende die für den Fortgang der Sachen erforderlichen Verfügungen.

In den Anmeldeabtheilungen bezeichnet er für jede Klasse der Anmeldungen im Voraus das Mitglied, welchem die Vorprüfung (§ 21 des Patentgesetzes) obliegt, sowie einen weiteren Berichterstatter für das Verfahren nach Erlaß des Vorbescheides.

In den Beschwerdeabtheilungen und in der Nichtigkeitsabtheilung bezeichnet der Präsident für jede Klasse im Voraus zwei Berichterstatter.

An Stelle der hiernach berufenen Mitglieder können für den einzelnen Fall andere Berichterstatter bezeichnet werden.

Die Berichterstatter halten den mündlichen Vortrag in der Sitzung und entwerfen alle Beschlüsse und Entscheidungen. Der Vorsitzende prüft die Entwürfe und stellt sie fest. Über sachliche Meinungsverschiedenheiten beschließt die Abtheilung.

§ 7. In den Anmeldeabtheilungen bedarf es der Berathung und Abstimmung in einer Sitzung für Beschlüsse über die Bekanntmachung der Anmeldung, sowie für Beschlüsse, durch welche die Anmeldung oder ein Einspruch ganz oder theilweise zurückgewiesen wird.

Für die Beschlüsse der Beschwerdeabtheilungen, durch welche eine auf Grund des § 16 des Patentgesetzes erhobene Beschwerde erledigt wird, sowie für die nach §§ 26, 29 und 30 des Patentgesetzes ergehenden Entscheidungen der Beschwerdeabtheilungen und der Nichtigkeitsabtheilung bedarf es der Berathung und Abstimmung in einer Sitzung. An den Entscheidungen nehmen außer dem Präsidenten und dem weiteren rechtskundigen Mitgliede die beiden für die Sache bestellten Berichterstatter und ein drittes von dem Präsidenten vorher bestimmtes technisches Mitglied theil.

§ 8. Bei den Abstimmungen entscheidet die absolute Mehrheit der Stimmen, bei Stimmengleichheit die Stimme des Vorsitzenden.

Ist eine Anhörung der Betheiligten (Patentgesetz § 25, § 26 Absatz 3, § 30 Absatz 2) vorhergegangen, so kann ein Mitglied, welches hierbei nicht zugegen gewesen ist, an der Abstimmung nicht theilnehmen.

§ 9. Dem Präsidenten liegt es ob, auf eine gleichmäßige Behandlung der Geschäfte und auf die Beobachtung gleicher Grundsätze hinzuwirken. Zu diesem Behufe ist er befugt, den Berathungen aller Abtheilungen beizuwohnen,

**in dem gerichtlichen Verfahren von einander abweichende Gutachten mehrerer Sachverständiger vorliegen.**

---

auch sämmtliche Mitglieder zu Plenarversammlungen zu vereinigen und die Berathung des Plenums über die von ihm vorgelegten Fragen herbeizuführen.

§ 10. Die Sitzungen der Abtheilungen finden der Regel nach an bestimmten Tagen und zu bestimmten Stunden statt. Die Verfügung darüber steht dem Präsidenten zu.

§ 11. Die Ausfertigungen der Beschlüsse und Entscheidungen der Abtheilungen erhalten die Unterschrift:

Kaiserliches Patentamt

und zusätzlich die vorschriftsmäßige Bezeichnung der Abtheilung.

§ 12. Für das Zustellungswesen gelten folgende Vorschriften:

1. Zustellungen, welche den Lauf der im § 26 Absatz 1 des Patentgesetzes bezeichneten Frist bedingen, sowie Zustellungen in dem Verfahren vor der Nichtigkeitsabtheilung erfolgen durch die Post. Auf diese Zustellungen finden die Vorschriften der Civilprozeßordnung mit nachstehenden Maßgaben Anwendung.

   Der vom Präsidenten bestimmte Beamte trägt für die Bewirkung der Zustellung Sorge und beglaubigt die zu übergebenden Abschriften. Er übergiebt die Schriftstücke in einem verschlossenen, mit der Adresse der Person, an welche zugestellt werden soll, sowie mit der Geschäftsnummer versehenen Briefumschlag der Post zur Zustellung. Auf den Briefumschlag wird der Vermerk gesetzt: „Vereinfachte Zustellung." Eine Bescheinigung der Übergabe an die Post (Civilprozeßordnung §§ 177, 179) ist nicht erforderlich.

   Die von dem Postboten aufzunehmende Zustellungsurkunde muß die Adresse und die Geschäftsnummer des Briefes, den Ort und die Zeit der Zustellung, sowie die Person, welcher zugestellt ist, und wenn die Zustellung nicht an den Adressaten persönlich erfolgt ist, den Grund hiervon angeben. Die Urkunde ist von dem Postboten zu unterschreiben. Abschrift der Zustellungsurkunde wird nicht übergeben. Der Tag der Zustellung ist von dem Postboten auf dem Briefumschlag zu vermerken.

2. Zustellungen, welche den Lauf sonstiger Fristen bedingen, erfolgen mittelst eingeschriebenen Briefes.

   Kann in den Fällen der Nr. 1 und 2 eine Zustellung im Inlande nicht erfolgen, so wird sie durch Aufgabe zur Post nach Maßgabe der §§ 161, 175 der Civilprozeßordnung bewirkt.

§ 13. Zeugen und Sachverständige erhalten Gebühren nach Maßgabe der Gebührenordnung vom 30. Juni 1878 (Reichs-Gesetzbl. S. 173).

§ 14. Zu den Kosten des Verfahrens, über welche das Patentamt nach § 26 Absatz 5 und § 31 des Patentgesetzes zu bestimmen hat, gehören außer den aus der Kasse des Patentamts bestrittenen Auslagen diejenigen den Betheiligten erwachsenen Kosten, welche nach freiem Ermessen des Patentamts zur zweckentsprechenden Wahrung der Ansprüche und Rechte nothwendig waren.

§ 15. Ist eine Patentgebühr (§ 8 Absatz 2 des Patentgesetzes) nicht innerhalb sechs Wochen nach der Fälligkeit entrichtet, so benachrichtigt das Patentamt hiervon den Patentinhaber.

Aus dem Umstande, daß der Patentinhaber eine Benachrichtigung nicht erhält, erwachsen Rechtsfolgen nicht.

§ 16. Die Orte außerhalb Berlins, an welchen eine Auslegung der Patentanmeldungen erfolgen soll, sowie die Art und Zeitdauer dieser Auslegung

Im Übrigen ist das Patentamt nicht befugt, ohne Genehmigung des Reichskanzlers außerhalb seines gesetzlichen Geschäftskreises Beschlüsse zu fassen oder Gutachten abzugeben.

---

werden vom Reichskanzler bezeichnet. Wenn eine Auslegung an diesen Orten unterbleibt, so wird dadurch ein Mangel des Verfahrens nicht begründet.

§ 17. Der Präsident verfügt im Einvernehmen mit der für die Anmeldung zuständigen Abtheilung über Modelle und Proben, deren Rückgabe nicht binnen sechs Monaten nach endgültiger Abweisung der Anmeldung oder nach der Bekanntmachung von der Ertheilung des Patents (§ 27 Absatz 1 des Patentgesetzes) beantragt ist.

§ 18. Soweit für Patentangelegenheiten aus der Zeit vor dem 1. Oktober 1891 Übergangsbestimmungen erforderlich sind, werden dieselben vom Reichskanzler erlassen.[1]

## II. Angelegenheiten des Gebrauchsmusterschutzes.

§ 19. Für Anträge in Sachen des Schutzes von Gebrauchsmustern wird in dem Patentamt eine besondere Anmeldestelle errichtet.

Die Leitung dieser Stelle liegt einem von dem Reichskanzler bezeichneten rechtskundigen Mitgliede ob.

Im Falle einer Verhinderung dieses Mitgliedes kann der Präsident einem anderen rechtskundigen Mitgliede die Vertretung übertragen.

§ 20. Die Verfügungen der Anmeldestelle erhalten die Unterschrift:

Kaiserliches Patentamt,
Anmeldestelle für Gebrauchsmuster.

§ 21. Über Vorstellungen gegen die Verfügung der Anmeldestelle befindet der Präsident.

§ 22. Änderungen in der Person des Eingetragenen oder des nach § 13 Absatz 2 des Gesetzes vom 1. Juni 1891 bestellten Vertreters, welche in der Rolle vermerkt werden sollen, sind in beweisender Form zur Kenntniß des Patentamts zu bringen.

§ 23. Nach der Eintragung in der Rolle erhält der Eingetragene eine Ausfertigung des Eintragungsvermerks.

§ 24. Der Präsident verfügt über Modelle, deren Rückgabe nicht binnen vier Jahren nach Ablauf der Schutzfrist beantragt wird.

## III. Gemeinschaftliche Bestimmungen.

§ 25. Die Einrichtung der Büreaus, die Verwaltung der Kasse, der Bibliothek und der Sammlungen werden durch den Präsidenten geordnet. Der Präsident erläßt die erforderlichen Geschäftsanweisungen.

§ 26. Die Leitung und Beaufsichtigung des gesammten Geschäftsbetriebes steht dem Präsidenten zu. Er verfügt in allen Verwaltungsangelegenheiten.

§ 27. Sämmtliche eingehende Geschäftssachen werden, ohne Rücksicht auf ihren verschiedenen Inhalt, nach der Zeit ihres Eingangs mit einer laufenden Nummer, als Geschäftsnummer, und mit dem Datum bezeichnet.

Geschäftssachen, welche während der Dienststunden eingehen, sind alsbald, andere Geschäftssachen bei dem Wiederbeginn der Dienststunden von dem dazu bestimmten Beamten hiernach zu bezeichnen. Wenn die Reihe des Eingangs

---

[1] Vgl. V vom 17. Juli 1891 (CBl S. 217).

§ 19. Bei dem Patentamt wird eine Rolle geführt, welche den Gegenstand und die Dauer der ertheilten Patente, sowie den Namen und Wohnort der Patentinhaber und ihrer bei Anmeldung der Erfindung etwa bestellten Vertreter angiebt. Der Anfang, der Ablauf, das Erlöschen, die Erklärung der Nichtigkeit und die Zurücknahme der Patente sind, unter gleichzeitiger Bekanntmachung durch den Reichsanzeiger, in der Rolle zu vermerken.

Tritt in der Person des Patentinhabers oder seines Vertreters eine Änderung ein, so wird dieselbe, wenn sie in beweisender Form zur Kenntniß des Patentamts gebracht ist, ebenfalls in der Rolle vermerkt und durch den Reichsanzeiger veröffentlicht. Solange dieses nicht geschehen ist, bleiben der frühere Patentinhaber und sein früherer Vertreter nach Maßgabe dieses Gesetzes berechtigt und verpflichtet.

Die Einsicht der Rolle, der Beschreibungen, Zeichnungen, Modelle und Probestücke, auf Grund deren die Ertheilung der Patente erfolgt ist, steht, soweit es sich nicht um ein im Namen der Reichsverwaltung für die Zwecke des Heeres oder der Flotte genommenes Patent handelt, jedermann frei.

Das Patentamt veröffentlicht die Beschreibungen und Zeichnungen, soweit deren Einsicht jedermann freisteht, in ihren wesentlichen Theilen durch ein amtliches Blatt. In dasselbe sind auch die Bekanntmachungen aufzunehmen, welche durch den Reichsanzeiger nach Maßgabe dieses Gesetzes erfolgen müssen.

---

nicht feststeht, so sind sie nach der Reihe, in welcher sie von dem Beamten übernommen werden, mit der Bezeichnung zu versehen.

Von zwei an demselben Tage an das Patentamt gelangten Geschäftssachen gilt diejenige als später eingegangen, welche die höhere Geschäftsnummer trägt.

§ 28. Vertreter in Patentangelegenheiten und in Angelegenheiten des Gebrauchsmusterschutzes haben dem Patentamt gegenüber ihre Bevollmächtigung durch eine Vollmacht nachzuweisen.

Die Vollmachten müssen auf prozeßfähige, mit ihrem bürgerlichen Namen bezeichnete Personen lauten.

Sind mehrere Personen bevollmächtigt, so gelten dieselben für befugt, sowohl gemeinschaftlich als auch einzeln die Vertretung wahrzunehmen. Eine abweichende Bestimmung dürfen die Vollmachten nicht enthalten.

§ 29. Das Patentamt kann nach seinem Ermessen von den bei ihm beruhenden Eingaben und Verhandlungen, soweit die Einsicht in dieselben gesetzlich nicht beschränkt ist, an jedermann Abschriften und Auszüge gegen Einzahlung der Kosten ertheilen.

§ 30. Das Siegel des Patentamts enthält in der Mitte den Reichsadler und in der Umschrift die Worte „Kaiserliches Patentamt".

## Dritter Abschnitt.

### Verfahren in Patentsachen.

**§ 20.** Die Anmeldung einer Erfindung behufs Ertheilung eines Patents geschieht schriftlich bei dem Patentamt. Für jede Erfindung ist eine besondere Anmeldung erforderlich. Die Anmeldung muß den Antrag auf Ertheilung des Patents enthalten und in dem Antrage den Gegenstand, welcher durch das Patent geschützt werden soll, genau bezeichnen. In einer Anlage ist die Erfindung dergestalt zu beschreiben, daß danach die Benutzung derselben durch andere Sachverständige möglich erscheint. Am Schlusse der Beschreibung ist dasjenige anzugeben, was als patentfähig unter Schutz gestellt werden soll (Patentanspruch). Auch sind die erforderlichen Zeichnungen, bildlichen Darstellungen, Modelle und Probestücke beizufügen.

Das Patentamt erläßt Bestimmungen über die sonstigen Erfordernisse der Anmeldung.

Bis zu dem Beschlusse über die Bekanntmachung der Anmeldung sind Abänderungen der darin enthaltenen Angaben zulässig. Gleichzeitig mit der Anmeldung sind für die Kosten des Verfahrens zwanzig Mark zu zahlen.

**§ 21.** Die Anmeldung unterliegt einer Vorprüfung durch ein Mitglied der Anmeldeabtheilung.

Erscheint hierbei die Anmeldung als den vorgeschriebenen Anforderungen (§ 20) nicht genügend, so wird durch Vorbescheid der Patentsucher aufgefordert, die Mängel innerhalb einer bestimmten Frist zu beseitigen.

Insoweit die Vorprüfung ergiebt, daß eine nach §§ 1, 2, 3 Absatz 1 patentfähige Erfindung nicht vorliegt, wird der Patentsucher hiervon unter Angabe der Gründe mit der Aufforderung benachrichtigt, sich binnen einer bestimmten Frist zu äußern.

Erklärt sich der Patentsucher auf den Vorbescheid (Absatz 2 und 3) nicht rechtzeitig, so gilt die Anmeldung als zurückgenommen; erklärt er sich innerhalb der Frist, so faßt die Anmeldeabtheilung Beschluß.

**§ 22.** Ist durch die Anmeldung den vorgeschriebenen Anforderungen (§ 20) nicht genügt oder ergiebt sich, daß eine nach §§ 1, 2, 3 Absatz 1 patentfähige Erfindung nicht vorliegt, so wird die Anmeldung von der Abtheilung zurückgewiesen. An der Beschlußfassung darf das Mitglied, welches den Vorbescheid erlassen hat, nicht theilnehmen.

Soll die Zurückweisung auf Grund von Umständen erfolgen, welche nicht bereits durch den Vorbescheid dem Patentsucher mitge=

theilt waren, so ist demselben vorher Gelegenheit zu geben, sich über diese Umstände binnen einer bestimmten Frist zu äußern.

**§ 23.** Erachtet das Patentamt die Anmeldung für gehörig erfolgt und die Ertheilung eines Patents nicht für ausgeschlossen, so beschließt es die Bekanntmachung der Anmeldung. Mit der Bekanntmachung treten für den Gegenstand der Anmeldung zu Gunsten des Patentsuchers einstweilen die gesetzlichen Wirkungen des Patents ein (§§ 4 und 5).

Die Bekanntmachung geschieht in der Weise, daß der Name des Patentsuchers und der wesentliche Inhalt des in seiner Anmeldung enthaltenen Antrags durch den Reichsanzeiger einmal veröffentlicht wird. Mit der Veröffentlichung ist die Anzeige zu verbinden, daß der Gegenstand der Anmeldung einstweilen gegen unbefugte Benutzung geschützt sei.

Gleichzeitig ist die Anmeldung mit sämmtlichen Beilagen bei dem Patentamt zur Einsicht für jedermann auszulegen. Auf dem durch § 17 des Gesetzes bestimmten Wege kann angeordnet werden, daß die Auslegung auch außerhalb Berlins zu erfolgen habe.

Die Bekanntmachung kann auf Antrag des Patentsuchers auf die Dauer von höchstens sechs Monaten, vom Tage des Beschlusses über die Bekanntmachung an gerechnet, ausgesetzt werden. Bis zur Dauer von drei Monaten darf die Aussetzung nicht versagt werden.

Handelt es sich um ein im Namen der Reichsverwaltung für die Zwecke des Heeres oder der Flotte nachgesuchtes Patent, so erfolgt auf Antrag die Patentertheilung ohne jede Bekanntmachung. In diesem Falle unterbleibt auch die Eintragung in die Patentrolle.

**§ 24.** Innerhalb der Frist von zwei Monaten nach der Veröffentlichung (§ 23) ist die erste Jahresgebühr (§ 8 Absatz 1) einzuzahlen. Erfolgt die Einzahlung nicht binnen dieser Frist, so gilt die Anmeldung als zurückgenommen.

Innerhalb der gleichen Frist kann gegen die Ertheilung des Patents Einspruch erhoben werden. Der Einspruch muß schriftlich erfolgen und mit Gründen versehen sein. Er kann nur auf die Behauptung gestützt werden, daß der Gegenstand nach §§ 1 und 2 nicht patentfähig sei, oder daß dem Patentsucher ein Anspruch auf das Patent nach § 3 nicht zustehe. Im Falle des § 3 Absatz 2 ist nur der Verletzte zum Einspruch berechtigt.

Nach Ablauf der Frist hat das Patentamt über die Ertheilung des Patents Beschluß zu fassen. An der Beschlußfassung darf das Mitglied, welches den Vorbescheid (§ 21) erlassen hat, nicht theilnehmen.

**§ 25.** Bei der Vorprüfung und in dem Verfahren vor der Anmeldeabtheilung kann jederzeit die Ladung und Anhörung der

Betheiligten, die Vernehmung von Zeugen und Sachverständigen, sowie die Vornahme sonstiger zur Aufklärung der Sache erforderlicher Ermittelungen angeordnet werden.

**§ 26.** Gegen den Beschluß, durch welchen die Anmeldung zurückgewiesen wird, kann der Patentsucher, und gegen den Beschluß, durch welchen über die Ertheilung des Patents entschieden wird, der Patentsucher oder der Einsprechende innerhalb eines Monats nach der Zustellung Beschwerde einlegen. Mit der Einlegung der Beschwerde sind für die Kosten des Beschwerdeverfahrens zwanzig Mark zu zahlen; erfolgt die Zahlung nicht, so gilt die Beschwerde als nicht erhoben.

Ist die Beschwerde an sich nicht statthaft oder ist dieselbe verspätet eingelegt, so wird sie als unzulässig verworfen.

Wird die Beschwerde für zulässig befunden, so richtet sich das weitere Verfahren nach § 25. Die Ladung und Anhörung der Betheiligten muß auf Antrag eines derselben erfolgen. Dieser Antrag kann nur abgelehnt werden, wenn die Ladung des Antragstellers in dem Verfahren vor der Anmeldeabtheilung bereits erfolgt war.

Soll die Entscheidung über die Beschwerde auf Grund anderer als der in dem angegriffenen Beschlusse berücksichtigten Umstände erfolgen, so ist den Betheiligten zuvor Gelegenheit zu geben, sich hierüber zu äußern.

Das Patentamt kann nach freiem Ermessen bestimmen, inwieweit einem Betheiligten im Falle des Unterliegens die Kosten des Beschwerdeverfahrens zur Last fallen, sowie anordnen, daß dem Betheiligten, dessen Beschwerde für gerechtfertigt befunden ist, die Gebühr (Absatz 1) zurückgezahlt wird.

**§ 27.** Ist die Ertheilung des Patents endgültig beschlossen, so erläßt das Patentamt darüber durch den Reichsanzeiger eine Bekanntmachung und fertigt demnächst für den Patentinhaber eine Urkunde aus.

Wird die Anmeldung nach der Veröffentlichung (§ 23) zurückgenommen oder wird das Patent versagt, so ist dies ebenfalls bekannt zu machen. Die eingezahlte Jahresgebühr wird in diesen Fällen erstattet. Mit der Versagung des Patents gelten die Wirkungen des einstweiligen Schutzes als nicht eingetreten.

**§ 28.** Die Einleitung des Verfahrens wegen Erklärung der Nichtigkeit oder wegen Zurücknahme des Patents erfolgt nur auf Antrag.

Im Falle des § 10 Nr. 3 ist nur der Verletzte zu dem Antrage berechtigt.

Im Falle des § 10 Nr. 1 ist nach Ablauf von fünf Jahren, von dem Tage der über die Ertheilung des Patents erfolgten Bekanntmachung (§ 27 Absatz 1) gerechnet, der Antrag unstatthaft.

Der Antrag ist schriftlich an das Patentamt zu richten und hat die Thatsachen anzugeben, auf welche er gestützt wird. Mit dem Antrage ist eine Gebühr von fünfzig Mark zu zahlen. Erfolgt die Zahlung nicht, so gilt der Antrag als nicht gestellt. Die Gebühr wird erstattet, wenn das Verfahren ohne Anhörung der Betheiligten beendet wird.

Wohnt der Antragsteller im Auslande, so hat er dem Gegner auf dessen Verlangen Sicherheit wegen der Kosten des Verfahrens zu leisten. Die Höhe der Sicherheit wird von dem Patentamt nach freiem Ermessen festgesetzt. Dem Antragsteller wird bei Anordnung der Sicherheitsleistung eine Frist bestimmt, binnen welcher die Sicherheit zu leisten ist. Erfolgt die Sicherheitsleistung nicht vor Ablauf der Frist, so gilt der Antrag als zurückgenommen.

**§ 29.** Nachdem die Einleitung des Verfahrens verfügt ist, fordert das Patentamt den Patentinhaber unter Mittheilung des Antrags auf, sich über denselben innerhalb eines Monats zu erklären.

Erklärt der Patentinhaber binnen der Frist sich nicht, so kann ohne Ladung und Anhörung der Betheiligten sofort nach dem Antrage entschieden und bei dieser Entscheidung jede von dem Antragsteller behauptete Thatsache für erwiesen angenommen werden.

**§ 30.** Widerspricht der Patentinhaber rechtzeitig, oder wird im Falle des § 29 Absatz 2 nicht sofort nach dem Antrage entschieden, so trifft das Patentamt, und zwar im ersteren Falle unter Mittheilung des Widerspruchs an den Antragsteller, die zur Aufklärung der Sache erforderlichen Verfügungen. Es kann die Vernehmung von Zeugen und Sachverständigen anordnen. Auf dieselben finden die Vorschriften der Civilprozeßordnung entsprechende Anwendung. Die Beweisverhandlungen sind unter Zuziehung eines beeidigten Protokollführers aufzunehmen.

Die Entscheidung erfolgt nach Ladung und Anhörung der Betheiligten.

Wird die Zurücknahme des Patents auf Grund des § 11 Nr. 2 beantragt, so muß der diesem Antrage entsprechenden Entscheidung eine Androhung der Zurücknahme unter Angabe von Gründen und unter Festsetzung einer angemessenen Frist vorausgehen.

**§ 31.** In der Entscheidung (§§ 29, 30) hat das Patentamt nach freiem Ermessen zu bestimmen, zu welchem Antheile die Kosten des Verfahrens den Betheiligten zur Last fallen.

**§ 32.** Die Gerichte sind verpflichtet, dem Patentamt Rechtshülfe zu leisten. Die Festsetzung einer Strafe gegen Zeugen und Sachverständige, welche nicht erscheinen oder ihre Aussage oder deren

Beeidigung verweigern, sowie die Vorführung eines nicht erschienenen Zeugen erfolgt auf Ersuchen durch die Gerichte.

**§ 33.** Gegen die Entscheidung des Patentamts (§§ 29, 30) ist die Berufung zulässig. Die Berufung geht an das Reichsgericht. Sie ist binnen sechs Wochen nach der Zustellung bei dem Patentamt schriftlich anzumelden und zu begründen.

Durch das Urtheil des Gerichtshofs ist nach Maßgabe des § 31 auch über die Kosten des Verfahrens zu bestimmen.

Im Übrigen wird das Verfahren vor dem Gerichtshof durch ein Regulativ bestimmt, welches von dem Gerichtshof zu entwerfen ist und durch Kaiserliche Verordnung unter Zustimmung des Bundesraths festgestellt wird.[1]

---

[1] V, betr. das Berufungsverfahren beim Reichsgericht in Patentsachen. Vom 6. Dezember 1891 (RGBl S. 389).

§ 1. Die in Gemäßheit des § 33 Absatz 1 des Patentgesetzes vom 7. April 1891 bei dem Patentamt einzureichende Berufungsschrift muß die Berufungsanträge sowie die Angabe der neuen Thatsachen und Beweismittel enthalten, welche der Berufungskläger geltend machen will.

§ 2. Ist die Berufungsschrift nicht rechtzeitig eingegangen oder nicht in deutscher Sprache abgefaßt oder enthält sie nicht die Berufungsanträge, so hat das Patentamt die Berufung als unzulässig zu verwerfen.

Der Berufungskläger kann binnen einer Woche nach Zustellung dieses Beschlusses auf die Entscheidung des Reichsgerichts antragen.

§ 3. Ist die Berufung zulässig, so wird die Berufungsschrift von dem Patentamt dem Berufungsbeklagten mit der Auflage mitgetheilt, seine schriftliche Erklärung innerhalb eines Monats nach der Zustellung bei dem Patentamt einzureichen.

Die Erklärung muß die Gegenanträge sowie die Angabe der neuen Thatsachen und Beweismittel enthalten, welche der Berufungsbeklagte geltend machen will.

§ 4. Das Patentamt legt die Verhandlungen nebst den Akten erster Instanz dem Reichsgericht vor und benachrichtigt hiervon die Parteien unter Mittheilung der Gegenerklärung an den Berufungskläger.

§ 5. Das Reichsgericht trifft nach freiem Ermessen die zur Aufklärung der Sache erforderlichen Verfügungen.

Beweiserhebungen können durch Vermittelung des Patentamts erfolgen.

§ 6. Das Urtheil des Reichsgerichts ergeht nach Ladung und Anhörung der Parteien.

Die Ladungsfrist beträgt mindestens zwei Wochen.

§ 7. Die Geltendmachung neuer Thatsachen und Beweismittel im Termin ist nur insoweit zulässig, als sie durch das Vorbringen des Berufungsbeklagten in der Erklärungsschrift veranlaßt wird.

Das Gericht kann auch Thatsachen und Beweise berücksichtigen, mit welchen die Parteien ausgeschlossen sind.

Auf eine noch erforderliche Beweisaufnahme findet die Bestimmung im § 5 Anwendung.

Soll das Urtheil auf Umstände gegründet werden, welche von den Parteien nicht berührt sind, so sind diese zu veranlassen, sich hierüber zu äußern.

**§ 34.** In Betreff der Geschäftssprache vor dem Patentamt finden die Bestimmungen des Gerichtsverfassungsgesetzes über die Gerichtssprache entsprechende Anwendung. Eingaben, welche nicht in deutscher Sprache abgefaßt sind, werden nicht berücksichtigt.

## Vierter Abschnitt.

### Strafen und Entschädigung.

**§ 35.** Wer wissentlich oder aus grober Fahrlässigkeit den Bestimmungen der §§ 4 und 5 zuwider eine Erfindung in Benutzung nimmt, ist dem Verletzten zur Entschädigung verpflichtet.

Handelt es sich um eine Erfindung, welche ein Verfahren zur Herstellung eines neuen Stoffes zum Gegenstand hat, so gilt bis zum Beweise des Gegentheils jeder Stoff von gleicher Beschaffenheit als nach dem patentirten Verfahren hergestellt.

---

§ 8. Von einer Partei behauptete Thatsachen, über welche die Gegenpartei sich nicht erklärt hat, können für erwiesen angenommen werden.

Erscheint in dem Termin keine der Parteien, so ergeht das Urtheil auf Grund der Akten.

§ 9. Das Reichsgericht kann zu der Berathung Sachverständige zuziehen; dieselben dürfen an der Abstimmung nicht theilnehmen.

§ 10. Zu den Kosten des Verfahrens, über welche das Reichsgericht nach § 33 Absatz 2 des Patentgesetzes zu bestimmen hat, gehören außer den aus der Kasse des Patentamts zu bestreitenden Auslagen diejenigen den Parteien erwachsenen Auslagen, welche nach freiem Ermessen des Gerichtshofes zur zweckentsprechenden Wahrung der Ansprüche und Rechte nothwendig waren.

§ 11. In dem Termin ist ein Protokoll aufzunehmen, welches den Gang der Verhandlung im Allgemeinen angiebt.

Das Protokoll ist von dem Vorsitzenden und dem Gerichtsschreiber zu unterschreiben.

§ 12. Die Verkündung des Urtheils erfolgt in dem Termin, in welchem die Verhandlung geschlossen ist, oder in einem sofort anzuberaumenden Termin.

Wird die Verkündung der Entscheidungsgründe für angemessen erachtet, so erfolgt sie durch Verlesung der Gründe oder durch mündliche Mittheilung des wesentlichen Inhalts.

Die Ausfertigungen des mit Gründen zu versehenden Urtheils werden durch Vermittelung des Patentamts zugestellt.

§ 13. Wird beantragt, daß in Abänderung der Entscheidung des Patentamts die Zurücknahme des Patents auf Grund des § 11 Nr. 2 des Patentgesetzes ausgesprochen werde, so findet die Vorschrift des § 30 Absatz 3 dieses Gesetzes entsprechende Anwendung.

§ 14. Die zur Praxis bei dem Reichsgericht zugelassenen Rechtsanwälte sind befugt, im Berufungsverfahren in Patentsachen die Vertretung zu übernehmen.

Den Parteien und deren Vertretern ist es gestattet, mit einem technischen Beistande zu erscheinen.

§ 15. Im Übrigen ist für das Berufungsverfahren in Patentsachen das den Geschäftsgang beim Reichsgericht normirende Regulativ maßgebend.

**§ 36.** Wer wissentlich den Bestimmungen der §§ 4 und 5 zuwider eine Erfindung in Benutzung nimmt, wird mit Geldstrafe bis zu fünftausend Mark oder mit Gefängniß bis zu einem Jahre bestraft.

Die Strafverfolgung tritt nur auf Antrag ein. Die Zurücknahme des Antrags ist zulässig.

Wird auf Strafe erkannt, so ist zugleich dem Verletzten die Befugniß zuzusprechen, die Verurtheilung auf Kosten des Verurtheilten öffentlich bekannt zu machen. Die Art der Bekanntmachung, sowie die Frist zu derselben ist im Urtheil zu bestimmen.

**§ 37.** Statt jeder aus diesem Gesetze entspringenden Entschädigung kann auf Verlangen des Beschädigten neben der Strafe auf eine an ihn zu erlegende Buße bis zum Betrage von zehntausend Mark erkannt werden. Für diese Buße haften die zu derselben Verurtheilten als Gesammtschuldner.

Eine erkannte Buße schließt die Geltendmachung eines weiteren Entschädigungsanspruchs aus.

**§ 38.** In bürgerlichen Rechtsstreitigkeiten, in welchen durch Klage oder Widerklage ein Anspruch auf Grund der Bestimmungen dieses Gesetzes geltend gemacht ist, wird die Verhandlung und Entscheidung letzter Instanz im Sinne des § 8 des Einführungsgesetzes zum Gerichtsverfassungsgesetze dem Reichsgericht zugewiesen.

**§ 39.** Die Klagen wegen Verletzung des Patentrechts verjähren rücksichtlich jeder einzelnen dieselbe begründenden Handlung in drei Jahren.

**§ 40.** Mit Geldstrafe bis zu eintausend Mark wird bestraft:

1. wer Gegenstände oder deren Verpackung mit einer Bezeichnung versieht, welche geeignet ist, den Irrthum zu erregen, daß die Gegenstände durch ein Patent nach Maßgabe dieses Gesetzes geschützt seien;
2. wer in öffentlichen Anzeigen, auf Aushängeschildern, auf Empfehlungskarten oder in ähnlichen Kundgebungen eine Bezeichnung anwendet, welche geeignet ist, den Irrthum zu erregen, daß die darin erwähnten Gegenstände durch ein Patent nach Maßgabe dieses Gesetzes geschützt seien.

**Artikel II.** Die Bestimmung im § 28 Absatz 3 des Artikels I findet auf die zur Zeit bestehenden Patente mit der Maßgabe Anwendung, daß der Antrag mindestens bis zum Ablauf von drei Jahren nach dem Tage des Inkrafttretens dieses Gesetzes statthaft ist.

**Artikel III.** Dieses Gesetz tritt mit dem 1. Oktober 1891 in Kraft.[1]

[1] Bezüglich des gegenseitigen Schutzes der Patentrechte vgl. Übereinkommen mit Österreich-Ungarn vom 6. Dezember 1891 (RGBl 1892 S. 289), Italien vom 18. Januar 1892 (RGBl S. 293). Das Übereinkommen mit Österreich ist abgedruckt oben S. 102.

### 99) Gesetz, betr. die Abänderung der Gewerbeordnung. Vom 1. Juni 1891. (RGBl S. 261 ff.)

Siehe oben S. 198 ff. 204 ff. 219. 234 ff. 262 ff. 267 ff. 269 unter Gewerbeordnung in der Fassung vom 1. Juli 1883.

---

### 100) Gesetz, betr. den Schutz von Gebrauchsmustern. Vom 1. Juni 1891. (RGBl S. 290.)

**§ 1.** Modelle von Arbeitsgeräthschaften oder Gebrauchsgegenständen oder von Theilen derselben werden, insoweit sie dem Arbeits- oder Gebrauchszweck durch eine neue Gestaltung, Anordnung oder Vorrichtung dienen sollen, als Gebrauchsmuster nach Maßgabe dieses Gesetzes geschützt.

Modelle gelten insoweit nicht als neu, als sie zur Zeit der auf Grund dieses Gesetzes erfolgten Anmeldung bereits in öffentlichen Druckschriften beschrieben oder im Inlande offenkundig benutzt sind.

**§ 2.** Modelle, für welche der Schutz als Gebrauchsmuster verlangt wird, sind bei dem Patentamt schriftlich anzumelden.

Die Anmeldung muß angeben, unter welcher Bezeichnung das Modell eingetragen werden und welche neue Gestaltung oder Vorrichtung dem Arbeits- oder Gebrauchszweck dienen soll.

Jeder Anmeldung ist eine Nach- oder Abbildung des Modells beizufügen.

Über die sonstigen Erfordernisse der Anmeldung trifft das Patentamt Bestimmung.

Gleichzeitig mit der Anmeldung ist für jedes angemeldete Modell eine Gebühr von fünfzehn Mark einzuzahlen.

**§ 3.** Entspricht die Anmeldung den Anforderungen des § 2, so verfügt das Patentamt die Eintragung in die Rolle für Gebrauchsmuster.

Die Eintragung muß den Namen und Wohnsitz des Anmelders, sowie die Zeit der Anmeldung angeben.

Die Eintragungen sind durch den Reichs-Anzeiger in bestimmten Fristen bekannt zu machen.

Änderungen in der Person des Eingetragenen werden auf Antrag in der Rolle vermerkt.

Die Einsicht der Rolle sowie der Anmeldungen, auf Grund deren die Eintragungen erfolgt sind, steht jedermann frei.

**§ 4.** Die Eintragung eines Gebrauchsmusters im Sinne des § 1 hat die Wirkung, daß dem Eingetragenen ausschließlich das Recht zusteht, gewerbsmäßig das Muster nachzubilden, die durch Nachbildung hervorgebrachten Geräthschaften und Gegenstände in Verkehr zu bringen, feilzuhalten oder zu gebrauchen.

Das durch eine spätere Anmeldung begründete Recht darf, soweit es in das Recht des auf Grund früherer Anmeldung Eingetragenen eingreift, ohne Erlaubniß des letzteren nicht ausgeübt werden.

Wenn der wesentliche Inhalt der Eintragung den Beschreibungen, Zeichnungen, Modellen, Geräthschaften oder Einrichtungen eines Anderen ohne Einwilligung desselben entnommen ist, so tritt dem Verletzten gegenüber der Schutz des Gesetzes nicht ein.

**§ 5.** Soweit ein nach § 4 begründetes Recht in ein Patent eingreift, dessen Anmeldung vor der Anmeldung des Modells erfolgt ist, darf der Eingetragene das Recht ohne Erlaubniß des Patentinhabers nicht ausüben.

Imgleichen darf, soweit in ein nach § 4 begründetes Recht durch ein später angemeldetes Patent eingegriffen wird, das Recht aus diesem Patent ohne Erlaubniß des Eingetragenen nicht ausgeübt werden.

**§ 6.** Liegen die Erfordernisse des § 1 nicht vor, so hat jedermann gegen den Eingetragenen Anspruch auf Löschung des Gebrauchsmusters.

Im Falle des § 4 Absatz 3 steht dem Verletzten ein Anspruch auf Löschung zu.

**§ 7.** Das durch die Eintragung begründete Recht geht auf die Erben über und kann beschränkt oder unbeschränkt durch Vertrag oder Verfügung von Todeswegen auf andere übertragen werden.

**§ 8.** Die Dauer des Schutzes ist drei Jahre; der Lauf dieser Zeit beginnt mit dem auf die Anmeldung folgenden Tage. Bei Zahlung einer weiteren Gebühr von sechszig Mark vor Ablauf der Zeit tritt eine Verlängerung der Schutzfrist um drei Jahre ein. Die Verlängerung wird in der Rolle vermerkt.

Wenn der Eingetragene während der Dauer der Frist auf den Schutz Verzicht leistet, so wird die Eintragung gelöscht.

Die nicht in Folge von Ablauf der Frist stattfindenden Löschungen von Eintragungen sind durch den Reichs-Anzeiger in bestimmten Fristen bekannt zu machen.

**§ 9.** Wer wissentlich oder aus grober Fahrlässigkeit den Bestimmungen der §§ 4 und 5 zuwider ein Gebrauchsmuster in Benutzung nimmt, ist dem Verletzten zur Entschädigung verpflichtet.

Die Klagen wegen Verletzung des Schutzrechtes verjähren rücksichtlich jeder einzelnen dieselbe begründenden Handlung in drei Jahren.

**§ 10.** Wer wissentlich den Bestimmungen der §§ 4 und 5 zuwider ein Gebrauchsmuster in Benutzung nimmt, wird mit Geldstrafe bis zu fünftausend Mark oder mit Gefängniß bis zu einem Jahre bestraft.

Die Strafverfolgung tritt nur auf Antrag ein. Die Zurücknahme des Antrags ist zulässig.

Wird auf Strafe erkannt, so ist zugleich dem Verletzten die Befugniß zuzusprechen, die Verurtheilung auf Kosten des Verurtheilten öffentlich bekannt zu machen. Die Art der Bekanntmachung, sowie die Frist zu derselben ist im Urtheil zu bestimmen.

**§ 11.** Statt jeder aus diesem Gesetze entspringenden Entschädigung kann auf Verlangen des Beschädigten neben der Strafe auf eine an ihn zu erlegende Buße bis zum Betrage von zehntausend Mark erkannt werden. Für diese Buße haften die zu derselben Verurtheilten als Gesammtschuldner.

Eine erkannte Buße schließt die Geltendmachung eines weiteren Entschädigungsanspruchs aus.

**§ 12.** In bürgerlichen Rechtsstreitigkeiten, in welchen durch Klage oder Widerklage ein Anspruch auf Grund der Bestimmungen dieses Gesetzes geltend gemacht ist, wird die Verhandlung und Entscheidung letzter Instanz im Sinne des § 8 des Einführungsgesetzes zum Gerichtsverfassungsgesetze dem Reichsgericht zugewiesen.

**§ 13.** Wer im Inlande einen Wohnsitz oder eine Niederlassung nicht hat, kann nur dann den Anspruch auf den Schutz dieses Gesetzes geltend machen, wenn in dem Staate, in welchem sein Wohnsitz oder seine Niederlassung sich befindet, nach einer im Reichs-Gesetzblatt enthaltenen Bekanntmachung deutsche Gebrauchsmuster einen Schutz genießen.[1]

Wer auf Grund dieser Bestimmung eine Anmeldung bewirkt, muß gleichzeitig einen im Inlande wohnhaften Vertreter bestellen. Name und Wohnsitz des Vertreters werden in der Rolle eingetragen. Der eingetragene Vertreter ist zur Vertretung des Schutzberechtigten in den das Gebrauchsmuster betreffenden Rechtsstreitigkeiten und zur Stellung von Strafanträgen befugt. Der Ort, wo der Vertreter seinen Wohnsitz hat, und in Ermangelung eines solchen der Ort, wo das Patentamt seinen Sitz hat, gilt im Sinne des § 24 der Civilprozeßordnung als der Ort, wo der Vermögensgegenstand sich befindet.

**§ 14.** Die zur Ausführung dieses Gesetzes erforderlichen Bestimmungen über die Einrichtung und den Geschäftsgang des Patent-

---

[1] Vgl. das Übereinkommen mit Österreich vom 6. Dezember 1891 (oben S. 102 abgedruckt) und Italien vom 18. Januar 1892 (RGBl S. 293).

amts werden durch Kaiserliche Verordnung unter Zustimmung des Bundesraths getroffen.[1]

**§ 15.** Dieses Gesetz tritt mit dem 1. Oktober 1891 in Kraft.

**101) Gesetz, betr. die Abänderung des § 157 des Invaliditäts- und Altersversicherungsgesetzes. Vom 8. Juni 1891.** (RGBl S. 337.)

[Vgl. S. 557 zu § 157 des Invaliditäts- und Altersversicherungs-Gesetzes].

**102) Verordnung zur Ausführung des Patentgesetzes vom 7. April 1891 und des Gesetzes, betr. den Schutz von Gebrauchsmustern. Vom 11. Juli 1891.** (RGBl S. 349.)

[Abgedruckt S. 564 Anm. 1].

**103) Verordnung, betr. das Berufungsverfahren beim Reichsgericht in Patentsachen. Vom 6. Dezember 1891.** (RGBl S. 389.)

[Abgedruckt S. 573 Anm. 1].

**104) Übereinkommen zwischen dem Reich und Österreich-Ungarn über den gegenseitigen Patent-, Muster- und Markenschutz. Vom 6. Dezember 1891.** (RGBl S. 289.)

[Abgedruckt oben S. 102 Anm.].

**105) Bekanntmachung, betr. die Erstreckung der Versicherungspflicht nach dem Invaliditäts- und Altersversicherungsgesetze auf die Hausgewerbetreibenden der Tabakfabrikation. Vom 16. Dezember 1891.** (RGBl S. 395.)

[Abgedruckt oben S. 505 Anm.].

**106) Bekanntmachung, betr. die Durchführung der Invaliditäts- und Altersversicherung. Vom 24. Dezember 1891.** (RGBl S. 399.)

[Abgedruckt oben S. 507 Anm. 1].

## 1892.

**107) Gesetz, betr. die Vereinsthaler österreichischen Gepräges. Vom 28. Februar 1892.** (RGBl S. 315.)

[Siehe oben S. 85 Anm. 2].

---

[1] V zur Ausführung des Patentgesetzes vom 7. April 1891 und des Gesetzes, betr. den Schutz von Gebrauchsmustern, vom 1. Juni 1891. Vom 11. Juli 1891 (RGBl S. 349 ff.). Abgedruckt oben S. 564 Anm. 1.

## 108) Gesetz über das Telegraphenwesen des Deutschen Reichs. Vom 6. April 1892. (RGBl S. 467.)

**§ 1.** Das Recht, Telegraphenanlagen für die Vermittelung von Nachrichten zu errichten und zu betreiben, steht ausschließlich dem Reich zu. Unter Telegraphenanlagen sind die Fernsprechanlagen mit begriffen.

**§ 2.** Die Ausübung des im § 1 bezeichneten Rechts kann für einzelne Strecken oder Bezirke an Privatunternehmer und muß an Gemeinden für den Verkehr innerhalb des Gemeindebezirks verliehen werden, wenn die nachsuchende Gemeinde die genügende Sicherheit für einen ordnungsmäßigen Betrieb bietet und das Reich eine solche Anlage weder errichtet hat, noch sich zur Errichtung und zum Betriebe einer solchen bereit erklärt.

Die Verleihung erfolgt durch den Reichskanzler oder die von ihm hierzu ermächtigten Behörden.

Die Bedingungen der Verleihung sind in der Verleihungsurkunde festzustellen.

**§ 3.** Ohne Genehmigung des Reichs können errichtet und betrieben werden:

1. Telegraphenanlagen, welche ausschließlich dem inneren Dienste von Landes- oder Kommunalbehörden, Deichkorporationen, Siel- und Entwässerungsverbänden gewidmet sind;
2. Telegraphenanlagen, welche von Transportanstalten auf ihren Linien ausschließlich zu Zwecken ihres Betriebes oder für die Vermittelung von Nachrichten innerhalb der bisherigen Grenzen benutzt werden;
3. Telegraphenanlagen
   a) innerhalb der Grenzen eines Grundstücks,
   b) zwischen mehreren einem Besitzer gehörigen oder zu einem Betriebe vereinigten Grundstücken, deren keines von dem anderen über 25 Kilometer in der Luftlinie entfernt ist, wenn diese Anlagen ausschließlich für den der Benutzung der Grundstücke entsprechenden unentgeltlichen Verkehr bestimmt sind.

**§ 4.** Durch die Landes-Zentralbehörde wird, vorbehaltlich der Reichsaufsicht (Art. 4 Ziffer 10 der Reichsverfassung), die Kontrole darüber geführt, daß die Errichtung und der Betrieb der im § 3 bezeichneten Telegraphenanlagen sich innerhalb der gesetzlichen Grenzen halten.

**§ 5.** Jedermann hat gegen Zahlung der Gebühren das Recht auf Beförderung von ordnungsmäßigen Telegrammen und auf Zulassung zu einer ordnungsmäßigen telephonischen Unterhaltung durch die für den öffentlichen Verkehr bestimmten Anlagen.

Vorrechte bei der Benutzung der dem öffentlichen Verkehr dienenden

Anlagen und Ausschließungen von der Benutzung sind nur aus Gründen des öffentlichen Interesses zulässig.

**§ 6.** Sind an einem Orte Telegraphenlinien für den Ortsverkehr, sei es von der Reichs-Telegraphenverwaltung, sei es von der Gemeindeverwaltung oder von einem anderen Unternehmer, zur Benutzung gegen Entgelt errichtet, so kann jeder Eigenthümer eines Grundstücks gegen Erfüllung der von jenen zu erlassenden und öffentlich bekannt zu machenden Bedingungen den Anschluß an das Lokalnetz verlangen.

Die Benutzung solcher Privatstellen durch Unbefugte gegen Entgelt ist unzulässig.

**§ 7.** Die für die Benutzung von Reichs-Telegraphen- und Fernsprech-Anlagen bestehenden Gebühren können nur auf Grund eines Gesetzes erhöht werden. Ebenso ist eine Ausdehnung der gegenwärtig bestehenden Befreiungen von solchen Gebühren nur auf Grund eines Gesetzes zulässig.

**§ 8.** Das Telegraphengeheimniß ist unverletzlich, vorbehaltlich der gesetzlich für strafgerichtliche Untersuchungen, im Konkurse und in civilprozessualischen Fällen oder sonst durch Reichsgesetz festgestellten Ausnahmen. Dasselbe erstreckt sich auch darauf, ob und zwischen welchen Personen telegraphische Mittheilungen stattgefunden haben.

**§ 9.** Mit Geldstrafe bis zu eintausendfünfhundert Mark oder mit Haft oder mit Gefängniß bis zu sechs Monaten wird bestraft, wer vorsätzlich entgegen den Bestimmungen dieses Gesetzes eine Telegraphenanlage errichtet oder betreibt.

**§ 10.** Mit Geldstrafe bis zu einhundertundfünfzig Mark wird bestraft, wer den in Gemäßheit des § 4 erlassenen Kontrolvorschriften zuwiderhandelt.

**§ 11.** Die unbefugt errichteten oder betriebenen Anlagen sind außer Betrieb zu setzen oder zu beseitigen. Den Antrag auf Einleitung des hierzu nach Maßgabe der Landesgesetzgebung erforderlichen Zwangsverfahrens stellt der Reichskanzler, oder die vom Reichskanzler dazu ermächtigten Behörden.

Der Rechtsweg bleibt vorbehalten.

**§ 12.** Elektrische Anlagen sind, wenn eine Störung des Betriebes der einen Leitung durch die andere eingetreten oder zu befürchten ist, auf Kosten desjenigen Theiles, welcher durch eine spätere Anlage oder durch eine später eintretende Änderung seiner bestehenden Anlage diese Störung oder die Gefahr derselben veranlaßt, nach Möglichkeit so auszuführen, daß sie sich nicht störend beeinflussen.

**§ 13.** Die auf Grund der vorstehenden Bestimmung entstehenden Streitigkeiten gehören vor die ordentlichen Gerichte.

Das gerichtliche Verfahren ist zu beschleunigen (§§ 198, 202 bis

204 der Reichs-Civilprozeßordnung). Der Rechsstreit gilt als Feriensache (§ 202 des Gerichtsverfassungsgesetzes, § 201 der Reichs-Civilprozeßordnung).

**§ 14.** Das Reich erlangt durch dieses Gesetz keine weitergehenden als die bisher bestehenden Ansprüche auf die Verfügung über fremden Grund und Boden, insbesondere über öffentliche Wege und Straßen.

**§ 15.** Die Bestimmungen dieses Gesetzes gelten für Bayern und Württemberg mit der Maßgabe, daß für ihre Gebiete die für das Reich festgestellten Rechte diesen Bundesstaaten zustehen und daß die Bestimmungen des § 7 auf den inneren Verkehr dieser Bundesstaaten keine Anwendung finden.

---

## 109) Gesetz über die Abänderung des Gesetzes, betr. die Krankenversicherung der Arbeiter, vom 15. Juni 1883. Vom 10. April 1892.

(RGBl S. 379.)

[Art. 1—31 enthalten die Abänderungen des Krankenversicherungsgesetzes. S. die Neu-Redaktion S. 583].

**Artikel 32.** Dieses Gesetz tritt, soweit es sich um die zu seiner Durchführung erforderlichen Maßnahmen handelt, sofort, im Übrigen mit dem 1. Januar 1893 in Kraft.

Mit dem gleichen Tage treten außer Wirksamkeit die Bestimmungen des § 4 Absatz 5 des Gesetzes über die eingeschriebenen Hülfskassen vom 7. April 1876 (Reichs-Gesetzbl. S. 125) in der Fassung des Gesetzes vom 1. Juni 1884 (Reichs-Gesetzbl. S. 54), der §§ 15, 16, 17 Absatz 2 des Gesetzes über die Ausdehnung der Unfall- und Krankenversicherung vom 28. Mai 1885 (Reichs-Gesetzbl. S. 159) und der §§ 134 Absatz 1, 135, 139, 140 des Gesetzes, betreffend die Unfall- und Krankenversicherung der in land- und forstwirthschaftlichen Betrieben beschäftigten Personen, vom 5. Mai 1886 (Reichs-Gesetzbl. S. 132).

Der Reichskanzler wird ermächtigt, den Text des Gesetzes vom 15. Juni 1883, wie er sich aus den Änderungen durch gegenwärtiges Gesetz ergiebt, durch das Reichs-Gesetzblatt mit der Überschrift „Krankenversicherungsgesetz“ bekannt zu machen.

---

## 110) Bekanntmachung, betr. die Redaktion des Krankenversicherungsgesetzes. Vom 10. April 1892. (RGBl S. 417.)

Auf Grund des Artikels 32 des Gesetzes vom 10. April 1892 über die Abänderung des Gesetzes, betreffend die Krankenversicherung der Arbeiter, vom 15. Juni 1883 (Reichs-Gesetzbl. S. 73) wird der Text des „Krankenversicherungsgesetzes“, wie er sich aus den Abänderungen durch jenes Gesetz ergiebt, nachstehend bekannt gemacht.

# Krankenversicherungsgesetz.

## A. Versicherungszwang.

**§ 1.** Personen, welche gegen Gehalt oder Lohn beschäftigt sind:

1. in Bergwerken, Salinen, Aufbereitungsanstalten, Brüchen und Gruben, in Fabriken und Hüttenwerken, beim Eisenbahn-, Binnenschiffahrts- und Baggereibetriebe, auf Werften und bei Bauten,
2. im Handelsgewerbe, im Handwerk und in sonstigen stehenden Gewerbebetrieben,

2a. in dem Geschäftsbetriebe der Anwälte, Notare und Gerichtsvollzieher, der Krankenkassen, Berufsgenossenschaften und Versicherungsanstalten,

3. in Betrieben, in denen Dampfkessel oder durch elementare Kraft (Wind, Wasser, Dampf, Gas, heiße Luft u. s. w.) bewegte Triebwerke zur Verwendung kommen, sofern diese Verwendung nicht ausschließlich in vorübergehender Benutzung einer nicht zur Betriebsanlage gehörenden Kraftmaschine besteht,

sind mit Ausnahme der Gehülfen und Lehrlinge in Apotheken, sowie der im § 2 unter Ziffer 2 bis 6 aufgeführten Personen, sofern nicht die Beschäftigung durch die Natur ihres Gegenstandes oder im Voraus durch den Arbeitsvertrag auf einen Zeitraum von weniger als einer Woche beschränkt ist, nach Maßgabe der Vorschriften dieses Gesetzes gegen Krankheit zu versichern.

Dasselbe gilt von Personen, welche in dem gesammten Betriebe der Post- und Telegraphenverwaltungen, sowie in den Betrieben der Marine- und Heeresverwaltungen gegen Gehalt oder Lohn beschäftigt sind und nicht bereits auf Grund der vorstehenden Bestimmungen der Krankenversicherungspflicht unterliegen.

Die Besatzung von Seeschiffen, auf welche die Vorschriften der §§ 48 und 49 der Seemannsordnung vom 27. Dezember 1872 (Reichs-Gesetzbl. S. 409) Anwendung finden, unterliegt der Versicherungspflicht nicht.

Handlungsgehülfen und -Lehrlinge unterliegen der Versicherungspflicht nur, sofern durch Vertrag die ihnen nach Artikel 60 des deutschen Handelsgesetzbuchs zustehenden Rechte aufgehoben oder beschränkt sind.

Als Gehalt oder Lohn im Sinne dieses Gesetzes gelten auch Tantiemen und Naturalbezüge. Für die letzteren wird der Durchschnittswerth in Ansatz gebracht; dieser Werth wird von der unteren Verwaltungsbehörde festgesetzt.

**§ 2.** Durch statutarische Bestimmung einer Gemeinde für ihren Bezirk, oder eines weiteren Kommunalverbandes für seinen Bezirk oder Theile desselben, kann die Anwendung der Vorschriften des § 1 erstreckt werden:

1. auf diejenigen im § 1 bezeichneten Personen, deren Beschäftigung durch die Natur ihres Gegenstandes oder im Voraus durch den Arbeitsvertrag auf einen Zeitraum von weniger als einer Woche beschränkt ist,
2. auf die in Kommunalbetrieben und im Kommunaldienste beschäftigten Personen, auf welche die Anwendung des § 1 nicht durch anderweite reichsgesetzliche Vorschriften erstreckt ist,
3. auf diejenigen Familienangehörigen eines Betriebsunternehmers, deren Beschäftigung in dem Betriebe nicht auf Grund eines Arbeitsvertrages stattfindet,
4. auf selbständige Gewerbetreibende, welche in eigenen Betriebsstätten im Auftrage und für Rechnung anderer Gewerbetreibender mit der Herstellung oder Bearbeitung gewerblicher Erzeugnisse beschäftigt werden (Hausindustrie), und zwar auch für den Fall, daß sie die Roh- und Hülfsstoffe selbst beschaffen, und auch für die Zeit, während welcher sie vorübergehend für eigene Rechnung arbeiten,
5. auf Handlungsgehülfen und -Lehrlinge, soweit dieselben nicht nach § 1 versicherungspflichtig sind,
6. auf die in der Land- und Forstwirthschaft betheiligten Arbeiter und Betriebsbeamten.

Die auf Grund dieser Vorschrift ergehenden statutarischen Bestimmungen müssen die genaue Bezeichnung derjenigen Klassen von Personen, auf welche die Anwendung der Vorschriften des § 1 erstreckt werden soll, und in den Fällen der Ziffern 1 und 4 Bestimmungen über die Verpflichtung zur An- und Abmeldung, sowie über die Verpflichtung zur Einzahlung der Beiträge enthalten.

Sie bedürfen der Genehmigung der höheren Verwaltungsbehörde und sind in der für Bekanntmachungen der Gemeindebehörden vorgeschriebenen oder üblichen Form zu veröffentlichen.

**§ 2a.** Die Anwendung der Vorschriften des § 1 kann auch auf solche in Betrieben oder im Dienste des Reichs oder eines Staates beschäftigte Personen erstreckt werden, welche der Krankenversicherungspflicht nicht bereits nach gesetzlichen Bestimmungen unterliegen. Die Erstreckung erfolgt durch Verfügung des Reichskanzlers beziehungsweise der Zentralbehörde.

**§ 2b.** Betriebsbeamte, Werkmeister und Techniker, Handlungsgehülfen und -Lehrlinge, sowie die unter § 1 Absatz 1 Ziffer 2a fallenden Personen unterliegen der Versicherungspflicht nur, wenn ihr Arbeitsverdienst an Lohn oder Gehalt sechszweidrittel Mark für den Arbeitstag oder, sofern Lohn oder Gehalt nach größeren Zeitabschnitten bemessen ist, zweitausend Mark für das Jahr gerechnet, nicht übersteigt.

Dasselbe gilt von anderen unter § 2 Absatz 1 Ziffer 2 und § 2a fallenden Personen, soweit sie Beamte sind.

**§ 3.** Personen des Soldatenstandes, sowie solche in Betrieben oder im Dienste des Reichs, eines Staates oder Kommunalverbandes beschäftigte Personen, welche dem Reich, Staat oder Kommunalverbande gegenüber in Krankheitsfällen Anspruch auf Fortzahlung des Gehalts oder des Lohnes mindestens für dreizehn Wochen nach der Erkrankung oder auf eine den Bestimmungen des § 6 entsprechende Unterstützung haben, sind von der Versicherungspflicht ausgenommen.

**§ 3a.** Auf ihren Antrag sind von der Versicherungspflicht zu befreien:

1. Personen, welche in Folge von Verletzungen, Gebrechen, chronischen Krankheiten oder Alter nur theilweise oder nur zeitweise erwerbsfähig sind, wenn der unterstützungspflichtige Armenverband der Befreiung zustimmt,
2. Personen, welchen gegen ihren Arbeitgeber für den Fall der Erkrankung ein Rechtsanspruch auf eine den Bestimmungen des § 6 entsprechende oder gleichwerthige Unterstützung zusteht, sofern die Leistungsfähigkeit des Arbeitgebers zur Erfüllung des Anspruchs gesichert ist.

Wird der Antrag auf Befreiung von der Verwaltung der Gemeinde-Krankenversicherung oder von dem Vorstande der Krankenkasse, welcher der Antragsteller angehören würde, abgelehnt, so entscheidet auf Anrufen des Antragstellers die Aufsichtsbehörde endgültig.

In dem Falle zu 2 gilt die eingeräumte Befreiung nur für die Dauer des Arbeitsvertrages. Sie erlischt vor Beendigung des Arbeitsvertrages:

a) wenn sie von der Aufsichtsbehörde wegen nicht genügender Leistungsfähigkeit des Arbeitgebers von Amtswegen oder auf Antrag eines Betheiligten aufgehoben wird,
b) wenn der Arbeitgeber die befreite Person zur Krankenversicherung anmeldet. Die Anmeldung ist ohne rechtliche Wirkung, wenn die befreite Person zur Zeit derselben bereits erkrankt war.

Insoweit im Erkrankungsfalle der gegen den Arbeitgeber bestehende Anspruch nicht erfüllt wird, ist auf Antrag der befreiten Person von der Gemeinde-Krankenversicherung oder von der Krankenkasse, welcher sie im Nichtbefreiungsfalle angehört haben würde, die gesetzliche oder statutenmäßige Krankenunterstützung zu gewähren. Die zu dem Ende gemachten Aufwendungen sind von dem Arbeitgeber zu erstatten.

§ 3b. Auf den Antrag des Arbeitgebers sind von der Versicherungspflicht zu befreien Lehrlinge, welchen durch den Arbeitgeber für die während der Dauer des Lehrverhältnisses eintretenden Erkrankungsfälle der Anspruch auf freie Kur oder Verpflegung in einem Krankenhause auf die im § 6 Absatz 2 bezeichnete Dauer gesichert ist. Gleiches gilt von Personen, welche im Falle der Arbeitslosigkeit in einer die Versicherungspflicht begründenden Art in Wohlthätigkeitsanstalten beschäftigt werden, deren Zweck darin besteht, arbeitslosen Personen vorübergehend Beschäftigung zu gewähren (Arbeiterkolonien und dergl.).

Die Bestimmungen des § 3a Absatz 2 bis 4 finden entsprechende Anwendung.

B. Gemeinde-Krankenversicherung.

§ 4. Für alle versicherungspflichtigen Personen, welche nicht
einer Orts-Krankenkasse (§ 16),
einer Betriebs- (Fabrik-) Krankenkasse (§ 59),
einer Bau-Krankenkasse (§ 69),
einer Innungs-Krankenkasse (§ 73),
einer Knappschaftskasse (§ 74)
angehören, tritt, vorbehaltlich der Bestimmung des § 75, die Gemeinde-Krankenversicherung ein.

Personen der in §§ 1 bis 3 bezeichneten Art, welche der Versicherungspflicht nicht unterliegen und deren jährliches Gesammteinkommen zweitausend Mark nicht übersteigt, sowie Dienstboten sind berechtigt, der Gemeinde-Krankenversicherung der Gemeinde, in deren Bezirk sie beschäftigt sind, beizutreten. Durch statutarische Bestimmung (§ 2) kann auch anderen nichtversicherungspflichtigen Personen die Aufnahme in die Gemeinde-Krankenversicherung gestattet oder das Recht des Beitritts eingeräumt werden, sofern ihr jährliches Gesammteinkommen zweitausend Mark nicht übersteigt.

Der Beitritt der Berechtigten erfolgt durch schriftliche oder mündliche Erklärung beim Gemeindevorstande, gewährt aber keinen Anspruch auf Unterstützung im Falle einer bereits zur Zeit dieser Erklärung eingetretenen Erkrankung. Die Gemeinde ist berechtigt, nichtversicherungspflichtige Personen, welche sich zum Beitritt melden, einer ärztlichen Untersuchung unterziehen zu lassen, und, wenn diese eine bereits bestehende Krankheit ergiebt, von der Versicherung zurückzuweisen.

Freiwillig Beigetretene, welche die Versicherungsbeiträge (§ 5) an zwei auf einander folgenden Zahlungsterminen nicht geleistet haben, scheiden damit aus der Gemeinde-Krankenversicherung aus.

**§ 5.** Denjenigen Personen, für welche die Gemeinde-Krankenversicherung eintritt, ist von der Gemeinde, in deren Bezirk sie beschäftigt sind, im Falle einer Krankheit oder durch Krankheit herbeigeführten Erwerbsunfähigkeit Krankenunterstützung zu gewähren.

Von denselben hat die Gemeinde Krankenversicherungsbeiträge (§ 9) zu erheben.

**§ 5a.** Für Personen, welche in Gewerbebetrieben beschäftigt sind, deren Natur es mit sich bringt, daß einzelne Arbeiten an wechselnden Orten außerhalb der Betriebsstätte ausgeführt werden, gilt auch für die Zeit, während welcher sie mit solchen Arbeiten beschäftigt sind, als Beschäftigungsort der Sitz des Gewerbebetriebes.

Werden versicherungspflichtige Personen von einer öffentlichen oder privaten Betriebsverwaltung mit Arbeiten beschäftigt, welche an wechselnden, in verschiedenen Gemeindebezirken belegenen Orten auszuführen sind, so gilt, falls nicht nach Anhörung der betheiligten Verwaltungen und Gemeinden oder weiteren Kommunalverbänden von der höheren Verwaltungsbehörde etwas anderes bestimmt wird, als Beschäftigungsort diejenige Gemeinde, in welcher die mit der unmittelbaren Leitung jener Arbeiten betraute Stelle ihren Sitz hat.

Für Personen, welche in der Land- oder Forstwirthschaft zur Beschäftigung an wechselnden, in verschiedenen Gemeindebezirken belegenen Orten angenommen sind, gilt als Beschäftigungsort der Sitz des Betriebes (§ 44 des Gesetzes vom 5. Mai 1886, Reichs-Gesetzbl. S. 132).

**§ 6.** Als Krankenunterstützung ist zu gewähren:

1. vom Beginn der Krankheit ab freie ärztliche Behandlung, Arznei, sowie Brillen, Bruchbänder und ähnliche Heilmittel;
2. im Falle der Erwerbsunfähigkeit vom dritten Tage nach dem Tage der Erkrankung ab für jeden Arbeitstag ein Krankengeld in Höhe der Hälfte des ortsüblichen Tagelohnes gewöhnlicher Tagearbeiter.

Die Krankenunterstützung endet spätestens mit dem Ablauf der dreizehnten Woche nach Beginn der Krankheit, im Falle der Erwerbsunfähigkeit spätestens mit dem Ablauf der dreizehnten Woche nach Beginn des Krankengeldbezuges. Endet der Bezug des Krankengeldes erst nach Ablauf der dreizehnten Woche nach dem Beginn der Krankheit, so endet mit dem Bezuge des Krankengeldes zugleich auch der Anspruch auf die im Absatz 1 unter Ziffer 1 bezeichneten Leistungen.

Das Krankengeld ist nach Ablauf jeder Woche zu zahlen.

§ 6a. Die Gemeinden sind ermächtigt, zu beschließen:

1. daß Personen, welche der Versicherungspflicht nicht unterliegen und freiwillig der Gemeinde-Krankenversicherung beitreten, erst nach Ablauf einer auf höchstens sechs Wochen vom Beitritt ab zu bemessenden Frist Krankenunterstützung erhalten;
2. daß Versicherten, welche die Gemeinde-Krankenversicherung durch eine mit dem Verlust der bürgerlichen Ehrenrechte bedrohte strafbare Handlung geschädigt haben, für die Dauer von zwölf Monaten seit Begehung der Strafthat, sowie daß Versicherten, welche sich eine Krankheit vorsätzlich oder durch schuldhafte Betheiligung bei Schlägereien oder Raufhändeln, durch Trunkfälligkeit oder geschlechtliche Ausschweifungen zugezogen haben, für diese Krankheit das Krankengeld gar nicht oder nur theilweise zu gewähren ist;
3. daß Versicherten, welche von der Gemeinde die Krankenunterstützung ununterbrochen oder im Laufe eines Zeitraums von zwölf Monaten für dreizehn Wochen bezogen haben, bei Eintritt eines neuen Unterstützungsfalles, sofern dieser durch die gleiche nicht gehobene Krankheitsursache veranlaßt ist, im Laufe der nächsten zwölf Monate Krankenunterstützung nur für die Gesammtdauer von dreizehn Wochen zu gewähren ist;
4. daß Krankengeld allgemein oder unter bestimmten Voraussetzungen schon vom Tage des Eintritts der Erwerbsunfähigkeit ab, sowie für Sonn- und Festtage zu zahlen ist;
5. daß Versicherten auf ihren Antrag die im § 6 Absatz 1 Ziffer 1 bezeichneten Leistungen auch für ihre dem Krankenversicherungszwange nicht unterliegenden Familienangehörigen zu gewähren sind;
6. daß die ärztliche Behandlung, die Lieferung der Arznei und die Kur und Verpflegung nur durch bestimmte Ärzte, Apotheken und Krankenhäuser zu gewähren sind und die Bezahlung der durch Inanspruchnahme anderer Ärzte, Apotheken und Krankenhäuser entstandenen Kosten, von dringenden Fällen abgesehen, abgelehnt werden kann.

Die Gemeinden sind ferner ermächtigt, Vorschriften über die Krankenmeldung, über das Verhalten der Kranken und über die Krankenaufsicht zu erlassen und zu bestimmen, daß Versicherte, welche diesen Vorschriften oder den Anordnungen des behandelnden Arztes zuwiderhandeln, Ordnungsstrafen bis zu zwanzig Mark zu erlegen haben. Vorschriften dieser Art bedürfen der Genehmigung der Aufsichtsbehörde.

§ 7. An Stelle der im § 6 vorgeschriebenen Leistungen kann

freie Kur und Verpflegung in einem Krankenhause gewährt werden, und zwar:

1. für diejenigen, welche verheirathet sind, oder eine eigene Haushaltung haben, oder Mitglieder der Haushaltung ihrer Familie sind, mit ihrer Zustimmung, oder unabhängig von derselben, wenn die Art der Krankheit Anforderungen an die Behandlung oder Verpflegung stellt, welchen in der Familie des Erkrankten nicht genügt werden kann, oder wenn die Krankheit eine ansteckende ist, oder wenn der Erkrankte wiederholt den auf Grund des § 6a Absatz 2 erlassenen Vorschriften zuwider gehandelt hat, oder wenn dessen Zustand oder Verhalten eine fortgesetzte Beobachtung erfordert;
2. für sonstige Erkrankte unbedingt.

Hat der in einem Krankenhause Untergebrachte Angehörige, deren Unterhalt er bisher aus seinem Arbeitsverdienst bestritten hat, so ist neben der freien Kur und Verpflegung die Hälfte des im § 6 als Krankengeld festgesetzten Betrages für diese Angehörigen zu zahlen. Die Zahlung kann unmittelbar an die Angehörigen erfolgen.

**§ 8.** Der Betrag des ortsüblichen Tagelohnes gewöhnlicher Tagearbeiter wird von der höheren Verwaltungsbehörde nach Anhörung der Gemeindebehörde festgesetzt und durch das für ihre amtlichen Bekanntmachungen bestimmte Blatt veröffentlicht. Änderungen der Festsetzung treten erst sechs Monate nach der Veröffentlichung in Kraft.

Die Festsetzung findet für männliche und weibliche, für Personen über und unter sechszehn Jahren besonders statt. Für Personen unter sechszehn Jahren (jugendliche Personen) kann die Festsetzung getrennt für junge Leute zwischen vierzehn und sechszehn Jahren und für Kinder unter vierzehn Jahren vorgenommen werden. Für Lehrlinge gilt die für junge Leute getroffene Feststellung.[1]

**§ 9.** Die von der Gemeinde zu erhebenden Versicherungsbeiträge sollen, solange nicht nach Maßgabe des § 10 etwas anderes festgesetzt ist, einundeinhalb Prozent des ortsüblichen Tagelohnes (§ 8) nicht übersteigen und sind mangels besonderer Beschlußnahme in dieser Höhe zu erheben. In Fällen der Gewährung der im § 6a Absatz 1 Ziffer 5 bezeichneten besonderen Leistungen sind besondere von der Gemeinde-Krankenversicherung allgemein festzusetzende Zusatzbeiträge zu erheben.

Die Beiträge fließen in eine besondere Kasse, aus welcher auch die Krankenunterstützungen zu bestreiten sind.

Die Einnahmen und Ausgaben dieser Kasse sind getrennt von

---

[1] Vgl. CBl 1892 S. 717; 1893 S. 6.

den sonstigen Einnahmen und Ausgaben der Gemeinde festzustellen und zu verrechnen. Die Verwaltung der Kasse hat die Gemeinde unentgeltlich zu führen. Ein Jahresabschluß der Kasse nebst einer Übersicht über die Versicherten und die Krankheitsverhältnisse ist alljährlich der höheren Verwaltungsbehörde einzureichen.

Reichen die Bestände der Krankenversicherungskasse nicht aus, um die fällig werdenden Ausgaben derselben zu decken, so sind aus der Gemeindekasse die erforderlichen Vorschüsse zu leisten, welche ihr, vorbehaltlich der Bestimmungen des § 10, demnächst aus der Krankenversicherungskasse mit ihrem Reservefonds zu erstatten sind.

**§ 10.** Ergiebt sich aus den Jahresabschlüssen, daß die gesetzlichen Krankenversicherungsbeiträge zur Deckung der gesetzlichen Krankenunterstützungen nicht ausreichen, so können mit Genehmigung der höheren Verwaltungsbehörde die Beiträge bis zu zwei Prozent des ortsüblichen Tagelohnes (§ 8) erhöht werden.

Überschüsse der Einnahmen über die Ausgaben, welche nicht zur Deckung etwaiger Vorschüsse der Gemeinde in Anspruch genommen werden, sind zunächst zur Ansammlung eines Reservefonds zu verwenden.

Ergeben sich aus den Jahresabschlüssen dauernd Überschüsse der Einnahmen aus Beiträgen über die Ausgaben, so sind nach Ansammlung eines Reservefonds im Betrage der durchschnittlichen Jahresausgabe der letzten drei Jahre zunächst die Beiträge bis zu einundeinhalb Prozent des ortsüblichen Tagelohnes (§ 8) zu ermäßigen. Verbleiben alsdann noch Überschüsse, so hat die Gemeinde zu beschließen, ob eine weitere Herabsetzung der Beiträge oder eine Erhöhung oder Erweiterung der Unterstützungen eintreten soll. Erfolgt eine Beschlußnahme nicht, so kann die höhere Verwaltungsbehörde die Herabsetzung der Beiträge verfügen.

**§ 11.** Personen, für welche die Gemeinde-Krankenversicherung eingetreten ist, behalten, wenn sie aus der dieselbe begründenden Beschäftigung ausscheiden und nicht zu einer Beschäftigung übergehen, vermöge welcher sie nach Vorschrift dieses Gesetzes Mitglieder einer Krankenkasse werden, den Anspruch auf Krankenunterstützung, solange sie die Versicherungsbeiträge fortzahlen und entweder im Gemeindebezirk ihres bisherigen Aufenthaltes verbleiben, oder in dem Gemeindebezirk ihren Aufenthalt nehmen, in welchem sie zuletzt beschäftigt wurden.

**§ 12.** Mehrere Gemeinden können sich durch übereinstimmende Beschlüsse zu gemeinsamer Gemeinde-Krankenversicherung vereinigen.

Durch Beschluß eines weiteren Kommunalverbandes kann dieser für die Gemeinde-Krankenversicherung an die Stelle der demselben angehörenden einzelnen Gemeinden gesetzt oder die Vereinigung mehrerer ihm angehörender Gemeinden zu gemeinsamer Gemeinde-Krankenversicherung angeordnet werden.

Wo weitere Kommunalverbände nicht bestehen, kann die Vereinigung mehrerer benachbarter Gemeinden zu gemeinsamer Gemeinde-Krankenversicherung durch Verfügung der höheren Verwaltungsbehörde angeordnet werden.

Derartige Beschlüsse und Verfügungen müssen über die Verwaltung der gemeinsamen Gemeinde-Krankenversicherung Bestimmung treffen.

Die Beschlüsse bedürfen der Genehmigung der höheren Verwaltungsbehörde; gegen die Verfügung der letzteren, durch welche die Genehmigung versagt oder ertheilt oder die Vereinigung mehrerer Gemeinden angeordnet wird, steht den betheiligten Gemeinden und Kommunalverhänden innerhalb vier Wochen die Beschwerde an die Zentralbehörde zu.

**§ 13.** Sind in einer Gemeinde nicht mindestens fünfzig Personen vorhanden, für welche die Gemeinde-Krankenversicherung einzutreten hat, oder ergiebt sich aus den Jahresabschlüssen (§ 9 Absatz 3) einer Gemeinde, daß auch nach Erhöhung der Versicherungsbeiträge auf zwei Prozent des ortsüblichen Tagelohnes (§ 8) die Deckung der gesetzlichen Krankenunterstützung fortlaufend Vorschüsse der Gemeindekasse erfordert, so kann auf Antrag der Gemeinde deren Vereinigung mit einer oder mehreren benachbarten Gemeinden zu gemeinsamer Krankenversicherung durch die höhere Verwaltungsbehörde angeordnet werden.

Trifft diese Voraussetzung für die Mehrzahl der einem weiteren Kommunalverbande angehörenden Gemeinden zu, so kann die höhere Verwaltungsbehörde anordnen, daß der weitere Kommunalverband für die Gemeinde-Krankenversicherung der ihm angehörenden Gemeinden an die Stelle der einzelnen Gemeinden zu treten hat.

Über die Verwaltung der Gemeinde-Krankenversicherung sind in diesen Fällen die erforderlichen Vorschriften nach Anhörung der betheiligten Gemeinden und Verbände zu erlassen.

Gegen die auf Grund der vorstehenden Bestimmungen von der höheren Verwaltungsbehörde erlassenen Anordnungen und Vorschriften steht den betheiligten Gemeinden und Kommunalverbänden innerhalb vier Wochen die Beschwerde an die Zentralbehörde zu.

Gemeinden von mehr als zehntausend Einwohnern können ohne ihre Einwilligung nur dann mit kleineren Gemeinden vereinigt werden, wenn ihnen die Verwaltung der gemeinsamen Gemeinde-Krankenversicherung übertragen wird.

**§ 14.** Eine auf Grund des § 12 oder des § 13 herbeigeführte

Vereinigung kann auf demselben Wege wieder aufgelöst werden, auf welchem sie herbeigeführt ist.

Durch Beschluß des weiteren Kommunalverbandes oder Verfügung der höheren Verwaltungsbehörde kann die Auflösung nur auf Antrag einer der betheiligten Gemeinden herbeigeführt werden.

Über die Vertheilung eines etwa vorhandenen Reservefonds ist, falls die Auflösung durch Beschluß erfolgt, durch diesen, falls sie von der höheren Verwaltungsbehörde angeordnet wird, in der die Auflösung anordnenden Verfügung Bestimmung zu treffen.

Gegen die Verfügung der höheren Verwaltungsbehörde, durch welche die Genehmigung zu einer beschlossenen Auflösung ertheilt oder versagt wird, oder durch welche die Auflösung angeordnet wird, steht den betheiligten Gemeinden und Kommunalverbänden innerhalb vier Wochen die Beschwerde an die Zentralbehörde zu.

**§ 15.** Für Gemeinden, welche nach den Landesgesetzen den nach Vorschrift dieses Gesetzes versicherungspflichtigen Personen Krankenunterstützung gewähren und dagegen zur Erhebung bestimmter Beiträge berechtigt sind, gilt die landesgesetzlich geregelte Krankenversicherung als Gemeinde-Krankenversicherung im Sinne dieses Gesetzes, sofern die Unterstützung den Anforderungen dieses Gesetzes genügt und höhere Beiträge, als nach demselben zulässig sind, nicht erhoben werden. Eine hiernach etwa erforderliche Erhöhung der Unterstützung, oder Ermäßigung der Beiträge muß spätestens bis zum Ablauf eines Jahres nach Inkrafttreten dieses Gesetzes herbeigeführt werden.

## C. Orts-Krankenkassen.

**§ 16.** Die Gemeinden sind berechtigt, für die in ihrem Bezirk beschäftigten versicherungspflichtigen Personen Orts-Krankenkassen zu errichten, sofern die Zahl der in der Kasse zu versichernden Personen mindestens einhundert beträgt.

Die Vorschriften des § 5a finden auch hier Anwendung.

Die Orts-Krankenkassen sollen in der Regel für die in einem Gewerbszweige oder in einer Betriebsart beschäftigten Personen errichtet werden.

Die Errichtung gemeinsamer Orts-Krankenkassen für mehrere Gewerbszweige oder Betriebsarten ist zulässig, wenn die Zahl der in den einzelnen Gewerbszweigen und Betriebsarten beschäftigten Personen weniger als einhundert beträgt.

Gewerbszweige oder Betriebsarten, in welchen einhundert Personen oder mehr beschäftigt werden, können mit anderen Gewerbszweigen oder Betriebsarten zu einer gemeinsamen Orts-Krankenkasse nur vereinigt werden, nachdem den in ihnen beschäftigten Personen Gelegenheit zu einer Äußerung über die Errichtung der gemeinsamen Kasse gegeben worden ist. Wird in diesem Falle Widerspruch erhoben, so entscheidet über die Zulässigkeit der Errichtung die höhere Verwaltungsbehörde.

**§ 17.** Durch Anordnung der höheren Verwaltungsbehörde kann die Gemeinde verpflichtet werden, für die in einem Gewerbszweige oder in einer Betriebsart beschäftigten Personen eine Orts-Krankenkasse zu errichten, wenn dies von Betheiligten beantragt wird und diesem Antrage, nachdem sämmtlichen Betheiligten zu einer Äußerung darüber Gelegenheit gegeben ist, mehr als die Hälfte derselben und mindestens einhundert beitreten.

Dasselbe gilt von der Errichtung einer gemeinsamen Orts-Krankenkasse für mehrere Gewerbszweige oder Betriebsarten, wenn dem Antrage mehr als die Hälfte der in jedem Gewerbszweige oder in jeder Betriebsart beschäftigten Personen und im Ganzen mindestens einhundert beitreten.

Gegen die Verfügung der höheren Verwaltungsbehörde, durch welche die Errichtung einer gemeinsamen Orts-Krankenkasse angeordnet wird, steht der Gemeinde innerhalb vier Wochen die Beschwerde an die Zentralbehörde zu.

Gemeinden, welche dieser Verpflichtung innerhalb der von der höheren Verwaltungsbehörde zu bestimmenden Frist nicht nachkommen, dürfen von denjenigen Personen, für welche die Errichtung einer Orts-Krankenkasse angeordnet ist, Versicherungsbeiträge zur Gemeinde-Krankenversicherung (§ 5 Absatz 2) nicht erheben.

**§ 18.** Beträgt die Zahl der in einem Gewerbszweige oder einer Betriebsart beschäftigten Personen weniger als einhundert, so kann die Errichtung einer Orts-Krankenkasse gestattet werden, wenn die dauernde Leistungsfähigkeit der Kasse in einer von der höheren Verwaltungsbehörde für ausreichend erachteten Weise sichergestellt ist.

**§ 18a.** Die Gemeinden sind berechtigt, Gewerbszweige oder Betriebsarten, für welche eine Orts-Krankenkasse nicht besteht, einer bestehenden Orts-Krankenkasse nach Anhörung derselben, und nachdem den betheiligten Versicherungspflichtigen Gelegenheit zu einer Äußerung darüber gegeben worden ist, zuzuweisen. Die Zuweisung soll thunlichst an eine für verwandte Gewerbszweige oder Betriebsarten bestehende Orts-Krankenkasse erfolgen.

Gegen den Bescheid, durch welchen die Zuweisung ausgesprochen wird, steht der Kasse innerhalb vier Wochen nach der Zustellung die Beschwerde an die höhere Verwaltungsbehörde zu.

**§ 19.** Die Gewerbszweige und Betriebsarten, für welche eine

Orts-Krankenkasse errichtet wird, sind in dem Kassenstatut (§ 23) zu bezeichnen.

Die in diesen Gewerbszweigen und Betriebsarten beschäftigten Personen werden, soweit sie versicherungspflichtig sind, vorbehaltlich der Bestimmung des § 75, mit dem Tage, an welchem sie in die Beschäftigung eintreten, Mitglieder der Kasse, sofern sie nicht vermöge ihrer Beschäftigung einer der in §§ 59, 69, 73, 74 bezeichneten Kassen angehören.

Soweit sie nicht versicherungspflichtig sind, haben sie das Recht, der Kasse beizutreten, sofern ihr jährliches Gesammteinkommen zweitausend Mark nicht übersteigt. Der Beitritt erfolgt durch schriftliche oder mündliche Anmeldung bei dem Kassenvorstande oder der auf Grund des § 49 Absatz 5 errichteten Meldestelle, gewährt aber keinen Anspruch auf Unterstützung im Falle einer bereits zur Zeit dieser Anmeldung eingetretenen Erkrankung. Die Kasse ist berechtigt, nichtversicherungspflichtige Personen, welche sich zum Beitritt melden, einer ärztlichen Untersuchung unterziehen zu lassen und ihre Aufnahme abzulehnen, wenn die Untersuchung eine bereits bestehende Krankheit ergiebt.

Sind mehrere Gewerbszweige oder Betriebsarten zu einem Betriebe vereinigt, so gehören die in diesem beschäftigten versicherungspflichtigen Personen derjenigen Orts-Krankenkasse an, welche für den Gewerbszweig oder die Betriebsart errichtet ist, in denen die Mehrzahl dieser Personen beschäftigt ist. Im Zweifel entscheidet, nach Anhörung des Betriebsunternehmers, der Vorstände der betheiligten Kassen und der Aufsichtsbehörde, die höhere Verwaltungsbehörde endgültig.

Der Austritt ist versicherungspflichtigen Personen mit dem Schlusse des Rechnungsjahres zu gestatten, wenn sie denselben spätestens drei Monate zuvor bei dem Vorstande beantragen und vor dem Austritt nachweisen, daß sie Mitglieder einer der im § 75 bezeichneten Kassen geworden sind.

Die Mitgliedschaft nichtversicherungspflichtiger Personen erlischt, wenn sie die Beiträge an zwei auf einander folgenden Zahlungsterminen nicht geleistet haben.

**§ 20.** Die Orts-Krankenkassen sollen mindestens gewähren:

1. im Falle einer Krankheit oder durch Krankheit herbeigeführten Erwerbsunfähigkeit eine Krankenunterstützung, welche nach §§ 6, 7, 8 mit der Maßgabe zu bemessen ist, daß der durchschnittliche Tagelohn derjenigen Klassen der Versicherten, für welche die Kasse errichtet wird, soweit er drei Mark für den Arbeitstag nicht überschreitet, an die Stelle des ortsüblichen Tagelohnes gewöhnlicher Tagearbeiter tritt;

2. eine Unterstützung in Höhe des Krankengeldes an Wöchnerinnen, welche innerhalb des letzten Jahres, vom Tage der Entbindung ab gerechnet, mindestens sechs Monate hindurch einer auf Grund dieses Gesetzes errichteten Kasse oder einer Gemeinde-Krankenversicherung angehört haben, auf die Dauer von mindestens vier Wochen nach ihrer Niederkunft, und soweit ihre Beschäftigung nach den Bestimmungen der Gewerbeordnung für eine längere Zeit untersagt ist, für diese Zeit;
3. für den Todesfall eines Mitgliedes ein Sterbegeld im zwanzigfachen Betrage des durchschnittlichen Tagelohnes (Ziffer 1).

Die Feststellung des durchschnittlichen Tagelohnes kann auch unter Berücksichtigung der zwischen den Kassenmitgliedern hinsichtlich der Lohnhöhe bestehenden Verschiedenheiten klassenweise erfolgen. Der durchschnittliche Tagelohn einer Klasse darf in diesem Falle nicht über den Betrag von vier Mark festgestellt werden.

Verstirbt ein als Mitglied der Kasse Erkrankter nach Beendigung der Krankenunterstützung, so ist das Sterbegeld zu gewähren, wenn die Erwerbsunfähigkeit bis zum Tode fortgedauert hat und der Tod in Folge derselben Krankheit vor Ablauf eines Jahres nach Beendigung der Krankenunterstützung eingetreten ist.

Das Sterbegeld ist zunächst zur Deckung der Kosten des Begräbnisses bestimmt und in dem aufgewendeten Betrage demjenigen auszuzahlen, welcher das Begräbniß besorgt. Ein etwaiger Überschuß ist dem hinterbliebenen Ehegatten, in Ermangelung eines solchen dem nächsten Erben auszuzahlen. Sind solche Personen nicht vorhanden, so verbleibt der Überschuß der Kasse.

**§ 21.** Eine Erhöhung und Erweiterung der Leistungen der Orts-Krankenkassen ist in folgendem Umfange zulässig:

1. Die Dauer der Krankenunterstützung kann auf einen längeren Zeitraum als dreizehn Wochen bis zu einem Jahre festgesetzt werden.

1a. Das Krankengeld kann allgemein oder unter bestimmten Voraussetzungen schon vom Tage des Eintritts der Erwerbsunfähigkeit ab, sowie für Sonn- und Festtage gewährt werden, sofern dieses sowohl von der Vertretung der zu Beiträgen verpflichteten Arbeitgeber (§ 38) als auch von derjenigen der Versicherten beschlossen wird, oder sofern der Betrag des gesetzlich vorgeschriebenen Reservefonds erreicht ist.

2. Das Krankengeld kann auf einen höheren Betrag, und zwar bis zu drei Viertel des durchschnittlichen Tagelohnes (§ 20) festgesetzt werden; neben freier ärztlicher Behandlung und Arznei können auch andere als die im § 6 bezeichneten Heilmittel gewährt werden.

3. Neben freier Kur und Verpflegung in einem Krankenhause kann Krankengeld bis zu einem Achtel des durchschnittlichen Tagelohnes (§ 20) auch solchen bewilligt werden, welche nicht den Unterhalt von Angehörigen aus ihrem Lohne bestritten haben.

3a. Für die Dauer eines Jahres von Beendigung der Krankenunterstützung ab kann Fürsorge für Rekonvalescenten, namentlich auch Unterbringung in einer Rekonvalescentenanstalt gewährt werden.

4. Die Wöchnerinnen-Unterstützung kann allgemein bis zur Dauer von sechs Wochen nach der Niederkunft erstreckt werden.

5. Freie ärztliche Behandlung, freie Arznei und sonstige Heilmittel können für erkrankte Familienangehörige der Kassenmitglieder, sofern sie nicht selbst dem Krankenversicherungszwange unterliegen, auf besonderen Antrag oder allgemein gewährt werden. Unter derselben Voraussetzung kann für Ehefrauen der Kassenmitglieder im Falle der Entbindung die nach Ziffer 4 zulässige Unterstützung gewährt werden.

6. Das Sterbegeld kann auf einen höheren als den zwanzigfachen Betrag, und zwar bis zum vierzigfachen Betrage des durchschnittlichen Tagelohnes (§ 20) erhöht werden.

7. Beim Tode der Ehefrau oder eines Kindes eines Kassenmitgliedes kann, sofern diese Personen nicht selbst in einem gesetzlichen Versicherungsverhältniß stehen, auf Grund dessen ihren Hinterbliebenen ein Anspruch auf Sterbegeld zusteht, ein Sterbegeld, und zwar für erstere im Betrage bis zu zwei Dritteln, für letztere bis zur Hälfte des für das Mitglied festgestellten Sterbegeldes gewährt werden.

Auf weitere Unterstützungen, namentlich auf Invaliden-, Wittwen- und Waisenunterstützungen, dürfen die Leistungen der Orts-Krankenkassen nicht ausgedehnt werden.

**§ 22.** Die Beiträge zu den Orts-Krankenkassen sind in Prozenten des durchschnittlichen Tagelohnes (§ 20) so zu bemessen, daß sie unter Einrechnung der etwaigen sonstigen Einnahmen der Kasse ausreichen, um die statutenmäßigen Unterstützungen, die Verwaltungskosten und die zur Ansammlung oder Ergänzung des Reservefonds (§ 32) erforderlichen Rücklagen zu decken.

Krankenkassen, welche die im § 21 Absatz 1 Ziffer 5 bezeichneten besonderen Leistungen auf Antrag gewähren, sind nach Bestimmung des Statuts befugt, für diese Leistungen von Kassenmitgliedern mit Familienangehörigen einen besonderen, allgemein festzusetzenden Zusatzbeitrag zu erheben.

Orts-Krankenkassen, welche für verschiedene Gewerbszweige oder

Betriebsarten errichtet sind, können die Höhe der Beiträge für die einzelnen Gewerbszweige und Betriebsarten verschieden bemessen, wenn und soweit die Verschiedenheit der Gewerbszweige und Betriebsarten eine erhebliche Verschiedenheit der Erkrankungsgefahr bedingt. Festsetzungen dieser Art bedürfen der Genehmigung der höheren Verwaltungsbehörde.

**§ 23.** Für jede Orts-Krankenkasse ist von der Gemeindebehörde nach Anhörung der Betheiligten oder von Vertretern derselben ein Kassenstatut zu errichten.[1]

Dasselbe muß Bestimmung treffen:

1. über die Klassen der dem Krankenversicherungszwange unterliegenden Personen, welche der Kasse als Mitglieder angehören sollen;
2. über Art und Umfang der Unterstützungen;
3. über die Höhe der Beiträge;
4. über die Bildung des Vorstandes und den Umfang seiner Befugnisse;
5. über die Zusammensetzung und Berufung der Generalversammlung und über die Art ihrer Beschlußfassung;
6. über die Abänderung des Statuts;
7. über die Aufstellung und Prüfung der Jahresrechnung.

Das Statut darf keine Bestimmung enthalten, welche mit dem Zweck der Kasse nicht in Verbindung steht oder gesetzlichen Vorschriften zuwiderläuft.

**§ 24.** Das Kassenstatut bedarf der Genehmigung der höheren Verwaltungsbehörde. Bescheid ist innerhalb sechs Wochen zu ertheilen. Die Genehmigung darf nur versagt werden, wenn das Statut den Anforderungen dieses Gesetzes nicht genügt oder wenn die Bestimmung über die Klassen von Personen, welche der Kasse angehören sollen (§ 23 Absatz 2 Ziffer 1), mit den Bestimmungen des Statuts einer anderen Kasse im Widerspruch steht. Wird die Genehmigung versagt, so sind die Gründe mitzutheilen. Der versagende Bescheid kann im Wege des Verwaltungsstreitverfahrens, wo ein solches nicht besteht, im Wege des Rekurses nach Maßgabe der Vorschriften der §§ 20, 21 der Gewerbeordnung angefochten werden.

Abänderungen des Statuts unterliegen der gleichen Vorschrift.

Jedes Mitglied erhält ein Exemplar des Kassenstatuts und etwaiger Abänderungen.

Den Zeitpunkt, mit welchem die Kasse ins Leben tritt, bestimmt die höhere Verwaltungsbehörde.

---

[1] Vgl. CBl 1892 S. 515.

**§ 25.** Die Orts-Krankenkasse kann unter ihrem Namen Rechte erwerben und Verbindlichkeiten eingehen, vor Gericht klagen und verklagt werden.

Für alle Verbindlichkeiten der Kasse haftet den Kassengläubigern nur das Vermögen der Kasse.

**§ 26.** Für sämmtliche versicherungspflichtige Kassenmitglieder beginnt der Anspruch auf die gesetzlichen Unterstützungen der Kasse zum Betrage der gesetzlichen Mindestleistungen der Kasse (§ 20) mit dem Zeitpunkte, in welchem sie Mitglieder der Kasse geworden sind (§ 19). Von Kassenmitgliedern, welche nachweisen, daß sie bereits einer anderen Krankenkasse angehört oder Beiträge zur Gemeinde-Krankenversicherung geleistet haben, und daß zwischen dem Zeitpunkte, mit welchem sie aufgehört haben, einer solchen Krankenkasse anzugehören oder Beiträge zur Gemeinde-Krankenversicherung zu leisten, und dem Zeitpunkte, in welchem sie Mitglieder der Orts-Krankenkasse geworden sind, nicht mehr als dreizehn Wochen liegen, darf ein Eintrittsgeld nicht erhoben werden.

Kassenmitglieder, welche aus der Beschäftigung, vermöge welcher sie der Kasse angehörten, behufs Erfüllung ihrer Dienstpflicht im Heere oder in der Marine ausgeschieden sind und nach Erfüllung der Dienstpflicht in eine Beschäftigung zurückkehren, vermöge welcher sie der Kasse wieder angehören, erwerben mit dem Zeitpunkte des Wiedereintritts in die Kasse das Recht auf die vollen statutenmäßigen Unterstützungen derselben und können zur Zahlung eines neuen Eintrittsgeldes nicht verpflichtet werden. Dasselbe gilt von denjenigen, welche einer Kasse vermöge der Beschäftigung in einem Gewerbszweige angehört haben, dessen Natur eine periodisch wiederkehrende zeitweilige Einstellung des Betriebes mit sich bringt, wenn sie in Folge der letzteren ausgeschieden, aber nach Wiederbeginn der Betriebsperiode in eine Beschäftigung zurückgekehrt sind, vermöge welcher sie wieder Mitglieder derselben Kasse werden.

Soweit die vorstehenden Bestimmungen nicht entgegenstehen, kann durch Kassenstatut bestimmt werden, daß das Recht auf die Unterstützungen der Kasse erst nach Ablauf einer Karenzzeit beginnt und daß neu eintretende Kassenmitglieder ein Eintrittsgeld zu zahlen haben. Die Karenzzeit darf den Zeitraum von sechs Monaten, das Eintrittsgeld darf den Betrag des für sechs Wochen zu leistenden Kassenbeitrages nicht übersteigen.

**§ 26a.** Kassenmitgliedern, welche gleichzeitig anderweitig gegen Krankheit versichert sind, ist das Krankengeld soweit zu kürzen, als dasselbe zusammen mit dem aus anderweiter Versicherung bezogenen Krankengelde den vollen Betrag ihres durchschnittlichen Tagelohnes übersteigen würde. Durch das Kassenstatut kann diese Kürzung ganz oder theilweise ausgeschlossen werden.

Durch das Kassenstatut kann ferner bestimmt werden:

1. daß die Mitglieder verpflichtet sind, andere von ihnen eingegangene Versicherungsverhältnisse, aus welchen ihnen Ansprüche auf Krankenunterstützung zustehen, sofern sie zur Zeit des Eintritts in die Kasse bereits bestanden, binnen einer Woche nach dem Eintritt, sofern sie später abgeschlossen werden, binnen einer Woche nach dem Abschlusse, dem Kassenvorstande anzuzeigen;

2. daß Mitgliedern, welche die Kasse durch eine mit dem Verlust der bürgerlichen Ehrenrechte bedrohte strafbare Handlung geschädigt haben, für die Dauer von zwölf Monaten seit Begehung der Strafthat, sowie daß Versicherten, welche sich eine Krankheit vorsätzlich oder durch schuldhafte Betheiligung bei Schlägereien oder Raufhändeln, durch Trunkfälligkeit oder geschlechtliche Ausschweifungen zugezogen haben, für diese Krankheit das statutenmäßige Krankengeld gar nicht oder nur theilweise zu gewähren ist;

2a. daß Mitglieder, welche der gemäß Ziffer 1 getroffenen Bestimmung oder den durch Beschluß der Generalversammlung über die Krankenmeldung, das Verhalten der Kranken und die Krankenaufsicht erlassenen Vorschriften oder den Anordnungen des behandelnden Arztes zuwiderhandeln, Ordnungsstrafen bis zu zwanzig Mark zu erlegen haben;

2b. daß die ärztliche Behandlung, die Lieferung der Arznei und die Kur und Verpflegung nur durch bestimmte Ärzte, Apotheken und Krankenhäuser zu gewähren sind und die Bezahlung der durch Inanspruchnahme anderer Ärzte, Apotheken und Krankenhäuser entstandenen Kosten, von dringenden Fällen abgesehen, abgelehnt werden kann;

3. daß Mitgliedern, welche von dieser Krankenkasse eine Krankenunterstützung ununterbrochen oder im Laufe eines Zeitraums von zwölf Monaten für dreizehn Wochen bezogen haben, bei Eintritt eines neuen Unterstützungsfalles, sofern dieser durch die gleiche nicht gehobene Krankheitsursache veranlaßt worden ist, im Laufe der nächsten zwölf Monate Krankenunterstützung nur im gesetzlichen Mindestbetrage (§ 20) und nur für die Gesammtdauer von dreizehn Wochen zu gewähren ist;

4. daß Personen, welche der Versicherungspflicht nicht unterliegen und freiwillig der Kasse beitreten, erst nach Ablauf einer auf

höchstens sechs Wochen vom Beitritt ab zu bemessenden Frist Krankenunterstützung erhalten;

5. daß auch andere als die in den §§ 1 bis 3 genannten Personen als Mitglieder der Kasse aufgenommen werden können, sofern ihr jährliches Gesammteinkommen zweitausend Mark nicht übersteigt;

6. daß die Unterstützungen und Beiträge statt nach den durchschnittlichen Tagelöhnen (§ 20) in Prozenten des wirklichen Arbeitsverdienstes der einzelnen Versicherten festgesetzt werden, soweit dieser vier Mark für den Arbeitstag nicht übersteigt.

Die unter 2a bezeichneten Beschlüsse der Generalversammlung bedürfen der Genehmigung der Aufsichtsbehörde. Über Beschwerden gegen die Versagung der Genehmigung entscheidet die nächst vorgesetzte Dienstbehörde endgültig.

Abänderungen des Statuts, durch welche die bisherigen Kassenleistungen herabgesetzt werden, finden auf solche Mitglieder, welchen bereits zur Zeit der Abänderung ein Unterstützungsanspruch wegen eingetretener Krankheit zusteht, für die Dauer dieser Krankheit keine Anwendung.

**§ 27.** Kassenmitglieder, welche aus der die Mitgliedschaft begründenden Beschäftigung ausscheiden und nicht zu einer Beschäftigung übergehen, vermöge welcher sie Mitglieder einer anderen der in den §§ 16, 59, 69, 73, 74 bezeichneten Krankenkassen werden, bleiben solange Mitglieder, als sie sich im Gebiete des Deutschen Reichs aufhalten, sofern sie ihre dahin gehende Absicht binnen einer Woche dem Kassenvorstande anzeigen. Die Zahlung der vollen statutenmäßigen Kassenbeiträge zum ersten Fälligkeitstermine ist der ausdrücklichen Anzeige gleich zu erachten, sofern der Fälligkeitstermin innerhalb der für die letztere vorgeschriebenen einwöchigen Frist liegt.

Die Mitgliedschaft erlischt, wenn die Beiträge an zwei auf einander folgenden Zahlungsterminen nicht geleistet werden.

Durch Kassenstatut kann bestimmt werden, daß für nicht im Bezirk der Krankenkasse oder eines für die Zwecke des § 46 Absatz 1 Ziffer 2 und 3 errichteten Kassenverbandes sich aufhaltende Mitglieder der im ersten Absatz bezeichneten Art an die Stelle der im § 6 Absatz 1 Ziffer 1 bezeichneten Leistungen eine Vergütung in Höhe von mindestens der Hälfte des Krankengeldes tritt.

Über die Einsendung der Beiträge, die Auszahlung der Unterstützungen und die Krankenkontrole für die nicht im Bezirk der Gemeinde sich aufhaltenden Personen hat das Kassenstatut Bestimmung zu treffen.

**§ 28.** Personen, welche in Folge eintretender Erwerbslosigkeit aus der Kasse ausscheiden, verbleibt der Anspruch auf die gesetzlichen Mindestleistungen der Kasse in Unterstützungsfällen, welche während der Erwerbslosigkeit und innerhalb eines Zeitraums von drei Wochen nach dem Ausscheiden aus der Kasse eintreten, wenn der Ausscheidende vor seinem Ausscheiden mindestens drei Wochen ununterbrochen einer auf Grund dieses Gesetzes errichteten Krankenkasse angehört hat.

Dieser Anspruch fällt fort, wenn der Betheiligte sich nicht im Gebiete des Deutschen Reichs aufhält, soweit nicht durch Kassenstatut Ausnahmen vorgesehen werden.

**§ 29.** Die Mitglieder sind der Kasse gegenüber lediglich zu den auf Grund dieses Gesetzes und des Kassenstatuts festgestellten Beiträgen verpflichtet.

Zu anderen Zwecken als den statutenmäßigen Unterstützungen, der statutenmäßigen Ansammlung und Ergänzung des Reservefonds und der Deckung der Verwaltungskosten dürfen weder Beiträge von Mitgliedern erhoben werden, noch Verwendungen aus dem Vermögen der Kasse erfolgen.

**§ 30.** Entstehen Zweifel darüber, ob die im Kassenstatut vorgenommene Bemessung der Beiträge der Anforderung des § 22 entspricht, so hat die höhere Verwaltungsbehörde vor der Ertheilung der Genehmigung eine sachverständige Prüfung herbeizuführen und, falls diese die Unzulänglichkeit der Beiträge ergiebt, die Ertheilung der Genehmigung von einer Erhöhung der Beiträge oder einer Minderung der Unterstützungen bis auf den gesetzlichen Mindestbetrag (§ 20) abhängig zu machen.

**§ 31.** Bei der Errichtung der Kasse dürfen die Beiträge, soweit sie den Kassenmitgliedern selbst zur Last fallen (§ 51), nicht über zwei Prozent desjenigen Betrages, nach welchem die Unterstützungen zu bemessen sind (§§ 20, 26a Ziffer 6), festgesetzt werden, sofern solches nicht zur Deckung der Mindestleistungen der Kasse (§ 20) erforderlich ist.

Eine spätere Erhöhung der Beiträge über diesen Betrag, welche nicht zur Deckung der Mindestleistungen erforderlich wird, ist nur bis zur Höhe von drei Prozent desjenigen Betrages, nach welchem die Unterstützungen zu bemessen sind (§§ 20, 26a Ziffer 6), und nur dann zulässig, wenn dieselbe sowohl von der Vertretung der zu Beiträgen verpflichteten Arbeitgeber (§ 38) als von derjenigen der Kassenmitglieder beschlossen wird.

**§ 32.** Die Orts-Krankenkasse hat einen Reservefonds im Mindestbetrage der durchschnittlichen Jahresausgabe der letzten drei Jahre anzusammeln und erforderlichenfalls bis zu dieser Höhe zu ergänzen.

Solange der Reservefonds diesen Betrag nicht erreicht, ist demselben mindestens ein Zehntel des Jahresbetrages der Kassenbeiträge zuzuführen.

**§ 33.** Ergiebt sich aus den Jahresabschlüssen der Kasse, daß die Einnahmen derselben zur Deckung ihrer Ausgaben einschließlich der Rücklagen zur Ansammlung und Ergänzung des Reservefonds nicht ausreichen, so ist entweder unter Berücksichtigung der Vorschriften des § 31 eine Erhöhung der Beiträge oder eine Minderung der Kassenleistungen herbeizuführen.

Ergiebt sich dagegen aus den Jahresabschlüssen, daß die Jahreseinnahmen die Jahresausgaben übersteigen, so ist, falls der Reservefonds das Doppelte des gesetzlichen Mindestbetrages erreicht hat, entweder eine Ermäßigung der Beiträge oder unter Berücksichtigung der Vorschriften der §§ 21 und 31 eine Erhöhung oder Erweiterung der Kassenleistungen herbeizuführen.

Unterläßt die Vertretung der Kasse, diese Abänderungen zu beschließen, so hat die höhere Verwaltungsbehörde die Beschlußfassung anzuordnen, und falls dieser Anordnung keine Folge gegeben wird, ihrerseits die erforderliche Abänderung des Kassenstatuts von Amtswegen mit rechtsverbindlicher Wirkung zu vollziehen.

Wird zur Aufrechterhaltung oder Wiederherstellung der Leistungsfähigkeit einer Kasse eine schleunige Vermehrung ihrer Einnahmen oder Verminderung ihrer Ausgaben erforderlich, so kann die höhere Verwaltungsbehörde, vorbehaltlich des vorstehend vorgeschriebenen Verfahrens, eine sofortige vorläufige Erhöhung der Beiträge oder Herabsetzung der Leistungen, letztere bis zur gesetzlichen Mindestleistung und unbeschadet der Vorschrift des § 26a Absatz 3, verfügen. Gegen diese Verfügung ist die Beschwerde an die Zentralbehörde zulässig. Dieselbe hat keine aufschiebende Wirkung.

**§ 34.** Die Kasse muß einen von der Generalversammlung (§ 37) gewählten Vorstand haben. Die Wahl, welche, abgesehen von der den Arbeitgebern nach § 38 zustehenden Vertretung, aus der Mitte der Kassenmitglieder erfolgt, findet unter Leitung des Vorstandes statt. Nur die erste Wahl nach Errichtung der Kasse, sowie spätere Wahlen, bei welchen ein Vorstand nicht vorhanden ist, werden von einem Vertreter der Aufsichtsbehörde geleitet. Über die Wahlverhandlung ist ein Protokoll aufzunehmen.

Der Vorstand hat über jede Änderung in seiner Zusammensetzung und über das Ergebniß jeder Wahl der Aufsichtsbehörde binnen einer Woche Anzeige zu erstatten. Ist die Anzeige nicht erfolgt, so kann die Änderung dritten Personen nur dann entgegengesetzt werden, wenn bewiesen wird, daß sie letzteren bekannt war.

**§ 34a.** Die Mitglieder des Vorstandes verwalten ihr Amt als

Ehrenamt unentgeltlich, sofern nicht durch das Statut eine Entschädigung für den durch Wahrnehmung der Vorstandsgeschäfte ihnen erwachsenden Zeitverlust und entgehenden Arbeitsverdienst bestimmt wird. Baare Auslagen werden ihnen von der Kasse ersetzt.

Die Ablehnung der Wahl zum Vorstandsmitgliede ist aus denselben Gründen zulässig, aus welchen das Amt eines Vormundes abgelehnt werden kann. Die Wahrnehmung eines auf Grund der Unfallversicherung und der Invaliditätsversicherung übernommenen Ehrenamts steht der Führung einer Vormundschaft gleich. Eine Wiederwahl kann nach mindestens zweijähriger Amtsführung für die nächste Wahlperiode abgelehnt werden. Kassenmitgliedern, welche eine Wahl ohne gesetzlichen Grund ablehnen, kann auf Beschluß der Generalversammlung für bestimmte Zeit, jedoch nicht über die Dauer der Wahlperiode, das Stimmrecht in der Generalversammlung entzogen werden.

**§ 35.** Der Vorstand vertritt die Kasse gerichtlich und außergerichtlich und führt nach Maßgabe des Kassenstatuts die laufende Verwaltung derselben. Die Vertretung erstreckt sich auch auf diejenigen Geschäfte und Rechtshandlungen, für welche nach den Gesetzen eine Spezialvollmacht erforderlich ist. Durch das Statut kann einem Mitgliede oder mehreren Mitgliedern des Vorstandes die Vertretung nach außen übertragen werden.

Zur Legitimation des Vorstandes bei allen Rechtsgeschäften genügt die Bescheinigung der Aufsichtsbehörde, daß die darin bezeichneten Personen zur Zeit den Vorstand bilden.

**§ 36.** Soweit die Wahrnehmung der Angelegenheiten der Kasse nicht nach Vorschrift des Gesetzes oder des Statuts dem Vorstande obliegt, steht die Beschlußnahme darüber der Generalversammlung zu. Derselben muß vorbehalten bleiben:

1. die Abnahme der Jahresrechnung und die Befugniß, dieselbe vorgängig durch einen besonderen Ausschuß prüfen zu lassen;
2. die Verfolgung von Ansprüchen, welche der Kasse gegen Vorstandsmitglieder aus deren Amtsführung erwachsen, durch Beauftragte;
3. die Beschlußnahme über Abänderung der Statuten.

**§ 37.** Die Generalversammlung besteht nach Bestimmung des Statuts entweder aus sämmtlichen Kassenmitgliedern, welche großjährig und im Besitze der bürgerlichen Ehrenrechte sind, oder aus Vertretern, welche von den bezeichneten Mitgliedern aus ihrer Mitte gewählt werden.

Die Generalversammlung muß aus Vertretern bestehen, wenn die Kasse fünfhundert oder mehr Mitglieder zählt.

Besteht die Generalversammlung aus Vertretern, so sind diese in geheimer Wahl unter Leitung des Vorstandes zu wählen. Nur die erstmalige Wahl nach Errichtung der Kasse, sowie spätere Wahlen, bei welchen ein Vorstand nicht vorhanden ist, werden von einem Vertreter der Aufsichtsbehörde geleitet.

**§ 38.** Arbeitgeber, welche für die von ihnen beschäftigten Mitglieder einer Orts-Krankenkasse an diese Beiträge aus eigenen Mitteln zu zahlen verpflichtet sind (§ 51), haben Anspruch auf Vertretung im Vorstande und der Generalversammlung der Kasse.

Die Vertretung ist nach dem Verhältniß der von den Arbeitgebern aus eigenen Mitteln zu zahlenden Beiträge zu dem Gesammtbetrage der Beiträge zu bemessen. Mehr als ein Drittel der Stimmen darf den Arbeitgebern weder in der Generalversammlung noch im Vorstande eingeräumt werden.

Die Wahlen der Generalversammlung zum Vorstande sind geheim und werden getrennt von Arbeitgebern und Kassenmitgliedern vorgenommen.

Durch das Statut kann bestimmt werden, daß Arbeitgeber, welche mit Zahlung der Beiträge im Rückstande sind, von der Vertretung und der Wahlberechtigung auszuschließen sind.

**§ 38a.** Die Arbeitgeber sind berechtigt, sich in der Generalversammlung durch ihre Geschäftsführer oder Betriebsbeamten vertreten zu lassen. Von der Vertretung ist dem Kassenvorstande vor Beginn der Generalversammlung Anzeige zu machen.

Die Arbeitgeber sind ferner berechtigt, zu Mitgliedern der aus Vertretern bestehenden Generalversammlung und des Vorstandes Geschäftsführer oder Betriebsbeamte der zu Beiträgen verpflichteten Arbeitgeber zu wählen. Eine Vertretung der gewählten Mitglieder der Generalversammlung oder des Vorstandes findet nicht statt.

**§ 39.** Wird die Wahl des Vorstandes von der Generalversammlung oder die Wahl der Vertreter zur Generalversammlung durch die Wahlberechtigten verweigert, so tritt an ihre Stelle Ernennung der Mitglieder des Vorstandes oder der Generalversammlung durch die Aufsichtsbehörde.

Haben die Arbeitgeber auf die ihnen zustehende Vertretung in der Generalversammlung oder im Vorstande verzichtet, so können sie diese Vertretung nur mit Ablauf einer Wahlperiode wieder in Anspruch nehmen.

**§ 40.** Die Einnahmen und Ausgaben der Kasse sind von allen den Zwecken der Kasse fremden Vereinnahmungen und Verausgabungen getrennt festzustellen; ihre Bestände sind gesondert zu verwahren.

Werthpapiere, welche zum Vermögen der Kasse gehören und nicht lediglich zur vorübergehenden Anlegung zeitweilig verfügbarer Betriebsgelder für die Kasse erworben sind, sind bei der Aufsichtsbehörde oder nach deren Anweisung verwahrlich niederzulegen.

Verfügbare Gelder dürfen nur in öffentlichen Sparkassen oder wie die Gelder Bevormundeter angelegt werden.

Sofern besondere gesetzliche Vorschriften über die Anlegung der Gelder Bevormundeter nicht bestehen, kann die Anlegung der verfügbaren Gelder in Schuldverschreibungen, welche von dem Deutschen Reich, von einem deutschen Bundesstaate oder dem Reichslande Elsaß-Lothringen mit gesetzlicher Ermächtigung ausgestellt sind, oder in Schuldverschreibungen, deren Verzinsung von dem Deutschen Reich, von einem deutschen Bundesstaate oder dem Reichslande Elsaß-Lothringen gesetzlich garantirt ist, oder in Schuldverschreibungen, welche von deutschen kommunalen Korporationen (Provinzen, Kreisen, Gemeinden 2c.) oder von deren Kreditanstalten ausgestellt und entweder seitens der Inhaber kündbar sind, oder einer regelmäßigen Amortisation unterliegen, erfolgen. Auch können die Gelder bei der Reichsbank verzinslich angelegt werden.

Die Zentralbehörde kann die Anlegung verfügbarer Gelder in anderen als den vorstehend bezeichneten zinstragenden Papieren, sowie die vorübergehende Anlegung zeitweilig verfügbarer Betriebsgelder bei anderen als den vorbezeichneten Kreditanstalten widerruflich gestatten.

**§ 41.** Die Kasse ist verpflichtet, in den vorgeschriebenen Fristen und nach den vorgeschriebenen Formularen Übersichten über die Mitglieder, über die Krankheits- und Sterbefälle, über die vereinnahmten Beiträge und die geleisteten Unterstützungen, sowie einen Rechnungsabschluß der Aufsichtsbehörde einzureichen.

Die höhere Verwaltungsbehörde ist befugt, über Art und Form der Rechnungsführung Vorschriften zu erlassen.

**§ 42.** Die Mitglieder des Vorstandes, sowie Rechnungs- und Kassenführer haften der Kasse für pflichtmäßige Verwaltung wie Vormünder ihren Mündeln.

Verwenden sie verfügbare Gelder der Kasse in ihrem Nutzen, so können sie unbeschadet der strafrechtlichen Verfolgung durch die Aufsichtsbehörde angehalten werden, das in ihrem Nutzen verwendete Geld von Beginn der Verwendung an zu verzinsen. Den Zinsfuß bestimmt die Aufsichtsbehörde nach ihrem Ermessen auf acht bis zwanzig vom Hundert.

Handeln sie absichtlich zum Nachtheile der Kasse, so unterliegen sie der Bestimmung des § 266 des Strafgesetzbuchs.

**§ 43.** Mehrere Gemeinden können sich durch übereinstimmende Beschlüsse zur Errichtung gemeinsamer Orts-Krankenkassen für ihre Bezirke vereinigen.

Durch Beschluß eines weiteren Kommunalverbandes kann für dessen Bezirk oder für Theile desselben die Errichtung gemeinsamer Orts-Krankenkassen angeordnet werden.

Wo weitere Kommunalverbände nicht bestehen, kann die Errichtung gemeinsamer Orts-Krankenkassen durch Verfügung der höheren Verwaltungsbehörde für einzelne Theile ihres Verwaltungsbezirks angeordnet werden.

Derartige Beschlüsse und Verfügungen müssen zugleich Bestimmungen darüber treffen, für welche Gewerbszweige oder Betriebsarten die gemeinsamen Orts-Krankenkassen errichtet und von welcher Behörde für die letzteren die den Gemeindebehörden übertragenen Obliegenheiten wahrgenommen werden sollen.

Die Beschlüsse bedürfen der Genehmigung der höheren Verwaltungsbehörde. Diese kann vor Ertheilung der Genehmigung den bei der Errichtung der gemeinsamen Krankenkassen betheiligten Personen zu einer Äußerung darüber Gelegenheit geben und die Genehmigung versagen, wenn aus der Mitte der Betheiligten Widerspruch dagegen erhoben wird.

Gegen die Verfügung der höheren Verwaltungsbehörde, durch welche die Genehmigung versagt oder ertheilt oder die Errichtung einer gemeinsamen Orts-Krankenkasse angeordnet wird, steht den betheiligten Gemeinden und Kommunalverbänden innerhalb vier Wochen die Beschwerde an die Zentralbehörde zu.

**§ 43a.** Durch Beschluß des weiteren Kommunalverbandes mit Genehmigung der höheren Verwaltungsbehörde oder, wo weitere Kommunalverbände nicht bestehen, durch Verfügung der höheren Verwaltungsbehörde können Klassen von Versicherungspflichtigen, für welche Orts-Krankenkassen nicht bestehen, einer bestehenden gemeinsamen Orts-Krankenkasse nach Anhörung derselben und nachdem Vertretern der betheiligten Versicherungspflichtigen Gelegenheit zu einer Äußerung gegeben worden ist, zugewiesen werden. Gegen die Verfügung der höheren Verwaltungsbehörde, durch welche die Zuweisung genehmigt oder angeordnet wird, steht der Kasse innerhalb vier Wochen nach der Zustellung die Beschwerde an die Zentralbehörde zu.

**§ 44.** Unter Oberaufsicht der höheren Verwaltungsbehörde wird die Aufsicht über Orts-Krankenkassen, welche für den Bezirk einer Gemeinde von mehr als zehntausend Einwohnern errichtet sind, durch die Gemeindebehörden, bei allen übrigen Orts-Krankenkassen durch die seitens der Landesregierungen zu bestimmenden Behörden wahrgenommen.

**§ 45.** Die Aufsichtsbehörde überwacht die Befolgung der gesetzlichen und statutarischen Vorschriften und kann dieselbe durch Androhung, Festsetzung und Vollstreckung von Ordnungsstrafen gegen die Mitglieder des Kassenvorstandes erzwingen.

Sie ist befugt, von allen Verhandlungen, Büchern und Rechnungen der Kasse Einsicht zu nehmen und die Kasse zu revidiren.

Sie kann die Berufung der Kassenorgane zu Sitzungen verlangen und, falls diesem Verlangen nicht entsprochen wird, die Sitzungen selbst anberaumen.

In den auf ihren Anlaß anberaumten Sitzungen kann sie die Leitung der Verhandlungen übernehmen.

Solange der Vorstand oder die Generalversammlung nicht zu Stande kommt oder die Organe der Kasse die Erfüllung ihrer gesetzlichen oder statutenmäßigen Obliegenheiten verweigern, kann die Aufsichtsbehörde die Befugnisse und Obliegenheiten der Kassenorgane selbst oder durch von ihr zu bestellende Vertreter auf Kosten der Kasse wahrnehmen.

**§ 46.** Sämmtliche oder mehrere Gemeinde-Krankenversicherungen und Orts-Krankenkassen innerhalb des Bezirks einer Aufsichtsbehörde können durch übereinstimmende Beschlüsse der betheiligten Kommunalverbände und der Generalversammlungen der betheiligten Kassen sich zu einem Verbande vereinigen zum Zweck:

1. der Anstellung eines gemeinsamen Rechnungs- und Kassenführers und anderer gemeinsamer Bediensteten,
2. der Abschließung gemeinsamer Verträge mit Ärzten, Apotheken, Krankenhäusern und Lieferanten von Heilmitteln und anderer Bedürfnisse der Krankenpflege,
3. der Anlage und des Betriebes gemeinsamer Anstalten zur Heilung und Verpflegung erkrankter Mitglieder, sowie zur Fürsorge für Rekonvalescenten,
4. der gemeinsamen Bestreitung der Krankenunterstützungskosten zu einem die Hälfte ihres Gesammtbetrages nicht übersteigenden Theil.

Die Vertretung des Kassenverbandes und die Geschäftsführung für denselben wird nach Maßgabe eines von der höheren Verwaltungsbehörde zu genehmigenden Verbandsstatuts durch einen von den Verwaltungen der betheiligten Gemeinde-Krankenversicherungen und den Vorständen der betheiligten Kassen zu wählenden oder, so lange eine Wahl nicht zu Stande kommt, von der Aufsichtsbehörde zu ernennenden Vorstand wahrgenommen. Im Falle der Anstellung eines gemeinsamen Rechnungs- und Kassenführers können durch das Verbandsstatut Bestimmungen über gemeinsame Verwahrung der Bestände der betheiligten Gemeinde-Krankenversicherungen und Krankenkassen getroffen werden.

Der Verband kann unter seinem Namen Rechte erwerben und Verbindlichkeiten eingehen, vor Gericht klagen und verklagt werden. Die Ausgaben des Verbandes werden durch Beiträge der betheiligten Gemeinde-Krankenversicherungen und Krankenkassen gedeckt, welche in Ermangelung anderweiter durch Übereinkommen derselben getroffener Regelung am Schlusse jedes Rechnungsjahres nach dem Verhältniß der im Laufe des Rechnungsjahres vereinnahmten Kassenbeiträge umgelegt werden.

Die Gemeinde-Krankenversicherungen und Krankenkassen, welche dem Verbande angehören, sind verpflichtet, auf Aufforderung des Verbandsvorstandes im Laufe des Rechnungsjahres diejenigen Vorschüsse zur Verbandskasse zu leisten, welche zur Deckung der gemeinsamen Ausgaben erforderlich sind. Die Vorschüsse sind in Ermangelung anderweiter durch das Verbandsstatut getroffener Regelung nach dem Verhältniß der im Laufe des zunächst voraufgegangenen Rechnungsjahres vereinnahmten Kassenbeiträge auszuschreiben und innerhalb zweier Wochen nach erfolgter Ausschreibung einzuzahlen. Die im Laufe des Rechnungsjahres geleisteten Vorschüsse sind bei der am Schlusse desselben erfolgenden Umlegung zur Anrechnung zu bringen.

**§ 46a.** Ein nach § 46 Absatz 1 gebildeter Verband kann durch übereinstimmende Beschlüsse der betheiligten Kommunalverbände und der Generalversammlungen der betheiligten Krankenkassen aufgelöst werden.

Jede Gemeinde-Krankenversicherung und Krankenkasse kann nach sechs Monate vorher erfolgter Aufkündigung mit dem Schlusse des Kalenderjahres aus dem Verbande austreten.

Soweit nicht durch das Verbandsstatut oder durch Übereinkommen etwas anderes bestimmt ist, wird bei der Auflösung des Verbandes oder beim Ausscheiden einer der betheiligten Kassen von dem nach Deckung der Schulden verbleibenden Vermögen des Verbandes jeder ausscheidenden Kasse derjenige Antheil überwiesen, welcher auf sie nach dem Verhältniß der im Laufe des letzten Kalenderjahres vereinnahmten Kassenbeiträge entfällt.

**§ 46b.** Durch die Zentralbehörde kann bestimmt werden, daß und unter welchen Voraussetzungen bereits bestehende Vereinigungen von Gemeinde-Krankenversicherungen und auf Grund dieses Gesetzes errichteter Krankenkassen, welche Zwecke der im § 46 unter Ziffer 1 bis 4 bezeichneten Art verfolgen, die Rechte der auf Grund des § 46 errichteten Verbände haben.

**§ 47.** Die Schließung einer Orts-Krankenkasse muß erfolgen:

1. wenn die Zahl der Mitglieder dauernd unter fünfzig sinkt;
2. wenn sich aus den Jahresabschlüssen der Kasse ergiebt, daß die gesetzlichen Mindestleistungen auch nach erfolgter Erhöhung der Beiträge der Versicherten auf drei Prozent desjenigen Betrages, nach welchem die Unterstützungen zu bemessen sind (§§ 20, 26a Ziffer 6), nicht gedeckt werden können, und eine weitere Erhöhung der Beiträge nicht auf dem im § 31 Absatz 2 vorgesehenen Wege beschlossen wird.

Die Auflösung kann erfolgen, wenn sie von der Gemeindebehörde unter Zustimmung der Generalversammlung beantragt wird.

Die Schließung oder Auflösung erfolgt durch Verfügung der höheren Verwaltungsbehörde, welche, sofern sie auf Schließung einer Kasse gerichtet ist, von der Generalversammlung, sofern dadurch die Auflösung einer Kasse abgelehnt wird, von der Gemeindebehörde beziehungsweise der Generalversammlung nach Maßgabe des § 24 angefochten werden kann.

Wird eine Orts-Krankenkasse geschlossen oder aufgelöst, so sind die versicherungspflichtigen Personen, für welche sie errichtet war, anderen Orts-Krankenkassen und, soweit dies nicht ohne erhebliche Benachtheiligung anderer Orts-Krankenkassen geschehen kann, der Gemeinde-Krankenversicherung zu überweisen.

Das etwa vorhandene Vermögen der Kasse ist in diesem Falle zunächst zur Berichtigung der etwa vorhandenen Schulden und zur Deckung der vor der Schließung oder Auflösung bereits entstandenen Unterstützungsansprüche zu verwenden. Der Rest fällt denjenigen Orts-Krankenkassen, sowie der Gemeinde-Krankenversicherung zu, welchen die der geschlossenen oder aufgelösten Kasse angehörenden Personen überwiesen werden. Findet eine solche Überweisung nicht statt, so ist der Rest des Vermögens in der dem bisherigen Zweck am meisten entsprechenden Weise zu verwenden.

Die Verfügung über die Zuweisung der versicherungspflichtigen Personen, für welche die geschlossene oder aufgelöste Kasse errichtet war, an andere Krankenkassen oder die Gemeinde-Krankenversicherung, sowie über die Vertheilung oder Verwendung des Restvermögens wird von der höheren Verwaltungsbehörde getroffen. Gegen diese Verfügung steht den Betheiligten innerhalb vier Wochen die Beschwerde an die Zentralbehörde zu. Die Beschwerde hat, soweit es sich um die Zuweisung der versicherungspflichtigen Personen handelt, keine aufschiebende Wirkung.

Die Vorschrift des ersten Absatzes findet keine Anwendung, wenn nach dem Urtheil der höheren Verwaltungsbehörde die Gewährung der gesetzlichen Mindestleistungen durch vorhandenes Vermögen oder durch andere außerordentliche Hülfsquellen gesichert ist.

**§ 48.** Orts-Krankenkassen, welche auf Grund der §§ 16, 17 oder 18a für versicherungspflichtige Personen verschiedener Gewerbszweige oder Betriebsarten errichtet sind, können nach Anhörung der Gemeinde aufgelöst werden, wenn die Generalversammlung der Kasse dies beantragt.

Unter der gleichen Voraussetzung kann die Ausscheidung der demselben Gewerbszweige oder derselben Betriebsart angehörenden Kassenmitglieder aus der gemeinsamen Kasse erfolgen, wenn die Mehrzahl dieser Kassenmitglieder zustimmt.

Für Orts-Krankenkassen, welche auf Grund der §§ 43 oder 43a gemeinsam für mehrere Gemeinden oder für einen weiteren Kommunalverband errichtet sind, kann auf Antrag einer der betheiligten Gemeinden oder der Generalversammlung der betheiligten Kasse die Auflösung oder die Ausscheidung der in einer oder mehreren der betheiligten Gemeinden beschäftigten Kassenmitglieder erfolgen.

Die Auflösung oder Ausscheidung erfolgt durch Verfügung der höheren Verwaltungsbehörde. Gegen die Verfügung, durch welche die Auflösung oder Ausscheidung angeordnet oder versagt wird, steht den Betheiligten innerhalb vier Wochen die Beschwerde an die Zentralbehörde zu. Über die Verwendung und Vertheilung des Vermögens, sowie über die anderweitige Versicherung der versicherungspflichtigen Personen ist nach Maßgabe des § 47 Absatz 4 bis 6 Bestimmung zu treffen.

**§ 48a.** Ergiebt sich, daß einem Kassenstatut nach § 24 Absatz 1 die Genehmigung hätte versagt werden müssen, so hat die höhere Verwaltungsbehörde die erforderliche Abänderung anzuordnen. Der die Abänderung anordnende Bescheid kann auf dem im § 24 Absatz 1 bezeichneten Wege angefochten werden.

Unterläßt die Vertretung der Kasse, die endgültig angeordnete Abänderung zu beschließen, so hat die höhere Verwaltungsbehörde die Beschlußfassung anzuordnen und, falls dieser Anordnung keine Folge gegeben wird, ihrerseits die erforderliche Abänderung des Kassenstatuts von Amtswegen mit rechtsverbindlicher Wirkung zu vollziehen. Dasselbe gilt, wenn die Vertretung der Kasse unterläßt, diejenigen Abänderungen des Kassenstatuts zu beschließen, welche durch endgültige, auf Grund der §§ 18a, 43a, 47 Absatz 6 erlassene Anordnungen erfordert werden.

## D. Gemeinsame Bestimmungen für die Gemeinde-Krankenversicherung und für die Orts-Krankenkassen.

**§ 49.** Die Arbeitgeber haben jede von ihnen beschäftigte versicherungspflichtige Person, welche weder einer Betriebs- (Fabrik-) Krankenkasse (§ 59), Bau-Krankenkasse (§ 69), Innungs-Krankenkasse (§ 73), Knappschaftskasse (§ 74) angehört, noch gemäß § 75 von der Verpflichtung, der Gemeinde-Krankenversicherung oder einer Orts-Krankenkasse anzugehören, befreit ist, spätestens am dritten Tage nach Beginn der Beschäftigung anzumelden und spätestens am dritten Tage nach Beendigung derselben wieder abzumelden. Veränderungen, durch welche während der Dauer der Beschäftigung die Versicherungspflicht für solche Personen begründet wird, die der Versicherungspflicht auf Grund ihrer Beschäftigung bisher nicht unterlagen, sind spätestens am dritten Tage nach ihrem Eintritt gleichfalls anzumelden. Das Gleiche gilt bei Änderungen des Arbeitsvertrages, welche die Versicherungspflicht der im § 1 Absatz 4 bezeichneten Personen zur Folge haben.

Die Anmeldungen und Abmeldungen erfolgen für versicherungspflichtige Personen solcher Klassen, für welche Orts-Krankenkassen bestehen (§ 23 Absatz 2 Ziffer 1), bei den durch das Statut dieser Kassen bestimmten Stellen, übrigens bei der Gemeindebehörde oder einer von dieser zu bestimmenden Meldestelle.

In der Anmeldung zur Orts-Krankenkasse sind auch die behufs der Berechnung der Beiträge durch das Statut geforderten Angaben über die Lohnverhältnisse zu machen. Änderungen in diesen Verhältnissen sind spätestens am dritten Tage, nachdem sie eingetreten, anzumelden.

Durch Beschluß der Verwaltung der Gemeinde-Krankenversicherung und durch das Kassenstatut kann die Frist für die An- und Abmeldungen bis zum letzten Werktage der Kalenderwoche, in welcher die dreitägige Frist (Absatz 1) abläuft, erstreckt werden.

Die Aufsichtsbehörde, sowie die höhere Verwaltungsbehörde kann für sämmtliche Gemeinde-Krankenversicherungen und Orts-Krankenkassen ihres Bezirks oder einzelner Theile desselben eine gemeinsame Meldestelle errichten. Die Aufbringung der Kosten derselben erfolgt durch die betheiligten Gemeinden und Orts-Krankenkassen nach Maßgabe des § 46 Absatz 3, 4.

**§ 49a.** Hülfskassen der im § 75 bezeichneten Art haben jedes Ausscheiden eines versicherungspflichtigen Mitgliedes aus der Kasse und jedes Übertreten eines solchen in eine niedrigere Mitgliederklasse innerhalb Monatsfrist bei der gemeinsamen Meldestelle oder bei der

Aufsichtsbehörde desjenigen Bezirks, in welchem das Mitglied zur Zeit der letzten Beitragszahlung beschäftigt war, unter Angabe seines Aufenthaltsortes und seiner Beschäftigung zu dieser Zeit schriftlich anzuzeigen.

Für Hülfskassen, welche örtliche Verwaltungsstellen errichtet haben, ist die Anzeige von der örtlichen Verwaltungsstelle zu erstatten.

Zur Erstattung der Anzeige ist für jede Hülfskasse, sofern deren Vorstand nicht eine andere Person damit beauftragt, der Rechnungsführer derselben, für die örtliche Verwaltungsstelle dasjenige Mitglied, welches die Rechnungsgeschäfte derselben führt, verpflichtet.

Die Aufsichtsbehörde hat die an sie gelangenden Anzeigen der Verwaltung der Gemeinde-Krankenversicherung oder dem Vorstande der Orts-Krankenkasse, welcher die in der Anzeige bezeichnete Person nach der in derselben angegebenen Beschäftigung anzugehören verpflichtet ist, zu überweisen.

**§ 50.** Arbeitgeber, welche der ihnen nach § 49 obliegenden Anmeldepflicht vorsätzlich oder fahrlässigerweise nicht genügen, haben alle Aufwendungen, welche eine Gemeinde-Krankenversicherung oder eine Orts-Krankenkasse auf Grund gesetzlicher oder statutarischer Vorschrift in einem vor der Anmeldung durch die nicht angemeldete Person veranlaßten Unterstützungsfalle gemacht hat, zu erstatten.

Die Verpflichtung zur Entrichtung von Beiträgen für die Zeit, während welcher die nicht angemeldete oder nicht angezeigte Person der Gemeinde-Krankenversicherung oder der Orts-Krankenkasse anzugehören verpflichtet war, wird hierdurch nicht berührt.

**§ 51.** Die Beiträge zur Krankenversicherung entfallen bei versicherungspflichtigen Personen zu zwei Dritteln auf diese, zu einem Drittel auf ihre Arbeitgeber. Eintrittsgelder belasten nur die Versicherten.

Durch statutarische Regelung (§ 2) kann bestimmt werden, daß Arbeitgeber, in deren Betrieben Dampfkessel oder durch elementare Kraft bewegte Triebwerke nicht verwendet und mehr als zwei dem Krankenversicherungszwange unterliegende Personen nicht beschäftigt werden, von der Verpflichtung zur Leistung von Beiträgen aus eigenen Mitteln befreit sind.

**§ 52.** Die Arbeitgeber sind verpflichtet, die Beiträge und Eintrittsgelder, welche für die von ihnen beschäftigten Personen zur Gemeinde-Krankenversicherung oder zu einer Orts-Krankenkasse zu entrichten sind, einzuzahlen. Die Beiträge sind an die Gemeinde-Krankenversicherung, sofern nicht durch Gemeindebeschluß andere Zahlungstermine festgesetzt sind, wöchentlich im Voraus, an die Orts-

Krankenkasse zu den durch Statut festgesetzten Zahlungsterminen einzuzahlen. Das Eintrittsgeld ist mit dem ersten fälligen Beitrage einzuzahlen. Die Beiträge sind solange fortzuzahlen, bis die vorschriftsmäßige Abmeldung (§ 49) erfolgt ist, und für den betreffenden Zeittheil zurückzuerstatten, wenn die rechtzeitig abgemeldete Person innerhalb der Zahlungsperiode aus der bisherigen Beschäftigung ausscheidet.

Wenn der Versicherte gleichzeitig in mehreren die Versicherungspflicht begründenden Arbeitsverhältnissen steht, so haften die sämmtlichen Arbeitgeber als Gesammtschuldner für die vollen Beiträge und Eintrittsgelder.

Durch Gemeindebeschluß mit Genehmigung der Aufsichtsbehörde oder durch Kassenstatut kann bestimmt werden, daß die Beiträge stets für volle Wochen erhoben und zurückgezahlt werden.

**§ 52a.** Auf Antrag der Gemeinde-Krankenversicherung oder einer Orts-Krankenkasse kann die Aufsichtsbehörde widerruflich anordnen, daß solche Arbeitgeber, die mit Abführung der Beiträge im Rückstande geblieben sind und deren Zahlungsunfähigkeit im Zwangsbeitreibungsverfahren festgestellt worden ist, nur den auf sie selbst als Arbeitgeber entfallenden Theil der Beiträge, welche für die von ihnen beschäftigten versicherungspflichtigen Personen zur Gemeinde-Krankenversicherung oder Orts-Krankenkasse zu entrichten sind, einzuzahlen haben.

Wird dies angeordnet, so sind die von solchen Arbeitgebern beschäftigten versicherungspflichtigen Personen verpflichtet, die Eintrittsgelder sowie den auf sie selbst entfallenden Theil der Beiträge zu den festgestellten Zahlungsterminen selbst an die Gemeinde-Krankenversicherung oder Krankenkasse einzuzahlen.

Die Anordnungen (Absatz 1) müssen diejenigen Arbeitgeber, für welche sie gelten sollen, nach Namen, Wohnort und Geschäftsbetrieb deutlich bezeichnen und sind diesen Arbeitgebern schriftlich mitzutheilen.

Die von solchen Anordnungen betroffenen Arbeitgeber sind verpflichtet, dieselben den von ihnen beschäftigten, in der Gemeinde-Krankenversicherung oder Orts-Krankenkasse versicherten versicherungspflichtigen Personen durch dauernden Aushang in den Betriebsstätten bekannt zu machen und bei jeder Lohnzahlung die von ihnen beschäftigten versicherungspflichtigen Personen darauf hinzuweisen, daß diese die im Absatz 2 bezeichneten Beiträge selbst einzuzahlen haben.

Gegen die im Absatz 1 bezeichneten Anordnungen findet binnen zwei Wochen nach der Zustellung die Beschwerde an die höhere Verwaltungsbehörde statt. Die Beschwerde hat keine aufschiebende Wirkung. Die Entscheidung der höheren Verwaltungsbehörde ist endgültig.

**§ 52b.** Auf Zusatzbeiträge der Versicherten für besondere auf Antrag zu gewährende Kassenleistungen an Familienangehörige (§ 6a Absatz 1 Ziffer 5, § 9 Absatz 1 Satz 2, § 21 Absatz 1 Ziffer 5, § 22 Absatz 2) finden die Vorschriften der §§ 51 und 52 keine Anwendung.

**§ 53.** Die Versicherten sind verpflichtet, die Eintrittsgelder und Beiträge, letztere nach Abzug des auf den Arbeitgeber entfallenden Drittels (§ 51), bei den Lohnzahlungen sich einbehalten zu lassen. Die Arbeitgeber dürfen nur auf diesem Wege den auf die Versicherten entfallenden Betrag wieder einziehen. Die Abzüge für Beiträge sind auf die Lohnzahlungsperioden, auf welche sie entfallen, gleichmäßig zu vertheilen. Diese Theilbeträge dürfen, ohne daß dadurch Mehrbelastungen der Versicherten herbeigeführt werden, auf volle zehn Pfennig abgerundet werden. Sind Abzüge für eine Lohnzahlungsperiode unterblieben, so dürfen sie nur noch bei der Lohnzahlung für die nächstfolgende Lohnzahlungsperiode nachgeholt werden.

Hat der Arbeitgeber Beiträge um deswillen nachzuzahlen, weil die Verpflichtung zur Entrichtung von Beiträgen zwar vom Arbeitgeber anerkannt, von dem Versicherten, der Gemeinde-Krankenversicherung oder Orts-Krankenkasse aber bestritten wurde und erst durch einen Rechtsstreit (§ 58) hat festgestellt werden müssen, oder weil die im § 49a vorgeschriebene Anzeige erst nach Ablauf der im Absatz 1 bezeichneten Zeiträume oder gar nicht erstattet worden ist, so findet die Wiedereinziehung des auf den Versicherten entfallenden Theiles der Beiträge ohne die vorstehend aufgeführten Beschränkungen statt.

Arbeitgeber, deren Zahlungsunfähigkeit im Zwangsbeitreibungsverfahren festgestellt worden ist, sind, solange für sie nicht eine Anordnung der im § 52a bezeichneten Art getroffen worden ist, verpflichtet, die im Absatz 1 zugelassenen Lohnabzüge zu machen und deren Betrag sofort, nachdem der Abzug gemacht worden ist, an die berechtigte Kasse abzuliefern.

**§ 53a.** Streitigkeiten zwischen dem Arbeitgeber und den von ihm beschäftigten Personen über die Berechnung und Anrechnung der von diesen zu leistenden Beiträge werden nach den Vorschriften des Gesetzes, betreffend die Gewerbegerichte, vom 29. Juli 1890 (Reichs-Gesetzbl. S. 141) entschieden.

Die Vorschriften des letzteren Gesetzes finden auch auf Streitigkeiten zwischen den bezeichneten Personen über die Berechnung und Anrechnung des Eintrittsgeldes Anwendung. Zur Entscheidung dieser Streitigkeit sind auch die auf Grund des § 80 jenes Gesetzes fortbestehenden Gewerbegerichte zuständig.

**§ 54.** Ob und inwieweit die Vorschriften des § 49 Absatz 1 bis 3, § 51, § 52 Absatz 1 auf die Arbeitgeber der im § 2 Absatz 1 unter Ziffer 1 und 4 bezeichneten Personen Anwendung finden, ist durch statutarische Bestimmung zu regeln; dieselbe bedarf der Genehmigung der höheren Verwaltungsbehörde.

Auf dem gleichen Wege kann bestimmt werden:

1. daß für diejenigen Versicherten, auf welche die Anwendung der Vorschriften des § 1 auf Grund des § 2 Absatz 1 Ziffer 4 erstreckt ist, sowie für die von ihnen beschäftigten versicherungspflichtigen Personen die Beiträge und Unterstützungen statt nach dem ortsüblichen Lohne gewöhnlicher Tagearbeiter (§ 8) in Prozenten des wirklichen Arbeitsverdienstes, soweit dieser vier Mark für den Arbeitstag nicht überschreitet, festzustellen sind;
2. daß die Arbeitgeber der im § 2 Absatz 1 Ziffer 4 bezeichneten Gewerbetreibenden, sofern auf diese die Anwendung der Vorschriften des § 1 erstreckt ist, auch die Beiträge für die von diesen Gewerbetreibenden beschäftigten versicherungspflichtigen Personen einzuzahlen und zu einem Drittel aus eigenen Mitteln zu bestreiten haben.

**§ 54a.** Im Falle der Erwerbsunfähigkeit werden für die Dauer der Krankenunterstützung Beiträge nicht entrichtet. Die Mitgliedschaft dauert während des Bezuges von Krankenunterstützung fort.

**§ 55.** Der Anspruch auf Eintrittsgelder und Beiträge verjährt in einem Jahre nach Ablauf des Kalenderjahres, in welchem er entstanden ist. Rückständige Eintrittsgelder und Beiträge werden in derselben Weise beigetrieben, wie Gemeindeabgaben. Die dafür bestehenden landesrechtlichen Vorschriften finden auch insofern Anwendung, als sie über die aufschiebende Wirkung etwaiger gegen die Zahlungspflicht erhobener Einwendungen Bestimmung treffen.

Die rückständigen Eintrittsgelder und Beiträge haben das Vorzugsrecht des § 54 Ziffer 1 der Reichs-Konkursordnung vom 10. Februar 1877 (Reichs-Gesetzbl. S. 351).

Sofern nach Gemeindebeschluß oder Kassenstatut der Einleitung des Beitreibungsverfahrens ein Mahnverfahren vorangeht, kann von Arbeitgebern, welche die Eintrittsgelder und Beiträge nicht zum Fälligkeitstermine eingezahlt haben, eine Mahngebühr erhoben und wie die Rückstände beigetrieben werden. Die Festsetzung des Betrages der Mahngebühr unterliegt der Genehmigung der Aufsichtsbehörde.

**§ 56.** Die Unterstützungsansprüche auf Grund dieses Gesetzes verjähren in zwei Jahren vom Tage ihrer Entstehung an.

Die dem Unterstützungsberechtigten zustehenden Forderungen können mit rechtlicher Wirkung weder verpfändet, noch übertragen, noch für andere als die im § 749 Absatz 4 der Civilprozeßordnung bezeichneten Forderungen der Ehefrau und ehelichen Kinder und die des ersatzberechtigten Armenverbandes gepfändet werden; sie dürfen nur auf geschuldete Eintrittsgelder und Beiträge, welche von dem Unterstützungsberechtigten selbst einzuzahlen waren, sowie auf Geldstrafen, welche er durch Zuwiderhandlungen gegen die auf Grund des § 6a Absatz 2 oder § 26a Absatz 2 Ziffer 2a erlassenen Vorschriften verwirkt hat, aufgerechnet werden.

**§ 56a.** Auf Antrag von mindestens dreißig betheiligten Versicherten kann die höhere Verwaltungsbehörde nach Anhörung der Kasse und der Aufsichtsbehörde die Gewährung der im § 6 Absatz 1 Ziffer 1 und § 7 Absatz 1 bezeichneten Leistungen durch weitere als die von der Kasse bestimmten Ärzte, Apotheken und Krankenhäuser verfügen, wenn durch die von der Kasse getroffenen Anordnungen eine den berechtigten Anforderungen der Versicherten entsprechende Gewährung jener Leistungen nicht gesichert ist.

Wird einer solchen Verfügung nicht binnen der gesetzten Frist Folge geleistet, so kann die höhere Verwaltungsbehörde die erforderlichen Anordnungen statt der zuständigen Kassenorgane mit verbindlicher Wirkung für die Kasse treffen.

Die nach Absatz 1 und 2 zulässigen Verfügungen sind der Kasse zu eröffnen und zur Kenntniß der betheiligten Versicherten zu bringen. Die Verfügung der höheren Verwaltungsbehörde ist endgültig.

**§ 57.** Die auf gesetzlicher Vorschrift beruhende Verpflichtung von Gemeinden oder Armenverbänden zur Unterstützung hülfsbedürftiger Personen, sowie die auf Gesetz, Vertrag oder letztwilliger Anordnung beruhenden Ansprüche der Versicherten gegen Dritte werden durch dieses Gesetz nicht berührt.

Soweit auf Grund dieser Verpflichtung Unterstützungen für einen Zeitraum geleistet sind, für welchen dem Unterstützten auf Grund dieses Gesetzes ein Unterstützungsanspruch zusteht, geht der letztere im Betrage der geleisteten Unterstützung auf die Gemeinde oder den Armenverband über, von welchen die Unterstützung geleistet ist.

Das Gleiche gilt von den Betriebsunternehmern und Kassen, welche die den bezeichneten Gemeinden und Armenverbänden obliegende Verpflichtung zur Unterstützung auf Grund gesetzlicher Vorschrift erfüllt haben.

Ist von der Gemeinde-Krankenversicherung oder von der Orts-Krankenkasse Unterstützung in einem Krankheitsfalle geleistet, für welchen dem Versicherten ein gesetzlicher Entschädigungsanspruch gegen Dritte zusteht, so geht dieser Anspruch in Höhe der geleisteten Unterstützung auf die Gemeinde-Krankenversicherung oder die Orts-Krankenkasse über.

In Fällen dieser Art gilt als Ersatz der im § 6 Absatz 1 Ziffer 1 bezeichneten Leistungen die Hälfte des gesetzlichen Mindestbetrages des Krankengeldes.

**§ 57a.** Auf Erfordern einer Gemeinde-Krankenversicherung oder einer Orts-Krankenkasse ist den bei ihr versicherten Personen, welche außerhalb des Bezirks derselben wohnen, im Falle der Erkrankung von der für Versicherungspflichtige desselben Gewerbszweiges oder derselben Betriebsart bestehenden Orts-Krankenkasse oder in Ermangelung einer solchen von der Gemeinde-Krankenversicherung des Wohnortes dieselbe Unterstützung zu gewähren, welche der Erkrankte von der Gemeinde-Krankenversicherung oder Orts-Krankenkasse, der er angehört, zu beanspruchen hat. Diese haben der unterstützenden Orts-Krankenkasse oder Gemeinde-Krankenversicherung die hieraus erwachsenden Kosten zu erstatten.

Dasselbe gilt für Versicherte, welche während eines vorübergehenden Aufenthalts außerhalb des Bezirks der Gemeinde-Krankenversicherung oder Orts-Krankenkasse, der sie angehören, erkranken, sofern oder solange ihre Überführung nach ihrem Wohnorte nicht erfolgen kann. Eines besonderen Antrages der Gemeinde-Krankenversicherung oder Orts-Krankenkasse bedarf es in diesen Fällen nicht.

Erfolgt die Erkrankung im Auslande, so hat der Betriebsunternehmer dem Erkrankten, sofern oder solange eine Überführung in das Inland nicht erfolgen kann, diejenigen Unterstützungen zu gewähren, welche der letztere von der Gemeinde-Krankenversicherung oder der Orts-Krankenkasse, der er angehört, zu beanspruchen hat. Diese hat dem Betriebsunternehmer die ihm hieraus erwachsenden Kosten zu erstatten.

Für die Erstattung der Kosten gilt in diesen Fällen als Ersatz der im § 6 Absatz 1 Ziffer 1 bezeichneten Leistungen die Hälfte des Krankengeldes.

**§ 57b.** Streitigkeiten zwischen Gemeinde-Krankenversicherungen und Orts-Krankenkassen oder zwischen Orts-Krankenkassen über die Frage, welcher von ihnen die in einem Gewerbszweige oder in einer Betriebsart oder in einem einzelnen Betriebe beschäftigten Personen angehören, werden von der höheren Verwaltungsbehörde entschieden.

Gegen die Entscheidung steht den Betheiligten nur die Beschwerde an die Zentralbehörde zu. Die Beschwerde ist binnen zwei Wochen nach der Eröffnung der Entscheidung einzulegen.

Ergeht die Entscheidung dahin, daß versicherungspflichtige Personen einer anderen Kasse, als derjenigen, bei welcher sie bisher thatsächlich versichert waren, anzugehören haben, so ist in derselben der Zeitpunkt zu bestimmen, mit welchem das neue Versicherungsverhältniß in Kraft tritt.

**§ 58.** Streitigkeiten, welche zwischen den auf Grund dieses Gesetzes zu versichernden Personen oder ihren Arbeitgebern einerseits und der Gemeinde-Krankenversicherung oder der Orts-Krankenkasse andererseits über das Versicherungsverhältniß oder über die Verpflichtung zur Leistung oder Einzahlung von Eintrittsgeldern und Beiträgen oder über Unterstützungsansprüche entstehen, sowie Streitigkeiten über Unterstützungsansprüche aus § 57a Absatz 3 und über Erstattungsansprüche aus § 50 werden von der Aufsichtsbehörde entschieden. Erstreckt sich der Bezirk der Gemeinde-Krankenversicherung oder der Orts-Krankenkasse über mehrere Gemeindebezirke, so kann durch die Zentralbehörde die Entscheidung anderen Behörden übertragen werden. Die Entscheidung kann binnen vier Wochen nach der Zustellung derselben mittelst Klage im ordentlichen Rechtswege, soweit aber landesgesetzlich solche Streitigkeiten dem Verwaltungsstreitverfahren überwiesen sind, im Wege des letzteren angefochten werden.

Streitigkeiten über die im § 57 Absatz 2 und 3 bezeichneten Ansprüche, Streitigkeiten über Erstattungsansprüche aus § 3a Absatz 4, §§ 3b und 57a, ferner Streitigkeiten zwischen Gemeinde-Krankenversicherungen und Krankenkassen über den Ersatz irrthümlich geleisteter Unterstützungen werden im Verwaltungsstreitverfahren, wo ein solches nicht besteht, von der Aufsichtsbehörde entschieden. Die Entscheidung der Aufsichtsbehörde kann binnen vier Wochen nach Zustellung derselben im Wege des Rekurses nach Maßgabe der §§ 20 und 21 der Gewerbeordnung angefochten werden.

Streitigkeiten zwischen einem Verbande und den betheiligten Kassen (§ 46) aus dem Verbandsverhältniß werden von der Aufsichtsbehörde entschieden. Die Entscheidungen können binnen vier Wochen nach der Zustellung derselben im Wege des Verwaltungsstreitverfahrens, wo ein solches nicht besteht, im Wege des Rekurses nach Maßgabe der Vorschriften der §§ 20 und 21 der Gewerbeordnung angefochten werden.

Die Entscheidung der Aufsichtsbehörde über Unterstützungsansprüche oder über Ansprüche eines Verbandes an die betheiligten Kassen (Absatz 1 und 3) ist vorläufig vollstreckbar.

### E. Betriebs- (Fabrik-) Krankenkassen.

**§ 59.** Krankenkassen, welche für einen der im § 1 bezeichneten Betriebe oder für mehrere dieser Betriebe gemeinsam in der Weise errichtet werden, daß auf dem Wege des Arbeitsvertrags (durch

Fabrikordnung, Reglement u. s. w.) die in dem Betriebe beschäftigten Personen zum Beitritt verpflichtet werden, unterliegen den nachfolgenden Vorschriften.

**§ 60.** Ein Unternehmer, welcher in einem Betriebe oder in mehreren Betrieben fünfzig oder mehr dem Krankenversicherungszwange unterliegende Personen beschäftigt, ist berechtigt, eine Betriebs- (Fabrik-) Krankenkasse zu errichten.

Er kann dazu durch Anordnung der höheren Verwaltungsbehörde verpflichtet werden, wenn dies von der Gemeinde, in welcher die Beschäftigung stattfindet, oder von der Krankenkasse, welcher die beschäftigten Personen angehören, beantragt wird. Vor der Anordnung ist dem Unternehmer, sowie den von ihm beschäftigten Personen oder von diesen gewählten Vertretern und, falls der Antrag von einer Orts-Krankenkasse ausgegangen ist, auch der Gemeinde zu einer Äußerung darüber Gelegenheit zu geben.

**§ 61.** Unternehmer eines Betriebes, welcher für die darin beschäftigten Personen mit besonderer Krankheitsgefahr verbunden ist, können auch dann, wenn sie weniger als fünfzig Personen beschäftigen, zur Errichtung einer Betriebs- (Fabrik-) Krankenkasse angehalten werden.

Unternehmern eines Betriebes, in welchem weniger als fünfzig Personen beschäftigt werden, kann die Errichtung einer Betriebs- (Fabrik-) Krankenkasse gestattet werden, wenn die nachhaltige Leistungsfähigkeit der Kasse in einer von der höheren Verwaltungsbehörde für ausreichend erachteten Weise sichergestellt ist.

**§ 62.** Unternehmer, welche der Verpflichtung, eine Betriebs- (Fabrik-) Krankenkasse zu errichten, innerhalb der von der höheren Verwaltungsbehörde zu bestimmenden Frist nicht nachkommen, sind verpflichtet, für jede in ihrem Betriebe beschäftigte, dem Versicherungszwange unterliegende Person Beiträge bis zu fünf Prozent des verdienten Lohnes aus eigenen Mitteln zur Gemeinde-Krankenversicherung oder zur Orts-Krankenkasse zu leisten.

Die Höhe der zu leistenden Beiträge wird nach Anhörung der Gemeindebehörde von der höheren Verwaltungsbehörde endgültig festgesetzt.

**§ 63.** Versicherungspflichtige Personen, welche in dem Betriebe, für welchen eine Betriebs- (Fabrik-) Krankenkasse errichtet ist, beschäftigt werden, gehören vorbehaltlich der Bestimmungen des § 75 mit dem Tage des Eintritts in die Beschäftigung der Kasse als Mitglieder an.

Nichtversicherungspflichtige in dem Betriebe beschäftigte Personen haben das Recht, der Kasse beizutreten, sofern ihr jährliches Gesammteinkommen zweitausend Mark nicht übersteigt. Der Beitritt erfolgt durch schriftliche oder mündliche Anmeldung bei dem Kassenvorstande, gewährt aber keinen Anspruch auf Unterstützung im Falle einer bereits zur Zeit dieser Anmeldung eingetretenen Erkrankung. Die Kasse ist berechtigt, nichtversicherungspflichtige Personen, welche sich zum Beitritt melden, einer ärztlichen Untersuchung unterziehen zu lassen und ihre Aufnahme abzulehnen, wenn die Untersuchung eine bereits bestehende Krankheit ergiebt.

Versicherungspflichtigen Personen ist der Austritt mit dem Schlusse des Rechnungsjahres zu gestatten, wenn sie denselben mindestens drei Monate vorher bei dem Vorstande beantragen und vor dem Austritt nachweisen, daß sie einer der im § 75 bezeichneten Kassen angehören.

Nichtversicherungspflichtige Personen, welche die Beiträge an zwei auf einander folgenden Zahlungsterminen nicht geleistet haben, scheiden damit aus der Kasse aus.

**§ 64.** Die für Orts-Krankenkassen geltenden Bestimmungen der §§ 20 bis 42, 46 bis 46b, 48a und 49a Absatz 4 finden auf die Betriebs- (Fabrik-) Krankenkassen mit folgenden Abänderungen Anwendung:

1. Das Kassenstatut (§ 23) ist durch den Betriebsunternehmer in Person oder durch einen Beauftragten nach Anhörung der beschäftigten Personen oder der von denselben gewählten Vertreter zu errichten.
2. Durch das Kassenstatut kann dem Betriebsunternehmer oder einem Vertreter desselben der Vorsitz im Vorstande und in der Generalversammlung übertragen werden.
3. Die Rechnungs- und Kassenführung ist unter Verantwortlichkeit und auf Kosten des Betriebsunternehmers durch einen von demselben zu bestellenden Rechnungs- und Kassenführer wahrzunehmen. Verwendungen von Kassengeldern in den Nutzen der Betriebsunternehmer fallen unter die Vorschrift des § 42 Absatz 2.
4. Reichen die Bestände einer auf Grund der Vorschrift des § 61 errichteten Betriebs- (Fabrik-) Krankenkasse nicht aus, um die laufenden Ausgaben derselben zu decken, so sind von dem Betriebsunternehmer die erforderlichen Vorschüsse zu leisten.
5. Die aus dem Betriebe ausgeschiedenen Personen, welche auf Grund der Vorschrift des § 27 Mitglieder der Kasse bleiben, können Stimmrechte nicht ausüben und Kassenämter nicht bekleiden.

**§ 65.** Die Betriebsunternehmer sind verpflichtet, die statutenmäßigen Eintrittsgelder und Beiträge für die von ihnen beschäftigten versicherungspflichtigen Kassenmitglieder zu den durch das Kassenstatut festgesetzten Zahlungsterminen in die Kasse einzuzahlen und die Beiträge zu einem Drittel aus eigenen Mitteln zu leisten.

Werden die gesetzlichen Mindestleistungen der Kasse (§ 20) durch die Beiträge, nachdem diese für die Versicherten drei Prozent der durchschnittlichen Tagelöhne oder des Arbeitsverdienstes erreicht haben, nicht gedeckt, so hat der Betriebsunternehmer die zur Deckung derselben erforderlichen Zuschüsse aus eigenen Mitteln zu leisten.

Die Bestimmungen des § 52 Absatz 3 und der §§ 52a bis 53a, 54a bis 58 finden auch auf Betriebs- (Fabrik-) Krankenkassen entsprechende Anwendung.

**§ 66.** Auf die Beaufsichtigung der Betriebs- (Fabrik-) Krankenkassen finden die §§ 44, 45 Anwendung.

Die Aufsichtsbehörde ist befugt, Ansprüche, welche der Kasse gegen den Betriebsunternehmer aus der Rechnungs- und Kassenführung erwachsen (§ 64 Ziffer 3), in Vertretung der Kasse entweder selbst oder durch einen von ihr zu bestellenden Vertreter geltend zu machen.

**§ 67.** Wird der Betrieb oder werden die Betriebe, für welche die Kasse errichtet ist, zeitweilig eingestellt oder soweit eingeschränkt, daß die Zahl der darin beschäftigten versicherungspflichtigen Personen unter die doppelte Zahl der statutenmäßigen Vorstandsmitglieder sinkt, so kann die Verwaltung von der Aufsichtsbehörde übernommen werden, welche dieselbe durch einen von ihr zu bestellenden Vertreter wahrzunehmen hat.

Das vorhandene Kassenvermögen, die Rechnungen, Bücher und sonstigen Aktenstücke der Kasse sind in diesem Falle der Aufsichtsbehörde auszuliefern.

Vorstehende Bestimmungen finden keine Anwendung, wenn die zeitweilige Einstellung oder Einschränkung eine durch die Art des Betriebes bedingte periodisch wiederkehrende ist.

**§ 67a.** Geht von mehreren Betrieben eines Unternehmers, für welche eine gemeinsame Betriebs- (Fabrik-) Krankenkasse besteht, einer in den Besitz eines anderen Unternehmers über, so scheiden die in diesem Betriebe beschäftigten Personen auf den Antrag eines der betheiligten Unternehmer aus der Kasse aus.

In diesem Falle erfolgt die Theilung des Vermögens der bisher gemeinsamen Kasse nach folgenden Bestimmungen:

1. Ergiebt sich nach Berichtigung der etwa vorhandenen Schulden und Deckung der vor dem Zeitpunkte des Ausscheidens bereits entstandenen Unterstützungsansprüche ein überschießendes Ver-

mögen, so ist der Theil desselben, welcher dem Verhältniß der Zahl der ausscheidenden zur Gesammtzahl der bisherigen Kassenmitglieder entspricht, derjenigen Krankenkasse zu überweisen, welcher die in dem ausscheidenden Betriebe beschäftigten Personen fortan anzugehören haben.

2. Ergiebt sich ein Fehlbetrag, so ist derselbe, falls der Antrag von dem Unternehmer des ausscheidenden Betriebes gestellt worden ist, von diesem in dem unter Ziffer 1 festgesetzten Verhältniß zu decken.

Der Antrag auf Ausscheidung ist an die höhere Verwaltungsbehörde zu richten. Diese bestimmt den Zeitpunkt, mit welchem die Ausscheidung stattzufinden hat, und entscheidet über die Vertheilung des Vermögens. Gegen diese Entscheidung steht den Betheiligten binnen zwei Wochen die Beschwerde an die Zentralbehörde zu.

**§ 67 b.** Bei Veränderungen in der Organisation einer öffentlichen Betriebsverwaltung kann auf deren Antrag die höhere Verwaltungsbehörde die Bezirke der für diese Verwaltung bestehenden Betriebs- (Fabrik-) Krankenkassen nach Anhörung der Kassenorgane anderweit festsetzen. Dabei finden die Vorschriften des § 67 a Absatz 2 und 3 entsprechende Anwendung.

**§ 67 c.** Mehrere Betriebs- (Fabrik-) Krankenkassen für Betriebe desselben Unternehmers können mit Zustimmung ihrer Generalversammlungen zu einer Kasse vereinigt werden.

Die Vereinigung erfolgt durch Errichtung eines Kassenstatuts für die vereinigte Kasse nach Vorschrift des § 64 Ziffer 1 mit der Maßgabe, daß als Vertreter der beschäftigten Personen die Generalversammlungen der bestehenden Kassen gelten.

Mit dem Zeitpunkte, zu welchem die vereinigte Kasse ins Leben tritt, gehen auf dieselbe alle Rechte und Verbindlichkeiten der bisherigen Kassen über.

**§ 68.** Die Kasse ist zu schließen:

1. wenn der Betrieb oder die Betriebe, für welche sie errichtet ist, aufgelöst werden;
2. soweit nicht auf den Betrieb, für welchen die Kasse errichtet ist, die Vorschrift des § 61 Absatz 1 Anwendung findet, wenn die Zahl der in dem Betriebe beschäftigten versicherungspflichtigen Personen dauernd unter die gesetzliche Mindestzahl (§ 60) sinkt und die dauernde Leistungsfähigkeit der Kasse nicht genügend sichergestellt wird (§ 61 Absatz 2);
3. wenn der Betriebsunternehmer es unterläßt, für ordnungsmäßige Kassen- und Rechnungsführung Sorge zu tragen.

In dem Falle zu 3 kann gleichzeitig mit der Schließung der Kasse dem Betriebsunternehmer die im § 62 vorgesehene Verpflichtung auferlegt und die Errichtung einer neuen Betriebs- (Fabrik-) Krankenkasse versagt werden.

Die Kasse kann nach Anhörung der betheiligten Gemeinden aufgelöst werden, wenn der Betriebsunternehmer unter Zustimmung der Generalversammlung die Auflösung beantragt.

Die Schließung oder Auflösung erfolgt durch die höhere Verwaltungsbehörde. Gegen den dieselbe aussprechenden oder ablehnenden Bescheid, in welchem die Gründe anzugeben sind, kann binnen zwei Wochen nach der Zustellung Beschwerde an die vorgesetzte Behörde erhoben werden.

Auf das Vermögen der geschlossenen oder aufgelösten Kasse finden die Vorschriften des § 47 Absatz 5 entsprechende Anwendung. Sind die zur Deckung bereits entstandener Unterstützungsansprüche erforderlichen Mittel nicht vorhanden, so sind die letzteren vor Schließung oder Auflösung der Kasse aufzubringen. Die Haftung für dieselben liegt dem Betriebsunternehmer ob.

## F. Bau-Krankenkassen.

**§ 69.** Für die bei Eisenbahn-, Kanal-, Wege-, Strom-, Deich- und Festungsbauten, sowie in anderen vorübergehenden Baubetrieben beschäftigten Personen haben die Bauherren auf Anordnung der höheren Verwaltungsbehörde Bau-Krankenkassen zu errichten, wenn sie zeitweilig eine größere Zahl von Arbeitern beschäftigen.

**§ 70.** Die den Bauherren obliegende Verpflichtung kann mit Genehmigung der höheren Verwaltungsbehörde auf einen oder mehrere Unternehmer, welche die Ausführung des Baues oder eines Theiles desselben für eigene Rechnung übernommen haben, übertragen werden, wenn dieselben für die Erfüllung der Verpflichtung eine nach dem Urtheil der höheren Verwaltungsbehörde ausreichende Sicherheit bestellen.

**§ 71.** Bauherren, welche der ihnen nach § 69 auferlegten Verpflichtung nicht nachkommen, haben den von ihnen beschäftigten Personen für den Fall einer Krankheit und im Falle des Todes derselben ihren Hinterbliebenen die im § 20 vorgeschriebenen Unterstützungen aus eigenen Mitteln zu leisten.

**§ 72.** Die in Gemäßheit des § 69 errichteten Krankenkassen sind zu schließen:

1. wenn der Betrieb, für welchen sie errichtet sind, aufgelöst wird;

2. wenn der Bauherr oder Unternehmer es unterläßt, für ordnungsmäßige Kassen- und Rechnungsführung Sorge zu tragen.

In dem Falle zu 2 trifft den Bauherrn oder Unternehmer die im § 71 ausgesprochene Verpflichtung.

Im Übrigen finden auf die in Gemäßheit des § 69 errichteten Krankenkassen die Vorschriften der §§ 63 bis 68 mit der Maßgabe Anwendung, daß über die Anwendbarkeit der Vorschrift des § 32 die höhere Verwaltungsbehörde bei Genehmigung des Kassenstatuts, über die Verwendung des bei Schließung oder Auflösung einer Kasse verbleibenden Restes des Kassenvermögens das Kassenstatut Bestimmung treffen muß. Eine Verwendung zu Gunsten des Bauherrn oder Unternehmers ist ausgeschlossen.

Auf Streitigkeiten über Unterstützungsansprüche, welche auf Grund des § 71 gegen den Bauherrn erhoben werden, findet die Vorschrift des § 58 Absatz 1 Anwendung; auf Streitigkeiten über Ersatzansprüche, welche auf Grund des § 71 und des § 57 Absatz 2 gegen den Bauherrn erhoben werden, findet die Vorschrift des § 58 Absatz 2 Anwendung.

## G. Innungs-Krankenkassen.

**§ 73.** Auf Krankenkassen, welche auf Grund der Vorschriften des Titels VI der Gewerbeordnung von Innungen für die Gesellen und Lehrlinge ihrer Mitglieder errichtet werden, finden die Vorschriften des § 19 Absatz 5, §§ 20 bis 22, 26 bis 33, 39 bis 42, 46, 46a, 46b, 48a Absatz 2, § 49a Absatz 4, §§ 51 bis 53a, 54a bis 58, 65 Absatz 2 Anwendung.

Wird für eine Innung nach Maßgabe der vorstehenden Bestimmung eine Innungs-Krankenkasse errichtet, so werden die von Innungsmitgliedern in ihrem Gewerbebetriebe beschäftigten versicherungspflichtigen Personen, vorbehaltlich der Bestimmung des § 75, soweit sie zu dem Zeitpunkte, mit welchem die Kasse ins Leben tritt, in dieser Beschäftigung stehen, mit diesem Zeitpunkte, soweit sie später in diese Beschäftigung eintreten, mit diesem Eintritt Mitglieder der Innungs-Krankenkasse.

Versicherungspflichtige Personen, deren Arbeitgeber der Innung, für welche eine Innungs-Krankenkasse errichtet ist, erst nach deren Errichtung beitreten, werden, soweit sie bisher einer Orts-Krankenkasse angehörten, mit Beginn des neuen Rechnungsjahres Mitglieder der Innungs-Krankenkasse, sofern der Arbeitgeber drei Monate zuvor dem Vorstande der Orts-Krankenkasse seinen Eintritt in die Innung nachgewiesen hat.

Mit dem Zeitpunkte, mit welchem versicherungspflichtige Personen Mitglieder einer Innungs-Krankenkasse werdem, scheiden sie aus anderen auf Grund dieses Gesetzes errichteten Kassen, welchen sie bis dahin vermöge ihrer Beschäftigung angehörten, aus.

Den Zeitpunkt, mit welchem eine neuerrichtete Innungs-Krankenkasse ins Leben tritt, bestimmt die höhere Verwaltungsbehörde.

Im Übrigen bleiben für diese Kassen die Vorschriften des Titels VI der Gewerbeordnung in Kraft.

### H. Verhältniß der Knappschaftskassen und der eingeschriebenen und anderen Hülfskassen zur Krankenversicherung.

**§ 74.** Für die Mitglieder der auf Grund berggesetzlicher Vorschriften errichteten Krankenkassen (Knappschaftskassen) tritt weder die Gemeinde-Krankenversicherung noch die Verpflichtung, einer nach Maßgabe der Vorschriften dieses Gesetzes errichteten Krankenkasse anzugehören, ein.

Die statutenmäßigen Leistungen dieser Kassen in Krankheitsfällen müssen die für die Betriebs- (Fabrik-) Krankenkassen vorgeschriebenen Mindestleistungen erreichen.

Die Vorschriften des § 26 Absatz 1 und Absatz 2 Satz 1, §§ 56a und 57a finden auch auf Knappschaftskassen Anwendung.

Im Übrigen bleiben die landesgesetzlichen Vorschriften über die Knappschaftskassen unberührt.

**§ 75.** Mitglieder der auf Grund des Gesetzes über die eingeschriebenen Hülfskassen vom $\frac{\text{7. April 1876 (Reichs-Gesetzbl. S. 125)}}{\text{1. Juni 1884 (Reichs-Gesetzbl. S. 54)}}$ errichteten Kassen sind von der Verpflichtung, der Gemeinde-Krankenversicherung oder einer nach Maßgabe dieses Gesetzes errichteten Krankenkasse anzugehören, befreit, wenn die Hülfskasse, welcher sie angehören, allen ihren versicherungspflichtigen Mitgliedern oder doch derjenigen Mitgliederklasse, zu welcher der Versicherungspflichtige gehört, im Krankheitsfalle mindestens diejenigen Leistungen gewährt, welche nach Maßgabe der §§ 6 und 7 von der Gemeinde, in deren Bezirk der Versicherungspflichtige beschäftigt ist, zu gewähren sind. Die durch Kassenstatut begründeten Beschränkungen der Unterstützungsansprüche schließen die Befreiung nicht aus, wenn sie sich innerhalb der Grenzen der den Gemeinden nach § 6a gestatteten Beschränkungen halten.

Tritt ein Mitglied einer eingeschriebenen Hülfskasse an einem Orte in Beschäftigung, an welchem das Krankengeld der Mitgliederklasse, der es bisher angehörte, hinter dem von der Gemeinde-Krankenversicherung zu gewährenden Krankengelde zurückbleibt, so gilt die Befreiung noch für die Dauer von zwei Wochen. Die Meldepflicht des Arbeitgebers (§ 49 Absatz 1) beginnt in diesen Fällen erst mit dem Ablauf dieser zwei Wochen.

Mitgliedern einer eingeschriebenen Hülfskasse, welche zugleich der Gemeinde-Krankenversicherung oder einer auf Grund dieses Gesetzes errichteten Krankenkasse angehören, kann an Stelle der freien ärztlichen Behandlung und Arznei eine Erhöhung des Krankengeldes um ein Viertel des Betrages des ortsüblichen Tagelohnes (§ 8) ihres Beschäftigungsortes gewährt werden.

Die vorstehenden Bestimmungen finden auch auf Mitglieder solcher auf Grund landesrechtlicher Vorschriften errichteten Hülfskassen Anwendung, deren Statut von einer Staatsbehörde genehmigt ist und über die Bildung eines Reservefonds den §§ 32, 33 entsprechende Bestimmungen enthält.

**§ 75a.** Den eingeschriebenen Hülfskassen, sowie den im § 75 Absatz 4 bezeichneten, auf Grund landesrechtlicher Vorschriften errichteten Hülfskassen ist auf ihren Antrag eine amtliche Bescheinigung darüber auszustellen, daß sie, vorbehaltlich der Höhe des Krankengeldes, den Anforderungen des § 75 genügen.

Die Bescheinigung wird ausgestellt:

1. für Kassen, deren Bezirk über die Grenzen eines Bundesstaates nicht hinausreicht, von der Zentralbehörde;
2. für Kassen, deren Bezirk über die Grenzen eines Bundesstaates hinausreicht, von dem Reichskanzler.

Wird die Bescheinigung versagt, so sind die Gründe mitzutheilen.

Tritt in dem Statut der Kasse eine Änderung ein, so ist von Amtswegen zu prüfen, ob die Kasse den Anforderungen des § 75 auch ferner entspricht. Nach dem Ausfall dieser Prüfung ist die Bescheinigung von Neuem zu ertheilen oder zu widerrufen.

Die Bescheinigung und deren Widerruf sind in dem Falle zu 1 durch das für die amtlichen Bekanntmachungen der Zentralbehörde bestimmte Blatt, in dem Falle zu 2 durch den Reichs-Anzeiger bekannt zu machen.[1]

---

[1] Vgl. Gesetz, betreffend die Einführung des § 75a des Krankenversicherungsgesetzes. Vom 14. Dezember 1892 (RGBl S. 1049).

Mitglieder solcher eingeschriebenen und auf Grund landesrechtlicher Vorschriften errichteten Hülfskassen, welche am 1. Januar 1893 die im § 75a des Krankenversicherungsgesetzes vorgesehene Bescheinigung noch nicht erhalten, aber bereits vor diesem Tage die hierzu erforderliche Abänderung der Statuten mit dem Antrage auf fernere Zulassung oder Genehmigung bei der zuständigen

**§ 75b.** Bei Streitigkeiten über die Befreiung eines Mitgliedes einer Hülfskasse von der Verpflichtung, einer Gemeinde-Krankenversicherung oder einer auf Grund dieses Gesetzes errichteten Krankenkasse anzugehören, ist für die Entscheidung der Frage, ob die Kasse den Anforderungen des § 75 genügt, vorbehaltlich der Frage, ob das Krankengeld die Hälfte des ortsüblichen Lohnes gewöhnlicher Tagearbeiter am Beschäftigungsorte des Mitgliedes erreicht, die auf Grund des § 75a ausgestellte Bescheinigung maßgebend.

Der Nachweis der Bescheinigung wird durch Vorlegung eines Exemplars des Kassenstatuts geführt, in welchem das die Bekanntmachung enthaltende Blatt nach Jahrgang, Nummer und Seitenzahl angegeben ist.

**§ 76.** Die Bestimmungen der §§ 57 und 58 Absatz 2 finden auf die im § 75 bezeichneten Hülfskassen Anwendung.

## J. Schluß-, Straf- und Übergangsbestimmungen.

**§ 76a.** Die Verwaltungen der Gemeinde-Krankenversicherung, sowie die Vorstände der Krankenkassen und der im § 75 bezeichneten Hülfskassen sind verpflichtet, den Behörden von Gemeinden und Armenverbänden, welche auf Grund der ihnen obliegenden gesetzlichen Verpflichtung zur Unterstützung hülfsbedürftiger Personen Versicherte unterstützt haben, auf Erfordern Auskunft darüber zu ertheilen, ob und in welchem Umfange diesen Personen gegen sie Unterstützungsansprüche auf Grund dieses Gesetzes zustehen.

Die Verwaltungen der Gemeinde-Krankenversicherung, sowie die Vorstände der Krankenkassen und der im § 75 bezeichneten Hülfskassen sind ferner verpflichtet, den auf Grund der Unfallversicherungsgesetze bestehenden Berufsgenossenschaften, sowie den auf Grund des Gesetzes, betreffend die Invaliditäts- und Altersversicherung, vom 22. Juni 1889 (Reichs-Gesetzbl. S. 97) bestehenden Versicherungsanstalten zu gestatten, zum Zweck der Ermittelung der von ihren Mitgliedern beziehungsweise den Arbeitgebern ihres Bezirks beschäftigten Versicherten und deren Beschäftigungszeit und Lohnhöhe durch

---

Stelle eingebracht haben, bleiben von der Verpflichtung, der Gemeinde-Krankenversicherung oder einer nach Maßgabe des Krankenversicherungsgesetzes errichteten Krankenkasse anzugehören, noch bis zum 1. Juli 1893 befreit, wenn für die Mitglieder dieser Kassen auf Grund des § 75 des Gesetzes vom 15. Juni 1883 und der am 31. Dezember 1892 geltenden Kassenstatuten eine solche Befreiung besteht.

Bis zu diesem Zeitpunkte haben die bezeichneten Kassen der Bestimmung des § 49a des Krankenversicherungsgesetzes nur insoweit zu genügen, als es sich um den Austritt von Kassenmitgliedern handelt.

Beauftragte von den Büchern und Listen der Kasse in deren Geschäftsräumen während der Geschäftsstunden Einsicht zu nehmen.

Die Mitglieder der Verwaltungen der Gemeinde-Krankenversicherung und der Kassenvorstände können zur Erfüllung der ihnen durch vorstehende Bestimmungen auferlegten Verpflichtungen von der Aufsichtsbehörde durch Geldstrafen bis zu zwanzig Mark angehalten werden.

§ 76b. Die Verwaltungen der Gemeinde-Krankenversicherung, sowie die Vorstände der Krankenkassen und der im § 75 bezeichneten Hülfskassen sind verpflichtet, jeden Erkrankungsfall, welcher durch einen nach den Unfallversicherungsgesetzen zu entschädigenden Unfall herbeigeführt ist, sofern mit dem Ablauf der vierten Woche der Krankheit die Erwerbsfähigkeit des Erkrankten noch nicht wiederhergestellt ist, binnen einer Woche nach diesem Zeitpunkte dem Vorstande der Berufsgenossenschaft, bei welcher der Erkrankte gegen Unfall versichert ist, anzuzeigen. Ist die Berufsgenossenschaft in Sektionen getheilt, so ist die Anzeige an den Sektionsvorstand zu richten. Zur Erstattung der Anzeige ist, sofern der Vorstand der Gemeinde oder der Krankenkasse nicht eine andere Person damit beauftragt, der Rechnungsführer, für örtliche Verwaltungsstellen der eingeschriebenen Hülfskassen dasjenige Mitglied, welches die Rechnungsgeschäfte derselben führt, verpflichtet.

Die Unterlassung der Anzeige kann von der Aufsichtsbehörde mit Ordnungsstrafe bis zu zwanzig Mark geahndet werden.

§ 76c. In Erkrankungsfällen, welche durch Unfall herbeigeführt werden, ist die Berufsgenossenschaft berechtigt, das Heilverfahren auf ihre Kosten zu übernehmen. Vom Tage der Übernahme an bis zur Beendigung des Heilverfahrens oder bis zum Ablauf der dreizehnten Woche nach Beginn des Krankengeldbezuges geht der Anspruch des Erkrankten auf Krankengeld auf die Berufsgenossenschaft über. Auf diese gehen dagegen für denselben Zeitraum alle Verpflichtungen über, welche der Krankenkasse dem Erkrankten gegenüber obliegen.

Streitigkeiten aus diesem Verhältniß werden, soweit sie zwischen dem Erkrankten und der Berufsgenossenschaft entstehen, nach Vorschrift des § 58 Absatz 1, soweit sie zwischen der Berufsgenossenschaft und der Gemeinde-Krankenversicherung oder Krankenkasse entstehen, nach Vorschrift des § 58 Absatz 2 entschieden.

§ 76d. Den Berufsgenossenschaften stehen in Beziehung auf die Anwendung der §§ 76a, 76b, 76c das Reich, die Staaten und diejenigen Verbände gleich, welche nach den Bestimmungen der Unfallversicherungsgesetze an die Stelle der Berufsgenossenschaften treten.

§ 76e. Gegen die Strafverfügungen, welche auf Grund der im

§ 6a Absatz 2 und § 26a Absatz 2 Ziffer 2a zugelassenen Bestimmungen getroffen worden sind, ist binnen zwei Wochen nach deren Eröffnung Beschwerde an die Aufsichtsbehörde zulässig. Die Entscheidung der letzteren ist endgültig.

Gegen die auf Grund der §§ 76a und 76b getroffenen Strafverfügungen ist binnen zwei Wochen nach deren Eröffnung Beschwerde an die nächst vorgesetzte Behörde zulässig. Die Entscheidung der letzteren ist endgültig.

**§ 77.** Die auf Grund dieses Gesetzes gewährten Leistungen, sowie die Unterstützungen, welche nach Maßgabe des § 57 Absatz 2 und 3 ersetzt sind, gelten nicht als öffentliche Armenunterstützungen.

**§ 78.** Die auf Grund dieses Gesetzes versicherten Personen sind in Streitigkeiten über Unterstützungsansprüche vom Kostenvorschuß befreit.

Amtliche Bescheinigungen, welche zur Legitimation von Kassen- und Verbandsvorständen oder zur Führung der den Versicherten nach Vorschriften dieses Gesetzes obliegenden Nachweise erforderlich werden, sind gebühren- und stempelfrei.

**§ 78a.** Bei der Berechnung einer in diesem Gesetze vorgesehenen Frist, welche nach Tagen bestimmt ist, wird der Tag nicht mitgerechnet, auf welchen der Zeitpunkt oder das Ereigniß fällt, nach welchem der Anfang der Frist sich richten soll.

Eine nach Wochen oder Monaten bestimmte Frist endigt mit Ablauf desjenigen Tages der letzten Woche oder des letzten Monats, welcher durch seine Benennung oder Zahl dem Tage entspricht, an welchem die Frist begonnen hat. Fehlt dieser Tag in dem letzten Monat, so endigt die Frist mit Ablauf des letzten Tages dieses Monats.

Fällt das Ende einer Frist auf einen Sonntag oder allgemeinen Feiertag, so endigt die Frist mit Ablauf des nächstfolgenden Werktages. Auf die Berechnung der Dauer der Krankenunterstützung findet diese Vorschrift keine Anwendung.

**§ 79.** Die Fristen und Formulare für die in den §§ 9, 41 vorgeschriebenen Übersichten und Rechnungsabschlüsse werden vom Bundesrath festgestellt. Mindestens von fünf zu fünf Jahren findet eine einheitliche Zusammenstellung und Verarbeitung für das Reich statt.[1]

**§ 80.** Den Arbeitgebern ist untersagt, die Anwendung der Bestimmungen dieses Gesetzes zum Nachtheile der Versicherten durch

[1] Vgl. Bekanntm. vom 16. Oktober 1884 (CBl S. 266), dazu Bekanntm. vom 6. Januar 1887 (CBl S. 5). Vgl. Bekanntm. vom 16. November 1892 (CBl S. 671).

Verträge (mittelst Reglements oder besonderer Übereinkunft) auszuschließen oder zu beschränken. Vertragsbestimmungen, welche diesem Verbote zuwiderlaufen, haben keine rechtliche Wirkung.

**§ 81.** Wer der ihm nach § 49 oder nach den auf Grund des § 2 Absatz 2 erlassenen Bestimmungen obliegenden Verpflichtung zur An- oder Abmeldung oder der ihm nach § 49a obliegenden Anzeigepflicht nicht nachkommt, wird mit Geldstrafe bis zu zwanzig Mark bestraft

**§ 82.** Arbeitgeber, welche den von ihnen beschäftigten, dem Krankenversicherungszwange unterliegenden Personen bei der Lohnzahlung vorsätzlich höhere als die nach §§ 53, 65 zulässigen Beträge in Anrechnung bringen, oder der Bestimmung des § 53 Absatz 3, oder dem Verbote des § 80 entgegenhandeln, werden, sofern nicht nach anderen gesetzlichen Bestimmungen eine härtere Strafe eintritt, mit Geldstrafe bis zu dreihundert Mark oder mit Haft bestraft.

**§ 82a.** Die Arbeitgeber sind befugt, die Erfüllung der ihnen durch dieses Gesetz auferlegten Verpflichtungen solchen Personen zu übertragen, welche sie zur Leitung ihres Betriebes oder eines Theiles desselben oder zur Beaufsichtigung bestellt haben.

Sind die in diesem Gesetze gegebenen Vorschriften von solchen Personen übertreten worden, so trifft die Strafe die letzteren. Der Arbeitgeber ist neben denselben strafbar, wenn die Zuwiderhandlung mit seinem Vorwissen begangen ist, oder wenn er bei der nach den Verhältnissen möglichen eigenen Beaufsichtigung des Betriebes, oder bei der Auswahl oder der Beaufsichtigung der Betriebsleiter oder Aufsichtspersonen es an der erforderlichen Sorgfalt hat fehlen lassen.

Für den Erstattungsanspruch aus § 50 haftet neben dem zur Anmeldung etwa verpflichteten Betriebsleiter oder Aufseher in allen Fällen auch der Arbeitgeber. Mehrere Verpflichtete haften dabei als Gesammtschuldner.

**§ 82b.** Arbeitgeber, welche den von ihnen beschäftigten Personen auf Grund des § 53 Lohnbeträge in Abzug bringen, diese Beträge aber in der Absicht, sich oder einem Dritten einen rechtswidrigen Vermögensvortheil zu verschaffen, oder die berechtigte Gemeinde-Krankenversicherung oder Krankenkasse zu schädigen, den letzteren vorenthalten, werden mit Gefängniß bestraft, neben welchem auf Geldstrafe bis zu dreitausend Mark, sowie auf Verlust der bürgerlichen Ehrenrechte erkannt werden kann. Sind mildernde Umstände vorhanden, so kann ausschließlich auf Geldstrafe erkannt werden.

**§ 82c.** Die auf Grund der §§ 81, 82, 82a verhängten Geldstrafen fließen derjenigen Orts-, Betriebs- (Fabrik-), Bau- oder Innungs-Krankenkasse zu, welcher die betheiligte versicherungspflichtige

Person angehört, in Ermangelung einer solchen Kasse der Gemeinde-Krankenversicherung.

**§ 83.** Die in diesem Gesetze für Gemeinden getroffenen Bestimmungen gelten auch für die einem Gemeindeverbande nicht einverleibten selbständigen Gutsbezirke und Gemarkungen (ausmärkische Bezirke) mit Ausnahme des § 5 Absatz 2 und des § 13. Soweit aus denselben der Gemeinde Rechte und Pflichten erwachsen, tritt an ihre Stelle der Gutsherr oder der Gemarkungsberechtigte.

**§ 84.** Die Bestimmung darüber, welche Behörden in jedem Bundesstaate unter Gemeindebehörde, höhere Verwaltungsbehörde, und welche Verbände als weitere Kommunalverbände im Sinne dieses Gesetzes zu verstehen sind, bleibt den Landesregierungen mit der Maßgabe überlassen, daß mit den von den höheren Verwaltungsbehörden wahrzunehmenden Geschäften diejenigen höheren Verwaltungsbehörden zu betrauen sind, welche nach Landesrecht die Aufsicht oder Oberaufsicht in Gemeindeangelegenheiten wahrzunehmen haben.

Die auf Grund dieser Vorschrift erlassenen Bestimmungen sind bekannt zu machen.

Bei Betriebs- (Fabrik-) und Bau-Krankenkassen, welche ausschließlich für Betriebe des Reichs oder des Staates errichtet werden, können die Befugnisse und Obliegenheiten der Aufsichtsbehörde und der höheren Verwaltungsbehörde den den Verwaltungen dieser Betriebe vorgesetzten Dienstbehörden übertragen werden.

**§ 85.** Bestehende Krankenkassen, in Ansehung deren nach den bisher geltenden Vorschriften für Personen, welche unter die Vorschrift des § 1 fallen, eine Beitrittspflicht begründet war, unterliegen den Vorschriften dieses Gesetzes.

Bisherige Leistungen dieser Kassen, welche nach den Vorschriften dieses Gesetzes von den Krankenkassen nicht übernommen werden dürfen, können, soweit sie nicht in Invaliden-, Wittwen- und Waisenpensionen bestehen, beibehalten werden, sofern die bisherigen statutenmäßigen Kassenbeiträge mit Hülfe der Einkünfte des etwa vorhandenen Vermögens nach dem Urtheil der höheren Verwaltungsbehörde zur dauernden Deckung der Kassenleistungen ausreichend sind, oder auf dem für die Abänderung des Statuts vorgeschriebenen Wege und unter Berücksichtigung der Vorschrift des § 31 Absatz 2 erhöht werden.

Im Übrigen finden auf die Abänderung des Statuts die Vorschriften der §§ 24, 30 Anwendung.

**§ 86.** Für Kassen der im § 85 bezeichneten Art, welche neben den nach den Vorschriften dieses Gesetzes zulässigen Leistungen Invaliden-, Wittwen- oder Waisenpensionen gewähren, treten folgende Bestimmungen in Kraft:

1. Die bisherige Kasse bleibt als Krankenkasse bestehen. Auf dieselbe finden die Vorschriften des § 85 Anwendung.
2. Der statutenmäßigen Vertretung der bisherigen Kasse, bei Betriebs- (Fabrik-) Krankenkassen (§ 59) jedoch nur unter Zustimmung des Betriebsunternehmers, ist gestattet, eine besondere Pensionskasse mit Beitrittszwang für diejenigen Klassen von Personen, welche der bisherigen Kasse beizutreten verpflichtet waren, zu errichten.
3. Für die neue Pensionskasse ist durch Beschluß der Vertretung der bisherigen Kasse, bei Betriebs- (Fabrik-) Krankenkassen durch den Betriebsunternehmer, nach Anhörung der Vertreter der bisherigen Kasse ein Kassenstatut zu errichten.
4. Findet die Errichtung einer besonderen Pensionskasse statt, so erfolgt die Verwendung des Vermögens der bisherigen Kasse nach Anordnung der höheren Verwaltungsbehörde in der Weise, daß zunächst derjenige Betrag, welcher zur Deckung der bereits entstandenen Pensionsansprüche erforderlich ist, ausgeschieden und der Pensionskasse mit der Verpflichtung, diese Ansprüche zu befriedigen, überwiesen wird. Der Rest des Vermögens wird zwischen der Krankenkasse und der Pensionskasse mit der Maßgabe vertheilt, daß der Krankenkasse höchstens der zweijährige Betrag der nach Vorschrift des neuen Kassenstatuts für die derzeitigen Kassenmitglieder zu erhebenden Beiträge überwiesen wird.
5. Wird eine besondere Pensionskasse nicht errichtet, so ist nach Anordnung der höheren Verwaltungsbehörde aus dem Vermögen der bisherigen Kasse derjenige Betrag auszuscheiden, welcher erforderlich ist, um die bereits entstandenen Pensionsansprüche zu decken.

Für den ausgeschiedenen Vermögenstheil ist von der höheren Verwaltungsbehörde eine besondere Verwaltung zu bestellen, auf welche die Verpflichtung zur Befriedigung der Pensionsansprüche übergeht.

Reicht das Vermögen der bisherigen Kasse nicht aus, um die bereits entstandenen Pensionsansprüche zu decken, so werden die letzteren um den nicht gedeckten Betrag pro rata ermäßigt.

Der nach der Ausscheidung verbleibende Rest des Vermögens der bisherigen Kasse und der nach Befriedigung sämmtlicher auf den ausgeschiedenen Vermögenstheil angewiesenen Ansprüche von diesem verbleibende Rest fallen der Krankenkasse zu.

**§ 87.** Das Gesetz, betreffend die Abänderung des Titels VIII der Gewerbeordnung, vom 8. April 1876 (Reichs-Gesetzbl. S. 134) wird aufgehoben. Die auf Grund des Artikels 1 §§ 141a, 141c, 141e desselben getroffenen statutarischen Bestimmungen treten, soweit sie den Vorschriften dieses Gesetzes zuwiderlaufen, außer Kraft.

Das Gesetz über eingeschriebene Hülfskassen vom 7. April 1876 (Reichs-Gesetzbl. S. 125) findet in Zukunft auf die unter die Vorschriften der Abschnitte C bis G dieses Gesetzes fallenden Kassen keine Anwendung mehr. Auf bestehende Kassen dieser Art, welche als eingeschriebene Hülfskassen zugelassen sind, finden die Vorschriften des § 85 Absatz 1 und 3 Anwendung.

---

**111) Gesetz, betr. die Unterstützung von Familien der zu Friedensübungen einberufenen Mannschaften. Vom 10. Mai 1892.** (RGBl S. 661.)

Dazu Bekanntmachung vom 2. Juni 1892 (RGBl S. 668).

---

**112) Gesetz, betr. die Abänderung des § 87 des Unfallversicherungsgesetzes vom 6. Juli 1884, und des § 95 des Gesetzes, betr. die Unfall- und Krankenversicherung der in land- und forstwirthschaftlichen Betrieben beschäftigten Personen, vom 5. Mai 1886. Vom 16. Mai 1892.** (RGBl S. 665.)

Siehe oben S. 309. 364.

---

**113) Gesetz, betr. die Einführung des § 75a des Krankenversicherungsgesetzes. Vom 14. Dezember 1892.** (RGBl S. 1049.)

[Abgedruckt S. 626 Anm.]

---

## 1893.

**114) Bekanntmachung, betr. die Befreiung vorübergehender Dienstleistungen von der Invaliditäts- und Altersversicherung. Vom 24. Januar 1893.** (RGBl S. 5.)

[Abgedruckt S. 508 Anm.]

---

**115) Gesetz wegen Ergänzung des Gesetzes vom 2. Juni 1869, betreffend die Kautionen der Bundesbeamten. Vom 22. März 1893.** (RGBl S. 131.)

**§ 1.** Amtskautionen im Sinne des Gesetzes vom 2. Juni 1869 (Bundes-Gesetzbl. S. 161) können durch Bestellung eines Faustpfandrechts an einer in einem Schuldbuche des Reichs oder eines Bundesstaates eingetragenen Forderung geleistet werden.

Die Bestellung erfolgt durch Eintragung eines der Bestimmung im § 10 des bezeichneten Gesetzes entsprechenden Vermerks im Schuldbuche.

Das Recht zum Empfange der Zinsen der eingetragenen Forderung wird durch die Kautionsbestellung nicht berührt.

**§ 2.** Ist das Faustpfandrecht bestellt, so ist die Geltendmachung früher bezüglich der Forderung begründeter, im Schuldbuche nicht vermerkter Rechte, welche der dem kautionspflichtigen Beamten vorgesetzten Dienstbehörde unbekannt waren, ihr gegenüber ausgeschlossen.

**§ 3.** Sobald für eine aus der Kaution zu deckende Forderung ein vollstreckbarer Titel vorliegt, ist die dem kautionspflichtigen Beamten vorgesetzte Dienstbehörde befugt, auf dessen Kosten die Ausreichung auf den Inhaber lautender Schuldverschreibungen gegen Löschung der eingetragenen Forderung oder eines Theiles derselben zu verlangen.

Gegenüber der Schuldenverwaltung bedarf es des Nachweises des vollstreckbaren Titels nicht.

Die ausgereichten Schuldverschreibungen gelten als zum Zweck der Kautionsleistung bestelltes Faustpfand.

**§ 4.** Sobald amtlich festgestellt ist, daß aus dem kautionspflichtigen Dienstverhältniß Vertretungen nicht mehr zu leisten sind, hat die vorgesetzte Dienstbehörde die Löschung des Vermerks im Schuldbuche zu genehmigen.

**§ 5.** Amtskautionen, welche mit Schuldverschreibungen bestellt sind, deren Umwandlung in Buchschulden statthaft ist, können zu Kautionsmassen vereinigt und auf deren Namen in das Schuldbuch eingetragen werden. Zu diesem Zweck hat der Kautionsbesteller auf Verlangen sämmtliche noch nicht fälligen Zinsscheine einzureichen.

Mit der Aufnahme in die Kautionsmasse gehen die Schuldverschreibungen in das Eigenthum des Reichs über.

Die Zinsen werden dem Kautionsbesteller beim Eintritt der Fälligkeit durch die Reichskasse gezahlt.

Der Reichskanzler bestimmt, für welche einzelnen Dienstzweige Kautionsmassen anzulegen sind und welchen Behörden die Verwaltung der Massen obliegt.

**§ 6.** Wird eine in die Masse aufgenommene Kaution aus derselben wieder ausgeschieden, so sind dem Kautionsbesteller Schuldverschreibungen gleicher Art und Menge zuzuweisen. Diese Schuldverschreibungen treten in allen rechtlichen Beziehungen an die Stelle der verpfändeten Werthpapiere.

§ 7. Von der Aufnahme der Schuldverschreibungen in die Kautionsmasse (§ 5) und von der Zuweisung anderer Schuldverschreibungen (§ 6) ist der Kautionsbesteller zu benachrichtigen.

§ 8. Ist eine in die Masse aufgenommene Kaution zurückzugeben, so erhält der Kautionsbesteller Schuldverschreibungen gleicher Art und Menge.

---

**116) Gesetz, betr. die Abänderung der Maaß- und Gewichtsordnung. Vom 26. April 1893.** (RGBl S. 151.)

(Vgl. oben S. 5.)

---

**117) Gesetz, betr. einige Abänderungen und Ergänzungen der Militärpensionsgesetze vom 27. Juni 1871 und vom 4. April 1874, sowie des Reichsbeamtengesetzes vom 31. März 1873 und des Gesetzes über den Reichsinvalidenfonds vom 11. Mai 1877. Vom 22. Mai 1893.** (RGBl S. 171.)

(Vgl. oben S. 45, 72.)

---

**118) Gesetz, betr. Ergänzung der Bestimmungen über den Wucher. Vom 19. Juni 1893.** (RGBl S. 197.)

(Vgl. oben S. 171.)

---

# Sachregister.

(Die Zahlen bezeichnen die Seiten.)

FSC
www.fsc.org
MIX
Papier | Fördert
gute Waldnutzung
FSC® C083411

Kolibri 360 GmbH
Ferdinand-Jühlke-Straße 7
99095 Erfurt, Deutschland
produktsicherheit@kolibri360.de